幼儿园养成教育课程

中班

主　编　王　菁　管　玮
副主编　袁　静　肖　辉
编　者　穆卫娜　王　敏　赵　欣
　　　　王丽娟　徐海棠　杨春霞
　　　　马丽君

中国海洋大学出版社
·青岛·

图书在版编目（CIP）数据

幼儿园养成教育课程．中班／王菁，管玮主编；穆卫娜等编写．—青岛：中国海洋大学出版社，2019.3
ISBN 978-7-5670-2071-9

Ⅰ. ①幼…　Ⅱ. ①王…　②管…　③穆…　Ⅲ. ①养成教育－学前教育－教学参考资料　Ⅳ. ①G611

中国版本图书馆 CIP 数据核字（2019）第 027800 号

出版发行	中国海洋大学出版社

社　　址	青岛市香港东路 23 号	邮政编码	266071

出版人　杨立敏

网　　址　http://pub.ouc.edu.cn

电子邮箱　369839221@qq.com

订购电话　0532-82032573（传真）

责任编辑　韩玉堂　　　　　　　　电　　话　0532-85902349

印　　制　青岛国彩印刷股份有限公司

版　　次　2019 年 9 月第 1 版

印　　次　2019 年 9 月第 1 次印刷

成品尺寸　200 mm × 285 mm

总 印 张　95

总 字 数　2500 千

印　　数　1—1000

总 定 价　369.00 元（全 3 册）

课程指导思想

养成是指培养而使之形成，一般意义上指养成习惯。我国古代教育家孔子曾说："少成若天性，习惯如自然。"养成良好的习惯，对幼儿的一生有着极其重要的意义。养成教育在不同的年龄段有不同的内容、方法和途径。青岛市市南区江苏路幼儿园（以下简称我园）基于幼儿期独特的心理发展特点和学习规律，秉承《幼儿园教育指导纲要》（以下简称《纲要》）、《3～6岁儿童学习与发展指南》（以下简称《指南》）精神，依据叶圣陶、孙云晓、皮亚杰、维果斯基等国内外教育专家的教育理论，落实全国教育大会、《教育现代化2035》要求，同时借鉴相关领域研究的教育经验，在不断的实践和总结中，构建了《幼儿园养成教育课程》，将养成教育融入幼儿的一日生活之中，融入教师的教学理念之中，融入家长的养育行动之中，自然无痕是我们追求的教育境界，快乐成长是幼儿生活的真实写照。

我园课程历经十几年的研究，课程文本历经5个版本，课程理念在不断深化，课程实施在不断完善，特别是本轮课程修订，我们结合前期的课程实践经验，对照国内外相关研究，对课程理念部分进行了深入的思考，对课程的价值、原则、目标等进行了重新的梳理、提升和创新，将习近平新时代中国特色社会主义思想、高瞻课程等的理论理念融入课程中，形成并全园认同的养成教育价值取向，即：养成教育是儿童能力的重要生长点。《幼儿园养成教育课程》将养成教育落实于课程中，养成一系列基本的做人、做事和学习的良好习惯，让良好习惯积累、泛化、整合、升华，必将为儿童的全面和可持续发展奠定坚实的基础。

在课程理念的指引下，我们将课程主题进行了新一轮的园本化设置，把前期幼儿园课程研究的优秀原创主题——传统文化课程主题、海洋教育主题、爱悦读主题等纳入课程中，凸显园本课程的特色；对每个主题的主题价值、主题目标进行了深入的挖掘，让养成教育的核心目标与主题价值深度融合；对课程中的每一个活动方案进行了精修，创造性地设立了主题下的"好习惯体验日"专项半日活动，让养成教育的实施途径更加丰富，使方案设计更加科学、优质、园本。

课程构建和实施的不断深入研究，使课程建设有了质的飞跃，使教师队伍的专业水平得到了提高，培养造就了一批又一批优质发展的幼儿，让幼儿园的办园质量得到了全面提升。

课程理念

一、主动发展观

以儿童为中心构建课程，将激发幼儿对学习的好奇和渴望作为课程构建的关键。立足于幼儿的兴趣和经验，通过主题的设置、内容的选择、适宜的环境，吸引幼儿主动参与学习，让幼儿自主探索、互相交往、解决问题。引领教师成为观察者，记录幼儿活动中的表现、提出的问题、形成的技能和遇到的困惑，为幼儿搭建支架，使幼儿主动学习。

二、生活实践观

生活实践的观点是马克思主义认识论的首要和基本观点。儿童真实的生活过程决定并推动着儿童的发展，儿童的成长与发展蕴藏于儿童的实际生活过程之中。在幼儿参与生活实践活动的过程中，他们探索、发现、习得，就能把这些经验印在内心最深处，形成行为习惯。因此，我们的课程要将丰富的生活实践活动融入课程中，让幼儿在生活中体验，在生活中养成良好的习惯。

三、整体发展观

幼儿的发展是一个整体，五大领域忽视任何一个领域，都会对儿童的发展造成不良影响。所以课程内容的选择要保证全面性，在广不在深，既注重情感体验和经验的积累，使幼儿全面发展，又强调养成教育的整体性和全面性，避免出现重生活习惯、轻良好品质的现象，为幼儿一生的发展奠定良好的习惯基础。

四、慢教育观

法国哲学家卢梭曾说："大自然希望儿童在成人以前就要像儿童的样子。如果我们打乱了这个秩序，就会造成一些早熟的果实，既不丰满也不甜美，而且很快就会腐烂。"孩子良好行为习惯的养成以及健全人格的培养是有一定规律可循的，也是需要时间的，倘若忽略了这些，教育的本质也就异化了。因此，我们的课程崇尚"慢教育"，让老师和孩子们在快乐的一日生活中慢下来，等待孩子在自己的时间段，用自己的方式绽放。

五、可持续发展观

一方面，课程的构建、内容的选择要推动幼儿的可持续发展，培养能适应未来社会的人才，也就是"培养什么人、怎样培养人、为谁培养人"的问题。另一方面，可持续发展概念的引入，要求我们突破"墨守成规，故步自封"的旧观念，不断更新教育观念和教育方式，投入到幼儿园课程的改革与发展之中，在可持续发展战略的指导下，以长远的目光来看待和解决幼儿园课程所面临的各种危机、挑战和自身发展中的各种瓶颈，将幼儿园课程构建的过程，当作是一个科学的，动态的，变化的过程，加快幼儿园课程的自我更新、自我完善，在传承中不断创新，促进课程、幼儿、幼儿园的可持续发展。

课程理论依据

一、习近平新时代中国特色社会主义教育思想

习近平总书记在全国教育大会中提出"立德树人,培养时代特色鲜明的社会主义接班人"的要求。我园的课程全面贯彻党的教育方针,解决好培养什么人、怎样培养人、为谁培养人这个根本问题。2017 年全国教育工作会议指出,坚持以立德树人为根本任务。同时指出,养成教育是培养学生良好习惯的教育,是践行党的教育方针的重要举措。党的十九大报告指出,文化是一个国家、一个民族的灵魂,没有高度的文化自信,就没有中华民族伟大复兴。我们的课程紧紧围绕国家教育目标,凸显课程鲜明的时代特色。

二、孔子的教育思想

我国伟大教育家孔子说:"少成若天性,习惯如自然。"小的时候养成的习惯会像人的天性一样自然、坚固,甚至说就变成自己的天性了。以至于以后所取得的成功,创造的奇迹,很多方面都是小时候形成的习惯所支撑的。

三、陈鹤琴的活教育理论

陈鹤琴的活教育思想,其教育目的就是做人,做中国人,做现代中国人。大自然,大社会,都是活教材,他的"活教育"的方法就是"做中教,做中学,做中求进步"。陈鹤琴先生所言:首先是培养文明修养,让孩子在幼儿期养成良好的行为习惯,即"做人"。其次是文化认同,即对民族文化产生亲切感,形成归属感,让孩子确立"我是中国人"的观念,为培养"现代中国人"奠定基础。

四、高瞻课程理论

高瞻课程认为,学习是幼儿主动参与的过程,提倡为幼儿创设主动学习的环境,提供发展适宜性的学习活动,认为"学习是循序渐进的,是不断发展的"。儿童在有目的、有创造性地追随自己兴趣的过程中,可以发展出内在的兴趣、好奇心、智谋以及独立和责任等品质,心理学家称之为个性倾向。个性倾向是"一种持久的思维习惯以及回应经验的典型方式"(Katz 和 McClellan,1997)。培养这些思维习惯对幼儿的未来学习具有重要意义,会让儿童终身受益。

五、瑞吉欧的教育理论

瑞吉欧的教育提倡走进幼儿心灵,关注读懂幼儿的"一百种语言",以幼儿的思维、儿童的立场来看待幼儿的活动和发展,让幼儿充分表现其潜能。"互动合作"是瑞吉欧教育取向的一个重要理念,包括教师和学习者的相互沟通,关怀和控制的不断循环,以及教育活动相互引导的过程。儿童的学习不是独立建构的,而是在诸多条件下,主要是在与家长和教师、同伴的相互作用过程中建构的,是在特定的文化背景中建构知识、情感和人格。它存在于发展和学习之间;存在于环境和儿童之间;发生在不同的符号语言之间;发生在思想和行为之间;发生在个人与人际之间(这是最重要的一方面)。

在这一理论指导下,我们的课程倡导,尊重每个孩子的独立性,他们既有自主权,又要有合作精神。既要具有独立动手的能力,又要有与其他孩子合作的意识;倡导幼儿在生活中协商、妥协、接受、共享;倡导儿童之间的相互理解、认同、支持,特别是在学习团队内部发生冲突时要学会应对心理压力和挑战。

课程编写原则

一、时代性原则

"教师不生活在未来，幼儿就会生活在过去"。在社会大变革、教育大改革的今天，园本课程的构建和实施必须根据幼儿、社会乃至整个世界的未来和发展来思考，让课程具有鲜明的时代性，并根据时代的发展与时俱进，形成具有园本特色的课程体系和园所文化。

二、发展性原则

课程建设的出发点和归宿是促进幼儿的发展。教师应以发展的眼光看待每一位幼儿，了解每个幼儿的优势、特点和发展需要，因人施教，激发儿童自主参与、自主探索、自由表达，让儿童成为课程的主人、学习的主人，促进每个幼儿在不同水平上得到充分的发展。

三、生活性原则

幼儿园课程应来源于幼儿的生活，遵循儿童的生活逻辑。在构建、设计、组织、实施课程时，要与幼儿的日常生活、幼儿的感性经验联系起来，既要选择幼儿感兴趣和有趣的内容，又要有助于扩展幼儿的经验和认识，紧扣儿童良好习惯培养要求，以正确的行为习惯观念引导儿童开展习惯养成的实践活动，使幼儿在一日生活中获得身体、认知、情感、社会性等方面和谐发展。

四、整合性原则

儿童对外界的反应是"整个的"，儿童的发展也是整个的，外界环境的作用也是以整体的方式对儿童产生影响的，所以为儿童设计、实施的课程也必须是整个的、互相联系的。课程的整合性原则包括课程目标的整合、课程内容的整合、课程资源的整合、课程实施形式和过程的整合。将课程和幼儿的发展作为一个完整的系统，综合化地整合课程的各要素实施教育，才能保证儿童身心整体健全和谐的发展。

五、生成性原则

"生成"与"预设"不是截然分割的两个部分，而是"你中有我""我中有你"。把握两者之间的关系，应关注幼儿及时生成的内容，并给予适度的回应，善于将幼儿一日生活中自发生成的、具有发展价值的、有共同兴趣的热点与预设活动的内容有机结合，及时调整课程的预设，加强两者的相互渗透，使每一个幼儿获得和谐的发展。教师在实施生成主题的过程中不断进行调整和完善，并在下一轮的课程调整中，将优秀适宜的主题纳入课程，不断补充课程新鲜的血液，让课程充满活力。

课程使用说明

一、把握核心理念，科学严谨实施课程

教师在实施课程时，应结合纲领性文件进行课程的通读学习，深入理解和把握课程的核心要素。每主题实施前，应进行主题集备，把握主题核心价值和实施途径。在实施过程中，应在《纲要》《指南》的引领下，科学严谨地开展各类活动，保证主题实施的质量。

二、把握班本特点，创造性地实施课程

在实施中，教师应根据本班幼儿的发展需要，顺应幼儿的兴趣点，在原有课程的基础上，可以对课程方案进行班本化的调整，对教材进行创造性地改编，同时加强对教育活动、游戏活动等的设计研究，不断更新活动设计，让课程的品质进一步提升。

三、注重反思评价，不断更新优质内容

本课程中构建了相对完整的评价体系，目的在于鼓励教师加强对课程的反思、对幼儿行为的观察和解读、对幼儿发展的评价。这些评价的过程和结果对于课程的发展和教师的成长非常重要。教师在实施课程的过程中，应加强对评价的研究，形成有价值的评价资料，为课程后续的可持续发展提供资源。

四、抓住教育契机，鼓励生成课程主题

为了保持课程的活力，我们鼓励教师根据幼儿的兴趣和家长、社会资源，生成新的活动和主题，将STEAM教育理念（集科学、技术、工程、艺术、数学于一体的综合教育）融入课程实施中开展深度学习。如果教师需要调整方案使用新的生成主题，须提前向课程管理小组提出申请，经审核后方可实施。

课程评价

一、课程评价的指导思想

课程评价是以目标为标准，在课程实施中对课程要素以及实施效果进行有效评估，以了解课程的适宜性、有效性，为修正、完善课程乃至推广课程提供科学依据，从而提高教育质量。本课程的评价全面贯彻《幼儿园教育指导纲要》和《3～6岁儿童学习与发展指南》的精神，通过观察幼儿真实的生活和游戏情境，解读幼儿的行为表现和发展变化，注重评价过程，以此来帮助教师进一步诊断课程的构建和实施，促进幼儿的全面发展。

二、课程评价的原则

1. 课程评价原则：发展性原则、目标性原则、养成性原则、诊断性原则

发展性原则：以发展的眼光看待课程，在对教师评价、幼儿评价、环境评价、教材评价的同时，关注幼儿的个体差异，关注幼儿社会情感、态度、价值观的发展。通过评价促进课程的发展、幼儿发展，提升教师专业水平，提高幼儿园教育质量。

目标性原则：对课程的评价要本着正确的指导思想和评价标准，评价指标应与《幼儿园教育指导纲要》《3～6岁儿童学习与发展指南》等相关文件的精神和原则相一致，通过正确的目标导向，以评价促进课程的不断发展。

养成性原则：我园养成教育课程有专项的养成教育年龄目标、主题目标、活动目标，也有养成教育的专项评价，目的就是促进课程目标的落地，让养成教育的成果更加凸显。

诊断性原则：课程评价具有诊断、调整、选择、推广课程的作用，课程评价应对课程内容、活动方案、组织、实施等进行诊断指导，看它们是否符合课程目标精神，审视课程组织、实施、评价在方法与价值取向上是否相互一致。对课程的价值进行判断的主体不能限于幼儿园几个人或一个部门。上级主管部门、幼儿园教师、办公室人员、家长、幼儿、社区人员都是幼儿园评价的主体，评价过程应当是各方共同参与、相互支持与合作的过程。

2. 幼儿评价原则：发展性原则、全面性原则

幼儿园课程评价的最终目的是要促进幼儿的全面和谐发展，因此，在涉及幼儿的学习情况水平的课程评价时应特别注意：第一，要全面了解幼儿的发展状况，防止片面性，尤其要避免只重知识掌握，忽略情感、社会性和实际能力的倾向；第二，应承认和尊重幼儿的个体差异，让幼儿看到自己的优点和进步，增强自信心；第三，要注意多渠道、多方面地收集资料，客观地加以分析；第四，评价要在日常活动与教育教学过程中，采用自然的方法进行，使幼儿感到自然；第五，除了用作课程设计和课程改进之外，要慎用评价结果。与家长沟通时应考虑怎样才能有利于共同促进幼儿的发展，特别注意不要伤害到家长的教育热情和对孩子的信心。

三、课程评价的方法

1. 评价方法立体

我园的课程评价方法具有立体性的特点。评价方案中设计了以管理者、教师、家长、幼儿等不同评价主体的评价方式，鼓励教师采用观察、谈话、幼儿表征、作品分析、常态教育评价、白描相册等方法，全面进行课程评价和幼儿发展评价。

2. 评价量表多元

评价方案设计了富有园本特色的六类评价量表，分别是：① 教师反思类评价量表——引

领教师对课程实施做全面深入地冷静思考和总结,从而努力提升教学实践的合理性;② 幼儿作品分析类评价量表——引领教师通过解读幼儿的美术作品,分析幼儿对世界的认识和对主题的经验;③ 幼儿游戏观察记录表——包括幼儿园常见的七类游戏区域,教师在组织游戏活动中,对幼儿游戏行为的观察、解读和评价;④ 养成教育专项评价表——将养成教育的关键经验和年龄目标融入评价标准中,对幼儿的养成情况进行专项评价;⑤ 家长评价表——此类评价表为家长使用,家长是课程实施的重要资源和重要合作伙伴,引导家长对课程主题、特色主题楼层联动区域游戏、日常观察等方面对幼儿的发展进行评价,既促进了家长对课程的理解,又能与家长达成教育共识,家园共育促进幼儿全面发展;⑥ 幼儿自评互评表——此类评价表为幼儿使用,幼儿是课程的主人,引领幼儿对自己和同伴的发展进行评价,可以帮助幼儿进一步形成自我意识,形成自主自信的良好品质。

四、课程评价的组织与实施

1. 课程的评价由园长、园长助理、教研组长、教师、家长、幼儿共同完成。

2. 通过培训教师和家长,认真学习评价标准、方法和量表,为评价做好准备。

3. 采取自然观察法、情景观察法、谈话法、问卷调查法、常态教育评价法等,对课程实施质量以及幼儿发展情况进行评价。

4. 在评价过程中和评价之后,根据幼儿现场表现和发展水平,对照评价标准写出评价意见及反馈意见。

5. 根据评价情况,全面分析课程和幼儿的发展状况,找出切入点,调整课程内容和教育方法,从而促进课程和幼儿的全面协调发展。

养成教育课程基本框架

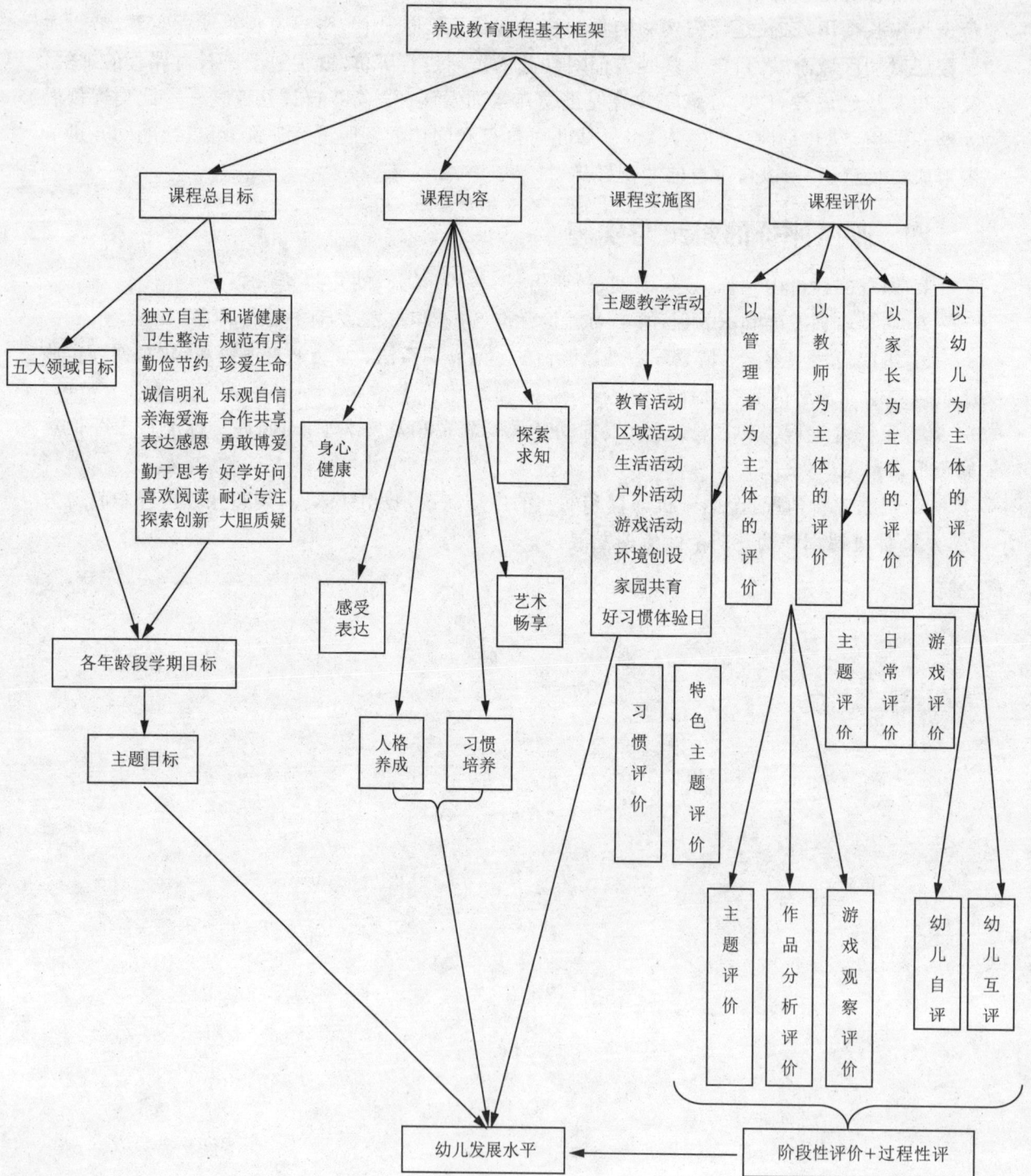

养成教育课程基本框架

课程总目标　课程内容　课程实施图　课程评价

五大领域目标

独立自主　和谐健康
卫生整洁　规范有序
勤俭节约　珍爱生命
诚信明礼　乐观自信
亲海爱海　合作共享
表达感恩　勇敢博爱
勤于思考　好学好问
喜欢阅读　耐心专注
探索创新　大胆质疑

各年龄段学期目标

主题目标

身心健康

感受表达

探索求知

艺术畅享

人格养成　习惯培养

主题教学活动

教育活动
区域活动
生活活动
户外活动
游戏活动
环境创设
家园共育
好习惯体验日

以管理者为主体的评价

以教师为主体的评价

以家长为主体的评价

以幼儿为主体的评价

主题评价　日常评价　游戏评价

习惯评价　特色主题评价

主题评价　作品分析评价　游戏观察评价

幼儿自评　幼儿互评

幼儿发展水平　←　阶段性评价+过程性评

养成教育目标体系

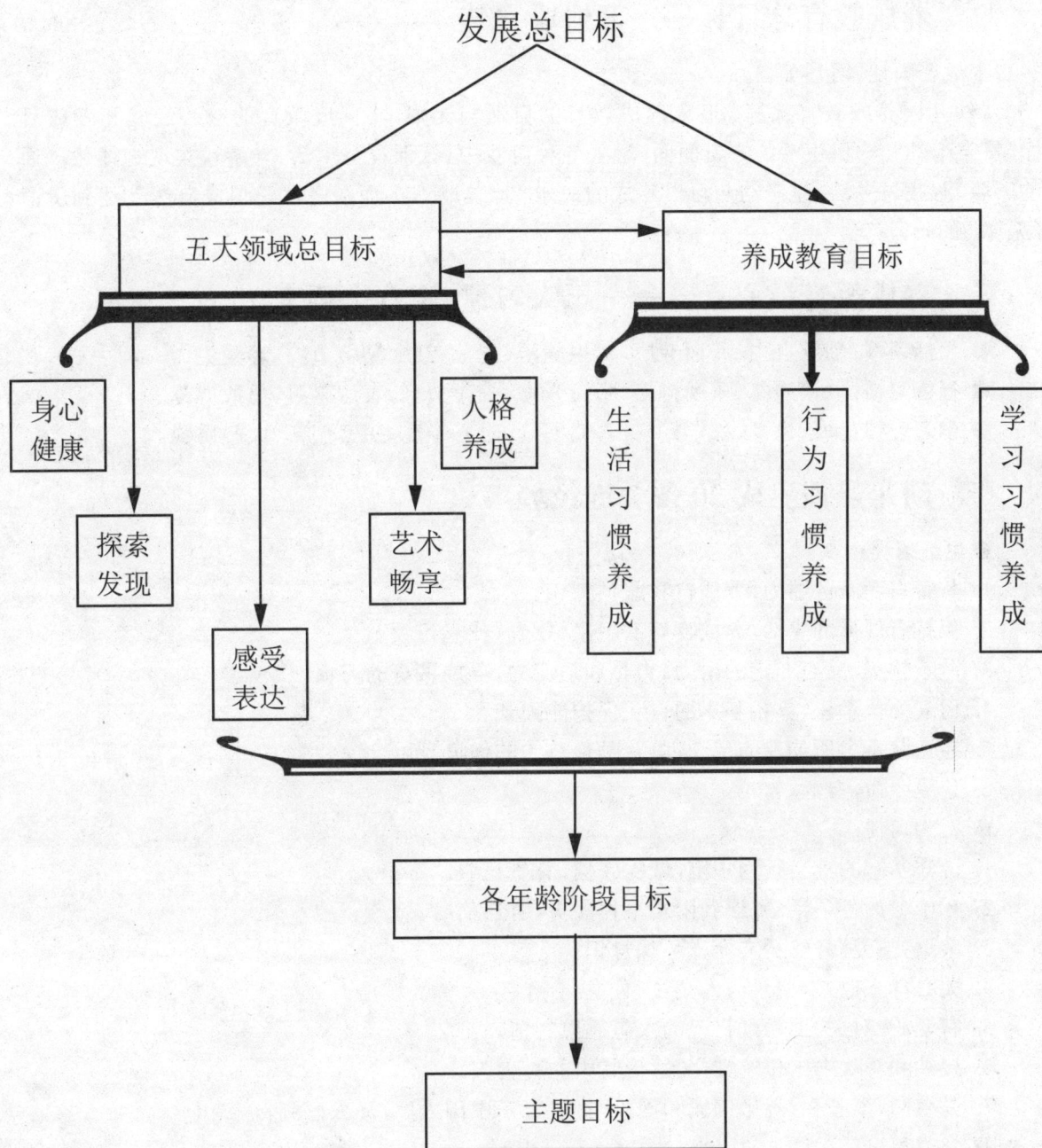

发展总目标

五大领域总目标 ⟷ 养成教育目标

身心健康

探索发现

感受表达

艺术畅享

人格养成

生活习惯养成

行为习惯养成

学习习惯养成

各年龄阶段目标

主题目标

养成教育核心素养目标

一、养成教育总目标——习惯成自然

少成若天性，习惯如自然。 ——孔子

《幼儿园养成教育课程》追求养成教育的自然与无痕，将养成教育的核心经验和养成目标，贯穿于幼儿一日生活的方方面面，融入各种游戏中，让课程与生活、与游戏实现一体化。通过环境、游戏与生活，建立幼儿习惯养成的快乐"原体验"，久而久之，"习惯成自然"，达到所谓"无律"的阶段。

二、养成教育核心素养——三大习惯、十八个要素

● 生活习惯：独立自主、和谐健康、卫生整洁、规范有序、勤俭节约、珍爱生命。

● 行为习惯：诚信明礼、乐观自信、亲海爱海、合作共享、表达感恩、勇敢博爱。

● 学习习惯：勤于思考、好学好问、喜欢阅读、耐心专注、探索创新、大胆质疑。

三、幼儿习惯养成 20 条关键经验

● 生活习惯：

1. 具备自我服务能力，养成自我服务意识。

2. 保持有规律的生活，养成良好的卫生、饮食、作息习惯。

3. 敢于挑战，具有一定的耐力、力量和适应力，养成锻炼的习惯。

4. 树立安全意识，具备基本的自我保护能力。

5. 愿意从事力所能及的劳动，具有勤俭节约的优良品质。

6. 珍爱生命，自尊、自信。

● 行为习惯：

1. 遵守基本的社会行为规范，诚实守信，有责任心。

2. 乐于参加各项活动，遇到困难不怕挫折，有自信心。

3. 亲近、热爱海洋，树立海洋环保意识。

4. 关心尊重他人，愿意与人交往、分享、合作。

5. 有爱心，对关心、帮助自己的人有感恩之情。

6. 接纳和喜欢中国传统文化，感受其中的真善美。

7. 爱祖国、爱家乡，尊敬国旗和国徽，为自己是中国人、青岛人感到自豪。

● 学习习惯：

1. 爱动脑筋，好奇好问，对参与的活动表现出兴趣与热情。

2. 认真倾听，大胆回答问题。

3. 爱护图书，养成良好的阅读习惯。

4. 集中注意力完成任务与活动，养成制定计划并按计划行动的良好习惯。

5. 建立时间观念，做事不拖沓。

6. 积极主动，认真专注，有耐心不怕困难，勇于探索和尝试。

7. 大胆想象与创造，喜欢尝试多种途径解决问题。

《幼儿园养成教育课程》学年养成目标

	目标		
	小班	中班	大班
生活习惯	1. 在成人帮助下能穿脱衣服和鞋袜。 2. 能将玩具和图书放回原处。 3. 不用脏手揉眼睛，连续看电视不超过15分钟。 4. 主动如厕，在成人提醒下饭前便后洗手。 5. 在成人引导下，不偏食，不挑食，喜欢吃水果、蔬菜等新鲜食品。 6. 愿意饮用白开水，不贪喝饮料。 7. 喜欢参加体育活动，在成人的鼓励下坚持参加体育活动，不怕累，能徒步行走1千米左右，不让爸爸妈妈抱。 8. 能在较冷或较热的环境中活动。 9. 在成人提醒下，不吃陌生人的东西，不跟陌生人走，不做危险的事。 10. 知道在公共场合走失能向警察或有关人员说出家长的姓名和电话等信息。 11. 情绪较稳定，很少因一点小事而哭闹不止。 12. 换新环境时情绪能较稳定，睡眠、饮食不受影响。 13. 有比较强烈的情绪反应时，能在成人的安抚下逐渐平静。	1. 能自己穿脱衣服和鞋袜，会系纽扣、拉拉链，会叠衣服。 2. 学会整理自己的物品，物品用完后知道放回原处。 3. 知道保护眼睛，不在光线过强或过暗的地方看书，连续看电视等不超过20分钟。 4. 每天早晚刷牙，养成饭后漱口的好习惯。 5. 不偏食，不挑食，不暴饮暴食，喜欢吃水果、蔬菜等新鲜食品。 6. 尝试使用筷子吃饭，吃东西时细嚼慢咽。 7. 积极参加体育活动，能坚持背包徒步行走1.5千米左右，具有一定的耐力和力量。 8. 能在较冷或较热的环境中连续活动半小时左右。 9. 运动时注意躲闪和避让，主动躲避危险。 10. 在公共场合不远离成人的视线单独活动。 11. 认识常见的安全标志，能遵守安全规则。 12. 了解110、119、120等特殊电话的用途，知道这些电话不能随便拨打。 13. 经常保持愉快的情绪，不高兴时能较快缓解。 14. 愿意把自己的情绪告诉亲近的人，一起分享快乐或求得安慰。	1. 能根据天气冷热增减衣服，会自己系鞋带。 2. 能按类别整理好自己的物品。 3. 主动保护眼睛，不在光线过强或过暗的地方看书。连续看电视等不超过30分钟。 4. 知道保护牙齿，坚持每天早晚主动刷牙。 5. 会使用筷子吃饭，吃东西时细嚼慢咽。 6. 养成锻炼的习惯，能主动参加体育锻炼，精力充沛，能背包徒步行走1.5千米以上，具有一定的耐力和力量。 7. 能在较冷或较热的环境中连续活动半小时以上。 8. 运动时注意安全，不给他人造成危险。 9. 未经大人允许不给陌生人开门。 10. 能自觉遵守基本的安全规则和交通规则。 11. 知道一些基本的防火、防震的知识，在逃生演练中能有秩序地逃生。 12. 经常保持愉快的情绪，知道引起自己某种情绪的原因，并努力缓解。 13. 表达情绪的方式比较适度，不乱发脾气，能随着活动的需要转换情绪和注意力。

	目标		
	小班	中班	大班
行为习惯	1. 愿意和同伴一起游戏、不争抢、独占玩具，愿意将好玩的玩具与同伴分享；愿意与熟悉的大人沟通，能听从劝解。 2. 长辈讲话时能认真倾听，身边的人生病或不开心时能表示同情，不打扰别人。 3. 知道不能随便拿别人的东西，能在成人提醒下收放玩具。 4. 在成人提醒下能遵守游戏和公共场所的规则，爱护玩具和物品。 5. 能感受到家庭生活的温暖，爱爸爸妈妈，亲近与信赖长辈。 6. 喜欢上幼儿园，对群体活动有兴趣，愿意和小朋友一起玩游戏。 7. 喜欢海洋动物，愿意和海洋动物交朋友。愿意了解海洋动物以及它们有趣的故事。 8. 在成人帮助下，愿意参与青岛海洋文化节日、赶海拾贝等活动，萌发我是青岛人的自豪感和幸福感。 9. 尊敬国旗国徽，奏国歌、升国旗时能自动站好，初步萌发热爱国旗国徽、热爱祖国的情感。	1. 喜欢并能运用交换玩具、轮流分享玩具等方法与同伴一起游戏，有经常一起玩的小伙伴；愿意接受意见和建议，不欺负弱小。 2. 会用礼貌的方式向长辈表达自己的要求和想法；能注意他人的情绪，有体贴的表现，能表达自己的关心。 3. 尝试在小组合作游戏活动中提出自己的想法，敢于尝试有一定难度的活动和任务。 4. 感受规则的意义，并能基本遵守规则，有初步的节约意识。 5. 愿意并主动参加群体活动，愿意与家长一起参加社区的一些群体活动。 6. 尊敬长辈，对养育自己的人产生感激之情。 7. 喜欢自己的幼儿园和班级，感受集体带来的幸福感。 8. 懂得爱护幼儿园环境，不乱涂、乱画，节约幼儿园资源。 9. 喜欢家乡青岛，感受家乡风光的美。为家乡的发展变化感到自豪。 10. 喜欢参加传统节日活动：春节、元宵节、端午节、中秋节等，体验节日活动的快乐。 11. 喜欢和家人一起外出旅游，感受祖国的风光美。	1. 有好朋友，并喜欢主动结交新朋友，能与同伴分工合作进行游戏，遇到问题会协商；不欺负别人同时也会保护自己。 2. 能有礼貌地与人交往，能关注他人的情绪和需要，能用语言和行动珍惜他人的劳动成果。 3. 能在合作游戏中主动发起活动或在活动中主动出主意、想办法，能大胆表达自己的想法和见解。 4. 做错了事情敢于承认，不说谎；能认真负责地完成自己所接受的任务。 5. 理解规则的意义，能与同伴协商、制定游戏规则；爱惜物品，能主动爱护环境、节约资源。 6. 在群体活动中积极、快乐，对小学生活好奇和向往。 7. 愿意和爸爸、妈妈做一些力所能及的家务劳动，有家庭责任感。 8. 体会父母养育自己所付出的辛劳，尊敬并热爱自己的家人。 9. 愿意为集体做力所能及的事情，为集体取得的成绩感到高兴。 10. 有自己的好朋友，也喜欢结交新朋友，有问题愿意向别人请教。 11. 感受海边建筑蕴含的历史文化，萌发热爱青岛的情感。 12. 树立"小公民"意识，爱护青岛环境，热爱大海，保护海洋资源。 13. 珍惜现在的美好生活，体验作为中国儿童的幸福。 14. 对中国四大发明、国画、国粹感兴趣，感受中国文化的博大精深，树立民族自豪感。
学习习惯	1. 愿意与成人一起阅读图书，喜欢跟读有韵律的儿歌、童谣；爱护图书，不乱撕、乱扔。 2. 与别人讲话时眼睛看着对方，说话自然，声音大小适中，喜欢使用礼貌用语。 3. 与别人讲话时注意倾听并能与熟悉的人大方打招呼、交流，愿意表达自己的想法。 4. 喜欢用涂涂画画的方式表达自己的理解。 5. 喜欢接触大自然，对周围的很多事物和现象感兴趣。 6. 对常见的动植物感兴趣，愿意用多种感官去探索事物，经常问各种问题。 7. 在成人指导下，对生活中的数感兴趣，愿意尝试与探究。 8. 喜欢大自然和生活中美好的景物与事物，愿意欣赏与感受音乐、舞蹈、戏剧、绘画等不同艺术形式的作品。 9. 喜欢自哼自唱简短的小歌曲，愿意随音乐做动作表现自己的心情。 10. 喜欢涂涂画画、粘粘贴贴，对自己的作品萌发自豪感。	1. 喜欢阅读喜欢的图书，在大人提醒下看书时愿意保持安静，不影响他人。 2. 别人与自己讲话时能回应，主动使用礼貌用语，不说脏话、粗话，并根据场合调节自己说话的音量。 3. 愿意用图画和符号表达自己的愿望和想法，在成人提醒下，写写画画时保持正确的姿势。 4. 喜欢接触新事物，感知季节的变化，愿意爱护植物、动物，并将自己的发现与同伴分享。 5. 愿意观察身边的事物，喜欢大胆猜测，并用简单的符号进行记录。 6. 喜欢操作，对环境中各种数字的含义有进一步探究的兴趣。 7. 喜欢感受、发现和欣赏自然环境和人文景观中美好的事物，能够专心观看自己喜欢的文艺演出或艺术品。 8. 能用自然的声音、适中的音量演唱歌曲，喜欢用各种道具进行表现，并愿意与同伴进行合作。 9. 喜欢用绘画、捏泥、手工制作等方式表现自己的所见所想。	1. 能专注地阅读图书，对图书和生活情景中的文字符号感兴趣，愿意把自己听过的故事与他人分享。 2. 别人讲话时能积极主动地回应，懂得轮流讲话，别人说话不随意打断，并根据谈话对象和需要调整自己的说话语气。 3. 注意倾听老师与他人的讲话，不随意打断别人，敢在众人面前表达自己的想法。 4. 愿意用图画和符号表征事物和故事，保持正确的书写姿势。 5. 喜欢探究季节的变化，知道尊重和珍爱生命，保护环境。 6. 喜欢观察，对自己感兴趣的事情总是刨根问底。 7. 体验用数学解决生活中困难的乐趣，也愿意尝试运用数学解决生活中遇见的难题。 8. 乐于收集关于美的事物，愿意和别人分享、交流喜爱的艺术作品和美感体验。 9. 积极参加各类艺术活动，愿意用自己旋律、节奏、简单的舞蹈动作表达自己的情绪。 10. 大胆表现，自主尝试运用多种工具、材料和手法进行美术创作，积极参与环境的创设，体验运用自己的作品美化生活的快乐。

《幼儿园养成教育课程》学年领域目标(中班)

类别	总目标	上半学期目标	下半学期目标
健康	1. 经常保持愉快的情绪,不高兴时能较快缓解。有比较强烈情绪反应时,能在成人提醒下逐渐平静下来。愿意把自己的情绪告诉亲近的人,一起分享快乐或求得安慰。 2. 喜欢参加体育活动,能在较热或较冷的户外环境中连续活动1小时左右。在跳、爬、钻、投掷、平衡、攀登等各种有趣的活动中发展动作协调性。 3. 每天按时睡觉和起床,并能坚持午睡。不偏食、挑食,不暴饮暴食。喜欢吃瓜果、蔬菜等新鲜食品。常喝白开水,不贪喝饮料。知道保护眼睛,不在光线过强或过暗的地方看书,连续看电视等不超过20分钟。每天早晚刷牙,饭前、便后洗手,方法基本正确。能自己穿脱衣服、鞋袜,扣纽扣。能整理自己的物品。 4. 知道在公共场合不远离成人的视线单独活动。认识常见的安全标志,能遵守安全规则。运动时能主动躲避危险。知道简单的求助方式。	1. 经常保持愉快的情绪,不高兴时能较快缓解。有比较强烈情绪反应时,能在成人提醒下逐渐平静下来。 2. 能在较窄的低矮物体上平稳地走一段距离。能以匍匐、膝盖悬空等多种方式钻爬。能助跑跨跳过一定距离或助跑跨跳过一定高度的物体。会连续拍球半分钟45个。 3. 能自己穿脱衣服、鞋袜,扣纽扣。能整理自己的物品。逐步养成认真盥洗、主动喝水、愉快安静进餐的好习惯。不偏食挑食,不暴饮暴食。 4. 了解自己身体的主要器官,能配合疾病的预防和治疗,知道不同的食物有不同的营养,不偏食。认识常见的安全标志,能遵守安全规则。在活动中学习保护自己的各种技能,能避开危险的物品。	1. 经常保持愉快的情绪,不高兴时能较快缓解。愿意把自己的情绪告诉亲近的人,一起分享快乐或求得安慰。 2. 能双手抓杠悬空吊起15秒左右。能单手将沙包向前投掷4米左右。能单脚连续向前跳5米左右。能快跑20米左右。能连续行走1.5千米左右,能连续自抛自接球。 3. 形成良好的生活自立能力,能有序地穿脱、整理衣物、鞋袜和床铺,能正确使用手绢、毛巾、便纸,有做事的成功感和物归原处的好习惯。 4. 能保护自己身体的主要器官,能积极地配合疾病的预防和治疗,爱吃各种食物,在活动中学会保护自己,对危险标志做出及时反应。
社会	1. 喜欢和小朋友一起游戏,有经常一起玩的小伙伴,会运用介绍自己、交换玩具等简单技巧加入同伴游戏。 2. 对大家都喜欢的东西能轮流、分享,与同伴发生冲突时,能在他人帮助下和平解决,活动时愿意接受同伴的意见和建议,不欺负弱小。 3. 喜欢自己所在的幼儿园和班级,积极参加集体活动,能说出自己家所在地的省、市、县(区)名称,知道青岛的海洋特色景观和海洋文化,知道自己是中国人。 4. 能主动与人交往,会使用礼貌用语,能与同伴合作,会谦让,能感受同伴的喜和忧。愿意参加各类活动,大胆表达自己的见解,保持积极愉快的情绪。初步学习简单评价自己与同伴的行为。 5. 学习关心与自己密切相关的人的情绪、情感,逐步与他们建立起亲密的感情。能感受别人的悲喜忧伤,会用简单的方式表达自己的爱心。 6. 了解社区环境中的主要设施,接触与自己生活有关的不同职业的人,知道他们与人们生活的关系,学做一些力所能及的事,爱惜衣物和劳动成果。	1. 在活动中喜欢与人交往,会使用礼貌用语,能表达自己的见解,保持积极愉快的情绪。 2. 学习关心与自己密切相关的人的情绪、情感,能感受别人的悲喜忧伤,会用简单的方式表达自己的爱心。 3. 能按自己的想法进行游戏或其他活动,知道自己的一些优点和长处,并对此感到满意,自己的事情尽量自己做,不愿意依赖别人。 4. 会用礼貌的方式向长辈表达自己的要求和想法,能注意到别人的情绪,并有关心、体贴的表现,知道父母的职业,能体会到父母为养育自己所付出的辛劳。 5. 学习遵守生活常规和游戏规则,初步学习克服困难,能坚持完成自己的任务。 6. 了解社区环境中的主要设施,接触与自己生活有关的不同职业的人,学习做一些力所能及的事。	1. 能主动与人交往,能与同伴合作,会谦让,能感受同伴的喜和忧。学习用不同的方式大胆表达自己的见解,初步学习简单评价自己与同伴的行为。 2. 愿意并主动参加群体活动,愿意与家长一起参加社区的一些群体活动。 3. 感受规则的意义,并能基本遵守规则,不私自拿不属于自己的东西,知道说谎是不对的,知道接受了的任务要努力完成,在成人提醒下,能节约粮食、水电等。 4. 能感受与自己密切相关的人的情绪、情感的变化,主动关心他人,逐步与他们建立起亲密的感情。 5. 能自觉、主动地遵守生活常规和游戏规则,能勇于克服困难,能坚持与同伴一起有始有终地做事。 6. 了解社区环境中的主要设施,接触与自己生活相关的不同职业的人,知道成人劳动对自己生活的影响,能爱惜劳动成果。

类别	总目标	上半学期目标	下半学期目标
语言	1. 能耐心地倾听他人的讲话，能理解他人讲话的主要意思，初步养成良好的倾听习惯。 2. 能结合情境感受到不同语气、语调所表达的不同意思，会用普通话与他人交流。 3. 愿意与他人交谈，喜欢谈论自己感兴趣的话题。能清楚地讲述自己的所见、所闻、所做、所想的事，体验语言交流的乐趣。 4. 对日常生活中一些常见的符号、标志、文字感兴趣，并理解其所表达的意思。 5. 对图书感兴趣，理解大意，学习欣赏中外儿童的艺术作品，感受语言的丰富和优美，并能用较恰当的语言、动作、表情等方式表现自己的理解。	1. 能安静倾听他人讲话，能理解他人讲话的主要意思，初步养成良好的倾听习惯。 2. 别人对自己讲话时能回应，能根据场合调节自己说话声音的大小。 3. 愿意与他人交谈，喜欢谈论自己感兴趣的话题。能基本完整地讲述自己的所见所闻和经历的事情。 4. 在教师的引导下，关注生活中常见的符号、标志，并了解其所表达的意思。 5. 喜欢把听过的故事或看过的图书讲给别人听，对生活常见的标识、符号感兴趣，知道它们表示一定的意义。 6. 对图书感兴趣，能用正确的方式阅读图书，初步学习欣赏中外儿童艺术作品，感受语言的丰富。	1. 能耐心地倾听他人的讲话，能理解他人讲话的主要意思，养成良好的倾听习惯。 2. 能用普通话清楚连贯地与人交谈，能清楚地讲述自己感兴趣的事物，体验语言交流的乐趣。 3. 对日常生活中一些常见的符号、标志感兴趣，理解其所表达的意思。初步萌发对文字的兴趣。 4. 能有兴趣地阅读图书，学习欣赏中外儿童的艺术作品，能用较恰当的语言、动作、表情等方式表达自己的理解。 5. 喜欢把听过的故事或看过的图书讲给别人听，对生活常见的标识、符号感兴趣，知道它们表示一定的意义。 6. 能随着作品的展开产生喜悦、担忧等相应的情绪反应，体会作品所表达的情绪情感。
科学	1. 喜欢接触新事物，经常问一些与新事物有关的问题。常常动手动脑探索物体和材料，并乐在其中。 2. 能对事物或现象进行观察比较，发现其相同与不同之处。能根据观察结果提出问题，并大胆猜测答案。能通过简单的调查收集信息。能用图画或其他符号进行记录。 3. 初步理解数、量、形、时空等概念，并能进行简单的比较、分类、排序、测量等智力活动。 4. 学习合理使用衣食住行等生活基本用品，对带有新技术的物品感兴趣。 5. 在参观、游览等活动中，了解青岛的典型设施和文化景观，萌发爱家乡的情感。初步了解我国重要节日及传统文化，喜欢中国著名的风景名胜。 6. 知道中国是个多民族的国家，了解世界几大人种及其外貌特征。 7. 能多感官、多途径地感受大海的魅力，激发幼儿探索的欲望，了解海洋知识，培养其保护环境、爱护海洋、热爱生活的美好品质。	1. 亲近自然，能感知周围自然物质和现象，在教师的引导下，能关注自己身边的科学现象，初步尝试动手操作。 2. 能感知和区分物体的粗细、厚薄、轻重等量方面的特点，并能用相应的词语描述。能通过数量比较两组物体的多少。能通过实际操作理解数与数之间的关系，会用数词描述事物的排列顺序和位置。 3. 能感知和发现动植物的生长变化及其基本条件。能感知和发现常见材料的溶解、传热等性质或用途。 4. 初步感知常用科技产品与自己生活的关系，知道科技产品有利也有弊。 5. 在参观、游览活动中，了解青岛的典型设施和家乡特有的节日庆祝活动，萌发爱家乡的情感。 6. 在教师的引导下，能有目的地关注生活中的各种信息，能将自己关注的信息与同伴进行交流分享。 7. 了解、探究海边各种有趣的事情，能从"科学"的角度去了解一些海边趣闻，做到文明赶海，增强环保意识。	1. 能主动照顾动植物，能运用各种感官感知、观察，能及时发现自己身边的科学现象，喜欢动手操作。 2. 能感知物体的形体结构特征，画出或拼搭出该物体的造型。能感知和发现常见几何图形的基本特征，并能进行分类。能使用上下、前后、里外、中间、旁边等方位词描述物体的位置和运动方向。 3. 能感知和发现简单物理现象，如物体形态或位置变化等。能感知和发现不同季节的特点，体验季节对动植物和人的影响。 4. 初步感知常用科技产品与自己生活的关系，知道科技产品有利也有弊。 5. 知道中国是个多民族的国家，了解世界几大人种的外貌特征。初步了解我国重要的节日及传统文化，喜欢中国著名的风景名胜。 6. 能主动有兴趣地关注生活中的各种信息，能运用不同的形式将所关注的信息与他人进行分享交流。 7. 运用各种感官认识、了解各种各样的海洋动物，对探究海洋动物感兴趣，同时开阔眼界，陶冶情操。

类别	总目标	上半学期目标	下半学期目标
艺术	1. 在欣赏自然界和生活环境中美的事物时，关注其色彩、形态等特征，喜欢倾听各种好听的声音，感知声音的高低、长短、强弱等变化。 2. 经常唱唱跳跳，愿意参加歌唱、律动、舞蹈、表演等活动，能用自然的、音量适中的声音基本准确地唱歌，能通过即兴哼唱、即兴表演或给熟悉的歌曲编词来表达自己的心情。 3. 能关注生活中美的、感兴趣的事物。感知、理解艺术活动和环境布置中的美。 4. 自然、愉快地唱歌，能随音乐做游戏、表演、自由舞蹈等，初步表达自己对音乐作品的感受。 5. 积极尝试用各种材料、工具和方法进行制作和绘画，有初步的想象和创新能力，体验成功的快乐。	1. 在教师的引导下，关注生活中感兴趣的事物。感知艺术活动和环境布置中的美。 2. 能自然愉快地唱歌，能随音乐做游戏、表演、自由舞蹈等。 3. 喜欢尝试用各种材料、工具和方法进行制作和绘画，有初步的想象和创新能力，体验成功的快乐。 4. 学习运用自然材料和可以替代的物品开展游戏，能运用语言、动作等表现扮演的角色。 5. 能用拍手、踏脚等身体动作敲击物品或敲打节拍的基本节奏，能运用绘画、手工制作等表现自己观察到或想象的事物。 6. 积极运用自然材料和可替代的物品，创造性地开展游戏。	1. 经常用绘画、捏泥、手工制作等多种方式表现自己的所见所想。 2. 能够专心地观看自己喜欢的文艺演出或艺术品，有模仿和参与的愿望，欣赏艺术作品时会产生相应的联想和情绪反应。 3. 能用多种方式表达自己对音乐作品的感受与想象。 4. 积极尝试使用各种材料、工具和方法进行制作和绘画，体验成功的快乐。 5. 积极运用自然材料和可替代的物品创造性地开展游戏，能运用语言、表情、动作等自然地表现所理解的事物。

目　录

1

主题二　我是海边人

主题三　多彩的秋天

主题四　浓浓的爱

主题五 冬爷爷来了

主题六 中国节，中国结

下学期

主题一　我会保护自己

主题二　我和海洋动物交朋友

主题三　走进春天

主题四　我喜欢

主题五　生活中的大发现

主题六　我的畅想曲

评价汇总

上学期 中班

主题一 我是能干的好孩子

主题网

教学活动
1. 好习惯体验日：自己的事情自己做
2. 小筷子真灵巧
3. 认读 1～4 的数字
4. 小牙刷
5. 蚂蚁搬豆

活动区活动
1. 小区的楼房
2. 快乐的幼儿园
3. 手指点画
4. 舀豆
5. 小牙刷
6. 拉拉链

户外体育活动
1. 小演员练本领
2. 送快递

第 1 周 我的小手真能干

教学活动
1. 原来是你
2. 身体加油站
3. 拍电报
4. 我们是能干的好孩子
5. 漂亮的头巾

我是能干的好孩子

教学活动
1. 教室里的悄悄话
2. 一起玩，办法多
3. 学习 5 的形成
4. 给爷爷、奶奶敲敲背、捶捶腿
5. 老师的项链

第 2 周 我能服务自己

第 3 周 我会帮助别人

户外体育活动
1. 我能做到
2. 老鼠笼

户外体育活动
1. 送信
2. 小动物找家

活动区活动
1. 搭墙花
2. 做客
3. 制作小扫帚
4. 我来设计新班
5. 我是能干的好孩子
6. 叠餐巾

活动区活动
1. 劳动小工具
2. 娃娃家
3. 老师的项链
4. 小工具怎么用
5. 劳动最光荣
6. 系扣子

主题价值

中班幼儿生活自理能力在逐步增强，小肌肉的灵活性也有了进一步的提高。但是由于家长过多包办，幼儿缺乏自我服务的机会，导致自我服务的能力比较欠缺。另外，由于自控能力弱，中班幼儿在日常生活中还不能很好遵守规则。本主题"我是能干的好孩子"设置了"我的小手真能干""我能服务自己""我会帮助别人"3个次主题，为幼儿提供较多的自我服务和服务他人的机会，使幼儿体验自我服务的乐趣和自己做事的成功感。在游戏化和情景化的活动中，引导幼儿不断感受、体验、实践，使幼儿喜欢上自己所在的班级以及自己的幼儿园，适应新的环境并与同伴建立良好的情感，帮助幼儿提高自我服务能力以及为同伴服务的能力，增强做中班哥哥、姐姐的自豪感与自信心。

主题目标

★了解并参与制定班级规则，知道遵守生活常规，增强幼儿自觉性，能在老师的提醒下，根据自己的需要主动喝水、擦汗，调整自己的活动量。

1. 喜欢学习新早操，掌握脚跟点地、腰部扭动、双腿半蹲的基本动作，并会听指令、按照路线向指定方向走。

2. 学会倾听，能完整、有表情地朗诵诗歌并清楚地表述长大了要帮爸爸妈妈做的力所能及的事情。

3. 了解筷子的文化，知道筷子是我们国家发明的，懂得自己的事情自己做，大家都喜欢的玩具要轮流玩、一起玩。

4. 了解白开水与饮料的不同，知道"多喝水对身体好"的道理，能及时主动地喝白开水，知道水对生命的重要性。

5. 理解歌词内容，能用自然好听的声音演唱歌曲，并根据歌词内容创编简单的动作表演。学习用手指点画、剪和穿的技能创作美术作品，感受小手的能干。

区域活动安排

区域名称	活动名称	活动准备	活动指导建议
结构区	我的小区	雪花片、积木、乐高玩具、辅助材料（地板拼接玩具、各种小木板、吹塑板、皱纹纸等）	小区的楼房： ● 指导幼儿使用雪花片运用梯形插、墙面插等方法进行小区楼房的拼插。 ● 指导幼儿通过回忆自己家的小区楼房和观察图片，说一说楼房的特点和搭建楼房的方法，发挥幼儿想象力和再现的能力。 ★ 能够有耐心、专心地完成一项任务。 搭墙花： ● 指导幼儿运用镂空的方法用积木搭建长方形、正方形等围墙，能利用辅助材料进行简单装饰。 ● 引导幼儿观察不同的建筑围墙图片，了解它们镂空搭建的特点，引导幼儿说一说围墙的搭建方法，不断丰富幼儿搭建经验。 ★ 鼓励幼儿合作进行搭建。 劳动小工具： ● 指导能用乐高玩具、雪花片等拼插玩具，学习运用一字形、方形、花形等拼插技能组合拼插出小簸箕、小扫帚等劳动工具。 ● 为幼儿提供不同簸箕、扫帚的图片，引导幼儿观察、讨论它们在外形上的相同与不同之处，鼓励幼儿选择自己喜欢的样式进行建构，提醒幼儿在拼插时将雪花片连接结实，保证作品的美观性和牢固性。 ★ 与同伴协商搭建任务，合作进行游戏。
社会区	我爱我家	自制各种自助餐的食物、餐具、厨具、食谱、制作食品的半成品等	快乐的幼儿园： ● 指导幼儿扮演"娃娃家"中的爸爸妈妈和老师等角色，开展"送宝宝上幼儿园"等情景表演，体验上幼儿园的快乐。 ● 指导幼儿在游戏中自己设计并自由分配角色，布置"娃娃家""幼儿园"等环境，提供大汽车、小画板、玩具钢琴等游戏材料，鼓励幼儿以物代物，将游戏不断引向深入。 ★ 引导幼儿能够通过协商分配角色。 做客： ● 指导幼儿能够扮演小主人、小客人，玩招待客人吃饭、和客人聊天等游戏，会说礼貌用语。 ● 鼓励幼儿在游戏中做热情的小主人和受欢迎的小客人。例如，小主人可以邀请朋友到自己家做客并采购食品招待客人。 ★ 引导幼儿习得基本的待客、做客礼貌礼仪。 娃娃家： ● 指导幼儿扮演娃娃家中的爸爸、妈妈进行游戏，掌握整理床单、扫地等简单的生活技能，体验"全家人"共同劳动的乐趣。 ● 提供拖把、抹布、衣架等工具，鼓励幼儿开展"家庭清洁日"的游戏，引导幼儿协商分配角色，扮演娃娃家中的爸爸妈妈。 ★ 指导幼儿自觉使用礼貌用语，进行餐厅的交流。
美工区	手指点画	各种颜色的水粉、宣纸	● 指导幼儿用手指点画的形式画出蚂蚁的样子。 ● 引导尝试运用手指不同的位置添画蚂蚁的触角及腿，添画出蚂蚁搬豆的情景。 ★ 仔细观察图示，有信心完成作品。
	老师的项链	范例：老师的项链、吸管、绳子等辅助材料	● 指导幼儿用剪和穿的技能制作老师的项链。 ● 指导幼儿注意颜色和材料的选择搭配制作项链，并发展手、眼协调能力及手部肌肉的灵活性。 ★ 保持画面整洁，不乱涂画。
	制作小扫帚	幼儿学习材料·操作材料②	● 指导幼儿用小木棍、毛线、玉米皮等废旧材料制作劳动小工具——小扫帚。 ● 指导幼儿将毛线、玉米皮、啤酒绳等材料剪成20～30厘米的长段，将剪成段的毛线等整齐地码在小木棍上，并用毛根缠绕进行固定，做成小扫帚。 ★ 能够及时收放辅助材料，整齐有序。

区域名称	活动名称	活动准备	活动指导建议
益智区	舀豆	各种豆子、小勺子若干	● 指导幼儿手眼协调地用勺子舀豆子到碗里。 ● 指导幼儿从易到难用勺子将不同大小的豆子盛到碗里。 ★ 能够有耐心、专心地完成一项任务。
	我来设计新班	教室图片、代表各种家具的小道具	● 指导幼儿能够根据自己的意愿摆放、组合各种"家具""班级活动室"，学会进行合理的空间布置。 ● 请幼儿参照"样板间"摆放各种家具，鼓励幼儿根据自己的意愿将"活动书橱""展示柜""小床"等自由组合，布置在"班级活动室"内。 ★ 学习与同伴进行交流和协商，合作完成任务。
	小工具怎么用	螺丝刀、漏勺、小钳子、订书机、水果刨子等实物，《幼儿学习材料·我升中班了》	● 指导幼儿认识并会使用生活中常见的3～5种小工具尝试解决生活中的小问题，知道它们给人们的生活带来的便利。 ● 请幼儿阅读《我升中班了》第28页，了解生活中常见小工具的用处，玩"工具配对"的游戏。 ★ 学习分享交流，愿意主动向同伴学习。
音乐区	小牙刷	《小牙刷》的图片和表演道具	● 引导幼儿在理解歌词内容的基础上表演演唱，并根据自己的理解创编动作。 ● 引导幼儿能够结合自己的生活经验和图片，记忆歌词创编动作。 ★ 学习在演唱的同时去倾听同伴的声音。
	我是能干的好孩子	《我是能干的好孩子》的图片和表演道具	● 指导幼儿掌握间奏的唱法，并用自然好听的声音演唱歌曲。 ● 鼓励幼儿根据图片大胆创编动作，充分利用道具再现歌曲。 ★ 能与同伴商量交换乐器进行伴奏。
	劳动最光荣	纱巾、麦克风、各种乐器、头饰等表演所需的道具，《幼儿素质发展课程·音乐》CD	● 指导幼儿在集体面前表现自己，大方地和老师、同伴进行表演。 ● 指导幼儿自选歌曲中的不同角色，用纱巾、头饰等材料打扮自己，选择喜欢的小乐器边有节奏地敲打边演唱。 ★ 学习与同伴合作表演，协商交流。
生活区	我是生活小能手	幼儿的外套、鞋子、餐巾等物品	拉拉链： ● 指导幼儿能够准确熟练地给衣服拉拉链。 ● 指导幼儿观察拉链的特点，掌握拉拉链的小技巧。 ★ 鼓励幼儿自主探索发现做事情的小窍门。 叠餐巾： ● 指导幼儿用对边折的方法折叠小餐巾。 ● 鼓励幼儿将折纸的经验进行迁移，运用边对边的方法叠餐巾。 ★ 鼓励幼儿自己动脑动手解决问题。 系扣子： ● 指导幼儿能够对齐系扣子，不"走错门"。 ● 指导幼儿通过先观察再系扣子的方法，防止扣子"走错门"。 ★ 知道自己的事情自己做。

（●为核心目标指导，★为养成目标指导）

户外活动安排

活动名称	活动目标	活动准备	活动指导建议
送快递	1. 学会听指令、按照信上的路线向指定方向走的技能。 2. 能听指令跨越各种障碍，将快递送到小动物的家。 3. 喜欢参与体育游戏，体验送信的快乐。	1. 小动物家的图片，数量与幼儿人数相等的快递（每个快递上贴有一种动物的图案以代表收件人），作为奖品的小粘贴若干。 2. 路线安排（若班级人数较多可以布置两个场地，幼儿分组活动）	● 指导幼儿扮演快递员，随音乐做好整理服装、出发准备等动作，锻炼上肢下肢等部位，做好热身准备。 ● 组织幼儿玩游戏"快递员送快递"，引导幼儿能听指令将快递送到指定动物的家，学会听指令向指定方向走等技能。 ★ 指导幼儿能够听清楚老师的指令，按照指令进行相应的动作。
老鼠笼	1. 能身体协调地钻进、钻出老鼠笼，发展动作的灵敏性，提高迅速反应的能力。 2. 体验扮演老鼠钻和跑进行游戏的快乐。	松紧带1根	● 游戏前教幼儿学会儿歌。初玩游戏时，扮演老鼠的幼儿可以少些，熟悉玩法后，再增加扮演老鼠的幼儿的数量。游戏中可根据幼儿的动作情况由高到低逐渐调节松紧带与地面的距离，增加"老鼠"钻进、钻出的难度。 ● 为使幼儿遵守游戏规则，开始可要求"老鼠"跑至"笼"中心取一食物方可钻出。 ★ 指导幼儿懂得游戏中的规则，有遵守规则的意识。
小动物找家	1. 练习直线追逐跑和躲闪跑，掌握追逐躲闪跑的动作要领。 2. 能够听指令、看信号做出迅速、正确的反应，找准自己"家"的方向。 3. 喜欢参与游戏活动，体验追逐躲闪跑的乐趣。	大灰狼头饰1个，小兔、小猫、小狗、小鸡的头饰（数量与幼儿人数相同）呼啦圈4个（用来当小动物的家），背景音乐	● 创设"小动物来锻炼"的情境，引发幼儿兴趣，为躲闪跑做准备。带领幼儿模仿各种小动物的动作进行热身运动。 ● 组织幼儿玩"变变变"游戏，练习听指令快速反应找到小动物的"家"。组织幼儿玩游戏"小动物找家"，练习听指令、看信号躲闪跑。 ★ 引导幼儿学会在体育活动中，通过闪躲保护自己和他人。

（●为核心目标指导，★为养成目标指导）

第 1 周　我的小手真能干

环境创设

1. 开辟墙饰"我是能干的好孩子",设置 3 个板块:一是"大一岁了"代表幼儿长大过程的照片,展示幼儿学会的本领;二是"在一起真快乐",展示幼儿在幼儿园与老师、小朋友共同生活、游戏的照片,幼儿绘画作品"帮助好朋友";三是"幸福在一起",展示幼儿将自己以及老师的笑脸画在纸上贴在一起。

2. 布置"愿望树",请幼儿绘画表征自己的升班愿望,制作成"我的升班愿望卡",悬挂在"愿望树"上。

生活活动

1. 引导幼儿熟悉新环境,喜欢自己的班级,尽快形成良好的秩序感,巩固已养成的好习惯。

2. 引导幼儿认识自己的物品,知道其摆放位置,启发幼儿和同伴协商设计班级活动区规则,培养按照规则要求做事情的意识。

3. 提醒幼儿用正确的方法洗手、喝足量的水,知道随渴随喝。

4. 能较快适应人际关系中发生的变化,换新环境时较少出现身体不适。

5. 懂得爱护幼儿园的环境,不乱涂乱画,节约幼儿园资源。

家长与社区教育

1. 引导家长培养幼儿物归原处的好习惯;开展"我想对你说"活动,请家长用语言或其他方式给幼儿送上"成长祝福",鼓励幼儿升入中班后更加努力地学本领,使他们感受成长的快乐与自豪。

2. 召开新学期家长会,或利用网络社交平台向家长介绍本学期的教育内容和家园配合要点;利用"家长园地"向家长介绍本主题活动的目标、内容及配合事项,使幼儿不断产生做中班小朋友的自豪感。

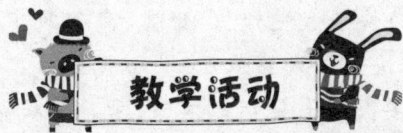

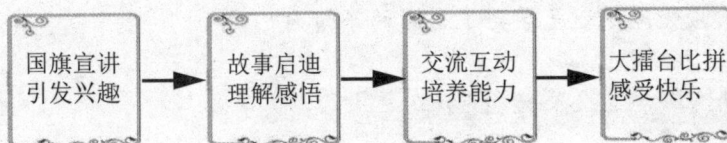

【活动解读】

升入中班的幼儿在自理能力上相对较弱,相对依赖父母。为了增强小朋友的生活独立性,此项活动通过故事启迪、相互交流、大擂台比拼等环节,让幼儿知道自己的事情应该自己学着做,也帮助家长做一些力所能及的小事,体验自我服务的成就感,增强自我服务的意识。

【活动流程】

国旗宣讲
引发兴趣 → 故事启迪
理解感悟 → 交流互动
培养能力 → 大擂台比拼
感受快乐

【活动目标】

1. 知道自己的事情要自己做,不懒惰,不依赖。

2. 能够做力所能及的小事。

3. 养成自己的事情要自己做的好习惯,体验自我服务的乐趣。

【活动建议】

1. 国旗下宣讲"自己的事情自己做"。

(1)教师宣讲:陈鹤琴先生说:"凡是孩子自己能做的事,让他自己去做。"活动为孩子讲述故事《自己的事情自己做》,引发幼儿自我服务的意识,培养孩子的责任感,能对自己的生活、行为负责。

(2)幼儿宣讲:自己的事情自己做,在生活中不依赖爸爸、妈妈,帮助爸爸、妈妈、老师做力所能及的事情。

(3)家长宣讲:配合幼儿园工作,学做"懒"妈妈,放手让孩子去做自己力所能及的事情。

2. 故事启迪,引发幼儿兴趣。

(1)故事《自己的事情自己做》。

(2)听了故事你有什么感受?

3. 交流互动,培养能力。

(1)说一说:下面的这些事情你们都会自己做吗?

穿脱衣服、洗脸、刷牙、叠被、扫地、系鞋带。

(2)组内交流,比比谁最能干,交流做事情的方法。

4. 自我服务大擂台,感受自我服务的快乐。

(1)比一比,看谁做得快。

(2)小结,自己的事情自己做,不会的事情学着做,可以使自己生活更方便,少给别人添麻烦。

【附故事】

自己的事情自己做

有一天,一头爱睡觉的小猪,一觉醒来,发现上学的时间到了。

小猪心急如焚地喊："妈妈，快喂我吃饭！"说完，急忙跳下床，走到镜子前一看，自己的衣服还没穿，他又大声喊："妈妈，快来给我穿衣服！"小猪连喊了几声，也没见妈妈走过来，猪妈妈早早就出门了。小猪急得快要哭了。他抓起衣服，就往学校跑。

小猪跑到学校时，已经上课了。小猪低头走进教室，刚一坐下，"哄"的一阵大笑，原来小猪没穿衣服。小猪赶紧把手里的衣服往身上穿，可是怎么也穿不到身上，小猪急得满头大汗，越着急，越穿不上，这时，山羊老师走进了教室，看见小猪狼狈的样子，问："小猪同学，你怎么不穿好衣服再来上学呀？"

小猪红着脸，结结巴巴地说："我，我不会穿衣服。在家都是妈妈帮我穿……穿衣服。"

山羊老师放下手里的教案，帮小猪穿好了衣服，并对大家说："同学们，自己的事自己不做，今天有父母、老师帮着做，那明天呢？作为父母、老师这件事帮你做，那件事也帮你做，那明天什么事你可以自己做呢？"

小猪听了山羊老师讲的话后，穿衣、洗脸、吃饭都学着自己做了。尽管有时把衣服穿反了闹出了笑话，但是，慢慢地他还是学会了自己的事情自己做。

活动二 社会——小筷子真灵巧

【教材分析】

筷子是孩子们比较熟悉的一种餐具，用筷子进食也是我国的饮食特色。用筷子夹食物时，不仅仅是5个手指在活动，腕、肩及肘关节也要同时参与，还有助于大脑发育，练习手部精细动作。幼儿对筷子已经比较熟悉且有部分幼儿已经开始体验使用筷子，但大部分幼儿还不能正确使用筷子。本次活动通过老师示范、操作探究、筷子游戏，引导幼儿学习使用筷子的动作要领，体验筷子带来的乐趣。针对幼儿使用筷子的差异性，设计了不同难度的游戏，满足不同能力水平幼儿的需求，让每个幼儿在活动中都获得成就感。

【活动目标】

1. 了解筷子的用途，学习正确使用筷子的动作要领，知道筷子是中国人发明的。
2. 尝试用筷子"夹豆"，锻炼手部肌肉灵活性和手指配合的协调性。
3. 体验使用筷子的乐趣，萌发民族自豪感。

【活动重点】

了解筷子的用途和正确使用筷子的动作要领，知道筷子是中国人发明的。

【活动难点】

尝试用筷子"夹豆"，锻炼手部肌肉灵活性和手指配合的协调性。

【活动准备】

课件、每人一双筷子、每桌一个盘子：盘内有桃核、笔帽、纸球、豆子小盘（各种大小不一的豆子）。

【活动过程】

1. 谜语引出，激发幼儿兴趣。

出示谜语："姐妹双双一样长，一起工作一起忙，冷冷热热都经过，酸甜苦辣一起尝。"

2. 自主探究筷子使用方法，了解正确使用筷子的动作要领。

（1）出示实物"筷子"和课件，了解筷子的来历和用途。

（2）幼儿自由操作，尝试使用筷子。

提问：你们会使用筷子吗？怎样正确使用筷子？（幼儿自主尝试）

同伴间交流分享、个别幼儿演示。

（2）教师示范，引导幼儿了解正确使用筷子的动作要领。（筷子躺在虎口上，食指、中指夹一根，另一根在无名指上，大拇指放上面。）

（3）幼儿再次尝试使用筷子夹各种物品，教师个别指导。

3. 游戏："夹豆子真有趣"，巩固使用筷子的基本方法，体验成功的乐趣。

（1）幼儿尝试夹盘子中的各种豆子。

提问：你们都夹到了什么？每样有几个？哪个更好夹呢？

请幼儿与大家一起分享。

（2）教师小结：鼓励幼儿多多练习使用筷子。

（3）再次游戏，进一步激发幼儿使用筷子的兴趣。

4. 活动延伸

餐前活动，引导幼儿欣赏儿歌《小小筷子》，教育幼儿文明使用筷子。

【附教材】

儿歌《小小筷子》

小小筷子本领大，

吃饭夹菜全靠它，

我用小手稳稳拿，

不乱翻，不敲打。

不让饭菜满桌撒。

活动三 数学——认读1～4的数字

【教材分析】

幼儿对4以内数的形成及数数已经有了一定的经验，能够基本掌握1～4的数的形成及数数，本次活动，我们将在幼儿原有经验的基础上，更加系统地引导幼儿感知4以内的数，认读数字1～4，理解1、2、3、4所代表的含义，将零散的对数字的经验进行梳理，引导幼儿能用相应的数字表示物品的数量，并能手口一致地从左而右点数4以内的物品，说出总数，并在活动中萌发学习数字的兴趣。为了让孩子更好地理解感知抽象的数字，我们将利用观看多媒体、操作圆形卡片、根据汉字默数和听音数数等方式，引导幼儿在看、听、说、操作的过程中认读数字1、2、3、4，理解数字代表的含义，并正确点数和说出总数。

【活动目标】

1. 认读数字1、2、3、4，能手口一致、自左而右点数4以内的物品并说出总数。

2. 理解数字代表的含义，能够按数取物、按物取数，数物对应。

3. 喜欢参加数字活动，萌发学习数字的兴趣。

【活动重点】

认读数字1、2、3、4，能手口一致、自左而右点数4以内的物品并说出总数。

【活动难点】

理解数字代表的含义，能够按数取物、按物取数，数物对应。

【活动准备】

物质准备：多媒体课件、数字卡片。

经验准备：对4以内数的形成及数数有一定的了解和掌握。

【活动过程】

1. 出示课件"参观动物园"，学习认读数字1、2、3、4，并能用相应的数字表示物体总数。

（1）学习认读数字1，并会用数字1来表示物体数量为1的物品。

提问：有几只大熊猫？ 1只大熊猫用数字几来表示？数字1像什么？

1可以表示一只大熊猫，还可以表示什么？

小结：数字1可以表示所有数量是1的物体。

（2）通过课件演示参观动物园不同动物，学习认读数字2、3、4，学习方法同上。

2. 创设游戏情境"喂小动物"和"看看谁是大胃王"，引导幼儿能够点数4以内的物品，并能够说出总数。

（1）游戏《喂小动物》：练习数物对应，按数取物。

玩法：请幼儿根据小动物身上的数字，为小动物喂食相应个数的食物，引导幼儿能够按数取物。

提问：小兔子的身上是数字几？小兔子要吃几根胡萝卜啊？把相应的胡萝卜装入小兔子的书包。

（"小狗、小猫"方法同上，在游戏中不断操作练习"按数取物"，理解数字代表的含义。）

（2）创设情境"谁是大胃王"，请幼儿点数小动物吃的食物的多少，能够说出总数。

提问：小老虎吃了多少块肉？谁吃得最多？为什么？

幼儿自由讲述，教师小结并引导幼儿点数验证。

3. 游戏操作，进一步巩固幼儿对于4以内数的感知。

（1）游戏《看数取物》：幼儿根据教师出示的数字卡片，快速拿取相应数量的学具。

提问：你拿取了几个学具？为什么要这样拿？

教师小结并组织幼儿按序点数、验证。

（2）游戏《听音取数》：幼儿根据教师敲击不同数量的声音，默数并拿取相应的数字。

提问："你拿的是数字几？为什么？"

教师小结，鼓励幼儿以小组为单位开展游戏。

4. 活动延伸：到院子里寻找数字的秘密。

活动四　音乐——歌曲《小·牙刷》

【教材分析】

《小牙刷》这首歌曲主要描写了幼儿正确刷牙的步骤和方法，歌词朗朗上口，贴近幼儿生活，歌曲节奏欢快，旋律流畅，以间奏与休止符的表现形式，让歌曲更富有动感，充满童趣。幼儿已经有一定的节奏感，知道用好听的声音演唱歌曲，但休止符和间奏的学习对于刚升入中班的幼儿还是有一定难度的。为此本次活动中，运用难点前置的方法，通过发音练习，感受空拍的节奏与音值，为后面完整演唱，掌握空拍打好基础。同时，我们还运用了肢体表现法，以通过拍手、拍腿等动作再现间奏，掌握间奏的节拍，让幼儿在自主游戏中掌握节拍，演唱歌曲。

【活动目标】

1. 熟悉歌曲旋律，理解歌曲内容，学习边唱边用动作表演。

2. 能根据歌词内容创编刷牙的动作，并能在间奏处创编刷牙动作和快乐的象声词。

3. 养成爱清洁，坚持每天刷牙的好习惯。

【活动重点】

能有表情地演唱歌曲,并能根据歌词内容创编刷牙的动作。

【活动难点】

能在间奏处创编刷牙动作和快乐的象声词。

【活动准备】

物质准备:牙刷、正确刷牙姿势的图片。

经验准备:刷牙的经验,熟悉《小牙刷》歌曲旋律。

【活动过程】

1. 难点前置,通过发音练习学习空拍。

2. 采用游戏的情节出示牙刷宝宝,激发幼儿参与活动的兴趣。

(1)提问:小朋友们会刷牙吗?为什么要刷牙啊?

(引导幼儿说说保护牙齿的重要性及平时是怎样保护牙齿的。)

(2)出示图片引导幼儿了解、学习正确的刷牙方法。

教师以歌词小结:"小牙刷,手中拿,挤点牙膏,把牙刷,上面刷,下面刷,刷刷刷刷,刷刷刷刷,牙齿刷的白花花。"

3. 教师演唱歌曲,幼儿感受歌曲旋律并欣赏、学唱歌曲。

(1)教师完整地唱歌曲,引导幼儿感受歌曲欢快活泼的旋律并拍出歌曲的节奏。

提问:听完这首歌,你有什么样的感觉?

(2)教师再次演唱歌曲,在第一段歌曲的间奏处做刷牙的动作,在第二段歌曲的间奏处,发出表示漱口和牙齿健康的快乐象声词。如:咕噜噜、哈哈哈等。

(3)跟教师学唱歌曲,并在间奏处做刷牙动作以及漱口声,快乐象声词。

4. 创编刷牙节奏和象声词。

(1)幼儿创编动作"除了歌曲中×××地刷牙,还能怎样刷?用动作做出来,大家学一学。"

(2)创编漱口的水声,如"咕噜咕噜噜""咕噜噜噜"等,创编表示快乐的象声词和节奏。如"啦啦啦啦,嘻嘻嘻嘻"等。

(3)教师选用幼儿的创编,集中并反馈,完整地唱歌,注意交换间奏中的节奏和象声词。

提问:这首歌曲与我们平时学唱的歌曲有何不同?

(4)教师以歌词小结,引导幼儿根据图谱记忆歌词。

提问:歌曲中都唱了些什么?怎样才能把牙齿刷得白花花?

5. 幼儿随伴奏和老师一起完整演唱歌曲。

教师小结,并针对幼儿的演唱进行个别乐句的指导。

6. 幼儿创编动作,完整演唱歌曲。

(1)集体演唱:教师重点指导结合歌词创编动作,以动作记忆歌词,掌握音乐节拍。

(2)幼儿分组表演唱:男女生轮流表演唱,鼓励幼儿大胆表演。

(3)个别表演,集体欣赏。

7. 活动延伸:音乐区投放音乐伴奏带,幼儿进一步表演唱。

【附教材】

小牙刷

$1=C$ $\frac{2}{4}$

佚名 词 高敏 曲
教材编写组改编

$\underline{5\ 6}\ 5\ |\ (\underline{55}\underline{65}\ 5)\ |\ \underline{3\ 1}\ 2\ |\ (\underline{31}\underline{31}\ 5)\ |\ 6\ \underline{6\ 1}\ |\ 2\ 2\ |\ \underline{5\ 3}\ 2\ |$

小牙刷，　　　手里拿，　　　挤点儿牙膏 把牙刷，

$\underline{6\ 6}\ \underline{5\ 0}\ |\ \underline{2\ 3}\ \underline{5\ 0}\ |\ \underline{5\ 5}\ \underline{5\ 5}\ |\ \underline{3\ 3}\ \underline{3\ 3}\ |\ \underline{2\ 3}\ \underline{5\ 5}\ |\ \underline{2\ 3}\ \underline{5\ 1}\ |$

上面 刷　下面 刷，刷刷 刷刷 刷刷 刷刷。我们 天天　刷刷 牙，

$\underline{2\ 3}\ \underline{5\ 5}\ |\ \underline{2\ 0}\ \underline{3\ 0}\ |\ 1\ —\ \|$

牙齿 刷得 白 花　花。

活动五 美术——手指点画：蚂蚁搬豆

【教材分析】

手指点画这一绘画方式工具特殊,操作方便,画面变化无穷,小蚂蚁则是幼儿生活中常见的,贴近幼儿的生活经验。本节《蚂蚁搬豆》的点画活动是要求幼儿在观察蚂蚁各部位的基础上,运用手指不同位置进行点画作为本节活动的难点。为更好地解决此活动难点,在活动开始,通过播放蚂蚁视频,让幼儿在直观体验的过程中唤起有意审美体验,并在教师引导下了解蚂蚁的生活习性,进一步熟悉小蚂蚁的特征,此环节为点画做了良好的铺垫,为帮助幼儿更好地掌握"点画的方法",示范的过程中,运用小儿歌的方式,形象记忆,帮助幼儿掌握点画的方法。

【活动目标】

1. 观察了解蚂蚁的特征,用手指点画的形式画出蚂蚁的样子。
2. 尝试用手指不同的位置添画蚂蚁的触角及腿。
3. 体验点画蚂蚁的乐趣,对蚂蚁的不同动态感兴趣。

【活动重点】

观察了解蚂蚁的特征,用手指点画的形式画出蚂蚁的样子。

【活动难点】

尝试用手指不同的位置添画蚂蚁的触角及腿。

【活动准备】

宣纸若干、墨汁、纸巾、蚂蚁视频。

【活动过程】

1. 出示蚂蚁视频,幼儿观察了解蚂蚁的生活习性及特征。

提问：你在哪里见过蚂蚁？它爱吃些什么？它长什么样子？（什么颜色？几条触角？几条腿？）

小结：小蚂蚁爱吃含糖的食物,它由头、胸、腹组成。头上有一对触角,身上长着六条腿。

2. 幼儿自主探索,学习点画蚂蚁的方法。

（1）通过观察、比较蚂蚁身体部位的特点,引导幼儿思考用手指的哪一部分表现蚂蚁的不同部位。

提问：蚂蚁的身体是什么形状？三个圆形大小一样吗？那应该用手指的哪部分表现？

触角跟身体比较有什么区别？应该用手指的哪部分表现？

蚂蚁的触角和腿这么细,在点画的时候应该注意什么？

（2）教师边梳理经验边示范。

食指轻轻蘸墨,先点出蚂蚁的头,然后用手指蘸墨横着点画出它椭圆形的肚子,最后用食指的侧部与肚子连接起来,用手指尖添画出蚂蚁的触角和6条腿。

(3)儿歌辅助练习,幼儿空手操作。

儿歌:小蚂蚁,真可爱,黑色身体三个圆,轻蘸点出蚂蚁头,侧点链接胸和腹,指尖轻画小触角,六条小腿跑得快。

3. 幼儿尝试作画,教师观察指导。

幼儿作画时,教师注意引导幼儿合理蘸墨,并添画丰富的画面,保持画面整洁。

4. 欣赏作品,展示评析。

幼儿分享介绍自己的作品,幼儿相互欣赏评析,教师着重小结提升点画方法。

设置"蚂蚁聚会"的情景,幼儿将作品进行展示。

体育活动

小演员练本领

【教材分析】

本次活动主要通过练习在直线上、宽平衡木上、窄平衡木上走,引导幼儿掌握快速在宽30厘米左右、高低不一的平衡木上行走的动作要领。幼儿能掌握基本的平衡技能,只是动作的灵活性还需进一步提高,活动通过"小演员练本领""小演员过小桥"等游戏情境的创设,提高游戏难度,鼓励幼儿手持轻器械,创造性地做各种动作顺利通过平衡木,进一步发展幼儿身体的协调能力,激发幼儿敢于展示自己的愿望。

【活动目标】

1. 学会快速在宽30厘米左右、高低不一的平衡木上行走。

2. 能在平衡木上手持轻器械变化动作走,发展平衡能力。

3. 体会小演员勇于克服困难的精神。

【活动重点】

学会快速在宽30厘米左右、高低不一的平衡木上行走。

【活动难点】

能在平衡木上手持轻器械变化动作走,发展平衡能力。

【活动准备】

宽度、高度不同的平衡木,沙包、球、木棍等轻器械。

【活动过程】

1. 创设"小演员练本领"的游戏情境,引导幼儿随音乐在直线上和平衡木上走。

带领"小演员"穿过草原、翻过高山、走过小桥,练习在直线上、宽平衡木上、窄平衡木上走,能保持身体的平衡,不走到通道外面。

2. 鼓励幼儿探索在平衡木上走的方法,掌握快速走平衡木的动作要领。

（1）创设"小演员过小桥"的情境,引导幼儿探索走过高低不同的平衡木。

（2）请个别幼儿演示在平衡木上走的动作,其他幼儿学习。

动作要点:眼睛向前看,胳膊侧平举,保持身体的平衡,步子要小,注意安全。

（3）指导幼儿重点练习快速走平衡木的动作技能。

动作要点:双手侧平举,快速走。将幼儿分为4组,每组都要快速通过3根高度不同的平衡木。

3. 组织幼儿玩"小演员来表演"游戏,帮助幼儿巩固快速在平衡木上走的动作技能,提高身体的协调性。

游戏要求:手拿轻器械,创编各种动作通过平衡木,如顶沙包走、抱球走等,鼓励幼儿大胆展示自己,当自信的小演员。

4. 创设"小演员开车回家"的游戏情境,引导幼儿随舒缓的音乐做放松活动。

"红灯亮"时,小演员停车休息,捏捏胳膊、揉揉腿,放松身体各部位;"绿灯亮"时小演员慢慢开车回家,游戏结束。

第 2 周　我能服务别人

环境创设

1. 鼓励幼儿用绘画的方法记录自己的值日工作，布置"我们爱劳动"和"劳动小窍门"主题墙饰，展示值日生扫地、擦桌子等图片，分享值日的好方法。

2. 创设"今天我值日"专栏，放置值日生牌、小围裙等值日用品，粘贴各小组"值日生劳动记录表"，提醒每天值日的幼儿及时佩戴值日生标志牌。

生活活动

1. 引导幼儿每天主动佩戴值日生标志，按计划、分组轮流做值日生，开展值日工作。

2. 提醒幼儿保管、整理好自己的外套、鞋子、彩笔等物品并注意摆放整齐。

3. 引导幼儿观察、了解班级各种常用物品的摆放位置，活动后能将用过的玩具、材料物归原处。

家长与社区教育

1. 请家长帮助幼儿在家中制订"我是小帮手"计划，提醒幼儿按照计划学着帮爸爸、妈妈做简单的家务，如扫地、摆放和收拾碗筷等，鼓励幼儿自己的事情自己做，帮助幼儿掌握家务劳动的基本方法。

2. 请家长和幼儿一起收拾、整理幼儿的房间，指导幼儿有序、分类摆放自己的物品，鼓励幼儿把自己的劳动过程与同伴进行分享。

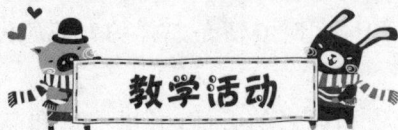

教学活动

活动一　语言——诗歌《原来是你》

【教材分析】

诗歌《原来是你》是一首叙事性的诗歌，诗歌包含了激动、疑惑、兴奋三种情绪，先后再现

17

了幼儿在家帮妈妈干家务、妈妈看到整洁的环境后的惊喜、妈妈对宝贝的喜爱的情境,诗歌句式朗诵时上下句间不够押韵,对话多,情境描述多,虽然内容易于理解,但要完整朗诵对于刚升中班的幼儿来说还是很有难度的。本次活动通过经验交流、看图讲述帮助幼儿理解诗歌内容,以师幼互读、情景表演等形式帮助幼儿记忆诗歌,并有感情地完整朗诵诗歌。

【活动目标】

1. 理解诗歌内容,学习朗诵诗歌,知道自己长大了应该帮爸妈做力所能及的事情。

2. 较熟练地掌握诗歌内容,能有感情地完整朗诵诗歌。

3. 感受帮大人做事情的快乐心情,产生帮大人做力所能及事情的愿望。

【活动重点】

理解诗歌内容,学习朗诵诗歌。

【活动难点】

较熟练地掌握诗歌内容,能有感情地完整朗诵诗歌。

【活动准备】

经验准备:幼儿有做家务劳动的经验。

物质准备:诗歌图片、幼儿做家务劳动的照片。

【活动过程】

1. 出示孩子做家务的照片,激发幼儿参与活动的兴趣。

（1）幼儿讲述照片内容。

提问:说一说照片中你在干什么?

（2）幼儿交谈经验。

提问:你还在家中帮爸妈做过哪些事情?为什么要这样做?

2. 出示诗歌图片,在观察交流互动指导中引导幼儿理解诗歌内容。

（1）教师完整朗诵诗歌。

提问:诗歌名称是什么?诗歌里讲述了什么事情?

（2）教师逐一出示图片,边出示图片边朗诵儿歌,帮助幼儿理解。

【图一】提问:他在做什么?

教师小结,引导幼儿学说诗歌第一部分。

【图二】提问:妈妈看到不同的情景时是怎么说的?心情是什么样的?

教师小结,引导幼儿结合图片分句学说诗歌第二和第三部分。

3. 教师分层指导,通过跟读等形式帮助幼儿理解诗歌内容。

（1）结合图片,幼儿和老师一起分段朗诵诗歌。

（2）结合幼儿的学习进行个别诗句的再学习。

4. 通过情感分析、情景表演等形式,帮助幼儿有感情地完整朗诵诗歌。

（1）情感挖掘。

提问:妈妈看到干净的桌子和地面时心情是怎样的?妈妈发现是我打扫的卫生,心情又是怎样的?

小结:帮助幼儿体验妈妈惊讶和高兴的心情,并以惊讶和高兴的心情朗诵诗歌对话"是谁把屋子收拾得这么干净?"和"哦,原来是你,爱劳动的好宝宝!"

（2）幼儿有感情地完整朗诵。

（3）情景表演(一部分幼儿说独白,剩下两部分幼儿扮演妈妈和我)

（4）讨论:"你喜欢诗歌中的小朋友吗?为什么?"

小结：自己长大了，要多帮大人做力所能及的事情。

【附教材】

原来是你

妈妈不在家，

我把地来扫，我把桌来擦。

听，好像是妈妈的脚步声，

我赶快躲到门后偷偷地看。

妈妈进来了，看看地上，看看桌上。

妈妈问："是谁把屋子收拾得这么干净？"

"喵、喵、喵"我在学猫叫。

妈妈把门推开瞧，高兴地说：

"哦，原来是你，爱劳动的好宝宝！"

活动二 科学——身体加油站

【教材分析】

"一日生活皆课程"，喝水是生活环节中重要的一项，本次活动引导幼儿了解水与饮料的不同，知道喝水的重要性并愿意主动、及时喝水，懂得通过喝水保护自己的健康。幼儿已经初步了解了喝水是很重要的，但经常需要老师的提醒，有的时候还会出现偷懒喝水较少的情况。针对这种情况，本次活动通过情境谈话、故事讲述、观察发现等环节，引导幼儿认识到水对生命的重要性，愿意主动喝水，并知道如何饮水，帮助幼儿养成良好的喝水习惯。

【活动目标】

1. 初步了解水与饮料性质的不同，知道水对生命的重要性。

2. 能及时、主动地喝白开水，懂得通过喝水保护自己的健康。

3. 懂得要多喝水，养成良好的喝水习惯。

【活动重点】

初步了解水与饮料性质的不同，知道水对生命的重要性。

【活动难点】

能及时、主动地喝白开水，懂得通过喝水保护自己的身体。

【活动准备】

1. 科教宣传片《水——生命的乳汁》

2. 两盆花：一盆泥土湿润枝叶茂盛，一盆泥土干燥枝叶枯萎。

【活动过程】

1. 回忆已有生活经验展开讨论，引出话题。

宝宝活动后口渴了，妈妈为他准备了很多不同的饮料和白开水，引导幼儿讨论他到底该喝什么。

如果是你，你会怎么选？为什么？

2. 听故事《白开水获金奖》，了解水与饮料性质的不同。

提问：故事里谁获得了金奖？为什么？

小结：白开水是最健康的饮品。

3. 观看科技宣传片《水——生命的乳汁》，了解水对生命的重要性。

（1）观看视频，了解多喝水对人体有什么好处？

（2）讨论：你知道什么时候需要喝水吗？每次应该喝多少水？（幼儿自由讨论）

（3）小结：不管什么时候，人们都需要补充水分，多喝白开水能帮助我们通过小便排毒使身体更健康。

4. 观察两盆花，督促幼儿养成及时、主动喝水的习惯。

出示两盆花，幼儿观察说出两盆花的不同之处。

小结：知道人和植物一样离不开水，小朋友要及时喝水，才能保持身体健康。

【附故事】

白开水获金奖

夏天到了，鸭鸭俱乐部在举办饮料大赛，要比一比哪种饮料对人的健康最有益。各种饮料都聚在一起，有可乐、雪碧、柠檬水、咖啡等，它们都神气十足，认为自己是最了不起的，只有白开水默默无言地在一旁。俱乐部请来了科学家、医生等做评委，评委们对各种饮料都打分，最后评比揭晓了。

请小朋友猜一猜是谁得了金奖？评委们都说白开水最有益于人的健康，应该得金奖。

"为什么不评我们?! 我们的味道又香又甜，金奖应该属于我们!!!"饮料们生气地大叫。

"别不服气，你们漂亮是因为在水里放了糖、香料和色素，糖会损害牙齿，不能多吃，香料、色素吃多了对身体无益。"医生解释道，"希望大家多喝白开水，养成勤喝水的好习惯。"

白开水高兴极了，其他饮料都羡慕地看着白开水。

〔选自：青岛出版社 2019 年版《幼儿素质发展课程教师用书》中班（上）〕

多喝白开水身体好

活动三　数学——游戏：拍电报

【教材分析】

通过对上一周活动"认读 1~4 的数字"的学习，孩子们基本掌握了 4 以内数的认读、点数与理解。本次活动以数学游戏的形式，进一步提高孩子们对数学活动的学习兴趣、巩固孩子对 4 以内数字含义的理解、丰富孩子们的学习形式。活动中孩子们通过小组合作的形式，进行手心拍电报，在这一过程中，自然地加深对 4 以内数字的感知、理解，并练习默数和认读总数，在游戏的进行中培养孩子们的规则意识和合作能力。

【活动准备】

经验准备：孩子已有对 4 以内数的点数、认读与理解的经验，基本掌握手口一致地进行点数、说出总数，区域中已有按数取物、按物取数等操作的经验。

物质准备：1~5 的数字卡片人手一套。

场地安排：幼儿座位安排根据小组人数随时调节。

【活动目标】

1. 会点数、默数 4 以内的数，理解并熟练掌握 4 以内数的认读。

2. 能够准确快速地接收并传递同伴给出的数字点数，并取出相应的数卡。

3. 喜欢和同伴一起游戏，体验与同伴合作取胜的快乐。

【活动重点】

会点数、默数 4 以内的数，理解并熟练掌握 4 以内数的认读。

【活动难点】

能够准确快速地接收并传递同伴给出的数字点数，并取出相应的数卡。

【活动过程】

1. 观察图片，找出图片中隐藏的数字 1、2、3、4，巩固幼儿对 1～4 的数字的认读。

提问：图片中藏着我们的数字好朋友，你发现它们了吗？

2. 观察 PPT 中的点数接收命令数字。

教师播放 PPT 显示数字点数，幼儿说出数字，反复使用点数。

3. 游戏"拍电报"。引导幼儿能够准确快速地接收并传递同伴给出的数字点数，并取出相应的数卡。

（1）介绍游戏玩法及规则。

玩法：游戏开始，教师将一个数字卡片出示给各组的第一个幼儿，然后发口令：拍电报！各组幼儿按照数字的点数迅速拍电报，即第一个幼儿用右手食指在第二个幼儿的手心上按照老师出示的数字点几下，依次传下去。

规则：传递过程中幼儿要默数电报点数，不能说出点数，最后一个幼儿得到电报后，从手中的数字卡中选择相应的数卡，并举手示意完成。

（2）两人一组开始"拍电报"游戏。

所有小朋友坐成面对面的两排，面对面的两个小朋友为一组，老师向面向自己的那排出示卡片，幼儿接收信号后向对面的小朋友"拍电报"，对面的小朋友默数出电报的点数，选出面前相应的数字卡片举起。幼儿发电报和收电报角色交替进行，游戏反复进行 4 次左右。

（3）增加小组内成员人数，增加游戏难度。

可根据幼儿掌握情况，逐渐增加小组内幼儿的数量，如将小组内的人数增加为 4 人，1 人作为接收老师信号者，其他 3 位小朋友根据对面发来的电报点数迅速拿出相应的数卡，速度最快并答对者作为胜利者成为下一个发电报的人。

（4）进行接龙收发电报，增加幼儿对游戏规则的要求。

根据班级幼儿上一轮游戏的开展情况，继续提高游戏难度进行接龙收发电报，幼儿坐成一横排或者一竖排，教师给第一个发电报的人出示数卡，幼儿依次向下一个小朋友手心发电报，最后一名幼儿根据收到的电报点数举起相应的数卡，最快举起并答对的小组获胜。

3. 游戏扩展。

随着游戏的不断深入，可变化游戏玩法，如传话游戏、传递肢体语言等。

活动四 音乐——歌曲《我们都是能干的好孩子》

【教材分析】

这是一首 2/4 拍的歌曲，旋律轻快流畅，歌词通俗易懂，以一问一答的方式表现了小朋友们爱劳动、愿意为他人服务的情景。歌曲间奏部分给幼儿提供了创造表演的空间,激发了幼儿演唱的兴趣。幼儿已经有一定的节奏感,知道用好听的声音演唱歌曲,对于对间奏和问答曲调形式还不是很熟悉,活动通过难点前置和"你问我答"的环节,引导幼儿更好地掌握间奏的唱法,理解记忆歌词,知道长大一岁的自己能为大家做出许多力所能及的事情,为自己的懂事、能干感到自豪。

【活动目标】

1. 理解歌词内容,感受歌曲中轻快活泼的情绪,学会听歌曲的间奏。

2. 能用自然好听的声音演唱歌曲,并根据歌词用不同的动作表现间奏部分。

3. 懂得要做力所能及的事,为他人服务是一种美德。

【活动重点】

理解歌词内容,感受歌曲中轻快活泼的情绪,学会听歌曲的间奏。

【活动难点】

能用自然好听的声音演唱歌曲,并根据歌词用不同的动作表现间奏部分。

【活动准备】

物质准备:图片:幼儿打扫活动室,如:擦桌子、扫地、叠被子。

图片:干净的桌子、整齐的椅子、整齐的床铺。

经验准备:会擦桌子、扫地、叠被子,熟悉《我是能干的好孩子》歌曲旋律。

【活动过程】

1. 围绕自己会做的事情以及为他人做过的事情展开谈话,引出主题。

提问:你为大家做过哪些事情？心情是怎样的？

2. 教师范唱歌曲,引导幼儿理解歌词,学会听歌曲的间奏。

(1) 教师范唱第1遍,引导幼儿学会听赏间奏部分,鼓励幼儿创造性地表现间奏的时值。

提问:这首歌曲和其他歌曲的唱法有什么不同？间奏的空拍可以用什么动作来表示呢？

(2) 教师范唱第2遍,以"你问我答"的形式帮助幼儿理解歌词内容。

提问:谁让桌子、椅子变干净了？师幼分角色扮演提问者和回答者,以一问一答的形式学说歌词。

3. 鼓励幼儿完整演唱歌曲,提示幼儿用自然好听的声音演唱。

(1) 引导幼儿自然地、有感情地演唱歌曲。

提问:小朋友为大家做了很多的事情,你认为他是一个什么样的孩子？用什么样的声音演唱才能唱出大家都在夸奖他呢？

(2) 请幼儿扮演小值日生,用分组的方法演唱歌曲,鼓励幼儿边做动作边演唱歌曲。

(3) 鼓励幼儿根据歌词的句式,结合值日劳动内容仿编歌词并演唱。

引导幼儿交流,懂得做小值日生是一件很光荣的事情。

【附教材】

我们都是能干的好孩子

$1 = G$ $\dfrac{2}{4}$

活动五　美术——印染:漂亮的头巾

【教材分析】

印染是一种操作简单、颜色绚丽、呈现形式多样的美术形式,通过印染可以彰显不同幼儿对色彩的不同理解,感受色彩变化的有趣。幼儿已经有拓印的经验,但是还没有印染的经验,本次活动主要通过"熊猫商店"的故事情境,引导幼儿通过自主创作、主动尝试不同颜色印染等方法,引导幼儿感受色彩的美,同时在印染的基础上,鼓励幼儿通过折叠变角的方法丰富幼儿印染作品,给幼儿提供充分的想象与创作的空间,让幼儿用自己喜欢的方式创造性地进行表现。

【活动目标】

1. 掌握印染的基本方法,学习用角对角、边对边的方法折纸进行印染。

2. 能运用折叠变角的方法丰富画面,并运用多种颜色进行创作。

3. 喜欢印染活动,感受印染作品的美并体验印染的快乐。

【活动重点】

掌握印染的基本方法,学习用角对角、边对边的方法折叠纸进行印染。

【活动难点】

能运用折叠变角的方法丰富画面,并运用多种颜色进行创作。

【活动准备】

1. 经验准备:故事"熊猫百货商店"、折纸的基本技能。

2. 物质准备:每人两张方形宣纸,一组两份具有各种颜料的调色盘,每组一份小抹布、展示板,舒缓的音乐。

【活动过程】

1. 情境"熊猫商店",激发幼儿创作兴趣。

出示PPT,展示各种各样的印染图案。

提问:这些头巾漂亮吗? 你们知道这些头巾是怎么制作出来的吗?

小结:这些漂亮的头巾是用颜料印染而成的。你们想不想试一试,自己来染一条这样的头巾?

2. 幼儿自主印染头巾,尝试印染漂亮图案的方法。

(1)操作习惯提示:注意颜色尽量不要弄到身上,学习使用小抹布净手。

(2)分组观察和指导。

3. 师幼共同讨论分享印染结果,知道折叠的方法可以让头巾的图案更漂亮。

(1)幼儿互相展示分享自己印染的头巾。

(2)展示用折叠方法印染的头巾,并请幼儿示范折叠方法。

(3)提升"对角折、对边折"的折叠方法。

(4)幼儿自主尝试折叠的不同方法。

(5)展示提升:展示个别幼儿折叠的作品,请幼儿分享折叠方法。

4. 教师示范印染,重点解决通过折叠变角补充空白的难点。

(1)教师用幼儿折叠的作品中层数较多的作品进行示范印染,借以提升幼儿知道层数越多图案越密集。印染过程中引导幼儿变换颜色来进行印染。

提问:"染个什么颜色呢?"引导幼儿对自己选择的颜色进行思考。

（2）印染过程中向幼儿提出"空白处怎样填充上颜色"的疑问，引发幼儿思考与讨论。

（3）小结：通过折叠变角，可以在空白处补充上颜色。

5. 情境"给熊猫百货商店"送货，幼儿自主印染一条漂亮的头巾。

（1）幼儿自主选择不同形状的纸张进行印染。

（2）交流分享：如果是你，你会买哪一条头巾？为什么？

引导幼儿从图案和色彩对印染的头巾进行感知。教师从图案的对称和色彩的搭配方面进行提升。

6. 延伸扩展。

区角活动时间我们再去印染一条，送给你最爱的人！

体育活动

我能做到

【教材分析】

本次活动主要通过易拉罐的多种玩法，来引导幼儿熟练掌握双脚连续向前跳的方法。要求幼儿连续跳时动作连贯，节奏适当。幼儿已基本掌握双脚连续向前跳的基本动作，为更好地帮助幼儿熟练掌握双脚连续跳动作，本次活动创设了"我能做到"的游戏情境，利用生活中常见的易拉罐，通过"响罐操、自由探索、垒高跳"等环节，激发幼儿参与活动的兴趣，活动中通过提高易拉罐垒高的高度，增加幼儿游戏的难度，有效激发幼儿参与体育活动的兴趣。

【活动目标】

能熟练掌握双脚连续向前跳的方法，并能连续跳过不同高度的障碍物。

连续跳时动作连贯，节奏适当。

能用易拉罐玩多种游戏，体验创新游戏的乐趣。

【活动重点】

能熟练掌握双脚连续向前跳的方法。

【活动难点】

能连续跳过不同高度的障碍物。

【活动准备】

利用游戏或户外活动时间指导幼儿学习"响罐操"。

幼儿人手一对"响罐"（易拉罐内装适量豆子，用胶布封住罐口），音乐。

【活动过程】

摆设响罐，引导幼儿做准备活动。

将"响罐"四散摆放在活动场地上，幼儿听音乐排成一路纵队绕"响罐走、跑交替"。音乐停止，幼儿每人立即拿两个"响罐"，站成6路纵队。

带领幼儿随音乐做"响罐操"：一手拿一只"响罐"做伸展运动、下蹲运动等。

请幼儿自由探索易拉罐的玩法，鼓励幼儿一物多玩。

（1）提问：易拉罐有哪些玩法？试一试，看谁的玩法多。

（2）幼儿分散自由探索易拉罐的多种玩法。

（3）请幼儿说说自己刚才是怎样玩的并示范给大家看。

3. 请幼儿探索跳过易拉罐的动作。

（1）将几个易拉罐间隔摆放，请幼儿尝试双脚跳过易拉罐。

（2）5～6个幼儿一组，合作摆放易拉罐，并依次跳过。

（3）请一组幼儿示范，引导其他幼儿观察，帮助幼儿总结动作要领：两腿屈膝脚蹬地，两臂向前上方摆，前脚掌先着地，连续不停向前跳。

（4）幼儿自由练习，教师观察、纠正幼儿的动作。

4. 组织幼儿玩游戏"我能做到"。

（1）教师讲解游戏方法和规则：将4～5个易拉罐间隔摆放，组成小路。幼儿分成人数相等的若干组，每人拿一个易拉罐，依次双脚连续向前跳过本组摆放的易拉罐，然后将手中的易拉罐放在地上，跑回来与下一个幼儿拍手。第2个幼儿出发，依次跳过易拉罐，然后将手中的易拉罐叠放在前一个幼儿的易拉罐上。各组幼儿依次将易拉罐垒高，最后看哪组运得快而且叠放的易拉罐不倒。

（2）组织幼儿比赛2～3次，每次可根据游戏情况提高易拉罐垒高的高度。

（3）教师讲评，表扬在比赛中能团结合作的小组和个人。

5. 带领幼儿随音乐用易拉罐按摩双腿，进行放松活动。

6. 师幼共同收拾场地，结束活动。

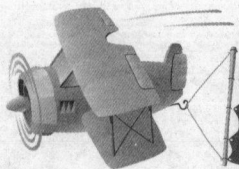

第 3 周　我能帮助别人

环境创设

1. 开辟"我的心情播报台",提供笑脸、哭脸等表示不同心情的卡片;请幼儿每天粘贴卡片,分享自己的心情;引导幼儿学会关心、安慰同伴。

2. 布置"情绪小屋",投放适宜的材料,如小电话、小镜子、图书、小娃娃等;提示幼儿有开心和不开心的事情可以到这里分享或寻求同伴的安慰。

3. 创设"好朋友一起玩"主题墙饰,设置以下 3 个板块:"介绍我自己"展示幼儿用绘画表征的"我的介绍卡",让幼儿相互了解;"我会分享",展示生活中幼儿分享玩具、图书、食物等的照片,让幼儿相互学习;"加入同伴游戏方法多",展示幼儿用绘画表征加入同伴游戏的方法,让幼儿学习交往的方法。

生活活动

1. 引导幼儿学习用正确的方法拿筷子,初步学会用筷子吃饭;会用餐巾擦嘴,能坚持餐后漱口。

2. 指导幼儿学习简单折叠、摆放自己的被褥,激发幼儿自己的事情自己做的主动性。

3. 开展"大带小活动"活动,引导幼儿爱护弟弟、妹妹,不欺负弱小。

4. 开展"好朋友日"活动,引导幼儿和好朋友坐在一起进餐、午睡、听故事做游戏,体验和好朋友在一起的快乐。

家长与社区教育

1. 请家长在家中鼓励幼儿坚持用筷子进餐。

2. 在班级中成立"家庭友好小组",定期开展做客、外出郊游等活动,引导幼儿养成良好的礼貌品质,学习谦让、分享、轮流等交往的方法。

3. 请家长鼓励幼儿将自己喜欢的玩具、图书等带到幼儿园与同伴分享。

4. 建立班级微信群,请家长引导幼儿在同伴生病、生日时通过微信表达自己的关心与爱。

教学活动

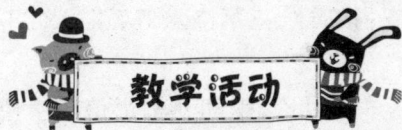

活动一 语言——故事《教室里的悄悄话》

【教材分析】

故事以小桌子、小椅子、小豆苗与风儿姐姐的对话为主要内容,用拟人化的语言倾诉了小朋友在做值日生时不够认真负责因而出现问题。幼儿对值日生工作往往很感兴趣,也掌握了一定的方法,但有时也会缺乏耐心,不够认真,甚至出现不爱护桌椅等现象。本次活动围绕这一现象,通过引导幼儿欣赏、分析、讨论故事中桌椅、花草与风儿姐姐的对话以及创编故事等环节,帮助幼儿了解值日生应具有的劳动态度,为幼儿认真、负责地进行值日劳动奠定基础。

【活动目标】

1. 理解故事中桌椅、花草的状态与值日生劳动的关系,愿意学说桌椅、花草和风儿姐姐的对话。

2. 初步尝试续编故事。丰富词汇:有气无力。

3. 知道值日生应该认真、负责地做好每一件事情。

【活动重点】

理解故事中桌椅、花草的状态与值日生劳动的关系,愿意学说桌椅、花草和风儿姐姐的对话。

【活动难点】

初步尝试续编故事。丰富词汇:有气无力。

【活动准备】

《多媒体教学资源包·教室里的悄悄话》、市编《幼儿学习材料·我升中班了》。

【活动过程】

1. 组织谈话活动,引出活动主题。

提问:小朋友们午睡的时候,教室里的小桌子、小椅子在干什么呢?

2. 结合课件,引导幼儿欣赏、理解故事。

(1)教师完整、有表情地讲述故事,引导幼儿初步了解故事情节。

提问:都有谁在教室里和风儿姐姐说话?它们为什么说悄悄话?

(2)教师分段讲述故事,帮助幼儿进一步理解故事内容并学说桌椅、花草和风儿姐姐的对话。

提问:桌妈妈、小椅子文文、小豆苗和兰花草分别遇到了什么问题?

它们和风儿姐姐说了什么?它们的心情怎样?

风儿姐姐听了大家的悄悄话,心情是怎样的?

它会怎么做?

引导幼儿有表情地学说各角色的对话,丰富词汇:有气无力。

3. 引导幼儿对故事进行续编,用比较完整的语言大胆地说出自己的想法。

提问:你们猜风儿姐姐把大家的话吹进了小朋友的梦里,后来又发生了什么呢?

小结:小朋友会用正确的方法认真做值日,把抹布拧干再擦桌子;摆小椅子时轻拿轻放,而

27

且要把每一把小椅子都摆放整齐；按时给花草浇水等,引导幼儿知道应该认真负责地做好每一件事。

4. 结合已有经验,组织幼儿进行讨论,使幼儿知道值日生应该认真负责地做好每一件事。

（1）提问：你认为应该怎么做值日生?

（2）提问：看到值日生每天认真负责地做值日,桌椅、花草还会说悄悄话吗?

它们会对风儿姐姐说什么呢?

鼓励幼儿大胆说一说桌椅、花草被细心照顾后的愉快心情。

5. 请幼儿阅读市编《幼儿学习材料·我升中班了》第25页并互相讲故事。

【附教材】

教室里的悄悄话

午饭后,教室里静悄悄的,当小朋友们甜甜的鼾声从寝室里传来时,风儿姐姐听到了教室里传出来的悄悄话。

"风儿姐姐,请你用力些吹吧! 吹干我身上的水,小朋友起床后就不会弄湿衣服了!"桌妈妈对风儿姐姐说。

"你身上怎么这么多水啊?"风儿姐姐问。

"哎! 今天的值日生擦桌子的时候,只呼呼呼地擦了几下,抹布又湿漉漉的就留下了这么多水。"

"桌妈妈,值日生整理小椅子的时候,'咚'的一声就把我摔在你身边了,我的小腿到现在还疼得直哆嗦呢!"小椅子文文说。它靠在桌妈妈身边直皱眉头,风儿姐姐心疼地亲了亲文文的腿。

"文文,桌妈妈,我多想和你们在一起呀!"小椅子当当斜靠在钢琴边,急得都要哭了,"值日生忘了把我搬到桌妈妈身边,害得我独自在这里,真孤单!"风儿姐姐疼惜地摸了摸当当的头。

种植区里,花盆里的小豆苗有气无力地说："啊……渴死我了! 值日生已经4天没有给我水喝了!"

"看我有多丑! 值日生好久没有给我剪头发了!"爱美的兰花草生气地说。

听了大家的话,风儿姐姐轻轻地叹了口气："该怎么办呢……哦,有了!"

风儿姐姐悄悄地穿过走廊,掀开窗帘,吹呀吹呀,把教室里的悄悄话都吹进了小朋友们的梦里。

〔选自：青岛出版社 2019 年版《幼儿素质发展课程教师用书》中班（上）〕

活动二 社会——一起玩,办法多

【教材分析】

本次活动旨在引导幼儿知道喜欢的玩具能够一起玩、轮流玩,并能使用多种方法确定玩玩具的次序和轮换的时间。幼儿在社会性逐步发展的过程中会出现"独占"的行为,因而学会轮流使用、共同分享大家喜爱的东西十分重要。本次活动通过创设大家共同玩球的情境,引导幼儿体验并思考"当大家都想玩玩具时可以怎么办",启发幼儿与同伴共同协商解决问题,寻找与同伴一起玩、轮流玩等多种轮换玩的方式,促进幼儿交往能力的提高。

【活动目标】

1. 知道大家都喜欢的玩具要轮流玩、一起玩。

2. 能使用多种方法确定玩玩具的次序和轮换的时间。

3. 体验遵守规则与同伴一起玩玩具的快乐。

【活动重点】

知道大家都喜欢的玩具要轮流玩、一起玩。

【活动难点】

能使用多种方法确定玩玩具的次序和轮换的时间。

【活动准备】

1. 自制课件《一起玩真快乐》：收集本班小朋友一起玩耍的照片。

2. 数码相机一台,皮球(数量比幼儿人数少4~5个)。

3.《幼儿学习材料·我升中班了》。

【活动过程】

1. 请幼儿玩球,引出活动内容。

(1)幼儿自由玩球,教师抓拍幼儿玩球时争抢球等的照片,引导幼儿初步体验球少、小朋友多带来的问题。

(2)引导幼儿讨论:刚才玩球时你的心情怎样?照片上发生了什么事情?没有球玩的小朋友心情怎样?球少,小朋友多,可以怎么玩?

2. 讲述故事《大家一起玩》,引导幼儿懂得大家要一起玩、轮流玩。

(1)请幼儿听故事,懂得有玩具要大家一起玩。

提问:小猫和小兔都想玩跳绳,它们是怎么做的?最后它们玩到跳绳了吗?

小猪和小熊是怎样解决问题的?大家一起玩儿时,你的心情怎样?

(2)创设为小动物"想办法"的情境,让幼儿知道玩具可以轮流玩。

讨论:小动物还可以怎样玩跳绳?如何轮流玩?

3. 请幼儿再一次玩皮球,实践轮流玩的不同方式,体验大家一起玩的快乐。

(1)出示皮球,引导幼儿学会确定轮流玩玩具的次序和轮换的时间。

提问:用什么办法确定谁先玩?每人玩多长时间就交换?还可以用什么办法确定轮换的时间?

小结:确定轮流的顺序后可以用猜拳、看表计时间、数个数、听一首歌曲做完一件事情等许多办法来确定玩多长时间进行轮换。

(2)请幼儿阅读《我升中班了》第15页,说一说小朋友一起玩还有哪些好办法引导幼儿玩玩具,教师巡视、指导。

(3)引导幼儿交流玩玩具的好办法,体验遵守规则一起玩玩具的快乐。

提问:你和谁一起玩的?你们怎样玩的?你的心情怎样?

小结:小朋友们发现了轮流玩、合作玩等很多好办法。只要遵守商量好的规则大家都会玩到玩具,而且会玩得很开心。

4. 请幼儿欣赏课件《一起玩真快乐》,进一步体验大家一起玩的愉悦心情。

【附教材】

大家一起玩

小猫、小兔是好朋友,它们一起出去玩。走着走着,小兔看见前面地上有一根跳绳,连忙把它捡起来。这时,小猫也看见了,赶紧抓紧绳子的另一头。小兔和小猫吵了起来。

小兔说:"我先看见的,给我玩。"小猫不肯,大声说:"让我玩,我先玩我先玩!"它们谁也不让谁,各自抓住绳子的一头,使劲往自己这边拉。突然,只听"啪"的一声,绳子被拉断了,分成了两段。小兔摔倒在地上，看着手中的绳子，哇哇大哭起来。小猫拿着断绳子的另一头。责怪小兔不该争抢。

这时，小猪、小熊走来了，看见小猫、小兔这个样子，忙问原因。弄清前因后果后。小猪说："大家一起玩才快乐！"小猫、小兔听了，都低下头说："是我不好，都怪我。"

小熊将断了的绳子接好了。小猫、小兔、小猪、小熊一起玩跳绳。大家一起玩，真开心！

活动三　数学——学习5的形成

【教材分析】

本次活动旨在引导幼儿初步掌握5的形成，知道4添1是5,5里面有5个1，认读数字5，并会手口一致地点数5以内的数。幼儿对4以内的数字已经有了基本的感知和理解，能够比较熟练地进行4以内数的点数和形成。本次活动中，我们将通过创设情境引导幼儿在主动思考解决问题的过程中感知5的形成，认读5并知道数字5代表的含义，并通过动手操作学具等方式，用并置法和重叠法比较5的数量关系，更好地理解5的形成。

【活动目标】

1. 初步掌握5的形成，知道4添1是5,5里面有5个1。认读数字5，并会手口一致地点数5以内的数。

2. 能够用并置法和重叠法来观察比较5的数量关系，进一步感知5的形成。

3. 愿意动手动脑，体验数学活动的有趣。

【活动重点】

初步掌握5的形成，知道4添1是5,5里面有5个1。认读数字5，并会手口一致地点数5以内的数。

【活动难点】

能够用并置法和重叠法来观察比较5的数量关系，进一步感知5的形成。

【活动准备】

经验准备：幼儿对4以内的数字已经有了基本的感知和理解，能够比较熟练地进行4以内数字的点数，基本掌握了4以内数的形成。

物质准备：人手一份数卡、操作学具、PPT。

【活动过程】

1. 游戏"我的朋友在哪里？"，引导幼儿复习4以内的数量。

游戏"听声音找朋友"：老师拍手或者敲鼓或者学小动物叫声，幼儿根据听到的声音次数选择相应的数卡。

引导幼儿复习1～4以内数字的认读和点数。

2. 创设情境提出问题，引导幼儿在主动思考中学习5的形成。

（1）播放好朋友去郊游PPT，出示4辆小汽车，幼儿点数说出总数。

提问：我想把4辆汽车送给这5个小朋友，遇到什么问题？引导幼儿想办法解决问题。

小结：朋友多，汽车少，再添上一辆，4添上1是5。引导幼儿说4添1是5.

（2）出示4添1后共有的5辆车，请小朋友们帮忙分给这5个小朋友。

提问：现在是5辆汽车了，谁来帮忙分给这5个小朋友？你是怎么分的？

小结：分给这5个小朋友每人一辆汽车，5可以分成5个1,5个1合起来是5。

（3）给小朋友分别送书包和水，出示4个，送给小朋友够吗？不够怎么办？巩固学习4添

1 是 5。

（4）小朋友乘小汽车来到世园会停车场,停车场有 4 辆公共汽车。

提问:公共汽车有几辆?公共汽车和小汽车谁多、谁少?【幼儿操作自己的学具采用并置法进行比较。】

引导幼儿说出小汽车比公共汽车多一辆,公共汽车比小汽车少一辆。引导幼儿说出 5 比 4 多 1,4 比 5 少 1。

提问:怎样就可以变成一样多?

小结:添 1 或者减 1。

3. 创设情境"好朋友游览世园会",引导幼儿点数 5 以内的数并说出总数,知道数量是 5 的物品可以用数字 5 来表示。

（1）出示世园会中的各种树木、花朵、凉亭、小船、小车等物品,幼儿点数,并说出总数,知道数量是 5 的物品可以用数字 5 表示。

（2）小组操作数学学具,巩固 5 的点数与形成。

（3）出示数字 5,幼儿认读,引导幼儿观察数字的字形,说出 5 像钩子。

4. 扩展练习,引导幼儿会按数字匹配圆点和实物。

（1）数字找朋友:请幼儿按相应的圆点卡片,找出相应的数字。

（2）寻找自己身体、活动室、图书中哪些东西可以用 5 来表示。

活动四 音乐——歌唱《给爷爷奶奶敲敲背锤捶腿》

【教材分析】

《给爷爷奶奶敲敲背、捶捶腿》是一首以抒发对爷爷、奶奶的爱为主要内容的抒情歌曲,曲调优美,适合中班幼儿哼唱,同时歌词有利于幼儿传承中华民族尊老爱幼的传统美德。幼儿有了一定的演唱基础,但是在歌曲情绪的表达方面还存在一定的困难。因此,采取念白、学唱、分声部合唱等形式,鼓励幼儿用动作、表情创造性地表现音乐情绪,学会用亲切、柔和的声音演唱歌曲,唱准休止符,感受爷爷、奶奶对自己的爱,懂得为爷爷、奶奶做力所能及的事情。

【活动目标】

1. 理解歌曲的内容,学习用亲切、柔和的声音演唱歌曲,感受乐曲欢快的情绪。

2. 唱准休止符,能用不同的动作和表情来表现对爷爷、奶奶的关心。

3. 感受爷爷、奶奶对自己的爱,产生关爱老人的情感。

【活动重点】

理解歌曲的内容,学习用亲切、柔和的声音演唱歌曲,感受乐曲欢快的情绪。

【活动难点】

唱准休止符,能用不同的动作和表情来表现对爷爷、奶奶的关心。

【活动准备】

1. 父母和孩子一起交流:平时爷爷、奶奶、姥姥、姥爷是怎样关爱、照顾小朋友的? 都为小朋友做了哪些事情?

2. 扮演爷爷用的胡子,扮演奶奶用的老花镜(只用镜框,不用镜片)。

3. 自制教学课件、图片、音乐、照片等。

【活动过程】

1. 用照片导入活动,引导幼儿了解如何关爱老人。

提问：平日里爷爷、奶奶是怎样照顾你的？

　　　爷爷、奶奶身体不适的时候，你是怎样帮助他们的？

小结：爷爷、奶奶年纪大了，腰、腿、背等身体部位经常会酸痛，需要小朋友的关爱。

2. 发声练习，初步感知节奏及歌曲旋律。

引导幼儿模仿各种动物叫，感知休止符的唱法。

3. 教师范唱歌曲，幼儿理解歌词，感知歌曲旋律。

（1）教师有感情地演唱一遍歌曲，幼儿感知歌曲旋律。

提问：这首歌听上去有什么感觉？你都听到了什么？

引导幼儿通过观看教师的动作、表情，聆听歌曲，感受歌曲的旋律。

（2）教师再次完整清唱一遍歌曲，帮助幼儿加深对歌词内容的理解。

提问：你是怎样为爷爷、奶奶敲腿捶背的？谁能用歌曲里的话说一说？

4. 幼儿学唱歌曲，表现歌曲中的情绪。

（1）结合课件或图片，听旋律，说歌词。

（2）幼儿用多种形式演唱歌曲，掌握歌曲的旋律与歌词。

幼儿唱歌，教师朗诵歌词；教师唱歌词，幼儿唱衬词；幼儿分声部合唱，体验合作演唱的快乐。也可一组幼儿唱歌，一组幼儿在每句后面念白。如：一组唱"爷爷亲哟"，另一组念"亲哟"；一组唱"奶奶亲哟"，另一组念"亲哟"；一组唱"我是您的好宝宝"，另一组念"好宝宝"。幼儿依次进行演唱。

5. 创设"家"的情境，激发幼儿的演唱兴趣。

幼儿分别扮演爷爷、奶奶和宝宝，一起完整地演唱歌曲。教师及时表扬在表演中有表现力、创造力的幼儿。

【附教材】

给爷爷奶奶敲敲背锤捶腿

金潮 词曲

活动五　美术——手工：老师的项链

【教材分析】

本次活动要求幼儿会自选不同装饰材料按颜色、数量进行有规律地排序制作，即在艺术领域的基础上渗透数学领域，因此我将"学习剪和穿的技能"作为本节活动的重点，将"会按颜色、数量加隔物进行有规律地排序制作"作为本活动的难点,为更好地解决重难点,我在活动中,为幼儿提供了各种漂亮项链的图片,让幼儿欣赏,扩展幼儿的思路,并让幼儿讨论分享用什么样的排列方式装饰项链,找个别幼儿进行操作演示,体现幼儿在前、教师在后的教育观念。

【活动目标】

1. 学习剪和穿的技能,能按"设计—选材料—剪—穿"的流程设计制作。

2. 会自选不同装饰材料按颜色、数量进行有规律地排序制作。

3. 养成做事有条理性的习惯。

【活动重点】

学习剪和穿的技能,能按"设计—选材料—剪—穿"的流程设计制作。

【活动难点】

会自选不同装饰材料按颜色、数量进行有规律地排序制作。

【活动准备】

1. 剪刀若干、细线若干、彩色吸管、彩珠若干。

2. 项链图片。

【活动过程】

1. 难点前置,设置"熊猫首饰商店"的情景,通过谈话活动初步感知项链的排列方式。

(1)熊猫首饰店开业了来选购首饰的顾客可真多,我们去看看吧。

(2)项链柜台最热闹我们来欣赏一下项链吧,初步欣赏项链装饰、排列的方式。

提问:你喜欢哪条项链?它是怎样装饰的?他们的珠子是怎样排列的?

(3)项链的销量可真好,一会工夫剩下的项链就不多了,熊猫老板要征集设计制作项链的高手,激发幼儿参与设计制作。

2. 探索制作项链的方法,学习加间隔物进行有规律的排序。

(1)熊猫老板今天提供的主要材料是吸管,请小朋友讨论交流可以怎样用吸管来制作项链。

(2)请个别幼儿交流分享怎样用吸管制作项链。

提问:应该如何用吸管穿项链呢?怎样将吸管剪的一样长?

(3)教师归纳总结幼儿的方法,并提示幼儿使用剪刀的正确方法及安全事项。

(4)幼儿探索交流吸管的排列方式,学习加间隔物进行有规律的排列。

提问:熊猫老板觉得单独用吸管来穿有些单调,看看桌上其他熊猫老板提供的材料,你还想用哪些材料作装饰物?你想怎样将它们排列?

请个别幼儿演示排列方法,幼儿观察交流。提问:他是怎样排列这条项链的?

(5)幼儿动手制作,教师巡回指导。

引导幼儿将剪好的吸管与自己选择的搭配物在桌子上拼摆出好看的项链,教师巡回指导幼儿有规律搭配。

3. 作品展示,分享交流。

(1)熊猫老板来收货,做项链展销会,展示幼儿作品,引导幼儿互相评价和自我评价。

(2)熊猫老板说要过教师节了,他要将这批小朋友做出来的项链送给森林幼儿园的老师们,请小朋友们给老师说一句祝福的话。

体育活动

送 信

【教材分析】

"送信"活动旨在引导幼儿练习听指令向指定方向走的技能,活动中蕴含着基本动作的练习以及方位感的训练。幼儿走的动作已逐步发展健全,活动能力明显增强,但身体的灵活性以及方位感有待进一步提高。本次活动创设3种情境:一是"邮递员上岗",引导幼儿进行热身活动,增强参与游戏活动的兴趣;二是"邮递员送信",让幼儿练习听指令向指定方向走;三是"邮递员下班",带领幼儿愉悦地进行放松活动,在有趣的情境练习中达到增强体质的目的。

【活动目标】

学会听指令、按照信上的路线向指定方向走的技能。

能听指令跨越各种障碍,将信件送到指定信箱。

喜欢参与体育游戏,体验送信的快乐。

【活动重点】

学会听指令、按照信上的路线向指定方向走的技能。

【活动难点】

能听指令跨越各种障碍,将信件送到指定信箱。

【活动准备】

1. 纸箱做的信箱4个,数量与幼儿人数相等的信件(每封信上贴有一种动物的图案以代表收信人),作为奖品的小粘贴若干。

2. 路线安排(若班级人数较多可以布置多个场地,幼儿分组活动):从小兔子家出发,爬过山坡(小椅子),跳过小河(绳子),钻过山洞(桌子),走过独木桥(平衡木),信箱在独木桥旁边;从小熊家出发,钻过山洞(桌子),走过独木桥(平衡木),爬过山坡(小椅子),跳过小河(绳子),信箱在小河旁边;从小猫家出发,走过独木桥(平衡木),钻过山洞(桌子),跳过小河(绳子),爬过山坡(小椅子),信箱在山坡旁边;从小猪家出发,跳过小河(绳子),爬过山坡(小椅子),走过独木桥(平衡木),钻过山洞(桌子),信箱在山洞旁边。

【活动过程】

1. 设置"小小邮递员上岗"游戏情境,带领幼儿进行热身活动,激发幼儿参与活动的兴趣。

引导幼儿扮演小邮递员,随音乐做好整理服装、出发准备等动作,锻炼上肢下肢等部位。做好热身准备。

2. 组织幼儿玩游戏"邮递员送信",引导幼儿能听指令、将信件送到指定信箱,学会听指令、向指定方向走等技能。

（1）介绍游戏玩法并开展游戏。

请幼儿当小小邮递员给小动物送信。幼儿每人拿一封信并说出自己拿的是哪个小动物的信。送信时,到每个小动物家的路线不同,提醒幼儿按照自己的路线完成送信任务。顺利完成任务者获得奖励。

规则：幼儿必须说出是给哪种动物送信；要严格按照各种动物不同的路线送信，走错的要回原位重新开始；顺利、正确完成任务者才能获得奖励。

3. 带领幼儿一起游戏，引导幼儿学会听指令向指定方向走等技能。

（1）每次游戏可变换给不同小动物送信，使用不同的送信路线，引导幼儿学习根据路线的不同向指定方向走。

（2）提示幼儿遵守规则并在游戏中不断加快速度。

4. 创设"邮递员下班"的情境，带领幼儿进行放松活动。

请幼儿扮演"小小邮递员"，做整理信件、准备下班的动作，放松上肢、下肢。

主题二 我是海边人

活动区活动

1. 海洋小植物
2. 海鲜大排档
3. 气球鱼
4. 多彩的贝壳画
5. 海洋益智拼图
6. 赶海的小姑娘
7. 免费的旅行家
8. 编织小鱼

教学活动

1. 好习惯体验日：我会认真听、我敢大胆说
2. 我是小记者"赶海采访"
3. 挖蛤蜊
4. 大海啊，故乡
5. 石头贝壳创意画

户外体育活动

1. 沙滩寻宝
2. 海边踏浪

第1周 海边初体验

教学活动

1. 赶海乐趣多
2. 我的赶海新经验
3. 娃娃踏浪
4. 文明赶海人
5. 学习按特征分类

我是海边人

教学活动

1. 浒苔去哪里了
2. 小海龟的勇敢旅程
3. 拍手舞
4. 漂亮的沙画
5. 按规律排序

第2周 海边乐趣多

第3周 海洋小博士

户外体育活动

1. 拾贝壳
2. 有趣的沙雕

活动区活动

1. 海底小动物
2. 海洋照相馆
3. 潜望镜
4. 美丽的沙画
5. 海洋动物翻牌
6. 海洋服装秀
7. 大海里我最大
8. 编织小螃蟹

户外体育活动

1. 小鱼游
2. 夺宝奇兵

活动区活动

1. 搭建海边建筑
2. 海洋手工艺品展览馆
3. 塑料瓶里的潜水艇
4. 漂亮的石头画
5. 海洋知识旅行旗
6. 海洋小剧场
7. 海洋动物知多少
8. 编织海螺

主题价值

说起大海，中班的孩子们脑海里会立刻浮现阳光、蓝天、白云、海天一线的美丽画面，他们喜欢并渴望去发现大海的奥秘、大海的神奇。为了顺应孩子们的兴趣和发展需要，我们预设了"我是海边人"的主题活动，通过第一个子主题活动"海边初体验"，引导幼儿通过"赶海"多感官、多途径感受大海并激发幼儿探索的欲望；第二个子主题"海边乐趣多"引导幼儿在赶海基础上，进一步了解、探究海边各种有趣的事情和海洋动物，体验海边的有趣；第三个子主题"海洋小博士"引导幼儿从"科学"的角度去了解一些海边趣闻，如：浒苔去哪儿了？浒苔等现象出现的原因，并引导幼儿学做文明赶海人、增强环保意识。

出门三五步便是大海的地理位置，是我们课程开展得天独厚的优势，我们将通过亲子赶海、赶海采访、共同收集问题、查阅资料、爷爷进课堂等家园活动，发挥幼儿园和家长资源的优势，完善课程的开展，引导幼儿知海、爱海，做名副其实的海边人！

主题目标

★树立环保意识，通过文明赶海、环保宣传、方言交流等方式，激发幼儿作为海边人的自豪感。喜欢家乡青岛，感受家乡风光的美。

1. 喜欢参加赶海活动，能与同伴合作分工制定小组赶海计划，知道赶海活动中自我保护的方法，体验作为青岛人的自豪。

2. 能主动、大方并用完整连贯的语言，讲述自己的赶海见闻与收获，运用清晰明了的语言进行简单的采访活动，感受青岛方言的魅力，初步学说青岛方言。

3. 喜欢沙滩游戏，能够动作协调灵活、平稳地在沙滩上跨越障碍物，练习跑、钻、爬、滚的动作，掌握动作要领，并能够自觉遵守游戏规则。

4. 能按贝壳特征进行分类及有规律排序，初步了解浒苔泛滥的原因、危害，以及变废为宝再利用的几种简单途径。

5. 乐于参与音乐活动，能用圆润、流畅的歌声，表达热爱大海、热爱家乡的感情，体验在音乐中"踏浪赶海"的情趣，能运用贝壳进行创意组合贴画，体验与同伴合作制作的快乐。

区域活动安排

区域名称	活动名称	活动准备	活动指导建议
结构区	美丽的海底世界	各色雪花片、插塑玩具及各种盒子、饮料桶等辅助材料。海边建筑、海洋动物、海洋植物的图片	1. 海洋小植物： ● 指导幼儿使用雪花片，用圆形插、球形插自由组合的方法，拼插海洋小植物。 ● 首先观察海洋植物图片，知道都有什么植物，它们是什么样子，再进行创造性的拼插。 2. 海底小动物： ● 指导幼儿使用雪花片，用球形插、环形插自由组合的方法，拼插海洋动物。 ● 首先观察海洋动物图片，知道都有什么动物，它们是什么样子，再通过互相学习，进行创意拼插。 3. 搭建海边建筑： ● 指导幼儿使用雪花片，运用多种拼插技能，表现海上皇宫的造型，并尝试使用辅助材料。 ● 首先观察海边建筑的图片，了解建筑的结构特点，并与同伴进行讨论，研究出搭建方法，进行搭建。 ★ 同伴间遇到矛盾会互相协商解决，学会谦让，合作游戏。
角色区	海鲜大排档	布置海鲜大排档场景。厨师操作台、原料摆放台、厨师服务员服装、烤箱、菜品贴图、菜谱、各种海鲜食品、橡皮泥、贝壳、蛋糕模型等半成品辅助材料	● 愿意与同伴协商角色，知道角色的分工并模仿角色大胆表现，体验共同游戏的乐趣。 ● 能够热情主动地和同伴交往，共同协商解决出现的问题，敢于表达自己的意见和要求。 ★ 游戏中能够自觉使用礼貌用语，能较有秩序地收拾、摆放玩具及活动材料。
	海洋照相馆	自制反光板、大相框、小相框、海洋动物服饰、有关海洋背景图，照相机、手机、音乐	● 能够与同伴协商分工，选择扮演照相馆的角色（如摄影师、灯光师、模特、化妆师等），在"我给你装扮"和"选景拍照"的情景中，扮演好自己的角色，并使用礼貌用语交流。 ● 知道各种材料的特征和作用，并能较充分、合理地运用各种材料。 ★ 指导幼儿在演出中能遵守会场秩序，保持会场安静，不打扰其他照相的小朋友。
	海洋手工艺品展览馆	扇贝壳、蛤蜊壳、小石头、毛毛球、魔法玉米、彩色橡皮泥、水彩笔、手机、纸盘子、青岛风景图、小木船、水粉等	● 能够自主分角色、选择扮演展览馆的客人和老板，体验买卖的快乐。 ● 指导幼儿在"推销商品""付款方式""讨价还价"的情景中，能大胆自信地进行流畅交流。 ★ 游戏时能遵守秩序，结束后能将物品整理好。
科学区	气球鱼	杯子、气球、白醋、食盐水、漏斗、小苏打实验步骤图	● 了解实验步骤，知道小苏打和醋可以产生变化，生成气体。 ● 指导幼儿通过观察，发现三个一样的"气球鱼"不同的漂浮状态，并尝试做实验记录。 ★ 指导幼儿学会看记录表，并引导幼儿用不同的符号，做好记录。
	潜望镜	两个长条形牛奶盒、两块镜子、剪刀、胶带、胶水	● 初步了解潜望镜的科学原理。 ● 指导幼儿用两片镜子，通过不同调试，尝试制作潜望镜。 ★ 指导幼儿不断尝试、探索，找出镜子最佳的观察角度。
	塑料瓶里的潜水艇	潜水艇图片、塑料小管各一份，塑料瓶每人一个，装满水的盆	● 初步了解潜水艇为什么会下沉、上浮的原理。 ● 知道它是仿造鱼鳔创造、发明的，并做好活动记录。 ★ 指导幼儿专心实验，并做好记录，不玩水，不嬉戏。
美工区	多彩的贝壳画	各种各样的贝壳、画笔、颜料、贝壳拼画的图片、辅助材料等	● 指导幼儿选择自己喜欢的颜色，运用水粉画的形式涂染、装饰出不同颜色的贝壳。 ● 指导幼儿创造性地将不同的贝壳拼接起来构成一幅美丽的贝壳画。 ★ 穿上围裙进行作画，在涂色过程中注意保持桌面和衣服的干净整洁。
	美丽的沙画	画好图案的鞋盒盖人手一个、装有白胶的裱花袋若干、沙子若干、辅助材料，如：橡皮泥、贝壳、扭扭棒、纽扣、瓶盖等	● 了解制作沙画的步骤，学习绘制沙画的方法。 ● 指导幼儿创造性地用沙子绘出美丽的图案。构成一幅美丽的贝壳画。 ★ 绘画时能处理好沙子，不扬沙子、不揉眼，保持桌面整洁。

区域名称	活动名称	活动准备	活动指导建议
美工区	漂亮的石头画	各种各样的石头、画笔、颜料、辅助材料等	● 能通过拼摆石头进行组合，制作好看的作品。 ● 指导幼儿根据石头的外形组合设计，涂上自己喜欢的颜色，大胆构图。 ★ 能安静地进行创作设计绘画，不打扰别人，保持桌面整洁。
益智区	海洋益智拼图	各种海洋生物拼图玩具	● 学会辨别物体的特殊细节，培养幼儿物体组合的能力。 ● 指导幼儿通过寻找线索，进行大胆尝试，获得游戏成功。 ★ 游戏时能够静下心来，有耐心地进行，并按规则开展游戏。
益智区	海洋动物翻牌	方形卡片若干，海洋小动物的小图片若干	● 知道海洋小动物的特征，提高有意记忆的能力。 ● 指导幼儿通过翻牌瞬间，记忆海洋小动物的特征，并在最短的时间内找到一样的海洋动物。 ★ 游戏时如果翻错了，及时翻回去，遵守游戏规则。
益智区	海洋知识旅行旗	游戏玩法提示板、可拼插的小号地垫、有可插功能牌的地垫、功能提示卡片、骰子、海洋小动物棋子	● 知道海洋知识旅行旗的玩法，能和伙伴愉快地玩棋。 ● 指导幼儿运用拼板自主拼摆出各种形状的棋盘，创造性地开展棋类游戏。 ★ 能根据功能棋格的提示，决定前进还是后退，并按规则开展游戏。
音乐区	赶海的小姑娘	赶海的小姑娘的音乐、背景图、图示	● 能随音乐用踮趾小跑步的动作，创造性地表现赶海小姑娘的快乐心情。 ● 指导幼儿先学习踮趾小跑步的舞蹈动作，再通过欣赏音乐，了解赶海的动作，创造性地变成舞蹈动作，进行舞蹈。 ★ 喜欢跟音乐进行舞蹈表演，并能大胆展现舞蹈的美。
音乐区	海洋服装秀	废旧物品，如：大号垃圾袋、易拉罐、礼品包装的彩带、一次性桌布、卫生纸筒等	● 感受海洋动物服装的有趣，随音乐创造性地表现不同海洋动物的特点和习性。 ● 引导幼儿利用废旧物品，制作好看的海洋动物服装，再引导幼儿穿上自己制作的服装，随音乐进行表演。 ★ 能够爱护自己制作的衣服，将没有做好的衣服叠好，放到未完成区。
音乐区	海洋小剧场	废旧材料制作的服装、运用贝壳制作的服装、背景音乐	● 能在熟悉情节的基础上，运用道具、摆设布景、穿戴服装，按自己意愿进行创意表演。 ● 指导幼儿根据海洋故事的内容，进行创编，改成适合表演的剧本，引导幼儿进行表演。 ★ 能够将使用过的道具，整齐合理的摆放回原处，爱护道具。
语言区	免费的旅行家	故事图书	● 通过阅读图书，理解《免费的旅行家》的故事内容。 ● 引导幼儿一页一页仔细翻看图书，认真观察画面上的内容，尝试讲述并与同伴分享。 ★ 同伴间交流时，尽量小声，不影响别人。
语言区	大海里我最大	有关海洋的书籍，图片、画笔、纸	● 能运用各种形式，按照自己的意愿对文学作品进行表征，并逐步养成良好的阅读习惯。 ● 指导幼儿在理解《大海里我最大》这个故事的基础上，进行大胆创想，并表征。 ★ 能将想法及时地表征出来，并愿意大胆表达出来。
语言区	海洋动物知多少	有关海洋的书籍	● 认识海洋动物，了解它们的名字、生活习性、本领等特点。 ● 指导幼儿仔细阅读图书，等看完书后，把书放回原处。 ★ 通过阅读图书，了解更多的海洋知识，增长见识，爱上阅读。
生活区	海底小动物真可爱	不同款式、色彩的编织步骤图、长短不同的色彩纸条若干，水彩笔、剪刀、胶棒	1. 编织小鱼： ● 指导幼儿根据编织步骤图，进行编织，制作小鱼。 ● 观察编织步骤图，了解编织的方法，允许编织时出现错误，并及时指导。 2. 编织小螃蟹： ● 指导幼儿用叠压的方法创造性地进行编织。 ● 在了解编织方法的基础上，按一定规律进行编织。 3. 编织海螺： ● 指导幼儿用两种或两种以上色彩的彩条，创造性地编织。 ● 在掌握了两种颜色按规律的编织后，添加多色的编织，如红黄蓝、红黄蓝。 ★ 同伴之间能互相帮助，共同编织好看的海洋动物。

（●为核心目标指导，★为养成目标指导）

户外活动安排

活动名称	活动目标	活动准备	活动指导建议
海边踏浪	1. 学习边抖动绳子边走或跑，掌握动作要领。 2. 能用脚，前后左右踏住晃动的绳子，增强幼儿动作灵活性。 3. 游戏时绳子高度适宜，注意安全。	绳子人手一根	● 两名幼儿各持一根绳子，相对站立，一名幼儿边抖动绳子边后退，另一名幼儿则追随抖动的绳子向前走、跑，两人来来回回、前前后后地边走边抖动绳子边追随，好像水浪互追。 ● 指导幼儿分组玩游戏，遵守游戏规则。一组幼儿排成一横队，做海浪的水波，用绳子边抖动边后退，另一组幼儿为踏浪，双脚交替踏浪，踩踏到后，两个人交换角色。 ★ 提醒幼儿在游戏中，绳子不要抖动的太高，以免摔倒，学会保护好同伴。
有趣的沙雕	1. 学习正确使用沙雕工具，初步掌握沙雕的方法。 2. 能运用沙雕的形式再现各种小桥、隧道、大楼等。 3. 养成玩沙好习惯，不扬沙，不用手揉眼睛。	小铲、小锹、塑料小桶若干、小壶、小旗、卡车等	● 小朋友分组沙雕：教师鼓励幼儿发挥想象，结合图片用沙雕再现各种小桥、隧道、大楼等。 ● 指导幼儿在玩沙时，不扬沙，不用手揉眼睛，在活动后组织幼儿开展沙雕作品展，幼儿相互欣赏与评价。 ★ 观察并及时评价幼儿的沙雕习惯，提醒幼儿注意安全。
夺宝奇兵	1. 知道游戏玩法并按规则开展游戏。 2. 创造性地使用工具探测寻宝。 3. 能与同伴一起自主收放玩具器械。	红黄小旗子若干、方便筷若干、小铲子若干	● 宝贝勘探员：幼儿分成红黄两队，选择适宜的工具，触探沙子下的宝藏，并插上相应颜色的小旗子做好标记。沙滩寻宝：幼儿分为红黄两队，根据相应颜色的小旗子寻宝，看哪一队寻宝多又快。 ● 指导幼儿分类、有序收放工具。活动结束时，引导幼儿随音乐一起舞蹈，庆贺寻宝大丰收。 ★ 及时评价并表扬遵守规则和具有团队意识的小组。

（●为核心目标指导，★为养成目标指导）

楼层联动区域游戏
——"前海沿商业街"活动安排

区域名称	活动名称	活动准备	活动指导建议
楼层区域游戏——前海沿商业街	前海沿海鲜大排档	布置海鲜大排档场景。厨师操作台、原料摆放台、厨师服务员服装、烤箱、菜品贴画、菜谱、各种海鲜食品、橡皮泥、贝壳、蛋糕模型等半成品辅助材料	● 愿意与同伴协商角色，知道角色的分工并模仿角色大胆表现，体验共同游戏的乐趣。 ● 知道各种材料的特征和作用，并能较充分、合理地运用各种材料。 ● 能够热情主动地和同伴交往，共同协商解决出现的问题，敢于表达自己的意见和要求。 ★ 游戏中能够自觉使用礼貌用语，能较有秩序地收拾、摆放玩具及活动材料。
	前海沿旅行社	自制旅游路线图，旅游景点图片，有关青岛景点的图书，自制旅游线路推荐册、刷卡机、导游旗、旅游帽、接待人员绶带、喷绘的景点	● 导游在旅游过程中能够热情地接待游客，并在介绍景点时注意声音响亮，时刻关注自己的游客的跟随情况。 ● 引导幼儿在接待顾客时学会使用礼貌用语，树立服务意识，懂得合作进行，并在游戏时注意说话的语气、态度、站姿和表情。 ★ 活动结束后，能够将物品归类摆放整齐，爱惜旅行社中的所有物品。
	前海沿音乐厅	各种海洋动物的服饰、乐器、音乐、舞台背景、观众席，自制节目单	● 愿意与同伴一起进行表演，情绪高涨，喜欢在众人面前表现自己，肯定自己，增强自信。 ● 指导幼儿穿好演出服装，合作摆放道具，创建表演场地，做好演出前的准备。 ● 指导幼儿表演时表情、动作到位，按照节目单的顺序，有序地上台进行表演。 ● 主持人主持时能够声音响亮，表情自然，大方得体。 ★ 指导幼儿在演出中能遵守会场秩序，保持会场安静，不打扰演员演出。
	前海沿服装加工厂	自制半成品服装、各种贝壳、魔法玉米、皱纹纸、吸管、毛绒球、水粉颜料、毛笔、水彩笔、麻绳、瓶盖、白胶、棉棒	● 指导幼儿用自己喜欢的材料装饰服装。 ● 鼓励幼儿大胆组合，设计漂亮的服装图案。 ★ 能有秩序地进行游戏，保持"服装加工厂"卫生整洁，会主动将材料放回原位。
	前海沿纪念品馆	纪念馆牌子、沙盘、价格标志、各种成品纪念品、手机、二维码图	● 纪念品馆与手工坊联动，通过订货、收购等形式将做好的美工材料，送到纪念品馆。 ● 根据提示牌的价钱交款，店员引导游客用手机，扫描店里的二维码交款。 ★ 游戏时能遵守秩序，结束后能将物品整理好。
	前海沿放映厅	布置海底总动员场景；皮影幕布；皮影道具：小尼莫、尼莫爸爸、面包鱼多莉、大鲨鱼、白鲸、八爪鱼；故事《小尼莫找爸爸》音频；青岛老建筑的对比图片，幼儿对青岛建筑的表征作品	● 指导幼儿掌握皮影的操作方法并大胆表演。 ● 能根据故事的情节操作皮影有序出场。 ● 指导讲解员能主动邀请参观人员，有序参观老建筑并清楚连贯地介绍青岛的老建筑。 ★ 游戏中能主动收拾、摆放活动材料，与同伴合作进行游戏。
	前海沿手工坊	扇贝壳、蛤蜊壳、小石头、毛毛球、魔法玉米、彩色橡皮泥、水彩笔、手机、纸盘子、青岛风景图、小木船、水粉等	● 利用搓、压扁的技能，用橡皮泥对贝壳、石头、木船等进行装饰。 ● 指导幼儿运用毛毛球、魔法玉米等粘贴小鱼、海星、螃蟹等海底小动物。 ● 鼓励幼儿积极参与游戏，大胆想象，创造性地进行装饰画。 ● 不将橡皮泥颜色混合，游戏结束时能将泥工板收好。 ★ 胶水不抹到桌子上，保持活动区整洁。

（●为核心目标指导，★为养成目标指导）

海洋特色主题室内外联动

——混龄区域游戏设计方案

（一楼）

一、主题名称

海边真好玩

二、主题目标

1. 练习向指定方向横着走，发展反应能力。

2. 感受绘本的乐趣，尝试用简短的语言清楚讲述画面内容。

3. 体验帮助别人的快乐，激发从自己做起，爱护大海的意识。

4. 知道蛤蜊的形状、花纹、大小及其生活习性，激发幼儿对蛤蜊探究的兴趣。

5. 能大胆想象并表现水花的不同姿态，能随音乐节奏表现出用脚踏水花及水花抖动、溅开的动作。

6. 能运用多种形式再现"沙与水"的有趣，体验玩色的快乐。

三、楼层游戏区域设计

（一）海岛嘉年华——一楼走廊创设室内体育欢动区"海岛探险"

1. 海岛探险——海底捞贝

（1）材料投放：

幼儿自制扇贝、蛤蜊、海虹、踏板、KT板

（2）玩法建议：

① 观察认识海螺、扇贝、蛤蜊、海虹等贝壳类海产品的颜色、特征等。

② 两人捞贝比较多少：小朋友按照先后顺序，站在踏板上捞贝壳看谁捞的多，并进行大小多少的比较，然后按照×××比×××多，×××比×××少进行完整表述，摸到多的小朋友要刮摸到少的小朋友的鼻子。

③ 捞海虹，"挂到礁石上"：幼儿用自己的方式尝试捞海虹、挂海虹的不同方法。【与下一个游戏循环、联动。】

2. 海岛探险——海底寻宝

（1）材料投放：

桌子、不织布、手电筒、板凳、瑜伽垫、雪花片。

（2）玩法建议：

① 小班幼儿能双膝着地，手脚并用从桌子底下爬过，并找出宝贝。

② 中班幼儿匍匐爬过"隧道"，并找出宝贝。

③ 大班幼儿进行分组竞赛，听指令自选合适的方式，爬过隧道，趟过小河寻找宝贝。

3. 海岛探险——喂海鸥

（1）材料投放：

垃圾筐、报纸球、龙力球、圆片形KT板。

（2）玩法建议：

① 练习投准。选自己能力范围内的海鸥进行"喂食"。

② 感知不同的材料，投准难度不同。尝试把用不同材料做成的"食物"喂海鸥。

③ 尝试用双腿屈膝向上跳，跑步行进跨跳等辅助动作，提高自己投掷的准确性。

4. 海岛探险——爬礁石摘海虹

（1）材料投放：

攀爬架、幼儿自制带曲别针的海虹、水草、丝带。

（2）玩法建议：

① 练习攀爬。能手脚并用地爬过攀爬架。

② 摘海虹，练习小肌肉动作。能耐心地把海虹从攀爬架上摘下来。

③ 鼓励幼儿两两比赛，一个摘海虹，一个挂海虹，看谁用的时间短。

（二）海洋摄影轰趴馆——小二班教室文化礼仪体验区

1. 海洋摄影轰趴馆——海洋照相馆

（1）材料投放：

主题彩喷板子：《小美人鱼和她的好朋友》《舞蹈美人鱼》《海底鲨鱼馆》《海底珊瑚群》《海洋动物》。【将彩喷板的脸部抠出来，孩子们拍照】

（2）玩法建议：

① 选择自己喜欢的海洋故事主题板，可以变成故事里的主人翁，模仿主人翁的动作来摆造型，可以摆自己喜欢的造型照相。

② 自主邀请同伴合作拍照，协商探讨不同的造型摆拍。

③ 游戏角色：摄影师和收银员，即请小朋友当摄影师，负责给来拍照的顾客照相；收银员负责向拍照的顾客收费。

2. 海洋摄影轰趴馆——海洋换衣间

（1）材料投放：

纱巾、帽子、墨镜、太阳伞、发卡、各种长短的假发、各式各样的衣服。

（2）玩法建议：

① 选择自己喜欢的服装和服饰来打扮自己，小班的幼儿可以寻找中大班的哥哥姐姐帮忙。

② 结合照相馆中每个主题不同的彩喷板来打扮自己，比如：《小美人鱼》主题板，就可以给自己带上漂亮的假发，扮演小美人鱼。

③ 游戏角色：形象设计师——由"专业形象设计师"指导小朋友们的着装设计与穿搭。

（三）海洋度假村——一楼大厅

1. 海洋度假村——休闲区

（1）材料投放：

海边休闲座椅，海边休闲小餐桌。

（2）玩法建议：

① 幼儿可以坐在靠椅上度假、休闲，观察一下老师创设的区域里有哪些认识的海洋生物，跟周围小朋友交流，发展幼儿语言表达能力及社会交往能力。

② 幼儿在海边美食街购买了食物后，可以坐在餐桌旁边欣赏海边美景边进食，进食结束后自己将食物垃圾收拾干净，游戏中养成良好的行为习惯。

2. 海洋度假村——贝壳拼摆。

（1）材料投放：

大海背景贴纸；各种彩色贝壳若干。

（2）玩法建议：

幼儿坐在海边，进行贝壳拼摆。

① 分类拼摆：即根据颜色不同进行有规律拼摆。

② 造型设计：即利用贝壳自由设计、拼摆出不同形状、图案等。

3. 海洋度假村——青岛大包。

（1）材料投放：

蒸笼、2种碎纸团代表肉丸和菜丸、太空泥大虾、太空泥蘑菇、用白布缝制的饺子皮。

（2）玩法建议：

① 按需取物：即幼儿根据"客人"需要，为"客人"制作包子，练习。

② 练习点数：即根据客人需要，制作相应数量的包子。

③ 制作青岛大包：幼儿将"馅"放入"皮"中，抽取皮上的白线变成包子褶，制成青岛大包，培养幼儿动手能力。

4. 海洋度假村——美味海鲜锅。

（1）材料投放：

各种海鲜皮：螃蟹壳、海螺壳、蛤蜊皮、扇贝皮；橡皮泥做的海胆、海参、不织布做的鱼和海带结等各种海鲜；蒸锅。

（2）玩法建议：

① 鼓励幼儿自己动手，运用半成品制作拼摆不同造型的海鲜锅。

② 在游戏中，指导小摊主与客人运用"请""您""您好""谢谢""再见"等文明用语对话，培养幼儿良好的行为习惯。

5. 海洋度假村——王姐烧烤。

（1）材料投放：

卡纸制作的烤炉；泡沫纸制作的海鲜串串、蔬菜，如海星、鲳鱼、鱿鱼、螃蟹、海带结、韭菜等。

（2）玩法建议：

① 幼儿根据客人需要，取出相应的烤串进行烤制，引导幼儿遵守游戏常规，友好地分配游戏角色。

② 爱护玩具，游戏后会整理场地并收拾玩具，培养幼儿的整理能力。

（四）小小钓鱼场——小一班教室游戏体验区

（1）材料投放：

钓鱼池塘、鱼钩、鱼桶、各种各样彩色的鱼、碰铃、贝壳币、背景音乐。

（2）玩法建议：

① 大中小幼儿自主进入钓鱼场，选择钓鱼椅做好。

② 幼儿将鱼桶放与钓鱼椅子旁边，自主调试钓鱼竿，听音乐安静钓鱼。

③ 钓鱼：幼儿带上鱼竿和小水桶，站立在池塘外钓鱼（利用吸铁石可与回形针相吸的原理），把钓上钩的小鱼放置在小水桶内。

④ 大班幼儿钓完6条鱼可换购1个贝壳，中班幼儿钓完5条鱼可换购1个贝壳，小班幼儿

钓完 4 条鱼可换购 1 个贝壳。

（五）海贝手工坊——一大三班教室活动区域

1. 海贝手工坊——扬帆起航。

（1）材料投放：

彩绳、彩色吸管、瓶盖、卫生纸筒。

（2）玩法建议：

① 请幼儿观察各种材料,讨论交流:说一说,你想用哪些材料来装饰船。

② 幼儿自主选择独立制作或与同伴合作制作的形式再现船,教师提醒可以粘贴瓶盖时使用宽双面胶。

③ 中大班的小朋友在装饰船的时候,小班幼儿可以用手指点画的方式对整体画面进行装饰。

2. 海贝手工坊——手套鱼。

（1）材料投放：

手套、颜料、棉花、皮筋。

（2）玩法建议：

① 请幼儿将手套带在手上,选择自己喜欢的颜色均匀地涂在手套上面。

将棉花塞进手套里面,塞棉花的时候注意提醒幼儿要把每个指头里面也塞进去棉花。

用皮筋将手套扎进,进行简单装饰,最后粘贴上眼睛,把制作好的手套鱼粘贴到展板。

海洋特色主题室内外联动

——混龄区域游戏设计方案

（二、三楼）

一、主题名称

我和海洋动物做朋友

二、主题目标

1. 通过开展"我和海洋动物做朋友"楼层社会性区域游戏,萌发对海洋动物的喜欢,喜欢研究海洋。

2. 在自由自主的游戏中,能与小伙伴一起商量分配自己的角色,初步学会解决关于角色、玩具方面的争端,初步学会协商、轮流、合作。

3. 游戏中能积极地根据游戏情节与同伴进行语言交流,生动地表现自己所扮演的任务角色,尝试拓展游戏情景,创造性地再现各个区域的社会生活。

三、楼混龄游戏区域设计

（一）贝壳艺术馆:二楼中一班教室

1. 材料投放。

自主选择筐、扇贝壳、蛤蜊壳、海蛎子壳、海虹壳、钉螺壳、毛蛤蜊壳、墨汁、魔法玉米、彩色橡皮泥、花瓶模板、彩色纸盘子、卡通眼睛、范例、松果、树枝、毛毛球、水粉、彩纸、气卫生纸球等。

2. 玩法建议。

玩法：

（1）利用钉螺等贝壳制作海底小动物，并尝试利用搓、压扁的技能，用橡皮泥给盘子进行装饰。

（2）利用吹画,制作树干,并用贝壳组合花朵。在此基础上小班用橡皮泥、魔法玉米、手指点画的方式进行装饰。

（3）小班幼儿利用撕贴的方式装饰大鲸鱼,中大班幼儿利用水粉绘画大鲸鱼的伙伴,大班幼儿用松果、树枝、贝壳等材料装饰海洋。

（4）利用材料筐自主选取材料,游戏结束后将没用的材料分类放回;不将橡皮泥颜色混合,游戏结束能将泥工板收好。

建议：

（1）"大带小"：请哥哥姐姐教给弟弟妹妹游戏的玩法,基本掌握后,鼓励他们尝试参与中大班的游戏。

（2）加强区域之间的交流互动,让大班和中班的哥哥姐姐带着弟弟妹妹多多参与其他区角的游戏。

（3）游戏中教师利用"工作口号"和"工作奖励"方式激励幼儿认真游戏,做出好的游戏作品。

（二）海鲜大排档：二楼中二班教室

1. 材料投放。

布置海鲜大排档场景。厨师操作台、原料摆放台、厨师服务员服装、烤箱、菜品贴画、菜谱、各种海鲜食品、橡皮泥、贝壳等半成品辅助材料。

2. 玩法建议。

玩法：

（1）与小伙伴一起商量分配自己的角色,明确自己扮演角色的分工和职责。能较为逼真地反映厨师、服务员、客人等人员的工作情况。

（2）游戏中能积极地根据游戏情节进行语言交流,能根据游戏情境大胆地表述、生动地表现自己所扮演的任务角色,反映自己对现实生活的理解和认识。

（3）根据游戏情节的需要与其他游戏区域进行交往互动游戏。

建议：

（1）混龄游戏中,教师对大中小不同年龄的幼儿进行分层指导。

小班:能在哥哥姐姐的带领下,扮演爸爸妈妈孩子的角色,在餐厅内点餐用餐,并能大胆地与其他小朋友交流,表达自己的愿望。

中班:能进行简单地分工,喜欢所扮角色,积极模仿厨师炒菜、服务员招待客人的行为。主动使用礼貌用语。

大班:能够根据游戏情节的发展,创造性地开展游戏。

（2）将自己真实生活经验与海鲜大排档游戏相结合,衍生出新的游戏情节,与其他游戏区域进行交往互动游戏。比如:与旅行社联系为游客提供团餐,与食品加工厂订购货物,与前海沿儿大舞台的小朋友联系到大排档进行表演,服务员可提供外卖服务等等。

（4）聘请一位大班幼儿担任大排档经理，为餐厅出谋划策，协商事宜，并带领参加海鲜大排档的孩子们一起游戏。

（三）海底世界：二楼中三班教室

1. 材料投放。

各种海洋动物展馆的图片、自制旅游线路推荐册、刷卡机、导游旗、旅游帽、接待人员绶带、人鱼表演服装、音乐、舞台背景、观众席、门票、展馆印章图、呼啦圈、拱形门、沙包、耳麦。

2. 玩法建议。

玩法：（人鱼表演＋海豚表演）

（1）由接待人员（佩戴绶带）向前来观光的顾客打招呼，并让游客按照参观价格购买门票。

（2）支付完成，由接待人员为游客分发旅游帽、展馆参观卡、门票，导游核查后方可带游客进入展馆参观，并欣赏人鱼表演和海豚表演。在旅游途中导游介绍各个展馆的内容，并在其他社会性区域中进行一系列的活动。

（3）演员们穿好演出服，观众坐在观众席中观看表演，海豚表演人员与游客握手、展示自己的本领并拍照留念。

（4）游客观光结束后，导游带领游客回到接待处将物品归还，之后可以自行选择其他区域游戏。

建议：

（1）由中大班幼儿带领小班的孩子作为观众或是游客在海底世界观光游览，并分配好角色进行。

（2）在参观过程中导游能够热情地接待游客，并在介绍展馆时注意声音响亮，时刻关注自己的游客跟随情况。

（3）在接待顾客时，引导幼儿学会使用礼貌用语，树立服务意识，懂得合作进行，并在游戏时注意说话的语气、态度、站姿和表情。

（4）活动结束后能够将物品归类摆放整齐，爱惜海底世界中的所有物品。

（5）幼儿穿好演出服装，合作将舞台、观众席、道具设计摆放好，等待演出开始。

（6）指导幼儿表演时注意表情、动作要到位，按照故事角色有秩序地上台进行表演，懂得与同伴合作进行。

（7）指导中大班幼儿带领小班幼儿在观看演出时遵守会场秩序，保持会场安静，不打扰演员演出。

（四）创意美术馆：二楼大一班教室

1. 材料投放。

主体材料（陶泥、橡皮泥、太空泥），辅助材料（线绳、纽扣、瓶盖、松球、树枝、扭扭棒、红豆、黑豆、钢丝球……），工具（泥塑工具、木盒、木板、藤筐、泥工板）。

2. 玩法建议。

玩法：

（1）陶泥立体船。

1）由于大一班幼儿有玩陶泥经验，由大一班小"老师"带领所有小"客人"学习用盘条的方法堆砌制作陶泥大船。

① 搓橄榄球的形状，压扁后铺在报纸上（可从图册中选一艘自己喜欢的船的图片作为参考）。

② 搓条。

③ 用钢针在条和椭圆形的边缘连接的地方刮上纹理。

④ 在纹理上刷泥浆。

⑤ 盘条,连接处压紧。

2)大班幼儿根据船体的特点和大小有创意地添加船内部分。

3)中班幼儿利用各种丰富的辅助材料与大班哥哥姐姐共同做出船内部分。

4)小班幼儿根据自己的能力探索各种工具的特性,在玩泥的基础上装饰船体。

(2)橡皮泥贴画。

1)找一个贴画底板(木盒、泥工板)。

2)确定要贴什么(可从图册中找自己喜爱的船或者渔民画)。

3)用橡皮泥搓球后捏出形状压扁贴到底板上。

4)寻找自己需要的辅助材料进行装饰。

建议:

1. 大班哥哥姐姐要带领中小班弟弟妹妹一起参与到游戏中,并用流畅的语言向弟弟妹妹介绍船的构造。

2. 游戏前可以参观、探索各种工具及材料的特点和用法。

3. 愿意与同伴协商,在活动中与同伴相互合作,相互帮助。

4. 指导不同年龄段幼儿根据自己的能力进行游戏,例如,大中班幼儿会用盘条的方法堆砌立体的船;小班幼儿会用搓、揉、压、使用模具的方式装饰泥船;大班幼儿能根据船的大小和特点用泥创意地做出船内部分;中班幼儿能利用辅助材料与大班哥哥姐姐共同做出船内部分;小班幼儿能在玩泥的基础上,探索各种工具的特性,装饰船体。

5. 引导幼儿运用各种辅助材料和工具大胆想象、大胆创作。

(五)创意表演馆:三楼大二班教室

1. 材料投放。

道具背景板、小号水草板、小号珊瑚板、小号小船的板子、鲨鱼衣服、天使鱼衣服、刺豚衣服、海星衣服、水母衣服、蛤蜊衣服以及各角色头饰、表演提示板等。

2. 玩法建议。

玩法:

(1)首先熟悉剧本,了解故事内容,以及有哪些角色,喜欢自己喜欢的角色,并根据角色换上相应的衣服。

(2)其次分工拿道具板进行布置,如背景板放到最后面,小的植物板放在前面,中间留出上台的过道,方便表演。

(3)孩子们讨论研究角色出场顺序,并根据出场的顺序,按不同的角色,用不同的语气,大胆自信表现角色的不同,进行流畅完整的表演。

(4)在表演一遍后,换其他小朋友轮流扮演。

建议:

(1)在表演区游戏中,长时间游戏材料的不更换,致使幼儿渐渐失去了参与游戏的爱好。所以根据幼儿兴趣和游戏需要,向幼儿提供半成品或一物多用的游戏材料,如将彩纸剪成彩条,粘贴到水母的衣服上,就像水母的许多的腿。让幼儿原有经验在表演游戏中得到不同程度的调动、丰富、建构和巩固。还可以添加上场音乐与舞蹈,让表演更加生动多彩。

（2）以游戏的形式多给胆小的孩子尝试的机会，给予每一个孩子展示的机会，也为幼儿创造语言表达、交往的机会。

（3）孩子们的台词，不能太局限于剧本中的一字一句，可以让孩子们创造性地创编对话，甚至创编角色和对话。让表演内容更加丰富。

（4）教师要在不干扰幼儿游戏的前提下，参与幼儿游戏，关注幼儿需要，并适时给予引导、支持，使孩子们突破原有思维，不断探索和尝试。

海洋特色主题室内外联动

——户外混龄区域游戏设计方案

一、主题名称

船儿奥秘多

二、主题目标

结合幼儿园的海洋课程研究，我们预设了《船儿奥秘多》为主题的户外混龄游戏活动，开设了蛟龙出海区、跑旱船区、海军训练营——钻爬区、竹竿舞区、海军训练营——云梯攀爬区、船舶加工坊、翻翻乐区域、远洋加工厂区域、滚筒咕噜噜等游戏区域，整合了健康、艺术、语言、科学、社会五大领域内容，打破幼儿年龄、班级界限，扩大幼儿之间的接触与交往，使幼儿在活动过程中，相互影响、共同提高与发展，同时满足幼儿多方面的需要，充分体现幼儿是活动的主体，目标如下：

1. 在各区域联动游戏中发展走、跑、跳、平衡、钻爬、攀登等动作技能，有一定的耐力。

2. 能够利用各种废旧材料和不同的美术表现形式来制作船、装饰船。

3. 感受民间游戏的有趣，锻炼耐力及团队协作能力。

4. 大胆参与混龄游戏活动，体验与同伴合作运动、挑战成功的快乐，发展自主选择、自主游戏和社会交往能力。

5. 激发幼儿运动的兴趣，养成良好的运动习惯，分类收放并自主整理活动场地。

三、室内外联动——户外混龄游戏区域设计

（一）蛟龙出海区域

1. 材料投放。

游戏指导板一个、大鼓一个、废旧材料制作的龙两条、绣球一个、"小手掌"若干，小粘贴若干。

2. 玩法。

（1）规则制定：组织幼儿回忆讨论舞龙游戏的玩法，共同制定舞龙规则。

（2）角色分配：幼儿商讨角色分配，通过自荐和他荐的方法进行角色选择。

（3）大带小合作游戏：由能力稍强的幼儿先担任重要位置的角色，如"鼓手""龙头""绣球"的位置，"龙身"的位置由能力稍差的小班幼儿担任，从而使中大班的幼儿起到示范引导作用，并为能力稍差的幼儿进行服务、提供帮助。

（4）听鼓声舞龙：幼儿需根据鼓手擂鼓的快慢、击鼓位置和声音大小，进行不同的舞龙

动作。

（5）欣赏评价：每次活动结束，进行讨论评价环节，幼儿自评和他评，商讨策略，更好地进行下一次舞龙活动。

3. 建议。

（1）提供"游戏指导板"：幼儿共同讨论并观看视频总结游戏规则，并创设"游戏指导板"，以图文并茂的形式记录下幼儿讨论后制定的游戏的玩法，明确游戏规则。

（2）发挥混龄游戏优势，大带小、强带弱：充分发挥混龄游戏的优势，通过大带小、强带弱的方法，将"龙头""绣球""擂鼓"的角色交给年龄稍大、能力稍强的幼儿，进行同伴带动和学习，尊重幼儿的个性差异，让不同能力的幼儿找到合适自己的角色。

（3）创设游戏情景和任务——斗舞：为幼儿创设"蛟龙出海"的情景，引导舞龙队伍随着"鼓声"来进行舞龙，并根据观众的掌声大小来判断哪支舞龙队伍更加精彩，对获胜的队伍进行奖励，并根据幼儿活动情况适时增加或者降低难度，保证幼儿游戏热情。

（4）设置"观赏休息区"：为幼儿创设观赏休息区，幼儿可自行选择舞龙或者欣赏舞龙，观众有"小手掌"来对舞龙队伍进行喝彩，并作为评判舞龙活动水平的标准之一。幼儿可在体力消耗较大时选择做观众，既能得到休息，又为幼儿之间的互相学习和欣赏提供了平台。

（二）远洋造船厂区域

1. 材料投放。

游戏指导板一个，炭烧积木，雪花片，梅花积木，纸盒砖，木板，搭建辅助材料（奶粉桶、薯片桶、易拉罐），安全帽，塑料积木等。

2. 玩法。

（1）请中小班幼儿用雪花片拼插船上的装饰物。

（2）以大班幼儿为主，搬运搭建材料，搭建船身。主要以炭烧积木为主，搭建完轮廓后，用长条板盖在上面做甲板。

（3）用辅助材料搭建船舱部分，起初由教师指导幼儿搭建了主体船舱。

后来孩子们熟悉搭建方法之后，他们开始自己动脑思考，充分利用各种辅助材料进行船舱的装饰搭建。每次的游戏，幼儿的搭建都是不同的。

● 游戏初期，孩子们对于船舱的搭建还是以炭烧积木为主，但已经有了各种材料的运用。

● 游戏进行了一段时间后，孩子们对辅助材料的运用得心应手，他们有了更为细致的设计，根据现有的材料，设计了大炮、上下船的入口等。

● 随着对游戏的熟练，孩子们不满足于单纯的搭建，他们设计了可以进入船体的入口，这样船就更加逼真了，且可以与幼儿互动起来。

3. 建议。

（1）搭建前期的计划。

● 在搭建前，要与孩子们讨论、观察、分析所搭建的船是由什么基本图形组成，以及可使用的材料是什么，让孩子在搭建时更有目的性、计划性。

● 和幼儿一起商讨制定搭建步骤计划，为顺利、合理地搭建做好前期准备。

（2）活动材料的提供。

● 第一阶段：提供现有的大型炭烧积木、雪花片、积塑、木板、轮胎、彩色砖盒、安全帽、泥巴等。

● 第二阶段：根据幼儿初期搭建的实际需要，由幼儿讨论决定需要的辅助材料，教师请家长一起帮助收集。我们提供了大纸箱、奶箱子、薯片桶、啤酒桶、奶粉桶、泥塑工具等。

● 第三阶段：幼儿搭建完框架后，需要装饰细节，经过商讨，我们又提供了卡纸、泡沫板、水彩笔、胶带等。

（3）教师指导策略。

● 教师应作为幼儿活动的建议者，引导幼儿自主探索船的搭建方法。在让幼儿实际操作搭建材料之后，组织幼儿交流讨论搭建心得，从而帮助幼儿总结出新的搭建建议。

● 幼儿活动中，教师应以观察者的身份，观察幼儿在搭建过程中的表现，不过早干预幼儿活动，尊重幼儿的意见，鼓励幼儿自己动脑思考，解决搭建过程中出现的问题。

● 每次活动后，教师应及时组织幼儿交流讨论，应做好幼儿活动支持者，针对幼儿提出的问题给予启发性、建设性的建议，并对幼儿提出的合理性要求予以支持，如提供辅助材料等。

（4）幼儿活动的习惯培养。

● 提示幼儿搬运搭建材料时轻拿轻放，大型材料要和同伴合作搬运。

● 搭建时注意避免碰撞，小心自己和同伴的手，学会提醒同伴注意安全。

● 搭建高处材料时，注意脚下安全，必要时提醒幼儿请老师帮忙。

● 提醒幼儿摆放拼插作品时注意避让，避免踩坏、碰坏其他作品。

● 提供抹布和整理筐等，提醒幼儿随时将剩余材料和垃圾收拾整理好。

● 游戏结束时，提醒幼儿将搭建材料分类整理好。

（三）跑旱船

1. 材料投放：自制旱船。

2. 玩法。

（1）让幼儿认识旱船，知道里外，能够正确地将旱船穿在身上。

模仿船的行驶，来回跑动。

（2）在熟练掌握技巧的基础上，进行障碍跑。

以大带小的形式，排练一场跑旱船的节目，能跟随音乐表演，并为其他区的小朋友们送节目。

3. 建议。

（1）可以播放民间跑旱船的录像，让幼儿欣赏了解，为游戏奠定基础。

（2）游戏时，幼儿可以模仿录像的动作，也要鼓励孩子们大胆创新动作。

（3）养成幼儿良好的习惯：收放材料、合作表演、以大带小等。

（四）船舶加工坊

1. 材料投放。

（1）自然材料：各类贝壳、松果、大小不一的果冻壳、卫生纸筒、一次性纸杯。

（2）两艘大船模型、桅杆、帆。

（3）反穿衣、一次性手套、剪刀、胶水、双面胶、白胶、扭扭棒、麻绳、彩钉、动物眼睛、刮画笔、水彩笔、油画棒、水粉、毛笔、洗笔筒、橡皮泥。

2. 玩法。

（1）小班幼儿：利用区域内的多种材料，为船舶进行简单的装饰加工，如撕纸粘贴、贝壳上色等。

（2）中班幼儿：可与大班的哥哥姐姐合作完成装饰，如合作印染船帆、合作制作海底生物等。

（3）大班幼儿:完成较精细的作品,可辅助小班弟弟妹妹共同完成作品。

3. 建议。

（1）引导幼儿运用区域中的材料进行多种方式的装饰,发散幼儿思维,引导幼儿思考一种材料的多种用法。

（2）引导幼儿进行合作游戏。

（五）竹竿舞区域

1. 材料投放。

两个竹竿、竹竿两头捆绑上便于抓握的宽胶带、沙包。

2. 玩法。

由两名幼儿分别双手抓住竹竿两头,根据节奏一二拍合并竹竿,三四拍张开竹竿,依次根据节奏做合、并的动作。

● 玩法一:竹竿打开时快速地跑过去,避免被竹竿夹到,然后增加难度;竹竿打开时拾起竹竿中间的沙包,跑过竹竿,躲避竹竿的夹击,连续进行挑战。

● 玩法二:竹竿合并时双脚打开,竹竿打开时幼儿的双脚合并站在竹竿中间,依次进行挑战;提升难度:2名以上幼儿共同根据竹竿的打开、合并做出相同动作。

3. 建议。

（1）帮助幼儿认真分析动作,循序渐进地组织游戏。

（2）指导幼儿根据音乐的节拍进行竹竿的打开与合并。（如《我是小海军》音乐节拍较强的音乐伴奏）

（3）探索创新,挖掘竹竿舞的多种玩法。

（4）根据幼儿年龄特点,选择适宜幼儿的活动玩法。

（六）海军训练营——云梯攀爬区

1. 材料投放。

大型户外器械:独木桥——长木板、木墩;云梯(高矮各2个);地垫若干;轮胎墙。

物质材料:松果、塑料筐、竹竿2根。

2. 玩法。

幼儿自由选择游戏:海军训练场、炸敌堡。

海军训练场:

小海军们一个一个排好队走过独木桥,爬上云梯、走过平衡木,高空跳入"大海"中,"穿越火线"——用自己的方法通过障碍后完成任务。

炸敌堡:

幼儿排好队一个一个爬过攀爬架,度过"悬崖"(竹竿架),跑到敌人碉堡(轮胎墙)下,取得炸药包(松果)后爬上去,将炸药包投入指定地方,完成任务。(指导大班幼儿能双手抓杠悬空向前荡,手脚协调并安全地爬攀登架、轮胎墙及竹竿。)

3. 建议。

在活动中不断设计、拓展游戏情景比如穿越火线、炸敌堡等,通过增加游戏情境,激发幼儿参与的兴趣;通过增加障碍物、增加游戏的难度,鼓励幼儿能用自己的方式来解决通过障碍物,增强幼儿不断挑战的意识;通过区域之间的联动,将游戏分成了两大部分:第一部分"海军训练场"完成云梯攀爬和穿越火线的挑战,挑战成功后可以到第二部分"炸敌堡"游戏中,通过攀爬架、"悬崖",最终到达敌人的碉堡墙下,拿出炸药包,爬上敌人的碉堡,安置炸药包并

撤退。这些方法的运用让幼儿在玩的过程中富有一种使命感,大大激发了幼儿参与游戏的积极性。

（七）翻翻乐区域

1. 材料投放。

彩色方块 24 个,黄、绿色背心各 8 个,大鼓 1 个。

2. 玩法。

（1）幼儿自主分成两队,教师或大班幼儿检查各年龄段人数比例,调整好后穿上对应颜色的队服。

（2）每队自主选择要翻出的盒子颜色,选出后所有参赛人员站到盒子外面等待比赛。

（3）听鼓声开始游戏。

（4）活动结束后大家一起检验游戏结果,将掌声送给获胜一方。

3. 建议。

活动初期最好先让小班幼儿做观众来观看游戏,看会了以后请小班幼儿单独游戏,所有幼儿只翻一种颜色,在规定时间内全部翻完即可获胜,待幼儿熟悉后,再加入中大班进行混龄游戏。

（八）海军训练营——钻爬区域

1. 材料投放。

桌子、椅子、瑜伽垫、钻爬障碍物。

2. 玩法。

（1）小班幼儿:桌面→瑜伽垫→小椅子,能够按照顺序完整进行游戏,不触碰到游戏中设置的障碍物。

（2）中班幼儿:桌面→瑜伽垫→小椅子,可用手膝、匍匐、倒爬等多种形式进行钻爬。能够在情境中按照顺序完整进行游戏,不触碰到游戏中设置的障碍物,为舰艇输送能量珍珠,并在输送过程中保护珍珠不掉落。

3. 建议。

（1）通过情景引导幼儿积极主动地投身于活动之中,体验到活动中的乐趣。

（2）引导幼儿在游戏中能够互帮互助,培养幼儿合作精神、集体意识及交往能力,同时培养幼儿不怕挫折的良好品质。

（3）引导幼儿不断拓展游戏情境,如将情境设计成小动物运输粮食的情景,幼儿创作表现不同动物爬行的样子,可大胆选择自己喜欢的表现形式。

（4）教师鼓励幼儿大胆地想象,创编多种内容新颖、多样、别具一格的游戏内容。

（九）滚筒咕噜噜区域

1. 材料投放。

大滚筒、障碍物、拱形门。

2. 玩法。

（1）幼儿双手扶住滚筒扶杆中间,保持住滚筒的平衡用力向前推动,进行闯关活动,第一关走过平衡木,第二关绕过障碍物,第三关钻过拱形门。每一关挑战成功后即可在终点张贴胜利小海星一个。【注意:任意一关没有挑战成功必须从头开始游戏。】

（2）幼儿站在滚筒里面,滚筒后置,双手扶住滚筒扶杆中间,保持住滚筒的平衡用力拉滚筒,进行闯关活动,第一关走过平衡木,第二关绕过障碍物,第三关钻过拱形门。每一关挑战成功后即可在重点张贴胜利小海星一个。【注意:任意一关没有挑战成功必须从头开始游戏。】

3. 建议。

(1)结合活动内容对幼儿进行安全教育,注重在活动中培养幼儿的平衡能力、协调能力。

(2)提升游戏的挑战性,设立障碍物,通过走、爬、钻等丰富活动,鼓励幼儿敢于挑战、不怕困难、不怕累,加强孩子的耐力锻炼。

第1周 海边初体验

环境创设

1. 主题版:布置"我是海边人"主题墙饰,重点突出作为海边人,对海边现象的发现和探索过程。

2. 班级环境:从家中带来一些大海环境的材料,例如船锚、渔网、船舵、灯塔、沙子、沙滩贝壳等材料,初步让幼儿感受海边的环境氛围。

3. 师幼共同收集、绘制游戏材料,创设楼层社会性游戏区域:前海沿儿海鲜大排档、海洋艺术手工坊、海洋照相馆、海洋 T 台秀、前海沿儿放映厅(皮影戏)、海洋艺术品展览馆、海洋阅览室和海洋棋盘室等。

生活活动

1. 知道饭前便后要洗手,洗手时挽袖子,及时关好水龙头,不玩水。

2. 创设"我有午睡好习惯"板块,提醒幼儿知道将自己的外衣、外裤、袜子脱下叠放整齐,安静入睡。

3. 创编"小肚皮藏起来"的小儿歌,指导幼儿离园前能将自己的内衣掖好,衣服整理好,不漏小肚皮。

4. 安全教育:培养幼儿的自我保护意识,不玩、不接近危险物品,不做危险的事,了解一些简单的安全常识和自救方法。

家长与社区教育

1. 家长进课堂活动:邀请有赶海经验的爷爷奶奶,为小朋友分享赶海经验。

2. 邀请家长委员会成员参与拟定活动计划,策划组织海边徒步活动。能发现青岛的变化,为家乡的变化感到高兴,为自己是一名青岛人感到自豪。

3. 请家长与幼儿一起搜集突出海洋主题的装饰材料,在主题开展的第一周,带到幼儿园来装饰教室。

4. 根据自己班级社会性区域游戏,配合教师收集相关材料。

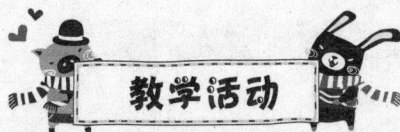

活动一　好习惯体验日——我会认真听、我敢大胆说（半日活动）

【活动解读】

在日常活动中我们发现,善于倾听的幼儿个性包容,善于与人交往和合作。本次活动旨在培养幼儿认真倾听他人讲话,并大胆说的好习惯,为此,我们通过游戏"传话",使幼儿知道倾听的重要性,以及倾听的方法;通过游戏"我型我秀",引导幼儿在舞台上大胆展现,积极表演,锻炼幼儿的自信心。

【活动流程】

国旗宣讲引发兴趣 → 游戏体验亲身感知 → 视频观看总结经验 → 设计标志经验提升

【活动目标】

1. 知道认真倾听别人讲话是对别人的尊重以及倾听的方法。

2. 能在集体面前大胆表现自己,说出自己的见解。

3. 培养幼儿认真倾听他人讲话的良好行为习惯,体会认真倾听带来的快乐。

【活动建议】

1. 国旗下宣讲"我会认真听、我敢大胆说"。

（1）教师宣讲:懂得倾听,才能真正了解他人;懂得大胆表达,才能让大家更了解你。所以我们将开展"我型我秀"大舞台,希望大家积极参加,展现自我。

（2）幼儿宣讲:当小演员的时候,我要好好准备节目,给小朋友看;当观众的时候,我要认真听,才能更好地发现好朋友的优点。

（3）家长宣讲:在家中我们积极配好老师,和宝贝一起准备节目,鼓励宝贝多加练习,让宝贝能在大舞台上展现更加优秀、精彩的自我。

2. 游戏"传话",帮助幼儿知道认真倾听的重要性和方法。

（1）玩传话游戏,寻找传话出现错误的原因。

（2）再次玩传话游戏,要求传话时认真倾听。

3. 《我型我秀》大舞台,鼓励幼儿在集体面前大胆展示自己,说出自己的见解。

（1）选多名幼儿轮流独自在集体面前表演展示自己。

（2）游戏《我想对你说》,引导幼儿说出自己的见解。

玩法:以《我想对你说》为话题,采取轮流交替的方式让孩子们大胆说出自己要对好朋友说的话。

4. "精彩亮相",为认真倾听、大胆表现自己的小朋友颁发小奖状。

活动二 社会——我是小·记者"赶海采访"

【教材分析】

赶海采访旨在让幼儿大胆地与陌生人交流，了解赶海的更多相关经验。而中班幼儿，对小记者采访很感兴趣，但不能主动与陌生人交流，所以本活动以孩子扮演小记者的游戏方式，使孩子通过听、说、画等多种形式，生动感知赶海的相关事宜，体验采访他人的乐趣，激发幼儿作为海边人的自豪感。

【活动目标】

1. 知道如何采访，能主动采访他人，清晰表达，了解有关赶海的相关事宜。

2. 能与小组同伴合作，尝试用符号记录自己的采访收获，并完整讲述。

3. 有礼貌地与他人进行采访，激发幼儿作为海边人的自豪感。

【活动重点】

知道如何采访，能主动采访他人，清晰表达，了解有关赶海的相关事宜。

【活动难点】

能与小组同伴合作，尝试用符号记录自己的采访收获，并完整讲述。

【活动准备】

1. 物质准备：① 赶海调查问卷、彩笔；② 教师提前去栈桥海边实地观看，为孩子们的采访做好保障；③ 邀请家长志愿者参与本次活动，保证幼儿的安全。

2. 经验准备。

（1）收集有关采访的信息，知道什么是采访。

（2）结合自己对于赶海的疑惑和最感兴趣的事情，提前准备好要参访的问题。

【活动过程】

1. 通过讨论交流，引起幼儿采访兴趣，做好采访前的准备。

（1）通过讨论，了解采访要点。

讨论：什么是采访？采访应注意些什么？

小结：采访时，要有礼貌。提问时要声音洪亮、清楚、完整，让别人听清楚你想知道的事情。采访时要注意安全，保护好自己。

（2）通过交流，帮助幼儿做好采访前的准备。

提问：本次采访，你想提出哪些赶海的问题？

2. 通过到海边采访，引导幼儿主动采访他人，了解有关赶海的相关事宜。

（1）幼儿分组在家长志愿者的带领下，进行海边采访并及时拍照。

（2）教师参与幼儿的采访，了解幼儿的采访活动并及时给予指导和引发，鼓励幼儿大胆采访。

3. 通过表征记录，巩固采访经历，体验采访的快乐。

（1）以小组为单位，通过交流，分享采访经验。

提问：你都采访了谁？知道了哪些有关赶海的新经验？

（2）出示"赶海调查问卷"，幼儿表征记录采访收获。

引导幼儿观察"赶海调查问卷"，了解有关"赶海调查问卷"各部分的意思。

4. 再次通过交流分享，激发幼儿赶海的兴趣。

（1）请每组小朋友来简单交流，分享自己的"采访收获"。

（2）教师小结，激发幼儿赶海的兴趣。

活动三　语言——青岛方言儿歌《挖蛤蜊》

【教材分析】

《挖蛤蜊》是一首青岛方言儿歌,儿歌讲述了青岛小孩去前海沿挖蛤蜊,并描述了挖到的各种各样蛤蜊,从而表现了挖蛤蜊的快乐心情,这首儿歌具有明显的方言特征。现在孩子们在家中和幼儿园基本说的都是普通话,对青岛方言还是比较陌生,所以本次活动的难点为,能够在老师的提示下运用青岛方言完整朗诵儿歌,为了解决此难点,运用个别词汇学习、分段学习和分小组朗诵的方法,使幼儿能够在老师的提示下,运用青岛方言完整朗诵儿歌。

【活动目标】

1. 理解儿歌内容,学说蛤蜊、干什么(红么)、泥(mi)蛤蜊、鲜(xuan)亮这几个词语在青岛话中的发音。

2. 能够在老师的提示下运用青岛方言完整朗诵儿歌。

3. 感受海洋方言的魅力,体验说青岛方言的乐趣。

【活动重点】

理解儿歌内容,学说蛤蜊、干什么(红么)、泥(mi)蛤蜊、鲜(xuan)亮这几个词语在青岛话中的发音。

【活动难点】

能够在老师的提示下运用青岛方言完整朗诵儿歌。

【活动准备】

1. 经验准备:与家人一起回顾挖蛤蜊的情景,以及听家人说说青岛话,初步感知青岛话。

2. 物质准备:① 青岛方言歌曲《挖蛤蜊》、蛤蜊图片、赶海挖蛤蜊儿图片;② 响板若干。

【活动过程】

1. 播放青岛方言歌曲《挖蛤蜊》,激发幼儿兴趣。

提问:这首歌曲中说的话与我们平常说的话有何不同?

你会说青岛话吗?你听谁说过青岛话?你知道哪些青岛话?

【教师及时运用青岛话小结,引发幼儿对于青岛话的探究兴趣。】

2. 通过经验交流,理解儿歌内容,初步学习青岛方言儿歌《挖蛤蜊》。

(1)经验交流,理解儿歌内容。

提问:小朋友们,你们之前赶海儿都是什么时间去的?都挖到了哪些东西?

你知道蛤蜊都有什么品种?吃了没有?什么味道?

小结并介绍蛤蜊品种:花蛤蜊、毛蛤蜊,还有黑黑的泥蛤蜊,并引出方言儿歌《挖蛤蜊》。

(2)教师示范,学习青岛方言儿歌《挖蛤蜊》,理解诗歌内容,学习新词汇。

教师完整连贯、有节奏地朗诵方言儿歌《挖蛤蜊》。

提问:这首儿歌与我们平常说的有何不同?

小结:引导幼儿学说蛤蜊、干什么(红么)、泥(mi)蛤蜊、鲜(xuan)亮这几个词语在青岛话中的发音。

(3)教师再次完整朗诵方言儿歌《挖蛤蜊》,加深幼儿对于方言儿歌的感知。

3. 创设情境,幼儿用青岛方言完整朗诵儿歌。

(1)分段学习儿歌,帮助幼儿学习,并掌握运用青岛方言朗诵儿歌的语感。

(2)敲击响板,全体幼儿和老师一起完整朗诵方言儿歌《挖蛤蜊》。

(3)分组朗诵儿歌,加深幼儿的记忆。

请男孩儿、女孩儿以对答的形式朗诵儿歌。

请第一排、第二排幼儿以对答的形式朗诵儿歌。

小结：表扬积极朗诵的幼儿，激发幼儿对于青岛方言的探究兴趣。

活动延伸：

请幼儿在表演区进行儿歌朗诵，也可运用学会的青岛方言进行其他的表演。

【附儿歌】

挖蛤蜊

大清早来到前海沿儿，

干什么（红么）去（qi）？挖蛤蜊去（ga la qi）。

青岛小孩儿都这（zheng）么玩。

蛤蜊长哪来？长在泥巴来！

青岛的蛤蜊是真不少：

花蛤蜊、毛蛤蜊，

还有乎黑儿的泥（mi）蛤蜊！

青岛的蛤蜊是真好吃；

青岛的蛤蜊是真鲜（xuan）亮，

嗯～～～～真鲜（xuan）亮！

〔作者：王璐〕

活动四　音乐——欣赏歌曲《大海啊，故乡》

【教材分析】

《大海啊，故乡》是3/4的歌曲，主要欣赏、感受歌曲所表达的对故乡的热爱之情。中班幼儿对音乐欣赏有经验，但并不能很好地理解此歌曲，结合青岛本土资源，孩子们居住的家乡青岛，就是一座美丽的海滨城市，因此我们通过谈话活动，激发幼儿作为青岛人的自豪感，并通过完整欣赏音乐，激发幼儿对于自己家乡青岛的热爱之情。

【活动目标】

1. 欣赏歌曲，感受乐曲的旋律美。

2. 理解歌词所表达的意境，感受歌曲所表达的对故乡的热爱之情。

3. 激发幼儿对自己家乡"青岛"的热爱之情。

【活动重点】

欣赏歌曲，感受乐曲的旋律美，激发幼儿对自己家乡"青岛"的热爱之情。

【活动难点】

理解歌词所表达的意境，感受歌曲所表达的对故乡的热爱之情。

【活动准备】

物质准备：《大海啊，故乡》的音乐、课件。

位置准备：撤掉桌子，凳子摆成"U"字形排列。

【活动过程】

1. 跟随音乐进教室，引发幼儿欣赏兴趣。

提问：我们的家乡是哪里？你喜欢大海吗？为什么？

小结：青岛是一座美丽的海滨城市，三面环海一面靠山，说起大海就想到了我们的家乡青岛。

出示图片《家乡的海》，引导幼儿观察家乡的海，感受家乡大海的美，激发幼儿对于大海的热爱之情。

2. 完整欣赏歌曲《大海啊，故乡》，感受歌曲的优美与抒情。

（1）完整欣赏歌曲《大海啊，故乡》，理解歌词内容。

提问：你听过这首歌曲吗？歌曲中唱了什么内容？

教师完整朗诵歌词，加深幼儿对于歌词的感知。

（2）再次完整欣赏歌曲《大海啊，故乡》。

提问：歌曲中哪一句旋律使你最受感动，为什么？

【幼儿结合各自的感受自主讲述，教师及时小结与评价，进一步加深幼儿对于歌词的感知理解。】

（3）教师向幼儿介绍歌曲的作者，以及创作这首歌曲所蕴含的情感。

这首歌曲的名字叫《大海啊，故乡》，作者叫王立平，这是他离开家乡多年以后所写的歌曲。歌曲深深地表达了王立平对祖国的眷恋之情。这是一首怀念故乡的歌曲，把大海比作自己的故乡，又把大海比作自己的妈妈，永远鼓励、关心着我们。大海就是我们的故乡，就是我们的妈妈！

3. 幼儿随音乐一起哼唱歌曲《大海啊，故乡》。

讨论：歌曲中有一个多次出现的乐句，它给你一种什么感觉？

小结：这个乐句表现了起伏的海浪，让我们有一种身处大海的感觉。

【请幼儿和老师一起随音乐画出旋律线，表现起伏的海浪，加深幼儿对歌曲旋律的感知。】

4. 幼儿再次随音乐尝试模唱歌曲《大海啊，故乡》，教师小结，感受歌曲所表达的对故乡的热爱之情。

活动延伸：拓展幼儿对于歌曲的欣赏与再现。音乐区投放音乐《大海啊，故乡》，鼓励幼儿进一步大胆表现自己对于歌曲的感受。

【附歌谱】

大海啊，故乡
（郑绪岚演唱）

词曲 王立平
记谱 丹顶鹤

活动五 美术——石头贝壳创意画

【教材分析】

"石头贝壳创意画"是让幼儿用石头和贝壳通过组合,制作好看的作品,可以让幼儿对海边材料感到好奇,培养幼儿创造美和发现美的能力。中班幼儿对创意绘画有一定的经验,但用石头和贝壳粘贴的形式组合,再现石头贝壳的创意美就没有尝试过,所以通过图片创想、动手拼拼摆摆等方法,让幼儿了解石头贝壳粘贴画的特点和方法,体验制作贝壳粘贴画的快乐。

【活动目标】

1. 感知贝壳、石头形状、大小等不同,初步了解石头贝壳粘贴画的特点和方法。

2. 创造性地使用贝壳石头及辅助材料,运用石头和贝壳粘贴的形式,组合再现石头贝壳的创意美。

3. 乐意参与石头贝壳粘贴活动,体验和同伴合作制作贝壳粘贴画的快乐。

【活动重点】

运用石头和贝壳粘贴的形式组合再现石头贝壳的创意美。

【活动难点】

创造性地使用贝壳石头及辅助材料。

【活动准备】

1. 知识经验准备。

幼儿已具备粘贴、拼图、折、剪等手工技能。

2. 物质材料准备。

（1）各种贝壳（海蛎、鲍鱼、花蛤、扇贝、蛏、竹蛏、蚶、海瓜子及各种海螺等）洗净晒干。

（2）辅助材料:毛线、吸管、颜料、豆子、棉签、白乳胶、双面胶、橡皮泥、剪刀、彩色卡纸、纸盘、橡皮泥等。

（3）收集各种贝壳制品（项链、螺号、花篮、贝壳画等）布置成"贝壳馆"、大的贝壳粘贴画"动物园"、熊猫手偶、音乐等。

【活动过程】

1. 出示图片,引导幼儿感知贝壳、石头的形状、大小等不同。

（1）出示不同贝壳图片,引导幼儿观察比较不同贝壳形状、颜色、大小等不同,并初步进行想象。

提问:你认识图片中的哪些贝壳?它们是什么形状的?大小有什么不同?它像什么?

（2）出示不同石头的图片,引导幼儿观察比较石头形状、大小等不同,并初步进行想象。

提问:这些石头有什么不同?像什么?你觉着用这些石头可以做什么?

2. 材料组合造型设想,了解辅助材料的使用及粘贴方法。

（1）出示范例,引导幼儿观察。

提问:小朋友看这"小金鱼",哪些部分用到了石头?哪些部分用到了贝壳?还用了什么其他材料呢?

讨论:贝壳和石头还能组合成什么小动物?需要用到哪些辅助材料?

（2）示范演示,帮助幼儿了解组合的方法。

讨论:我们怎么把这些贝壳和辅助材料固定好呢?

教师示范讲解,演示固定材料的使用方法。【白胶、双面胶、橡皮泥】

3. 学习"构思——寻找材料——大胆组合"的操作步骤,进行创意制作。

（1）提出要求:先想一想你喜欢做什么小动物,哪种贝壳或石头做小动物的哪一部分?……想好了找到材料先在卡纸上摆出来,再想想需要用什么辅助材料,来添加其他的特征。

（2）在柔和的音乐中,幼儿与同伴之间商量谈论,选择各种各样的贝壳及辅助材料进行创意造型活动,教师鼓励幼儿多尝试,多与同伴协商。

（3）教师观察并重点关注幼儿能否进行大胆想象,大胆运用材料进行装饰,及时评价并针对幼儿的实际,给予适时的引导帮助。

4. 作品展示,分享交流。

（1）以小组为单位,相互交流各自的作品。

（2）教师小结,表扬幼儿的大胆想象以及同伴间的合作,并带领幼儿把自己做好的小动物粘贴到"动物园"里。

体育活动

沙滩寻宝

【教材分析】

本活动旨在让幼儿在不平的沙滩上,跨越较高的障碍,寻找沙滩底下的贝壳,发展幼儿动作协调灵活和平衡能力。中班幼儿已经能跨越障碍物了,但在速度上、协调灵活度上有待提高,因此,本次活动的重点,是学习跨越障碍的基本动作要领。活动难点是能够动作协调灵活,平稳地在沙滩上跨越40厘米高的障碍物。为了解决此重难点,主要运用情境教学法,引导幼儿在沙滩寻宝活动中练习跨越障碍的技能，还运用比赛的形式，培养幼儿的竞争意识，能快速平稳地在沙滩上跨越。

【活动目标】

1. 喜欢沙滩游戏，能够动作协调灵活、平稳地在沙滩上跨越障碍物。

2. 幼儿在游戏情境中，学习按物体的不同特征进行分类。

3. 幼儿在活动中享受关心别人、帮助别人的乐趣。

【活动重点】

动作协调灵活、平稳地在沙滩上跨越障碍物。

【活动难点】

能按规则在游戏中，将物体按不同特征进行分类。

【活动准备】

1. 卡片虾、蟹、海螺若干。小桶、铲子人手一套。呼啦圈若干。

2. 3 只大筐、6 只小筐，虾、蟹、海螺及大小标记。

场地布置：

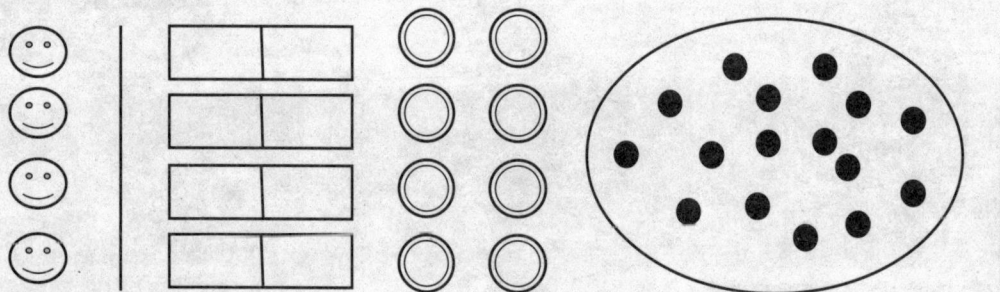

【活动过程】

1. 通过游戏划船引起幼儿兴趣，进行热身，导入主题。

（1）划着小船去"海边"。

（2）跟着音乐做韵律热身活动，练习跨越的动作。

2. 沙滩寻宝，引导幼儿掌握跨越障碍的动作要领，并能动作灵活、平稳地在沙滩上跨越。

（1）情境创设"沙滩寻宝"，引导幼儿学习跨越障碍的动作要领。

提问：怎样做不容易摔倒？还可以动作更快？

（2）通过总结，幼儿再次尝试，掌握跨越 40 厘米高的障碍。

提问：这个高度你们能跨过去吗？【引导幼儿练习掌握跨越 40 厘米高的障碍】

（3）寻找宝贝的情景，再次练习跨 40 厘米高的障碍。

提问：看谁挖的多，挖的快，并给大家介绍你挖到了什么？

3. 游戏"帮助猫妈妈"，在规则下开展游戏，并能动作协调灵活平稳地在海滩上跨越障碍物。

（1）按种类分类，进行游戏。

玩法：先跨越障碍，挖到海鲜返回，再按照种类分类，师生一起检查看分类是否正确，正确组获胜。

（2）按大小分类，进行游戏。

玩法：分两个组，1 组挖大的，2 组挖小的，都先跨越障碍，然后返回，将海鲜放到相应的框中，大的海鲜多 1 组获胜，反之 2 组获胜。

4. 结束活动,做放松动作。

(1)小结交流:关心、帮助别人是一件快乐的事。

(2)听音乐做放松动作,并划着小船回家。

第 2 周 海边乐趣多

环境创设

1. 主题墙：延续"赶海"主题墙饰，并重点添加我们去赶海的相片、海鲜大餐、快乐的楼层游戏等版块。

2. 班级环境：用青岛特色的材料，例如，贝壳、海螺、木之船、啤酒瓶子等材料，进行再加工，装饰教室。

3. 继续延续上周的楼层区域游戏：邀请大班的哥哥姐姐加入活动，开展混龄游戏，共同参与前海沿儿旅行社、前海沿儿放映厅（皮影戏）、前海沿儿工艺品商店三大活动，丰富中班幼儿游戏经验，增强游戏的互动性。

生活活动

1. 每天保证充足的水量，能做到随时渴了随时喝，并且根据自己的身体状况调整喝水量。

2. 每天坚持用"洗手六部曲"洗手，洗完手后甩干水，保持地面干净。

3. 文明进餐，进餐过程保持桌面整洁。

4. 离园前整理好衣服，擦护手霜，根据天气情况及时戴好口罩。

5. 安全教育：知道赶海时基本的自我保护常识，了解潮汐，知道跌潮时不往里走，时刻注意安全。

家长与社区教育

1. 搜集青岛特色的材料，例如，贝壳、海螺、木之船、啤酒瓶子等材料。

2. 请爸爸妈妈利用周末时间，带着孩子到海边一起搜集贝壳，为数学活动和美工活动做好准备。能爱护环境，感受祖国的风光美。

3. 到海边观看有经验的赶海人是如何赶海的，积累经验。

教学活动

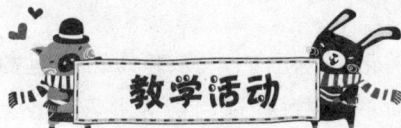

活动一 社会——赶海乐趣多

【教材分析】

生活在海边的青岛人最喜欢赶海,人们根据潮涨潮落的规律,赶在潮落的时机,到海岸的滩涂和礁石上,打捞或采集海产品。青岛的孩子愿意跟着大人去赶海,美丽的大海是孩子们天然的游乐场,赶海有许许多多的趣事。本次活动,旨在让孩子们通过亲身感受了解海洋生物特征,并乐于与同伴分享自己的收获。在上一子主题中孩子们已经通过赶海采访,了解了赶海的小知识,但没有实践验证,所以本次活动,通过运用身临其境,小组合作,分组讨论等方法,来验证老青岛人的话,感受赶海的乐趣,分享自己赶海收获。

【活动目标】

1. 知道赶海时需要做的准备,并能结合自己之前采访后的经验,有目的地进行赶海活动。

2. 学习正确使用赶海工具,能主动与同伴一起分组进行赶海活动。

3. 树立安全意识,乐于与同伴分享自己的赶海收获。

【活动重点】

知道赶海时需要做的准备,并能结合自己之前采访后的经验,有目的地进行活动。

【活动难点】

学习正确使用赶海工具,能主动与同伴一起分组进行赶海活动。

【活动准备】

1. 物质准备:① 赶海分组表格:幼儿以符号表征的形式记录自己的赶海喜好,并根据喜好分成赶海小组;② 幼儿结合采访活动,自主准备好不同的赶海工具。

2. 经验准备:① 幼儿结合分组表格,提前组合成不同的活动小组:"捉螃蟹组、挖蛤蜊组、捉小鱼组、捉小虾组、撬海蛎子组";② 幼儿之前已经围绕赶海相关事宜到海边进行了实地采访,对于赶海有了一定的了解和经验准备。

【活动过程】

1. 通过谈话活动,激发幼儿赶海兴趣。

谈话:海边这么多的东西,你们想去捉什么?怎样捉?

2. 通过分组讨论,了解赶海工具的使用和注意事项。

(1)通过讨论,引导幼儿了解赶海工具的使用方法。

讨论:这些工具怎样使用?使用这些工具时应注意些什么呢?【幼儿介绍自己的工具和使用方法】

(2)教师通过评价,进一步示范讲解工具的使用方法以及注意事项。

3. 引导幼儿制定赶海要求,并体验赶海。

(1)引导幼儿提出赶海要求。

要求:赶海时注意安全,和本组小伙伴在一起,不要乱跑,保护好自己。

正确使用赶海工具,注意安全。

管理好自己的物品,不乱丢乱放。

（2）通过亲身体验，感受赶海乐趣。

幼儿按自主分配的小组，携带好自己的赶海工具和每组的带队老师一起走到栈桥海边。幼儿以小组的形式自主进行赶海活动，教师巡回指导并及时拍照。

4. 通过交流，分享赶海收获，体验赶海的快乐。

（1）通过赶海活动，引导幼儿分享交流赶海经验。

提问：这次赶海开心吗？为什么？你们都有了哪些收获？

【幼儿间相互交流，请个别幼儿进行介绍】

（2）教师结合本次赶海的照片，回顾并提升幼儿的赶海经验，激发幼儿再次赶海的兴趣。

【附《赶海分组表》】

我喜欢的赶海活动	赶海所需工具	赶海注意事项

活动二　语言——经验讲述：我的赶海新经验

【教材分析】

孩子们已经有了亲身赶海的经验，本次活动旨在让幼儿能主动、大方地讲述自己在赶海活动中新的见闻。大部分中班幼儿已经学会完整的表达，但是表达的不够清楚，还有待加强，所以本次活动的难点设为，幼儿能用清楚的语言，完整地讲述自己的赶海活动。为了解决此难点，活动中运用经验交流分享、图片讲述等帮助幼儿突破难点，并以幼儿之间讲述与个别讲述的方式锻炼幼儿完整清晰讲述的能力。

【活动目标】

1. 幼儿能口齿清楚、较完整地讲述自己的赶海活动。

2. 能主动、大方地讲述自己在赶海活动中新的见闻、体验以及再次赶海的设想，思路清晰。

3. 安静倾听别人的讲述，体验和朋友分享经验的快乐。

【活动重点】

幼儿能口齿清楚、较完整地讲述自己的赶海活动。

【活动难点】

能主动、大方地讲述自己在赶海活动中新的见闻、体验以及再次赶海的设想。

【活动准备】

幼儿和老师一起分组赶海的照片。

【活动过程】

1. 通过交流分享"我的赶海活动"，引起幼儿兴趣，导入主题。

（1）通过讨论，交流各自的赶海活动经验。

讨论：这次赶海活动，你有哪些收获？你是怎样抓小螃蟹、挖蛤蜊、撬海蛎子的……

（2）请个别幼儿介绍自己的赶海活动，教师及时评价并鼓励幼儿完整清楚地讲述自己的赶海活动。

2. 通过出示本次赶海照片，分享、拓展幼儿的"赶海新经验"。

（1）出示照片"遇到困难"，分享赶海遇到的问题。

讨论：小朋友们，照片中的你们在干什么呢？遇到了什么困难？你们是怎样解决的？

【请照片上的小朋友介绍自己赶海时"遇到的困难"。】

（2）通过集体讨论，鼓励幼儿大胆讲述自己赶海时的新经历。

讨论：你们在赶海时还遇到了哪些问题？遇到问题时，你们又是怎样解决的？

3. 交流分享，提升赶海新经验。

讨论：这次赶海活动，你有哪些新发现？还知道了哪些有关赶海的新经验？

（1）幼儿间相互交流。

（2）请个别幼儿讲述，引导幼儿认真倾听。

4. 教师总结幼儿在赶海活动中的新经验，为下次赶海做好准备。

讨论：如果再去赶海，你还要做哪些新的准备？有哪些新的赶海设想？

（1）幼儿自由交流。

（2）教师小结并激发幼儿再次赶海的欲望。

活动三　音乐——娃娃踏浪

【教材分析】

本次活动选择乐曲《赶海的小姑娘》，乐曲为两段式结构，旋律欢快活泼。通过本次活动，旨在引导幼儿表现出与小浪花嬉戏的亲昵、欢乐场面。中班幼儿，尤其是青岛的孩子，大都对大海情有独钟，有在海边踏浪、戏水的体验，但在运用身体动作、表现歌曲上并不是太好。所以活动开展过程中，教师应引导幼儿学会倾听音乐，充分感受乐曲 A 段的欢快、B 段的抒情，再鼓励幼儿尝试用动作表现与浪花嬉戏的情景，引导幼儿体验娃娃踏浪的快乐心情。

【活动目标】

1. 初步熟悉乐曲旋律，了解乐曲两段式结构的特点，感受乐曲欢快、优美的音乐情绪。

2. 能运用身体动作，自由表现浪花和娃娃相互问好、交朋友、做游戏等情节。

3. 乐于与老师、同伴共同游戏，尽情表达浪花与娃娃互相嬉戏的愉快心情。

【活动重点】

初步熟悉乐曲旋律，了解乐曲两段式结构的特点，感受乐曲欢快、优美的音乐情绪。

【活动难点】

能运用身体动作,自由表现浪花和娃娃相互问好、交朋友、做游戏等情节。

【活动准备】

1. 活动前指导幼儿学会儿歌《娃娃与浪花》,在生活活动中播放《赶海的小姑娘》,帮助幼儿熟悉乐曲的旋律。

2.《幼儿素质发展课程·音乐》CD,娃娃踏浪的图片,浪花的头饰若干。

【活动过程】

1. 带领幼儿朗诵儿歌《娃娃与浪花》,将幼儿带入活动情境。

2. 引导幼儿欣赏乐曲《赶海的小姑娘》,感受乐曲跳跃、优美的音乐情绪。

（1）请幼儿聆听乐曲前奏中的海浪声,展开合理想象。教师介绍乐曲的名字,帮助幼儿了解这是一首描写小娃娃与小浪花做游戏的乐曲。

（2）请幼儿完整欣赏乐曲并自由交谈:娃娃与浪花在做什么游戏?

3. 引导幼儿分段欣赏音乐,感受乐曲欢乐、优美的音乐情绪,鼓励幼儿根据乐曲创编动作。

（1）播放 A 段乐曲（第1~16小节）,结合图片,引导幼儿想象浪花与娃娃相互问好、做游戏的欢乐情景,感受这段乐曲欢快、跳跃的特点。

请幼儿讨论并创编,小浪花起伏、娃娃与浪花打招呼、踏浪、戏水、亲吻浪花等动作,教师对幼儿创编的动作加以提升。例如,怎样和小浪花打招呼?小浪花会怎么做?怎样和浪花交朋友?

请幼儿再次欣赏 A 段乐曲,鼓励幼儿用动作大胆表现对乐曲的理解。

（2）播放 B 段乐曲（第17~30小节）,引导幼儿感受这段乐曲优美、抒情的特点,鼓励幼儿根据乐曲创编动作。

引导幼儿讨论,娃娃在小浪花温暖的怀抱里悠闲、惬意地做着哪些事情（如划船、游水）,用身体动作大胆表现,教师对幼儿的动作加以提升。

请幼儿再次欣赏 B 段乐曲,鼓励幼儿大胆表现娃娃与小浪花亲昵的场面。

4. 请幼儿完整倾听乐曲,体验娃娃与浪花嬉戏的愉快心情。

（1）鼓励幼儿自由、大胆地表现娃娃与浪花游戏的情景。

（2）教师与幼儿分别扮演浪花与娃娃进行游戏,结合幼儿的动作表现,教师给予适时指导。

（3）开展“分角色表演”游戏:一半幼儿戴浪花头饰扮演小浪花,一半幼儿扮演赶海的娃娃。幼儿可互换角色多次游戏。

5. 在乐曲声中引导幼儿与大海道别,自然结束活动。

【附诗歌】

娃娃与浪花

小浪花,真调皮;

小娃娃,真淘气;

大海边上做游戏。

亲一亲,哗哗哗;

抱一抱,哈哈哈;

可爱的浪花和娃娃。

〔选自:青岛出版社 2019 年版《幼儿素质发展课程教师用书》中班（下）〕

【附歌谱】

赶海的小姑娘

1 = C 2/4

马金星 词
刘诗召 曲

稍快 活泼地

（歌谱）

> 1. 松软软的 海滩哟 金黄黄的 沙，
> 2. 腥咸咸的 海风哟 清爽爽地 刮，
>
> 赶海的 小姑娘 光着小脚 丫。 珊瑚礁上 捡起了
> 吹乱了 小姑娘 缕缕黑头 发。 姑娘轻轻 唱起了
>
> 一枚 海螺， 抓住了 水洼里一只对 虾。
> 一支 渔歌， 羞红了 远方的一抹晚 霞。
>
> 找 呀 找 呀 找 呀找呀 找， 挖呀挖呀
> 唱 呀 唱 呀 唱 呀唱呀 唱， 跳呀跳呀
>
> 挖 呀挖呀 挖， 一只 小篓 装不下， 装呀装不
> 跳 呀跳呀 跳， 姑娘 提篓 跑回家， 跑呀跑回
>
> 下 呀， 装呀装不 下。 哎， 罗罗
> 家 呀， 跑呀跑回 家。
>
> 哎， 罗罗 哎。

活动四 美术——宣传画：文明赶海人

【教材分析】

本次活动是环保宣传画，旨在让幼儿通过绘制爱护海洋环境的内容，来锻炼幼儿合理布局绘画的能力。对于中班幼儿来讲，宣传画是幼儿不多接触的一种绘画方式。所以本次活动的重点制定为能大胆想象，合理布局画面，表现怎样做文明赶海人的简单情境。为了更好地解决此活动难点，在活动的开始环节，通过出示了大海被污染的图片，引发幼儿对"大海为什么会变成这样"及"如何保护大海"的思考及谈论，从而更好地扩展幼儿绘画的思路。

【活动目标】

1. 学习运用绘画的形式，绘制爱护海洋环境、做文明赶海人的广告宣传画。
2. 能大胆想象，合理布局画面，表现怎样做文明赶海人的简单情境。
3. 激发幼儿热爱大海、保护海洋环境的情感。

【活动重点】

学习运用绘画的形式，绘制不乱扔垃圾、爱护海洋环境、做文明赶海人的广告宣传画。

【活动难点】

能大胆想象,表现怎样做文明赶海人的简单情境。

【活动准备】

画笔、纸张;脏、乱、差的海洋环境图片;人为破坏的海洋环境图片。

【活动过程】

1. 通过谈话导入,引发幼儿对于大海的探究欲望,导入活动。

提问:小朋友你们喜欢去海边玩吗?你们在去海边玩的时候都发生过哪些有趣的事情呢?

2. 出示图片,帮助幼儿知道垃圾对人们生活的危害,并学习制作宣传画《做文明赶海人》。

(1)出示海边垃圾污染严重的图片,引导幼儿观察大海被污染的样子。

提问:图片中的大海发生了哪些变化?你觉着大海为什么会变成这样?

(2)通过讨论,激发幼儿设计海洋宣传画的欲望。

讨论:看到大海变得这么脏,你的心情是怎样的?你想怎样做?怎样让我们的大海变得干干净净?

【幼儿自由讲述,教师小结,激发幼儿设计宣传画,保护大海,做文明赶海人的欲望。】

(3)通过示范讲解,引发幼儿大胆想象,学习合理布局画面。

提问:如何运用绘画的形式,让别人能够看懂怎样做文明赶海人?

教师小结并示范讲解"对比法、情境法"的表现方法,再现如何做文明赶海人。

3. 幼儿创作,教师观察并及时评价与指导。

要求:清晰再现要如何做,才是文明赶海人。画面清晰,选择任意一种自己喜欢的方法进行再现。

4. 交流分享我的宣传画"做文明赶海人"。

(1)同伴间相互交流。

(2)出示个别幼儿作品,引导幼儿观察。

提问:你从作品中看到了什么?你感觉他是要通过作品告诉我们要怎样做?【幼儿自由讲述】

教师小结,帮助幼儿从构思、布局、情境再现等方面,进一步了解绘制宣传画的方法。

(3)展示幼儿的作品,鼓励幼儿争做文明赶海人。

活动延伸:

(1)向哥哥姐姐宣传"做文明赶海人"。

(2)向家长宣传"做文明赶海人"。

(3)到大海边,向游人宣传"做文明赶海人"。

【附幼儿作品】

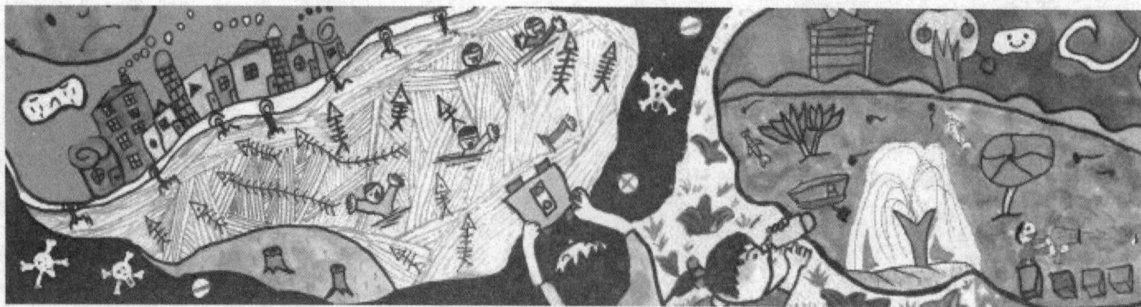

活动五　数学——学习按特征分类

【教材分析】

分类是根据事物的同和异,把事物集合成类的过程,也就是把相同的或具有某一类同特征的东西,归并在一起。按物体的两个特征分类,是按物体的外部特征分类的一种,它能帮助幼儿感知集合及其元素,能够促进幼儿思维能力不断提高,中班幼儿对分类有一定的经验,但按照不同的特征进行多种分类还不是很有经验。所以为了将枯燥、逻辑性较强的数学知识变得生动,浅显易懂,并能融入孩子们感兴趣的操作活动中去,我们结合海洋主题将操作材料换成了贝壳,激发孩子探索、操作的兴趣,因此主要运用操作法、情境法。

【活动目标】

1. 会按贝壳的名称或颜色特征进行分类。
2. 能用完整语言讲述操作结果,并进行简单记录。
3. 体验贝壳分类带来的乐趣,萌发对大海的热爱。

【活动重点】

会按贝壳的名称或颜色特征进行分类。

【活动难点】

能用完整语言讲述操作结果,并进行简单记录。

【活动准备】

1. 分类课件、音乐;
2. 涂有红黄颜色的蛤蜊壳和扇贝壳以及操作筐四个;
3. 人手一张记录卡,水彩笔。

【活动过程】

1. 通过游戏"一把抓",引导幼儿发现贝壳的不同之处,自主探究贝壳分类方法。

(1)每组幼儿的桌子上摆放一筐不同颜色和种类的贝壳。

玩法:我们来玩个游戏"一把抓",当我发出开始口令后,请你迅速抓一把贝壳放到自己跟前。

提问:你们拿到的贝壳哪里不同?

小结:贝壳的颜色不一样,有黄的,有红的;贝壳的名称不一样,有蛤蜊,有扇贝。

(2)通过幼儿自主探究,引导幼儿按贝壳特征进行分类并说出操作结果。

提问:这些贝壳有何不同? 如何将这些零散的贝壳分类呢?

幼儿自由讲述,师幼共同探索分类方法。

2. 通过游戏"贝壳分分类",初步学习按贝壳的名称或颜色特征进行分类的方法。

玩法:幼儿每人一筐不同颜色、名称的贝壳自主探究分类。

提问:你是怎样给贝壳分类的?

幼儿交流分享:我的贝壳分类方法。

3. 通过探索分类统计表征方法,引导幼儿进行简单记录。

(1)通过出示分类记录表,引导幼儿探索分类统计表征方法。

提问:你分的两类贝壳一样多吗?谁多谁少?

讨论:如何在我们的记录表中记录下来?

幼儿自由讲述,教师小结并示范记录方法。

（2）幼儿人手一份记录卡，运用自己喜欢的方法对自己的贝壳进行分类统计。

活动延伸：按贝壳名称将贝壳送回家。

体育活动

拾贝壳

【教材分析】

此活动是通过在沙滩上走平衡木，来培养幼儿的平衡能力。中班大多数幼儿已经能走20厘米高的平衡木了，但在速度上，高度上有待提高，因此，本次活动的重点是学习通过20～25厘米宽、40厘米高的平衡木的动作要领。活动难点是能动作协调灵活、平稳地在平衡木上行走。为了解决此重难点，我们运用了情境教学法，引导幼儿在拾贝壳的过程中，练习走平衡木的技能，还运用比赛的形式，培养幼儿的竞争意识，能快速平稳地走小桥。

【活动目标】

1. 能通过20～25厘米宽、40厘米高的平衡木。

2. 能动作协调灵活、平稳地在平衡木上行走。

3. 喜欢海边拾贝壳的游戏情境，积极参与游戏。

【活动重点】

通过20～25厘米宽、40厘米高的平衡木。

【活动难点】

能动作协调、平稳地在平衡木上行走。

【活动准备】

1. 经验准备：请幼儿父母提前带领幼儿到海边捡拾贝壳。

2. 物质准备：小篮子4个，平衡木4根，呼啦圈8个，贝壳若干，音乐《踏浪》。

场地布置：

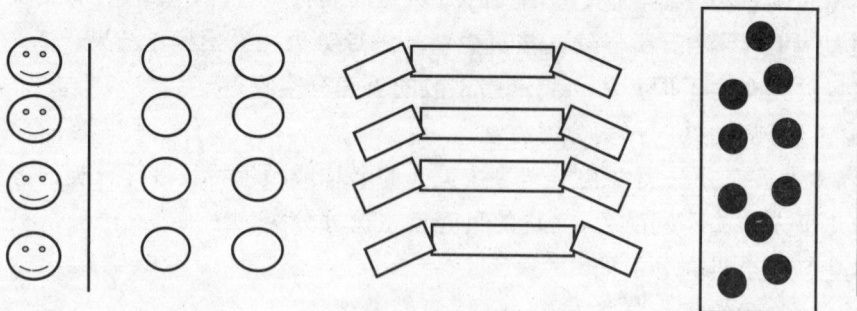

【活动过程】

1. 听音乐《踏浪》，做准备动作。

听音乐做准备活动，腰部、颈部及手部肌肉的准备动作。

2. 创设情境，引导幼儿探索如何能通过20～25厘米宽、40厘米高的平衡木。

（1）创设去海边拾贝壳的游戏情境，幼儿自主探索在平衡木上平稳行走的技巧。

（2）交流分享：平稳过平衡木的方法。

（3）教师小结并请个别幼儿现场示范，帮助幼儿掌握平稳走平衡木的方法。

3. 游戏"捡贝壳"，指导幼儿动作协调、平稳地行走。

（1）教师讲解游戏玩法和规则。

玩法：幼儿手拿小篮子向"海滩"跑去，踏过四个"小木桩"，走过一座"小桥"，到"沙滩"上拾起一个贝壳放进小篮子里，再按原路返回，将小篮子交给下一个小朋友，依次类推，先跑完的队获胜。

规则：听到发令后才能开始游戏。

（2）幼儿开始第一遍游戏，根据游戏情况互相交流讨论。

（3）增强游戏密度，幼儿分组多遍玩游戏，教师进行指导，出现问题及时小结纠正。

4. 随着音乐做放松动作、放松身体。

第 3 周　海洋·小·博士

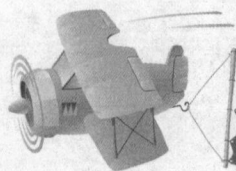

环境创设

1. 主题版：延续"我是海边人"主题墙饰，并重点添加亲子赶海手抄报、文明赶海人宣传画。
2. 班级环境：将游戏中所制作的材料在班级中进行装饰，可采用悬挂、组景等方式。
3. 继续延续上周的活动区域，添加"赚取工资""买卖付款"等游戏情境，让所有的游戏由一条主线贯穿，相互促串联。

生活活动

1. 根据天气情况，戴好口罩，及时增添衣服。
2. 午睡时知道穿脱衣服的顺序，特别是在起床后先穿上衣，用被子盖住腿保暖，预防感冒。
3. 擦手时，毛巾摊开，把手擦干净，不皱手。
4. 安全教育：知道赶海时不离开成人的视线，具有一定的自我保护意识。

家长与社区教育

1. 请爸爸妈妈利用周末时间，根据孩子制定的赶海计划，和小伙伴们相约赶海，并将收获的"成果"给孩子们做成美味，让孩子体验收获的喜悦。
2. 家长与幼儿共同制作亲子赶海手抄报，记录赶海瞬间以及与同伴的快乐时光。
3. 社区活动：参观青岛海底世界、参与社区公益活动，捡拾沙滩垃圾、向路人进行爱海洋的公益宣传。

教学活动

活动一　科学——浒苔去哪里了

【教材分析】

此活动旨在让幼儿通过探究浒苔泛滥的原因，了解浒苔的危害及变废为宝的方法，养成幼

76

儿喜欢观察、探究身边事物的能力。作为青岛的孩子们,对浒苔并不陌生,但是对浒苔是怎样形成的又是怎么治理的,并不是很了解。对此我们设计了此次教育活动,活动中通过运用图片展示、循序渐进的提问,引发幼儿思考,探究浒苔形成的原因以及变废为宝再利用的方法。

【活动目标】

1. 知道浒苔,初步了解浒苔泛滥的原因。

2. 初步了解浒苔的危害及变废为宝再利用的几种简单途径。

3. 爱护大海,人人有责,萌发幼儿初步的环保意识。

【活动重点】

知道浒苔,初步了解浒苔泛滥的原因。

【活动难点】

初步了解浒苔的危害及变废为宝再利用的几种简单途径。

【活动准备】

经验准备:幼儿关于浒苔成草原现象的了解。

物质准备:PPT。

【活动过程】

1. 出示浒苔成草原的照片,引起幼儿兴趣。

提问:这是什么? 你在哪里看见过?

2. 观看PPT,初步了解浒苔泛滥的原因。

(1)观看浒苔图片,了解浒苔。

提问:浒苔是什么?

小结:浒苔是一种绿藻类植物,大多数生长于海中,可食用和药用,能够从水中很快地吸收养分,繁殖快。

(2)观察浒苔成草原的图片,知道浒苔泛滥的原因。

提问:为什么会有这么多的浒苔?

小结:在正常情况下藻类和菌类保持着复杂的生态平衡,并能保持自然水体的自净;人类污水的排入就会打破这种平衡,造成各种水质灾害和环境灾难,致使浒苔泛滥成灾。

(3)观看打捞浒苔的图片,知道浒苔泛滥的危害。

提问:人们在干什么? 浒苔泛滥有什么危害?

小结:大量繁殖的浒苔能遮蔽阳光,影响海底生物的生长;死亡的浒苔也会消耗海水中的氧气。

3. 观看PPT图片,初步了解浒苔变废为宝、再利用的几种简单途径。

(1)观察今年大海的照片。

提问:浒苔去哪里了?

(2)了解浒苔减少的原因。

小结:江苏海域进行环境治理和浒苔控制。

(3)观看图片,了解浒苔变废为宝再利用的几种简单途径。

小结:加工后可以做饲料、可以食用、可以做成新能源的原材料、可以做成化工原料等。

(4)本体知识了解:

可以做饲料,如:青岛老尹家海参加工厂研制出,用养殖池中夏天的浒苔做冬季海参、鲍鱼"过冬粮"的办法,既解决了浒苔入侵养殖池的危害,也解决了冬季海珍品喂食的饲料问题。

可以食用：浒苔是高蛋白、高膳食纤维、低脂肪、低能量,且富含矿物质和维生素的天然理想营养食品的原料。浒苔可以食用,新鲜苔条晒干后可以吃,把它切碎磨细后,撒在糕饼点心中有一股特殊香味。

可以做成新能源的原材料：2010 年 6 月,复旦大学宣布,该校环境科学与工程系张士成副教授和陈建民教授课题组,将海洋水体富营养化造成海上"绿潮"的大型海藻浒苔,成功地转化制成了生物质油,从而有望使浒苔这一污染的"元凶",成为一种制造新能源的绝佳原材料。

可以做成化工原料：在 220 ℃～320 ℃的水热条件下,浒苔经过 10～30 分钟即可得到生物油,1 吨浒苔可制成 230 千克生物油。值得一提的是,这种生物油不仅可以作为低级燃料直接燃烧,也可以经过进一步精制得到不同级别的生物质液体燃料,或化工产品,同时,还得到以乙酸为主的水溶相产物,可以作为化工原料。

4. 谈话活动,萌发幼儿初步的环保意识,知道保护大海、人人有责。

提问：我们应该怎样保护我们的大海,才能让像浒苔泛滥这样的事情不要再发生?

小结：保护大海,人人有责。

活动二 语言——故事《小·海龟的勇敢旅程》

【教材分析】

《小海龟的勇敢旅程》是一篇经典的儿童海洋绘本故事,描述了一群小海龟破壳而出,突然发现自己正置身于孤独和危险之中,在历经磨难之后,其中的一只小海龟,通过自己的勇敢和坚强战胜困难、重回大海、重回故乡的故事。中班幼儿能根据图片理解故事内容,但不能用语言很好地表述出来。所以我将活动的重难点,设为看图和猜测阅读,并尝试用较准确的语言,表达自己对故事内容的理解,通过运用看图和猜测阅读,完整讲述,师幼共同讲述等方法,帮助幼儿理解故事内容。

【活动目标】

1. 理解故事中,小海龟从遇到困难到战胜困难的过程。

2. 尝试看图和猜测阅读,想象故事情节的发展,并能用较完整的语言表达自己的想法。

3. 激发幼儿保护小海龟,增加环保意识。

【活动重点】

理解故事中,小海龟从遇到困难到战胜困难的过程。

【活动难点】

尝试看图和猜测阅读,想象故事情节的发展,并能用较完整的语言表达自己的想法。

【活动准备】

经验准备：有看图讲述的经验。

物质准备：《在海里飞翔》视频、故事图片。

【活动过程】

1. 出示故事封面图片,激发幼儿听故事的兴趣。

提问：图片上有什么? 这是在哪儿? 你认为会发生一件什么样的事情?

2. 教师逐幅出示图片,鼓励幼儿大胆猜测并讲述,帮助幼儿理解故事内容。

（1）出示第一幅图(沙滩上许多的海龟蛋)。

提问：在海边的沙滩上有什么? 这可能是谁生的蛋?

（2）出示第二幅图（小海龟破壳而出）。

提问：小海龟是怎样破壳而出的？谁来试一试？（请两个小朋友下来做动作演示）

（3）出示第三幅图（小海龟爬向大海）。

提问：小海龟破壳而出，它会爬向哪里？为什么？

小结：大海是海龟的家，它要爬向大海。

讨论：在爬向大海的过程中小海龟会遇到那些危险？它会怎样解决？

（4）出示第四幅图（成群的海鸥在上空鸣叫）。

提问：小海龟会怎样勇敢地面对呢？如果你是小海龟，你会怎么办？

（5）出示第五幅图（小海龟在大海里的海草丛中）。

提问：小海龟爬到哪里了？小海龟在大海里就安全了吗？它在大海里会遇到什么危险？小海龟该怎么办？

3. 教师有感情完整讲述故事内容，帮助幼儿熟悉故事内容，并能用较完整的语言表达自己的想法。

（1）教师有感情讲述故事。

导语：海龟妈妈在高高的沙滩生下了一百个宝宝就离开了，小海龟们必须要回到大海才能活下来，它们会遇到哪些事情呢？我们一起来听听吧！请小朋友仔细听听故事的名字是什么？故事里面都有谁？小海龟都遇到了哪些危险？它们是怎样解决的？最后发生了什么事情？

（2）通过提问，帮助幼儿回忆故事内容，并能用较完整的语言表达自己的想法。

提问：故事名字叫什么？故事里面都有谁？海龟宝宝都遇到了哪些危险？他们是怎样解决的？

提问：小海龟在什么时候表现得很勇敢？你觉得你在什么时候表现得很勇敢？你认为谁是最勇敢的人？（请幼儿大胆说出自己的想法。）

小结：我们小朋友也会像小海龟一样慢慢长大，在成长的道路上肯定会遇到各种困难和挫折。我们小朋友也一定会像小海龟一样勇敢地面对困难和挫折。

4. 播放纪录片《在海里飞翔》视频片段，帮助幼儿了解小海龟在海里的旅行，加深对故事内容的记忆。

引导语：小海龟到底是怎样成长的呢？我们一起来看一看小海龟在海里旅程的视频。【播放《在海里飞翔》视频。教师稍加讲解。】

提问：你们喜欢小海龟吗？请你对小海龟说出你最想说的一句话。

小结：小海龟特别勇敢，当困难来临的时候它会无所畏惧勇往直前，我们大家都要向小海龟学习。

5. 情感提升，通过学习故事内容，增强幼儿保护海洋动物的意识。

提问：海龟已经在海洋里生存了2.3亿年了，海龟比恐龙出现的还要早。海龟现在已经很稀少了，我们应该怎样保护小海龟，以及其他的海洋动物呢？

小结：所有海龟都被列为濒危动物，因为，它们到水面透气时，可能会被渔网、吊钩捕到。它们最爱吃的是水母，每年许多海龟因为吞食塑料袋而死亡。这是因为人们乱扔塑料袋进入海洋，它们把塑料袋当成了水母误食所致。如果人们长此下去，海龟就会像恐龙一样在地球上消失。请大家保护海龟，增加环保意识。

活动延伸：阅读区投放《小海龟的勇敢旅程》，幼儿进一步阅读。

活动三　音乐——舞蹈《拍手舞》

【教材分析】

《拍手舞》是一首节奏欢快的乐曲，旋律轻快，歌词通俗易记，旨在让幼儿学习踵趾小跑步、踏点步的舞蹈动作。中班幼儿有一定的舞蹈经验和表现能力，但没有学习过踵趾小跑步、踏点步，所以本次活动，先创设"乘坐火车去旅行"的游戏情境，将踵趾小跑步、踏点步等动作的练习蕴含在游戏之中，激发幼儿学习基本动作的兴趣，再引导幼儿与同伴有节奏地拍手、变换队形，使幼儿表达自己欢快的情绪，最后体验合作表演、共同游戏的乐趣，培养幼儿的艺术表现能力。

【活动目标】

1. 熟悉乐曲旋律，学习踵趾小跑步、踏点步和与同伴对拍右手的动作。

2. 能合拍地和同伴配合舞蹈，掌握队形的变化。

3. 体验与同伴一起玩游戏的乐趣。

【活动重点】

熟悉乐曲旋律，学习踵趾小跑步、踏点步和与同伴对拍右手的动作。

【活动难点】

能合拍地和同伴配合舞蹈，掌握队形的变化。

【活动准备】

《幼儿素质发展课程·音乐》CD。

【活动过程】

1. 创设情境，鼓励幼儿练习踵趾小跑步，激发幼儿活动兴趣。

（1）创设"乘坐火车"的情境。教师哼唱歌曲，幼儿围成圆，练习踵趾小跑步。

引导幼儿观察老师是怎样开火车的：脚跟、脚尖、跑跑跑。

（2）邀请"火车"开得好的幼儿进行示范。

（3）带领幼儿随音乐巩固踵趾小跑步动作。

2. 引导幼儿熟悉乐曲旋律，学习踏点步和拍手动作。

（1）创设"到处逛"的情境，指导幼儿学习踏点步。

动作：幼儿手拉手向左侧走两步，左脚点地，右腿屈膝，然后站直。

（2）教师讲解动作要领并示范。

（3）请幼儿随音乐和同伴一起练习两个方向的踏点步。

（4）指导幼儿按单双数结伴，随音乐进行拍手练习，掌握队形的变化。

3. 请幼儿和同伴配合舞蹈，体验与同伴一起玩游戏的乐趣。

（1）师幼共同舞蹈，随音乐集体练习1～2遍，尝试按单数、双数变换队形。

（2）请幼儿完整表演歌曲。

【附动作建议】

幼儿围成1个圆圈，1、2报数，然后面向逆时针方向，两手搭在前面幼儿肩上。

第1遍音乐：

第1～2小节：左脚开始做踵趾小跑步1次。

第3～4小节：右脚开始做踵趾小跑步1次。

第5～8小节：动作同1～4小节。

第9小节：第1拍拍手，第2拍并脚一跳转向圆心，同时两臂向两侧打开。

第2遍音乐：

第1小节：手拉手向左侧走两步。

第2小节：左脚做踏点步1次。

第3～4小节：动作同1～2小节。

第5小节：1、2数的幼儿面对面，第1拍自己拍手，第2拍两人对拍右手。

第6小节：动作同5小节，方向相反。

第7～8小节：1、2数的幼儿各自拍手1次，然后两手掐腰，用小跑步交换位置。

第9小节：第1拍拍手，第2拍并脚跳1次（报数字2的幼儿原地跳，报数字1的幼儿向后跳），面向逆时针方向，双手搭在前面幼儿肩上。

活动四 美术——漂亮的沙画

【教材分析】

在开展"我是海边人"的主题中，我们充分利用各种海洋资源，利用沙滩上的细沙进行创意画，旨在培养幼儿沙画构图的能力和想象力。沙画是幼儿从来没有接触过的绘画形式。因此，幼儿会很好奇、很感兴趣。于是，活动开始的时候，我就出示了沙画所需的材料，激发幼儿探索沙画绘制方法和步骤的兴趣。为完成本活动的重点做了良好的铺垫。同时，活动过程中让幼儿做示范，体现了"幼儿为主体"的教育思想。

【活动目标】

1. 了解制作沙画的步骤，学习绘制沙画的方法。

2. 能用装有白胶的裱花袋，均匀地勾勒图案的边框。

3. 喜爱沙滩，对沙画感兴趣。

【活动重点】

了解制作沙画的步骤，学习绘制沙画的方法。

【活动难点】

能用装有白胶的裱花袋，均匀地勾勒图案的边框。

【活动准备】

1. 画好图案的鞋盒盖人手一个。

2. 装有白胶的裱花袋若干。

3. 沙子若干。

4. 辅助材料，如：橡皮泥、贝壳、扭扭棒、纽扣、瓶盖等。

【活动过程】

1. 出示沙画所需材料，引起幼儿兴趣，导入主题。

提问：以前你们画画都用过什么工具呢？

你们看，老师这里都有什么？

今天，我们就要用这些材料进行绘画，你们觉得我们要怎样使用这些工具绘画呢？

2. 了解制作沙画的步骤，学习绘制沙画的方法。

（1）探索白胶勾勒图案边框的方法及注意事项。

提问：我们要做的第一步，是用装有白胶的裱花袋勾勒图案的边框，你们觉得在勾勒的过程中，应该怎样使用这个裱花袋，应注意些什么？

小结：右手抓住裱花袋扎口处，对准要勾勒的地方，不能将裱花袋开口处完全贴在画面上，轻轻地、均匀地用力，并慢慢地沿着图案边框处移动，中间不能有断开的地方。

（2）探索洒沙的方法及注意事项，并请个别幼儿示范。

提问：洒沙时应怎样洒呢？最后剩下的沙子应该怎么处理？【个别幼儿示范】

小结：要均匀地洒沙，哪里没有洒哪里。然后端起盒子来回晃一下，把沙子弄均匀。最后，将剩余的沙子倾斜摇晃到盒子的一边，并小心地将沙子倒回沙盒里。沙画的步骤就完成了。

（3）鼓励幼儿自主选择辅助材料装饰画面。

提问：为了使你的画面更加美观，你想用什么材料进一步装饰你的画面呢？

3. 幼儿绘制沙画，教师巡回指导。

教师观察时提示幼儿不要将白胶乱抹，注意及时收拾沙子。

4. 交流分享，经验提升。

相互说一说分别用沙画的方式绘制了什么？用什么方式和材料装饰了画面。

活动五 数学——按规律排序

【教材分析】

此次活动是通过动手操作贝壳，掌握按一定的规律进行排序，培养幼儿的逻辑思维能力。中班幼儿，已经可以尝试着排序了，但对按一定的规律进行排序，还是需要学习的，所以本次活动的重、难点是，发现贝壳的排列规律，并结合贝壳的不同特征按规律排序，还能用语言清楚表述自己排序的规律。所以在教学过程中，我们设计了情景游戏"我帮小熊来闯关"，引导幼儿发现物体不同的排序规律，并进行规律排序。

【活动目标】

1. 能发现贝壳的排列规律，并结合贝壳的不同特征按规律排序。

2. 自主探索、操作贝壳的排列方法，并能用语言清楚表述自己排序的规律。

3. 仔细倾听他人的排序方法并愿意把自己的方法与他人进行分享。

【活动重点】

能发现物体的排列规律，并结合贝壳的不同特征按规律排序。

【活动难点】

自主探索、操作贝壳的排列方法，并能用语言清楚表述自己排序的规律。

【活动准备】

排序规律课件，不同颜色的贝壳、操作筐、操作卡。

【活动过程】

1. 通过游戏"我帮小熊来闯关"，引导幼儿发现物体不同的排序规律。

引导语：小熊最近在玩一个闯关游戏，可是下面这几关呀它怎么也过不了关，你们愿不愿意帮帮它？

2. 通过自主探索、操作贝壳的排列方法，初步学习排序的各种方法。

（1）出示课件，引导幼儿观察物体的排序方法。

提问：课件中都有什么？他们是怎样排列的？有什么秘密？

【引导幼儿学习按物体的大小、颜色进行有规律的排序】

（2）自主探索、操作，尝试贝壳的不同的排序方法。

要求：每人选择两种不同的贝壳，自主探究按规律排序。

【幼儿自由操作,教师观察、引导并拍照,记录幼儿的排序方法。】

3. 结合照片分享交流,加深巩固幼儿对排序的学习。

(1) 通过分析图片上的贝壳排序,了解排序的规律。

提问:图片上的贝壳是按照什么规律进行排序的?【幼儿自由讲述。】

提问:请个别幼儿介绍自己的排序方法。

【教师小结激发幼儿对于不同排序方法的探究兴趣。】

(2) 全体幼儿再次操作,加深对排序方法的学习。

4. 游戏操作:填空。

(1) 教师出示卡片演示填空的方法。

(2) 幼儿自选卡片按规律排序。

【附图】

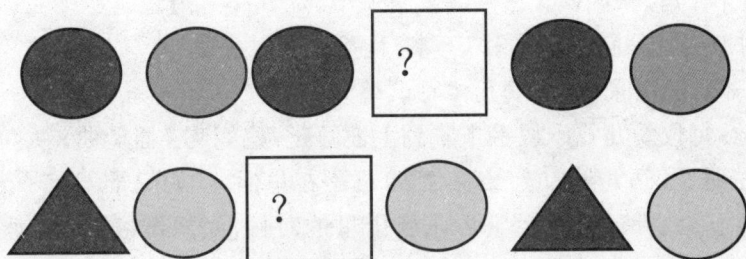

体育活动

小鱼游

【教材分析】

亲子沙滩游戏"小鱼游"是通过和妈妈在沙滩上玩游戏,锻炼幼儿在沙滩上跑、钻、爬、滚的动作,培养幼儿的协调性,中班幼儿已经会跑、钻、爬、滚的动作,但将这些动作连贯起来,还是有些难度的,所以本次活动的难点是练习在沙滩上跑、钻、爬、滚的动作,掌握动作要领,培养幼儿的协调性。为了解决此重、难点,运用了情境教学法,引导幼儿都变成小鱼,在小鱼玩的过程中,练习跑、钻、爬、滚的动作。还运用亲子互动的形式,让妈妈和孩子们共同遵守游戏规则,让游戏更加有序有趣,让孩子们体验到和妈妈一起游戏的快乐。

【活动目标】

1. 喜欢参加游戏,体验和妈妈一起游戏的快乐。

2. 练习在沙滩上跑、钻、爬、滚的动作,掌握动作要领。

3. 游戏中,能够自觉遵守游戏规则。

【活动重点】

知道游戏规则。

【活动难点】

能动作灵活地跑、钻、爬、滚,掌握其动作要领。

【活动准备】

大毛巾、皮球（人手一份）

【活动过程】

1. 通过热身操，引起幼儿兴趣，导入活动。

幼儿和家长一起跟着音乐做律动，对肘关节、膝关节及全身进行热身。

2. 通过捕鱼的沙滩乐游戏，锻炼幼儿的游、钻、爬等动作。

（1）小鱼游玩法：两位妈妈合作，拿起大毛巾当渔网，幼儿变成小鱼，跟着音乐学小鱼游。

要求：妈妈的渔网不要太高，也不要太低，幼儿能从渔网下跑过就可以了。

（2）小鱼钻玩法：妈妈们将渔网拼起来，高度降低，幼儿学小鱼钻过去。

要求：请妈妈们把渔网和并起来，小鱼要钻过来了，隧道不要太高，让我们的小鱼钻过去就胜了。

（3）小鱼爬玩法：妈妈蹲下来，渔网高度再降低，幼儿爬过隧道。

要求：我们的渔网越来越低，妈妈蹲下来，让孩子爬过去。

3. 通过小鱼休息的情景，引导幼儿休息调整。

（1）小鱼睡觉：每位幼儿找一块毛巾躺到上面睡觉，妈妈唱《摇篮曲》哄鱼宝宝睡觉。

（2）换个方法睡觉：幼儿毛巾上一滚，把自己裹在里面。（妈妈推着孩子滚、妈妈拉住毛巾的一端孩子滚、孩子自己滚）等鱼宝宝裹在毯子里的时候，妈妈继续唱《摇篮曲》哄鱼宝宝睡觉。

（3）沙滩乐游戏：小鱼玩球。

小鱼休息好了，要出去玩了，每个人拿一个球和妈妈一起用毛巾玩球，边玩边念儿歌。

4. 律动：《跟着妈妈走走》结束活动。

【附游戏儿歌】

小鱼游

小鱼小鱼真淘气，

游来游去不停息。

挺起身子跳一跳，

落在水里漂一漂。

主题三　多彩的秋天

活动区活动
1. 丰收的粮仓
2. 剥开心果
3. 装饰树叶宝宝
4. 水果穿绳
5. 果核的秘密
6. 摘果子
7. 三间树叶房子

教学活动
1. 好习惯体验日：
   好吃的早餐
2. 秋天的颜色
3. 叶子的秘密
4. 小树叶
5. 花儿朵朵开

户外体育活动
1. 快乐的小树叶
2. 顶物竞走

第 1 周　觅，秋之色彩

寻，秋的秘密

教学活动
1. 水果屋
2. 果实品尝会
3. 6 的形成
4. 摘果子
5. 果蔬变变变

教学活动
1. 彩色的路
2. 绿色菜好处多
3. 复习 6 的形成
4. 逛公园
5. 虫儿爬

第 2 周　品，秋之果实　　**第 3 周　玩，乐在秋天**

户外体育活动
1. 果农忙
2. 炒黄豆

活动区活动
1. 秋天的花园
2. 夹板栗
3. 纸团拓印画
4. 区分干果水果
5. 漂亮的小树叶
6. 蚂蚁搬豆
7. 秋天风景图

活动区活动
1. 秋天的公园
2. 砸核桃
3. 漂亮的菊花
4. 开心秋游棋
5. 虫儿的聚会
6. 小树叶
7. 我眼中的秋天

户外体育活动
1. 小猴玩纸棒
2. 果儿运输队

主题价值

中班幼儿已经开始关注生活中自然现象的变化。秋天到了，秋风吹落了树叶，田园里有丰收的稻谷、玉米、花生等农作物，果园里有苹果、柿子、山楂等丰硕的果实，到处呈现出色彩斑斓、瓜果飘香、鸟唱虫鸣的景象，这些都会激起幼儿的好奇和想象，这也正是教师引导幼儿真切感受秋天的美好、亲近自然、探索自然奥秘的好时机。主题"秋天多么美"设置"觅，秋之色彩""品，秋之果实""玩，乐在秋天"3个次主题，意在使幼儿运用多种感官，了解和发现秋天的自然特征及其与人类、动植物生活的关系，探寻动植物的变化，体验丰收的快乐，并引导幼儿通过找一找、说一说、唱一唱、玩一玩等喜欢的方式，创造性地表现秋天的美，激发幼儿欣赏大自然、热爱大自然的情感，使幼儿充分感受自然和生活之美。

主题目标

★能根据秋季温度的变化，穿脱衣服，并能将外衣脱下叠放整齐并会系纽扣、拉拉链，鞋子和袜子放到指定位置，培养自我服务的意识。

1. 带幼儿走进大自然，观察秋天的主要特征，结合生活经验，发现自然特征及色彩的变化、丰收的景象，感受季节变化与人类、动植物生活的关系，培养幼儿对大自然的喜爱之情。

2. 练习在一定范围内直线跑、四散跑、变向追逐跑及助跑跨跳的动作，在跑的同时知道躲闪，能有意识地避开和同伴的碰撞，锻炼身体动作的敏捷性。

3. 感受秋天的美丽，能够根据秋天的图片，用不同的语气表现散文诗中秋天的美，并尝试简单创编秋天的故事。

4. 探索树叶、干果、水果及常见昆虫的秘密，能运用棉签、秋天果实组合、手指印画、舞蹈、歌唱等多种方式创造性地表现秋天的绚丽多彩、瓜果飘香。

5. 探索各种秋叶、果实、蔬菜的特点，并根据其特点进行正确分类，体验丰收的快乐，喜爱多彩的秋天。

区域活动安排

区域名称	活动名称	活动准备	活动指导建议
结构区	秋天的美景	木头积木、雪花片等拼插玩具；易拉罐、树枝等辅助材料；菊花、一串红、郁金香等多种秋季花朵、秋天公园的图片	1. 丰收的粮仓： ● 指导幼儿用木头积木，运用叠加垒高的方法进行秋天粮仓的创造性搭建。 ● 先选择好地面平整的地方，然后搭稳地基，防止叠加垒高时发生坍塌。 2. 秋天的花园： ● 指导幼儿使用雪花片，运用圆形、"十"字等多种插法，拼插花和树。 ● 在搭建好粮仓的基础上，运用雪花片创造性地拼插出秋季不同造型的花和树。 3. 秋天的公园： ● 指导幼儿能用木质积木，搭建公园菊展的展台，圆形、半圆形、方形等均可，有阶梯感。 ● 学习用雪花片等进行插塑，并创造性地插出菊花、一串红等秋天的花卉，摆在搭好的展台上。 ★ 帮助幼儿回忆生活经验，鼓励幼儿与同伴合作，对拼插的花和树进行排列和布局，让花园更漂亮。
生活区	秋天的果实	花生、核桃、开心果、杏仁、榛子、板栗等坚果，夹坚果的夹子、小锤子、餐盘	1. 剥开心果： ● 指导幼儿熟练地剥开开心果，并将果壳放在垃圾盒里。 ● 先将开口的开心果，用手尝试剥开，再将没开口的开心果，选择各种工具，尝试剥开心果。 2. 夹板栗： ● 指导幼儿正确使用坚果夹子夹板栗，并且尽量保证果肉的完整。 ● 先选择各种工具，尝试剥板栗，再想办法找出剥完整板栗的办法。 3. 砸核桃： ● 指导幼儿使用各种工具，如坚果夹子、小锤子等敲开坚果。 ● 在掌握了坚果夹子的基础上，尝试剥更难剥的核桃，能在使用小锤子时，左右手配合好，避免受伤。 ★ 活动结束时，能将果壳收起来，倒入垃圾桶，养成做事有始有终的好习惯。
美工区	装饰树叶宝宝	各种树叶、马克笔	● 利用不同的线描画图形装饰树叶，并装饰教室。 ● 选取幼儿喜欢的颜色，在树叶上面，用各种线条进行装饰。 ★ 用完的笔放回笔筒里，扣好盖子。
	纸团拓印画	提供布团、纸团、颜料、彩纸、彩笔、范画	● 用三原色装饰秋天的树林，并正确进行纸团印画。 ● 用纸团蘸自己喜欢颜色的颜料在纸上（圆润些），当大树的树冠，再进行添画。 ★ 用完的纸团放到垃圾筐中，保持教室整洁。
	漂亮的菊花	多种菊花的图片，一次性纸杯、橘皮、玉米皮及太空泥、剪刀、颜料、乳胶等	● 在认识、欣赏菊花的基础上，用纸杯、橘皮、玉米皮等不同的材料做出漂亮的菊花。 ● 指导个别幼儿根据制作提示，选取材料制作不同形态的"菊花"。 ★ 启发幼儿用作品布置"菊花园"，学会欣赏同伴的作品。
益智区	水果穿绳	水果珠子、绳子	● 能通过水果颜色、吃法等方面进行分类。 ● 指导幼儿通过分类，再按照一定的规律进行串珠。 ★ 按照物体的标志摆放玩具。
	区分干果、水果	各种水果、干果的实物及图片	● 知道干果水果的区别，并能进行正确分类。 ● 指导幼儿能通过品尝、观察等方法，正确地区分干果水果。 ★ 爱护玩具，不将小的干果放到嘴里。

区域名称	活动名称	活动准备	活动指导建议
益智区	开心秋游棋	两种颜色的小型塑料泡沫板若干，起点和终点的标志物，秋天的问题卡，代表走棋双方的小毛绒玩具2个，骰子	● 能用塑料泡沫板自主拼搭棋盘（棋盘上的道路、走几步均由幼儿协商决定），将秋天的标志物卡片放入棋盘中，并会玩开心秋游棋。 ● 掷骰子后，请幼儿依据点数双脚向前跳，跳到相应的塑料泡沫板上后翻开卡片，回答上面的问题。如："秋天来了，什么变了？""谁是昆虫运动会的冠军？""树叶树叶变变变，变成什么学一学。"回答正确者可获得卡片，回答错误者则将卡片放回棋盘内。游戏结束后数数得几张卡片。 ★ 遵守棋盘游戏的规则，不争不抢玩游戏。
科学区	果核的秘密	水果的图片、果核的实物	● 探究果核的外形特征，并根据自己的判断，将果核与水果的图片进行匹配。 ● 提醒幼儿合作玩，一个拿果核，另一个小朋友找实物图片，看谁的动作快。 ★ 提醒幼儿注意安全，不要将果核放到嘴巴里。
科学区	漂亮的小树叶	梧桐叶、枫叶、银杏叶、柳叶、鹅掌楸叶、泡桐树叶等叶子若干	● 知道树叶颜色、大小、形状、叶脉纹理等方面的不同。 ● 引导幼儿通过观察、比较法，观察树叶的特征。 ★ 观察完树叶后，能把树叶夹在书中保存好，为下次使用做好准备，养成妥善收放的好习惯。
科学区	虫儿的聚会	蝈蝈、蟋蟀、蚂蚁等小昆虫，喂养昆虫的小食物多种，放大镜	● 知道蟋蟀、蚂蚁等小昆虫的外形特点和习性。 ● 引导幼儿通过观察、探究，发现小昆虫的外形特点和习性。 ★ 做事情有耐心，能运用不同的方法进行探究，并与同伴交流自己的发现。
音乐区	摘果子	大树、篮子、音乐	● 能随音乐有节奏的表演摘果子的动作。 ● 指导幼儿边听音乐，一边有节奏地变现动作，并尝试简单的创编。 ★ 活动时不打扰其他小朋友。
音乐区	蚂蚁搬豆	蚂蚁搬豆伴奏音乐，蚂蚁头饰	● 能随音乐边唱歌、边表演蚂蚁搬豆的动作。 ● 指导幼儿跟随音乐边演唱边表演蚂蚁搬豆的情景，并鼓励创编动作进行表现。 ★ 演唱时不大声吆喝，保护好嗓子，做到不打扰其他小朋友。
音乐区	小树叶	歌曲音乐，大树妈妈的头饰1个，小树叶头饰若干，碰铃、三角铁、沙球等乐器及丝巾等辅助材料	● 能随音乐选适合的乐器，来表现音乐的情感。 ● 引导幼儿边演唱边用动作、乐器、道具等创造性地表现出小树叶离开妈妈时害怕、依恋、勇敢等不同的情感。 ★ 提醒幼儿根据音乐的节奏特点选用乐器边演奏边演唱。
语言区	三间树叶房子	《三间树叶房子》各种指偶	● 能根据《三间树叶房子》的故事内容，创造性地进行表演。 ● 指导幼儿选择故事中的指偶，进行故事表演。 ★ 游戏结束，学会整理。
语言区	秋天风景图	提供秋天大自然的风景、丰收的景象图片，图书	● 能根据秋天风景图中的内容，说出秋天的季节特征。 ● 指导幼儿观察图片内容，找出秋天与其他季节不同的地方，并进行表述。 ★ 爱护图片、图书，用手轻轻地指。
语言区	我眼中的秋天	自制图书，水彩笔等绘画工具	● 将自己对秋天的理解用绘画的方式表征出来。 ● 指导幼儿将对秋天的变化进行表征，制作出《我眼中的秋天》的自制图书，画完后可以分享给他人听。 ★ 爱护图片、图书，在大胆表征出秋天的变化后进行表述。

（●为核心目标指导，★为养成目标指导）

户外活动安排

活动名称	活动目标	活动准备	活动指导建议
顶物竞走	1. 能保持身体平衡,头顶物体快步走。 2. 能在绕过障碍物时保持平衡,并坚持完成任务。 3. 体验头顶物体走路的乐趣。	1. 音乐《森林狂想曲》《茉莉花》,与幼儿数量相等的沙包,小椅子4把。 2. 平衡木4条;活动前可让幼儿欣赏杂技《顶碗》。	● 出示毽子,以挑选顶碗小演员为由,指导幼儿自主探索,并分享头顶物的方法。 ● 指导幼儿掌握毽子放在头部正中,放下后用手按一按;走路时,眼睛看前方,保持头部不动,双臂伸平,快速向前走。 ★ 提醒幼儿遵守游戏规则,并鼓励幼儿玩游戏要坚持到底,使幼儿体验游戏成功的喜悦。
炒黄豆	1. 会边念儿歌边做动作,掌握两人一起侧身翻的动作。 2. 能够灵活、协调地用多种方法和同伴玩游戏。 3. 乐意和同伴结对玩耍,体验民间体育游戏带来的乐趣。	儿歌《炒黄豆》	● 指导幼儿两人一组面对面手拉手站好,边说儿歌"炒……炒……炒黄豆,炒好黄豆翻跟斗",边左右晃手做"炒黄豆"的动作。儿歌结束时,两个人一块翻转身。 ● 指导幼儿,在活动中可提醒幼儿用多种方法"炒",如单手"炒"、双手"炒"等。 ★ 幼儿之间要团结合作玩炒黄豆,在翻的时候,要配合好,注意不要摔倒,还可引导幼儿交换同伴进行游戏。
果儿运输队	1. 练习助跑跨跳动作,跨跳距离至少50厘米。 2. 能自主探索助跑跨越小河的不同方法,灵敏协调地完成运水果的任务。 3. 体验当一名运输小能手的自豪与快乐。	矮跨栏8个(小河)、水果模型(或图片)若干、大果篮4个、音乐《奔驰》	● 指导幼儿探索过小河的不同方法,练习助跑跨跳的正确动作。 ● 指导幼儿,在果儿运输队的游戏中,加大难度,提高幼儿助跑跨跳的能力及动作的灵敏性、协作性。 ★ 幼儿之间要团结合作玩炒黄豆,在翻的时候,要配合好,注意不要摔倒,还可引导幼儿交换同伴进行游戏。

（●为核心目标指导,★为养成目标指导）

第1周 觅,秋之色彩

环境创设

1. 主题墙展示幼儿对秋天景色感知的表征作品。
2. 师幼共同收集多种多样的落叶,运用拓印添画、拼贴等形式布置墙面"树叶变变变"。
3. 创设"菊花展",展示幼儿制作的多种材料、多种形式的菊花。
4. 创设信息栏,收集不同场景的秋色、不常见树叶的叶脉、秋天多种花朵的图片。

生活活动

1. 引导幼儿在散步时捡落叶,观察秋天落叶颜色、形状及纹理的不同,发现感知幼儿园及社区内树木、花草在秋天的变化,愿意爱护大自然的植物,感受、发现、欣赏秋天的美。
2. 提醒幼儿在自然角,观察不同品种的小盆菊花,每天观察菊花的生长和变化情况,为菊花浇水、施肥,并讨论关于菊花的话题。
3. 引导幼儿知道秋天是一个干燥、慢慢变凉的季节,要及时、足量地喝水,不喝饮料。能根据天气变化添减衣服,预防秋季流行性疾病。

家长与社区教育

1. 请家长带领幼儿到大自然中观察秋天景物的变化,观赏树木花草的颜色,收集多种漂亮的树叶,知道爱护周边环境。
2. 请家长带领幼儿参观菊展,拍摄美丽的菊花,感知菊花的千姿百态。
3. 请家长在家提醒幼儿多喝水少喝饮料,根据气温变化及时增减衣物,并加强户外体育锻炼,预防流行性疾病。

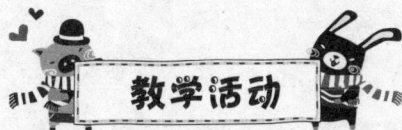

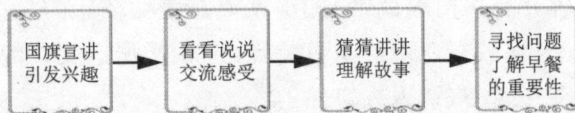

活动一 好习惯体验日——好吃的早餐（半日活动）

【活动解读】

早餐可以为我们提供一上午需要的能量及身体需要的营养,有的幼儿偏食甚至不爱吃早餐。此次活动通过看看说说、猜猜讲讲、寻找问题等环节让幼儿了解早餐的营养,逐渐养成健康早餐的习惯。

【活动流程】

国旗宣讲引发兴趣 → 看看说说交流感受 → 猜猜讲讲理解故事 → 寻找问题了解早餐的重要性

【活动目标】

1. 知道吃早餐的重要性,了解早餐的营养。

2. 能够不挑食、不偏食,愉快进餐。

3. 养成每天吃早餐的好习惯。

【活动建议】

1. 国旗下宣讲"早餐营养多"。

(1)教师宣讲:通过故事《早餐,你喜欢吃什么?》,引导幼儿养成健康的早餐习惯。

(2)幼儿宣讲:我是个不挑食的好宝宝,我早餐喜欢吃包子、鸡蛋、面条,因为他们非常的有营养,我要认真吃早餐,不挑食,希望小朋友们都是喜欢吃早餐的好孩子。

(3)家长宣讲:配合幼儿园开展的活动,在家为幼儿制作营养早餐,干湿搭配,荤素搭配,让幼儿爱吃早餐。

2. 猜猜讲讲故事《早餐,你喜欢吃什么?》,了解早餐的营养。

(1)边看图片边猜猜讲讲,说说各自最喜欢的早餐是什么,什么味道。

(2)说一说早餐的营养及吃完早餐后的感觉。

3. 情境游戏"早餐自助",引导幼儿知道不偏食、不挑食,科学进餐。

幼儿分角色扮演厨师和小客人,搭配早餐。

4. 寻找问题,了解早餐对身体的重要意义。

(1)通过情景表演,发现本班小朋友早餐中的问题。

(2)通过交流,寻找解决的方法。

【附故事】

早餐,你喜欢吃什么

早餐,如果你喜欢吃鱼,那么——你可能是一只猫。

早餐,如果你喜欢吃肉骨头,那么——你可能是一只狗。

早餐,如果你喜欢吃胡萝卜,那么——你可能是一只兔子。

早餐,如果你喜欢吃青草,那么——你可能是一头牛,可能是一只羊,可能是一匹马,还可能是一头大象。

早餐,如果你喜欢吃虫子,那么——你可能是一只鸡,可能是一只鸭,也可能是一只鸟。

早餐,如果你喜欢吃面包、鸡蛋和牛奶,样样东西都爱吃,那么你就是健健康康的小宝宝。

活动二 语言——散文诗《秋天的颜色》

【教材分析】

散文诗《秋天的颜色》以抒情的语言、优美的意境,再现了秋天的姹紫嫣红,给幼儿以强烈的美感。幼儿对秋季的特征已有初步印象,生活中也能感知到秋季的色彩变化,所以通过谈话的方式,调动幼儿已有经验,让幼儿知道秋天是美丽多彩的,而且散文诗拟人化的语言以及结构工整且具有反复性的对话句式,易于幼儿理解、吟诵和仿编,在学习和仿编过程中发现秋天与众不同的美,体验不同植物"说话"的状态,从而进一步感受秋天的多姿多彩及大自然的美。

【活动目标】

1. 理解散文诗的内容并有感情地朗诵,知道秋天是美丽多彩的。

2. 能用不同的语气,表现散文诗中的角色特点,尝试根据散文诗的句式结构进行仿编。

3. 感受秋天的多姿多彩,喜欢亲近大自然。

【活动重点】

理解散文诗的内容并有感情地朗诵,知道秋天是美丽多彩的。

【活动难点】

能用不同的语气,表现散文诗中的角色特点,尝试根据散文诗的句式结构进行仿编。

【活动准备】

幼儿和家长一起寻找秋天的色彩,自制课件,背景音乐《秋日私语》,市编幼儿用书《幼儿学习材料·走进秋天》。

【活动过程】

1. 引导幼儿梳理已有经验,感受秋天的美丽多彩。

【鼓励幼儿根据自己和爸爸、妈妈找到的秋天的色彩,大胆讲述。】

提问:秋天到了,你发现了哪些变化?你看见的秋天是什么颜色的?

2. 幼儿借助图片欣赏散文诗,理解散文诗的内容,了解散文诗的句式结构,能有感情地朗诵散文诗。

(1)教师朗诵《秋天的颜色》,引导幼儿欣赏散文诗,初步理解散文诗的内容。

提问:散文诗中的秋天是什么样子的?

(2)帮助幼儿了解散文诗的句式,初步进行朗诵。

提问:它们认为秋天是什么颜色的?提醒幼儿说完整句子:秋天是……

为什么小草说秋天是黄色的?为什么枫叶说秋天是红色的?为什么大地说秋天是绚丽多彩的?

小结:秋天来了,小草和枫叶经过秋风的吹拂,由夏天时的绿色变成了黄色、红色;松树因为是常青树,所以在秋天的时候还是绿色;大地因为有了这么多颜色,所以就变成了绚丽多彩的……

(3)请幼儿尝试有感情地配乐朗诵散文诗,能用不同的声音表现植物说话的状态。

提问:小草说话的时候,声音是怎样的?怎样的声音才是轻轻地?你能试着说一说吗?

鼓励幼儿用不同的声音表现植物说话的状态,如轻轻地、沙沙的、大声地、骄傲的。

3. 请幼儿交流讨论,根据散文诗的句式仿编内容。

（1）引导幼儿拓展思维，找出秋天更多的色彩。

提问：除了小草、小花、树叶，秋天还有哪些漂亮的颜色？

【引导幼儿说出"紫色的葡萄""蓝色的天空""橘色的柿子"等。】

（2）引导幼儿用优美的语言仿编散文诗，并把仿编的内容添加到散文诗中进行配乐朗诵。

4. 活动延伸

（1）引导幼儿阅读，市编幼儿用书《走进秋天》第1页；请幼儿进餐前或午睡前欣赏散文诗《秋天的颜色》，以进一步理解散文诗的内容，感受散文诗优美的意境。

（2）引导幼儿寻找幼儿园里秋天美丽的色彩，并在美工区进行创作。

【附诗歌】

秋天的颜色

秋天是一幅美丽的图画。我看到秋天里有许许多多的颜色，真美！秋天到底是什么颜色呢？

我问小草，小草轻轻地我告诉我："秋天是黄色的。"

我问枫叶，枫叶沙沙地告诉我："秋天是红色的。"

我问菊花，一朵白菊花告诉我："秋天是白色的。"

我问松树，松树大声地告诉我："秋天是绿色的。"

我问大地，大地骄傲地告诉我："秋天是绚丽多彩的。"

啊，我终于明白了秋天那美丽的颜色！

〔选自：青岛出版社2019年版《幼儿素质发展课程教师用书》中班（上）〕

活动三 科学——叶子的秘密

【教材分析】

秋天的落叶孩子们喜欢捡拾和摆弄，落叶成了孩子们手里最好的玩具。此活动旨在让幼儿通过摆弄、观察秋天的树叶，了解叶子的外形特征，知道叶脉与叶子、树木的关系，培养幼儿的观察和探索能力。中班幼儿对探究叶子的秘密非常感兴趣，但是对不同叶子的区别、叶脉却没有深入研究。活动中，选取幼儿生活中常见的梧桐叶、枫叶、银杏叶、柳叶作为操作重点，引导幼儿运用多种感官探索叶子的形状、气味和叶脉的多样性，在观察与交流的基础上结合生活经验，了解叶子的多样性及其对人们生活的价值，体验发现和交流的乐趣。

【活动目标】

1. 探索梧桐、枫树、银杏等叶子的外形特征，初步了解叶脉与叶子、树木的关系。

2. 能从树叶的颜色、大小、形状、纹理等方面描述树叶，按不同的叶脉特征进行分类。

3. 了解叶子的用途及与人类的关系，体验与同伴发现、交流的乐趣。

【活动重点】

探索梧桐、枫树、银杏等叶子的外形特征，初步了解叶脉与叶子、树木的关系。

【活动难点】

能从树叶的颜色、大小、形状、纹理等方面描述树叶，按不同的叶脉特征进行分类。

【活动准备】

提前搜集梧桐叶、枫叶、竹叶等树叶每组1筐，贴有叶脉类型图片的3个小空筐，市编《多媒体教学资源包·叶子的秘密》、市编幼儿用书《幼儿学习材料·走进秋天》。

【活动过程】

1. 创设秋风送礼的情景，引发幼儿探究树叶的兴趣。

2. 幼儿运用多种感官参与观察比较，分组自由探究叶子的外形特征。

（1）幼儿观察比较，自由探究，了解叶子的大小、颜色、形状、厚薄等的不同，并进行分享交流，请幼儿看一看、摸一摸、闻一闻，观察叶子的大小、形状、颜色、厚薄、气味等方面的特点，启发幼儿大胆交流自己的发现。

小结：不同树木的叶子大小、形状、颜色、厚薄和气味各不相同。

（2）幼儿观察叶子的正面和背面，发现叶子两面的不同。

提问：请你看一看、摸一摸，叶子的两面有什么不一样？幼儿自由探索后进行集体交流。

小结：叶子正面的颜色比较深，摸上去比较光滑；背面的颜色比较浅，摸上去比较粗糙，有细毛毛。

3. 幼儿认识常见的平行、掌状、羽状3种叶脉类型，并根据叶脉类型综合比较将叶子归类。

（1）帮助幼儿了解叶脉的常见类型，将树叶根据不同叶脉类型进行分类。

提问：每一片叶子上的叶脉都一样吗？你的叶子宝宝属于哪种叶脉？

请幼儿根据不同的叶脉类型，将大筐中的叶子分放到3个不同的小筐内，并进行分享验证。

（2）阅读《走进秋天》第2页，说出桌面上不同叶子的叶脉。

4. 用课件展示特殊功能的叶子，拓展幼儿对叶子秘密的认知。

幼儿观看课件，教师提问：看看这些叶子到底有哪些神奇的地方。

小结：这些叶子有特殊的本领。动一动含羞草叶子，它们会合起来；动一动碰碰香叶子，它们会发出香味；舞草的叶子会跳舞；捕虫草的叶子能捕捉昆虫。

5. 观看课件《叶子的秘密》，了解叶子的用途及与人类的关系。

（1）结合视频，帮助幼儿了解叶子的光合作用。

提问：小叶子对植物妈妈有什么作用呢？

（2）播放课件，帮助幼儿了解叶子在我们生活中的用途。

提问：小叶子能帮我们做哪些事情呢？

小结：叶子的作用真大，可以美化环境、净化空气，茶树的叶子可以泡茶，有些植物的叶子可以用作药品、香料、饲料，有的还可以吃……

活动延伸：引导幼儿阅读，新市编幼儿用书《走进秋天》第3页，说出观察叶脉的方法，并用自己喜欢的方法，去发现叶脉的秘密。

活动四 音乐——歌曲《小·树叶》

【教材分析】

歌曲《小树叶》是一首旋律优美、充满温情的AB段式歌曲，两段音乐对比鲜明，容易引起幼儿情感上的强烈共鸣，让幼儿充分感受表现音乐的美。中班幼儿能有感情地演唱歌曲，但用不同的情绪来演唱是有一定难度的。所以在活动中，通过引导幼儿将自己与妈妈间相互的依恋之情，迁移到大树和小树叶之间，再通过欣赏、倾听、演唱等形式渲染出柔和的氛围，使幼儿沉浸在温馨的氛围中，自然而然会用不同的情绪来演唱歌曲。

【活动目标】

1. 理解歌曲中两段歌词所表达的不同情感，演唱歌曲，唱准附点音符。

2. 能分别用连贯、舒缓、跳跃的声音来表现害怕、勇敢等不同情绪。

3. 感受小树叶和大树妈妈之间的依恋、亲密之情。

【活动重点】

理解歌曲中两段歌词所表达的不同情感,演唱歌曲,唱准附点音符。

【活动难点】

能分别用连贯、舒缓、跳跃的声音来表现害怕、勇敢等不同情绪。

【活动准备】

经验准备:活动前带领幼儿捡落叶,倾听树叶发出的"沙沙"声。

物质准备:幼儿自制小树叶掌饰若干、大树妈妈头饰1个、市编《幼儿素质发展课程·音乐》CD、歌曲《小树叶》5~8小节的图谱。

【活动过程】

1. 创设情境,随音乐《小树叶》做出小树叶飘落的动作,鼓励幼儿大胆表现,初步感受小树叶对妈妈的依恋、亲密之情。

提问:小树叶是怎样飘落下来的? 它的心情是怎样的?

2. 创设小树叶跟幼儿打招呼的情境,利用歌曲的旋律进行发音练习,难点前置引导幼儿感知附点音符的唱法。

采用歌曲旋律的5~8小节,配合小树叶的图谱。加配歌词"小朋友你们好,小树叶你好"。幼儿进行发音练习,提前感知附点音符的唱法。

提问:我们是怎样跟小树叶打招呼的?

3. 幼儿欣赏歌曲,理解歌曲的内容,进一步感受大树和小树叶之间的亲密之情。

(1)教师将歌词串成故事,在歌曲旋律的衬托下讲给幼儿听,帮助幼儿熟悉歌词。

(2)教师完整演唱歌曲,引导幼儿熟悉歌词内容,感受歌曲所表达的不同情感。

提问:你听到歌曲里说了些什么?

(3)再次欣赏歌曲,幼儿在熟悉歌词的基础上,进一步感受两段歌曲的不同情绪。

讨论:小树叶为什么离开了妈妈? 第1段里小树叶的心情怎样?

它为什么会害怕? 第2段里小树叶勇敢地说了什么? 两段歌曲听起来有什么不同?

4. 幼儿学习歌曲,掌握歌曲的节奏变化及附点音符的演唱,尝试用连贯、舒缓跳跃的声音来表现歌曲的不同情绪。

(1)幼儿运用随音乐念歌词、听旋律填歌词、跟唱等形式学习演唱歌曲,初步掌握歌曲。

(2)帮助幼儿分析歌曲的情感内容,学习有感情地演唱歌曲,唱出歌曲的节奏变化及附点音符。

提问:用什么样的声音表达小树叶"害怕"的心情?

用什么样的声音来表现小树叶的"勇敢"呢?

【引导幼儿分别用连贯、舒缓和跳跃的声音来演唱。】

(3)引导幼儿利用不同的演唱形式,创造性地表现两段音乐所表达的不同情感。

【鼓励幼儿运用分组演唱、男女对唱等形式来表现第1段中小树叶难过的心情和第2段中小树叶的坚定勇敢。】

提问:除了声音,我们还可以用什么方法,表现小树叶难过的心情? 可以用什么方法表现小树叶坚定勇敢的样子?

5. 提供大树头饰、树叶掌饰,尝试用不同的声音、表情、节奏、动作,创造性地表现两段歌曲表达的不同情绪。

提问：你是用什么样的声音、动作来表现小树叶害怕和勇敢的不同情绪的？【请能力强的幼儿做示范，引导全体幼儿用不同的声音、动作等，表现两段歌曲的不同情绪，加深对歌曲的理解，体会小树叶和大树妈妈之间的爱。】

【附教材】

小树叶

活动五　美术——制作：花儿朵朵开

【教材分析】

秋天是菊花盛开最美的季节，秋游中五颜六色、形态各异的菊花是孩子们的最爱。此活动，是通过运用棉签由中心向外放射的方法画菊花，引导幼儿学会棉签画的绘画方法，培养幼儿掌握不同线条、色彩表现菊花的技能。幼儿对棉签作画的形式并不陌生，但用棉签画菊花还没有尝试过。所以在活动中，利用和幼儿一起欣赏菊花的形式，引导幼儿观察发现，菊花的花瓣特点，其次运用多种线条表现菊花，让幼儿在感受、表现、创造的过程中，对菊花有完整了解，进一步丰富幼儿的生活经验，提升幼儿的审美情趣，让幼儿真正地感受到菊花的美。

【活动目标】

1. 会用棉签，以由中心向外放射的方法画出菊花。

2. 能大胆使用不同线条、色彩，表现形态各异的菊花，保持画面整洁。

3. 感受菊花的色彩和形态美，体验创作的乐趣。

【活动重点】

会用棉签，以由中心向外放射的方法画出菊花。

【活动难点】

能大胆使用不同线条、色彩，表现形态各异的菊花，保持画面整洁。

【活动准备】

1. 活动前引导幼儿通过多种途径，搜集有关菊花的资料，有使用棉签绘画的体验。

2. 形态各异的菊花图片，4盆品种不一的菊花，棉签，红、黄、白、紫、绿等颜料若干，市编幼儿用书《幼儿学习材料·美术用纸》第4页，背景音乐《秋日私语》。

【活动过程】

1. 组织谈话活动，引导幼儿回忆已有经验，感受菊花的不同形态及颜色。

提问：你见过什么样的菊花？引导幼儿说出不同菊花的颜色、形态。

2. 结合实物、图片,引导幼儿欣赏形态各异的菊花,了解菊花的颜色、外形特点等。

(1)幼儿欣赏菊花图片,重点引导幼儿观察不同菊花的颜色、外形特点。

提问:这些花都有什么颜色?菊花的花朵像什么?

教师引导幼儿了解菊花的外形有的像狮子头,有的像向日葵。

(2)幼儿分组欣赏菊花盆栽,了解菊花瓣的形状,并与同伴交流。

提问:花瓣是什么形状的?花瓣像豆芽,像卷曲的头发,像开放的烟花等。

3. 简单介绍棉签画,引导幼儿观察、尝试绘画方法。

(1)出示棉签及颜料,请幼儿观察、猜想其绘画方式。

提问:我们怎样用棉签和颜料画出美丽的菊花?请幼儿尝试。

小结:其实它们都是用棉签蘸颜料画出来的。菊花的花瓣是围绕一个中心点向外盛开的,可以是直直的短线条,像烟花一样绽放,可以是弯弯的线条,也可以是椭圆形的。

(2)请同伴之间相互交流自己的想法,并用手指练习。

提问:请和你的好朋友相互说说自己想画哪种菊花,准备用什么样的线条来画,并用手指练习画菊花。

4. 幼儿进行棉签画创作,表现形态各异的菊花,保持画面整洁。

(1)教师提出棉签的使用方法及作画要求:一根棉签蘸一种颜色,提示幼儿保持画面、桌面干净。

(2)幼儿构思画法,自由画出自己喜欢的菊花。

(3)巡回随机指导幼儿作画,播放背景音乐《秋日私语》。

【引导幼儿合理布局画面,安排画面内容,指导个别有困难的幼儿。鼓励幼儿大胆运用多种线条,表现形态各异的菊花,如表现出盛开和半盛开的菊花、菊花的花骨朵、菊花不同方向开放的形态等,并添画菊花的叶子。】

5. 布置菊花展供幼儿欣赏,从花朵的布局、用色、线条的多样性等方面进行评价,分享绘画经验。

提问:你的菊花是什么样子的?谁有更好的建议?

【附教材】

漂亮的菊花

体育活动

🍎 **快乐的小·树叶**

【教材分析】

此活动旨在让幼儿四散跑时,知道遇到同伴要快速躲闪,锻炼幼儿身体动作的敏捷性。中班大多数幼儿都能根据老师的口令,进行走跑交替的活动,但跑的时候,有的幼儿会发生碰撞。因此,本次活动的难点是,在活动中知道躲闪,能有意识地避开和同伴的碰撞。为了解决此难点,我运用了情境教学法,老师变成大树妈妈,孩子们变成树叶宝宝,引起幼儿游戏兴趣,还运用讨论法,让孩子总结出四散跑时,如何避让和避免碰撞。

【活动目标】

1. 练习在一定范围内四散跑,锻炼身体动作的敏捷性。

2. 活动中知道躲闪,能有意识地避开和同伴的碰撞。

3. 积极参与游戏活动,能遵守游戏规则。

【活动重点】

练习在一定范围内四散跑,锻炼身体动作的敏捷性。

【活动难点】

活动中知道躲闪,能有意识地避开和同伴的碰撞。

【活动准备】

1. 有落叶的场地一片。

2. 地垫,舒缓的音乐,录音机。

【活动过程】

1. 游戏"踩踩树叶",带领幼儿进行热身。

教师带领幼儿到有落叶的草场上玩捡树叶、抛树叶游戏,请幼儿试一试在树叶上慢走和快走有什么感觉。

小结:在树叶上慢走会听到树叶沙沙响的声音,在树叶上快走有点滑的感觉,所以快走的时候一定要保持身体平衡,注意保护自己。

2. 游戏"落叶飘飘",练习在指定的范围内四散跑。(该环节在无落叶的场地进行。)

(1)教师介绍玩法,引导幼儿进行游戏。

玩法:老师扮演大树妈妈站在场地中间,小朋友扮演树叶宝宝围在大树妈妈周围。当大树妈妈说"秋风来了"时,树叶宝宝纷纷扬扬地飘落下来(举起双臂,晃动身体慢慢蹲下);大树妈妈摆动双臂的速度表示风的大小,风吹得小,树叶宝宝在场地上四散地慢慢跑;风吹得大,树叶宝宝跑得快;风停下来,树叶宝宝回到大树妈妈身边停下来。

(2)教师发出慢跑口令,幼儿尝试自由四散跑,找出碰撞的原因。

讨论:大家一起跑会出现什么危险?怎样才能避免碰撞?

小结:一起跑的时候和小朋友之间留点空间,不要隔得太近;看到对面有人跑来时,要快点找有空的地方躲开,不撞到朋友身体。

(3)教师带领幼儿游戏,根据幼儿的身体状况和情绪,变换口令及时调整活动量,及时表扬会躲避碰撞的幼儿。

　　3. 放音乐,做腿部的放松活动,整理器械。

　　播放舒缓的音乐,请幼儿坐到垫子上做揉腿、拍腿、躺下来晒晒太阳等放松活动。

环境创设

1. 主题墙展示幼儿的果蔬盖印作品。
2. 将幼儿的果蔬创意作品悬挂于教室中，布置丰收的环境，幼儿互相欣赏。
3. 信息区表征展示《农贸市场见闻》《瓜果蔬菜营养多》。
4. 收集多种果蔬的图片、资料，布置成果蔬展。

生活活动

1. 加点进餐时，向幼儿介绍时令果蔬的营养价值，丰富幼儿对多种果蔬的认知，喜欢吃各种水果、蔬菜，懂得多吃果蔬能使身体健康。
2. 天气渐凉，早晚温差较大，提醒幼儿根据需要添加衣物或者请老师帮助添加衣服；提醒幼儿擦抹护手霜，防止皮肤干燥或皴裂。
3. 户外散步时间，提醒幼儿观察、认识秋天的果树及果实。

家长与社区教育

1. 请家长与幼儿共同收集秋天的水果、农作物等相关资料和图片，丰富幼儿的经验。愿意向成人表达自己的发现、要求和想法。
2. 请家长带领幼儿到市场参与买菜活动，认识不同的果蔬。有条件的家长还可带幼儿参观果园或蔬菜基地，并进行采摘活动，观察多种果蔬的不同生长方式，感受秋天丰收的景象。
3. 倡导家长和幼儿一起制定食谱，了解多吃果蔬的好处，帮助幼儿养成健康的饮食习惯，鼓励幼儿尝试吃不爱吃的菜。

教学活动

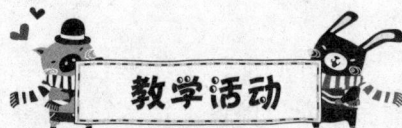

活动一 语言——故事《水果屋》

【教材分析】

故事《水果屋》语言简练优美,情节生动有趣、充满想象,把幼儿带进富有幻想的童话王国,使幼儿既能感受秋天水果丰收的喜悦,又能感受到语言和意境的美。中班幼儿可根据已有经验,能理解故事内容,但怎么理解文学作品的美,怎样表达文学作品的美,还需要培养,所以本次活动,通过学说角色对话,发现句式特点,使幼儿理解文学作品的美,通过引导幼儿"用……做屋顶,用……做墙,用……做门,用……做窗,盖了一间水果屋"的句式进行仿编,来创造性地表达文学作品的美。

【活动目标】

1. 理解故事内容,学说角色对话,并用较连贯的语言讲述水果屋的组成。

2. 能用"用……做屋顶,用……做墙,用……做门,用……做窗,盖了一间水果屋"的句式仿编。

3. 感受秋天水果丰收的喜悦,体验设计水果屋的乐趣。

【活动重点】

理解故事内容,学说角色对话,并用较连贯的语言讲述水果屋的组成。

【活动难点】

能用较连贯的语言讲述水果屋的组成。

【活动准备】

经验准备:知道秋天里的各种水果。

物质准备:《水果屋》故事PPT、市编幼儿用书多媒体教学资源包——《水果屋》、幼儿素质发展课程《语言》CD,水果屋图、房子的图片、水果贴片每人1份,西瓜、苹果、梨、桃子的图片。

【活动过程】

1. 演示课件,带幼儿进入"果园",感受秋天水果丰收的景象。

提问:果园里有哪些水果?它们都是什么样的?

2. 教师分段讲述故事,幼儿欣赏课件,理解故事内容,尝试用较连贯的语言讲述水果屋的组成。

(1)教师讲故事:从开头讲至"……怎么办呢?"

提问:你能帮熊妈妈和熊宝宝想什么办法?引导幼儿动脑筋想办法,并大胆讲述自己的想法。

(2)教师继续讲述故事,引出"水果屋"。

出示水果屋图,提问:屋顶上有什么?用什么做的门?启发幼儿说出房子是用水果做的。

3. 幼儿完整欣赏故事,学会故事中的分角色对话,感受分享的快乐。

(1)教师完整讲述故事。

提问:果园的水果丰收了,它们干什么去了?熊宝宝是怎么做的?

熊妈妈是怎么做的?【引导幼儿边说边做动作,体验"拉水果"的乐趣。】

（2）引导幼儿有表情地学说对话。

提问：熊妈妈看到这么多的水果，开心地说了什么？

水果好多，它们没地方住，熊宝宝着急地说了什么？【引导幼儿有表情地学说对话。】

（3）幼儿学说故事中表现水果屋的句式。

提问：熊妈妈和熊宝宝怎样盖的水果屋？

【引导幼儿完整学说"用……做屋顶，用……做墙，用……做门，用……做窗，盖了一间美丽的水果屋"。】

（4）幼儿感受故事中分享的快乐。

提问：熊妈妈和熊宝宝盖了间水果屋，还做了什么事情？

它们的心情是怎样的？

4. 引导幼儿大胆想象，讲述自己设计的水果屋。

（1）出示秋天水果的卡片，引导幼儿用好听的词说出水果特征。

（2）出示房子图，启发幼儿讲述自己设计的水果屋，并能用故事中"我用……做……"的句式仿编，介绍自己设计的水果屋。

活动延伸：将市编幼儿用书幼儿学习材料《走进秋天》第10～11页投放到阅读区，引导幼儿继续阅读、讲述。

【附教材】

秋天到了，水果丰收了！熊妈妈的果园里到处都是水果，红红的苹果、碧绿的西瓜、黄黄的梨、粉色的桃子……真是好看极了，熊猫妈妈乐得嘴巴都合不拢了。

一天，熊猫妈妈和熊猫宝宝早早地来到果园里采摘水果。它们摘了一个又一个，装了一车又一车。熊猫宝宝在前面用劲地拉，熊猫妈妈在后面使劲地推，"嘿呦嘿呦、嘿呦嘿呦"，他们高兴地把一车车的水果运回了家。熊猫妈妈看到有这么多的水果，高兴地说："今年可有水果吃了。"

可是，水果好多呀，屋里塞得满满的，连院子里堆得也到处都是。熊猫妈妈和熊猫宝宝没地方住了，只好睡在外面。天好黑好冷，熊猫妈妈和熊猫宝宝都冻得睡不着觉，在院子里走来走去。小熊猫着急地说："妈妈，我们没地方坐、没地方站，也没地方睡觉，这可怎么办呢？"熊猫妈妈想了想，大声说："有了，有了，我们用水果盖间屋子吧。"

第二天一早,熊猫妈妈和熊猫宝宝就忙开了。他们用红红的苹果做屋顶、用碧绿的西瓜做墙、用黄黄的梨做门、用粉红的桃子做窗……盖了一间美丽的水果屋。熊猫妈妈还把许多水果分给了邻居们,熊猫宝宝又请来了小兔子、小花狗到家里来做客,他们围着香甜的水果屋吃着水果、跳着舞,高兴极了。

〔选自:青岛出版社 2019 年版《幼儿素质发展课程教师用书》中班(上)〕

活动二　科学——果实品尝会

【教材分析】

秋季各种果实大丰收,孩子们可以品尝到各种口味的果实。此活动是通过探索秋天的果实,来了解果实的基本结构,使幼儿能正确区分水果、干果。中班幼儿对秋天常见的水果如苹果、葡萄、香蕉、橘子、枣等,对其颜色、味道等特征较熟悉,但怎么正确区分水果、干果的经验并不是很清楚。所以本次活动,先在幼儿已有的经验基础上,通过看、摸、闻了解果实的特性和结构,再通过品尝,学会区分水果、干果,引导幼儿在感知中探究,在发现中体验快乐。

【活动目标】

1. 知道秋天是果实丰收的季节,了解果实的基本结构、不同特性。

2. 能按果实的特性正确区分水果、干果。

3. 感受秋天果实成熟的喜悦心情。

【活动重点】

知道秋天是果实丰收的季节,了解果实的基本结构、不同特性。

【活动难点】

能按果实的特性正确区分水果、干果。

【活动准备】

幼儿自带多种果实(水果、干果)混放在筐内,每组 1 筐。秋天的果实、果实拼盘的图片,果实的分类板,市编幼儿用书多媒体教学资源包《果实品尝会》、幼儿学习材料《走进秋天》。

【活动过程】

1. 幼儿观察果实,了解果实的不同特性,引起幼儿兴趣。

(1)情境导入,请幼儿说出果实的名称及特征,感知秋天果实的丰硕。

引导语:今天,小朋友带来了好多果实,我们一起来看看都有哪些果实?你最喜欢哪种果实?为什么?

(2)幼儿选一种自己喜欢的果实,试着说说它的名称、颜色、形状、味道。

提问:你喜欢的果实是什么?它看起来是什么样子的?

摸起来怎么样?闻起来是什么味道的?

(3)幼儿分组讨论,鼓励幼儿大胆地,把自己发现的有关果实特性的小秘密告诉同伴。

提问:你发现了什么小秘密?请把自己的发现和其他小同伴分享。

小结:不同果实的形状、颜色、味道和营养价值是不同的。

2. 幼儿品尝果实,了解果实的基本结构,正确区分水果、干果。

(1)幼儿观看课件,知道果实分为果皮、果肉和种子。

提问:你手中的果实,哪里是果皮?哪里果肉?种子在哪里?

(2)幼儿相互分享品尝果实(水果、干果),感知不同果实的味道、结构,区分水果和干果。

提问:你和谁分享了自己的果实?你吃的果实是什么?它们有什么不同?你吃的是它的

哪一部分？

小结：水果水分多，果皮光滑，保存时间较短；干果水分少，果皮一般是硬壳，保存时间较长。

（3）幼儿阅读市编幼儿用书《走进秋天》第12页，尝试将果实按水果、干果、蔬菜进行分类。

3. 幼儿欣赏果实拼盘作品，体验秋天果实成熟的喜悦心情。

（1）出示果实拼盘作品的图片，引导幼儿欣赏这些果实拼盘作品中用了哪些果实？这些果实变成了什么？

（2）幼儿欣赏生活中不常见的果实，感知果实种类之多，体验丰收的喜悦。

活动三 数学——6的形成

【教材分析】

旨在"5的形成"的基础上，学习"6的形成"。孩子们已经有了数的形成的基本概念，在此基础上，我们引导孩子们来了解5添1是6，了解5、6两数之间多1、少1的关系，理解6的实际意义。学习过程中，通过游戏情境的创设，引导幼儿参与到"小猫钓鱼""小鸡捉虫"的活动中；了解数字6的概念，加深对数字6的认识和理解。通过钓鱼、捉虫、摆点数卡等多种操作，让幼儿知道6表示的相应数量，并练习按数取物。

【活动目标】

1. 感知6的形成，知道5添1是6，了解5、6两数之间多1、少1的关系。

2. 理解6的实际意义，知道数字6可以表示任何数量为6的事物。

3. 养成仔细倾听，按指令迅速准确反应的学习习惯。

【活动重点】

学习6的形成。

【活动难点】

能知道5添上1是6，6里面有6个1，理解5、6之间多1、少1的关系。

【活动准备】

课件、幼儿每人一套1～6的点卡和实物卡。

【活动过程】

1. 幼儿观察图片，复习6以内的数数。

数数草地上的小动物各有几只，并根据小动物的数量选取相应的点卡。

2. 教师操作活动卡片，创设小猫钓鱼的情景，引导幼儿学习6的形成。

（1）请幼儿观察，教师操作，知道5添上1是6。

提问：小猫先钓到5条鱼，又钓到1条鱼，一共钓了几条鱼？

（2）引导幼儿点数，知道6条鱼用数字6表示，请幼儿认读数字6。

提问：一共有6条鱼，我们应该用数字几表示？数字6像什么？

（3）请幼儿观察，知道6里面有6个1。

提问：每种颜色的小鱼有几条，可用数字几表示？

3. 操作活动卡片，创设小刺猬背果子的游戏，运用一一对应的方法比较5和6之间的多少。

（1）请幼儿按指令取卡片，巩固6的形成。

幼儿根据教师出示的数字卡找出相应的实物卡。

幼儿根据教师出示的实物卡,找出相应的数字。

(2)教师拍手,幼儿取出比声音次数多1或少1的点卡或数字卡片。

活动四　音乐——律动《摘果子》

【教材分析】

乐曲《摘果子》节奏欢快鲜明,一共有8小节,旨在让幼儿随音乐节拍,创编踮趾小跑步和摘果子的基本动作。中班幼儿已经能随音乐的节奏进行舞蹈,但在用表情、动作和眼神,来表现摘果子的情景经验不是很多,所以活动中根据幼儿的生活经验,引导幼儿围绕主题展开想象,根据旋律创编不同方位摘果子的动作,随音乐节奏合拍地做摘果子,以及踮趾小跑步的动作,把生活劳动场景中的动作艺术化,使幼儿在舞蹈中体验劳动的快乐,感受生活与艺术的结合之美。

【活动目标】

1. 感受乐曲的活泼欢快,尝试随音乐节拍,创编踮趾小跑步和摘果子的基本动作。

2. 能合拍随音乐舞蹈,并用表情、动作和眼神等,创造性地表现出摘果子的情景。

3. 积极参与,体验摘果子的愉快心情。

【活动重点】

感受乐曲的活泼欢快,尝试随音乐节拍,创编踮趾小跑步和摘果子的基本动作。

【活动难点】

能合拍随音乐舞蹈,并用表情、动作和眼神等,创造性地表现出摘果子的情景。

【活动准备】

市编幼儿用书幼儿素质发展课程《音乐》CD、幼儿摘果子的照片、果园背景图、幼儿有摘果子的经验。

【活动过程】

1. 出示果园采摘的照片,谈话唤起幼儿摘果子的已有经验,激发幼儿活动的兴趣。

提问:在果园里采摘时的心情是怎样的?用什么工具装果子?是怎样采摘果子的?

2. 幼儿欣赏乐曲,感受音乐的特点,创编摘果子的动作。

(1)幼儿欣赏第1遍音乐,随音乐节奏自由表现摘果子的动作。

提问:听完这首乐曲,感觉怎样?想一想:如何从不同的方向摘果子?幼儿自由表现后,请动作较好的幼儿引领其他幼儿做出动作。

(2)幼儿倾听第2遍音乐,尝试随音乐自由创编舞步。

提问:用什么步子能表现出摘果子时的愉快心情?幼儿随音乐自由表现。

【教师及时帮助幼儿梳理出,踮趾小跑步的动作要领。】

(3)引导幼儿创编动作,相互展示劳动成果。

提问:将果子摘满筐子后的心情是怎样的?怎样用动作、表情、舞步表现愉快的心情?

3. 幼儿随音乐完整表演舞蹈,用表情、动作和眼神等,创造性地表现出摘果子的情景,体验摘果子的愉快心情。

(1)师幼尝试完整地表演舞蹈,教师鼓励幼儿随音乐节奏大胆表现。

提问:先摘了哪个位置的果子?如何想办法摘到更多的果子?

(2)出示果园的背景图,使幼儿在情境中舞蹈,更好地表现摘果子的愉悦心情。

提问：怎样表现摘果子的快乐心情？

（3）鼓励幼儿合作摘果子，并跟随音乐变换位置，摘不同方位的果子（上下前后、左右等）。

提问：怎样做可以摘得又快又多？

4. 活动延伸，将《摘果子》的音乐、动作图谱投放到音乐区，供幼儿探索、练习。

【附教材】

摘果子

$1 = C$ $\frac{2}{4}$

6 65 32 35 | 6 6 | 1 1 2 1 65 | 3 3 | 5 1 65 | 36 53 | 5 56 3 21 |

2 2 | 33 5 66 | 1 2 1 6 | 1 6 1 2 | 2 - | 1 3 2 1 | 6 65 3 |

35 6 1 23 21 | 6 6 ‖

活动五 美术——制作：果蔬变变变

【教材分析】

此活动是根据果蔬多样的形态，通过组合、变形制作出创意作品，激发了幼儿无限的想象。中班幼儿喜欢把香蕉比作小船；把葡萄粒摆成一串，当作项链，但将果蔬组合、变形进行制作的经验还没有，所以活动中，引导幼儿用多种方式表达表现自己的所思所想，满足幼儿想象和创作的需求，使幼儿在为果实变变变的过程中体验无穷乐趣。同时活动中除了常见的水果，还提供了地瓜、土豆、玉米、花生、核桃等其他一些秋天的果蔬，使幼儿通过另一种形式感受秋天的美。

【活动目标】

1. 根据香蕉、苹果、橘子、西红柿等果蔬的外形特征进行合理想象，做出其他造型。

2. 能根据果蔬的不同形态进行大胆想象，通过组合、变形进行创作。

3. 欣赏自己和同伴的作品，分享创作的快乐。

【活动重点】

根据香蕉、苹果、橘子、西红柿等果蔬的外形特征进行合理想象，做出其他造型。

【活动难点】

能根据果蔬的不同形态进行大胆想象和创作。

【活动准备】

各种果蔬实物；魔盒1个；内放果蔬手工作品3～4件，如"香蕉小船"等，香蕉等果蔬实物3～4个；水彩笔、油画棒等绘画工具；音乐《秋天多么美》。

【活动过程】

1. 演示"魔术"，启发幼儿想象。

（1）教师出示"魔盒"和香蕉一个，用"魔术"的方式变出"香蕉小船"，引导幼儿观察并说说香蕉变成了什么，身上多了些什么？

（2）出示其余果蔬，引导幼儿猜想。如：出示苹果、橘子，先引导幼儿猜想自己能把苹果变成什么，能把橘子变成什么……然后用"魔盒"变出相应的果蔬造型，验证或拓展幼儿的想象。

2. 出示不同果蔬，幼儿想象创造，激发幼儿的创造兴趣。

（1）请幼儿自己选择一种喜欢的果蔬进行想象。

提问：它像什么？想把它变成什么？

（2）用"魔术"变出不同的果蔬,激发幼儿想象的乐趣。

提问:果蔬能变成什么? 还能怎么变?

3. 幼儿进行果蔬造型,体验创作的乐趣。

（1）播放轻音乐,幼儿选择自己喜欢的果蔬特点大胆想象。

（2）教师观察、指导,鼓励幼儿根据果蔬的特点,大胆想象、创作。

【提醒能力强的幼儿可以做2～3个果蔬造型,帮助个别幼儿选择果蔬并进行大胆想象,克服创造过程中的困难,完成作品,分享成功的快乐。】

4. 幼儿欣赏,互评作品,分享创作带来的快乐。

（1）请幼儿向同伴介绍自己的作品。

提问:你用什么变成什么? 怎么变得?

（2）请幼儿互评作品,引导他们观察、发现同伴作品中的创意和有趣的地方。

提问:你喜欢哪个? 为什么? 你还有什么建议?

（3）教师与幼儿一起欣赏果蔬造型作品,拓展幼儿创造的空间。

【附教材】

果蔬宝宝变变变

体育活动

果农忙

【教材分析】

此活动是在变向追逐跑时,学会灵活地避开危险,培养幼儿灵活协调跑的能力。中班孩子都能跑,但变向追逐跑对于中班幼儿来说,掌握的并不是很好,容易发生碰撞。因此,本次活动难点是在变向追逐跑时,能跑直线,并能灵活地避开危险。为了解决此重难点,我们运用了循序渐进的方法,先练习10米往返跑,然后再学习变向追逐跑,我们还运用了情境教学法,引导幼儿通过"七星瓢虫捉害虫"的情境,掌握在变向追逐跑时会避开危险。

【活动目标】

1. 学习 10 米往返跑,发展快速跑的能力。

2. 在变向追逐跑时,能跑直线,并能灵活地避开危险。

3. 积极参与游戏活动,能遵守游戏规则。

【活动重点】

学习 10 米往返跑,发展快速跑的能力。

【活动难点】

在变向追逐跑时,能跑直线,并能灵活地避开危险。

【活动准备】

1. 苹果、梨、橘子等水果卡片若干,高低不等悬挂在绳子上。

2. 小筐子 4 个,害虫头饰 1 个,地垫 4～5 块。

【活动过程】

1. 创设果实丰收了,去果园摘果子的情境,进行热身活动。

以"果实丰收了,去果园摘果子"为游戏情境,带领幼儿模仿开汽车、上坡、下坡、钻山洞等热身活动。

2. 玩游戏"摘果子",学习 10 米往返跑。

（1）玩法:秋天到了,果园里的果子都熟了,我们去摘果子吧。去摘果子的时候,要快速跑过去,摘到果子后,再快速跑回来。

（2）示范、讲解 10 米往返跑的动作要领:要看清果子的位置,直线快跑,摘到果子后迅速折身跑回。

（3）幼儿站成四列纵队,依次尝试、练习。教师发出信号后,幼儿迅速跑到果园摘一个果子跑回来,把果子放到小筐里。

【可请动作正确、速度快的幼儿进行示范。】

（4）分组进行比赛,看哪队先摘完果子。

3. 玩游戏"七星瓢虫捉害虫",练习变向追逐跑。

（1）请幼儿扮演七星瓢虫,一起说"七星瓢虫本领大,见了害虫捉住它。"教师戴上害虫头饰说"害虫来了～～",并变换不同的方向快跑,幼儿追逐"害虫",重复玩游戏 2～3 次。

（2）提醒幼儿追逐跑时注意躲闪,避免碰撞,可增加"害虫"数量,提高游戏的趣味和难度。

4. 放松活动。

教师、幼儿围坐在地垫上,揉揉、捶捶小腿和大腿,躺下来伸伸懒腰,放松身体。数数摘到的果子有多少,分类放到小筐里。

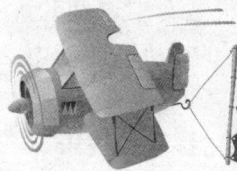

第 3 周　玩,乐在秋天

环境创设

1. 收集各种树叶,引导幼儿运用树叶特有的形状组合、拼贴树叶画。
2. 引导幼儿将秋游时的景象画下来,布置主题墙"秋游去"。

生活活动

1. 便后能自觉将内衣塞入裤腰内,整理好外衣。
2. 散步时,在教师的带领下到花园里、社区里检落叶,玩"下雨"游戏,双手捧起树叶,用力向上抛,感受树叶纷纷落下来的快乐;或者用树叶铺成小路,踩上去,感受树叶"沙沙沙"的声音。

家长与社区教育

1. 请家长和幼儿一起捕捉、观察蟋蟀、螳螂、毛毛虫、蚂蚁等昆虫,喜欢大胆猜测,并用简单符号进行记录,丰富幼儿关于秋虫的经验。
2. 家长和幼儿一起阅读《幼儿学习材料·走进秋天》第27页、第30页,和幼儿一起玩"杠老将""树叶拼贴画"。
3. 家长带领幼儿到大自然中赏秋景、摘秋果、捉秋虫等,充分感知、体验,丰富幼儿对秋天的特征的认知。

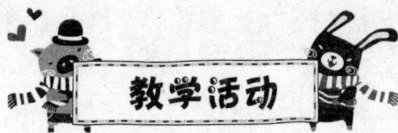

教学活动

活动一　语言——故事《彩色的路》

【教材分析】

"彩色的路"是一幅独幅图片的看图讲述活动。弯弯的林间小路上,布满了翩翩落下的树

109

叶，五颜六色。走在小路上"吱嘎吱嘎"很有趣。画面色调温暖，内容丰富，很适合中班幼儿讲述。中班幼儿会看图，也理解图上内容，但要将故事内容表达出来还是有难度的。所以活动中，运用逐步观察的方法，让幼儿有顺序地观察画面，启发幼儿尝试用恰当的形容词，描述小动物们欢快地走在彩色树叶铺成的小路上的情景，再完整地讲述故事，体验秋的美丽、秋的快乐。

【活动目标】

1. 观察画面中的小动物及场景的细节，看懂画面的主要内容。

2. 能用恰当的量词、形容词描述画面，完整地讲述故事。

3. 萌发对秋天的向往和喜爱。

【活动重点】

观察画面中的小动物及场景的细节，看懂画面的主要内容。

【活动难点】

能用恰当的量词、形容词描述画面，完整地讲述故事。

【活动准备】

1. 讲述用的图片、优美的音乐、落叶若干、幼儿学习材料《走进秋天》。

2. 已有的关于秋游的美好经验。

【活动过程】

1. 神秘地出示"秋爷爷"送来的礼物的图片，引发幼儿的兴趣。

提问：这是一幅什么季节的图片？你怎么看出是秋天的？

2. 引导幼儿细致观察，理解画面的主要内容，大胆、完整地讲述故事。

（1）用配乐营造温馨氛围，鼓励幼儿仔细观察画面。

提问：这是一条美丽而又安静的森林小路。在这条路上你们看到了什么？

这些树叶是从哪来的？这条用树叶铺成的小路是什么颜色的？（启发幼儿说出小路是彩色的、五颜六色的……）

（2）引导幼儿进一步观察，发现更多精彩内容。

提问：除了彩色的路，画面上还有什么？各有多少？

它们在干什么？表情是怎样的？为什么这么开心？

（3）鼓励幼儿用完整、优美的语言，讲一讲彩色路上的故事。可请个别幼儿分享并配乐，使幼儿充分感受、表达秋天的美。

（4）幼儿自主阅读市编幼儿用书《走进秋天》第26页。教师鼓励幼儿和周围的同伴分享自己的故事，教师聆听、指导。

3. 师幼共同铺设"彩色的路"，进一步感受秋的快乐和美好。

（1）利用各种落叶，与幼儿一起铺设一条"彩色的路"。

（2）伴随着优美的音乐，请幼儿到"彩色的路"上走一走，模仿图片里小动物们的样子踩一踩、听一听，尝试用象声词"吱嘎吱嘎""窸窣窸窣"描述踩在树叶上的声音，进一步体验秋天带来的快乐。

【附教材】

彩色的路

弯弯的森林小路上，布满了从树上翩翩而下的落叶。有红的，有黄的，还有绿的，让森林里的色彩丰富起来。这时候，小动物们纷纷出现了。它们带着愉快的心情来到这里，走过铺着厚厚落叶的小径，不经意地发出"窸窣窸窣""踢踏踢踏"，还有"吱嘎吱嘎"的声音，声音此起彼伏，好像在演唱最动听的秋日之歌。

彩色的路

秋风吹呀吹呀,树上的叶子变色了。森林里的小路铺上了形状各异、色彩缤纷的落叶……

这是一条什么样的小路?请你发挥想象,用完整、优美的语言讲一讲彩色小路上的故事吧。

活动二　科学——绿色菜好处多

【教材分析】

绿叶菜含丰富的维生素,但是,有些绿叶菜味道特殊,吃起来口感不佳,并不是所有的孩子都喜欢,此活动旨在通过探索绿叶菜的共同特点和对身体的作用,使幼儿对吃绿叶菜产生兴趣。中班幼儿对绿叶菜较熟悉,但具体它们有什么特征还是比较模糊的,所以本次活动中,教师通过引导幼儿观察、比较茼蒿,芹菜,油菜等蔬菜,发现绿叶菜的共同点,调动幼儿探究的积极性,又通过分享、品尝活动,使幼儿爱上绿叶菜。

【活动目标】

1. 知道茼蒿、芹菜、油菜等都是绿叶菜,了解绿叶菜对身体的作用。

2. 能正确区分香菜和芹菜、菠菜和油菜,说出绿叶菜的共同特点。

3. 乐意与同伴分享自己喜欢的菜肴,对吃绿叶菜产生兴趣。

【活动重点】

知道茼蒿、芹菜、油菜等都是绿叶菜,了解绿叶菜对身体的作用。

【活动难点】

能正确区分香菜和芹菜、菠菜和油菜,说出绿叶菜的共同特点。

【活动准备】

1. 茼蒿、芹菜、油菜等绿叶菜,各种蔬菜卡片,市编幼儿用书多媒体教学资源包《绿叶》、幼儿学习材料《走进秋天》。

2. 幼儿提前在家了解自己喜欢的一种绿叶菜肴的做法。

【活动过程】

1. 出示各种各样的蔬菜,引导幼儿认识各种绿叶菜,了解绿叶菜的特点。

（1）请幼儿观察桌上的茼蒿、油菜、芹菜等蔬菜。

提问:它们叫什么名字?长什么样子?引导幼儿说出其名称和明显特征。

（2）教师可根据提供的绿叶菜,有重点地引导幼儿比较、区分芹菜与香菜、菠菜与油菜。

提问:茼蒿、菠菜等蔬菜有什么共同点?它们共同的名字是什么?

小结：茼蒿、菠菜等蔬菜都有茎和叶，茎和叶都是绿色的，它们都是绿叶菜。

（3）请幼儿从各种蔬菜卡片中，找找还有哪些蔬菜也是绿叶菜，巩固对绿叶菜的认识。

2. 引导幼儿了解绿叶菜对身体的作用，知道绿叶菜营养丰富。

（1）提问：你喜欢吃哪一种绿叶菜？为什么？引导幼儿找出自己喜欢吃的绿叶菜。

（2）播放课件《绿叶菜好处多》，使幼儿知道绿叶菜对身体的作用。

小结：绿叶菜含有丰富的维生素，能让小朋友皮肤光滑、大便通畅、不长口疮，应该每天都吃。

（3）请幼儿阅读市编幼儿用书《走进秋天》第16～17页，说出书中蔬菜的名字、它们长什么样子、可以怎么吃。

3. 组织分享、品尝活动，激发幼儿吃绿叶菜的兴趣。

（1）请幼儿介绍自己喜欢的菜肴的名称、味道、做法，是用哪一种绿叶菜做成的，激发幼儿想吃的愿望。

（2）请幼儿介绍自己吃过的其他绿叶蔬菜，说说吃起来的味道怎样，鼓励幼儿多吃绿色蔬菜。

活动延伸：

1. 引导幼儿阅读市编幼儿用书《走进秋天》第18～19页，请幼儿观察小兔子怎样走，才能吃到全部青菜，走走其他路线试试，看看小兔子还能吃到什么。

2. 让幼儿帮家长择菜，加深幼儿对绿叶菜的印象。

活动三　数学——复习6的形成

【教材分析】

此活动旨在"学习6的形成"的基础上，巩固加强对6的形成的学习。在上次的活动中，孩子们知道了5添1是6，了解5、6两个数之间多1少1的关系，理解6的实际意义。在本节活动中，通过游戏情境的创设，将抽象的数字概念和孩子们熟悉的生活中的形象事物结合在一起，来强化数字6的概念，巩固对数字的认识和理解。并通过丰富的操作材料，来引导幼儿通过亲身操作，来加深对数字6所代表的含义和6的形成的理解。

【活动目标】

1. 复习6的形成，知道5添1是6，了解5、6两个数之间多1少1的关系。

2. 能听清口令快速地找到数字相对应的事物。

3. 养成仔细倾听，按指令迅速准确反应的学习习惯。

【活动重点】

熟练说出6的形成，会数数和认读数字6。

【活动难点】

通过故事、游戏说出6比5多1，5比6少1。

【活动准备】

课件、苹果和梨的图片、大树背景图。

【活动过程】

1. 通过故事激发幼儿的学习兴趣，利用《小矮人》音乐导入故事。通过故事中的提问，让幼儿初步感知6的形成，感知等量和差量的关系。

提问：5个小矮人又添上一个是几个？

蘑菇和小矮人谁多谁少?

要把它们变成一样多,该怎么办呢?

要送给每个小矮人一个气球,一共要拿多少个气球?

为什么要拿六个气球?

6个小矮人少了一个还有几个?

【通过以上问题的回答及画面提示即表象认知,让幼儿知道5添1是6,6比5多1,5比6少1。】

2. 集体尝试操作,让幼儿通过实物操作来进一步感知6的形成和实际意义。

操作1:请先去摘5个苹果,在卡片上摆成一横排。

操作2:再去摘6个梨摆在苹果的下面。

提问:苹果和梨一样多吗?谁多谁少?

苹果比梨少了几个?梨比苹果多了几个?

怎样才能把它们变成一样多?

【通过实物操作即实物认知,幼儿亲自感受5添1是6,6比5多1,6可以代表任何6个数目的物体。】

3. 游戏:捉迷藏

玩法:先由教师扮演白雪公主,幼儿扮演小矮人,当白雪公主发出口令,例如,请小矮人们藏到比5多1的数字下面,幼儿便迅速躲藏到带有数字6的大树下面,如此反复进行,教师可以和幼儿互换角色。通过这个游戏,让幼儿进一步巩固学习6的形成,理解6的实际意义,在游戏中区别5、6之间的关系,增加幼儿学习数学的乐趣。

活动四 音乐——音乐游戏:逛公园

【教材分析】

歌曲《逛公园》是一首欢快活泼的外国童谣,歌词简单易理解。歌曲描述了爸爸带妈妈、妈妈带小弟逛公园的快乐心情,以及不带小猫去的诙谐幽默。中班幼儿喜欢表演,有模仿和参与的愿望,但在随歌曲节奏的快慢表现出游戏情景上,孩子们并没有什么经验。因此通过运用情境创设游戏"逛公园"的形式,让幼儿在情境中听音乐,就能更好地理解歌曲内容,而且此音乐游戏设计简单、有趣,可以多人参加,有很强的灵活性,能使幼儿在听音乐、玩游戏和角色不断地变换扮演中,体验到与同伴一同玩游戏的快乐。

【活动目标】

1. 理解歌曲内容,学习用愉快的声音跟唱歌曲,并能表现一起逛公园的情景。

2. 能随歌曲节奏的快慢表现出找人、跟着走、捉老鼠的游戏情景。

3. 体验与同伴装扮角色一起游戏的快乐。

【活动重点】

理解歌曲内容,学习用愉快的声音跟唱歌曲,并能表现一起逛公园的情景。

【活动难点】

能随歌曲节奏的快慢表现出找人、跟着走、捉老鼠的游戏情景。

【活动准备】

1. 学会唱歌曲《逛公园》。

2. 歌曲《逛公园》、公园的背景图片。

【活动过程】

1. 调动幼儿以往逛公园的经验,引发幼儿游戏兴趣,导入活动主题。

提问:谁带你逛过公园? 逛公园时你的心情怎样?

2. 幼儿玩游戏"逛公园",引导幼儿学习游戏的玩法与规则。

(1)介绍游戏玩法,初步按歌曲节奏进行游戏。

(2)幼儿反复游戏,熟悉游戏玩法。

可由教师扮演爸爸,师幼进行游戏;也可请幼儿带领进行游戏。

教师应提醒幼儿:在唱到最后一段音乐时,猫和老鼠要提前做好捉和躲的准备;幼儿沿圆圈行进走时,注意与前后同伴保持适当的距离。

3. 丰富游戏情节,适当增加角色,使幼儿体验游戏的快乐。

(1)幼儿扮演角色,随音乐边唱边游戏,巩固游戏玩法及规则,根据幼儿兴趣,教师可逐步增加游戏难度。如歌词"爸爸逛公园"替换成爷爷、奶奶、大哥、大姐或更多的角色。

【引导幼儿根据游戏要求,对同伴遵守规则的情况进行评价,鼓励守规则、反应快的幼儿。】

(2)加快音乐速度,以增加游戏难度,使幼儿进一步体验玩游戏的快乐。

玩法:集体围成圈拍着手,按逆时针方向走,一人扮演爸爸,在圈内按顺时针方向走,大家同时唱第1段歌词。自第2段歌词开始,每唱到"带××"时,前一个人就从外圈拉一个人出来跟着内圈的人走。最后一段开始时,扮演小弟的人指着外圈的任意一个人当小猫,大家对着小猫边唱边表演。最后一段唱完,扮演小猫的人说:"我现在就去捉老鼠!"说完学一声猫叫,同时扑过去捉内圈的人,内圈的人则要快速跑回座位。跑到座位上者不可再捉,被捉到者就是老鼠。游戏重新开始。

规则:当唱到"带××"时,前一个人要立刻从外圈拉一个人跟在他身后走。里圈的人必须听到"小猫"叫后,才能跑掉。"小猫"不能捉已经跑到座位上的人。

【附教材】

逛公园

0 0 0 0	0 0 0 0 5	1. 1 1 1 1. 5

1. 看　爸　爸　逛　公　园,　看
2. 看　爸　爸　带　妈　妈,　看
3. 看　妈　妈　带　小　弟,　看
4. 我　们　不　带　小　猫　去,　我　们

3. 3　3 3 3. 0	5 5 6 5 1 2	3. 3 2 2 1 0

爸　爸　逛　公　园,　　快　乐　呀　快　乐　呀　　爸　爸　逛　公　园。
爸　爸　带　妈　妈,　　快　乐　呀　快　乐　呀　　爸　爸　带　妈　妈。
妈　妈　带　小　弟,　　快　乐　呀　快　乐　呀　　妈　妈　带　小　弟。
不　带　小　猫　去,　　你　不　捉　老　鼠　　就　不　带　你　去。

〔选自:青岛出版社 2019 年版《幼儿素质发展课程教师用书》中班(上)〕

活动五　美术——手指印画:虫儿爬

【教材分析】

秋天的昆虫多种多样,此活动旨在运用手指点画的方式,印出毛毛虫、蚂蚁、瓢虫的主要外形特征,使幼儿体验到不同艺术表现形式的乐趣。中班幼儿动手能力增强了,愿意尝试各种与手有关的创意活动,但用手指点画出各种生动有趣的昆虫形象,还是很有难度的。为了解决此重难点,教师运用图示直观法,引导幼儿观察昆虫的形象,用手指印画的艺术表现形式,鼓励幼

儿尝试用手指印画出虫儿的身体,再添画简单的线条,完成生动有趣的虫儿形象,使幼儿在玩中体验创作的乐趣。

【活动目标】

1. 学习在单个手指印画的基础上,进行多个手指印的组合印画,点印出毛毛虫、蚂蚁、瓢虫的主要外形特征。

2. 能给点印出的虫儿,添画上眼睛、触角、足等,完成各种生动有趣的昆虫形象。

3. 对手指印画感兴趣,体验不同艺术表现形式的乐趣。

【活动重点】

学习在单个手指印画的基础上,进行多个手指印的组合印画,点印出毛毛虫、蚂蚁、瓢虫的主要外形特征。

【活动难点】

能给点印出的虫儿,添画上眼睛、触角、足等,完成各种生动有趣的昆虫形象。

【活动准备】

1. 活动前认识毛毛虫、蚂蚁、瓢虫等昆虫。

2. 教师范例画(单个的手指印画和手指组合印画)、幼儿用纸、颜料、抹布、铅笔。

【活动过程】

1. 播放毛毛虫的图片,引起幼儿对昆虫的兴趣,导入活动。

提问:这条毛毛虫长什么样?

小结:毛毛虫的身体像一列一节一节的、圆圆的、长长的小火车。

2. 引导幼儿观察讨论,学习指印画的画法。

(1)观察毛毛虫的特征,了解毛毛虫的画法。

提问:毛毛虫是怎么画出来的?

教师鼓励幼儿到前面画纸上,用食指点印出毛毛虫,提醒幼儿每个指印要靠在一起。

【最好用实物展台,便于全体幼儿观察。幼儿点印后,教师示范添画上眼睛、嘴巴、触角等。】

(2)出示蚂蚁、瓢虫的范例,幼儿观察欣赏。

提问:这是什么呀?蚂蚁是怎样画出来的?瓢虫呢?

除了用食指印画,还可以用哪些手指?

3. 幼儿手指印画,教师指导。

鼓励幼儿大胆印画,可以用不同的手指表现昆虫不同的部位,如:大拇指可以印画瓢虫的身体,小拇指可以印画蚂蚁的尾部。鼓励幼儿可以印画多个昆虫,并注意整洁。

4. 幼儿展示作品,分享交流。

提问:你的毛毛虫、蚂蚁……在干什么?它们要到哪里去,会说些什么话呢?

鼓励幼儿大胆表达自己作品的内容。

【附教材】

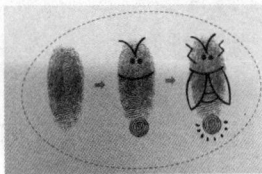

体育活动

小猴玩纸棒

【教材分析】

体育游戏"小猴玩纸棒"主要是借助小猴跨过小河摘果子的游戏情景，帮助幼儿练习助跑跨跳，发展幼儿继跃和上下肢协调运动的能力。中班幼儿体力更加充沛，动作的协调性也增强了，为了让孩子们学习助跑跨跳的动作。因此，本次活动的重点是学习助跑跨跳的动作，动作协调、灵敏。活动难点是尝试挑战跨度更大的跨跳间隔。为了解决此重难点，在游戏中，根据幼儿对助跑跨跳动作的掌握，可将"小河"的宽度进行调整，难度不一，鼓励幼儿自主尝试、挑战，掌握助跑跨跳的动作要领，促进身体动作的发展。

【活动目标】

1. 学习助跑跨跳的动作，动作协调、灵敏。

2. 尝试挑战跨度更大的跨跳间隔。

3. 积极参与游戏活动，能遵守游戏规则。

【活动重点】

学习助跑跨跳的动作，动作协调、灵敏。

【活动难点】

尝试挑战跨度更大的跨跳间隔。

【活动准备】

1. 纸棒若干、轮胎、梯子、音乐、幼儿学习材料《走进秋天》。

2. 路径布置。

第 1 组：轮胎架起竹梯，用纸棒摆放一条小河（50 厘米）、一堆果子。

第 2 组：走木桩，用纸棒摆放一条小河（60 厘米）、一堆果子。

第 3 组：轮胎堆成小山，用纸棒摆放一条小河（70 厘米）、一堆果子。

【活动过程】

1. 活动前幼儿阅读《走进秋天》第 32 页，了解游戏的玩法。

2. 引导幼儿进行热身游戏，使幼儿萌发参与活动的兴趣。

（1）教师扮演孙悟空，请幼儿扮演小猴子，共同探索纸棒的多种玩法。

提问：金箍棒可以怎样玩？比一比谁的玩法最多，本领最大。

（2）教师观察幼儿的活动状况，启发幼儿可以用手顶纸棒、击剑；把纸棒摆成"小河"，双脚探索跨过"小河"方法。

3. 幼儿学习掌握助跑跨跳的技能，能动作协调地跨跳。

（1）请个别幼儿示范助跑跨跳，引导幼儿观察动作。

提问：他是怎样跨跳过去的？

小结：双臂摆动快跑，到小河边后一只脚用力蹬地，另一只脚跨跳过小河，单脚落地，保持平衡。

（2）幼儿鱼贯式自由练习，跨过 50 厘米间隔的距离。教师注意纠正幼儿的动作，帮助胆小的幼儿跨跳过 50 厘米的距离,鼓励敢于尝试大难度的幼儿。

(3)创设不同难度的情境,鼓励幼儿大胆尝试、练习。

请幼儿自由选择不同难度的路径运果子,教师鼓励幼儿大胆挑战。

第 1 组:轮胎架起竹梯,用纸棒摆放一条小河(50 厘米)、一堆果子。

第 2 组:走木桩,用纸棒摆放一条小河(60 厘米)、一堆果子。

第 3 组:轮胎堆成小山,用纸棒摆放一条小河(70 厘米)、一堆果子。

提醒幼儿要遵守规则:必须助跑跨跳,每次只摘一个果子。

4. 幼儿放松身体,梳理经验。

(1)教师简单总结、鼓励幼儿的表现。

提问:你是怎样跨跳过去的? 遇到了什么样的困难? 你是怎样解决的?

(2)幼儿听音乐做放松动作,如"猴儿"们互相理理毛、捶捶背等。

主题四　浓浓的爱

活动区活动
1. 我家的物品
2. 全家福相框
3. 破译电话号码
4. 有趣的声音
5. 让爱住我家
6. 我帮妈妈洗衣服

教学活动
1. 好习惯体验日：笑娃和哭娃
2. 我家的电器
3. 学习7的形成
4. 扮家家
5. 幸福一家人

户外体育活动
1. 跟着爸爸学本领
2. 夹球走

第1周　我爱我的家

爱要大声说出来

教学活动
1. 美丽的祖国
2. 我是中国人
3. 复习7的形成
4. 我是草原小牧民
5. 漂亮的维吾尔族小帽

教学活动
1. 会飞的爱
2. 想让你高兴
3. 认识长方形
4. 小乌鸦爱妈妈
5. 爱的微笑

第2周　我爱我的国

第3周　说出你的爱

户外体育活动
1. 勇敢的小士兵
2. 白鸽战士

户外体育活动
1. 来我家的路上
2. 运水果

活动区活动
1. 爱心拼插
2. 蛋糕送家人
3. 爱心点心
4. 月亮变变变
5. 民族模仿秀
6. 我帮妈妈叠衣服

活动区活动
1. 爱心公寓
2. 爱心礼物
3. 翻花绳
4. 有趣的发酵
5. 好听的歌送给您
6. 我帮妈妈熨衣服

主题价值

　　幼儿倍受父母及其他长辈的宠爱、呵护，在生活中容易忽视家人对自己的照顾，不知道如何向长辈表达自己的关心。爱的教育是幼儿社会性发展中重要的组成部分。中班幼儿爱的情感在不断丰富、发展，表达爱的能力也在不断提高。主题活动"浓浓的爱"，设置"我爱我的家""我爱我的国""说出你的爱"3个次主题，引导幼儿了解家中长辈的职业、爱好，了解自己的祖国，感受作为中国人的骄傲，整个主题活动的设计，从引导幼儿从爱自己的家、爱自己的国到学会表达自己的爱，不断丰富幼儿爱的体验，积累幼儿表达爱的经验，同时创设多种形式的实践活动，使幼儿习得多种多样爱的表达方式，让幼儿在积极健康的人际关系中获得安全感和幸福感。

主题目标

　　★别人与自己讲话时能回应，主动使用礼貌用语，对父母、老师、长辈要学会称呼"您"；会关爱身边的人，愿意大胆表达自己的爱。

　　1. 知道自己是中国人，了解父母的职业，感受长辈的爱，萌发爱家人、爱祖国的情感。

　　2. 能用比较连贯的语言及多种方式表达自己对家人、对祖国的爱。

　　3. 掌握从高处往下跳、手脚着地屈膝爬的技能，发展平衡能力，尝试克服困难，愿意做勇敢的孩子。

　　4. 初步了解常见的家用电器的特点和用途，知道长方形的名称及主要特征，掌握7的形成。

　　5. 感受维吾尔族、蒙古族民族音乐、舞蹈的风格特点，能用歌曲、舞蹈、绘画、手工等方式表达自己心中的爱。

区域活动安排

区域名称	活动名称	活动准备	活动指导建议
结构区	爱心公寓	积木、雪花片、胶粒等材料若干，废旧包装盒和瓶、罐，家具、家电的图片，爱心公寓的图片，雪花片、木头积木、饮料瓶、鞋盒等各种辅助材料，幼儿学习材料《浓浓的爱》	1. 我家的物品： ● 指导幼儿用积木、雪花片、胶粒等材料拼出家具或家电的形状。 ● 指导幼儿利用大小不同的包装盒拼装组合家具，再利用废旧的瓶、罐做成桌腿、椅腿等。 ★ 鼓励幼儿善于发现生活、观察生活。 爱心拼插： ● 指导幼儿用雪花片等拼插材料对称地拼插爱心。 ● 指导幼儿欣赏《浓浓的爱》第5页的拼插图片，提醒幼儿拼插时注意两边要对称，要有规律地选择相应颜色的雪花片进行有序拼插。 ★ 引导幼儿学会观察细节，并大胆自主尝试。 爱心公寓： ● 鼓励幼儿用架空、垒高的方法为家人搭建爱心公寓，并尝试搭出住宅区健身区、游乐区等功能齐备的生活设施，表达自己对家人的关爱。 ● 指导幼儿阅读《浓浓的爱》第27页，运用插塑材料和辅助材料，与同伴分工合作进行周边景物的创设，如用雪花片插出小花、小草和树干，用鞋盒制作花坛等。 ★ 指导幼儿能够进行合作游戏，学习与别人交流协商解决问题，体验创设爱心公寓的成就感。
美术区	全家福相框	全家福1张（或幼儿"幸福一家人"的绘画作品），不同形状的相框，彩纸吸管、纽扣等材料	● 指导幼儿选择彩纸、吸管等材料制作"全家福"相框，感受一家人在一起的幸福。 ● 鼓励幼儿分享自己的"全家福"照片或绘画作品，根据照片或作品的大小选择合适的相框，用多种材料进行装饰。 ★ 鼓励幼儿在制作过程和完成后能主动分享、交流自己的作品和想法。
	蛋糕送家人	废旧海绵，各种形态的纸盒、颜料、画笔、勺子、剪刀及各种扣子、小花片等辅助材料	● 鼓励幼儿自由选择海绵、纸盒，设计自己喜爱的蛋糕形状，制作与他人不一样的蛋糕。 ● 指导幼儿利用辅助材料创造性地制作，体验劳动的辛苦，表达对老人、家人的美好祝愿。 ★ 鼓励幼儿体验劳动的辛苦，表达对老人、家人的美好祝愿。
	爱心礼物	彩笔、画纸、彩纸、剪刀、专栏"爱要大声说出来"，幼儿学习材料《浓浓的爱》	● 指导幼儿尝试用反复折叠的方法制作"爱心花"，表达对家人的心意和祝福。 ● 指导幼儿欣赏《浓浓的爱》第24~25页，选择大小不同的彩纸和不同的废旧材料，运用各种花纹和图案制作爱心礼物，并将自己的心声展示在专栏"爱要大声说出来"里。 ★ 引导幼儿能够耐心地进行美术活动。
益智区	破译电话号码	画有不同数量的图案、图形的电话号码条若干，0~9的数字卡片若干，不同图形的卡片若干，空白电话号码条若干（可塑封，便于反复使用），幼儿学习材料《浓浓的爱》	● 指导幼儿根据号码条的提示用数字卡摆出爸爸、妈妈的电话号码。 ● 指导幼儿阅读《浓浓的爱》第10页，鼓励幼儿自主选择不同的号码条，根据上面的图形、图案的数量，用数字卡摆出爸爸、妈妈的电话号码。引导幼儿两两结对，分别选择号码条，看谁破译得又对又快。 ★ 鼓励幼儿在游戏中体验合作和竞赛的乐趣。
	爱心点心	正方形、长方形、圆形、三角形的"点心"，小动物头饰	● 幼儿挑选不同图形的"点心"送给小动物做礼物，并送上自己的祝福。 ● 指导幼儿了解各种图形的基本特点，对图形产生兴趣。 ★ 引导幼儿大胆想象，并敢于与同伴进行交流。
	翻花绳	各种颜色的彩色绳、幼儿学习材料《浓浓的爱》	● 引导幼儿了解家人小时候玩的翻绳游戏，知道绳能翻出各种好玩的图案，感受翻绳游戏的快乐。 ● 指导幼儿阅读《浓浓的爱》第26页，翻出2~3种不同的图案，尝试学习单人和双人合作翻绳。 ★ 感受合作游戏带来的不同乐趣，愿意与人合作游戏。

区域名称	活动名称	活动准备	活动指导建议
科学区	有趣的声音	饼干筒、纸筒等大小不同的筒，大小相同的酸奶瓶，各种豆类或其他材质的填充物（如棉花、泡沫球、弹珠等），塑料袋、纸袋、小瓶盖等废旧材料	● 鼓励幼儿大胆操作，发现家里、幼儿园里能发出声音的物品，知道声音的大小、高低与材料的材质、数量的多少有关系。 ● 请幼儿欣赏《浓浓的爱》第 7 页，提醒幼儿通过敲打发现不同材质的物品发出的声音不同，指导不同材质的物品因填充物的材质、数量不同而发出的声音也不同。 ★ 鼓励幼儿与同伴分享自己的发现。
	月亮变变变	月亮不同时期的图片、幼儿素质发展课程《语言》CD、月亮的观察记录表、水彩笔、幼儿学习材料《浓浓的爱》	● 指导幼儿了解和感知月亮的变化，并大胆交流自己的记录结果。 ● 引导幼儿尝试用《浓浓的爱》第 14 页中的表格记录月亮的变化。 ★ 对自然现象的探索有好奇心和求知欲。
	有趣的发酵	酵母、面粉、各类辅材、模子等，幼儿学习材料《浓浓的爱》	● 指导幼儿学习发面的基本方法和技巧，用捏、搓、揉、压、团圆等技能制作简单的面食，将自己制作的面食送给家人。 ● 指导幼儿阅读《浓浓的爱》第 23 页，体验动手操作的乐趣。向家人表达自己的爱。 ★ 愿意动手操作，养成动手探索的好习惯。
音乐区	让爱住我家	"全家福"照片，幼儿素质发展课程《音乐》CD	● 引导幼儿演唱歌曲，感受家庭成员间相亲相爱的美好感情。 ● 鼓励幼儿根据歌词大胆创编动作表演，进一步感受歌曲柔和的旋律和温馨氛围。 ★ 引导幼儿演唱歌曲，感受家庭成员间相亲相爱的美好情感。
	民族模仿秀	维吾尔族、蒙古族的图片、服装、头巾等，铃鼓、手铃及自制的马头琴等民族乐器，舞步示范图、节奏图谱，《达坂城的姑娘》《美丽的草原我的家》等音乐，幼儿学习材料《浓浓的爱》	● 指导幼儿初步了解维吾尔族、蒙古族的服饰特点、民族风俗，尝试自选服装、配饰进行装扮。 ● 指导幼儿学习维吾尔族舞蹈垫步、进退步及蒙古族舞蹈压腕、耸肩等基本舞步和动作，鼓励幼儿随音乐大胆模仿、表演。 ★ 学会倾听，能够合拍地演奏。
	好听的歌送给您	幼儿素质发展课程《音乐》CD、节奏谱、各种乐器、绸带、头饰等	● 指导幼儿把学过或会唱的歌曲用亲切柔和的声音大方的演唱，送给爷爷、奶奶和其他家人，表达对他们的爱。 ● 指导幼儿协商、合作，随音乐自由表现，用乐器、绸带等道具创造性地表现歌曲内容，体验音乐表演的快乐。 ★ 鼓励幼儿协商、合作，体验音乐表演的快乐。
生活区	干净的衣服送妈妈	幼儿和家人的衣服、盆子、洗衣液、熨斗	1. 我帮妈妈洗衣服： ● 指导幼儿能够按照浸泡、手搓、洗涤的步骤洗衣服。 ● 指导幼儿回忆生活和观察图片，并说一说洗衣服的基本步骤，掌握基本的要领。 ★ 鼓励幼儿要善于发现生活，观察生活。 2. 我帮妈妈叠衣服： ● 指导幼儿能够按照衣服、裤子的整理步骤图叠衣服。 ● 指导幼儿回忆生活和观察图片，并说一说叠衣服的基本步骤，掌握基本的要领。 ★ 鼓励幼儿大胆说出自己的想法。 3. 我帮妈妈熨衣服： ● 指导幼儿能用道具熨斗学习如何熨衣服。 ● 指导幼儿回忆生活和观察图片，并说一说熨衣服的基本步骤，掌握基本的要领。 ★ 鼓励幼儿通过自己的劳动表达对家人的爱，感受劳动的乐趣。

（●为核心目标指导，★为养成目标指导）

户外活动安排

活动名称	活动目标	活动准备	活动指导建议
白鸽战士	1. 掌握肩上挥臂投掷的动作要领。 2. 能手眼配合，具有协调性。 3. 有坚强、勇敢和不怕困难的意志品质。	1. 木夹做成的飞镖、一根竹竿、老鹰图片。 2. 音乐《小鸟飞》，橡皮筋1根。 3. 音乐《黑猫警长》、录音机。	● 教师将老鹰的图片贴在竹竿顶端，然后甩动竹竿。幼儿边跑边用飞镖投掷，再捡起同颜色的飞镖继续投掷。 ● 提示幼儿掌握正确的投掷要领：两腿前后站立，上体向右侧转，右臂快速挥笔，从头上方用力投出。 ★ 引导幼儿主动、持久地参与游戏，并萌生帮助他人的情感。
夹球走	1. 会灵活协调地两人夹球走。 2. 能坚持合作，共享游戏的快乐。	球（数量为幼儿人数的一半）、球筐2个。	● 指导幼儿分成两队，每队中两个幼儿为一组。听到指令后，两个幼儿手拉手，用手臂夹起地上的一个球向前走至终点处，将球放进球筐里。先到达终点的一组获胜，得1份，然后进行下一轮比赛，最后累计得分高的队获胜。 ● 幼儿熟悉游戏规则后，可引导幼儿探索不同的夹球走的方式。如：背对背夹球，侧步行进，或一人正面走、一人倒退走等。 ★ 提示幼儿遵守游戏规则，有不怕困难的精神。
送水果	1. 能手脚协调、平稳地推小车走路。 2. 发展动作的平衡及协调能力。	小推车5～6辆，小桥，纸盒5～6个，各种水果玩具若干，大纸箱（仓库）1个。	● 指导幼儿在听到"开始"口令后，两组队员才可以出发，每组每次一名队员。 ● 每次只能运一个水果，每组一个幼儿返回到起点后，另一个幼儿才可以出发。 ★ 游戏中，鼓励幼儿敢于挑战障碍和困难。

（●为核心目标指导，★为养成目标指导）

第1周 我爱我的家

环境创设

1. 利用幼儿自己家楼房的样式图片在墙面上布置生活小区，请幼儿将全家福、门牌号布置在"自己家的楼房"上，便于幼儿介绍自己的家以及了解同伴的家。

2. 用幼儿小时候洗澡、学走路、换衣服的照片布置展板，引导幼儿分享讲述照片，对父母、家人产生尊敬、感激的情感。

生活活动

1. 在一日活动中播放《让爱住我家》《世上只有妈妈好》《我帮奶奶去买菜》《雨中接妈妈》《相亲相爱》等突出主题思想的音乐，引导幼儿感受布满浓浓的爱心温馨氛围。

2. 鼓励幼儿自己的事情自己做，如自己脱外套和鞋袜、正确地使用筷子等，激发幼儿自我服务的意识。

家长与社区教育

1. 请家长在家里多和幼儿一起玩亲子游戏，体验家庭成员之间相互关爱的情感。

2. 如果是单亲家庭或祖孙两代的家庭，在开展活动时需要家园紧密配合，采用合适的方式，照顾幼儿的情绪、情感。

3. 鼓励幼儿在家里给家人端杯水、捶捶背等，学做力所能及的事情。

4. 帮助幼儿收集全家福、幼儿成长的照片等。

教学活动

活动一 好习惯体验日——笑娃和哭娃（半日活动）

【活动解读】

中班幼儿偶尔情绪不是很稳定，早晨来园偶尔哭着喊爸爸、妈妈，遇到事情也经常哭鼻子寻求解决,我们设计的"笑娃和哭娃"的半日活动,将养成教育目标与语言目标有机融合,采用通过生活经验讨论、游戏"猜猜我的心情""我是开心果"以及舞蹈送笑脸等形式来激发幼儿学习的主动性和积极性,引导幼儿在快乐的游戏中感受哭和笑给自己和身边的朋友带来的不同感受,培养幼儿保持良好情绪的能力。

【活动流程】

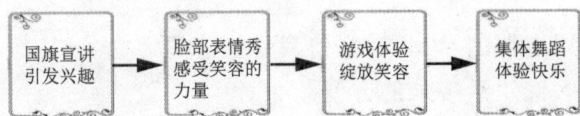

国旗宣讲 引发兴趣 → 脸部表情秀 感受笑容的 力量 → 游戏体验 绽放笑容 → 集体舞蹈 体验快乐

【活动目标】

1. 知道五官与表情的关系,感受笑容的力量。

2. 学习保持良好的情绪,控制自己的不良情绪。

3. 能关心他人,愿为好朋友带来快乐。

【活动建议】

1. 国旗下宣讲"我是爱笑的小天使"。

（1）教师宣讲:我们老师要从自身做起,做一个笑容长挂的微笑老师,引导幼儿感受笑容的力量,学会关心他人,愿意通过自己的努力为身边的人带来快乐。

（2）幼儿宣讲:我是爱笑的小天使,遇到事情积极想办法,不用哭鼻子解决问题;我是爱心小天使,努力通过自己的行动为身边的人带来快乐。

（3）家长宣讲:作为家长我们也会注意言传身教,为孩子做正能量的引导,引导孩子能够用积极的情绪面对生活,并学习控制自己的情绪,改善不良情绪。

2. 幼儿表情秀,感受笑容的力量。

（1）出示哭、笑两幅人物头像,引导幼儿根据他们的表情观察笑脸和哭脸的特点。

小结:笑的时候眉毛眼睛弯弯的,嘴巴往上翘;哭的时候眉毛、眼角和嘴巴往下拉。

（2）请小朋友做出微笑和哭泣的表情,感受笑容给人带来的愉悦感受。

3. 讲述自己曾经哭和笑的原因,引导幼儿学会控制情绪并关心他人。

（1）你遇到过让你伤心的事情吗? 讲给大家听听。

（2）怎样可以让自己开心起来?

（3）假如我们的好朋友哭了,怎么做让他们也快乐起来?

4. 游戏:"猜猜我的心情""我是开心果"。

（1）分发幼儿圆形卡片,请幼儿利用绘画的方式表现自己伤心和高兴的心情。邀请画好的幼儿出示自己的表情卡片,其他幼儿来猜猜他（她）的心情。

（2）将制作好的心情卡片粘贴在"心情速递"板上,一起观察大家的心情,看看有没有不开心的小伙伴需要我们的帮助?

5. 舞蹈:笑脸送给你。

（1）播放背景音乐"笑比哭好"幼儿自由结伴,互作笑脸。

（2）引导幼儿根据歌词自由创编舞蹈,把快乐带给同伴和好朋友。

活动二 科学——我家的电器

【教材分析】

家用电器随处可见,给我们的生活带来方便。幼儿虽然认识家用电器,但对它们的功能、如何正确使用家用电器等缺乏正确的认识和系统的了解。本次活动引导幼儿初步了解生活中常见的家用电器,在感知家用电器给生活带来方便的同时,了解其危险性,提高幼儿自我保护的意识。

【活动目标】

1. 认识冰箱、吸尘器、洗衣机、电视机等常见的家用电器,初步了解家用电器的特点和用途。

2. 知道安全使用家用电器的常识,增强自我保护意识。

3. 感受家用电器给人们生活带来的方便。

【活动重点】

认识冰箱、吸尘器、洗衣机、电视机等常见的家用电器,初步了解家用电器的特点和用途。

【活动难点】

知道安全使用家用电器的常识,增强自我保护意识。

【活动准备】

1. 提前请幼儿向家长了解自己家里的电器的名称和用途。

2. 冰箱、洗衣机、空调、电视机、吸尘器、榨汁机、电吹风等常见家用电器的图片,吸尘器1台。

【活动过程】

1. 请幼儿猜谜语导入活动,引出各类电器。

出示谜语:屋子方方,有门没窗,屋外很热,屋里结霜。(冰箱)

2. 引导幼儿了解冰箱、吸尘器、洗衣机、电视机等常见家用电器的特点及用途。

(1)引导幼儿了解冰箱的特点及用途。

提问:冰箱里面是什么样子的? 冰箱有什么作用? 冰箱上面为什么会有指示灯?

引导幼儿结合自己的生活经验说一说冰箱的作用。

小结:冰箱里面有冷藏柜和冷冻柜,可以保鲜和冷冻食物。指示灯亮了,说明已经通电正在工作。

(2)帮助幼儿认识常见的家用电器并了解其用途、特点。

提问:你还见过什么电器? 它们分别有什么用处? 引导幼儿结合已有经验自由介绍自己家里的电器。

重点引导幼儿了解洗衣机、电视机等家用电器的名称、用途。

小结:这些给我们生活带来方便的电器,我们称它们为"家用电器"。

(3)创设"搬家"情境,巩固幼儿对家用电器用途的了解。

出示家的平面图(客厅、卧室、厨房、卫生间),鼓励幼儿将家用电器的图片放到合适的位置并说出理由。

提问:这些家用电器放在什么位置合适? 为什么?

引导幼儿发现有些家用电器比较大,不便于搬动;有些比较小,方便携带。

小结:体积比较大的家电,我们叫它"大家电";体积小、便于携带的家电我们叫它"小家电"。

3. 请幼儿操作吸尘器,感知家用电器给生活带来的方便。

(1)提问:为什么吸尘器不工作? 吸尘器后面长长的线有什么用?

小结:家用电器后面一般都会有一根长长的线,连接电源并打开开关后电器才能开始工作。

（2）创设"地上有废纸"的情境,请两个幼儿分别使用扫帚和吸尘器清扫看看哪个更快、更干净。

4. 对幼儿进行有关电器使用的安全教育。

请幼儿阅读《浓浓的爱》第9页,组织幼儿讨论:使用家用电器时应该注意什么?

引导幼儿初步了解安全使用电器的常识,如不用手指触摸插座接口、洗衣机和电风扇工作时不要用手去摸等。

小结:家用电器是我们生活的好帮手,使用不当会给我们带来伤害。

♥ 活动三　数学——学习 7 的形成

【教材分析】

通过对 5 的形成和 6 的形成的学习及复习巩固,孩子们对数字代表的含义渐渐清晰起来,也掌握了关于数的形成的基本概念,并对并置法和重叠法两种比较多少的方法有了初步的掌握。本节活动中,我们采用"七个小矮人"的学习情境,贴合幼儿生活和学习兴趣,引导幼儿在游戏和情景中学习 7 的形成,达到自然无痕、快乐学习的效果和目的。

【活动目标】

1. 学习 7 的形成,知道 6、7 两数之间多 1 少 1 的关系,理解 7 的实际意义。

2. 能灵活运用比较多少的多种方法比较 6、7 两个数的多少。

3. 通过故事、游戏体验学习数学的乐趣。

【活动重点】

学习 7 的形成,知道 6、7 两数之间多 1 少 1 的关系,理解 7 的实际意义。

【活动难点】

能灵活运用比较多少的多种方法比较 6、7 两个数的多少。

【活动准备】

1. 背景图片或课件(画面内容:草地、城堡、森林等) 7 张画有穿着不同颜色衣服的小矮人的活动卡片,6 张画有蘑菇的活动卡片,数字卡片 6、7。

2. 将教室的一角布置成草地,"草地"上摆放着花形卡片,卡片数量与幼儿人数相等,上面画有数量为 6 或 7 的实物或圆点;"草地"上摆放着 6 棵"大树",上面分别标有数字 2-7。

【活动过程】

1. 出示图片,引出"小矮人到城堡探秘"的主题,学习 7 的形成、数数,认读数字 7。

（1）教师演示活动卡片,请幼儿观察草地上来了 6 个小矮人,又来了 1 个小矮人,知道 6 添上 1 是 7。

（2）引导幼儿观察 7 个小矮人服饰颜色的不同,知道 7 里面有 7 个 1。

（3）教师演示活动卡片,演示小矮人采蘑菇,引导幼儿采用多种方法比较小矮人和蘑菇的数量,知道 6 比 7 少 1,7 比 6 多 1。

（4）出示数字 7 的卡片,请幼儿认读,并知道 7 个小矮人、7 个蘑菇都可以用数字 7 表示。

2. 引导幼儿玩"采花"游戏,进一步巩固 7 的形成。

玩法:幼儿随音乐到"草地"上"采花"(花形卡片),每人采 1 朵,数数自己卡片上实物(点子)的数量。

如:教师分别出示数字卡片 6、7,请幼儿举起相应数量的花形卡片。

启发幼儿思考:怎样让 6 个实物(点子)变成 7 个,7 个实物(点子)变成 6 个?

3. 引导幼儿玩"捉迷藏"游戏，进一步巩固认识6、7两个数的关系。

玩法：先由教师扮演白雪公主，幼儿扮演小矮人，"白雪公主"发出口令，小矮人根据要求躲藏。

如：请"小矮人"们藏到比6多1的数字"大树"后面，幼儿便迅速躲藏到带有数字7的"大树"后面。

交换角色，游戏反复进行。

4. 活动延伸

益智区中投放关于7的形成的操作材料，继续巩固复习7的形成。

活动四　音乐——歌曲《扮家家》

【教材分析】

《扮家家》是一首富有童趣的歌曲，描述了幼儿扮演爸爸、妈妈炒菜喂娃娃的游戏情节，歌曲内容取材于幼儿的生活，曲调欢快，说唱结合，非常适合表演。幼儿对爸爸妈妈炒菜的情景很熟悉，也很感兴趣，但是对于这种说唱结合的歌曲相对陌生。本次活动通过学唱、表演等形式，引导幼儿进行歌曲的学习，感受一家人生活的快乐。

【活动目标】

1. 学唱歌曲，能较准确地唱出歌曲中接唱与齐唱的部分。

2. 能根据歌词创编表演动作，能用替换的方法仿编歌词。

3. 感受歌曲说唱结合的乐趣。

【活动重点】

学唱歌曲，能较准确地唱出歌曲中接唱与齐唱的部分。

【活动难点】

能根据歌词创编表演动作，能用替换的方法仿编歌词。

【活动准备】

幼儿有在家看爸爸、妈妈炒菜和玩"扮家家"游戏的经历，幼儿素质发展课程《音乐》CD。

【活动过程】

1. 引导幼儿回忆已有经验，初步了解歌曲内容。

请幼儿说一说平时是怎么玩"扮家家"游戏的，可以请幼儿表演一下炒菜做饭的动作，在游戏的基础上渗透歌词内容。

例如，"你来做爸爸呀，我来做妈妈……炒好小菜开饭喽！"

2. 引导幼儿理解歌词内容，并学唱歌曲。

（1）与配班教师合作，边唱边进行表演，帮助幼儿理解歌词内容。

提问：歌曲里的爸爸、妈妈是怎么给娃娃炒菜的？

鼓励幼儿学一学，说一说。

（2）请幼儿完整学唱歌曲，感受说唱结合的乐趣。

（3）请幼儿分角色演唱歌曲，尝试接唱和齐唱。

提问：男孩当爸爸、女孩当妈妈，可以怎样说唱？

什么地方男孩唱？

什么地方女孩唱？

3. 启发幼儿替换歌词，表演唱歌曲。

（1）启发幼儿用自己知道的蔬菜替换歌词，如"炒油菜,炒油菜,炒好油桌开饭喽"等。

（2）请幼儿边唱歌边表演相应的动作。

【附教材】

扮家家

3 3 5 | 3 3 5 | 2 2 2 6 | 1 1 ‖: 3 3 6 3 | 2 2 3 | 5 5 5 6 | 1 -|

（男）我来 做爸 爸呀,（女）我来做妈 妈,

3 3 6 3 | 2 2 3 | 5 5 5 6 | 1 - | × × × | × × × | × × × × | × × × |

我们 一起 来呀, 来玩扮家家。 炒小菜, 炒小菜,炒好小菜, 开饭了。

3 3 3 3 | 2 2 | 3 3 6 3 | 2 2 | 3 3 5 3 | 2 2 3 | 5 5 5 6 | 1 0 ‖

小菜炒好 了呀, 味道好极 了呀,娃娃 肚子 饿了, 我们来喂 他。

活动五 美术——幸福一家人

【教材分析】

家对于幼儿来说是温暖的,漂亮的妈妈、健壮的爸爸和可爱的自己组成了幸福的一家人。幼儿手部精细动作和画画的技能进一步发展,但是对于人物面部画法还比较陌生。本次活动引导幼儿选择合适的手指,画出一家人明显的面部特征这种画画方式不仅新颖有趣,能让幼儿形象地感受到家人在一起的幸福和温暖,还能在玩乐中激发幼儿的想象力和创造力,增进幼儿对家的认识和热爱之情。

【活动目标】

1. 学习按自上而下的顺序在手形中添画五官,不遗漏。

2. 能通过形与线的组合大胆地表现家庭成员面部的突出特征。

3. 体验一家人相亲相爱的幸福,感受家的温暖。

【活动准备】

经验准备:幼儿对家人及其面部特征的了解。

物质准备:市编幼儿学习材料幼儿学习材料《幸福一家人》P2。

【活动过程】

1. 创设游戏情境,师幼共同探索手形画画的步骤与方法。

创设"搬新家"的情境,激发幼儿绘画兴趣。

提问:冬冬要搬新家了,他的新家像什么?

一家5口人:爷爷、奶奶、爸爸、妈妈和冬冬。你会安排他们住哪个手指房间？为什么？

2. 引导幼儿回忆和观察家人的面部特征,选择合适的手形房子作画。

（1）提问:你的家里都有谁？

引导幼儿说说自己的家人及其面部特征。

小结:教师总结面部特征特点。

（2）提问:奶奶和妈妈哪里不一样？爷爷和爸爸哪里不一样？怎样能把他们区分开？

小结:爷爷、奶奶脸上有皱纹,每个人的发型是不一样的。提醒幼儿关注细节,突出表现人物的脸部特征。

（3）PPT出示图片,引导幼儿欣赏哥哥姐姐的画。

（4）请幼儿自由选择合适的手形房子纸作画,表现家人突出的面部特征。

3. 幼儿绘画,教师针对幼儿的绘画姿势、特征表现、五官绘画步骤等进行指导。

4. 请幼儿欣赏作品、分享经验。

（1）提供作品展板，张贴幼儿作品，肯定幼儿独特的表现手法和大胆的绘画创意。

（2）播放温馨的背景音乐，引导幼儿进一步感受一家人相亲相爱的幸福。

体育活动

跟着爸爸学本领

【教材分析】

在幼儿心目中爸爸是最有本领的，是力量的象征，是他们模仿的对象，本次活动《跟着爸爸学本领》重点引导幼儿学习从 20～25 厘米的高处往下跳的动作要领，能从高处跳下后，轻轻落地并保持身体平衡。大多数幼儿能从高处往下跳，但怎样平稳的落地，怎样能跳下来保持身体的平稳，还需要孩子们进行练习。活动运用情境教学法，创设"跟着爸爸学本领"的情境，邀请一位有特长的爸爸参与活动，由其带领幼儿练习，从高处往下跳并保持平衡的本领，培养幼儿敢于挑战自己、不怕困难的品质。

【活动目标】

1. 学习从 20～25 厘米的高处往下跳的动作要领。

2. 能从高处跳下后，轻轻落地并保持身体平衡，发展跳跃能力。

3. 积极参与活动，敢于挑战，不怕困难。

【活动重点】

学习从 20～25 厘米的高处往下跳的动作要领。

【活动难点】

能从高处跳下后，轻轻落地并保持身体平衡，发展跳跃能力。

【活动准备】

小椅子幼儿每人 1 把（分别摆放在两边），录音机、轻松的音乐，邀请一位爸爸当助教。

【活动过程】

1. 创设"跟着爸爸做做操"的情境，带领幼儿进行热身。

随音乐活动腰部、膝关节、踝关节等。

2. 设置"跟着爸爸学本领"的游戏情境，引导幼儿探索并掌握从 20～25 厘米高的地方往下跳的动作要领。

（1）请幼儿自由练习从高处往下跳。

提问：都去试一试，你是怎样从小椅子上跳下来的？

（2）由"爸爸"示范从高处往下跳的方法。

提问：这位爸爸是怎样跳的？

小结：双脚并拢站在小椅子上，两臂向后摆做好跳的准备，两只脚同时用力，双臂向前摆动跳下，双脚要同时、轻轻落地，保持身体平衡。

（3）幼儿再次自由练习双脚从高处往下跳，掌握动作要领。

引导语：这次我们再来试试，看谁能像叔叔那样跳下来，还能轻轻落地，保持身体平衡。

3. 组织幼儿玩游戏"我的本领大",巩固双脚从高处往下跳的动作。

可提供其他辅助活动器械,如轮胎、平衡木等,鼓励幼儿共同设计比赛内容及线路进行游戏。

4. 放音乐,引导幼儿模仿"爸爸"做腿部的放松活动,整理器械。

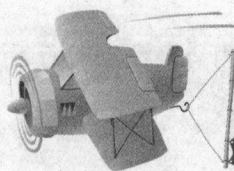

第 2 周　我爱我的国

环境创设

1. 布置主题墙饰"我爱我的国"，请幼儿将各地不同的风景、不同民族的服饰照片或幼儿围绕此主题创作的绘画作品贴在主题墙上。

2. 请幼儿设计制作、装饰小帽子，布置美工区"各种各样的维吾尔族小帽"。

3. 收集有关中国少数民族的图片资料，布置信息墙"我认识的少数民族"，幼儿与同伴交流欣赏。

4. 和幼儿共同搜集节日出游时的照片、自己喜欢的景点的图文资料，创设"社区小导游"展板，引导幼儿大胆地向同伴介绍自己的经历。

生活活动

1. 帮助幼儿初步养成正确的进餐习惯。例如，餐具轻拿轻放；一口饭，一口菜；细嚼慢咽。提醒幼儿节日聚餐时展示良好的进餐礼仪。

2. 引导幼儿加餐后、午饭后及时地运用正确的方法漱口、刷牙，养成良好的生活习惯。

3. 可以在餐点、睡眠等环节，播放维吾尔族、蒙古族的歌曲和音乐供幼儿欣赏。

家长与社区教育

1. 家长利用周边社区设施和场所，丰富幼儿的生活经验。节假日外出时引导幼儿观察和讲述社区及祖国各地风光，感受作为青岛人、中国人的自豪。

2. 鼓励幼儿与家长一起，将自己的游记、趣事用照片、文字的形式记录下来，充实到环境中，与同伴分享交流。

3. 家长与孩子一起购买有关维吾尔族、蒙古族的故事图书或音乐磁带，鼓励幼儿将自己家里的相关图书等带到班级中和小朋友们一起分享。

4. 家长与孩子一起收集有关维吾尔族、蒙古族及不同少数民族的图片、资料等，丰富幼儿经验。

教学活动

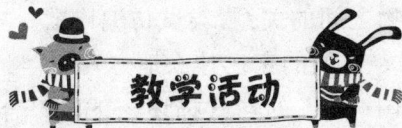

活动一　语言——诗歌《美丽的祖国》

【教材分析】

诗歌《美丽的祖国》运用通俗易懂的语言,通过幼儿所熟悉的动物、景物,表达对祖国的热爱和赞美,诗歌中通过对几种物的生活环境的描述,帮助幼儿丰富对祖国的认知。中班上学期是幼儿语言发展的重要时期,应引导幼儿接触优秀的儿童文学作品,使他们感受语言的丰富和优美。活动在理解"祖国"一词的含义上,鼓励幼儿用清晰的语言表达自己的思想和感受,同时为降低中班幼儿仿编歌的难度,教师为幼儿提供多种动物图片作为提示,帮助幼儿有目的地进行仿编,使幼儿因祖国的强大而感到骄傲自豪。

【活动目标】

1. 知道诗歌中"祖国"的含义,学会用轻柔、优美的声音朗诵诗歌。

2. 尝试用"×× 说:祖国……"的句式仿编诗歌。

3. 感受诗歌的意境美,萌发为祖国的强大而骄傲自豪的情感。

【活动重点】

知道诗歌中"祖国"的含义,学会用轻柔、优美的声音朗诵诗歌。

【活动难点】

尝试用"×× 说:祖国……"的句式仿编诗歌。

【活动准备】

1. 小白鹅、小山羊、小燕子、小蜜蜂、小鸭子、小牛、小鸟、小猴子及它们生活环境的图片等。

2. 市编多媒体教学资源包《美丽的祖国》、背景音乐、市编幼儿学习材料《浓浓的爱》。

【活动过程】

1. 出示图片,帮助幼儿初步了解诗歌的内容。

(1)分别出示小白鹅、小山羊、小燕子、小蜜蜂等的图片,引导幼儿用较完整的语言讲述。

提问:图上都有哪些小动物?它们生活在什么地方?

(2)分别出示河流、山坡、泥窝、花朵的图片,教师根据诗歌语言进行小结。

提问:说说是什么地方?分别是谁的家?

2. 播放课件,引导幼儿完整感知诗歌内容,尝试用轻柔、优美的声音朗诵诗歌。

(1)教师有感情地朗诵诗歌,幼儿欣赏、理解诗歌内容。

提问:这首诗歌的名字叫什么?

　　　诗歌里有哪些小动物?它们的家在什么地方?

　　　谁能用诗歌里的话告诉大家:什么叫祖国?

(2)师幼玩对答游戏,教师用诗歌的语言进行提问,幼儿仿照教师提问完整回答。引导幼儿学说诗歌。

(3)采取师幼问答、同伴相互问答、上句接下句的方法,引导幼儿学习朗诵。

(4)播放音乐,鼓励幼儿加动作完整朗诵,用轻柔、优美的声音表现诗歌的美感。

3. 引导幼儿理解诗歌中事物之间的关系,尝试仿编诗歌。

提问:你还认识哪些小动物?它们的家在什么地方?

你能用诗歌里"××说:祖国……"的句式描述一下吗?合起来编成一首新的诗歌,让我们一起来欣赏吧。

4. 活动延伸:区域活动时,指导幼儿阅读新市编幼儿学习资料《浓浓的爱》第21页,用轻柔、优美的声音朗诵诗歌。提供不同动物及其生活环境的图片,引导幼儿根据画面继续仿编《美丽的祖国》。

【附教材】

美丽的祖国

小白鹅说:"祖国有清清的河流。"

小山羊说:"祖国有长满青草的山坡。"

小燕子说:"祖国有温暖的泥窝。"

小蜜蜂说:"祖国是甜甜的花朵。"

小朋友说:"祖国到处都有欢乐。"

〔选自:青岛出版社 2019 年版《幼儿素质发展课程教师用书》中班(上)〕

活动二 社会——我是中国人

【教材分析】

本活动选择幼儿所熟悉的内容,通过回顾参加幼儿园升旗仪式,观看奥运健儿为国争光的精彩瞬间,讲述各行各业的人们为祖国所作的贡献等内容,让幼儿感受作为中国人的自豪。升入中班后,幼儿参与升旗仪式活动的经验明显增多,每当国歌响起、五星红旗冉冉升起的时候,幼儿就比较兴奋,但他们对国旗、国歌及升国旗、奏国歌时的基本礼仪的了解还不够深入。活动通过参与"争当小升旗手"展示自我活动等多种方式,使幼儿在潜移默化中感知国旗、国歌的神圣和伟大,感受做一名中国人的自信、自豪,体验当小升旗手的光荣,使祖国这个神圣的名字根植于幼儿的心中。

【活动目标】

1. 知道中国的国旗是五星红旗,了解升国旗、奏国歌时要立正站好,行注目礼。

2. 能与同伴交流为国家争光、做出贡献的各行各业的人的事迹,产生做中国人的自豪感。

3. 能够大胆展示自我,争做小升旗手,有热爱祖国、尊敬国旗的情感。

【活动重点】

知道中国的国旗是五星红旗,了解升国旗、奏国歌时要立正站好,行注目礼。

【活动难点】

能与同伴交流为国家争光、做出贡献的各行各业的人的事迹,产生做中国人的自豪感。

【活动准备】

1. 幼儿以往参加幼儿园升旗仪式的视频录像,市编幼儿用书幼儿学习材料《浓浓的爱》

2. 天安门升旗仪式、奥运会参赛及夺冠颁奖仪式视频。

【活动过程】

1. 播放周一升旗仪式的视频,引导幼儿感知、认识国旗和国歌。

提问:升旗仪式中播放的歌曲是什么?

听到国歌你有什么感觉?画面中冉冉升起的旗帜是什么?

还在哪些地方看到过国旗升起?

小结:国旗、国歌是国家的象征。国旗叫"五星红旗",国歌听起来雄壮有力。每所学校、幼儿园每周的升旗仪式上都要升国旗、奏国歌。

2. 引导幼儿回顾各行各业的人为国家做贡献的情境,激发幼儿身为中国人的自豪感。

播放视频:奥运健儿勇于拼搏,最终夺冠,以及颁奖仪式中升国旗、奏国歌的场面;火箭成功发射升空、中国维和部队的营地、国外留学生庆祝国庆节等视频。幼儿欣赏,感受民族自豪感。

提问:看了视频后你是什么心情?

小结:各行各业的人为我们祖国的发展和强大做出了很多的贡献,才让大家过上幸福的生活,我们引以为豪。

3. 幼儿讨论:如何参加升旗仪式?

教师利用天安门升旗仪式、国庆节大街小巷悬挂国旗等图片,引导幼儿意识到升旗仪式是很庄严的。升国旗、奏国歌时要立正站好,唱国歌时要对国旗行注目礼。

4. 小小推荐会,争当小升旗手。

鼓励幼儿发现自己的进步和优点,大胆参与升旗手竞选活动。

5. 延伸活动:幼儿回家邀请爸爸、妈妈来幼儿园参加升旗仪式。指导幼儿阅读《浓浓的爱》第 19 页,进一步激发幼儿作为一名中国人的自豪感。

【附教材】

义勇军进行曲

1949 年 9 月 27 日,中国人民政治协商会议第一届全体会议通过决议,在中华人民共和国国歌未正式制定前,以田汉作词、聂耳作曲的《义勇军进行曲》为代国歌。

1978 年 3 月 5 日,第五届全国人民代表大会第一次会议通过《义勇军进行曲》新词。1982 年 12 月 4 日,第五届全国人民代表大会第五次会议通过关于中华人民共和国国歌的决议,撤销 1978 年 3 月 5 日全国人大会议通过的新词,恢复田汉作词、聂耳作曲的《义勇军进行曲》为中华人民共和国国歌。

2004 年 3 月 14 日,第十届全国人民代表大会第二次会议通过的宪法修正案中规定中华人民共和国国歌是《义勇军进行曲》。

义勇军进行曲

田汉 词
聂耳 曲

五星红旗的由来

1949 年 4 月，中国人民解放军一举占领了国民党反动政府的巢穴——南京，悬挂在总统府上的"青天白日满地红旗"落在了地上；同时象征新中国主权和尊严的标志——国旗，开始在人民心中描绘。1949 年 6 月 16 日，全国政协筹备会议首次会议上，决定成立拟定国旗、国徽、国歌方案小组，并向全国发出征稿启事。

于是，许多人在工作之余纷纷开始了设计工作。其中，上海有一个叫曾联松的人，是一名普通的经济工作者，他看到报道后心情很激动：我是一名中国人，富有爱国热情，也应该积极地投入到国旗的设计中。于是，他夜以继日地努力构思。一天晚上，他推开窗户，看到了天空中明亮的北斗星及其周围闪烁的星星，心想：我们伟大的中国共产党不正是一颗闪闪发光的大星星吗？绕在他周围的小星不正是我们广大人民群众吗？于是，他设计出了 4 颗小星星围绕在 1 颗大星星周围的图案。色彩以红色为主，似红霞满天。红色表达热烈的感情，象征革命，配以黄色，灿烂辉煌，一片光明。他把这份设计稿寄到了北京。中国人民政治协商会议经多次精细筛选后，五星红旗最终被确定为中华人民共和国国旗。

活动三　数学——复习 7 的形成

【教材分析】

本次活动主要引导幼儿复习 7 的形成，知道 6 添 1 是 7，了解 6、7 两个数之间多 1、少 1 的关系。在上次活动"学习 7 的形成"中，孩子们已经初步了解了 7 的形成，为了巩固幼儿对 7 的形成的认知和掌握，在本次活动中，我们通过游戏情境的创设，引导幼儿参与到"数字 7 王国"的活动中，强化数字 7 的概念，巩固对数字的认识和理解，通过摆弄多种操作学具，让幼儿知道 7 表示的相应数量，并练习按数取物。

【活动目标】

1. 复习 7 的形成，知道 6 添 1 是 7，了解 6、7 两数之间多 1、少 1 的关系。

2. 能听清口令快速地找到数字相对应的事物。

3. 学会仔细倾听，感受数字带来的乐趣。

【活动重点】

复习 7 的形成，知道 6 添 1 是 7，了解 6、7 两数之间多 1、少 1 的关系。

【活动难点】

能听清口令快速地找到数字相对应的事物。

【活动准备】

课件、幼儿每人一套 1～7 的点卡和实物卡，数字大树，"喂食""找瓶盖""数学转盘""实物数量图""多功能操作盒"等材料。

【活动过程】

1. 通过游戏"数字 7 王国"，复习认读数字 7，复习 7 的点数。

（1）复习数字 7 的样子。（7 像镰刀割青草，小羊见了咩咩叫）

（2）通过游戏"数字 7 王国"，复习 7 的点数。

引导语：数字 7 住在一座漂亮的城堡里面，你们看这就是我们的王国，王国里到处都是 7，我们王国里还有许多的玩具，你们看有什么？

提问：有几辆车？用数字几来表示？……（点数 1～7，用 7 表示）

（3）通过"做客"情景，集中观看课件，复习 7 的形成，巩固 6、7 两个数之间多 1、少 1 的关系。

提问：有的小动物已经来了，我们看看是谁？（小猫）有几只？（6 只）

　　　他们能进去吗？怎么才能进去？我们一起喊"一只小猫快快来"

　　　6 只小猫添 1 只小猫是 7 只小猫，6 添 1 是 7，现在小猫是 7 只，能进去了吗？

　　　让我们来告诉数字 7 国王吧。

小结：6 添 1 就是 7，7 只小猫欢迎你，请进。其他动物同上。

2. 操作学具，在操作中进一步深化对 7 的形成的理解。

（1）玩"听声音取学具"的游戏。

（2）看数字取学具。

3. 幼儿自选材料分组游戏，在不同的操作和情境中巩固 7 的形成。

（1）"喂食"：引导幼儿根据木偶身上的点子卡或数字的数量喂食。

（2）"送礼物"：引导幼儿用串珠珠、串花等方式做出与木偶身上的数字相等数量的礼物。

（3）墙饰"数字树"互动：引导幼儿判断花朵的点子数，选出相应数量的花蕊进行匹配。

（4）"盖瓶盖""实物数量图""数学转盘"：引导幼儿排除干扰，仔细判断 7 以内的数，并对相同数量的物体或数字进行匹配。

活动四　音乐——舞蹈《我是草原小·牧民》

【教材分析】

《我是草原小牧民》是一首以蒙古族民歌曲调为素材创作的儿童歌曲，歌曲以明快的旋律、跳动的节奏表现了草原小牧民放牧时的喜悦心情。幼儿已经会模仿有趣的动作，对不同民族的音乐和动作产生了好奇的和浓厚的兴趣，本节活动主要引导幼儿感受了解蒙古舞的基本特点。活动主要采用乐曲欣赏、图片提示、动作模仿和创编相结合等学习方式，为幼儿营造主动表演和舞蹈的氛围，充分感受蒙古族音乐的曲调和节奏，用舒展的肢体动作表现蒙古族舞蹈的风格，表现小牧民豪放的性格和勇敢的精神，激发幼儿对少数民族的友爱之情。

【活动目标】

1. 了解蒙古族风俗及舞蹈的风格特点，学习压腕、耸肩、骑马、挤奶等舞蹈动作。

2. 能根据情境创编摔跤、加油等动作，并能听音乐节奏进行舞蹈。

3. 体验小牧民爱劳动、爱自然的情感，感受小牧民的勇敢。

【活动重点】

了解蒙古族风俗及舞蹈的风格特点，学习压腕、耸肩、骑马、挤奶等舞蹈动作。

【活动难点】

能根据情境创编摔跤、加油等动作，并能听音乐节奏进行舞蹈。

【活动准备】

1. 市编幼儿素质发展课程《音乐》CD、自制课件、与幼儿人数相等的小水桶和头巾。

2. 幼儿了解蒙古族的习俗和蒙古族舞蹈的基本动作。

【活动过程】

1. 播放歌曲《我是草原小牧民》，使幼儿感受蒙古族音乐的特点。

引导幼儿伴随音乐模仿老师做骑马、挤奶等动作，感受旋律。

提问：这是哪个民族的歌曲？听到这首音乐你有什么感觉？

小结：这是一首蒙古族歌曲，表现了小牧民在大草原上牧羊、骑马、挤奶、跳舞的快乐场景。

2. 引导幼儿欣赏音乐、观看课件，感受蒙古族的各种热闹场景。

提问：看看蒙古大草原的人们都在做什么？想一想音乐里的小牧民在做什么？

小结：蒙古族的小牧民勇敢、坚强，每天骑着马儿去牧羊，和心爱的羊儿一起玩耍、挤奶、跳舞，一起快乐成长。

3. 引导幼儿学习压腕、耸肩、扬鞭、骑马、挤奶等蒙古族舞蹈的基本动作，能随音乐旋律进行舞蹈。

（1）引导幼儿试一试、学一学压腕、耸肩、扬鞭、骑马、挤奶的动作。

（2）教师示范提腕、压腕、挤一挤等动作，指导幼儿学习。

（3）引导幼儿多形式地练习舞蹈：引导幼儿自由结伴、互相模仿，邀请幼儿分组展示，鼓励幼儿戴上头巾、进行完整表演等。

4. 引导幼儿跟随音乐节奏创编动作，表现小牧民自豪、喜悦的心情。

提问：想一想大草原上还会发生哪些有趣的事情？让我们用优美的动作表现一下吧。

例如，摔跤比赛、加油、欢呼胜利等。如果你是小牧民，你会怎么表现自豪和喜悦的心情？

5. 幼儿集体听音乐，自由展示。

小结：小朋友们都成为能干的草原小牧民，学会了骑马、扬鞭、挤奶，还能和同伴一起创编其他的动作进行表演。随着音乐到广阔的操场上继续感受小牧民放牧的情景吧。

【附教材】

我是草原小牧民

佚名 词曲

参考动作：

1～4小节：第一小节双手半握拳曲臂在胸前，左手在前，右手在后做拉缰绳状，随音乐每拍压腕一次，右脚垫步做跑马步，动作重复4次。

5～8小节：左手和脚步动作不变，右手半握拳高举，食指立起做拿鞭状。

9～12小节：双腿跪地，双手自右向左在胸前晃动，模仿风吹草动的样子，一小节变换一次晃动方向。

13～16小节：双腿跪地，右手手心向下，左手手心向下，自右向左在胸前做抚摸牛羊的样子。每小节摸一次。

17～18小节：双手手心向下，压腕两次，每拍一次，然后双手五指并拢，做挤奶状。

19～20小节：同17～18小节。

21～22小节：双手叉腰，两肩上下耸动。

23～24小节：起立拍手3次。

活动五　美术——制作：漂亮的维吾尔族小帽

【教材分析】

维吾尔族人男女老幼都喜欢戴一种四楞的小花帽——朵帕，上面绣有漂亮的图案，它是维吾尔族人的标志性服饰。活动主要引导幼儿通过折、剪、贴、画等多种方式，创造性地制作维吾尔族小帽。幼儿已经掌握了折剪的基本技能，而将折剪贴画的技能组合运用，并用自己喜欢的花纹创造性地装饰小帽，协调地搭配色彩，对于他们来说还有一定的难度。活动运用图示法，引导幼儿通过观察图示，探究出折叠小帽的方法，运用讨论交流法，引导幼儿创造性地装饰小帽，加深幼儿对维吾尔族服饰的了解，培养幼儿的动手能力。

【活动目标】

1. 会用折、剪、贴等多种方式制作小帽，能表现新疆帽的特点。

2. 能用自己喜欢的花纹创造性地装饰小帽，协调地搭配色彩。

3. 戴自己制作的小帽跳新疆舞，体验成功的快乐。

【活动重点】

会用折、剪、贴等多种方式制作小帽，能表现新疆帽的特点。

【活动难点】

能用自己喜欢的花纹创造性地装饰小帽，协调地搭配色彩。

【活动准备】

1. 范例小帽1顶。

2. 收集不同颜色的维吾尔族帽子。

3. 挂历纸、吹塑纸、彩色蜡光纸、彩笔、剪刀、糨糊、抹布等材料和工具，维吾尔族音乐等。

4. 音乐磁带《达坂城的姑娘》。

【活动过程】

1. 出示不同的维吾尔族小帽，引导幼儿观察它的形状、花纹等特点。

提问：它是什么形状的？

　　　上面都有什么样的花纹？

　　　这是哪个民族的帽子？

（引导幼儿观察说出维吾尔族小帽的形状、花纹的特点）

小结：维吾尔族帽子是四边形的，4个侧面及帽檐上装饰有花纹。

2. 出示范例小帽，引导幼儿讨论制作方法并制作。

（1）引导幼儿观察讨论维吾尔族小帽的制作方法：先折出四角小帽，再在上面装饰。

（2）教师根据图示引导幼儿折叠小帽，鼓励幼儿互相帮助完成折叠。

（3）引导幼儿交流自己的装饰创意。

提问：你想怎样装饰小帽？

鼓励幼儿大胆说出自己的想法。

提问：想用什么花纹装饰？

选择绘画还是粘贴的方式？

幼儿自由选择不同的装饰材料创造性地装饰维吾尔族小帽，提醒幼儿注意装饰花纹的大小要适中、粘贴要整洁卫生。

3. 进行作品展示，幼儿体验成功的喜悦。

（1）引导幼儿从突出维吾尔族的特点、装饰的样式新颖等方面欣赏作品，说一说自己最喜欢的作品及原因。

（2）幼儿带上自己制作的小帽，在音乐《达坂城的姑娘》伴奏下，跟随老师自由地学跳维吾尔族舞蹈，体验成功的快乐。

【附教材】

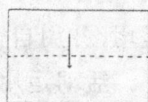
对边折

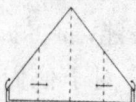
对边折

四边向中间折

四边向内中间折

底边向上折，两角折向里边压住

体育活动

勇敢的小·士兵

【教材分析】

本次活动旨在引导幼儿学习手脚交替用力，能够自然协调地往上、往下攀爬的动作技巧。幼儿喜欢爬攀登架，但每个幼儿在这方面的发展进程是不一样的，大多数幼儿能往上爬攀爬架，但还有一小部分幼儿会有害怕的心理，不敢往上爬，也不敢往下下。本次活动我们抓住幼儿崇拜并喜欢模仿解放军的特点，设置"小士兵"执行任务的情境，引导幼儿进行攀爬练习，通过孩子们的示范，提升动作要领，从而熟练掌握手脚协调攀爬的动作技能，引导幼儿在爬、跑、投掷等各种游戏中提高身体动作的协调。

【活动目标】

1. 学习手脚交替用力，全身协调攀爬的动作技巧。

2. 能手脚自然协调地往上、往下攀爬攀登架，并会保护自己。

3. 喜欢攀爬活动，感受互相帮助的快乐。

【活动重点】

学习手脚交替用力，全身协调攀爬的动作技巧。

【活动难点】

能手脚自然协调地往上、往下攀爬攀登架。

【活动准备】

1. 物质准备：纸球(沙包)若干,垫子4块,高低不同的竖梯4架(攀爬架最上面贴有"炸弹"小标志若干),跳绳8根,敌营标志4个,小动物玩具若干,舒缓的音乐。

2. 场地布置：从左至右依次摆放垫子、跳绳、竖梯、敌营标志和小动物玩具,共4组。

【活动过程】

1. 创设小士兵的情景,引导幼儿进行热身运动,激发幼儿攀爬的热情,导入活动主题。

(1)引导幼儿以"小士兵"身份,进行热身。

提问：我们都是小士兵,你们知道小士兵都是怎么操练的吗?

(引导幼儿操练,重点活动上肢、腿部等动作。)

(2)出示攀爬架,引起幼儿兴趣。

引导语：今天小士兵有个新任务,练习攀爬攀登架。

小结：可以锻炼我们的手脚协调攀爬的能力。

2. 通过幼儿自主探索攀爬的方法,掌握手脚协调向上、向下攀爬的动作技巧。

(1)通过自由探索进行攀爬,初步体验攀爬的乐趣。

引导语：小士兵们,你们来爬一爬攀登架吧。

(2)通过个别幼儿示范攀爬的动作要点,提升向上、向下攀爬攀爬架的方法。

提问：(找爬得好的小朋友)有几个小士兵爬得又快又稳,你们看他们是怎么往上爬的?

小结：往上攀爬的时候眼睛向前(上)看,双手抓牢后再抬脚,双脚踩稳攀爬架后,再松开手去抓下级攀爬架。

提问：你们看他们是怎么下来的?

小结：往下攀爬的时候眼睛向下看,手脚交替往下爬,一定要看准抓牢。

(3)引导幼儿分散练习,初步掌握攀爬技能,并学会保护自己。

引导语：小朋友快将学到的本领练习练习吧。(在练习中总结经验)

提问：在攀爬的过程中,小士兵们应该注意什么? 为什么?

小结：上攀爬架的时候要有秩序,一个一个上,避免互相踩踏,还有刚会爬的小士兵一定要看准了、抓牢了、慢慢爬,这样才能更好地保护自己。

3. 玩游戏"士兵扫雷",进一步掌握攀爬攀爬架的技巧,练习爬、跳的动作。

(1)创设"小士兵到敌营"扫雷的情境,激发幼儿兴趣,引导幼儿主动参与游戏。

引导语：小士兵们我们来到了敌营,这里有许多炸弹,我们一定要小心地把它们破坏掉。

要求：请小朋友先爬过草地(垫子),再跳过小河(呼啦圈)。然后攀爬到攀爬架的顶端,摘取一个"炸弹"标志,最后返回起点。

请小朋友分成4队游戏,鱼贯练习,熟练攀爬技能。(掌握攀爬要点)

(2)提高难度,创设攀爬更高一级的攀爬架来搭救小动物的游戏情境,引导幼儿进行游戏,体验互相帮助的快乐。

引导语：小朋友们,坏人抓了许多小动物,把它们放到了最高的高塔上,怎么办?

要求：路线一样,只是攀爬得更高,最后返回起点。

请小朋友分成4队,鱼贯练习,巩固提高攀爬技能。

(重点引导幼儿手拿小动物攀爬,活动中引导幼儿要注意安全。)

4. 整理,放松活动。

(1)播放舒缓的音乐,引导幼儿随着音乐做放松动作。

(2)引导幼儿分组收拾整理器材。

第3周　说出你的爱

环境创设

1. 围绕"说出你的爱"创设主题墙饰：设立与家人、同伴、动植物相亲相爱的专栏。

2. 举办小小作品展，表达爱的心愿和祝福，并将自己的心声展示在专栏"爱要大声说出来"里。

3. 搜集表达爱、体验爱的资料与图片，营造"甜蜜、温馨、团圆"的班级氛围，吸引家长和幼儿参与活动"爱要大声说出来"。

生活活动

1. 了解班级花花草草的简单习性。学习正确的浇花方法，主动承担照顾小植物的责任，表达对小植物的喜爱。

2. 按标志有序、自主取餐，按需盛取饭菜。

3. 餐后主动漱口、刷牙，能按照圆圈法将牙齿的 3 个面清洁干净，并将牙膏漱干净。

家长与社区教育

1. 家长和幼儿一起阅读关于尊老爱幼的故事，了解家人丰富的生活经验和人生阅历，为家中老人制作爱心礼物，使幼儿了解中国尊老、敬老的优良传统，知道长辈照顾自己长大的过程很辛苦。

2. 在家庭中组织活动"说出我的爱"，家人之间用各种形式互相表达爱，增进亲子间的感情。

3. 引导幼儿使用礼貌用语，不说脏话、粗话，并根据场合调节自己说话的音量。

教学活动

活动一　语言——故事《会飞的爱》

【教材分析】

《会飞的爱》是一个简单而温馨的故事,讲述了小花猫思念自己的奶奶,要给奶奶邮寄一个"抱抱",经过诸多邮递员的传递,这个"抱抱"终于到达奶奶那里的故事。孩子们大多习惯于接受家人的爱,但还不会表达对家人的爱,本次活动通过有感情地讲述故事和播放幼儿家庭视频的方式,引导幼儿感受爱是可以传递的,可以用拥抱和亲亲等多种方式给自己和家人带来快乐。

【活动目标】

1. 了解传递"抱抱"的过程,理解故事内容。

2. 用较完整、连贯的语言大胆讲述小花猫给奶奶送礼物的过程。

3. 能大胆地用动作和语言表达爱的方式,感受拥抱的温暖。

【活动重点】

了解传递"抱抱"的过程,理解故事内容。

【活动难点】

用较完整、连贯的语言大胆讲述小花猫给奶奶送礼物的过程。

【活动准备】

故事图片4幅,背景音乐,代表小花猫、小花猫妈妈、兔子先生、小狗、小猪、小鸭、小花猫奶奶等不同角色的头饰,市编幼儿学习材料《浓浓的爱》。

【活动过程】

1. 引导幼儿分享爱的情感经验,引发幼儿的活动兴趣。

提问:你最喜欢谁? 你会用什么方式表达你对他(她)的爱?

2. 分段讲述故事,帮助幼儿理解故事内容。

(1)讲述故事第一段,帮助幼儿理解"抱抱"的含义。

讲故事前提问:猜一猜,小花猫会送给奶奶什么礼物?

讲完故事后提问:什么叫"抱抱"?

(2)讲述故事2~4段,帮助幼儿了解邮寄"抱抱"的过程。

第2段讲述后提问:你们有什么办法可以帮助小花猫把大大的"抱抱"传递奶奶那里去?

第3~4段讲述后提问:小花猫是怎样邮寄"抱抱"的? 什么叫"大大的抱抱"? 谁来做一做?

(3)讲述故事最后一段,帮助幼儿感受爱的传递。

提问:如何传递"爱的抱抱"? 奶奶又送给小花猫什么?

小结:小动物们用互相"抱抱"接力的方式传递"爱的抱抱"。奶奶给了邮递员小鸭一个吻,请小鸭将吻邮寄给小猫。

3. 完整讲述故事,帮助幼儿理解爱是可以传递的。

(1)播放背景音乐和课件,教师有感情地讲述故事。

提问:小花猫用了什么方式传递"爱的抱抱"?

（2）情境游戏：爱的接力棒。

请幼儿带上头饰扮演兔子、小狗、小猪、奶奶，传递"爱的抱抱"，感受拥抱的温暖。

4. 播放视频《爱我你就抱抱我》，体会家人间浓浓的爱意。

播放幼儿和家人在一起抱抱的美好视频，引导幼儿感受家人的浓浓爱意和亲情。

5. 活动延伸。

利用活动区时间，制作送给奶奶的礼物，增进与家人之间的情感。

指导幼儿阅读《浓浓的爱》第28页。幼儿根据图片，用较完整、连贯的语言说出小动物们帮助小花猫传递拥抱的过程。

活动二　社会——想让你高兴

【教材分析】

社会活动"想让你高兴"以"任性的妞妞"为线索，将实际情境穿插其中，引导幼儿主动关注别人的情绪和情感，尝试用多种方法让身边的人快乐、开心起来，使幼儿懂得爱自己、爱家人、爱同伴，从不提无理要求逐步升到爱身边的每一个人。幼儿刚升入中班，往往以自我为中心，很少想到别人，更谈不上考虑别人的情绪和情感，能关注别人的情绪和需要，并有关心和体贴他人的行为是中班幼儿应具备的社会品质。本次活动通过故事、视频等引导幼儿大胆地运用讲故事、唱歌、说笑话等方法让身边的人快乐，在与同伴交流、分享的过程中体验给别人带来快乐的同时自己也快乐的心情。

【活动目标】

1. 学习爱自己身边的每一个人，知道让身边的人快乐的方法。

2. 能关注身边人的情感需要，尝试用讲故事、唱歌、说笑话等不同方法，让自己爱的人高兴起来。

3. 体验给爱的人带来快乐、自己也快乐的心情。

【活动重点】

学习爱自己身边的每一个人，知道让身边的人快乐的方法。

【活动难点】

能关注身边人的情感需要，尝试用讲故事、唱歌、说笑话等不同方法，让自己爱的人高兴起来。

【活动准备】

1. 父母、长辈、同伴的手偶，家的背景图。

2. 生活中给家人、朋友带来快乐的视频。

3. 歌曲《幸福拍手歌》、市编幼儿学习材料《浓浓的爱》。

【活动过程】

1. 故事导入，引起幼儿的活动兴趣。

教师出示故事的主人公"任性的妞妞"，幼儿完整倾听故事。

提问：妞妞跟爸爸、妈妈和爷爷要什么？你觉得妞妞这样做对吗？为什么？

妞妞的好朋友乐乐是怎样劝妞妞的？如果你是乐乐，你喜欢这样的妞妞吗？为什么？

小结：小朋友们想吃东西可以告诉大人，但不能像妞妞这样！妞妞不听从大人的劝告，想要的东西一定要得到，一旦没达成目的就哭闹、耍脾气。这种行为叫作任性，任性可不是一种好习惯。

2. 组织幼儿讨论交流，引导幼儿知道让身边的人快乐的方法。

（1）师幼共同讨论，引导幼儿帮助妞妞想办法。

提问：妞妞知道自己做错了事情，有什么好办法可以让妞妞得到原谅，让家人开心起来？

（2）幼儿结合生活经验讨论：利用生活中给家人、朋友带来快乐的视频或图片，梳理让身边的人快乐的方法。

提问：父母、其他长辈、同伴什么时候会不开心？怎样能让身边的人变得高兴？

小结：疲惫的时候、身体不适的时候会不开心，我们要做个不提无理要求不任性的好孩子。多给予陪伴，给他们讲故事、唱歌、说笑话等，可以让身边的人高兴起来。

3. 游戏"问题抽抽看"。引导幼儿帮助身边不开心的人。

指导幼儿阅读《浓浓的爱》第30～31页，引导幼儿用游戏卡说一说、讲一讲身边的人快乐的方法，知道给不开心的人带来快乐，自己也会变得很快乐。

4. 以《幸福拍手歌》为背景，请幼儿和好朋友一起拍手、一起唱歌、一起跳舞、一起快乐！

活动三　数学——认识长方形

【教材分析】

长方形是两组对边相等、四个角一样大的四边形，是幼儿在认识正方形后又认识的一种图形。幼儿已经认识了圆形、三角形、正方形，在此基础上来认识长方形，对幼儿来说是一个学习的过程，也是一个提高的过程，正方形和长方形对于幼儿来说是容易混淆、不好区分的两个图形，因此，中班幼儿认识长方形，就必须和正方形进行比较，通过比较让幼儿认识到长方形与正方形的不同，理解长方形的特征，通过直接感知、亲身体验和实际操作进行科学学习，让幼儿能大胆地参与活动，积极地投入实践中去。

【活动目标】

1. 通过与正方形比较认识长方形，能正确说出长方形的名称及主要特征。

2. 能迁移已有的经验，运用折叠的方法，探究长方形的主要特征。

3. 愿意与自己的同伴合作学习，体验探索、发现长方形特征的快乐。

【活动重点】

通过与正方形比较认识长方形，能正确说出长方形的名称及主要特征。

【活动难点】

能迁移学习正方形已有的经验，运用折叠的方法，探究长方形的主要特征。

【活动准备】

物质准备：

1. 认识长方形的 PPT 课件。

2. 长方形卡片和正方形卡片各一张。

3. 闯关游戏幼儿操作卡片人手一份。

4. 印有一个长方形的幼儿操作卡人手一份。

知识经验准备：

幼儿已经认识常见的图形如圆形、三角形、正方形。

【活动过程】

1. 情境导入，巩固幼儿对正方形的认识并引出长方形。

以"图形王国的国王邀请大家去参观他的图形王国"的情境引起幼儿兴趣。

提问：图形王国里有这么多好看的图形，我们来看看都有谁？

2. 出示长方形，引导幼儿通过观察比较，讨论交流长方形的主要特征。

（1）出示长方形宝宝。

提问：这个图形有几条边？几个角？跟什么图形像呢？

小结：这个图形有四条边，四个角，跟正方形很像。

（2）出示长方形和正方形，比较它们的异同点。

通过出示长方形和正方形，引导幼儿进行观察比较，发现长方形和正方形的相同点和异同点，从而深入认识长方形。

相同点：它们都有四条边，四个角，四个角都是一样大的。

异同点：正方形，四条边都是一样长的；长方形，有两条面对面的边是一样长的，另外两条边是一样长的，相邻两条边是不一样长的。

小结：有着四条边，四个角，四个角一样大，面对面的边一样长，相邻的两条边不一样长的四边形叫作长方形。

3. 闯关游戏"寻找长方形"，幼儿巩固加深对长方形的认识。

通过设置"图形王国的图形宝宝邀请幼儿一起进行闯关游戏"的情境，引导幼儿在操作中巩固加深对长方形的认识。

（1）首先出示颜色相同、摆放整齐，但是大小不同的各种图形的操作卡，让幼儿从中寻找出所有的长方形。

（2）摆放整齐，但是大小、颜色都不相同的各种图形的操作卡，让幼儿从中寻找出所有的长方形。

（3）出示更多各种各样的图形宝宝，它们的大小、颜色、摆放位置都不相同，并且在大屏幕上同步显示。幼儿在操作卡上完成以后，老师和小朋友在大屏幕上共同验证答案。

4. 迁移生活经验，引导幼儿寻找生活中与其形似的物品。

提问：你们还能想到在我们生活中哪些物品或建筑是长方形宝宝变的呢？（幼儿共同交流）

小结：我们的生活中有许许多多的建筑或者物品都是长方形的或者是由长方形构成的，小朋友们可以比比看，看谁发现的长方形宝宝最多，谁是最善于观察的孩子。

活动四 音乐——欣赏《小乌鸦爱妈妈》

【教材分析】

《小乌鸦爱妈妈》是一首叙事性很强的歌曲，通过小乌鸦找来虫子，喂年纪大了的妈妈的情节，表现小乌鸦爱妈妈的情感。歌曲曲调简练，采用 2/4 拍，五声宫调式，选材适宜，符合中班幼儿的年龄特点。中班幼儿对音乐的感知能力逐步提升，但是"欣赏"音乐的能力还有所欠缺。本次活动，以"情"的渲染和体验为主线，让孩子充分感受母爱的温馨与幸福，体验妈妈对自己无私的关心与爱护，表达自己对母亲的感激之情。

【活动目标】

1. 结合故事线索，安静地倾听和欣赏音乐，感受歌曲优美的旋律和感人的歌词。

2. 能运用不同的形式表达 3 段歌词中着急回家、照顾妈妈、感谢妈妈等不同的情绪感情。

3. 向小乌鸦学习，懂得尊敬、热爱自己的妈妈。

【活动重点】

结合故事线索，安静地倾听和欣赏音乐，感受歌曲优美的旋律和感人的歌词。

【活动难点】

能运用不同的形式表达 3 段歌词中着急回家、照顾妈妈、感谢妈妈等不同的情绪感情。

【活动准备】

课件。

【活动过程】

1. 完整欣赏歌曲,理解歌曲内容。

(1)教师播放歌曲,幼儿初步欣赏歌曲。

提问:你听到了什么?你有什么样的感受?

(2)播放歌曲,幼儿再次欣赏,感受歌曲的旋律特点。

提问:歌曲的旋律有什么特点?

小结:娓娓道来的,舒缓的,优美的。

(3)教师完整清唱,引导幼儿倾听歌词,感受歌曲表达的情感。

提问:你最喜欢哪一句?表达了什么样的情感?

2. 结合多媒体课件分段欣赏,理解每段歌曲中所表达的不同情感和意义。

(1)欣赏第一段。

提问:小乌鸦要去哪里?回家的路上它是怎么样的?它的心情怎么样?

　　　谁来学学小乌鸦急急忙忙飞回家的样子!如果你很着急的时候,你会做什么动作?

(2)欣赏第二段。

提问:小乌鸦赶回家干什么呢?它的妈妈怎么了?小乌鸦心里会觉得怎么样?它是怎样照顾妈妈的?(请幼儿说一说并尝试表演)

(3)欣赏第三段。

提问:妈妈是怎样把小乌鸦养育大的?

　　　你喜欢小乌鸦吗?为什么?

4. 尝试随音乐表演唱,加深幼儿对歌曲的理解与把握。

(1)幼儿初步尝试表演唱。

(2)幼儿根据歌曲的情绪表演唱。

提问:小乌鸦匆匆忙忙地赶回家、一口一口喂妈妈、妈妈把它养育大的情景分别应该怎样演唱?

5. 迁移生活,进一步培养幼儿热爱、尊重妈妈的情感。

幼儿讨论:你们是怎样关心自己的妈妈、爱自己妈妈的?

【附教材】

小乌鸦爱妈妈

张牧 词
何英 曲

活动五　美术——绘画《爱的微笑》

【教材分析】

本次活动主要引导幼儿观察、感知不同年龄段的人微笑的特点,尝试运用夸张的手法绘画一张自己爱的人的笑脸。幼儿手眼协调能力正处于发展期,图形与线条的表达不够准确,对人物的观察不够细致,表现力较弱,但幼儿心里都有一颗美的种子,微笑是生活最美的事物之一,没有什么比微笑更容易带给人快乐。在绘画"爱的微笑"活动中,幼儿通过观察、操作、欣赏、交流等形式,创造性地运用夸张的手法绘画《爱的微笑》,提高幼儿对面部特征的感受,丰富幼儿的面部表情,并尝试在各种材料上表现"微笑",体验用多种材料进行个性化表现的乐趣,感受与自己爱的人在一起时快乐的心情。

【活动目标】

1. 观察、感知不同年龄段的人微笑的特点,尝试运用夸张的手法绘画一张自己爱的人的笑脸。

2. 通过形与线的组合,大胆表现自己爱的人笑起来时面部的突出特征,如长辈布满皱纹的笑容、同伴缺了门牙的笑脸等。

3. 感受与自己爱的人在一起时的快乐心情,体验开怀的笑带给他人的快乐。

【活动重点】

观察、感知不同年龄段人微笑的特点,尝试运用夸张的手法绘画一张自己爱的人的笑脸。

【活动难点】

通过形与线的组合,大胆表现自己爱的人笑起来时面部的突出特征,如长辈布满皱纹的笑容、同伴缺了门牙的笑脸等。

【活动准备】

1. 物质准备:各种不同呈现形式的底板,如砂纸、牛皮纸、卡纸等;课件;视频;彩色铅笔、水彩笔等不同画笔;展板;音乐。

2. 知识准备:观察自己爱的人(祖辈、父母、自己的好朋友)典型的面部特征。

【活动过程】

1. 幼儿观看重阳节给长辈过节的视频片段,初步感知不同年龄段的人微笑的特点。

提问:大家在一起时心情怎样? 每个人的笑脸都是什么样子的?

小结:祖孙三辈每个人开怀大笑时的面部表情是不一样的,大家相聚在一起相爱、非常快乐。

2. 幼儿欣赏课件,观察不同人物笑起来时面部的突出特征。

(1) 引导幼儿观察、感知不同年龄的人微笑时面部的不同特点。

提问:祖辈、父母、小朋友笑的时候都是什么样子的?

小结:老人笑起来都会使皱纹、掉牙等老龄化特征更加明显,而小朋友的脸很圆润,笑起来通常会张开大嘴、有的小朋友还会露出正在更换的牙齿。

(2) 引导试用形与线的组合,大胆表现自己爱的人笑起来时的面部突出特征。

3. 幼儿欣赏不同载体上呈现出的笑脸,鼓励幼儿按照自己喜欢的方式进行绘画。

幼儿触摸、感知各种不同画纸(砂纸、卡纸、牛皮纸等)的纸面特点,在老师提供的试验纸上简单地画一画,初步体验在不同画纸上绘画的不同感受。

4. 幼儿自由选择喜欢的画纸和画笔,呈现不同效果的绘画作品。

（1）提出要求：幼儿按自己的想象大胆绘画、表现一个自己最爱的人的面部特征。

（2）教师观察指导：幼儿大胆表现，绘画人面部的突出特征，引导能力强、快的幼儿适当添画相关景物。

5. 分享评价作品，体验与自己爱的人在一起时的快乐心情。

（1）幼儿相互欣赏同伴的作品，讲述自己的绘画内容。

（2）布置"微笑墙"，展示幼儿作品。

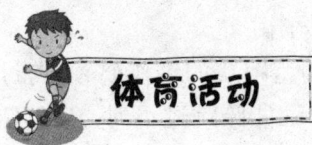

体育活动

来我家的路上

【教材分析】

本次活动主要引导幼儿学习助跑跨跳的动作要领，能跨过 30 厘米宽的障碍物，发展跨跳能力及动作的灵敏性。中班孩子单、双脚跳跃能力已经得到发展，但是跳跃有多种形式，其中助跑跨跳对于中班幼儿来说，从未尝试过。本次活动结合幼儿的兴趣，运用情境教学法，引导幼儿来我家做客的路上，练习助跑跨跳的技能，还运用比赛的形式，巩固加强练习，让中班孩子都能跨过 30 厘米宽的障碍物。

【活动目标】

1. 学习助跑跨跳的动作要领。

2. 能跨过 30 厘米宽的障碍物，发展跨跳能力及动作的灵敏性。

3. 积极参与游戏活动，能遵守游戏规则。

【活动重点】

学习助跑跨跳的动作要领，并能跨过 30 厘米宽的障碍物。

【活动难点】

学习助跑跨跳的动作要领，并能跨过 30 厘米宽的障碍物。

【活动准备】

1. 小书包 4 个，小筐子 4 个，长绳 2 根，红灯绿灯的图片若干。

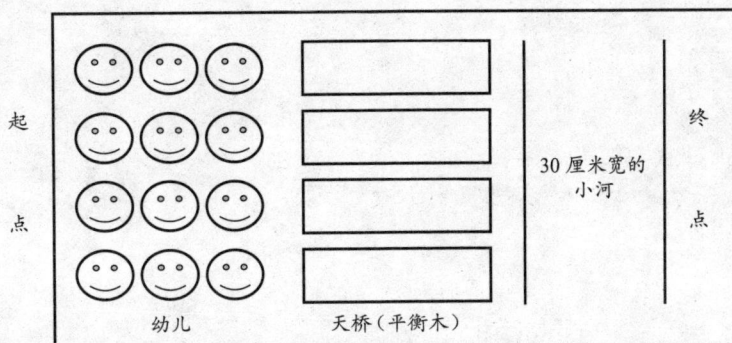

2. 场地布置如下：

【活动过程】

1. 创设"邀请小朋友到我家做客"的情境，带领幼儿进行热身。

随音乐活动腰部、膝关节、踝关节等。

2. 设置"跨小河"的游戏情境，引导幼儿探索并掌握助跑跨跳的动作要领。

（1）请幼儿自由练习助跑跨跳的动作。

提问：都去试一试，你是怎样跨过小河的？

（2）请助跑跨跳动作规范的小朋友示范跨跳的方法。

提问：这位小朋友是怎样跳的？

小结：两手半握空拳，屈肘于体的两侧，距小河 5～8 步，跑到小河前，一只脚用力蹬地，另一条腿跨跳过小河，单脚落地，保持平衡。

（3）幼儿再次自由练习，掌握助跑跨跳的动作要领，跨过 30 厘米宽的障碍物。

引导语：这次我们再来试试，看谁能跨跳过小河，还能不掉到河里。

3. 组织幼儿玩游戏"来我家的路上"，巩固助跑跨跳的动作。

玩法：将幼儿分成 4 队，排头幼儿背书包站在起跑线上。游戏开始，排头幼儿出线先走过"天桥"，再跨过"小河"，到达终点后返回，将书包交给下一个幼儿背好，下一个幼儿出发游戏继续。

要求：

（1）游戏过程中不遵守规则的幼儿要退至起点，重新开始。

（2）最先完成比赛的队获胜。

（3）可根据天气情况及幼儿身体状况等调整游戏次数。

4. 放音乐，做腿部的放松活动，整理器械。

主题五 冬爷爷来了

活动区活动
1. 冬天的小路
2. 暖暖特色小吃店
3. 给娃娃掖裤子
4. 松果变变变
5. 小动物过冬啦
6. 小动物怎样过冬

教学活动
1. 好习惯体验日：
   排排队，好习惯
2. 冬天是什么
3. 冬季取暖用具多
4. 学习 8 的形成
5. 小动物怎样过冬

户外体育活动
1. 有趣的抛接球
2. 结冰

第1周 冬爷爷，欢迎您

教学活动
1. 北风爷爷您吹吧
2. 关心生病的朋友
3. 复习 8 的形成
4. 风爷爷
5. 冬天的树

畅想冬之欢乐

教学活动
1. 萝卜回来了
2. 会变的冰
3. 按物体数量分类
4. 堆雪人
5. 美丽的冬天

第2周 天冷我不怕

第3周 玩在冬天

户外体育活动
1. 快乐岛
2. 吊冰雕

户外体育活动
1. 小矮人
2. 小雪花

活动区活动
1. 冬天的房子
2. 暖暖火锅店
3. 卷卷小袜子
4. 冬日服装
5. 卡片对对碰
6. 风爷爷

活动区活动
1. 冬天的小树
2. 暖暖生日宴
3. 叠被子
4. 滑雪去
5. 雪人的纽扣
6. 堆雪人

主题价值

冬天是一个寒冷的季节,给人们的生活带来了许多新鲜和快乐,也给人们带来一些困难。锻炼幼儿的意志,提高环境适应能力就显得格外重要。本主题旨在让幼儿了解冬季的特征及人和动物的一些活动,感受冬天的美好,培养幼儿勇敢迎接冬天的坚强品质。要从了解冬天的生活开始,逐步引导幼儿关注冬天的动植物。在观察发现中引导幼儿感受冬天人们服饰的变化,学习适应冬季寒冷,知道冬季保护自己和运动带来的乐趣和方法;进而由自身关注冬天里小动物是怎样过冬的,以及他们的生活习性。同时,感受冬天节日的喜庆气氛,使幼儿体验冬季人们生活情趣和节日的温暖。教师要在一日活动中注意渗透健康教育,保持愉快的情绪,养成幼儿冬季良好的卫生、行为习惯。利用多种形式向家长宣传冬季健康常识,帮助家长走出"捂冬"的误区,争取家长的配合,实现家园共育。

主题目标

★ 能自己脱厚棉衣,整齐叠放在衣橱里;如厕后能将内衣塞进保暖裤中,不露出小肚皮,以免着凉。

1. 初步掌握抛球和接球的动作要领,学习向上纵跳触物及单腿着地保持身体平衡的方法,锻炼幼儿腿部力量和上肢力量。外出时能根据天气变化增减衣服,避免着凉感冒。

2. 简单了解并表述动植物不同的过冬方式及简单的御寒方法和预防感冒的方法,愿意与同伴交流自己观察、体验到的冬季景象和趣事。

3. 了解生病同伴的需求,用打电话、录音、送祝福卡等方式问候好朋友,初步学会关心他人。

4. 了解冰的形成、用途及多种多样的取暖用具,感受科技进步对人类生活的有益影响及实验带来的新奇和乐趣。

5. 运用油水分离和水粉画等方式创造性地表现冬天的美景,用声音和动作表现冬天的有趣。

区域活动安排

区域名称	活动名称	活动准备	活动指导建议
结构区	冬天的美景	提供积塑、插花、几何图形等玩具、辅助材料：幼儿自制雪松等。提供各种几何图形等玩具。	1. 冬天的小路 ● 学习搭建冬天的小路，创造性地使用辅助材料进行装饰。 ● 指导幼儿用平铺和摞高的方法进行小路的搭建。 ★ 耐心搭建，能坚持完成自己的作品。 2. 冬天的房子 ● 能用积塑等材料表现冬天的房子。 ● 指导幼儿用十字叉的方法进行小房子的搭建。 ★ 能自主探索不同的方法搭建、表现冬天房子的美。 3. 冬天的小树 ● 指导幼儿尝试运用不同材料搭建、表现冬天的小树。 ● 指导幼儿用环形插、整体插等方法拼插冬天的小树。 ★ 搭建时能够取适量的玩具，用完后分类收放整齐。
社会区	暖暖餐厅	各类食材的模型、蛋糕模型、餐具等；厨师和服务生的服装、菜单	1. 暖暖特色小吃店 ● 指导幼儿合理分配角色，知道自己的职责。 ● 指导幼儿按需适量点餐，使用礼貌用语。 ★ 合作游戏，协商分配角色。 2. 暖暖火锅店 ● 指导幼儿合理分配角色，知道自己的职责。 ● 指导幼儿按吃火锅的步骤点餐、进餐，学习涮火锅的方法。 ★ 萌发自我服务和保护意识。 3. 暖暖生日宴 ● 使用礼貌用语及基本的用餐礼仪。 ● 指导幼儿文明进餐，并为过生日的同伴送礼物送祝福。 ★ 能按自己的食量和荤素搭配的原则取食物。
生活区	给娃娃掖裤子	穿着衣服裤子的小娃娃	● 尝试为小娃娃掖裤子，学习掖裤子的方法。 ● 指导幼儿一手撑开娃娃的小裤子，一手将娃娃的衣服掖到小娃娃的裤子里。 ★ 知道爱护小娃娃，轻拿轻放。
	卷卷小袜子	成对的小袜子若干	● 为袜子配对，并学习卷袜子的方法。 ● 指导幼儿在找到成对的小袜子后，袜头对齐并从头卷起，最后从袜口将小袜子套起。 ★ 及时收拾整理小袜子。
	叠被子	叠被子的步骤图、长方形纸张若干	● 指导幼儿根据图片提示尝试折叠被子。 ● 指导幼儿边对边冲齐，将被子叠整齐。 ★ 养成自己整理被褥的好习惯。
美工区	松果变变变	实物松果，绘画用纸、水彩笔、毛笔、水粉颜料、橡皮泥、彩色纸、剪刀等	● 创造性地使用松果进行制作。 ● 引导幼儿能运用涂色、剪贴、泥塑等不同方式，创造性地使用松果制作出不同的形象。 ★ 将制作好的作品进行"松果创意展"，幼儿向同伴介绍自己的作品创意。
	冬日服饰	各色毛线、布料、棉花等，卡纸、纸袋、胶水、剪刀等	● 引导幼儿大胆利用多种材料制作围巾、帽子、手套等冬季服饰进行装饰。 ● 运用喜欢的花纹、图案装饰冬日服饰。 ★ 学会收拾整理辅助材料。
	滑雪去	冰糕棍、牙签等材料；画有滑雪孩子的图画纸；彩色笔、双面胶（或胶水）等工具	● 尝试按步骤绘制滑雪的小人。 ● 引导幼儿选择自己喜欢的小人，涂上自己喜欢的颜色，并沿小人的外部轮廓进行裁剪。用双面胶（或胶水）在小人的手部粘上牙签，并把小人的脚固定在冰糕棍上。 ★ 均匀涂色，掌握剪刀的使用方法，提示幼儿注意安全。
益智区	小动物过冬啦	小动物若干（如小青蛙、小熊、小蛇等）各种过冬方式的图片	● 了解小动物的过冬方式。 ● 指导幼儿将小动物与相应的过冬方式进行配对。 ★ 能与同伴合作讲述、寻找小动物的过冬方式。

续　表

区域名称	活动名称	活动准备	活动指导建议
益智区	卡片对对碰	边框为蓝、红两色的卡片标有8元、18元的价格标签等，幼儿学习材料《冬天欢乐多》	● 引导幼儿了解生活中数字"8"表示的不同意义。 ● 指导幼儿快速找出相同类别的卡片。 ★ 遵守游戏规则，体验共同游戏的快乐。
	雪人的纽扣	雪人1个，分别写有1～8数字的雪人帽子若干，各种各样的纽扣若干	● 引导幼儿通过为雪人摆弄纽扣，复习8以内的数字，巩固8以内的按数取物、按物选数。 ● 指导幼儿先为雪人选择帽子，然后根据帽子上的数字，为雪人摆上相应数量的纽扣。也可以先为雪人摆上纽扣，点数后，为雪人选择带有相应数字的帽子。 ★ 专注游戏，感受与同伴游戏的乐趣。
音乐区	歌曲《堆雪人》	《堆雪人》音乐，背景图	● 表现堆雪人的快乐心情。 ● 指导幼儿边唱歌曲，边与同伴用好看的动作合作表演歌曲。 ★ 创造性地表现歌曲，与同伴合作表演歌曲。
	歌曲《小动物怎样过冬》	表演所需的音乐、头饰、服饰等	● 指导幼儿根据音乐的节奏，边唱边表演小动物过冬的不同姿态。 ● 指导幼儿自主选择头饰、分配角色，能根据音乐节奏和歌曲的内容与同伴一起表现小动物过冬的不同姿态。 ★ 体验同伴共同表演的乐趣。
	歌曲《风爷爷》	风爷爷头饰、绸布、树、花、草等各种植物头饰；歌曲音乐	● 引导幼儿有表情地演唱，表现出风爷爷吹到不同事物发生的姿态变化。 ● 指导幼儿轮流扮演风爷爷进行游戏。 ★ 遵守游戏规则，体验音乐游戏的乐趣。

（●为核心目标指导，★为养成目标指导）

户外活动安排

活动名称	活动目标	活动准备	活动指导建议
结冰	1. 掌握听信号四散跑和迅速停止的游戏规则。 2. 在游戏中探索迅速结伴的方法。 3. 喜欢参加游戏活动，具有勇敢、不怕寒冷的精神。	1. 户外宽阔、平整的场地。 2. 北风爷爷和太阳头饰，绸带道具。	● 指导幼儿在规定的场地内活动，跑出场地的视作违规。 ● 结冰时幼儿要静止不动，若坚持不住就算自动被捉；当听到"太阳出来了"的解冻信号时，幼儿才可以四散跑，提前跑则视为违规。 ★ 游戏时，注意安全，不要互相撞到。
吊冰雕	1. 能坚持双手抓杠、悬空吊起15秒，锻炼手臂的力量。 2. 在力所能及的范围内逐步提高孩子的自控能力和坚持能力。	悬垂架	● 指导幼儿充分进行肩部、手臂的准备活动。 ● 教师可根据幼儿的臂力和坚持程度适当拖延时间说出"太阳出来了"，以此锻炼孩子的臂力。 ★ 有坚持到底的精神。
小雪花	1. 练习听信号变换速度、躲闪跑，体验游戏的乐趣。 2. 能不怕寒冷，积极勇敢地参加体育活动。	外场地	● 教师合理规划场地的大小，避免幼儿在跑动中发生冲撞。 ● 教师可根据幼儿的活动量和身体情况，合理调整幼儿跑动的时间和游戏的难度。 ★ 不怕冷，能在较冷的环境中连续活动半小时以上，坚持参加体育活动。

（●为核心目标指导，★为养成目标指导）

第1周 冬爷爷，欢迎您

环境创设

1. 创设"冬爷爷，欢迎您"主题墙饰，通过"冬天我的疑问""小动物都去哪儿了""冬天的树"等内容，重点引导幼儿通过绘画、搜集资料等方式布置墙饰。

2. 用绘画、手工制作等形式表现"雪花飘飘"，引导幼儿将雪花粘贴在门、树枝上等；开展松果创意制作展览会。

3. 布置"我不怕，我勇敢"专栏，幼儿可以画出自己在生活中表现勇敢精神的事。

生活活动

1. 能自己脱厚棉衣，整齐叠放在衣橱里；如厕后能将内衣塞进保暖裤中，不露出小肚皮，以免着凉。

2. 知道洗手后涂抹护手霜，保护自己的小手。

3. 外出时能根据天气变化增减衣服，避免着凉感冒。

家长与社区教育

1. 家长引导幼儿天冷也要坚持上幼儿园，鼓励幼儿每天坚持户外活动；下雪天和幼儿一起玩雪、打雪仗、玩冰，让幼儿体验冬季的趣味活动。

2. 和幼儿一起搜集动植物过冬的不同方式，并引导幼儿利用绘画形式表现或者将搜集到的资料打印出来，让幼儿带到幼儿园与同伴交流分享。

3. 家长与幼儿一起搜集布料、毛线等材料带到幼儿园，供幼儿在手工区制作使用；提供幼儿漂亮的棉服饰等供角色区服装店使用。

4. 家长带领幼儿到小区、公园等地方观察落叶树的枝干，拍摄照片；请幼儿将照片带到幼儿园与同伴分享交流。

5. 带幼儿去吃火锅，引导幼儿了解调料的作用和不同食材的营养，学习自己选择食材，观察涮煮食物的烹调方式，体验随吃随涮的便捷和温暖。

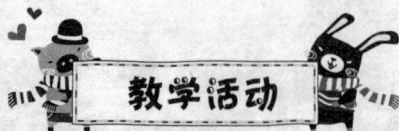

【活动解读】

随着孩子们认知水平的发展、生活经验逐步扩大以及自我意识的不断增强,中班的孩子们与同伴、成人之间的交往越来越频繁。但是,由于他们缺少良好的交往技能和沟通技巧,容易与同伴之间发生矛盾冲突,甚至还会给自己的身心健康和安全造成负面影响。所以,活动中我们运用游戏和提问引导等方法鼓励幼儿养成守秩序、不拥挤、会排队等待等良好习惯,不仅能提高他们的社交能力,更能培养他们遵守公共规则的良好行为,避免意外事件给他人和自己带来伤害。

【活动流程】

```
国旗宣讲        游戏体验        视频观看        设计标志
引发兴趣   →   亲身感知   →   总结经验   →   经验提升
```

【活动目标】

1. 知道在公共场所活动时,要主动排队、耐心等待并且不大声喧哗。

2. 有初步的自我约束意识,养成遵守公共规则的行为习惯。

3. 体验排队和同伴一起玩耍的愉悦心情。

【活动建议】

1. 国旗下宣讲"排排队,好习惯"。

（1）教师宣讲:每当孩子们自由活动时,总有小朋友来告诉老师某位小朋友抢玩具。甚至还会因此而发生安全事故。为了让宝贝们更加安全有序地玩玩具,我们一定要学会排排队,耐心等待,养成良好的游戏习惯。

（2）幼儿宣讲:玩玩具不争抢、不插队、不吵闹! 遵守规则好宝宝!

（3）家长宣讲:要让孩子们养成良好的规则意识,学会排队,首先我们作为父母要为孩子起到模范带头作用,因为我们的一言一行、一举一动都是孩子们模仿学习的对象。其次,我们可以利用生活中带孩子出行的各种机会,提示幼儿在哪些场合、哪些情况下需要排队。在引导的时候更侧重鼓励而非批评否定。

2. 教师引导幼儿自由玩《钻山洞》游戏,总结快速钻过山洞的方法。

（1）教师介绍游戏场地并告知游戏规则:这里有三个山洞,孩子们可以自由地钻,看谁能又快又安全地钻过每个山洞,不能漏掉任何一个山洞。

（2）幼儿在自由地玩《钻山洞》游戏,教师拍摄记录幼儿在活动中拥挤、无序、碰撞、掉鞋等的行为。

（3）教师播放拍摄录像,引导幼儿分析、讨论、总结快速和安全钻过山洞的办法。

（4）教师逐一播放幼儿排队活动的相关图片,迁移、拓展幼儿的经验。

3. 请幼儿为需要排队的地方设计一个排队标志,提醒大家共同遵守。

（1）幼儿绘画,教师巡回指导。

（2）作品展示,相互交流。

活动二　语言——散文《冬天是什么》

【教材分析】

《冬天是什么》是一篇科普散文诗。它以生动的、拟人化的童话语言描述了各种动植物不同的过冬方式,以便于幼儿理解。本活动将引导幼儿从户外观察寻找开始,了解动物通过换毛、冬眠、南飞等方式过冬,了解植物通过留苗、留种、留芽及人们通过穿棉衣等方式过冬。对中班幼儿来讲,虽然了解一些动植物的过冬方式,但是要让幼儿运用散文诗的形式来表达还是有一定难度的。因此,活动通过交流表达、肢体表现、经验迁移、创编诗歌等形式,让幼儿多感官参与欣赏、理解文学作品的内容,自然地了解动植物的过冬方式,获得科学知识。

【活动目标】

1. 欣赏散文诗,简单了解动植物不同的过冬方式;学习词语"冬眠""舒适"。
2. 能用诗歌里的话较清楚地表达人和动植物过冬的方法。
3. 感知散文的有趣和意境美。

【活动重点】

欣赏散文诗,简单了解动植物不同的过冬方式;学习词语"冬眠""舒适"。

【活动难点】

能用诗歌里的话较清楚地表达人和动植物过冬的方法。

【活动准备】

经验准备:带领幼儿进行户外观察、寻找动植物,预先收集一些动植物过冬方式的资料。

物质准备:《冬天是什么》PPT。

【活动过程】

1. 谈话导入,引导幼儿说一说自己知道的动物、植物过冬方式。

提问:小朋友是怎样过冬的? 动物、植物又会怎样过冬?

2. 欣赏散文《冬天是什么》,引导幼儿初步了解动植物和人不同的过冬方式。

（1）教师完整讲述散文诗。

（2）通过提问帮助幼儿回忆散文内容。

提问:诗歌的名字叫什么?

　　　诗歌里都有谁?

　　　它们在冬天会怎样做?

3. 通过演示课件,引导幼儿理解诗歌内容,学说诗歌中的对话。

（1）演示青蛙、小熊和蛇的画面,引导幼儿了解它们的过冬方式。

提问:它们在冬天会怎样做?

　　　只睡不吃这种过冬方式叫什么?

（学习词汇"冬眠",让幼儿用肢体动作表现小动物冬眠的姿态）

（2）演示燕子、杜鹃和大雁的画面,引导幼儿了解它们南飞的原因。

提问:它们为什么要飞到南方? 什么是舒适的冬天?

（学习词语"舒适"）

（3）演示松鼠、小蚂蚁、兔子和绵羊的画面,了解它们的过冬方式。

提问:小动物们过冬时换上厚厚的毛有什么用处? 小蚂蚁为什么要储存粮食? 它们是怎

么说的？

小结：小动物是通过冬眠、南飞、换毛、储存食物来过冬的。

（4）演示小麦苗、大豆、桃树的画面,引导幼儿了解植物不同的过冬方式。

提问：它们都是怎样过冬的？它们说了什么？你认为小麦苗喜欢冬天吗？

小结：植物是通过留苗、留种、留芽等方式过冬。

（5）说一说小朋友在冬天做的有趣的事。

提问：诗歌里的小朋友们喜欢冬天吗？

在美丽的冬天里都可以做什么好玩的事？

4. 再次欣赏,引导幼儿仿编诗歌内容。

（1）播放诗歌录音及PPT,幼儿指图跟随说散文诗内容。

提问：你喜欢这篇散文吗？喜欢散文的哪一句？

（引导幼儿随教师有表情地朗诵）。

（2）幼儿迁移经验,简单仿编诗歌内容。

提问：你还知道哪个小动物的过冬方式？

（3）引导幼儿用诗歌的语言说一说自己和其他动植物会对美丽的冬天说什么。

5. 活动延伸,经验提升。

将其他冬眠的动植物图片投放到区角中,引导幼儿仿编散文诗内容。

【附教材】

冬天是什么

青蛙、小熊和蛇说："冬天啊,就是在树洞里美美地睡上一觉。等到春风吹来的时候,再醒来找东西吃……"

燕子、杜鹃和大雁说："冬天呀,就是飞到温暖的南方,度过一个舒适的冬天。等到春暖花开的时候再飞回北方……"

松鼠、兔子和绵羊说："冬天呀,就是换上一件厚厚的毛大衣,暖暖和和地过日子。"

小蚂蚁说："冬天呀,洞里有秋天搬回的好多好多食物,可以美美地吃。"

小麦苗说："冬天就是盖上厚厚的雪被,悄悄地长大。"

大豆说："冬天就是留下种子,来年再种下。"

桃树说："冬天啊,就是掉光叶子,保存水分,留下花芽,等春天再开花。"

小朋友们说："冬天呀,就是穿上棉袄,戴上棉帽,堆雪人,打雪仗。"

冬天呀,就是我们快乐的时光。

〔选自:青岛出版社 2019 年版《幼儿素质发展课程教师用书》中班(上)〕

活动三 科学——冬季取暖用具多

【教材分析】

取暖用具是孩子们冬季生活中必不可少的。它们能带来温暖,帮助人们抵御严寒。随着科技的发展,小巧便捷的取暖用品更是多种多样的。中班幼儿好奇心强,对探索各种科技产品感兴趣。但要让幼儿将自己的探索过程完整地表述,还是具有一定的挑战性的。因此,我们将本活动的难点制定为"能将自己在生活中运用取暖用具的经验用语言表达出来"。

活动中,选取幼儿常见的空调、暖气、热水袋、电暖风、暖宝宝等取暖用具,充分调动幼儿的参与性,让幼儿通过自己的亲身体验,了解取暖用具给寒冷的冬天带来的温暖,进一步感受科技进步对人生的有益影响。

【活动目标】

1. 了解多种多样的取暖用具,知道安全使用取暖用具应注意的事项。

2. 能将自己在生活中运用取暖用具的经验用语言表达出来。

3. 感受科技进步对人类生活的有益影响。

【活动重点】

了解多种多样的取暖用具,知道安全使用取暖用具应注意的事项。

【活动难点】

能将自己在生活中运用取暖用具的经验用语言表达出来。

【活动准备】

1. 使用取暖用具时应注意的危险情况,如煤烟中毒、电热毯起火、电暖烧伤等图片。

2. 教师和幼儿共同收集各种取暖用具,如热水袋、电热毯、电暖风、暖宝宝加热的暖手宝等实物;提前准备插排、两个盛有 40 ℃左右的温水的保温杯和市编幼儿学习材料《冬天欢乐多》。

【活动过程】

1. 带领幼儿到户外走一走,再回到供暖或是开有空调的房间,引导幼儿讲述自己的感受。

提问:在户外和房间里的感觉有什么不一样?暖和的空气是从哪里来的?

2. 幼儿交流自带的取暖用具,了解多种取暖用具的名称及其热源。

(1)幼儿分组交流自己带来的取暖用具,了解家里常用的取暖用具。

提问:今天你们带的是什么取暖用具?

(2)阅读《冬天欢乐多》第 8 页,引导幼儿了解多种多样的取暖用具。

提问:冬天你们家里怎样取暖?看一看书上的取暖用具,它们都怎样使用?

(3)引导幼儿探讨交流取暖用具的不同,了解其热源。

提问:这些取暖用具在使用时,有什么不一样的地方?它们分别是依靠什么发热的?

小结:家里使用的取暖用具很多,有地暖、暖气片、空调、火炉、电暖风等。不同的取暖用具有不一样的热源。如:热水袋用热水产热,电暖风、空调用电产热,火炉是燃烧煤炭产热,不同的取暖用具适用于不同的地方,为人们的生活带来了方便。

(4)教师操作使用电暖风、热水袋、电热水袋、电褥子等实物,幼儿体验并尝试使用。

教师插电加热电暖风、电褥子、电热水袋,协助两个幼儿将保温杯的水灌进热水袋;幼儿用手感知这些不同用具热乎乎的感觉,体验冬季它们给人们带来的温暖。

3. 演示课件,引导幼儿了解安全使用取暖用具的注意事项。

提问:使用这些取暖用具时,我们应该注意什么?

小结:外出时应提醒父母关闭电源,以免引起火灾;使用煤炉时一定要注意开窗通风,小心煤烟中毒;使用热水袋时注意不要烫伤;提醒幼儿不要独自操作使用这些取暖用具,以免发生危险。

4. 引导幼儿关注新的取暖用具,了解科技进步为人们生活带来的方便。

(1)出示暖手宝引导幼儿猜测:这是什么?可以为身体的哪个地方取暖?

(2)引导幼儿阅读《冬天欢乐多》第 9 页,了解便携的取暖小用具。

提问:你们还见过什么样的取暖用具?它们是怎样发热的?满足了人们哪些需要呢?

引导幼儿了解暖宝宝、暖手宝、袖珍热水袋、护腰暖袋、暖脚宝等,可以满足人们不同部位的需要。

5. 活动延伸，经验提升。

鼓励幼儿大胆想象、设计特殊功能的取暖用具，并以绘画的形式表现。

活动四　数学——学习 8 的形成：雪花飘呀飘

【教材分析】

8 的形成是比较抽象的概念。本活动将抽象概括的数学知识与主题情境相融合，通过提供丰富的操作材料，引领幼儿在动手操作和游戏中理解"8"的点数与形成；在真实的生活情境中，引导幼儿通过观察、分析，理解 8 的实际意义，充分体现教育游戏化、生活化，激发幼儿对数学活动的兴趣。

【活动目标】

1. 学习 8 的形成。知道 7、8 两数之间多 1、少 1 的关系，理解 8 的实际意义。

2. 初步尝试运用多种方法比较 7、8 两数的关系。

3. 在游戏、生活中体验学习数学的乐趣和用处。

【活动重点】

学习 8 的形成。知道 7、8 两数之间多 1、少 1 的关系，理解 8 的实际意义。

【活动难点】

初步尝试运用多种方法比较 7、8 两数的关系。

【活动准备】

1. 准备课件《逛公园》。《逛公园》的主要内容是：小明早上 8 点从家里出发，家的门牌号是 801。他乘坐 8 路公交车，车牌号是 8008。到了公园，公园的门牌号是北京路 8 号。小明在公园里遇到了 7 个小朋友。公园里有 1~8 号 8 辆碰碰车每乘坐一次需要 8 元钱。

2. 学具，雪花片、麦苗图片各 8 个；数字卡片 6、7、8；7 棵落叶树、7 个小友、8 棵松树、8 座房子的卡片。

【活动过程】

1. 进行"小雪花抱一抱"游戏，复习 6、7 两个数的形成。

游戏规则：教师出示带有数字 6 或者 7 的小雪花卡片；根据雪花上的数字对应数量的幼儿抱在一起。

教师随机与一组幼儿抱在一起，引导幼儿复习 6、7 数字少 1 与多 1 的关系。

2. 进行操作活动"小雪花找朋友"，引导幼儿初步感知并发现 8 的形成。

（1）引导幼儿操作雪花片，数 8 以内的数，初步理解 7 添 1 是 8，并认读数字 8。

提问：你面前有几朵小雪花找你做朋友？（7 朵）可以用数字几来表示？怎样能变成 8 朵小雪花？

（2）引导幼儿说出："7 朵小雪花再添上 1 朵是 8 朵，7 添 1 是 8。"

提问：你能从数字盒里找到数字 8 吗？数字 8 像什么？

引导幼儿在操作盘里进行"8 朵小雪花找松树做朋友"的操作活动，进一步理解 7 添 1 是 8，对比 7、8 两个数字的关系。

提问：你的操作盘里有几棵小松树？（7 棵）松树和雪花数量一样多吗？怎样让小松树和小雪花的数量一样多？

引导幼儿观察发现：小雪花有 8 朵，小松树有 7 棵，雪花比松树多 1，8 比 7 多 1；松树比雪花少 1,7 比 8 少 1;将小松树添上 1 棵后,小松树与小雪花数量是 8,一样多。

（3）出示房子、树等图片,帮助幼儿进一步巩固 8 的点数与形成。

要求:8 朵雪花找朋友,数量一样多的可以成为朋友。

提问:树、房子和小朋友都可以是雪花的朋友吗? 为什么?

引导幼儿观察发现:8 座房子、8 棵杨树与 8 朵雪花数量一样多,可以成为朋友。

提问:落叶树和小朋友们为什么不能成为好朋友? 怎样才能与雪花成为好朋友?

引导幼儿复习 7、8 两数少 1 和多 1 的关系,进一步巩固 8 的点数与形成。

3. 播放课件《逛公园》,了解生活中数字 8 的应用,理解 8 的实际意义。

提问:你发现了哪些数字? 它们分别表示什么意思? 数字 8 还可以表示什么?

小结:生活中的数字 8 真能干,它可以表示时间、数量、车牌、门牌、楼层、价钱等。

4. 延伸活动,经验提升。

（1）在幼儿园、家里可让幼儿分餐具、取水果等,让幼儿在生活中巩固对 8 的数及形成的认识。

（2）找一找家里、马路上等带数字 8 的东西,说一说其中的数字 8 表示什么。

活动五　音乐——歌曲《小·动物怎样过冬》

【教材分析】

《小动物怎样过冬》是一首旋律优美、富有节奏的歌曲。两段歌词通过问答的方式表现了冬天天气的基本特点,描写了 4 种小动物过冬的方式,蕴含一定的科学性。歌曲第 3 小节的前后两段有较大的字、音差异,教师通过范唱、动作提示等方式帮助幼儿唱准歌词和旋律。本次活动可通过观看视频、课件、欣赏歌曲等渠道让幼儿感受冰天雪地的天气和动物过冬的方式,激发幼儿积极参与唱歌活动,萌发热爱小动物的情感。

【活动目标】

1. 学唱歌曲,初步了解歌曲中小动物的过冬方式。

2. 能够用自然的声音有感情地演唱小动物过冬的方式。

3. 愿意用歌唱的方式表现小动物过冬的方式,萌发热爱小动物的情感。

【活动重点】

学唱歌曲,初步了解歌曲中小动物的过冬方式。

【活动难点】

能够用自然的声音有感情地演唱小动物过冬的方式。

【活动准备】

1. 冬天背景图,小燕子、长毛的小羊、毛茸茸的小兔子、睡在泥洞里的青蛙等单个小动物的图片。

2.《幼儿素质发展课程·音乐》CD。

【活动过程】

1. 激发幼儿兴趣,谈话导入主题。

提问:你觉得冬天是什么样的? 小朋友有什么变化?

2. 教师演唱歌曲,幼儿欣赏并结合图片理解歌词内容。

（1）教师完整演唱歌曲,引导幼儿初步感受歌曲旋律的优美。

提问:这首歌给你什么感觉? 是讲述什么季节的事情?

（2）教师再次完整演唱歌曲。

老师演唱歌曲第1段，根据幼儿所说的内容贴出相应的图片，幼儿朗诵第1段歌词。

提问：歌曲里的冬天是怎样的？我们穿上了什么？歌曲里提了一个什么问题？

（3）欣赏歌曲第2段，根据幼儿所说的内容贴出相应动物过冬的图片，幼儿朗诵歌词。

提问：歌曲里唱到了哪些小动物？它们用怎样的方式过冬？

3. 幼儿学唱歌曲，能用自然、优美的声音演唱。

（1）引导幼儿在教师提示下演唱歌曲。教师注意倾听幼儿演唱，在字、音区别较大的部分给予幼儿适当提示。

（2）幼儿随伴奏有感情地演唱歌曲。

（3）对唱游戏，引导幼儿加动作进行表演唱，感受演唱的乐趣。

幼儿分两组，一组幼儿演唱第1段歌曲，向同伴提问题；另一组幼儿加动作演唱歌曲第2段，进行回答。视幼儿情况，可让两组幼儿交换进行表演唱。

4. 引导幼儿创编关于动物过冬方式的歌词内容，并尝试演唱。

根据幼儿说出的内容，教师绘画出相应的小动物，引导幼儿尝试演唱创编的内容。

提问：你还知道哪些小动物的过冬方式？

【附教材】

小动物怎样过冬

| 1 3 | 5 - | 5 3 5 3 | 1 - | 7 7 1 | 2 - | 2 7 2 7 | 5 - |

冬　季　里　　　刮呀刮北风，　冰天雪地　　天呀天气冷，
小　　羊　　　毛儿长得　长，　小　　兔　　　毛儿厚茸茸，

| 6· 1 | 6 1 | 4　6 | 5 3 | 5 6 3 | 1 2 3 4 | 5　-　| 5 6 3 |

我们穿上　厚棉衣，　小动物怎样过冬？　　小动物
燕子飞到　南方去，　小青蛙睡在泥土中，　小青蛙

| 1 3 2 5 | 1 - ‖

怎样过　冬？
睡在泥土　中。

〔选自：青岛出版社2019年版《幼儿素质发展课程教师用书》中班（上）〕

体育活动

有趣的抛接球

【教材分析】

球是幼儿熟悉又喜欢的体育器材，抛接是幼儿日常生活中常用的技能，将幼儿的兴趣和日常生活常用技能相结合符合幼儿的实际需要。

中班幼儿体力更加充沛，动作的协调性也增强了。因此，本次活动的重点是"初步掌握抛球和接球的动作要领"。活动难点是"在游戏中尝试快速地抛接球，锻炼上肢力量"。为了解决此重难点，整个活动我们准备由易到难，循序渐进，以幼儿为主形成幼幼互动、师幼互动，既

能提高幼儿的动作协调能力,又培养了孩子们的合作精神。

【活动目标】

1. 初步掌握抛球和接球的动作要领。

2. 在游戏中尝试快速地抛接球,锻炼上肢力量。

3. 愿意与同伴合作抛接球,体验活动的乐趣。

【活动重点】

初步掌握抛球和接球的动作要领。

【活动难点】

在游戏中尝试快速地抛接球,锻炼上肢力量。

【活动准备】

1. 皮球幼儿人手一只,活动音乐。

2. 活动前阅读市编幼儿学习材料《我会保护自己》第22页,初步了解游戏内容和玩法。

【活动过程】

1. 以"快乐球操"进行热身,锻炼幼儿的上肢力量。

在音乐的伴奏下,教师带领幼儿跳节奏欢快的球操,做好活动前的热身准备。

2. 引导幼儿探索球的一物多玩,学习抛接球动作。

(1)教师出示球,引导幼儿思考球的玩法。

提问:这个球可以怎样玩?

(2)教师示范并讲解要点:双手抱球往上抛,看准球,双手接住。这种玩球的方法叫"抛接球"。

(3)幼儿分散练习抛接球,提醒幼儿寻找空的场地。教师指导幼儿掌握正确的方法。

3. 引导幼儿探索两人面对面抛接球,掌握抛接球的动作要领。

(1)请两名幼儿配合演示两人抛接球的玩法,并讲解动作要领。

(2)幼儿找一个伙伴,将一只球放在筐里,两人玩抛接球的游戏。

4. 进行"有趣的抛接球"游戏,引导幼儿尝试快速地抛接球。

玩法:幼儿围成一个大圆,教师手持球站在圆心,教师随意叫一个幼儿的名字,同时把球抛向那个幼儿,被叫到的幼儿接住球后,又把球抛向教师,游戏反复进行。

以"甩一甩"游戏引导幼儿进行上肢放松,结束游戏。

【附场地安排】

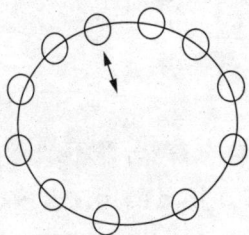

第 2 周　天冷我不怕

环境创设

1. 创设"天冷我不怕"主题墙饰，包括幼儿观察绘画的取暖用具，幼儿设计的棉衣、棉帽等冬季服饰，幼儿户外锻炼身体的照片，幼儿所画的自己户外锻炼的图片等。

2. 布置"冬季服饰展示会"，将幼儿收集来的冬季棉衣、帽子、手套、袜子等进行展示。

3. 创设"预防感冒"问题墙，带领幼儿讨论感冒的症状是什么，为什么会感冒，如何预防感冒，并引导幼儿将关于感冒的疑惑、想法运用绘画进行表征。

生活活动

1. 入园时将自己的棉外套脱下后，整齐叠放在衣帽橱里；离园时能自己整齐穿外套。

2. 知道冬季天气干燥，能主动去喝水。

3. 进餐时不挑食，知道多吃蔬菜有营养，身体健康能抵御感冒。

4. 不怕冷，积极参与户外散步和体育活动；知道户外不能随意脱衣服以免感冒。

5. 能注意观察没有入园的小朋友，主动给予生病的小朋友以关爱。

家长与社区教育

1. 请家长放手让幼儿自己穿脱衣服，并叠放整齐；引导幼儿根据天气情况适当增减衣服。

2. 在家吃饭不挑食，知道多吃蔬菜有营养；能主动喝白开水；外出归来能主动洗手。

3. 家长与孩子一起了解家庭中取暖用具的用法及安全使用注意事项。

4. 让幼儿每天坚持早睡早起，坚持上幼儿园；早晚和周末带领幼儿到户外运动。

5. 提醒幼儿通过电话慰问等形式给予生病的好朋友和亲人以问候。

教学活动

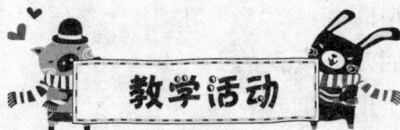

活动一 语言——故事《北风爷爷，您吹吧》

【教材分析】

冬天，气温降低，很多孩子开始怕冷，不愿意参加户外体育锻炼。中班幼儿对童话故事有着极为浓厚的兴趣。生动的故事内容、鲜明的角色形象能深深地打动孩子。《北风爷爷，您吹吧》讲述了一群小朋友不怕寒风、坚持户外锻炼身体、战胜北风爷爷的有趣故事。本活动重点在于引导幼儿了解故事中的小朋友通过跑步、跳绳、拍球等体育活动抵御寒冷的方法；理解、欣赏他们不怕寒冷、坚持锻炼、自信勇敢地战胜寒冷的北风爷爷的精神，从而懂得不怕寒冷、坚持户外锻炼，培养乐观向上的生活态度。

【活动目标】

1. 理解故事中小朋友坚持户外运动御寒的方法，学习词语"吹""浑身发抖热乎乎"。
2. 能大胆猜想故事情节，自信勇敢地说出"北风爷爷，您吹吧，我们不怕您"。
3. 冬天愿意坚持户外活动，做不怕寒冷、勇敢的孩子。

【活动重点】

理解故事中小朋友坚持户外运动御寒的方法，学习词语"吹""浑身发抖热乎乎"。

【活动难点】

能大胆猜想故事情节，自信勇敢地说出"北风爷爷，您吹吧，我们不怕您"。

【活动准备】

经验准备：了解冬天的天气情况。

物质准备：风吹的声音、故事PPT。

【活动过程】

1. 播放北风吹的声音，引出故事。

提问：这是什么声音？你们怕不怕北风爷爷？为什么？

2. 结合课件分段讲述故事，引导幼儿理解故事内容。

（1）讲述故事第1部分（第1段），引导幼儿了解北风爷爷的威力演示画面。

幼儿观察、猜想故事情节。

提问：你们觉得天气冷吗？为什么？

　　　小虫、小猫出来了，它们会在外面玩吗？为什么？

讲述第1段。

提问：小虫子、小黑猫它们是怎么做的？（学习词语"浑身发抖"）

　　　北风爷爷是怎么说的？

（2）讲述故事第2部分（第2～4段），了解小红和小朋友坚持锻炼以抵御寒风的方法。

演示小朋友的画面，引导幼儿猜想故事情节。

提问：北风爷爷一吹，会不会把小红、亮亮他们给吹回去？为什么？

讲述故事第二部分。

提问：开始北风爷爷是怎么说的？小红做了哪些事情？

你是怎么看出她身体变得很暖和了？（学习词汇"热乎乎"）

亮亮他们都在干什么？他们是怎么说的？

你们认为北风爷爷能战胜小朋友们吗？

（3）讲述故事最后一段。

提问：北风爷爷战胜小朋友了吗？

3. 引导幼儿伴随音乐完整欣赏故事，对比理解小朋友坚持锻炼、战胜寒冷的勇敢精神。

（1）通过对比、体验感知小红和小朋友不怕寒冷，勇敢战胜北风爷爷的精神。

提问：故事里都有谁？有谁怕北风爷爷？有谁不怕北风爷爷？

（2）引导幼儿说一说小朋友户外御寒的方法。

提问：北风爷爷会怎样对小红说？

小红说"北风爷爷，您吹吧！我们不怕您"时，会是怎样的心情？

小红和亮亮他们都做了哪些运动？做运动有什么好处？

你觉得他们是一群什么样的小朋友？北风爷爷最后胜利了吗？

小结：做运动可以抵御寒冷，锻炼身体；他们是一群不怕寒冷、自信勇敢的小朋友。

（3）讨论自己锻炼身体的御寒办法。

提问：你们有什么办法战胜北风爷爷？你们想对北风爷爷说什么？

鼓励幼儿用洪亮的声音勇敢说出："北风爷爷，您吹吧！我们不怕您！"

【附教材】

北风爷爷，您吹吧

冬天到了，天气很冷。北风爷爷来了，它"呼—呼—呼—"大声地叫着。树上的叶子落下来了，树枝变得光秃秃的，水缸里的水也结成了冰。几只小虫在院子里飞。北风爷爷朝着小虫吹，吹呀吹，一会儿，小虫就冻死了。一只爱玩的小黑猫走到院子里。北风爷爷朝着小黑猫吹，吹呀吹，小黑猫冷得浑身发抖、打了个喷嚏连忙往屋子里钻，蹲在炉子边，再也不敢到院子里去了。北风爷爷说："哈，我的本领真大！大家见了我就害怕，谁也不敢到院子里来玩了。"

北风爷爷话还没说完，一扇门"呀"的一声打开了。一个胖胖的女孩走到院里来了，她名字叫小红，身穿棉袄，头戴帽子，脖子上围着一条红围巾，还抱着一个大皮球。北风爷爷呼呼地吹着。大声地对小红说："嗨，小红怕我吗？我要把你吹得发抖，快回家去！"小红说："不！我不怕你！"北风爷爷发火了，朝着小红"呼呼呼"地吹，吹呀吹，把小红的围巾吹得飘了起来。小红的帽子也差点儿被风刮走。可是，小红一点儿也不害怕。她伸伸腿、弯弯腰、蹦蹦跳跳地做起了早操，"一、二、三、四"，做得真有劲儿。小红越做身上越暖和，两只小手也热乎乎的。

北风爷爷看到小红不怕它，就用足了力气，朝着小红吹，心想："这下，小红一定是怕冷了。"可是，小红绕着院子跑了几圈，跑呀跑，头上冒汗了。她把围巾、帽子都脱下来，挂在树枝上，拍起皮球来了。北风爷爷吹呀吹，越吹越没劲儿。可是小红越拍越有劲儿，身体更暖和了，胖脸蛋儿也变得红彤彤的。她高声喊："北风爷爷，您吹吧！我可不怕你！"

正在这时候，院子里几扇门都打开了。玲玲、刚刚和强强也出来了。他们有的跑，有的跳，有的拍皮球，身上都是热乎乎的。他们笑着、跳着说："北风爷爷，您吹吧！我们不怕你！"

北风爷爷输啦，再也吹不动了，只得闭上了嘴，偷偷地溜走了。

〔选自：青岛出版社 2019 年版《幼儿素质发展课程教师用书》中班（上）〕

活动二 社会——关心生病的朋友

【教材分析】

生病是每个幼儿都会经历的事情。在生病休养的过程中,幼儿会因身体不适而烦躁、发脾气,会因没有伙伴的陪伴而感到孤独。中班幼儿的爱心和同情心等社会情感已有一定的发展,他们会发现同伴生病缺勤了,但不会主动地去关心同伴。此次活动通过从身边朋友生病时和自身生病时的感受谈起,让幼儿体验生病时身体的不适和孤单,引导幼儿通过交流讨论,学会用打电话、制作祝福卡等方式问候好朋友,使幼儿初步学会关心爱护同伴。

【活动目标】

1. 了解生病同伴的需求,学习用打电话、录音、送祝福卡等方式问候好朋友。

2. 能分享、实践对生病同伴慰问的好办法。

3. 愿意慰问生病的同伴,初步学会关爱他人。

【活动重点】

了解生病同伴的需求,学习用打电话、录音、送祝福卡等方式问候好朋友。

【活动难点】

能分享、实践对生病同伴慰问的好办法。

【活动准备】

1. 请家长给生病的孩子录像,内容为"我生病了";提前与家长联系好通话事宜。

2. 市编幼儿学习材料《冬天欢乐多》。

【活动过程】

1. 教师运用点名的生活环节,引导幼儿说出没有来园的小朋友(或老师)的名字。

引导幼儿通过打电话、询问等方式了解他们没有来的原因。

提问:今天谁没有来?有什么方法知道他为什么没来?

2. 引导幼儿感受病人的孤独,表达自己对朋友关爱之情。

(1)引导幼儿观看视频《我生病了》,关注生病的同伴,激发关爱之情。

提问:某某小朋友生病了,他的心情怎样?

小结:小朋友生病了,身体不舒服,不想动,不爱吃东西,容易发脾气。

(2)引导幼儿了解生病时的不适与孤单,想办法进行慰问。

提问:你生病的时候感觉怎样?你觉得生病的人此时最想谁?他们需要好朋友吗?为什么?

小结:生病的人身体不舒服,感觉特别孤单,朋友的关爱会给他力量。

3. 引导幼儿用不同方式表达关爱,感受关爱好朋友带来的快乐。

(1)引导幼儿讨论交流各种关爱生病朋友的方式。

提问:怎样让生病的小朋友和没来的小朋友知道我们在想他、关心他?

小结:我们可以通过打电话、送玩具、送图书、制作慰问卡等形式关爱好朋友。

(2)教师引导幼儿以小组的形式,重点讨论打电话和录音这两种表达关爱的形式。

提问:你想对好朋友说什么关爱的话?

引导幼儿与生病的同伴进行视频连线或通电话,表达自己的关爱和祝福。如:祝生病的同伴早日康复;提醒生病的同伴多喝水,好好休息;主动给生病的同伴讲故事、讲笑话等,让他开心。

4. 延伸活动。

（1）阅读《冬天欢乐多》第19页,学习祝福卡的制作方法,鼓励幼儿把自己想说的话用绘画的方式表达出来,送给生病的同伴。

（2）在家长的帮助下,将生病幼儿收到问候的感受以录音的方式记录下来,并转达给幼儿园的小朋友,使幼儿体验互相关爱的愉悦之情。

活动三　数学——复习8的形成

【教材分析】

之前,我们已经认知了数字8,也初步了解了7和8之间多1少1的数量关系,因此,活动过程中,我们把更多的时间用来实际操作练习,让幼儿在结合生活实际的直观感知和操作练习中进一步巩固掌握数的形成知识。

中班幼儿思维特点是具体性、形象性。根据这一特点,我们设计了"小动物们去采摘"为主线的情境教学法贯穿活动始终,中间穿插运用了引导观察法、赏识激励法、情境教学法、直观演示法等教法,从而吸引幼儿的注意力,充分调动幼儿学习的积极性,让孩子们通过游戏法、操作法、观察法等方法,调动各种感官的参与,在轻松快乐的氛围中掌握知识。

【活动目标】

1. 巩固复习8的形成。进一步理解8的实际意义。

2. 能灵活运用多种方法比较7、8两个数的关系。

3. 在游戏、生活中体验学习数学的乐趣和用处。

【活动重点】

巩固复习8的形成。进一步理解8的实际意义。

【活动难点】

能灵活运用多种方法比较7、8两个数的关系。

【活动准备】

1. 多媒体课件。

2. 教室里摆放一些数量是8的物品,如:8盒水彩笔等。

3. 铃鼓。

【活动过程】

1. 故事导入,激发兴趣。

以"冬天到了,小动物们的冬装"的故事引起幼儿兴趣。

2. 创设情景,巩固复习8的形成。

（1）出示7只小动物要去买冬装的图片,幼儿一一点数。

提问:数数看,有几只小动物要买棉衣?可以用数字几表示?

（2）通过出示图片,引导幼儿巩固复习8的形成。

直观地演示7只小动物变成8只小动物的过程。

提问:小鹿听到这个消息也赶来跟大家一起去买棉衣,数数看,现在一共有几只小动物要去买棉衣?

小结:本来7只小动物,又来了一只小动物,变成了8只小动物。所以7添上1是8。

出示货架上7件红棉衣的图片,引导幼儿点数并操作雪花片。

提问:数数看,货架上有几件红棉衣?请大家摆出与货架上棉衣相同数量的红色雪花片。

有几个小动物去买棉衣？怎样才能让货架上的红棉衣跟小动物的数量一样呢？摆摆看。

小结：货架上有7件红棉衣，再添上一件红棉衣，变成8件红棉衣，就跟小动物数量一样了。

3. 创设情境，巩固复习7与8之间多1与少1的关系。

（1）出示货架上7件黄棉衣的照片，让幼儿摆出与货架上黄棉衣相同数量的雪花片。操作比较多1与少1的关系。

提问：黄棉衣有几个？可以用数字几表示？

　　　货架上的红棉衣与黄棉衣谁比谁多？多几件？

　　　谁比谁少？少几个？（引导幼儿说出7比8少1，8比7多1）

（2）请幼儿摆出比小动物少一个的操作学具。

（3）请幼儿摆出比黄棉衣多一个的操作学具。

4. 调动幼儿多种感官参与，进一步巩固理解8的形成。

通过听、看、说多种方式进一步感知8的形成及实际含义。

（1）服装商店的熊猫老板要去进货，请幼儿听音说总数，帮熊猫确定进货的数量。

熊猫要进货帽子：老师敲鼓，小朋友认真听它敲了几下，判定熊猫进货数量。

依次进货：围巾、手套、口罩等，引导幼儿听音说总数。

（2）打靶游戏：听音做动作。

熊猫给店铺增加了新业务，打靶游戏。请幼儿听音，模仿打靶说出总数并按总数模仿打出相同数量的靶数。

5. 活动延伸，经验提升。

在区角中提供数字卡片和操作学具，引导幼儿相互操作练习。

活动四　音乐——歌曲《风爷爷》

【教材分析】

《风爷爷》这首歌曲以幼儿口吻呼唤着风爷爷，歌曲内容朴实，节奏简单明快非常易于幼儿理解。中班幼儿喜欢唱唱跳跳，愿意参加律动、音乐游戏等活动。《风爷爷》这个音乐游戏让幼儿通过自主探究，创造性地表现呼唤风爷爷和不怕冷的动作，引导幼儿在参与风爷爷和小朋友两种角色扮演的过程中，能遵守游戏规则，随音乐躲闪跑。本游戏既能提高幼儿的身体灵活性和快速反应能力，又能让他们体验集体游戏的乐趣。

【活动目标】

1. 学会游戏，随音乐表现出呼唤、随风摆动的不同动作。

2. 能随音乐快速反应、灵活躲闪跑，以躲避"大风"的追赶。

3. 主动遵守游戏规则，体验随音乐躲避"大风"的游戏乐趣。

【活动重点】

学会游戏、随音乐表现出呼唤、随风摆动的不同动作。

【活动难点】

能随音乐快速反应、灵活躲闪跑，以躲避"大风"的追赶。

【活动准备】

1. 提前学会歌曲《风爷爷》。

2. 风爷爷头饰两个，绸带，树、草、花等头饰若干。

【活动过程】

1. 幼儿随音乐有表情地演唱歌曲,进一步熟悉歌曲内容。

2. 谈话讨论,引导幼儿用不同动作创造性地表现歌曲的内容。

（1）自由、创造性地表现勇敢、不怕寒冷和呼唤风爷爷的动作。

提问:你想用什么动作表示不怕寒冷,不怕风爷爷?你想怎样呼唤风爷爷?

教师与幼儿根据分享的动作分别模仿练习,并随音乐演唱最后两小节表现呼唤风爷爷的动作。

（2）引导幼儿用动作表现被风轻轻吹到肢体的样子。

提问:你觉得风爷爷轻轻吹是什么样子的?被风轻轻吹到我们的身体会有什么变化?

幼儿自由练习,在幼儿表现的基础上可重点提升动作。如:鼓起嘴巴左右摇摆头轻轻吹;幼儿身体轻轻摆动等。随前8小节音乐,幼儿扮风爷爷,练习身体随风轻摆。

3. 幼儿玩音乐游戏,体验游戏的快乐。

（1）幼儿围成圆圈,教师介绍游戏的玩法与规则。

出示绸带,引导幼儿重点练习第9小节刮大风时风爷爷挥舞绸带的动作、幼儿四散躲闪跑。

（2）幼儿玩游戏。

第1遍游戏:教师扮演风爷爷,注意引导幼儿听音乐、做动作。游戏结束时针对幼儿肢体动作的优美程度和规则遵守情况等引导幼儿进行评价。

第2遍游戏:可以邀请1个幼儿戴头饰扮演风爷爷。游戏结束时,根据游戏中幼儿随音乐旋律的表现与安全情况进行评价与引导。

第3遍游戏,可以请1个幼儿扮演风爷爷,教师引导其他幼儿扮演自己喜欢的某一自然物玩游戏。

提问:风除了能吹到人还会吹到什么?它会有什么变化?

幼儿自由选择头饰,表现树、花、草等被风吹到的不同姿态。

4. 活动延伸,经验提升。

鼓励幼儿在表演区继续创造性地进行游戏。

【附教材】

风爷爷

```
3  4  5 | 3  2  1 | 6  7  1 | 5  -  - | 3  4  5 |
风 爷 爷,  风 爷 爷,  你 在 哪   里?        风 爷 爷,
3  2  1 | 2  3  4 | 3  -  - | 3  2  1 | 5  4  3 |
风 爷 爷,  你 在 哪   里?        风 来 了,  我 不 怕。
2  3  4 | 4  3  2 | 3  4  5 | 3  2  1 | 2  1  7 |
风 来 了,  我 不 怕。 风 爷 爷,  风 爷 爷,  你 快 来
1  -  - ‖
吧。
```

〔选自:青岛出版社 2019 年版《幼儿素质发展课程教师用书》中班（上）〕

活动五 美术——水粉画:冬天的树

【教材分析】

秃秃的大树在向幼儿诉说着冬天的到来,落叶后的树木枝干清晰,具有挺拔、清晰的美,幼

儿更能清楚地观察树干与树枝的不同特征,利于幼儿绘画表征。本活动从幼儿自主观察入手,引导幼儿描述看到的冬季树木的特征,通过对不同造型的树的整体和局部的细节观察,发现树干和枝干的不同点。与幼儿共同探讨并重点示范枝干的局部绘画,引导幼儿能整洁、鲜明地表现自己观察到的冬天的树的外形特征,从而更好地解决"尝试用曲直、长短、粗细等不同的线条表现冬天里的树"的活动重点。

【活动目标】

1. 尝试用曲直、长短、粗细等不同的线条表现冬天里的树。

2. 对比观察并了解树干和树枝的不同特征,探索树枝由粗变细的表现方法。

3. 欣赏冬季树木枝干的俊美,并愿意用水粉作画。

【活动重点】

尝试用曲直、长短、粗细等不同的线条表现冬天里的树。

【活动难点】

对比观察并了解树干和树枝的不同特征,探索树枝由粗变细的表现方法。

【活动准备】

1. 幼儿到户外观察了解树木在冬季的变化;幼儿欣赏四季中树的图片。

2. 请家长带领幼儿到公园里观察各种大树并拍照,教师收集并制作"冬天里的树"图片集。

3. 大号、小号水粉笔,水粉颜料(黑色、咖啡色、灰色、褐色、墨绿色),抹布洗笔筒,画纸。

4. 市编幼儿学习材料《美术用纸》第9页。

【活动过程】

1. 引导幼儿欣赏冬天里落叶树的图片,对比观察发现树干和树枝的不同特征。

(1)参观"冬天的树"图片展,引导幼儿整体观察感知大树的外形特征。

提问:你喜欢哪棵树? 它是什么样的?

(2)出示完整的大树图片,引导幼儿仔细对比观察树干和树枝的不同特征。

提问:树干与树枝有什么不同?

(3)出示树冠的图片,引导幼儿观察树枝不同部位的粗细特点。

提问:这棵树上的树枝有什么不一样?

2. 引导幼儿探讨冬天的树的绘画方法。

(1)引导幼儿画树干时要从下往上,按树干生长的方向进行绘画。

提问:粗粗的树干,你们认为用什么笔绘画合适? 怎样画?

引导幼儿用大号粉笔按照树的生长方向画大树的树干。

(2)重点引导幼儿讨论粗细树枝的绘画方式。

提问:你认为用什么方法可以画出由粗变细的树枝呢?

在探索树枝由粗变细的表现方法时,教师可以重点示范用小号水粉笔的侧峰进行绘画,用笔的力度由重到轻,用类似于"提"的感觉画出。

3. 幼儿绘画,教师指导。

提醒幼儿绘画大树时注意画面的布局,绘画时注意蘸墨的多少和卫生。

4. 作品展示,引导幼儿相互欣赏作品。

提问:你画的大树是什么样子的? 你喜欢哪一棵树? 为什么?

引导幼儿自评、互评,增强幼儿绘画的兴趣和自信。

体育活动

❄ 快乐岛

【教材分析】

体育游戏《快乐岛》，主要是引导幼儿两两合作，想办法一起站在同一张报纸上，并保持身体的平衡。

中班幼儿基本动作发展、动作协调性、灵敏性等方面有进一步的发展，在游戏中开始尝试初步的同伴合作。因此，本次活动的重点是"学习两人单腿着地保持身体平衡的方法"。难点是"能随着报纸面积的缩小，想办法与同伴共同站在报纸上，保持身体平衡"。为了解决此重难点，在游戏中，我们将"小海龟到小岛上休息"的情景贯穿始终，不断鼓励幼儿，挑战站在面积更小的报纸上，探索两人共同站立在上面的方法，提高自身的平衡能力，以及同伴合作、敢于挑战、机智应对的良好学习品质。

【活动目标】

1. 学习单腿着地保持身体平衡的方法。

2. 能随着报纸面积的缩小，想办法与同伴共同站在报纸上，保持身体平衡。

3. 乐于挑战，喜欢与同伴合作游戏。

【活动重点】

学习两人单腿着地保持身体平衡的方法。

【活动难点】

能随着报纸面积的缩小，想办法与同伴共同站在报纸上，保持身体平衡。

【活动准备】

每两人一张废旧报纸，小海龟头饰若干，音乐，市编幼儿学习材料《我会保护自己》。

【活动过程】

1. 引导幼儿进行热身游戏，激发幼儿参与活动的兴趣。

教师和幼儿扮演小海龟，随音乐模仿各种泳姿，学小海龟蹲走、爬行等，活动上下肢。

2. 玩游戏"快乐岛"，引导幼儿随着报纸面积的缩小能想办法尝试平衡站立在报纸上。

（1）教师介绍游戏玩法，引导幼儿开展游戏。

玩法：两个幼儿组成一对"小海龟"朋友。每组分一张报纸，将报纸比作大海里的"快乐岛"。音乐响起，"小海龟"随音乐在场地周围做游泳动作。音乐停时，一对"小海龟"要快速站到"快乐岛"上。

规则：两个小朋友必须都站在报纸上。

（教师和幼儿一起游戏，鼓励幼儿与同伴共同游戏，站在报纸上。）

（2）增加游戏难度，鼓励幼儿挑战。

随着幼儿对游戏玩法的熟悉，教师可增加游戏难度，每次游戏后将报纸对折一下，使报纸的面积越来越小，鼓励幼儿与同伴合作，想办法使自己依然保持身体平衡。

3. 放松身体，总结经验。

（1）教师简单总结，表扬幼儿合作品质。

提问:"快乐岛"逐渐变小,你和你的好朋友用什么办法都站在了"小岛"上保持身体平衡?

小结:同伴之间要互相帮助、合作,就能想出好办法。

(2)随音乐放松身体。

活动延伸:建议家长和幼儿一起阅读《我会保护自己》第32页,一起玩游戏。

第 3 周　玩在冬天

环境创设

1. 搜集下雪时与家人、同伴堆雪人、打雪仗等游戏的照片或玩雪的美术作品，组成墙饰"好玩的雪"，让幼儿在分享交流中感受玩雪的趣味和快乐。

2. 搜集冰在生活中的应用的图片进行展示，组成墙饰"神奇的冰"，了解冰的性质和用途。

3. 创设墙饰"挽留海鸥"，搜集关于海鸥的趣事和作用，如海港清洁工、航行安全员、天气预报员等，也可以展示和家人、同伴到海边喂海鸥的照片。

生活活动

1. 鼓励幼儿关注天气的变化，尝试进行天气的播报和记录工作，在播报时加上"生活小提示"等方面的内容，如"今天有雪，请小朋友户外活动时小心地滑"等。

2. 在午睡环节，引导幼儿按照正确的顺序穿脱衣服，并能盖好被子避免着凉。起床后提醒幼儿将秋衣塞进秋裤，将裤脚塞进袜子里。

3. 散步时引导幼儿观察冬天的麻雀，在操场上撒些谷物或面包给麻雀喂食。

家长与社区教育

1. 请家长多带幼儿参加冬季的娱乐活动，如滑雪、溜冰等。下雪天，一家人到户外欣赏美丽的雪景，一起堆雪人、打雪仗，并留影拍照，记录下雪天的趣事。

2. 请家长利用假日带幼儿到海边观察海鸥，并查阅关于海鸥的相关信息，讲述给幼儿。

教学活动

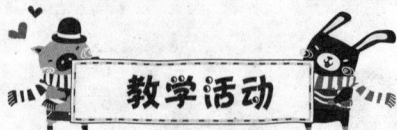

活动一　语言——故事《萝卜回来了》

【教材分析】

《萝卜回来了》以"萝卜"为线索，讲述了小动物相互关心、相互分享的儿童故事。故事采

174

用反复式的描述手法,描述小动物心理活动的语句,既有重复的内容,又有不一样的内容;既易于幼儿掌握复述,又有一定的新鲜度。本活动以此"了解萝卜在小动物中传递的过程"为重点,通过发散性的提问和幼儿用书的直观阅读,引导幼儿欣赏、理解故事内容。

【活动目标】

1. 初步理解故事内容,了解萝卜在小动物中传递的过程。

2. 能用完整的语言表述故事中动物们互相关心的事情。引导幼儿说出"天气这么冷,雪这么大,我把萝卜送给××吃"。

3. 引导幼儿喜欢听故事,体验同伴间互相关心、愿意与他人分享的美好情感。

【活动重点】

初步理解故事内容,了解萝卜在小动物中传递的过程。

【活动难点】

能用完整的语言表述故事中动物们互相关心的事情。引导幼儿说出"天气这么冷,雪这么大,我把萝卜送给××吃"。

【活动准备】

多媒体教学资源包《萝卜回来了》、市编幼儿学习材料《冬天欢乐多》。

【活动过程】

1. 出示一个大萝卜,讲述故事的第一、二段和最后一段,激发幼儿的兴趣。

引导幼儿进行大胆猜想。

讨论:小兔子把萝卜送给了小猴子,为什么小兔子睡了一觉,萝卜又回来了?

2. 引导幼儿欣赏故事,初步了解故事内容。

(1)播放课件,教师完整讲述故事。

提问:故事的名字叫什么?故事中都有哪些小动物?发生了什么有趣的事?

(2)分段欣赏故事,初步理解故事内容。

提问:小兔找到萝卜后是怎么想的?怎样做的?

引导幼儿说出"天气这么冷,这么大,我把萝卜送给×吃"。

3. 引导幼儿完整阅读故事图书,了解萝卜在小动物中传递的过程。

(1)幼儿自主阅读《冬天欢乐多》第20～23页,在图书中寻找答案。

提问:小兔子的萝卜是怎么回来的?

(2)师幼共同梳理萝卜在小动物中传递的过程。

4. 谈话讨论,引导幼儿进行情感迁移。

讨论:你得到别人分享的东西时心里感觉怎么样?你会将自己喜欢的东西送同伴吗?

5. 活动延伸。

请幼儿从家里带来自己喜欢的东西,和同伴一起分享,从中体验快乐。

【附教材】

萝卜回来了

这么大,天气这么冷,地里、山上都盖满了雪。小白兔没有东西吃了,饿得很,它出门去找东西吃,一边找一边想:"雪这么大,天气这么冷,小猴在家里,一定也很饿。等我找到东西,去和它一起吃。"小白兔扒开雪,嘿,雪底下有两个萝卜。它高兴极了!小白兔抱着萝卜,跑到小猴家,敲敲门,没人答应。小白兔推开门,屋子里没有人。原来小猴不在家,也去找东西吃了。小白兔就吃掉了小萝卜,把大萝卜放在了桌子上。这时候,小猴在雪里找呀找,一边找一边想:"雪这么大,天气这么冷,小鹿在家里,一定也很饿。等我找到东西,去和它一起吃。"小猴扒开雪,嘿,雪底下有几颗花生。它高兴极了! 小猴带着花生,向小鹿家跑去。跑过自己的家看见门开着,小猴想:"谁来过了?"它走进屋子,看见桌子上有个萝卜,感到很奇怪,说:"这是从哪来的?"它想了想,猜到是好朋友送来给它吃的,就说:"把萝卜也带去,和小鹿一起吃!"小猴跑到小鹿家,门关得紧紧的。它跳上窗台一看,屋子里没有人。原来小鹿不在家,也去找东西吃了。小猴子就把萝卜放在窗台上。这时候,小鹿在雪地里找呀找,一边找一边想:"雪这么大,天气这么冷,小熊在家里,一定也很饿。等我找到了东西,去和它一起吃。"小鹿扒开雪,嘿,底下有一棵青菜。它高兴极了! 小鹿提着青菜,向小熊家跑去。跑过自己的家,看见雪地上有许多脚印,小鹿想:"谁来过呢?"它走近屋子,看见窗台上有个萝卜,感到很奇怪,说:"这是从哪来的?"它想了想,猜到是好朋友送来给它吃的,就说:"把萝卜也带去,和小熊一起吃!"小鹿跑到小熊家,在门外叫"开门! 开门!"屋子里没有人答应。原来小熊不在家,也去找东西吃了。小鹿就把萝卜放在门口。这时候,小熊在雪地里找呀找,一边找一边想:"雪这么大,天气这么冷,小白兔在家里,一定也很饿。等我找到了东西,去和它一起吃。"小熊扒开雪,嘿,雪底下有一个白薯。它高兴极了! 小熊拿着白薯,向小白兔家跑去。小熊路过自己的家,看见门口有个萝卜,感觉很奇怪,说:"这是从哪来的?"它想了,猜到是好朋友送来给它吃的,就说:"把萝卜也带去,和小白兔一起吃!"小熊跑到小白兔家,轻轻推开门。这时候,小白兔吃饱了,睡得正香。小熊不愿吵醒它,把萝卜轻轻放在小白兔的床边。小白兔醒来,睁开眼睛一看。咦,萝卜回来了! 它想了想,说:"我知道了,是好朋友送来给我吃的。"

〔选自:青岛出版社 2019 年版《幼儿素质发展课程教师用书》中班(上)〕

❄ 活动二 科学——会变的冰

【教材分析】

"冰握在手里一会儿就没了""屋檐下的冰柱子真漂亮!"关于冰的趣事就蕴藏在日常生活中,冰的多变引起幼儿的兴趣。本活动通过让幼儿亲手操作,运用多种感官进行探究,感知冰的特性,探索冰变化的奥秘,满足幼儿的好奇心,培养幼儿对科学的兴趣,使其感受亲手实验的乐趣。

【活动目标】

1. 了解冰的形成及用途,知道冰遇热会融化。
2. 能用比较的方法,探索出使冰融化的最快方法,感知冰的凉、硬、滑、透明等特性。
3. 体验实验冰的变化带来的新奇和乐趣。

【活动重点】

了解冰的形成及用途,知道冰遇热会融化。

【活动难点】

能用比较的方法,探索出使冰融化的最快方法,感知冰的凉、硬、滑、透明等特性。

【活动准备】

1. 冰块若干,毛巾、锤子、杯子、热水,制冰用的不同形状的容器若干。
2. 市编幼儿学习材料《冬天欢乐多》。

【活动过程】

1. 引导幼儿运用多种感官进行探究操作,感知冰的特性。

请幼儿运用看、摸、捏等方法研究冰块,引导幼儿说出它的特性。

提问：冰是什么形状的？摸起来感觉怎么样？冰是怎样形成的？

小结：冰是透明的，是水的固体形态，在低温下凝结为冰。摸上去凉凉的、硬硬的、滑滑的。

2. 引导幼儿进行"冰不见了"游戏，让幼儿知道冰遇热会融化。

出示毛巾、水杯、锤子、热水等材料，幼儿进行猜想。

提问：怎样做可以让冰融化？什么方法可以让冰加快融化。

幼儿自主探究，操作实验，引导幼儿相互交流自己的发现。

小结：冰遇热融化，如拿在手上、放在水里、阳光下或暖气等温度高的地方，可以让冰快速融化。

3. 引导幼儿讨论、阅读幼儿用书，了解冰的用途。

幼儿根据已有经验讨论冰的用途。

提问：你在哪里见过冰？冰有什么用途？

（2）引导幼儿自主阅读《冬天欢乐多》第27页，查找答案。

小结：冰可以做成冰镇饮料；可用于发烧、中暑、烫伤的辅助治疗；可用于保鲜食物；可以制成冰雕；许多体育项目也离不开冰，如冰球、冰壶、冰上舞蹈等。但是，冰有时也会带来麻烦，如人走在结冰的路面上容易滑倒，冰吃多了容易拉肚子等，小朋友一定要注意。

4. 引导幼儿动手制作彩色的冰，了解冰的形成。

（1）老师与幼儿共同讨论制作彩色冰的方法。

（2）幼儿自主选择容器、颜料制作形态各异的彩色冰块。

❄ 活动三 数学——按物体数量分类

【教材分析】

通过前面的学习，幼儿已经基本掌握5以内的数，已经具备了对5以内数的物体进行分类的基础，以"数量"为标准，对物体进行分类，深化幼儿对数这一概念的理解，通过分类的过程，将抽象的数概念具体化，使幼儿继续深入感受数代表的含义，并在分类的过程中学会概括、分类和整理，学习掌握良好的数学习惯和思维方式。本次活动中，我们主要采用了游戏法、情境法和操作法，使幼儿开通多感官途径，具体形象且有趣的感知理解按物体数量进行分类的含义，继续巩固幼儿对数的理解，感受探索的有趣，享受操作的乐趣。

【活动目标】

1. 正确判断5以内的数，并按照相同数量的物体进行分类。

2. 能够根据物体的数量进行对应摆放。

3. 喜欢动手操作，在游戏中感受按数量分类的有趣。

【活动重点】

正确判断5以内的数，并按照相同数量的物体进行分类。

【活动难点】

能够根据物体的数量进行对应摆放。

【活动准备】

1. 经验准备：幼儿已经基本掌握5以内的数，已经具备了对5以内数的物体进行分类的基础。

2. 物质准备。

（1）1～5 的数卡和点卡人手一套。

（2）数学练习单。

（3）"给动物搬新家"的分组操作材料。

（4）货物记录表。

【活动过程】

1. 游戏"我家几口人"，复习 5 以内的数。

（1）说儿歌《我家几口人》，回忆家里有几口人，分别是谁？

（2）游戏：幼儿边说儿歌，边随意走动，念完儿歌后，教师说我家有三口人，幼儿赶紧找两位朋友抱在一起合成三人。教师说我家有 4 人，幼儿赶紧找三位朋友抱在一起合成四人。

2. 游戏情境"我是小小理货员"，学习按物体的数量多少进行对应摆放。

（1）PPT 出示超市仓库图，里面有各种玩具。

提问：让我们看看超市里有哪些玩具，每种玩具的数量有多少？

每人一份记录卡，运用点子涂色的方法记录货物的多少。

（2）整理货架，引导幼儿能够按照相同数量的物体进行分类。

出示超市货架底板，与幼儿共同讨论整理货架的规则：将数量相同的玩具放在同一层。

3. 幼儿通过操作"练习单"，引导幼儿巩固按相同数量的物体进行分类。

（1）货物记录单连连看：给相同数量的货物进行连线。

（2）给超市里的毛绒动物搬家：提供 5 间商场精品屋底板，以及数量为 1～5 种动物的图卡若干。请幼儿给动物搬新家，数量相同的动物住在同一间精品展示屋里，最后再根据精品屋里住的每种动物的数量，在该房屋的屋顶上贴上对应的数卡或点卡。

（3）师幼共同检查，是否有宝宝搬错了家，为什么？请个别幼儿纠正。

（4）小组操作：超市停车场。每组一个停车场模板，请小组按照提供的数量一样的车图片放在一层停车场里，并贴上相应数字，引导每一组幼儿说说自己组是怎样安排停车场的。

4. 扩展练习，经验提升。

区角投放房子平面图，观察这 5 座房子是分别贴有数字 1、2、3、4、5，幼儿根据自己卡片上实物数量的多少将卡片贴到相对应的房子里。

【附操作记录单】

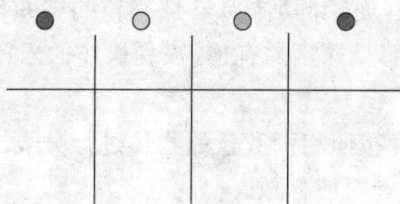

活动四　音乐——歌曲《堆雪人》

【教材分析】

　　歌曲《堆雪人》旋律欢快，歌词生动形象，富有童趣，把幼儿最爱玩的冬日游戏"堆雪人"表现得淋漓尽致。老师帮助幼儿学习歌曲，并引导幼儿用歌唱表演和游戏的形式再现堆雪人的场景，使其在表现中获得愉快的体验。中班幼儿对三拍子的歌曲接触不多，因此我将活动重点制定为"学唱歌曲，理解歌词内容，掌握 3/4 拍音乐的强弱变化"。活动中，我将运用经验回忆、欣赏感知、理解学唱、自主创编等层层递进的环节完成活动重难点。

【活动目标】

1. 学唱歌曲,理解歌词内容,掌握3/4拍音乐的强弱变化。

2. 能用欢快的情绪演唱歌曲《堆雪人》,并大胆创编动作表现雪人憨态可掬的形象。

3. 体验与同伴随音乐表现"堆雪人"的乐趣。

【活动重点】

学唱歌曲,理解歌词内容,能用欢快的情绪演唱歌曲《堆雪人》,并大胆创编动作表现雪人憨态可掬的形象。

【活动难点】

掌握3/4拍音乐的强弱变化。

【活动准备】

收集与家人、同伴堆雪人的照片、视频,并将照片制成展板。

2.《幼儿素质发展课程·音乐》CD。

【活动过程】

1. 引导幼儿回顾堆雪人游戏,用动作创造性地表现雪人的形象。

(1)幼儿自由观看堆雪人的照片展板或视频,回顾堆雪人游戏,并和同伴交流堆雪人时发生的趣事。

(2)在歌曲音乐的伴奏下,引导幼儿创造性地表现雪人憨态可掬的形象。

2. 引导幼儿学唱歌曲《堆雪人》,帮助幼儿理解歌词内容。

(1)欣赏歌曲,感知旋律,用动作表现3/4拍音乐的强弱变化。

(2)教师范唱,引导幼儿倾听,并说出歌曲名字和歌词内容。

教师演唱歌曲第一段。

提问:歌曲的名字是什么?大雪天大家都在干什么?雪人是什么样子?

教师演唱歌曲第二段。

提问:谁来堆雪人了?是如何堆雪人的?

(3)分句学唱歌曲,重点引导幼儿唱准"堆雪人做游戏,圆脑袋大肚皮,白胖的脸笑嘻嘻"中的连音部分。

(4)幼儿完整演唱歌曲,引导幼儿边演唱歌曲、边用动作表现雪人可爱的样子。

3. 进行音乐游戏"堆雪人",鼓励幼儿根据歌曲的内容自主创编动作。

玩法:幼儿分别扮演雪人和弟弟、妹妹,两两结对。

第1段:扮演弟弟、妹妹的小朋友围着"雪人"做各种堆雪人的动作,"雪人"根据同伴的意图做出相应的造型动作。如:将"雪人"的手臂摆成一定的姿势,调整头的位置等。"雪人"由幼儿任意造型,音乐结束,"雪人"堆成。

第2段:扮演弟弟、妹妹的小朋友拉着手围着"雪人"快乐地做游戏。

活动延伸:引导幼儿边唱边玩"堆雪人"的音乐游戏,体验与同伴合作游戏的乐趣。

游戏规则:

幼儿两两结对。播放第1段音乐时,一人当雪人,另一人围着"雪人"做各种堆雪人的动作,"雪人"根据同伴的意图做出相应的造型动作。如:将雪人的手臂摆成一定的姿势,调整头的位置等。"雪人"由幼儿任意造型,音乐结束,"雪人"堆成。播放第2段音乐时,"雪人"站在原地不动,幼儿围着"雪人"跳舞,第1~6小节中,幼儿每走3步便围着"雪人"转圈;第7~8小节中,幼儿面对"雪人",边拍手边左右摇头,做欢喜状。

【附教材】

堆雪人

大雪天，真有趣，堆雪人，做游戏，圆脑袋，
小弟弟，小妹妹，你牵着我，我拉着你，围着雪人

大肚皮，白胖的脸笑嘻嘻。
团团转，多么欢

喜。

〔选自：青岛出版社 2019 年版《幼儿素质发展课程教师用书》中班（上）〕

活动五　美术——油水分离画：美丽的冬天

【教材分析】

油水分离画是中班幼儿新接触的一种绘画表现形式,作画方式新奇有趣,适合中班幼儿的年龄特点和绘画水平。油水分离的奇妙现象甚至能激发幼儿绘画的乐趣。此活动引导幼儿以油画棒和水粉颜料画出冬天的季节特点,展现雪花满天飞舞的景象,通过"找雪花"等游戏激发幼儿的活动兴趣,同时感知油水分离的变化带来的新奇感并使他们充分体验美术活动的快乐。

【活动目标】

1. 学习使用油水分离画的作画方法画出雪花、松树、雪人等具有冬天季节特征的事物。
2. 能创造性地表现出冬天的雪景,画面清晰,涂色均匀。
3. 喜欢尝试油水分离画,感受油水分离画的奇妙。

【活动重点】

学习使用油水分离画的作画方法,画出雪花、松树、雪人等具有冬天季节特征的事物。

【活动难点】

能创造性地表现出冬天的雪景,画面清晰,涂色均匀。

【活动准备】

1. 油画棒、水粉染料、画纸、板刷等绘画工具。
2. 活动前,请家长和幼儿搜集冬季特征明显的照片。

【活动过程】

1. 欣赏收集的照片,引导幼儿观察、交流冬季常见事物及外形特征。
2. 探究油水分离画的画法,感受油水分离的神奇。

（1）教师用白蜡笔画出小雪花,幼儿找小雪花,激发幼儿探究的兴趣。

提问:小雪花哪去了? 引导幼儿想办法找出它们。

（2）教师刷上蓝色,引导幼儿观察画面的变化,了解油水分离画的作画方法。

提问:为什么刷上蓝色,雪花就显出来了?

（3）教师介绍油水分离画的作画方法：先用油画棒画出主要物体，再用颜料覆盖整个画面，就会出现奇妙的效果。

3. 引导幼儿创造性绘画，教师指导。

（1）绘画要求：画出雪花、松树、雪人等具有冬季特征的事物；刷颜料时要均匀，注意卫生。

（2）幼儿自由绘画，教师巡回指导、帮助。

指导幼儿画出雪花、雪人、松树的主要特征。

例如，雪花是6个瓣的，大小形状各不相同；雪人的身体和头两个圆的大小比例；松树的树冠从上到下越来越大等。

4. 布置展板"美丽的冬天"，引导幼儿交流欣赏作品。

体育活动

小矮人

【教材分析】

本活动以幼儿熟悉的《白雪公主》的故事为依托，创设"小矮人纵跳摸神灯"的游戏情境。幼儿扮小矮人，屈膝手扶膝盖走，重点以"纵跳触物"为主要练习动作，让幼儿在生动的故事情境中自然快乐地练习。要求幼儿双脚并拢，原地用力向上纵跳。本活动可以有效发展幼儿的腿部力量，培养幼儿不怕寒冷、坚持户外锻炼的习惯。

【活动目标】

1. 学习双脚原地并拢，屈膝向上纵跳触物。

2. 能手脚协调，屈膝蹬地，用力向上纵跳。

3. 喜欢在寒冷的季节中坚持锻炼，体验游戏的快乐。

【活动重点】

学习双脚原地并拢，屈膝向上纵跳触物，培养手脚协调性。

【活动难点】

能手脚协调，屈膝蹬地，用力向上纵跳。

【活动准备】

1. 将4个"神灯"等距离分开悬挂在绳子上，离地高度以本班幼儿向上纵跳手能触到为标准；可为不同身高的幼儿悬挂不同高度的"神灯"。

2. 热身音乐：舞曲，放松时使用的舒缓轻音乐。

【活动过程】

1. 设置参加"白雪公主舞会"情境，带领幼儿进行热身活动。

（1）幼儿自由结对，随舞曲自由跳舞热身。

（2）幼儿探讨小矮人走路的方式并模仿练习。在幼儿交流模仿的基础上，教师引导幼儿重点练习手扶膝盖屈膝走。

2. 创设"小矮人摸灯"游戏情境，幼儿探究纵跳触物的方法。

（1）教师介绍游戏情境：国王送给白雪公主一些神灯，小矮人手摸到神灯，身体就会长高一点儿。

（2）幼儿自由探讨纵跳触灯的方法。

提问：小矮人怎样能触摸到神灯？

（3）幼儿学习原地向上纵跳。

讨论：如何能让自己原地纵跳得高？

让个别幼儿进行交流，教师引导幼儿重点练习双脚并拢、屈膝用力蹬地，原地向上纵跳。

3. 幼儿玩游戏，教师注意提醒幼儿遵守游戏的规则。

（1）游戏规则：幼儿分成 4 队，扮成小矮人。一个"小矮人"先要屈膝手扶膝盖走到灯下面，原地纵跳用手摸到灯，然后身体变成直立，直接跑回本队，与下一个"小矮人"击掌，接着下一个"小矮人"才可以出发。

（2）幼儿开始第 1 次游戏，"神灯"放得矮一些。

游戏结束，教师重点讲评纵跳时屈膝用力蹬地跳得更高的幼儿，并请其交流示范。

（3）第 2 次游戏前，教师根据幼儿纵跳水平调整"神灯"的高度。

4. 用"小矮人长高变小"的游戏，引导幼儿进行腿部放松运动。

教师引导幼儿随音乐"长高了……"慢慢将身体直立起来，让身体"长高"，双手从腿肚往大腿方向进行拍打；随音乐"变小了……"将身体慢慢蹲下，让身体"变矮"，双手从大腿往腿肚方向拍打。游戏反复进行，幼儿身体得以慢慢放松。

5. 活动建议。

（1）教师要根据幼儿实际水平灵活调整"神灯"的距离和高度。

（2）神灯可以用沙包、皮球等代替。

主题六 中国节，中国结

主题网

活动区活动
1. 神奇的龙
2. 猜灯谜——猜节日习俗
3. 老鼠娶新娘
4. 龙舟
5. 爷爷为我打月饼
6. 编织麻花辫
7. 传统节日对对碰

教学活动
1. 好习惯体验日：做客
2. 传统节日
3. 年画
4. 爷爷为我打月饼
5. 清明

户外体育活动
1. 菊花菊花几月开
2. 划旱船

第 1 周 传统节日，中国情

中国节，中国结

教学活动
1. 传统美食与礼仪
2. 卖汤圆
3. 青花瓷
4. 腊八节
5. 认识梯形

教学活动
1. 金蛇狂舞
2. 春节
3. 剪窗花
4. 高高兴兴迎新年
5. 比较高矮

第 2 周 传统美食，中国味   **第 3 周 红灯高照，中国年**

户外体育活动
1. 送元宵
2. 胶州秧歌

户外体育活动
1. 舞龙
2. 贴对联

活动区活动
1. 有趣的龙舟
2. 猜灯谜——猜美食
3. 手偶小剧场
4. 鞭炮
5. 卖汤圆
6. 编织端午绳

活动区活动
1. 龙舟比赛
2. 猜灯谜换礼物
3. 欢乐剧场
4. 剪窗花
5. 金蛇狂舞
6. 做香囊

主题价值

中国作为世界上最古老的文明古国之一,其所独有的悠远历史与深厚文化内涵已为国人深以为傲。而作为民族文化的精华,中国传统节日以其丰富而深邃的人文与科学内涵成为炎黄子孙共有的精神财富。中国传统节日作为一种行为层面的传统文化,根植于中国古代农耕文化,在长期的流传过程中,通过对天人、群己、义利等关系的约定,形成了自身独特的文化内涵,体现了强大的文化凝聚力与生命力,还与中华文化精神、中华民族精神相联系,在社会发展进程中具有非常重要的意义。 而丰富的节日习俗,如春节的祭灶、扫尘、放鞭炮、贴春联、挂年画,端午的祭祀、划龙舟、悬艾叶菖蒲,清明节的踏青、插柳等,人们通过这些行为表达愿望、敬畏自然、亲近血缘、怀念祖先、体现价值观,它们也是节日文化的重要支撑。

通过"中国节,中国结"这样一个节味十足的主题活动,我们和孩子们一起来听节日故事、诵经典童谣、做手艺活、唱民谣、跳节日舞蹈、感受节日体育项目、了解传统节日美食、做传统节日游戏等等。我们充分与家庭合作,利用社会资源为幼儿提供接触这些传统文化的机会,使孩子们耳濡目染,引发他们探究的兴趣,感受中国传统文化的魅力,在孩子们面前开启一扇博大精深的民族文化探究之门,形成"文化认同感"。

主题目标

★进餐、午睡活动中主动做到食不言寝不语,讲究进餐礼仪。

1. 喜欢舞龙,能够有节奏地做蹲起、摇摆、转弯等动作,并动作灵活地躲闪跑。知道一餐一食来之不易,懂得爱惜粮食、不浪费。

2. 对传统故事、童谣等内容感兴趣,能用完整连贯的语言讲述自己对传统节日的认识与感受,体验和朋友分享经验的快乐。

3. 初步了解传统美食和礼仪,能按自己的想法设计、制订节日活动计划,体验参与传统活动的愉快情绪。

4. 对传统节日感兴趣,喜欢收集有关传统节日的信息资料,并喜欢主动探究,能在创设的进餐情境中实践所学的传统礼仪。

5. 喜欢用剪纸、线描画等形式表现民间工艺;并能运用好听的声音和动作表现传统节日的气氛。

区域活动安排

区域名称	活动名称	活动准备	活动指导建议
结构区	搭建龙舟	木头积木、插塑玩具及各种盒子、饮料桶等辅助材料	1. 神奇的龙： ● 指导幼儿运用一字插、十字插、环形插等方法拼插出龙舟的外形。 2. 有趣的龙舟： ● 指导幼儿观察龙舟的图片，尝试用圆形插、球形插、整体插结合的方法拼插出龙舟的造型。 3. 龙舟比赛： ● 鼓励幼儿同伴互学，运用辅助材料创造性地进行拼插再现，在拼插龙舟时，要关注颜色搭配和牢固程度。 ★ 同伴间遇到矛盾会互相协商解决，学会谦让，合作游戏。
社会区	逛灯会	各式各样的灯笼，灯谜（图片做的谜面），各式各样的彩灯，孩子自制的小手工品	1. 猜节日习俗： ● 幼儿能够选择自己喜欢的花灯进行猜谜，并根据谜面图片上的节日习俗或者美食猜出相对应的节日。 2. 猜美食： ● 幼儿能够选择自己喜欢的花灯进行猜谜，并根据谜面图片上的节日习俗或者猜出相对应的美食节日。 3. 猜灯谜换礼物： ● 幼儿每猜出一个灯谜，可以找管理员兑换一个粘贴，每满五个粘贴可以到礼物兑换处兑换相应的小手工品，并拿着小手工品到小吃街兑换小吃。 ★ 能够遵守游戏规则，学会与别人友好交流，兑换礼物人多时知道排队等待，并不私拿兑换物品。
表演区	老鼠娶新娘	故事图片、故事角色手偶、头饰、背景音乐等	1. 老鼠娶新娘： ● 指导幼儿根据图片内容讲述故事。 2. 手偶小剧场： ● 引导幼儿分角色戴手偶并尝试运用不同的语气进行表演。 3. 欢乐剧场： ● 指导幼儿分角色后戴上相应头饰，结合背景音乐运用动作、表情等创造性地进行情节创编表演。 ★ 通过表演，了解中国的传统节日的由来，喜欢节日及其风俗活动、中华美食等。
美工区	龙舟	彩色圆形卡纸、毛毛球、魔法玉米、彩色橡皮泥、水彩笔、皱纹纸、彩纸等	● 运用各种装饰材料装饰龙舟，创造性地大胆选用自己喜欢的颜色进行涂色。 ★ 在涂色过程中注意桌面、衣服干净，指导幼儿穿上围裙进行作画。
	鞭炮	彩纸、纸筒、胶水、剪刀	● 指导幼儿粗细适中地剪出鞭炮一头的穗头，并均匀涂抹胶水进行粘贴。 ★ 注意安全使用剪刀，胶水不乱抹，及时收拾整理废纸屑。
	剪窗花	红色彩纸、剪刀等	● 指导幼儿看折纸图进行折纸，并大胆地根据想象剪出漂亮的花纹。 ★ 能安静的进行剪纸，不打扰别人，保持桌面整洁，节约用纸。
音乐区	爷爷为我打月饼	爷爷为我打月饼音乐、表演道具	● 引导幼儿跟随音乐有表情、有节奏地做动作。 ★ 能与同伴合作演唱表演，及时收放表演道具。
	卖汤圆	卖汤圆的音乐、背景图、图示	● 引导幼儿理解图意，跟随音乐有表情、有节奏地做动作。 ★ 能够将使用过的道具整齐合理地摆放回原处。
	《金蛇狂舞》打击乐演奏	打击乐器、废旧材料制作的演奏道具、中国传统表演服装、背景音乐	● 指导幼儿按简单固定的节奏型为乐曲即兴表演。 ★ 在集体中学会保持与音乐、与他人配合，具有初步协调的能力。
生活区	编织麻花辫	彩绳、步骤图	● 指导幼儿能够根据步骤图提示正确编织麻花辫，体验编织的乐趣。 ★ 主动探索编织麻花辫的方法，愿意与同伴合作编织。

续　表

区域名称	活动名称	活动准备	活动指导建议
生活区	编织端午绳	编织步骤图、端午绳、剪刀	● 指导幼儿尝试根据步骤图提示编织端午绳。 ★ 能根据图片提示耐心进行编织，安全使用剪刀。
	做香囊	彩色花布、针、线、步骤图、棉花、香水	● 指导幼儿正确穿线、系扣，并根据步骤图提示正确缝制香囊。 ★ 收拾整理工具、材料，愿意与好朋友分享自己制作的香囊。
	"筷"来运动	筷子、各种口径的瓶子、盘子（里面放：玻璃摊主、棉球、鹅卵石）	● 指导幼儿手持筷子，瞄准放在地上的各种瓶子的瓶口，让筷子竖直落入瓶口。 ● 指导幼儿将两根筷子交叉摆放，慢慢往上堆，尝试堆成不同形状的高塔。 ● 指导幼儿将盘中不同材质的物品用筷子夹到另外盘子中，不断加大难度，盘子可以离远些，或更换更小的物品夹取。 ● 指导幼儿手握筷子然后放手将筷子散在桌面，参与游戏的其他幼儿开始用手或筷子将散落的筷子一根一根地挑起来收回。 ★ 筷子用完后及时收放整齐，知道筷子的使用安全，知道自我保护和保护他人。

（●为核心目标指导，★为养成目标指导）

户外活动安排

活动名称	活动目标	活动准备	活动指导建议
划旱船	1. 了解闹元宵的活动之一：划旱船，丰富幼儿对我国民俗文化的知识。 2. 学习划旱船的表演方法，培养幼儿的表演兴趣。 3. 锻炼幼儿的动手操作能力、合作能力。	自制旱船（呼啦圈、彩色绸布、装饰彩条、即时贴、针线等）	● 指导幼儿套上自制旱船，用木棍当桨，激发幼儿的表演兴趣。 ● 指导幼儿学会曲线跑，或自由尝试各种障碍跑。 ● 指导幼儿掌握跑旱船的基本动作，并能根据音乐自行创编动作表演，最后给其他区域的小朋友表演。 ★ 指导幼儿在表演的时候，能够避让危险，保护好自己。
抬轿子	1. 在抬花轿的过程中提高相互配合、分工合作、动作协调的能力。 2. 在游戏的过程中巩固复习2、3、4、5的组成。 3. 在游戏中感受民间游戏的乐趣。	1. 提供2、3、4、5等数字组成的卡片；提供绳子、呼啦圈等障碍物。 2. 场地准备：空旷的场地，绳子、呼啦圈等障碍物。	● 指导幼儿3人一组，相互配合，分工合作，将轿子上的幼儿抬到相应的终点处。 ● 指导每组幼儿出发前，先进行数字游戏，如花轿上的幼儿胸前的数字卡片是3，他就要首先选择出3的其他两个组成数字，贴在抬轿人的胸前，才能开始抬轿。 ● 在完成数字游戏的基础上，幼儿还要在跑道上跨越小河（2条绳子组成），跳过小山（呼啦圈）等障碍设施，随着幼儿掌握技能的提高，障碍物也逐渐增加难度。 ★ 游戏时能遵守规则，知道要和团队伙伴合作完成任务。
胶州秧歌	1. 了解汉族人民在喜庆的日子里载歌载舞的表演形式，来表达欢乐、高兴、愉快的心情。 2. 能模仿胶州秧歌的造型及动作，能随音乐快乐地舞蹈。 3. 喜欢参与胶州秧歌的活动，体验胶州秧歌的喜庆快乐。	秧歌手绢、秧歌红绸	● 指导幼儿欣赏山东秧歌《春天》，并尝试模仿其舞蹈动作特征。 ● 指导幼儿能随音乐模仿秧歌动作舞动手中红绸。 ● 指导幼儿提高难度，几个幼儿一组，边扭秧歌，边变换队形。 ★ 游戏时，鼓励幼儿同伴间相互合作、克服困难、完成任务、坚持到底。
放鞭炮	1. 练习双脚原地向上跳的动作要领。 2. 动作协调地模仿放鞭炮的动作，体验放鞭炮游戏的快乐。 3. 乐意参加体育活动，体验体育活动的乐趣，发展动作的灵活性	将一串纸制鞭炮系于竹竿的一端	● 指导幼儿站在大圆圈上，教师站在中央，教师手持鞭炮的小竹竿，在幼儿头顶上方来回晃动，当鞭炮停在幼儿头上方时，幼儿用手去触鞭炮，作点鞭炮状，口中发出"嗤"的声音，其他幼儿也随即都发出"嗤"声，并蹲下（表示等待鞭炮响）锻炼幼儿的反应能力。 ● 指导幼儿只有当鞭炮放在头顶上方时，才能双脚往拢向上跳起，用手去触鞭炮，并发出"啪啪"声。 ★ 竞赛时能做到胜不骄、败不馁。
贴对联	1. 练习双脚并拢行进跳的动作要领。 2. 能向指定方向跑，将对联贴在相应位置，提高手眼协调能力。 3. 在游戏中了解新年的风俗，感受新年忙年的快乐。	1. 对联一副（每个字都单独拆开）。 2. 创设大门的背景。	● 引导幼儿感受中国年的快乐，了解贴对联的习俗。 ● 指导幼儿每人拿一张字，通过行进跳过草地，在大门口将字贴在相应位置，然后返回，下一名幼儿出发，哪一组先将对联贴好哪组获胜。 ● 幼儿技能掌握熟练后，可以提高难度在路上设置障碍，进一步练习曲线跑、钻山洞等动作。 ★ 游戏时，知道安静倾听教师的口令，按规则游戏。

（●为核心目标指导，★为养成目标指导）

楼层联动区域游戏

楼层混龄社会性游戏区域——"古街人家"活动安排

区域名称	活动名称	活动准备	活动指导建议
楼层区域游戏——传统节日体验村	中华传统美食街（中二班）	布置中华传统美食街的场景。厨师操作台、原料摆放台、厨师服务员服装、笼屉、甜品/面点/糕点欣赏图册、菜谱、各种半成品材料、橡皮泥、面粉、蛋糕模型等辅助材料	● 愿意与同伴协商角色，知道角色的分工并模仿角色大胆表现，体验共同游戏的乐趣。 ● 知道各种材料的特征和作用，并能较充分、合理地运用各种材料。 ● 能够热情主动地和同伴交往，共同协商解决出现的问题，敢于表达自己的意见和要求。 ★ 游戏中能够自觉使用礼貌用语，能较有秩序地收拾、摆放玩具及活动材料。
	逛灯会	各式各样的灯笼，灯谜（图片做的谜面），各式各样的彩灯，孩子自制的小手工品	● 幼儿能够选择自己喜欢的花灯进行猜谜，并根据谜面图片上的节日习俗或者美食猜出相对应的节日。 ● 幼儿每猜出一个灯谜，可以找管理员兑换一个粘贴，每满五个粘贴可以到礼物兑换处兑换相应的小手工品，并拿着小手工品到小吃街兑换小吃。 ★ 能够遵守游戏规则，学会与别人友好交流，兑换礼物人多时知道排队等待。
	逛庙会	锣鼓、镲等乐器，自制旱船、自制舞龙材料、大红绸等	● 能够根据自己选择的角色和服装，展现出传统民俗表演的特点。 ● 指导幼儿穿好演出服装，合作摆放道具，创建庙会表演场地，做好演出前的准备。 ● 愿意与同伴一起进行表演，情绪良好，喜欢在众人面前表现自己，肯定自己，增强自信。 ● 指导幼儿表演时表情、动作到位，按照先后顺序进行表演。 ★ 指导幼儿在演出中能学会合作，学会欣赏和同伴学习，丰富自己的表演。
	民间工艺坊和青花瓷加工坊（中三）	刮画及工具、易拉罐、泡面桶、玻璃瓶、卫生纸筒、鸡蛋壳、彩色圆形卡纸、毛毛球、魔法玉米、彩色橡皮泥、水彩笔、纸盘纸杯、皱纹纸、彩纸、水粉、大泡沫球、做好的小桌子、步骤图、吸管、纽扣、剪刀、胶水、水彩笔、滚画模具、美工架	● 指导幼儿运用美工架上的各种材料大胆进行装饰。 ● 利用搓、压扁的技能，用橡皮泥对青花瓷、龙船、舞龙等进行装饰。 ● 指导幼儿根据步骤图的提示，制作各种节日装饰品。 ● 指导幼儿能根据折纸步骤图折叠，并剪窗花。 ● 指导幼儿大胆运用各种点、线、面装饰青花瓷器具，同时利用蓝色橡皮泥大胆创造青花瓷花纹。 ● 鼓励幼儿积极参与游戏，大胆想象，创造性地进行装饰画。 ● 不将橡皮泥颜色混合，游戏结束能将泥工板收好。 ★ 知道美工活动中保持桌面地面整洁。

（●为核心目标指导，★为养成目标指导）

中国传统文化特色主题"中国节 中国结"

——楼层联动区域游戏设计方案

（二楼）

一、主题名称

中国节，中国结

二、楼层联动区域游戏目标

1. 通过参与楼层社会性区域游戏，加深幼儿对中国传统节日及其习俗的了解，激发幼儿的民族自豪感和对传统文化的热爱。

2. 在自由自主的游戏中，能与小伙伴一起商量分配自己的角色，初步学会解决关于角色、玩具方面的争端，初步学会协商、轮流、合作。

3. 游戏中能积极地根据游戏情节与同伴进行语言交流，生动地表现自己所扮演的任务角色，尝试拓展游戏情景，创造性发展游戏情节。

4. 懂得扮演角色和使用物品、场地等应遵守游戏规则，增强规则意识。培养爱惜玩具的习惯，游戏后会整理场地，收拾玩具。

三、楼层游戏区域设计

（一）中华传统美食街：中二班教室

1. 材料投放：布置中华传统美食街场景。面点师／甜品师／糕点师操作台、原料摆放台、笼屉、炒锅、面点师／甜品师／糕点师服装、甜品／面点／糕点欣赏图册、菜谱、各种杂粮、橡皮泥、贝壳、蛋糕模型等半成品辅助材料。

2. 玩法建议。

玩法：

（1）知道中华传统美食街的游戏玩法，能与小伙伴一起商量分配自己的角色，并知道自己扮演的角色及需要做的事情。例如，扮演面点师／甜品师／糕点师／厨师的小朋友，模仿师傅在操作间包粽子、做汤圆、做花馍等；扮演贩卖的小朋友，需要向客人推荐美食，说明价位，最后收账等；当游客的小朋友可以用手机，选择购买自己喜欢的小吃到小餐桌那儿会餐。

（2）游戏中能积极地根据游戏情节进行语言交流，能根据游戏情境大胆地表述、生动地表现自己所扮演的任务角色，反映自己对现实生活的理解和认识。

建议：

（1）为帮助幼儿明确分工，划分操作间和贩卖口、餐厅三个区域。操作间半开放，面点师／甜品师／糕点师制作好小吃后，直接交给贩卖员。贩卖员在窗口下与游客进行交流。餐厅摆放 2 张餐桌，每张餐桌铺上桌布，摆放花瓶。

（2）游戏初期，可让有经验的幼儿或能力强的幼儿担任面点师、甜品师、糕点师、贩卖员，起到一个榜样的作用。

（3）游戏中期，情节进一步丰富。逛灯会的游客通过猜灯谜挣的钱，可以拿到中华传统美食街进行消费。

（4）教师以游戏者的身份参与游戏，拓展游戏情节的发展。

（二）逛灯会：中一班教室

1. 材料投放：各式各样的灯笼、灯谜（图片做的谜面），各式各样的彩灯，孩子自制的小手工品。

2. 玩法建议。

玩法：

（1）幼儿能够选择自己喜欢的花灯进行猜谜，并根据谜面图片上的节日习俗或美食猜出相对应的节日。

（2）幼儿每猜出一个灯谜，可以找管理员兑换一个粘贴，每满五个粘贴可以到礼物兑换处兑换相应的小手工品，并拿着小手工品到小吃街兑换小吃。

建议：

（1）能够遵守游戏规则，学会与别人交流和合作。

（2）请知道所有谜底的两位小朋友担任小管理员，负责审核答案，发放小粘贴，促进幼儿社会性交往。

（3）请一位幼儿担任礼物兑换处的管理员，负责审核粘贴数量，并发放小手工品，促进幼儿的点数能力和交往水平。

（三）逛庙会：二楼走廊

1. 材料投放：锣、鼓、镲等乐器，自制旱船、自制舞龙材料、大红绸等。

2. 玩法建议。

玩法：

（1）指导幼儿穿好演出服装，合作摆放道具，创建表演场地，做好演出前的准备。

（2）能够根据自己选择的角色和服装，展现出传统民俗表演的特点。如：舞龙的小朋友要能跟着鼓点掌握前进的速度，跑旱船的小朋友要有节奏地左摆右摆等。

（3）愿意与同伴一起进行表演，情绪良好，喜欢在众人面前表现自己，肯定自己，增强自信。

（4）指导幼儿表演时表情、动作到位，按照鼓声和节奏进行表演。

建议：

（1）教师以角色身份参与游戏，比如：扮演观众评价幼儿表演，从而提升幼儿表演水平。

（2）促进游戏情节丰富开展，可主动与其他区域联系送节目。

（3）指导幼儿在演出中能学会合作，学会欣赏和同伴学习，丰富自己的表演。

（四）民间工艺坊和青花瓷加工坊：中三班教室

1. 材料投放。

刮画及工具、易拉罐、泡面桶、圆木板、白色桌布、玻璃瓶、卫生纸筒、鸡蛋壳、彩色圆形卡纸、毛毛球、魔法玉米、彩色橡皮泥、水彩笔、纸盘纸杯、皱纹纸、彩纸、水粉、大泡沫球、做好的小桌子、步骤图、吸管、纽扣、剪刀、胶水、水彩笔、滚画模具、美工架。

2. 玩法建议。

（1）青花瓷加工坊。

玩法：

① 在已经涂上白色丙烯的玻璃瓶上、蛋壳、卫生纸筒、泡面桶和白色桌布上，用蓝色水彩笔通过点、线、面组合的线描画方法进行装饰。

② 利用蓝色橡皮泥进行搓圆、压扁、搓条等各种形式进行装饰。

建议：

环境布置时，为幼儿提供各种各样的青花瓷图案。

（2）装饰龙船。

玩法：

运用不同形式及多种材料装饰龙船。例如圆片彩纸、橡皮泥、绘画等。

建议：

提醒幼儿保持作品干净整洁。

（3）舞龙。

玩法：

① 运用不同形式及多种材料装饰龙身。如圆片彩纸、橡皮泥、绘画等。

② 运用彩笔在龙头上进行涂色。

③ 把彩色皱纹纸条粘在舞龙的尾巴上。

④ 辅助幼儿把舞龙的身体下方粘上 PVC 管。

建议：为幼儿准备多种材料，舞龙尾巴尽量多的粘皱纹纸条。

（4）烟花。

玩法：

① 用剪好的卫生纸筒或粘好的吸管印烟花。

② 在刮画纸上刮画各种烟花。

③ 用白乳胶涂出烟花的形状再撒上彩砂。

④ 把彩色纸盘和一次性纸杯剪成烟花的形状。

建议：

指导幼儿玩颜料时不要一次蘸多种颜料，为幼儿提供刮画范例。

幼儿根据教师提供的各种图片，尝试运用各种材料，制作纸杯纸盘海洋动物。

（5）百家福。

玩法：

运用多种方式装饰大福字和小福字。如线描画装饰、撕纸、团纸粘贴、印章画、装饰物粘贴等。

建议：

指导幼儿在粘橡皮泥时不要粘到外面。

（6）爆竹、灯笼、窗花。

玩法。

① 爆竹：将剪好的红色卡纸粘到卫生纸筒上，再把黄色纸条粘在纸筒两头。

② 灯笼：根据示意图制作各种灯笼。

③ 窗花：根据示意图剪窗花。

④ 把做好的作品粘到老师装饰好的板子上。

建议：教师可根据幼儿的能力准备部分半成品。

四、楼层游戏指导建议

1. 合理规划空间。每个班级的面积和空间特点不一样。要因地制宜、合理、立体地利用空间进行环境布置。

2. 通过同伴的游戏互动和经验共享，真正让幼儿体验到操作与交往的乐趣，体验到成功与自信，同时促进幼儿自主性、创造性、社会性的发展。

3. 游戏的初期教师可以以角色的身份参与活动，与幼儿共同游戏。帮助幼儿了解游戏规则，明确角色意识，提升幼儿游戏水平。

4. 将楼层游戏与幼儿生活有机结合，使楼层游戏更加生动逼真，促进社会性发展。幼儿可以在逛灯会时"猜灯谜"，获得相应的小礼物，并拿着小礼物去"小吃街"换取自己喜欢的小吃，吃饱了还可以去"民间手工坊"做手工艺品，做出的手工艺品既可以卖给灯会区，也可以去小吃坊换好吃的，不仅促进了区域之间的联动，而且增强了幼儿社会性的发展。

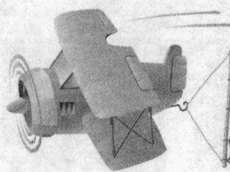

第1周 传统节日，中华情

环境创设

1. 主题墙：布置"中国节，中国结"主题墙饰，展现幼儿对中国传统节日的喜爱，感受节日的喜庆，体验与同伴合作的快乐。

2. 班级环境：从家中带一些传统节日的材料，例如中国结、传统节日故事书、灯笼、蓝印花布、青花瓷等材料，初步让幼儿感受传统文化的环境氛围。

3. 师幼共同收集、绘制游戏材料，创设楼层社会性游戏区域："逛灯会、猜灯谜、跑旱船、民俗小吃一条街、民间手艺坊等。"

生活活动

1. 知道尊老爱幼的传统美德，对身边长辈有礼貌。

2. 学会珍惜身边资源，如纸张、图书、玩具等，初步了解造纸术是我国四大发明之一，来之不易。

3. 创编"小肚皮藏起来"的小儿歌，指导幼儿离园前能将自己的内衣掖好，衣服整理好，不漏小肚皮。

4. 安全教育：在玩民间游戏中知道自我保护意识，会躲避危险。

家长与社区教育

1. 家长进课堂活动：邀请"山东非物质文化遗产"体验中心的工作人员为小朋友讲解活字印刷术。

2. 邀请中班课程委员会成员参与传统文化课程拟定。

3. 请家长与幼儿一起搜集突出传统文化主题的装饰材料，在主题开展的第一周带到幼儿园来装饰教室。

4. 根据自己班级社会性区域游戏，配合教师收集相关材料。

活动一 好习惯体验日——做客

【活动解读】

中班的幼儿社会交往行为逐渐增多，但是交往礼仪和方法相对欠缺，本次活动以"去小动物家做客"为活动主线，寓教于游戏中，通过谈话交流、情景游戏、争做礼貌小客人等环节，引导幼儿回忆新年做客经验，引发谈话兴趣，将做客的礼仪融入情境表演中，让孩子们在情景表演中自然地学习做客的和招待的基本礼貌用语。

【活动流程】

【活动目标】

1. 学会用"请""谢谢"等礼貌用语。

2. 知道做客的基本礼仪和方法，文明做客。

3. 体验做客的乐趣。

【活动建议】

1. 国旗下宣讲"礼貌小客人"。

（1）教师宣讲：通过文明做客儿歌"亲戚朋友来做客，礼貌热情来招待。端茶送水说请客，客人离去送门外。做客注意礼当先，告别需要说再见。"引导幼儿热情待客，文明做客。

（2）幼儿宣讲：我是礼仪小达人，我会文明做客；我是热情小主人，我会文明待客。

（3）家长宣讲：配合幼儿园的活动，在家引导孩子学会简单的做客礼仪，会使用文明用语；培养孩子做热情小主人，文明待客。

2. 谈话交流，引发幼儿回忆做客的情境。

（1）观看图片讨论：新年的时候，你去谁家做客了？他们是怎么招待你的？

（2）观看图片讨论：新年的时候，谁来你家做客了？你是怎么招待客人的？

3. 游戏，引导幼儿掌握做客基本礼仪。

（1）情景游戏"招待小动物客人"：出示小熊、小狗等动物图片，引导幼儿学说礼貌用语。

（2）游戏"做客"：教师扮演"主人"，小朋友一起到老师家做客，老师接待。

4. 争做"礼貌小客人"，颁发小奖状。

（1）情景表演，巩固做客礼仪。

（2）颁发奖状，体验快乐。

活动二 科学——传统节日

【教材分析】

传统节日是中华民族五千年文明的结晶，寄托着人们对美好生活的向往，对亲朋好友的思念和祝福,还集中体现了中华民族的精神和文化。中班幼儿对节日有初步的感知,但却不能深入地了解传统节日的相关来历和习俗。活动中,我们通过直观感知及经验提升等方式让孩子对民族传统节日有亲切感,初步了解传统节日的来历、习俗所蕴含的民族精神和民族文化,确立"我是中国人"的观念,增强民族自豪感和幼儿的爱国情感。

【活动目标】

1. 知道我国2～3个重要的传统节日的名称及日期。

2. 初步了解传统节日的来历和有关习俗及其所蕴含的民族精神和民族文化。

3. 确立"我是中国人"的观念,萌发幼儿民族自豪感。

【活动重点】

知道我国2～3个重要的传统节日的名称及日期。

【活动难点】

初步了解传统节日的来历和有关习俗及其所蕴含的民族精神和民族文化。

【活动准备】

1. 中秋节、春节、端午节、元宵节等节日活动场景图片,课件"年的来历""中秋节的故事"。

2.《喜洋洋》音乐。

3. 和爸爸妈妈一起查找资料:有趣的节日(春节、元宵节、清明节、端午节、中秋节、重阳节相关资料)。

4. 区域互动中初步感知春节、元宵节、清明节、端午节、中秋节、重阳节等节日。

【活动过程】

1. 谈话导入,激发幼儿学习兴趣。

提问:你知道中国人的传统节日有哪些?

2. 出示图片,引导幼儿初步了解我国重要的传统节日。

提问:你们来猜猜看这都是什么节日?

你是怎样从图片上看出这是 ×× 节?

3. 欣赏课件,引导幼儿了解传统节——春节、中秋节的来历和有关习俗,加深对传统文化的认识。

(1)欣赏课件"年的历来"。

提问:为什么要过春节? 春节我们会做些什么事情?

小结:过春节我们要贴春联、挂灯笼、拜年、逛庙会、全家人团聚在一起吃年夜饭,互相祝福新年快乐……

(2)欣赏课件"中秋节的故事"。

提问:中秋节是哪一天? 中秋节我们会做些什么?

小结:中秋节是农历八月十五日,是全家团圆的节日。这一天晚上的月亮圆圆的,我们全家人坐在一起吃月饼、赏月、饮桂花酒等。

(3)信息交流,经验拓展。

幼儿根据自己收集的资料相互交流分享自己知道的传统节日。

4. 播放《喜洋洋》音乐,帮助幼儿感受春节的氛围。

听音乐,自由结对,与好朋友一起跳一跳。用自己喜欢的方式表达对欢度春节的期盼和愉快心情。

活动三　美术——欣赏：年画

【教材分析】

年画作为民间的一种传统工艺品,在中国农村广为流传,不但色彩丰富,而且想象鲜明,如门神、财神、灶神、鱼莲娃娃等形象都有各自独特的吉祥寓意,是烘托节日气氛必不可少的元素。中班幼儿对美术作品的欣赏能力和表现欲望不断增强,会用多种方式表达自己的想法。在浓浓的新年氛围中,欣赏年画旨在让幼儿在收集、欣赏、比较年画的过程中,深入浅出地感受年画的色调及其传递的快乐、喜庆、吉祥的气氛,并鼓励幼儿大胆表达自己的感受与想法,激发幼儿创作年画的欲望。在感受与发现美的同时,萌发喜欢民间文化的美好情感。

【活动目标】

1. 知道年画是中国民间传统工艺品,欣赏年画并初步感知年画的形象、色彩等典型特点,了解其吉祥寓意。

2. 能运用完整、清晰的语言与同伴分享自己对年画的发现与感受,尝试创作年画。

3. 喜欢年画所表现出的喜庆吉祥气氛,对民间工艺品感兴趣。

【活动重点】

知道年画是中国民间传统工艺品,欣赏年画并初步感知年画的形象、色彩等典型特点,了解其吉祥寓意。

【活动难点】

能运用完整、清晰的语言与同伴分享自己对年画的发现与感受。

【活动准备】

1. 师幼共同收集的关于门神、财神、灶神、鱼莲娃娃、五谷丰登等的年画。

2. 幼儿学习材料《迎新年》、多媒体教学资料《年画》、《金蛇狂舞》音乐。

【活动过程】

1. 引导幼儿欣赏年画,知道年画是中国传统工艺品,初步了解年画的由来。

(1)将师幼共同收集的年画张贴在白板上,引发幼儿的兴趣。

提问:白板上贴的是什么? 什么时候贴年画?

小结:年画是中国的传统民间工艺品,过年的时候人们会贴年画,希望新的一年吉祥幸福。

(2)幼儿互相介绍自己收集的年画,说一说自己喜欢的原因。鼓励幼儿从名称、色彩、形象等方面进行介绍。

2. 引导幼儿阅读幼儿用书,初步欣赏、感知年画的不同形象及吉祥寓意。

引导幼儿阅读《迎新年》第27页,选择自己感兴趣的年画,进行自由观察。

提问:年画上有什么? 表示什么意思?

小结:年画上有很多人物或动物,如门神、财神、灶神、鱼莲娃娃等,它们都有自己的吉祥寓意。

3. 出示课件,让幼儿欣赏年画的色彩,感受色彩所带来的喜庆、吉祥、欢乐的气氛。

引导幼儿观察、比较年画的不同色彩,并说出几种年画的主要颜色。

提问:年画上什么颜色比较多? 有什么感受?

小结:红色、黄色、绿色等颜色在中国传统年画中经常会用到,代表了喜庆、吉祥的意思。

4. 寻找自己喜欢的年画进行再观察,加深对年画的理解。

幼儿再次在白板前进行观察,自主交流新的发现。

提问：看到了什么不一样的年画？代表了什么意思？

5. 活动延伸，经验扩展。

引导幼儿在区角活动中尝试自己设计年画，表达美好寓意。

活动四　音乐——歌曲《爷爷为我打月饼》

【教材分析】

《爷爷为我打月饼》是一首民歌式的儿童歌曲，具有鲜明的民间歌谣特色。歌曲简朴、明快，天真活泼。主要反映的是红军二万五千里长征时红军老爷爷关心革命小娃娃的感人故事。

在幸福关爱里"泡大"的孩子很少有主动关爱老人的情感意识，也较少接受革命传统歌曲的影响或学唱革命歌曲。本次活动通过多形式演唱、动作表演等形式让幼儿在理解学习歌曲内容的基础上，知道老人曾为我们做了很多事情，激发幼儿感受尊敬老人，萌发为爷爷做力所能及的事情的情感。

【活动目标】

1. 学唱歌曲，理解歌词内容，唱准休止符与切分音的音值。

2. 能有感情地演唱歌曲，并根据歌词创编动作表演唱。

3. 体验爷爷对自己的爱，懂得尊敬爷爷，为爷爷做力所能及的事情。

【活动重点】

学唱歌曲，理解歌词内容，唱准休止符与切分音的音值。

【活动难点】

能有感情地演唱歌曲，并根据歌词创编动作表演唱。

【活动准备】

物质准备：音乐《爷爷为我打月饼》、课件与图片。

知识准备：欣赏故事视频《啊，摇篮》。

【活动过程】

1. 发音练习，初步感知歌曲的难点旋律，唱准附点音符及休止符的音值。

2 2 2 2 3 5 1 6 | 2·3 2 — | 6 1 2 1 2 1 6 | 1·2 1 — |

啦啦啦啦啦　啦　　啦，　　啦啦啦啦啦　啦　啦　啦。

2. 欣赏歌曲，初步感知歌曲。

（1）教师弹唱，幼儿初步欣赏歌曲。

关键提问：歌曲的名字叫什么？

　　　　　歌曲主要讲了件什么事情？

小结：这是《啊，摇篮》主题曲，歌曲欢快、活泼，主要讲述了红军在二万五千里长征时，老爷爷为小娃娃打月饼，小娃娃吃着月饼唱着歌，以为爷爷睡着了，而爷爷却在亲切感人的歌声中永远离去了。

（2）再次欣赏，加深幼儿对歌曲旋律的感知。

3. 分段学唱，理解歌词。

（1）教师清唱第一段，幼儿学习歌词。

提问：歌曲里你听到了什么？

（2）幼儿学唱第二段。

提问：爷爷打的月饼是怎样的？

（3）教师演唱第二遍，学习理解歌词。

提问：爷爷是什么样的人？

我为爷爷做了什么事情？

（4）幼儿学唱第二遍，进一步理解歌曲内容。

4. 幼儿完整演唱，用声音和动作表现歌曲中爷爷对我独特的爱。

（1）集体演唱。

（2）分组演唱。

（3）动作表演唱。

5. 活动延伸，经验提升。

将音乐投放到活动区中，合作表演。

爷爷为我打月饼

徐庆东 刘青 词
梁寒光 曲

1=F 4/4

(5 5̲5̲ 5̲ 5̲ 4 3̲ 2 | 5 5̲5̲ 5̲ 5̲ 4 3̲ 2 | 6̲ 1̲ 6̲ 2̲ 2̲ 1̲ 6 | 5 · 6̲ 5 -) |

2̲ 2̲ 2̲ 2̲ 3̲ 5̲ 1̲ 6 | 2 · 3̲ 2 - | 6̲ 2̲ 2̲ 1̲ 2̲ 1̲ 6 | 1 · 2̲ 1 - |

八 月 十 五 月 儿 明 呀，爷 爷 为 我 打 月 饼 呀，
爷 爷 是 个 老 红 军 呀，爷 爷 待 我 亲 又 亲 哪，

6̲ 2̲ 1̲ 2̲ 3̲ 2̲ 1 | 5̲ 6̲ 2̲ 1̲ 6̲ 6 | 6̲ 1̲ 6̲ 2̲ 2̲ 1̲ 6 | 5 · 6̲ 5 - ‖

月 饼 圆 圆 甜 又 香 啊，一 块 月 饼 一 片 情 呀，

(5 · 6̲ 5)

我 为 爷 爷 爷 爷 爷 啊，献 给 爷 爷 一 片 情 呀。

🏮 **活动五 语言——古诗《清明》**

【教材分析】

清明节是我国许多传统节日中的一个重要节日。《清明》将清明传统与古诗巧妙地结合，使幼儿在诗情画意里感受中华古诗词的意境之美，体验清明的民族文化传统，使幼儿性情得以陶冶，真正形成"润物细无声"的欣赏与传承。中班幼儿在教学活动中第一次接触古诗，且古诗内容较难理解，幼儿很难在理解的基础上吟诵古诗，所以我们将活动的难点设为"初步学习按古诗的节律吟诵古诗"，活动中通过将古诗简化为故事，通俗易懂，并借助图片帮助幼儿尝试吟诵古诗。

【活动目标】

1. 在教师引导下理解诗歌描绘的意境，知道清明节踏青扫墓的传统习惯。

2. 学习朗诵古诗，并尝试按古诗节律吟诵。

3. 能欣赏古代诗歌的优美，萌发对古诗的热爱。

【活动重点】

在教师引导下理解故事描绘的意境，知道清明节踏青扫墓的传统习俗。

【活动难点】

尝试按古诗节律吟诵古诗。

【活动准备】

经验准备：了解关于清明节的传统习俗。

物质准备：清明传统习俗的图片、关于古诗《清明》的图片。

【活动过程】

1. 谈话导入，激发幼儿学习兴趣。

出示扫墓图片，初步了解清明节。

提问：小朋友们知道图片上的人都在干什么吗？扫墓是为了什么？这是哪个传统节日？

小结：在清明节这一天，人们到坟前扫墓以怀念故去的人，表达自己的思念之情。

2. 教师讲述古诗内容，结合图片，帮助幼儿理解古诗描绘的意境。

（1）教师讲述古诗内容，体会古诗的意境。

（2）教师讲述故事：清明节的时候，一位诗人不能够回家扫墓，对故人寄去自己的思念之情，却孤零零一个人在陌生的地方劳累行走，心里非常难受；这时天空下起了小雨，诗人的心情更难受了，想找个酒店避避雨，可是却不知道哪里有酒店；骑在牛背上的小牧童用手向远处一指——哦，在那满天杏花的村庄，一面酒店的幌子高高挑起，正在招揽行人呢！

提问：你从这个故事中听到了什么？

清明节不能回家扫墓诗人的心情怎么样？

天空又下起了小雨，阴暗的天气诗人的心情又是什么样的？

重点指导：体会诗人清明节不能寄托思念且孤单在外的心情。

（3）结合图片，尝试理解古诗中个别词的大意，感受古诗描绘的意境。

教师有感情地完整吟诵古诗。

提问：古诗名字叫什么？

结合图片吟诵古诗前两句，引导幼儿感受诗歌描绘的意境。

提问：清明时节是什么意思？天气是什么样的？

行人指的是谁？（诗人）"欲断魂"你们认为是什么意思？

小结：清明时节就是清明这一天，天空下着灰蒙蒙的小雨，行人就是指诗人，"欲断魂"就是形容诗人的心情非常糟糕。

结合图片吟诵古诗后两句。

提问："借问酒家何处有"你们觉得是什么意思？

"牧童"形容的是谁？杏花村描绘了怎样的村庄？

小结：借问就是打听的意思，诗人向路人打听哪里有酒店，一个放牧的儿童指着远处飘满杏花的村庄告诉诗人说那里有酒店。

3. 教师分层指导，帮助幼儿学习吟诵古诗。

（1）教师有感情地吟诵古诗。

（2）结合图片，幼儿和教师一起分段朗诵诗歌。

（3）结合幼儿的学习进行个别诗句的再学习。

（4）教师和幼儿一起完整朗诵儿歌。

（5）教师小结，个别指导幼儿说清儿歌内容，完整清晰吟诵古诗。

4. 情感挖掘，帮助幼儿有感情吟诵古诗。知道清明节的传统习俗。

（1）提问：诗人一人离开家乡漂泊在外心情怎么样？

（2）引导幼儿有感情吟诵古诗。

（3）提问：你还知道哪些清明节的传统习俗？

【附古诗】

清 明

[唐] 杜牧

清明时节雨纷纷，

路上行人欲断魂。

借问酒家何处有，

牧童遥指杏花村。

体育活动

菊花菊花几月开

【教材分析】

幼儿在有趣的游戏中练习快速跑是锻炼中班幼儿奔跑能力的重要方式。中班幼儿动作发展迅速，但也存在听口令不够专注、跑步时喜欢东张西望等问题。因此，本次活动的重点是知道听信号，学习快跑、躲闪的技能。活动难点是"能迅速正确应答儿歌，并四散追逐跑，快速进行躲闪"。为了解决此重难点，我们运用了儿歌互动法，让孩子们在"你问我答"的情境中，高度集中注意力，并根据"菊花"的回答快速做出反应，进行四散跑和躲闪跑。

【活动目标】

1. 知道游戏的玩法，练习快跑、掌握躲闪跑的方法。

2. 能迅速正确应答儿歌，并四散追逐跑，快速进行躲闪，提高身体灵活性和协调性。

3. 体验问答式体育游戏的快乐。

【活动重点】

知道游戏的玩法，学习快跑、躲闪的技能。

【活动难点】

能迅速正确应答儿歌，并四散追逐跑，快速进行躲闪。

【活动准备】

菊花头饰一个，活动前让幼儿熟练掌握儿歌。

【活动过程】

1. 随音乐进行热身，锻炼幼儿的全身协调能力。

在音乐的伴奏下，教师带领幼儿做听信号变速跑的热身，做好活动前的准备。

2. 介绍游戏玩法，引导幼儿练习快跑、躲闪的技能。

（1）创设情境，知道游戏玩法。

请一名幼儿戴头饰蹲着当"菊花"，其他幼儿手拉手成圆圈围着"菊花"逆时针走。

玩法：游戏开始，拉手的幼儿按逆时针方向边走边问："菊花菊花几时开？""菊花"答："一月不开二月开。"又问："菊花菊花几时开？""菊花"答："二月不开三月开。"如此重复进行。当听到"菊花"回答"菊花菊花九月开"时，拉手的幼儿立即四散跑开，"菊花"则立即站起来追逐。捉住一名幼儿后，交换角色，游戏重新开始。

（2）玩一遍游戏，掌握四散跑和躲闪的技能。

提问：谁追谁跑？"菊花"开始追，小朋友们向哪跑？相遇了怎么办？

（请两名幼儿配合演示两人四散跑相遇时的情境，通过提问并讲解动作要领。）

3. 引导幼儿能迅速正确应答儿歌，并做出判断，进行四散追逐跑以及躲闪。

（1）幼儿通过练习，能迅速正确应答儿歌。

（2）强调游戏规则。

（3）反复换角色游戏，熟悉玩法，掌握技能。

提问：在游戏的时候，我们都遇到了什么问题？怎么办？

小结："菊花"必须回答"菊花菊花九月开"时才能开始四散跑。

4. 通过音乐《野菊花》引导幼儿模仿菊花开的姿态，进行全身放松，结束游戏。

第 2 周　传统美食，中国味

环境创设

1. 主题板：增添浓情端午的主题板，制作立体形象的龙舟，给幼儿直观的想象，并添加了幼儿表征的作品。

2. 班级环境：运用废旧材料等进行再加工，制作各种各样的灯笼装饰教室。

3. 区域游戏：继续延续上周的楼层区域游戏，同时，根据幼儿的兴趣，增强不同区域间幼儿的互动，例如，在美工区制作的灯笼送到中一班猜灯谜。

生活活动

1. 了解家人吃饭时要团团坐，落座时要有长辈之分。

2. 知道爱惜食物，愿意尝试各种美食。

3. 每天坚持用"洗手六部曲"洗手，洗完手后甩干水，保持地面干净。

4. 文明进餐，初步学习正确使用筷子进餐的方法，讲究用餐礼仪。

家长与社区教育

1. 请爸爸妈妈利用空余时间给幼儿讲述传统节日的故事，丰富幼儿对传统节日的认识。

2. 家长进课堂，为幼儿讲述中国印刷术的由来及发展，使幼儿亲身感受印刷术，并请幼儿欣赏各种民间艺术品。

3. 请家长搜集家里的废旧材料，以及跟节日相关的书籍，供幼儿制作、阅读。

教学活动

活动一　社会——传统美食与礼仪

【教材分析】

实施一周的传统文化主题活动，孩子们对传统节日有了一些认识，并对传统美食产生了一定的兴趣。幼儿期良好习惯的养成，将影响着孩子今后一生的发展，才能促进幼儿身心的健康成长。我园的园本课程也是围绕养成教育而展开，孩子的发展最主要的是要有健康的心灵和体魄，而健康的第一步主要取决于从小养成良好的饮食、进餐习惯。中华民族具有传统美德，良好进餐习惯的培养可同现代文明相结合寻求指导理论。本次活动，通过谈话、多媒体演示及游戏等方式让幼儿充分了解传统美食礼仪，在不断实践过程中培养幼儿养成良好行为习惯，萌发爱国情感。

【活动目标】

1. 了解中国的传统美食及礼仪，喜欢中国的美食。

2. 能在创设的进餐情境中实践所学的餐桌传统礼仪。

3. 养成良好的饮食行为习惯，培养幼儿爱惜粮食的好习惯。

【活动重点】

了解中国的传统美食及礼仪，喜欢中国的美食。

【活动难点】

能在创设的进餐情境中实践所学的餐桌传统礼仪。

【活动准备】

1. 饮食好习惯图片、与传统节日对应的饮食图片、幼儿进餐道具每桌一份，筷子人手一双。

2. 与父母回家找找各种节日的饮食及礼仪。

【活动过程】

1. 谈话活动——"传统节日饮食"，引导幼儿了解中国传统美食。

结合图片，初步了解传统节日和传统美食。

提问：你们都知道中国有哪些传统节日，这些传统节日时我们都会吃什么？

教师小结：中国的传统节日有二月二、冬至、立春、腊八节、小年等等，端午节吃粽子，春节吃饺子……

2. 介绍中国传统的饮食礼仪，幼儿初步了解中国传统餐桌礼仪。

提问：我们在不同的节日里会吃不同的食物，在我们中国进餐时还有许多礼节呢，你们知道吗？

（1）幼儿根据自己与父母搜集的资料自由讲述。

（2）结合图片讲解餐桌礼仪：中国人吃饭传统是"团团坐"。

教师小结：客人入席后，不要立即动手取食。而应待主人打招呼，由主人举杯示意开始时，客人才能开始；客人不能抢在主人前面。

夹菜要文明，一次夹菜也不宜过多。夹菜应先夹自己最近的菜，不要在碗里乱翻。

要细嚼慢咽，不要挑食。

用餐的动作要文雅，不要发出不必要的声音，如喝汤时"咕噜咕噜"，吃菜时嘴里"叭叭"作响。进餐过程中不要玩碗筷或用筷子指向别人，不要用手去嘴里乱抠。

汤和食物如果太热，不可用嘴吹。等汤和食物凉了，再去吃。

3. 游戏：中华美食馆，引导幼儿在进餐情境中体验传统礼仪。

（1）幼儿按组自主分角色，选出主人与客人。

（2）将食物投放到每组的餐桌上，人手一双筷子，幼儿自主进行游戏。

（3）教师巡回指导，引导幼儿将所学的礼仪运用到"进餐"过程中。

（4）交流分享。

小组内幼儿互相交流自己用到的饮食礼仪。

请个别幼儿交流游戏中所运用到的礼仪。

教师根据幼儿讲述及时小结。

【活动延伸】

午餐"尝一尝，品一品"，进一步感知实践中国传统饮食礼仪。

活动二 音乐——歌曲创编《卖汤圆》

【教材分析】

《卖汤圆》是一首具有中国传统文化特色的曲子，象征着在过年的时候大家团团圆圆；歌曲节奏明快，小朋友们也被歌词中小二哥的形象所深深地吸引，都有一种想充当小二哥的愿望；于是，在新年即将到来之际，我们设计了以卖汤圆为载体的音乐创编活动，发展孩子们的创造力和想象力，体验充当小二哥的快乐。

【活动目标】

1. 能用物品的形状、颜色、味道、用途来创编歌词，并与旋律相匹配进行演唱。

2. 能大胆、自信地在同伴与老师面前进行创编展示，有表情地演唱。

3. 在创编活动中感受音乐作品的美，体验歌曲的幽默诙谐。

【活动重点】

能将创编的歌词与旋律匹配进行演唱。

【活动难点】

尝试依据原歌曲的内容、情绪及节奏，能按物品的形状、颜色、味道、用途来创编歌词。

【活动准备】

1. 经验准备：幼儿已会演唱歌曲《卖汤圆》；

2. 物质准备：活动课件（汤圆，水果，铅笔）；买卖东西的实物（水果类，文具类，生活用品类）；奖品（贴画）；货架；手推车。

【活动过程】

一、歌表演卖汤圆，引发幼儿参与活动的愿望。

1. 以过新年的口吻激发幼儿歌表演"卖汤圆"。

师：小朋友们，马上就要过新年了，过了新年又要迎来正月十五，在这个节日我们会吃到一种圆圆的东西是什么呀？（汤圆）那我们一起用好听的声音、有趣的表情和动作唱起《卖汤圆》吧。

2. 以提问的方式理解"小货郎"的意义。

提问：歌曲中是唱的谁在卖汤圆？（小二哥小货郎）

小货郎是什么意思？是干什么的？

3. 教师总结：小货郎就是卖东西的，就像我们现在的营业员一样，他是用唱的方式来卖东西，而且是边走边唱，现在我们再来学一学小货郎边走边唱《卖汤圆》。

4. 集体再次复习。

二、出示课件，引导幼儿分析歌词。

1. 引导语：老师把小货郎的汤圆放到了我们的大屏幕上，我们一起来看一看。

2. 提问：歌曲中唱的汤圆是什么样子的？（圆圆的，甜甜的，满满的）

都是唱的汤圆的什么？（形状，味道，数量）

3. 教师总结：小货郎卖汤圆时,把汤圆的形状、味道和数量编成了歌词,用唱的形式来吸引大家买,这是一个聪明的办法。听了这首歌,你们想不想买呀？唱出汤圆的特点,让人一听就想买他的东西。

三、出示课件,引导幼儿集体创编歌曲。

1. 师：小货郎还有很多东西要卖,想请小朋友帮忙,你们愿意吗？可是有一个要求,卖东西时要像小货郎一样用唱的方式来卖,好吗？

2. 出示第一样东西(苹果),引导幼儿集体从特点、价钱和作用三方面进行创编。(孩子说一样,教师用图片表示)

提问：苹果是什么样子的？(红红的,圆圆的,甜甜的)

大家一起来试一试！把它唱到歌里面的第一二句。

你的苹果打算卖多少钱？把它唱到歌里面的第三句。

你的苹果吃了有什么作用呢？把它唱到歌里面的第四句。

那怎样才能让很远的人,让更多的人知道你在卖什么呢,有什么好办法？(在前奏时,就说出你要卖什么,大声唱)幼儿集体编唱。

3. 出示第二样东西：蜡笔,集体引导编唱。

4. 教师总结：我们都是快乐的小货郎。刚才我们唱出了这些东西的什么？（形状,颜色,味道,价钱,作用)歌曲中的第一、二句唱东西的特点,第三句唱的是价钱,最后唱的是作用。我们可以用这种方法来创编。

四、出示实物,引导幼儿自由创编演唱。

1. 引导语：我们是能干的小货郎,会用唱歌的方式来卖东西了,要想别人买你的东西,你就要唱出来,而且还要唱好,让别人一听你的歌声就想买你的东西。

2. 幼儿选择实物进行创编演唱。

3. 请个别幼儿表演,教师从编的歌词、表情、动作等方面进行评价。

五、互动游戏：小货郎

1. 幼儿分组进行小货郎的游戏。规则：教师扮演买东西的人,谁能够让老师们买下自己的东西,就奖励一颗五星,看看谁得的五星多。

2. 幼儿游戏。引导幼儿有目的地创编歌曲。

卖汤圆

活动三　美术——线描画：青花瓷

【教材分析】

青花瓷是起源于我国古代的一种瓷器，它盛产于元代，它的纹饰最大特点是构图丰满，层次多而不乱。青花瓷中有很多辅助纹饰，例如卷草、莲瓣、古钱、海水、回纹、朵云、蕉叶等。本次活动就是让幼儿在观察、了解、感受和操作的过程中，逐渐了解图案的特点，引导幼儿充分发挥想象，创造性地装饰青花瓶，感受青花瓷的简约之美、蓝色之美，从而进一步加深幼儿对中国瓷器的喜爱之情，萌发幼儿的爱国情感，同时培养了幼儿丰富的想象力和创造力。

【活动目标】

1. 通过欣赏，感受青花瓷瓶的色彩美和图案的简约之美。

2. 尝试运用各种线条大胆地表现青花的花纹和图案。

3. 喜爱青花瓷不同花纹的美，喜爱中国陶瓷艺术品。

【活动重点】

尝试运用各种线条大胆地表现青花的花纹和图案。

【活动难点】

尝试运用各种线条大胆地表现青花的花纹和图案。

【活动准备】

1. 玻璃瓶纸样人手一个、《青花瓷》音乐。

2. 范画一张、图画背景若干。

3. 蓝色记号笔、胶棒、垫板人手一份。

【活动过程】

1. 出示青花瓷瓶，引起幼儿兴趣。

（1）提问：看看老师给你们带来了什么？

（2）教师边引导观察，边提问讲解：

提问：敲一敲，听听是什么样的声音？是用什么做的？瓶上有什么颜色的花纹和图案？

教师小结：蓝色也叫青色。这种用青色的花纹来装饰的瓷器，叫作"青花瓷"，这个瓷瓶，就叫"青花瓷瓶"。青花瓷瓶分为瓶口、瓶颈、瓶身、瓶底。

2. 欣赏青花瓷瓶，感受青花瓷瓶的花纹和色彩美。

（1）观察范例上的花纹。

提问：你看到了什么样的花纹和图案？它们有什么不同？哪个漂亮？在什么地方有连续花纹和单独花纹？

（2）发散思维。

提问：你还知道哪些线条和花纹、图案？

（3）欣赏更多青花瓷，为创造性的绘画做铺垫。

3. 幼儿创作，教师巡回指导。

（1）教师指导小朋友当设计师，大胆设计出自己喜欢的青花瓷瓶。

（2）让小朋友到托盘上挑一种自己喜欢的瓶子样式，进行设计，画上自己喜欢的点、线以及不同的花纹。

（3）教师巡回指导幼儿，重点引导幼儿大胆表现青花的花纹图案。

（4）画好的幼儿将作品粘到自己喜欢的背景纸上，贴到展板上进行展览，互相欣赏青花瓷之美。

4. 展示评价，欣赏延伸。

（1）你最喜欢哪个青花瓷瓶？为什么？

（2）在活动区内提供纸盘、玻璃瓶、空白纸扇等材料，引导幼儿在区角活动中继续装饰。

活动四　语言——故事：腊八节

【教材分析】

农历十二月初八是我国历史悠久的传统节日"腊八节"。以往，这一天人们都会煮上香糯甜美的腊八粥，当吃着香粥时也预示着新年的脚步已越来越近。腊八节在我国有着悠久的传统和历史，而我们的孩子对这些习俗和节日不甚了解，所以我们通过认识腊八节的来历及传统习俗，让孩子从多方面了解腊八节的习俗和饮食习惯，能积极地参与到活动中，学会关爱需要帮助的人们，在寒冷的冬天，感受节日带来的温暖和快乐。

【活动目标】

1. 知道农历十二月初八是我国的传统节日——腊八节，了解腊八节的来历和习俗。

2. 初步尝试用语言大胆表达自己对腊八节的认识与感受。

3. 喜爱传统习俗，懂得要做一个勤快的人、节俭的人。

【活动重点】

知道农历十二月初八是我国的传统节日——腊八节，了解腊八节的来历和习俗。

【活动难点】

尝试用语言大胆表达自己对腊八节的认识与感受。

【活动准备】

经验准备：了解关于腊八节的传统习俗。

物质准备：故事的图片。

【活动过程】

1. 谈话导入，激发兴趣。

提问：你们知道喝腊八粥是什么节日吗？

　　　那你们知道为什么要在腊八节喝腊八粥吗？

小结：腊八节也是我们中国的传统节日，通常在腊八节这一天人们会喝腊八粥。

2. 结合图片帮助幼儿了解腊八节来历的故事内容。

（1）教师有感情完整讲述。

提问：故事主要讲了一件什么事？

（2）根据图片分段讲述，帮助幼儿了解故事内容。

第一段讲述：出示图片讲述故事到"睡醒就玩"。

提问：爸爸是一个怎样的人？

他们家是富有还是贫穷？故事里是怎么说的？

第二段讲述：出示图片讲述故事到"油瓶倒了都不去扶一下"。

提问：儿子年纪越来越大，爸爸和妈妈是怎么对他说的？

　　　儿子娶的媳妇怎么样？故事里是怎么说的？

第三段讲述：出示图片讲述故事到"不然就是睡觉"。

提问：过了几年父母都老去了，儿子和媳妇看到家里还有这么多粮食是怎么说的？

　　　他们小两口改掉懒惰的坏毛病了吗？从哪里看出来的？

第四段讲述：出示图片讲述故事到最后。

提问：没过几年家里的东西怎么样了？

腊八这一天他们饿得不行了，做了什么？喝完粥小两口怎么说的？

人们为什么要喝腊八粥？

小结：人们为了警示后人不要懒惰，所以到了每年腊八这一天就喝杂粮做的粥喝。并给这个粥起名叫腊八粥。

3. 通过谈话了解腊八粥的更多传统习俗，明白要做勤快人。

（1）懂得要做勤劳的人的道理。

提问：你们认为要学习故事中的谁？为什么？

（2）了解腊八粥的更多习俗。

提问：你们知道腊八节还有什么传统习俗吗？

小结：还可以淹腊八蒜吃腊八蒜，在腊八节这一天腌上蒜会变绿，味道非常棒。

活动五　数学——认识梯形

【教材分析】

梯形是只有一组对边平行的四边形，是幼儿所要认识的平面图形中最难理解的一种，尤其是梯形的概念。因此，中班幼儿认识梯形，只要理解梯形的特征，能找出相应的图形即可，不必要求幼儿用语言描述梯形的特征。由于梯形的概念幼儿不容易理解，所以活动设计通过各种操作活动，让幼儿自己动手，在找找、玩玩的过程中感知梯形的主要特征。

【活动目标】

1. 了解梯形的基本特征，正确说出梯形的名称，认识各种不同的梯形。

2. 能不受大小、颜色摆放位置的干扰，正确辨认并找出梯形。

3. 养成生活中善于观察的习惯。

【活动重点】

了解梯形的基本特征，正确说出梯形的名称，认识各种不同的梯形。

【活动难点】

能不受大小、颜色摆放位置的干扰正确辨认并找出梯形。

【活动准备】

1. 幼儿每人一份黄色长方形纸、红色梯形纸（梯形的高和长方形的宽相等，梯形的底边和长方形的长相等）；每人一把剪刀（教师提前告诉幼儿如何正确安全地使用剪刀）。

2. 幼儿每人 1 张操作纸（如图）、1 套彩笔。

3. 各种正方形、长方形、三角形、梯形卡片若干。

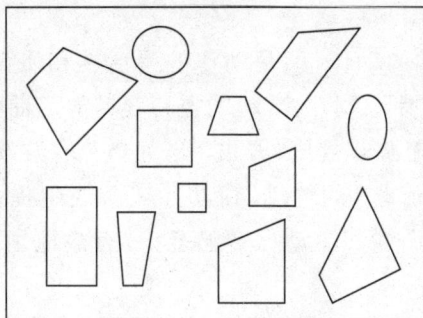

【活动过程】

1. 引导幼儿玩游戏"图形宝宝找朋友"，复习巩固对正方形、长方形等的认识。

每位幼儿取1个图形，扮演图形宝宝，边念儿歌边找朋友，儿歌结束时，相同的"图形宝宝"抱在一起，并说出图形的名称和主要特征。

2. 教师演示将长方形剪成各种梯形，引导幼儿通过观察比较了解梯形的主要特征。

（1）操作感知图形的特征。

比一比：将长方形的纸和梯形的纸重叠在一起比较，发现二者的异同点。

相同点：都有四条边，四个角。

不同点：长方形对边一样长，四个角一样大；梯形上下两条边平行但不等长，另两条边是斜着的，像梯子一样，这样的图形我们叫作梯形。

变一变：

让幼儿将长方形的纸和梯形的纸重叠在一起，剪掉多余的部分，将长方形变成梯形。

游戏："梯形宝宝"翻跟斗。将红色、黄色的梯形纸片不断变换方位，让幼儿从不同角度观察梯形的外形特征。

（2）巩固幼儿梯形特征的认识。

找一找：出示图形，引导幼儿观察比较后说出前三个是梯形，最后一个不是梯形，并说出理由。

寻找生活中梯形的物体（如梯子、房顶、台灯等）。

涂一涂：发操作卡，找出梯形部分涂色。

3. 扩展延伸，经验提升。

寻找生活中的梯形或与其相似的物品及建筑，如有些屋顶是梯形的。

【附儿歌】

图形宝宝找朋友，

图形宝宝找朋友，

你也找，我也找，

找到朋友抱一抱。

体育活动

送元宵

【教材分析】

中班幼儿基本能够掌握跑的动作，但是动作的灵活性和协调性还不够。为提高幼儿跑的协调性、增强幼儿的灵活性。因此，本次活动的重点是"学习曲线跑的基本方法，锻炼身体的协调性"。活动难点是"能遵守游戏规则，开展'送元宵'的游戏"。为了解决此重难点，我们运用了情景创设法，创设"送元宵"的情境，让幼儿在游戏中提高跑步的速度、灵敏性以及耐力，练习跑步的基本动作的协调性和主动摆臂的意识，有效地增强幼儿腿部的肌肉力量，发展幼儿跑步的能力。

【活动目标】

1. 学习曲线跑的基本方法，锻炼身体的协调性。

2. 能遵守游戏规则，开展"送元宵"的游戏。

3. 乐于参与游戏活动，体验快速跑的乐趣。

【活动重点】

学习曲线跑的基本方法，锻炼身体的协调性。

【活动难点】

能遵守游戏规则，开展"送元宵"的游戏。

【活动准备】

1. 平衡木 1 条、梅花桩若干，元宵图片若干，元宵盒 4 个。

2. 布置游戏场地（见下图）。

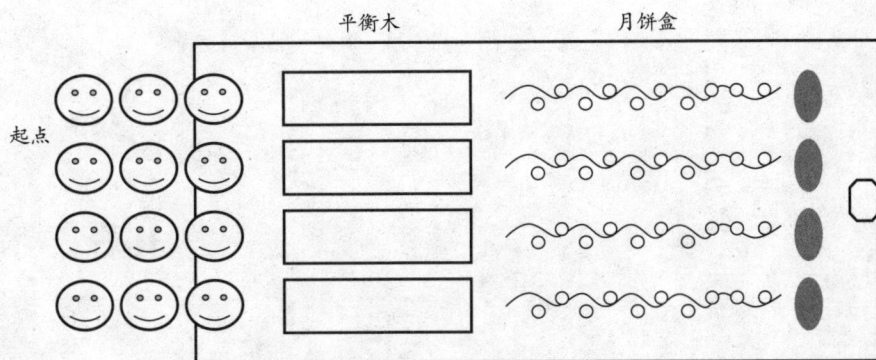

【活动过程】

1. 随音乐《卖汤圆》做热身运动。

教师以"做汤圆"的游戏口吻，带领幼儿做热身运动。

2. 创设"给爷爷送元宵"的情境，尝试和练习曲线跑动作技能。

（1）幼儿自由探索曲线跑的动作要领。

引导语：今天，我们要给爷爷送元宵，到爷爷的家要有一片蘑菇林，小朋友怎样绕过蘑菇林跑到爷爷家呢，我们来练习一下本领吧！

（2）请个别幼儿演示曲线跑的方法。

（3）借助儿歌，师幼共同梳理曲线跑的动作要领并正确练习。

动作要领：身体前倾微微侧；脚前掌外蹬要用力，同时别忘变方向；外侧手臂使劲摆，看谁跑得快又快。

（4）师幼共同练习正确的曲线跑动作，提醒幼儿跑时要稍侧身，手臂要摆动起来，并注意脚部的安全。

3. 游戏"送元宵"器械综合练习，发展动作的协调性和灵活性，体验参加竞赛游戏的快乐。

（1）教师引导幼儿观察场地及器械。

（2）介绍游戏玩法及规则。

玩法：将幼儿分成数量相同的 4 纵队，听到发令后，第一位幼儿快速走过独木桥，绕过蘑菇曲线跑把手中的元宵放到老爷爷的元宵盒里，并跑回来击掌，下一名幼儿继续，送元宵速度最快的一组获胜。

规则：每名幼儿一次放一个元宵。幼儿返回与下面的小朋友击掌后，游戏方可继续。

4. 放松运动"下元宵"。

幼儿模仿锅中的元宵做放松运动，最后随音乐变成一个大元宵，然后一口一口变小，最后吃完的时候放松躺在地上。

第 3 周 红灯高照，中国年

环境创设

1. 主题板：延续"中国节，中国结"主题墙饰，并重点添加亲子制作的贺卡、对联、福字。

2. 班级环境：将游戏中所制作的材料在班级中进行装饰，可采用悬挂、组景等方式，布置青花瓷的环境创设。

3. 区域活动：继续延续上周的活动区域，并与大哥哥姐姐互动，欣赏大一班哥哥姐姐的京剧表演，同时展示我们的舞龙表演。

生活活动

1. 根据天气情况，及时增添衣服，幼儿小便后为其检查衣裤是否整齐。

2. 午睡时知道穿脱衣服的顺序，特别是在起床后先穿上衣，用被子盖住腿保暖，预防感冒。

3. 擦手时，毛巾摊开，把手擦干净，不皱手。

4. 安全教育：知道游戏时相互谦让，不争抢。

家长与社区教育

1. 请爸爸妈妈带领幼儿走进自己生活的社区，听听老奶奶老爷爷讲以前过节的传统习俗。

2. 爸爸妈妈进课堂，为幼儿讲述传统节日的来历。

3. 爸爸妈妈进课堂，为幼儿展示毛笔书法、京剧等传统文化。

4. 请家长带领幼儿走进民俗博物馆或天后宫感受传统文化。

教学活动

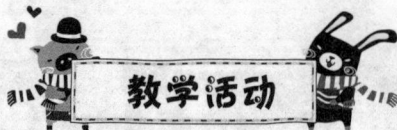

活动一　音乐——欣赏《金蛇狂舞》

【教材分析】

《金蛇狂舞》是一首民族特色乐曲。结构精炼紧凑，乐曲运用三段体结构，由三个段落反复循环组成，采用了民间吹打乐的演奏方式，旋律昂扬，锣鼓铿锵有力，简洁明快的配器将音乐的欢快旋律和热烈气氛表现得淋漓尽致。中班幼儿喜欢多种多样的艺术形式和作品，会对不同形式的音乐产生好奇心和浓厚的兴趣。因此，本活动主要采用乐曲欣赏、创编动作相结合等学习方式，为幼儿营造充分感受乐曲的氛围，在感受音乐、欣赏音乐、体验音乐、表现音乐中，提升对传统音乐的喜爱之情，从而增进幼儿对传统文化的喜爱。

【活动目标】

1. 欣赏音乐，感受民族乐曲的旋律美。

2. 理解乐曲所表达的意境，感受乐曲所表达的欢庆节日的愉悦之情。

3. 喜爱传统音乐，对民族特色音乐感兴趣。

【活动重点】

欣赏音乐，感受乐曲的旋律美。

【活动难点】

理解乐曲所表达的意境，感受乐曲所表达的欢庆节日的愉悦之情。

【活动准备】

音乐、图片。

【活动过程】

1. 谈话引出，引发幼儿作为中国人的自豪感。

出示图片《中国景象图片》，引导幼儿感受欣赏中国美丽的风景和文化，激发幼儿对于国家的热爱之情。

提问：我们是哪个国家的人？为什么？中国最美的是什么？

教师小结：我们都是中国人，我们的国家有很多美丽的风景和文化。

2. 欣赏音乐《金蛇狂舞》，感受音乐中热烈欢快的氛围。

（1）欣赏音乐《金蛇狂舞》第一段。

提问：你从音乐中听出了什么？有什么感觉？

（2）欣赏音乐《金蛇狂舞》第二段。

提问：第二段和第一段有什么不同？情绪上有什么不一样？

（3）欣赏音乐《金蛇狂舞》第三段。

提问：第三段和第一、二段有什么不同？听了第三段音乐后，你有什么不一样的感觉？

（4）完整欣赏音乐《金蛇狂舞》，进一步加深幼儿对于乐曲的感知理解。

提问：你最喜欢音乐中哪段旋律，为什么？

3. 欣赏音乐《金蛇狂舞》，幼儿随音乐一起创编动作。

（1）欣赏歌曲讨论：歌曲中多次运用了哪些乐器？它们给你一种什么感觉？

小结：歌曲中多次运用鼓、锣、镲表现了庆祝节日的热烈氛围，让我们有一种激动、非常开心的情绪。

（2）请幼儿和老师一起随音乐创编动作，表现庆祝节日的快乐氛围，加深幼儿对音乐旋律的感知。

4. 幼儿再次随音乐感知赏析音乐《金蛇狂舞》，激发幼儿对于传统音乐的喜爱之情。

6. 活动延伸，拓展幼儿对于音乐的欣赏与再现。

音乐区投放音乐《金蛇狂舞》，鼓励幼儿进一步大胆表现自己对于歌曲的感受。

【附歌谱】

金蛇狂舞

民间乐曲
聂耳 改编

活动二　语言——童谣《春节》

【教材分析】

童谣《春节》通过讲述过年前几天的习俗场景，营造出了生动的视觉感，让幼儿在欣赏、朗诵童谣的同时感受节日的气氛。诗歌内容富有节奏感，且每一句最后一字押韵，易于幼儿朗读。春节是中国最隆重的节日，幼儿通过学习童谣，可以感受了解春节的传统习俗，并感受童谣这种有趣的文学形式。童谣篇幅较长，内容含有一系列数字，幼儿容易混淆，所以我们将活动难点设为"能够清晰表达出自己过春节的经历，并完整朗诵春节童谣"。活动中借助图片等直观形象的方法，引发幼儿观察、想象、分析，并大胆讲述自己的经验，帮助幼儿完整朗诵童谣。

【活动目标】

1. 了解过春节的趣事习俗，学习春节童谣。

2. 能够清晰表达出自己过春节的经历，并完整朗诵春节童谣。

3. 感受春节的快乐气氛，萌发对中国传统节日的喜爱之情。

【活动重点】

了解过春节的趣事习俗，学习春节童谣。

【活动难点】

能够清晰表达出自己过春节的经历，并完整朗诵春节童谣。

【活动准备】

经验准备：和爸爸妈妈一起了解春节前几天会为过春节做哪些准备活动。

物质准备：《春节童谣》PPT图片。

【活动过程】

1. 谈话导入，激发幼儿学习兴趣。

（1）了解过新年时的传统习俗。

提问：我们中国人一年中过的最隆重的节日是什么节？

你们在过新年的时候家里都会做哪些事情？

小结：春节是我们中国人一年中过的最隆重的节日，我们过新年时会吃团圆饭、包饺子、放鞭炮、贴春联、挂灯笼等。

（2）了解过年前几天会为春节做哪些准备。

提问：小朋友们，你们知道爸爸妈妈或爷爷奶奶在过年前几天会做哪些准备吗？

小结：过年之前我们会扫房子、买肉、蒸馒头等为过新年做准备。

2. 通过图片，熟悉了解春节童谣的内容。

（1）教师完整朗诵童谣。

提问：你在童谣中听到了什么？

（2）结合图片熟悉童谣内容。

（分别出示童谣图片，依次提问，引导幼儿理解童谣内容）

提问：图片上是什么？不同的日子都需要做哪些事情？

3. 教师分层指导，引导幼儿学习朗诵童谣。

（1）教师和幼儿一起根据图片朗诵童谣。

（2）在教师引导下，幼儿学说童谣。

（3）根据幼儿生疏的地方着重熟悉内容。

4. 利用多种形式巩固幼儿完整朗诵童谣。

（1）师幼以接力的方式朗诵童谣。

（2）男女以接力的方式朗诵童谣。

（3）以一问一答的形式朗诵童谣。

【附童谣】

春 节

小孩小孩你别馋，过了腊八就是年。

腊八粥你喝几天，哩哩啦啦二十三。

二十三，糖瓜粘。

二十四，扫房子。

二十五，冻豆腐。

二十六，去买肉。

二十七，穿新衣。

二十八，把面发。

二十九，蒸馒头。

三十晚上熬一宿，大年初一扭一扭。

活动三 美术——剪窗花

【教材分析】

剪纸在我国是一种很普及的民间艺术，因为窗纸大多是贴在窗户上的，因此人们也称其为"窗花"。过节贴窗花，不仅烘托了喜庆的节日气氛，而且带来了美的享受。本活动借助新年让幼儿接触剪纸的艺术形式和作品，丰富其对剪纸艺术的感受和体验，并鼓励幼儿共同参与布置班级环境。

　　窗花的折剪方法多种多样，中班幼儿虽然初步具备折剪等技能，但控制剪刀的力度较弱。因此，本活动主要采用的是三折的折剪方法，鼓励幼儿自主地表现和创作不同图案的窗花作品。

【活动目标】

　　1. 初步了解剪纸这种民间艺术，会用三折法剪出窗花。

　　2. 尝试用挖空、去角、剪形的办法剪出不同图案的窗花。

　　3. 喜欢剪纸，感受剪纸艺术的创意美。

【活动重点】

　　初步了解剪纸这种民间艺术，会用三折法剪出窗花。

【活动难点】

　　尝试用挖空、去角、剪形的办法剪出不同图案的窗花。

【活动准备】

　　1. 请家长协助幼儿收集不同图案的窗花，张贴在教室窗户上。

　　2. 大小不同的红色方形纸条每人3张，剪刀、胶水或透明胶等工具。

【活动过程】

　　1. 引导幼儿欣赏窗花，感受剪纸艺术的美，体验窗花带来的节日气氛。

　　（1）教师带领幼儿进入张贴好窗花的活动室，引导幼儿自由观看。

　　提问：这些贴在窗户上的剪纸叫什么？活动室里张贴的窗花和平时的花有什么不同？你们还在哪里看到过窗花？

　　（2）师幼共同欣赏窗花上的图案。

　　提问：上面是什么图案？它们像什么？

　　帮助幼儿了解窗花图案的含义。

　　（3）老师即兴剪窗花，请幼儿仔细看看是怎样剪的。

　　启发幼儿说出老师剪的窗花的步骤：先将正方形纸对折3次，画上喜欢的图样，然后运用挖角、去角、剪形的办法剪出不同图案的窗花。

　　2. 幼儿自主探索尝试剪出窗花。

　　（1）引导幼儿阅读幼儿学习材料《迎新年》第12～13页，鼓励幼儿自主尝试剪窗花。

　　（2）观察自己和同伴剪窗花，思考出现的问题：

　　为什么有的窗花容易剪断？

　　怎样才能剪出完整的窗花？

　　（3）教师根据步骤图的提示，结合幼儿的问题，逐步示范正确的剪窗花步骤。

　　（4）幼儿再次尝试剪窗花。

　　教师可提供大小不同的纸，鼓励幼儿尝试剪出大小不同的窗花。

　　3. 贴窗花，幼儿交流欣赏作品。

　　（1）让幼儿将自己剪的窗花张贴到窗子合适的位置。

　　（2）自由欣赏同伴作品，找出自己喜欢的窗花，并讲述自己喜欢的理由，体验通过自己的双手装扮环境的自豪感。

活动四 社会——高高兴兴迎新年

【教材分析】

元旦是中华民族的传统节日，是新的一年的开端。在正在开展的中国传统文化课程背景下，恰逢中国传统节日"元旦"，我们便准备开展庆元旦亲子活动，让幼儿在了解了中国传统节日及传统习俗后，通过亲子活动使幼儿更加真实地感受节日氛围。本次活动引导幼儿来熟悉新年的含义，引导幼儿自己协商制定新年庆祝活动计划、环境布置等，以各种形式增强幼儿对节日习俗的认识与了解，同时锻炼幼儿大胆表现自己的能力。

【活动目标】

1. 了解新年的庆祝方式，对传统节日习俗有进一步了解。

2. 能按自己的想法设计新年活动，制订、准备活动计划。

3. 体验参与活动的愉快情绪，共同分享节日的快乐。

【活动重点】

了解新年的庆祝方式，对传统节日习俗有进一步了解。

【活动难点】

能按自己的想法设计新年活动，制订、准备活动计划。

【活动准备】

1. 新年日历、幼儿学习材料《迎新年》，迎新年工作计划表1张。

2. 课件：以前过新年庆祝的图片、视频。

【活动过程】

1. 出示新年日历，引导幼儿观察，了解新年的含义。

（1）引导幼儿在日历上找出新年日期，并能简单说出日历上数字的含义。

提问：哪一天是新年？

（2）教师讲解新年意义：1月1日是元旦，是新年的第一天。新一年的开始，意味着每个人又长大了一岁。过新年时，人们心情非常快乐，互相问候，互相祝贺。

2. 引导幼儿观看课件、讨论交流，了解并设计新年的庆祝方式。

（1）观看课件，回顾去年新年的庆祝方式。

提问：去年我们是怎样庆祝新年的？你最喜欢的庆祝活动是什么？

（2）鼓励幼儿根据自己的想法设计新年庆祝活动，并画在《迎新年》第1页。

（3）幼儿相互交流，教师用图示记录，帮助幼儿了解不同的新年庆祝方式。

小结：新年的庆祝方式多种多样，比如开联欢会、布置环境、做游戏、准备节日礼物等，这些方式都会让我们感到节日的快乐。

3. 师幼共同讨论，制订迎新年准备工作计划。

（1）共同梳理迎新年的主要工作：布置活动室；排练节目；制作邀请卡；制作新年礼物；开联欢会。

（2）根据本班实际情况，明确要做的几件事情，讨论、安排事情的先后顺序。

（3）和幼儿一起制订迎新年准备工作计划表，并张贴在展板上。

活动延伸：

在区域活动、亲子活动中继续进行新年联欢会的准备，如给爸爸、妈妈邀请卡，为家人、同伴制作新年礼物，为班级制作礼花、乐器、小灯笼、窗花等。

活动五　数学——比较高矮

【教材分析】

幼儿的生活离不开各种各样的物品,孩子们喜欢观察、动手去摸、摆弄。中班年龄段幼儿对物体高矮以及自己与同伴间的身高有着浓厚的兴趣。为此我给幼儿提供了生活中、游戏中常见的物品,引导幼儿运用多种方法比较测量物体的高矮,理解物体的高矮是相对的。结合具体事物让幼儿通过多次比较逐渐理解'量'是相对的。活动中,让幼儿通过游戏、对比观察、自主探索、互相交流的过程中掌握比较高矮的正确方法,并在最后的交互游戏中实践、探索,感受边游戏、边学习的快乐过程。

【活动目标】

1. 学习区分高矮,掌握区别高矮的简单方法。

2. 能正确操作比较物体的高矮并讲述比较结果,感知高矮的相对性。

3. 乐意参与比较高矮的操作,养成相互合作、有序做事的良好习惯。

【活动重点】

学习区分高矮,掌握区别高矮的简单方法。

【活动难点】

能正确操作比较物体的高矮并讲述比较结果,感知高矮的相对性。

【活动准备】

物质准备:

1. 表演盒子一个,红、蓝、绿相同粗细不同高矮的柱子各一个。

2. 人手3个操作学具,分三筐装。

3. 音乐《土耳其进行曲》。

知识准备:

前期游戏准备《说反话》。

【活动过程】

1. 游戏《说反话》,引出活动。

玩法:教师说高,幼儿说矮;教师说矮,幼儿说高……由纯语言游戏——语言和动作相结合游戏。

2. 问题讨论,引导幼儿学习区分高矮,知道要在同一平面上比较高矮。

(1)教师引导幼儿猜测。

关键性提问:猜猜红色柱子和绿色柱子谁高谁矮?

(2)打开盒子盖再次观察,谁高谁矮?为什么?

教师或幼儿操作验证(将两个物体放在同一平面上),引导幼儿观察比较。

小结:红色柱子和绿色柱子比,绿色比红色高,红色比绿色矮。比较高矮要在同一平面上,否则得出来的结果就不准确了。

(3)蓝色柱子和绿色柱子谁比谁高,谁比谁矮?

打开盒子盖,请个别幼儿操作验证。(将两个物体靠在一起)

小结:蓝色柱子和绿色柱子比,蓝色柱子比绿色柱子高,绿色柱子比蓝色柱子矮。比较物体高矮除了要在同一平面上,还要并并拢,靠在一起才更准确。

(4)绿色柱子到底是高还是矮?

小结:绿色柱子和蓝色柱子比,绿色柱子比蓝色柱子矮。绿色柱子和红色柱子比,绿色比红色高。高矮不是永远不变的，关键看你和谁比。

3. 自主探究操作比较两个物体的高矮，用完整语言讲述比较结果。

（1）幼儿从椅子底下拿出操作学具，与同伴比较两个物体的高矮。

提问：你是和谁比的？谁的学具高？谁的学具矮？（鼓励幼儿用完整的语言完整表述 ×× 学具比 ×× 学具高，×× 学具比 ×× 学具矮）

（2）从操作筐中选一个比自己手中学具高的学具，说说谁比谁高，谁比谁矮？（幼儿自由讲述）

（3）引导幼儿将手中高的学具放到椅子底下，再从操作筐里找一个比自己手中学具矮的学具。

（4）拿出椅子底下高的学具，引导幼儿自主比较自己手中 3 个物体的高矮并按从高到矮或从矮到高排排队。

提问：你是怎样排的？你的 3 个学具中谁最高？谁最矮？你是怎样比较的？（引导幼儿说说是按从高到矮或从矮到高排排队的。）

4. 游戏：好朋友《抱一抱》，感知高矮相对性。

（1）玩法：听音乐找朋友，音乐停止，幼儿快速与朋友比高矮，高的幼儿轻刮一下矮的小朋友的鼻子或矮的小朋友轻刮一下高的小朋友的鼻子，音乐开始，游戏继续。

（2）教师及时小结：高矮是相对的，跟这个小朋友比也许你是高的，但跟另一个小朋友比有可能你就是矮的，所以比高矮时要说清楚"×× 和 ×× 比，× 比 × 高，× 比 × 矮"。

（3）组织游戏并引导幼儿快速、正确比较高矮。

（4）拓展游戏：《三人抱团》，引导幼儿说说是按从高到矮或从矮到高排排队的。

5. 鼓励幼儿尝试更多人比较高矮的游戏，自然结束。

体育活动

舞 龙

【教材分析】

舞龙是传统民间游戏，过程所需要的专注性和协作能力为幼儿舞龙提出了挑战。中班幼儿的动作具有一定的协调性和灵活性，也有合作游戏和协商解决问题的初步经验。因此，本次活动的重点是"自主探索舞龙的动作，有节奏地做蹲起、摇摆、转弯等舞龙动作"。活动难点是"能与同伴共同协商创编舞龙的动作和方式，在初步掌握舞龙的技巧"。为了解决此重难点，游戏中，通过引导幼儿自主探索、小组合作等方式，在掌握舞龙基本动作的基础上，创编出不同的舞龙动作，如神龙盘旋、蛟龙入水、巨龙腾飞等，感受同伴间的配合，激发幼儿舞龙的兴趣，体验舞龙的乐趣。

【活动目标】

1. 自主探索舞龙的动作，有节奏地做蹲起、摇摆、转弯等舞龙动作。

2. 能与同伴共同协商创编舞龙的动作和方式，初步掌握舞龙的技巧。

3. 体验同伴合作舞龙的乐趣。

【活动重点】

自主探索舞龙的动作,有节奏地做蹲起、摇摆、转弯等舞龙动作。

【活动难点】

能与同伴共同协商创编舞龙的动作和方式。

【活动准备】

1. 舞龙音乐、幼儿学习材料《迎新年》。

2. 幼儿自制的道具龙两个、每人一根丝带。

【活动过程】

1. 引导幼儿自由探索丝带的多种玩法,开展热身活动。

(1)请幼儿说说丝带像什么。

(2)引导幼儿互相模仿学习让丝带舞起来。

小结:可以边跑边舞丝带、上下跳跃的同时将丝带左右摆动、旋转来舞动丝带。

2. 引导幼儿与同伴自由探索自制的道具龙的多种玩法。

(1)幼儿自主探索讨论自制道具龙的玩法,教师在旁认真观察。

(2)请一组幼儿先来展示舞龙,其他幼儿注意观察他们舞龙的动作。

小结:舞龙可以用不同的方法,如左右摇摆、上下蹲起、曲线前进等。

3. 引导幼儿根据讨论结果进行再次尝试,练习讨论的动作。

(1)请幼儿和同伴一起讨论:怎样让动作更整齐?

(2)可以鼓励幼儿跟着口号或动作进行尝试。

4. 播放音乐,引导幼儿跟着音乐有节奏地开展舞龙游戏。

(1)各组听着音乐尝试自主有节奏地舞龙,教师进行分组巡视。

(2)分组展示练习的效果。教师带领幼儿欣赏并讨论:哪个地方舞得好？为什么？

5. 根据分享的结果跟随音乐再次进行游戏,鼓励小组之间进行互动,互相点头、并行等。

6. 幼儿分为秧歌绸带组和舞龙组随音乐进行舞龙大会的展演。

下学期 中班

主题一　我会保护自己

活动区活动
1. 爱心音乐
2. 我喜欢的小口罩
3. 我爱洗澡
4. 讲卫生的好宝宝
5. 蛋壳的变化
6. 我爱运动
7. 健康棋

教学活动
1. 好习惯体验日：文明进餐
2. 花脸虎的喷嚏
3. 白白的牙齿
4. 学习 9 的形成
5. 我爱洗澡

户外体育活动
1. 踩影子
2. 老狼，老狼，几点了

第 1 周　身体的秘密

我会保护自己

教学活动
1. 妈妈不见了
2. 特殊的电话号码
3. 复习 9 的形成
4. 战胜大灰狼
5. 安全小标志

教学活动
1. 马路上的斑马线
2. 安全乘车
3. 9 以内数的守恒
4. 安全第一我知道
5. 马路上

第 2 周　躲开危险

第 3 周　马路上的安全

户外体育活动
1. 盲人摸象
2. 小心触电

户外体育活动
1. 送信
2. 小动物找家

活动区活动
1. 娃娃家
2. 安全标志
3. 牢固的房子
4. 两只猴子
5. 躲开危险
6. 安全标志我认识

活动区活动
1. 乘公共汽车
2. 巧变汽车
3. 热闹的马路
4. 安全第一我知道
5. 发生了什么事
6. 马路上的斑马线
7. 比比哪个开得快
8. 小汽车开来了

223

主题价值

中班幼儿大胆尝试新鲜事物的欲望不断增强。他们有一定躲开危险的意识，在成人提醒下能不做危险的事，但由于自我约束能力、对危险的判断能力尚有欠缺，因此常会出现认知与行为脱节的现象。主题活动"我会保护自己"围绕"身体的秘密""躲开危险""马路上的安全"3个次主题，帮助幼儿了解自己身体的主要器官及功能，引导幼儿乐意配合疾病的预防和治疗；以幼儿常接触的危险场所和危险因素为主线，让幼儿在活动中学会保护自己，对危险的标志与信号能做出及时的反应，提高自我保护的意识和能力。同时，引导家长在日常生活中渗透健康、安全教育，让幼儿在生活中学会自我保护。

主题目标

★养成良好的卫生、生活、行为习惯，避免身体受到伤害。

1. 了解自我保护的基本方法和遇到危险时的简单应对方法，有一定的自我保护意识，懂得保护自己很重要。

2. 喜欢参加体育锻炼，知道体育锻炼也是保护自己的方法；进一步掌握平衡动作和学习掌握抛接动作，增强身体的协调性和灵敏性。

3. 乐于探索身体的秘密，初步学会保护身体的器官；能判断生活中的危险事物或行为。

4. 认识生活中常见的安全标志，理解其含义；根据实际需要设计简单的安全标志符号并遵守规则。

5. 能用歌唱、表演、绘画等方式表达自我保护的方法及对其重要性的理解和认识。

区域活动安排

区域名称	活动名称	活动准备	活动指导建议
结构区	生活场景搭建	大型积木、纸盒、木块、雪花片、炮弹插塑玩具、积木、大雪花片等各种插塑玩具，木质积木、插塑及树枝、纸盒等辅助材料	1. 运动场： ● 指导幼儿大胆想象并搭建"运动场"，发展围合、垒高和运用辅助材料搭建的技能。 ● 鼓励幼儿与同伴分工合作，运用积木、纸盒、雪花片、炮弹插塑玩具等搭建出运动场中的运动区域、运动设施和看台等。 ★ 指导幼儿学会欣赏并介绍搭建作品。 2. 牢固的房子： ● 指导幼儿运用架空、垒高、围封的方法搭建坚固的房子，并在搭建房子的同时设计搭搭围栏。 ● 请幼儿认真阅读《我会保护自己》第13页和各种房子及围栏的图片，运用积木、大雪花片等不同的材料搭建坚固的房子和围栏。 ★ 鼓励幼儿自主选择材料和方法进行房子不同位置的搭建。 3. 热闹的马路： ● 指导幼儿运用拼插和搭建的方法表现热闹的马路。 ● 指导幼儿用积木搭建马路，楼房等主题框架，用插塑、树枝等辅助材料进行美化。 ★ 与同伴共同搭建，协商合作。
社会区	我爱幼儿园	水果刀、电插座、打火灶、家庭成员的服饰，医生、护士的白色衣帽，空药盒、药瓶，听诊器、注射器，硬纸壳做的公共汽车造型，小椅子两两一排，创设成公共汽车的情境	1. 爱心医院： ● 指导幼儿扮演医院中的角色，了解身体的主要器官及功能，懂得简单的常见疾病的预防和治疗。 ● 启发幼儿扮演医院中的角色，模仿挂号、看病、开药、治疗等情节进行分工合作，有秩序地游戏。 ★ 提醒幼儿扮演角色时能热情服务，会说关心的话。 2. 娃娃家： ● 指导幼儿协商扮演娃娃家的角色，了解家里容易发生危险的物品，知道正确使用这些物品的方法，学习躲避危险。 ● 启发幼儿创编情节开展游戏，如带"孩子"外出游玩、逛商场等，知道外出时应紧跟大人，了解走丢后自我保护的方法。 ★ 鼓励幼儿能够根据自己的经验拓展游戏内容。 3. 乘公共汽车： ● 指导幼儿知道安全乘公共汽车的方法，加深对乘车规则的了解。 ● 引导幼儿自主协商分配角色，扮演司机、老爷爷、孕妇、小朋友、妈妈等角色，引导幼儿丰富游戏情节。如：可借机展现让座等文明乘车礼仪。 ★ 指导幼儿与同伴友好交流，自觉使用礼貌用语。
美工区	我喜欢的小口罩	印泥、水粉颜料、彩色纸、皱纹纸	● 能运用手印画、指印画、撕纸粘贴等不同的方式装饰自己喜欢的小口罩。 ● 鼓励幼儿自主选择水粉颜料、水彩笔、彩色纸等材料大胆创作。 ★ 保持画面整洁，不乱涂画。
美工区	安全标志	提供"小心地滑""小心触电"等常见安全标志的范例，彩笔、各色卡纸、冰糕棒、剪刀、胶水	● 指导幼儿在观察常见标志的基础上，为班级里某些需要的地方制作安全标志。 ● 指导幼儿根据常见标志的范例自己动手设计、制作标志，并张贴到相应的位置，增强安全意识。 ★ 仔细观察图示，有信心完成作品。
美工区	巧变汽车	废旧的纸盒、牙膏盒、彩纸、胶水，幼儿学习材料《我会保护自己》	● 指导幼儿巧妙地利用小纸盒原有的造型组合，拼粘成小汽车。 ● 引导幼儿阅读《我会保护自己》第28页，了解小汽车的制作步骤，尝试利用纸盒的不同造型，折剪、组合、拼粘成各种各样的小汽车，并进行装饰。 ★ 能够将材料用完放回原处，不将垃圾乱扔。

区域名称	活动名称	活动准备	活动指导建议
益智区	我爱运动	雪花片、火柴棒、福禄贝尔玩具、"我爱运动"的照片	● 引导幼儿在观察的基础上创造性地摆出人物不同的运动姿态，增强对运动的兴趣。 ● 指导幼儿利用雪花片、火柴棒、福禄贝尔玩具自由拼摆，表现人物的不同姿势和身体动作。 ★ 能够将用不到的材料放回原处，不乱扔。
	安全棋	棋盘（见幼儿学习材料《我会保护自己》）、棋子3～4个、骰子1个	● 指导幼儿与同伴合作游戏，根据画面内容前进或后退，体验棋类活动的快乐，并巩固安全小常识。 ● 请幼儿阅读《我会保护自己》第23页，教师介绍安全棋的内容、玩法和规则。 ★ 学习与同伴进行交流和协商，合作完成任务。
	小汽车开来了	玩具小汽车若干、马路图片、1～9的数字卡	● 指导幼儿巩固9以内数的形成和点数。 ● 引导幼儿用积木在桌子上搭建小型停车场、马路等场景，"马路"上有许多小汽车。 ★ 愿意主动向同伴学习，分享交流。
音乐区	我爱洗澡	《口哨与小狗》的音乐、洗澡用具（毛巾、肥皂、沐浴球等）	● 引导幼儿用肢体动作有节奏地创编洗澡的过程，并能与同伴合作表演。 ● 引导幼儿感受乐曲活泼、欢快的特点，能运用毛巾、沐浴球等道具和肢体动作有节奏地创造性地表现洗澡的过程。 ★ 能用好看的动作进行舞蹈表演。
	两只猴子	《两只猴子》的音乐、铃鼓、响板、碰铃	● 指导幼儿掌握音乐术语的唱法，并用自然好听的声音演唱歌曲。 ● 鼓励幼儿诙谐、幽默地演唱歌曲，尝试用乐器为乐曲进行伴奏。 ★ 能与同伴商量交换乐器进行伴奏。
	安全第一我知道	歌曲《安全第一我知道》、教学图片、用纸箱自制的小汽车、方向盘	● 鼓励幼儿看图并随歌旋律有节奏地演唱。 ● 指导幼儿有表情的演唱歌曲，会边唱边表演，并能唱准歌中的附点音符和休止符。 ★ 学习与同伴合作表演，表情丰富。
生活区	我会这样保护自己	家庭医药箱；有危险性的工具，如剪刀、美工刀、大头针等；马路背景地板和操作道具	1. 小小医药箱： ● 指导幼儿了解简单的自我救治常识，如创可贴、温度计、退烧贴等用品的使用方法。 ● 指导幼儿根据自己的生活经验和图片，了解医药箱中各种物品的名称、使用方法和作用。 ★ 愿意做生活中的有心人，懂得基本的自救常识。 2. 怎样避免受伤： ● 指导幼儿了解生活中有危险性的工具的使用方法，懂得如何避免自己受伤。如：剪刀、美工刀等。 ● 指导幼儿指导生活中常见的有危险性的工具的名称和基本特点。 ★ 学会自我保护的基本常识，懂得自我保护的方法。 3. 过马路： ● 指导幼儿使用道具模拟过马路的情形，懂得在马路上的交通规则和生活常识。 ● 指导幼儿回忆和学习马路上的基础设施的作用，懂得马路上的基本规则。 ★ 愿意了解生活中的基本规则，懂得保护自己避免伤害。

（●为核心目标指导，★为养成目标指导）

户外活动安排

活动名称	活动目标	活动准备	活动指导建议
老狼,老狼,几点了	1. 练习四散追跑,锻炼下肢力量。 2. 提高听力、数数能力,敏捷的反应能力和动作速度。 3. 体验问答游戏的乐趣,活动中注意保护自己。	老狼、小羊头饰,宽阔平坦的场地	● 指导一名幼儿扮演大灰狼,其余幼儿扮演小羊,随儿歌进行游戏,锻炼幼儿反应能力。 ● 组织幼儿玩游戏,如果被"老狼"捉住了,那么这个被捉住的小朋友要扮演老狼,开始下一轮游戏。 ★ 指导幼儿在游戏中,跑的时候一定要注意安全,懂得保护自己和他人。
小心触电	1. 学会双脚跳的动作技能,提高躲闪能力。 2. 了解一些安全知识,产生自我保护的意识。	电源插头(可用稍厚的纸卷成小棒)2~4个、场地上画一个圆圈	● 游戏中全体幼儿双脚跳向圈里,接着又跳出圈外(跳时不能转身),手拿插头的幼儿在圈内跑来跑去,想办法用小棒触到住圈里跳的幼儿。 ● 触到谁,谁就被罚下场。 ★ 引导幼儿学会在体育活动中,通过闪躲保护自己和他人。
球儿飞	1. 初步掌握两人合作抛接球的基本方法。 2. 尝试两人配合,逐步做到手眼协调,反应敏捷。	报纸球和塑料筐若干、幼儿学习材料《我会保护自己》	● 幼儿两人一组,一人手拿塑料筐,另一人将纸球抛向筐内,互换角色进行游戏。 ● 幼儿听音乐进行运动,音乐开始,幼儿抛球练习,音乐停止,幼儿停止抛球。 ★ 指导幼儿懂得游戏中的规则,有遵守规则的意识。

（●为核心目标指导,★为养成目标指导）

第1周　身体的秘密

环境创设

1. 创设"天气预报"专栏,开设天气情况、穿衣指数等小栏目,引导幼儿关注天气,根据天气变化随时增减衣物。

2. 设计张贴"预防传染病"宣传海报,了解预防传染病的方法。

生活活动

1. 指导幼儿掌握擤鼻涕、打喷嚏、咳嗽时的正确做法,预防传染病的发生。

2. 提醒幼儿进餐时不挑食,不偏食,不暴饮暴食,知道要多吃蔬菜和水果,养成良好的生活饮食习惯。

3. 教育幼儿爱护自己的身体,多喝水,勤洗手,不用脏手碰眼睛,知道保护眼睛。

家长与社区教育

1. 请家长对幼儿进行爱清洁、讲卫生教育,如饭前便后洗手、自己勤洗澡、每天早晚刷牙等。

2. 请家长提醒幼儿早睡早起,并能坚持午睡,养成良好的作息习惯,保护身体健康。

3. 请家长经常带孩子到社区、大自然中进行户外锻炼,增强体质。

4. 请家长引导幼儿少吃冷饮和零食,保护肠胃。

5. 请家长帮忙搜集有关讲卫生、预防疾病等方面的图书。

教学活动

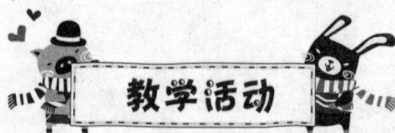

活动一　好习惯体验日——文明进餐(半日活动)

【活动解读】

升入中班的孩子食欲渐渐变好,进餐的欲望大大增强,但是却经常出现狼吞虎咽、进餐姿势不正确、桌面脏乱等情况。在此次半日活动中,我们通过生动直观的小实验、情境表演和娃娃家游戏等环节,引导幼儿在直观地看、具体地感受、亲身地参与的过程中,知道基本的进餐礼仪和习惯,养成文明进餐的好习惯。

【活动流程】

国旗宣讲
引发兴趣　→　实验观察
明白道理　→　情境表演
文明进餐　→　颁发奖状
体验快乐

【活动目标】

1. 知道进餐时要慢慢吃、细嚼慢咽等,养成文明进餐习惯。

2. 养成正确的进餐姿势,饭前洗手、桌面清洁等良好的行为习惯。

3. 能在愉悦、轻松的进餐环境下感受文明进餐的美丽心情。

【活动建议】

1. 国旗下宣讲"文明进餐我最棒"。

(1)教师宣讲:通过文明进餐礼仪小儿歌:"吃饭时,不说话,筷子勺子不乱敲。不撒不掉全吃光,碗筷勺子自己收。"引导幼儿知道基本的进餐礼仪,养成文明进餐的好习惯。

(2)幼儿宣讲:我是文明进餐小能手,进餐前要洗手,进餐时细嚼慢咽,保持桌面整洁,不讲话,做一个文明进餐的孩子。

(3)家长宣讲:我们将配合幼儿园开展的活动,在家中积极创造文明进餐的环境,通过家长的示范作用引导孩子养成文明进餐的好习惯。

2. 小实验,直观形象地引导幼儿懂得细嚼慢咽的好处。

(1)把面包渣和面包块分别放进两个"食道"(玻璃管)里,让小朋友比较,面包渣和面包块哪种更容易进入"食道"。

(2)小结:所以我们吃东西的时候,一定要慢慢地吃,通过牙齿把食物磨碎嚼细,也就是细嚼慢咽,这样才容易消化。

3. 情景表演:小动物"进餐",引导幼儿通过比较懂得要文明进餐。

(1)小兔和小猫表演"进餐时",小朋友们仔细观察。

小结:小兔餐前没有洗手,大口大口地吃,跪在凳子上,还用手抓食物,米饭、饺子撒在桌子上,到处乱跑。

(2)小猫是怎么表演"进餐"的呢?

小结:所以我们进餐时应该像小猫那样,做到餐前洗手,保持小手干净、卫生。坐在位置上,左手扶碗、右手拿勺,不撒饭粒,保持桌面清洁。

4. 玩过家家的游戏,颁发文明进餐奖。

(1)分角色(五个家庭),过家家、吃点心,比一比哪个家庭进餐习惯最好,最讲文明、讲卫生。

(2)评选出表现最好的家庭,并颁奖。

活动二　语言——故事《花脸虎的喷嚏》

【教材分析】

《花脸虎的喷嚏》讲述的是一只生病的花脸虎,因打喷嚏没捂住嘴巴而伤害到了自己的同伴,小动物们关心、体谅并想办法治愈了花脸虎的故事。故事生动有趣,富有教育意义,且故事内容易于理解。幼儿能根据连续画面提供的信息画,大致说出故事内容,但大胆想象和推测的能力相对欠缺。因此通过把故事情节一一分解,让幼儿讲述在前,教师总结在后,以问题为引线的方式,引导幼儿理解故事内容,使幼儿养成打喷嚏要捂嘴的良好卫生习惯,体验故事中小动物们互相关心,爱护的温馨氛围。

【活动目标】

1. 理解故事内容,了解花脸虎打喷嚏不捂嘴导致的后果。

2. 能根据图片提示,大胆想象并推测故事的发展。

3. 感受故事中角色的情感变化,感受互相关心、爱护的温馨氛围。

【活动重点】

理解故事内容,了解花脸虎打喷嚏不捂嘴导致的后果。

【活动难点】

能根据图片提示,大胆想象并推测故事的发展。

【活动准备】

1.《花脸虎的喷嚏》故事图片的 PPT 内容。

2. 幼儿和爸爸妈妈一起看图讲述的经验。

【活动过程】

1. 谈话导入,激发兴趣。

提问:感冒时打喷嚏有什么感受?打喷嚏时应注意什么?为什么?

小结:感冒打喷嚏很难受,但打喷嚏要注意讲卫生。

2. 激趣设疑,教师分段讲述故事,幼儿大胆想象故事线索,理解故事内容。

（1）讲述故事:开头到小鸟摔伤了翅膀,引导幼儿理解故事内容,猜测故事情节。

提问:花脸虎的喷嚏那么有威力,你们猜猜会发生什么事?

花脸虎和小熊一起划船。"啊,阿嚏",你们猜会发生什么?结果呢?

这时候花脸虎会怎么想?小动物们会怎么想?

（2）讲述故事,花脸虎一边走一边听……故事结尾。

提问:听到小动物们的谈话,花脸虎心里会怎么想?小动物们会怎么想、怎么做?

小动物们是怎样做的?花脸虎的喷嚏好了,它会怎么想?花脸虎明白了什么?

（3）完整讲述故事,经验提升,体会朋友间的互相关爱。

提问:如果伙伴和家人生病了你会怎么办?我们生病了打喷嚏要注意什么?

小结:要学会关心,帮助朋友家人,感冒打喷嚏要注意捂住口鼻注意卫生。

【附故事】

花脸虎的喷嚏

花脸虎从来不生病,这一回它感冒了。鼻子塞得好难受,要是能打个喷嚏,该有多好啊。它找来胡椒粉,放在鼻子底下轻轻一吸,鼻子痒痒的,"啊,啊嚏——"一个憋了好久的喷嚏打了出来,接着是第二个、第三个,花脸虎的喷嚏打得真痛快,一个比一个有威力。花脸虎和小熊一起划船。"啊,啊嚏——"一个憋足了劲的喷嚏把小熊打进了河里。

花脸虎走过小猴的果园,小猴正在树上采果子。花脸虎刚张嘴,"啊,啊嚏——",打招呼变成打喷嚏,小猴被喷嚏震得摔了下来,果子撒了一地。更加严重的是,花脸虎把鸟妈妈的鸟窝也打走了,小鸟摔伤了翅膀。花脸虎一边走一边踢着石子生自己的气。突然,它听到大伙在一起议论这事。小熊先说:"花脸虎打喷嚏,不捂住嘴巴,太不应该了。""对,对对,不能再发生可怕的事情了。"鸟妈妈抱着小鸟说。最后小猴说:"那我们分头行动,想想办法吧。""原来,它们在想办法对付我。"花脸虎很生气。到了傍晚,花脸虎打喷嚏打得下巴都酸了。"花脸虎在家吗?"小熊在敲门。真的来了! 花脸虎大声说:"如果你们进来,我就咬你们。""好,好,我们不进来,我们给你送一点东西来,就放在门口。"大家说完,就走了。花脸虎打开门,咦? 门口放着一碗药和一张纸条,上面写着:"这是小猴果园里的梨、小熊的蜂蜜,还有鸟妈妈采来的草药熬出来的药,专治打喷嚏。不过,今后再打喷嚏,请你捂住嘴巴。"啊,花脸虎的脸涨得红红的。喝了这碗药,花脸虎的感冒慢慢地好了,不再打喷嚏了。就算再打喷嚏,花脸虎也知道要捂住嘴巴了。

活动三　科学——白白的牙齿

【教材分析】

本次活动旨在引导幼儿了解牙齿的结构,知道不同牙齿的名称和功能,能认真观察牙齿,掌握正确的刷牙方法。现在的幼儿吃甜食较多,很多幼儿有蛀牙现象,而且有些幼儿没有养成早晚刷牙的习惯或者刷牙的方法不正确,幼儿应进一步认识身体的主要器官,逐步形成接受疾病预防与治疗的积极态度和行为。通过本次活动,旨在引导幼儿认识牙齿,了解牙齿的作用,保护牙齿的健康,掌握正确的刷牙方法,养成保护牙齿的良好习惯。

【活动目标】

1. 了解牙齿的结构,知道不同牙齿的名称和功能。

2. 能认真观察牙齿,掌握正确的刷牙方法。

3. 养成保护牙齿的良好习惯,坚持早晚刷牙。

【活动重点】

了解牙齿的结构,知道不同牙齿的名称和功能。

【活动难点】

能认真观察牙齿,掌握正确的刷牙方法。

【活动准备】

大鳄鱼牙齿玩具若干,牙齿模型1副,小镜子人手1面,切好的苹果每人1小份,幼儿学习材料《我会保护自己》。

【活动过程】

1. 出示"大鳄鱼牙齿"玩具,引导幼儿与同伴玩"大鳄鱼咬手指"的游戏。

提问:这是什么? 大鳄鱼的哪个部位最厉害?

2. 引导幼儿认识牙齿,了解牙齿的结构、名称和功能。

(1)请幼儿张开嘴巴用镜子自主观察自己的牙齿,引导幼儿观察、发现牙齿的对称性。

提问:我们的牙齿是什么样的?

小结:每个人都有一副白白的牙齿,牙齿有上、下两部分,是左右对称的,前面的牙齿是扁扁的,旁边的牙齿是尖尖的,后面的牙齿是方方的。

(2)观察牙齿模型,引导幼儿了解不同牙齿的名称和功能。

提问:前面、旁边、后面的牙齿叫什么? 它们像什么? 有什么用?

小结:扁扁的牙齿叫"切牙",像刀一样可以切断食物;尖尖的牙齿叫"尖牙",可以撕扯食物;方方的牙齿叫"磨牙",力量最大,可以压碎食物。它们各有各的作用,共同帮我们把食物咬断、嚼碎。

3. 请幼儿吃苹果，体验并感受牙齿的作用。

（1）请幼儿互相看看同伴的牙齿是怎样嚼碎苹果的。

（2）观看牙齿的作用PPT并讨论：牙齿除了可以帮助我们吃食物，还有什么用呢？

小结：牙齿让我们变美，还可以帮助我们咬碎食物，帮助消化，它还可以帮助我们吐字清晰。它们的用处真大！

4. 引导幼儿掌握正确的刷牙方法，养成早晚刷牙的好习惯。

（1）请幼儿和同伴交流自己刷牙的方法。

（2）请个别幼儿示范正确刷牙的方法，同伴互相学习。

（3）教师用儿歌小结刷牙的正确方法，幼儿空手模仿练习。

（4）出示图片比较分辨哪个是正确的牙刷存放方法，了解牙刷的使用注意要点：使用后甩干，刷头朝上，放置通风处。牙刷使用一段时间会积聚大量细菌，建议时常更换牙刷。

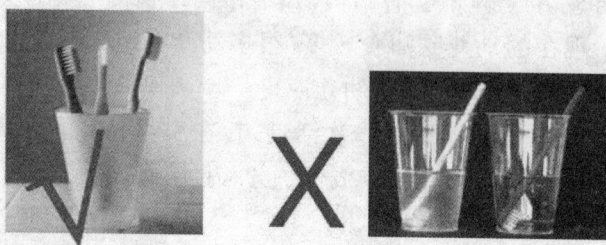

5. 请幼儿阅读《我会保护自己》第10页，了解保护牙齿的好方法。

讨论：你知道哪些保护牙齿的好方法？

小结：坚持早晚刷牙，少吃糖果，饭后用温开水漱口，不要咬手指，这样我们的牙齿会更加健康。

活动四 数学——学习9的形成

【教材分析】

本次活动旨在引导幼儿学习9的形成，知道8添上1是9，9里面有9个1，并能够正确比较8、9之间的关系。通过对2~8的形成的了解和掌握，孩子们已经对数的形成有了比较系统的认识和了解，因此在本次"学习9的形成"活动中，我们将通过引导幼儿自主观察图片进行数数，配合图片的动态变化，引导幼儿去发现图片上物体发生的变化，无痕地将9的形成融入其中，使孩子们在游戏的情境和自然的环节中主动学习，从而掌握9的形成。

【活动目标】

1. 学习9的形成，知道8添上1是9，9里面有9个1，并认读数字9。

2. 能够正确比较8、9之间的关系，知道8比9少1，9比8多1。

3. 培养对事物的观察能力，敢于大胆地说出自己的发现。

【活动重点】

学习9的形成，知道8添上1是9，9里面有9个1，并认读数字9。

【活动难点】

能够正确比较8、9之间的关系，知道8比9少1，9比8多1。

【活动准备】

物质准备：

1. 教具：大树一棵、小鸟9只、花9朵、苹果9个。

2. 学具：雪花片若干。

经验准备：

幼儿对 2～8 形成的已有经验和掌握。

【活动过程】

1. 教师与幼儿游戏,复习 2～8 的形成。

（1）拍手游戏:复习 2～8 的形成。

提问:"小朋友,× 老师问你,1 添上 1 是几？"

（2）看数字摆雪花片。

教师出示数字 1,幼儿拿相应数量的雪花片摆放在桌子上,教师再出示数字 2,让幼儿想一想怎样让雪花片的数量变成 2,并能说出 1 添上 1 是 2,依次出示数字卡 3～8,复习 8 以内各数的形成。

2. 出示 PPT 图片和动画,引导幼儿主动观察并思考,学习 9 的形成。

（1）出示图片,引导幼儿观察图片都有什么,并数数。

图片内容:一棵大树,大树上有 8 只小鸟、8 朵花、树上一个苹果,草地上掉下了 8 个苹果。

提问:小朋友,请仔细看看,图上都有什么？大树上都有什么？请你们数数它们的数量都是几？

（2）教师变魔术,引导幼儿发现图片发生的变化,学习 9 的形成。

提问:请小朋友,闭起眼睛,老师要变个魔术！

（教师放一只小鸟和一朵小花在大树上,把树上的那只苹果也掉落到草地上）

提问:请你们睁开眼睛,仔细看看,什么变化了？

小结:树上本来有 8 只小鸟,又飞来了一只。引导幼儿用严谨的语言讲述"8 只小鸟添上 1 只小鸟是 9 只小鸟"。

提问:还有什么变化呢？（师幼一起讲述"8 朵花添上 1 朵花是 9 朵花"）你还发现什么变化？

请个别幼儿回答"8 只苹果添上 1 只苹果是 9 只苹果"。

3. 引导幼儿变魔术,进一步学习 9 的形成。

现在,老师请小朋友用雪花片变魔术。先请你给我的数字朋友 8 找雪花片朋友,幼儿拿雪花片,想一想怎样使 8 个雪花片变成 9 个？

（要求幼儿边操作边讲述 8 个雪花片添上 1 个雪花片是 9 个雪花片）

4. 引导幼儿按物数数,初步认识数字 9,并知道 9 可以表示数量 9 的所有物体。

提问:9 只小鸟、9 朵花、9 个苹果、9 个雪花片,我们可以用什么来表示它们的数量？

小结:原来呀,9 可以表示所有数量是 9 的物体。（圆点、数字 9)教师画上圆点或出示数字 9。

5. 扩展延伸

今天,我们学习了 8 添上 1 是 9。请小朋友下了课在幼儿园或是在家里,找一找你身边有什么物体数量是 9。（有意在班级生活活动中设置数量是 9 的情景）

活动五 音乐——舞蹈:我爱洗澡

【教材分析】

本活动选取了幼儿喜爱的名曲《口哨与小狗》为舞蹈音乐,乐曲活泼、欢快,幼儿可伴随欢快活泼的旋律,有节奏地做搓澡、淋浴、二人互相搓背等表现洗澡情景的动作,同时配上蹦跳步、侧点步等。幼儿对洗澡有较多的生活体验,但中班的幼儿大部分是由父母包办洗澡,还有部分幼儿不愿意洗澡。活动通过幼儿自主阅读讲述、自由创编、教师梳理等方式,引导幼儿感受乐曲欢快活泼的基础上,大胆表现,充分调动幼儿对洗澡的兴趣,从而引导幼儿养成爱洗澡的习惯。

【活动目标】

1. 感受乐曲活泼、欢快的特点,掌握蹦跳步、侧点步等基本动作。

2. 能用肢体动作有节奏地创编洗澡的过程,并能与同伴合作进行表演。

3. 体验洗澡的快乐,养成爱洗澡的习惯。

【活动重点】

感受乐曲活泼、欢快的特点,掌握蹦跳步、侧点步等基本动作。

【活动难点】

能用肢体动作有节奏地创编洗澡的过程,并能与同伴合作进行表演。

【活动准备】

《口哨与小狗》音乐,幼儿学习材料《我会保护自己》。

【活动过程】

1. 组织幼儿谈话,引发幼儿对洗澡经验的回忆。

（1）提问:你是怎么洗澡的? 洗澡后有什么感觉?

（2）教师根据幼儿的回答梳理洗澡的步骤:先淋湿身体—打沐浴露—搓澡—冲洗—擦干。

（3）引导幼儿阅读《我会保护自己》第4页,掌握洗澡的好方法。

2. 播放音乐,引导幼儿熟悉、感受乐曲旋律。

（1）提问:这首乐曲听上去有什么感觉? 听了这首曲子你想用哪些动作表现洗澡?

（2）引导幼儿相互学习同伴的动作。

3. 引导幼儿运用已有经验,自主创编洗澡的舞蹈动作。

（1）启发幼儿尝试在音乐伴奏下做出在胳膊、肚皮、屁股等不同的部位涂抹沐浴露的动作,引导幼儿注意涂抹时的节奏。教师观察并及时表扬动作有创新的幼儿。

（2）启发幼儿听音乐创编搓澡的动作,重点引导幼儿创编手够不着背时,用毛巾搓澡的动作。

（3）组织幼儿两人一组创编互相搓背的动作,重点引导幼儿两人一组动作协调地表现音乐。

（4）引导幼儿自由表现洗澡后舒服的感觉,重点指导幼儿掌握蹦跳步。

4. 教师梳理提升零散的舞蹈动作,幼儿完整表现舞蹈。

（1）教师完整表演舞蹈,重点示范蹦跳步和侧点步。

（2）幼儿随音乐完整舞蹈,体验洗澡的快乐。

（3）幼儿练习较难掌握的动作,如手够不着背时用毛巾洗澡的动作、两个幼儿合作有节奏搓背的动作。教师可采用游戏的口吻。如:老师给你们冲水洗澡,看谁洗得最干净?

（4）引导幼儿创编最后的造型动作,鼓励动作有创新的幼儿。

【附】

动作说明及乐曲

A段动作。

1～4小节:双脚并拢,听音乐在右扭跨,并随音乐慢慢下蹲。双手从上到下转动,做淋浴状。

5～8小节:慢慢往上起,左右摆胯,双手从下到上做淋浴状。

9～12小节:右手五指分开在左膊上旋转4次,同时左右扭胯。

13～16小节:同9～12小节,方向相反。

重复A段音乐。

1～8小节:动作同上1～8小节。

9～12小节:动作改为双手五指张开在腹部旋转4次,做打肥皂状,同时左右摆胯。

13～14小节:动作改为双手五指张开快速在屁股上旋转,同时左右摆胯做打肥皂状。

15～16小节:小碎步找到伙伴,与其面对。

B段动作。

1～4小节:左侧点步,双手在身体左侧向下擦搓4次。

5～8小节:反方向进行1～4小节动作。

9～12小节:右手在上,左手在下,模仿拿毛中,左右摆胯,搓后背。

13～16小节:反方向进行9～12小节动作。

重复B段音乐。

1～4小节:五指并拢变成掌,两个小伙伴合作,一个给另一个搓背8次。

5～8小节:两人互换动作。

9～12小节:小碎步,两人面对面转圈,双手做泼水状。

13～16小节:小碎步,双手做洗脸状。最后一拍时,两手在脸前做花状。

重复A段音乐。

1～4小节:双脚并拢,听音乐左右扭胯,并随音乐慢慢下蹲,双手从上到下转动,做淋浴状。

5～8小节:慢慢往上起,左右摆胯,双手从下到上做淋浴状。

9～12小节:蹦跳步一次,小碎步模仿小鸭子戏水摇头动作。

13～16小节:两人拉手转,自由表现洗澡后舒服的感觉。最后一小节时,每个小朋友自由做动作,造型定住不动。

【附教材】

口哨与小狗

[美]普拉伊亚 曲

235

体育活动

踩影子

【教材分析】

影子是生活中常见的自然现象,幼儿对其有强烈的好奇心,常常可以看到它们在操场上、草地上自由奔跑,跟影子捉迷藏,欢快的笑声表达出内心的愉悦。结合幼儿的兴趣点及提高幼儿在一定范围内追逐、躲闪跑技能的要求,特设计本次活动,通过"观察影子""影子变变变""双人踩影子""多人踩影子""追影子"等环节层层推进,不断提高练习的难度,发展幼儿追逐、躲闪跑动作的灵敏性。

【活动目标】

1. 练习在一定范围内追逐、躲闪跑。

2. 能观察同伴的位置并及时调整自己的动作追逐或躲闪。

3. 对影子感兴趣,愿意和同伴一起玩"踩影子"游戏。

【活动重点】

练习在一定范围内追逐、躲闪跑。

【活动难点】

能观察同伴的位置并及时调整自己的动作追逐或躲闪。

【活动准备】

选择有阳光的天气开展活动。

【活动过程】

1. 引导幼儿观察影子,进行热身活动,为游戏做准备。

请幼儿看看说说自己的影子,随音乐玩"与影子一起跳舞"和"影子变变变"游戏,充分活动身体各部位,为"踩影子"游戏做准备。

2. 组织幼儿玩"踩影子"游戏,练习在一定范围内追逐、躲闪跑。

（1）介绍游戏玩法:幼儿两人一组,一个人踩影,另一个人躲,练习在一定范围内追逐、躲闪跑。

讨论:怎样才能不让别人踩到影子?

（2）提高游戏难度,引导幼儿多人玩"踩影子"游戏。

可先由教师当踩影子的人,引导幼儿练习四散躲闪跑,待幼儿熟练掌握游戏后,请1～3个幼儿当踩影子的人继续游戏,被踩到影子的幼儿与踩影子的人互换角色,游戏重新开始。

3. 组织幼儿玩"影子造型"游戏,带领幼儿随音乐进行放松活动。

引导幼儿自己或与同伴合作,创造性地用身体动作表现不同动物的形象,如小鸟、小狗、小兔等,也可用手影表现,自由放松身体各部位。

第 2 周　躲开危险

环境创设

1. 创设"哪里有危险"展示栏,张贴幼儿和家长共同搜集制作的信息报。
2. 制作墙饰"会说话的标志",张贴交通标志、安全警示标志等图片或幼儿表征图。
3. 搜集日常生活的安全小常识图片或幼儿表征作品,布置成"我会保护自己"。

生活活动

1. 指导幼儿利用午睡起床的时间学习系鞋带、整理衣物,引导幼儿经常关注自己的衣物是否整齐,避免在活动中出现被绊倒等意外伤害。
2. 利用餐前准备时间给幼儿讲故事《紧急电话》,使幼儿明白报警电话不能随便打。

家长与社区教育

1. 建议家长平时利用外出时间对幼儿进行安全教育。例如,不要随便离开爸爸、妈妈,不去人多拥挤的地方,提高幼儿的防范意识。
2. 请家长在家里向幼儿介绍容易发生危险的物品及正确使用这些物品的方法。
3. 请家长配合收集各类安全标志的图书和图片,与幼儿共同收集生活常用的求救电话,告诉幼儿牢记父母及家庭的电话号码。

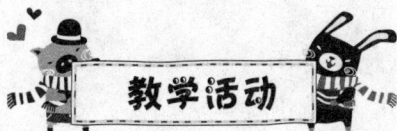

教学活动

活动一　语言——故事《妈妈不见了》

【教材分析】

本次活动主要通过故事《妈妈不见了》引导幼儿讨论并知道走丢时应站在原地等或向别

人求助可以找到亲人,并能用清楚连贯的语言讲述角色对话,能分角色进行表演。幼儿社会活动不断增加,经常会跟家人到公共场所活动,比如到商场购物、到电影院看电影、外出游玩等。由于幼儿的注意力易分散,容易被新奇的事物吸引,因此走失的情况时有发生。本活动中的贝贝就是生活中幼儿的缩影,活动通过观看木偶表演、分析讨论等方式让幼儿理解故事内容,知道外出时要跟紧大人并了解走丢后自我保护的方法。

【活动目标】

1. 理解故事内容,知道走丢时应站在原地等或向别人求助可以找到亲人。

2. 能用清楚连贯的语言讲述角色对话,并能分角色进行表演。

3. 明白走丢会造成的严重后果,清楚外出紧跟大人很重要。

【活动重点】

理解故事内容,知道走丢时应站在原地等或向别人求助可以找到亲人。

【活动难点】

能用清楚连贯的语言讲述角色对话,并能分角色进行表演。

【活动准备】

1.《妈妈不见了》木偶剧,兔妈妈、兔宝宝、狐狸、熊猫木偶。

2. 生活中有和爸爸妈妈去人流密集场所的经验。

【活动过程】

1. 组织谈话,引发幼儿活动兴趣。

请幼儿说一说:你喜欢去商场吗?商场里有什么?

2. 观看木偶剧《妈妈不见了》,了解故事内容,知道在商场走失该怎么办。

(1)观看木偶表演第1段,"六一"儿童节快到了……狐狸说:"我认识你妈妈,我带你去找妈妈。"

提问:贝贝会跟狐狸走吗?为什么?

(2)启发幼儿思考:妈妈找不到贝贝会怎么样?有什么办法能帮贝贝找到妈妈?

小结:站在原地不哭不动、找商场里的售货员和保安是比较好的办法。要说清楚家人的姓名和电话,可以让售货员通过电话联系到家人,也可以让售货员和保安陪着你在原地等家人。

(3)观看木偶表演第2段,贝贝想了想说……熊猫对贝贝说:"以后出门一定要拉好妈妈的手,不要自己走开。"

提问:贝贝用什么办法找到妈妈的?

请幼儿说一说:和家人逛商场还应该注意什么?鼓励幼儿注意倾听同伴的想法。

小结:跟随家人逛商场时要拉好大人的手,有想要的东西要告诉大人。如果走丢了,大人找不到你会很着急,自己找不到家人也会很害怕。当有陌生人和你说话时要小心。不要跟随陌生人走,不能要陌生人给的东西。

3. 完整倾听故事,学说角色对话。

(1)教师完整讲述故事,幼儿认真倾听。

(2)请幼儿学着狐狸和贝贝的口气学说故事中的对话。

(3)组织幼儿讨论:在公园里走丢了怎么办?除了找人帮忙,还可以怎么办?

小结:如果在外面和家人走丢了,可以在原地等,可以找工作人员帮忙,不能跟陌生人走。外出时不能要陌生人的礼物和食品,以保证自己的安全。

4. 幼儿自主阅读《我会保护自己》第18～19页,明白外出时要紧跟大人。

【附教材】

妈妈不见了

"六一"儿童节快到了,兔妈妈带贝贝到商店买节日服装。商店里的东西可多了,当兔妈妈在给贝贝挑选衣服时,贝贝看到旁边的玩具柜里有许多玩具,赶紧跑过去看,看着,看着,就入了迷。等贝贝抬起头来时,发现妈妈不见了,就害怕地哭了起来。这时,躲在柜子后面的狐狸趁别人不注意,走到贝贝面前说:"你别哭!我认识你妈妈,我带你去找妈妈。"贝贝想了想,说:"我不跟你走,我自己找妈妈。"它走到熊猫阿姨的柜台前请求熊猫阿姨帮忙。熊猫阿姨把贝贝带到了广播室,不一会儿,广播室里传出了广播声:"小兔贝贝的妈妈请注意,您的孩子贝贝现在在广播室里,请您听到广播后马上到广播室来。"贝贝终于看到了妈妈,熊猫阿姨对贝贝说:"以后出门一定要拉着妈妈的手,不要自己走开了。"

〔选自:青岛出版社 2019 年版《幼儿素质发展课程教师用书》中班(上)〕

活动二　社会——特殊的电话号码

【教材分析】

随着社会生活现代化进程的加快,给孩子们带来的潜在危险也日益突出,如火灾、溺水、拐骗等一系列的突发事件时刻威胁着年幼的孩子,引导孩子记住几个特殊的紧急电话号码,是在危险时候自救的重要方法。幼儿生活经验少,自我保护能力差,极易受到伤害,因此,对幼儿进行自我保护教育,让他们学会处理一些突发事件是十分必要的。本次活动通过创设不同的情境,引导幼儿了解在不同的情况下应该拨打什么电话和如何有效表达,并通过实际操作和游戏,帮助幼儿建立正确的安全观念,提高他们应对安全事件的能力。

【活动目标】

1. 了解并记忆 110、119、120 等几个特殊的电话号码,知道它们的作用。
2. 在活动中巩固对数字 0、1、2、4、9 的认识,学习从左向右排序。
3. 懂得在危急时刻拨打相应的电话,增强自我保护能力。

【活动重点】

了解并记忆 110、119、120 等几个特殊的电话号码,知道它们的作用。

【活动难点】

在活动中巩固对数字 0、1、2、4、9 的认识,学习从左向右排序。

【活动准备】

多媒体教学资源包《特殊的电话号码》,数字卡片幼儿人手一套,110、114、120、119 号码卡片,每桌两幅图片(着火、生病),幼儿学习材料《我会保护自己》。

【活动过程】

1. 观看课件《特殊的电话号码》,引导幼儿了解什么情况下拨打特殊的电话号码。

(1)出示多媒体课件画面一:着火的小黄狗家。

提问:小黄狗的家在什么地方?(引导幼儿看门牌号,说出地址)

发生了什么事情?用什么办法求救?该找谁来帮忙?

教师出示 119 卡片,请幼儿从自己的卡片中找出 1、1、9,并按顺序进行排列,引导幼儿模拟拨打火警电话,说出具体住址。

小结:在生活中我们如果遇到火灾,要及时拨打 119 向消防队的叔叔求救,这样火才能很快被扑灭。但我们不能随便拨打火警电话,只能在发生火灾的时候拨打。

（2）出示多媒体课件画面二：猪妈妈生病了躺在床上。

提问：猪妈妈的家在什么地方？猪妈妈生病了，小猪应该找谁来帮忙？用什么方法能尽快找到医生呢？教师出示 120 卡片，请幼儿从自己的卡片中找出 1、2、0，并按顺序进行排列引导幼儿模拟拨打 120，打电话时重点说明小猪妈妈得了什么病以及具体住址。

小结：因为我们小朋友及时拨打了急救中心的电话，所以猪妈妈很快被送到了医院，得到了及时的治疗，现在猪妈妈已经康复了。

（3）出示多媒体课件画面三：站在雪地里的小松鼠，家里窗户开着。

提问：小松鼠的家在什么地方？天上下着雪，小松鼠为什么不进屋？遇到坏人应该怎么办呢？该找谁来帮助呢？教师出示 110 卡片，请幼儿从自己的卡片中找出 1、1、0，并进行排列。引导幼儿拨打 110。去请个别幼儿拨打，然后让全体幼儿模拟拨打，重点说明小松鼠家的地址在什么地方。

小结：因为及时拨打了 110，所以警察马上赶到，把坏人抓起来了。

2. 幼儿自主阅读《我会保护自己》第 16～17 页，进行连线游戏，巩固对特殊电话号码的认识。

3. 情境游戏：幼儿看图片拨打相应的电话。

（1）提问：你家住在什么地方？如果你家里发生了（图片上）这么紧急的事情，你会拨打什么电话求救？

（2）游戏玩法：从桌子上选一张图片，看看上面发生了什么事情，你该拨打什么电话？打电话时应该怎么说？请两个幼儿先模拟练习，一个小朋友拨打求救电话，另一个小朋友作接线员。要说清楚自己家里的地址和发生的事情，再让幼儿玩打电话游戏。

4. 通过谈话来让幼儿了解拨打特殊电话的规则。

提问：这些特殊的电话号码平时没有紧急情况的时候能拨打吗？为什么？

活动三 数学——复习 9 的形成

【教材分析】

本次活动引导幼儿在"学习 9 的形成"活动后，巩固复习 9 的形成。因此在本次复习活动中，我们通过创设小猪糖果店的游戏情境，引导幼儿在游戏中巩固数字 9 的概念，加深对 9 的形成的认识和理解，并通过听声数数的游戏，在操作中引导幼儿复习 9 的形成。

【活动目标】

1. 熟练掌握 9 的形成，巩固数字 9 的含义的理解。

2. 会看实物标记和数字标记，并根据标记取放相应数量的实物。

3. 能与同伴相互检查操作的结果，有一定观察和分析的能力。

【活动重点】

熟练掌握 9 的形成，巩固对数字 9 的含义的理解。

【活动难点】

会看实物标记和数字标记，并根据标记取放相应数量的实物。

【活动准备】

物质准备：

1. 教具：小猪手偶 1 个、糖果店背景、黄色糖果 9 块、红色糖果 9 块、猫咪 9 只、小狗 9 只、糖果 9 块、糖果盒子 1 个、猫咪叫声 MP3、小狗叫声 MP3。

2. 学具：雪花片若干。

经验准备：

幼儿对9形成的已有经验和掌握。

【活动过程】

1. 创设小猪糖果店的游戏情境,引起幼儿兴趣。

（1）提问:班里来了一位小客人,看看它是谁呢?（小猪）引导幼儿和小猪打招呼。

（2）提问:小猪在幼儿园附近开了一家糖果店,糖果店里有很多糖果,看看有几种糖果?

（3）PPT演示8种糖果,小猪今天又进货了,出示口香糖,启发幼儿说出8种糖果又添1种糖果是9种糖果,小猪糖果店有9种糖果。

2. 出示图片,引导幼儿巩固复习9的形成。

（1）直观地演示8块棒棒糖变成9块棒棒糖的过程。

提问:本来有8块棒棒糖,小猪又去仓库拿了一块,数数看,现在有几块糖果?

小结:本来有8块糖果,又添了一块,是9块。所以8添上1是9。

（2）出示糖果店9只小猴子的图片,引导幼儿点数并操作雪花片。

提问:糖果店里来了小猴子客人,数数看,有几只小猴子来到了糖果店?（9只）请大家摆出与小猴子相同数量的红色雪花片。

提问:小猴子要买红色糖果,糖果店里有几块红色糖果（8块）?糖果够吗?怎样才能让小猴子的数量跟糖果一样呢?请个别幼儿摆摆看。小猴子还想买黄色糖果,糖果够吗?引导幼儿摆摆看,点数小猴子和糖果一样多,用数字9来表示。

3. 创设情境,巩固复习8与9之间多1与少1的关系。

出示糖果店8块黄色糖果、9块红色糖果的图片。

提问:黄色糖果有几个?可以用数字几表示?

　　　红色糖果有几个?可以用数字几表示?

　　　糖果店的红色糖果与黄色糖果谁比谁多?多几个?

　　　谁比谁少?少几个?（引导幼儿说出8比9少1,9比8多1）

让幼儿在操作中比较多1与少1的关系。

4. 听声音说总数,调动幼儿感官参与,进一步巩固理解9的形成。

听声音数数有几颗糖?（8颗）这里还有一颗糖,把它放进去,现在是几颗?

听声音数数有几只猫咪来到糖果店?（8只）又来了一只猫咪,现在有几只猫咪?……

5. 活动延伸,经验提升。

在区角中提供数字卡片和操作学具,引导幼儿相互操作练习。

活动四　音乐——音乐游戏《战胜大灰狼》

【教材分析】

《战胜大灰狼》歌词简单易懂,旋律活泼,具有很强的节奏感和律动感,本活动根据歌曲的特点,设计了小白兔战胜大灰狼的游戏,利用不同的音乐旋律,让幼儿跟随音乐有节奏的模仿小兔和大灰狼的动作。幼儿对音乐的感知能力逐步增强,但对在音乐游戏中如何在听音乐的同时根据规则玩游戏,还相对欠缺。本次活动通过动物头饰、情境的创设和教师自身的示范带动,引导幼儿创造性地表现小兔在草地上自由活动的动作,为幼儿提供自主创造、自信表达的空间,让幼儿感受音乐游戏刺激和胜利的喜悦。

【活动目标】

1. 倾听理解音乐，感受音乐欢快与沉重的不同，学会根据音乐的不同变化进行游戏。

2. 能根据音乐有节奏地模仿小兔和大灰狼的动作，创造性地表现小兔在草地上自由活动的动作。

3. 按规则开展游戏，体验和同伴一起游戏的快乐。

【活动重点】

倾听理解音乐，感受音乐欢快与沉重的不同，学会根据音乐的不同变化进行游戏。

【活动难点】

能根据音乐有节奏地模仿小兔和大灰狼的动作，创造性地表现小兔在草地上自由活动的动作。

【活动准备】

1. 兔子头饰若干，灰狼头饰两个，兔子家和灰狼家各一处。

2. 熟悉《战胜大灰狼》的音乐旋律。

【活动过程】

1. 创设"小白兔和兔妈妈在草地上玩儿"的情境，感知歌曲活泼、欢快的旋律，初步创编小兔跳的动作。

播放音乐《小兔谣》，幼儿熟悉歌曲旋律，自由扮演小兔做蹦跳动作。

提问：小兔们，兔妈妈带你们到草地上玩儿，你们的心情怎样？谁来学一学，你是怎样做小兔跳的？请幼儿表现小白兔在草地上时活泼、欢快的情绪。

2. 分段欣赏音乐，感受音乐欢快与沉重的不同，根据音乐有节奏地模仿小兔和大灰狼的动作。

（1）欣赏第一段音乐：

提问：小兔们，你们在草地上用什么样的动作吃青草？怎样做？

（2）欣赏第二段音乐：

提问：小兔们，你们在草地上除了吃青草，还会做什么事情？

（3）欣赏第三段音乐：

提问：听到这段音乐，你的心情怎么样？这段音乐和小白兔吃青草的音乐有什么不同？

你认为大灰狼发现小白兔会做什么样的动作？小白兔会做怎样的动作？怎样做？

小结：教师根据幼儿回答进行小结，提醒幼儿感受不同的音乐表现动作。

（4）欣赏第四段音乐：

提问：小白兔，你们会怎样打大灰狼？为什么？谁来把动作做给我们看看？

（5）欣赏第五段音乐：

提问：小白兔们打败大灰狼了，他们的心情是怎样的？为什么？用什么动作来庆祝？

3. 播放完整音乐，按规则进行音乐游戏。

游戏规则：

（1）全班幼儿围成大圈坐在小椅。

第1遍音乐：全体幼儿扮演小兔演唱歌曲，并根据歌词自由表演动。

第2遍音乐：全体幼儿随音乐扮小兔跳到草地上（场地周围），并随音乐做"吃青草""采蘑菇""嬉戏"等动作。

第3遍音乐："老狼"按音乐节奏来到草地上，"小兔"迅速跳回并蹲好。

第4遍音乐："小兔"按音乐节奏走向"老狼"掷"石头"，"老狼"抱头表示被打死。

第5遍音乐:"小兔"随音乐跳到草地上欢呼庆祝胜利。

（2）"小兔们"必须演唱完歌曲后才能跳到草地上。"狼"出场时,"小兔"必须坐在座位,而不能跑回座位。

【附教材】

战胜大灰狼

侠名 词曲

活动五 美术——安全小标志

【教材分析】

本次活动主要引导幼儿认识常见的生活安全提示标志,理解其含义,能根据班级的需要设计标志,表现出提醒和禁止标志的不同。中班幼儿对生活中出现的危险因素有了基本的了解,防范意识也有了提高,并初步产生了提示同伴注意危险的意愿。"安全小标志"活动通过让幼儿在说说、猜猜中认识常见的标志,设计制作幼儿园里需要的安全标志,让幼儿在理解遵守规则重要性的同时,提高自我保护能力。

【活动目标】

1. 认识常见的生活安全提示标志,理解其含义。

2. 能根据班级的需要设计标志,表现出提醒和禁止标志的不同。

3. 乐意关注生活中的标志,知道遵守标志规则。

【活动重点】

认识常见的生活安全提示标志,理解其含义。

【活动难点】

能根据班级的需要设计标志,表现出提醒和禁止标志的不同。

【活动准备】

常见的提示标志(当心滑跌、小心台阶)和禁止标志(禁止通行、禁止跨越)、纸、笔。

【活动过程】

1. 出示安全标志,了解标志的作用及含义。

提问：这些是什么标志？这些标志有什么不同？看到这些标志应该怎么做？

小结：安全标志有提示和禁止两种。提示标志一般是黄颜色，提醒我们要小心；禁止标志有红色斜线，表示不能做某些情。看到标志后我们要按照标志的要求去做，否则会发生危险。

2. 讨论班级里需要的安全标志，设计安全标志。

（1）请幼儿说一说：自己想给班级的哪些地方设计安全标志？为什么？

引导幼儿设计"在教室里禁止跑"的标志、班级门上"小心挤手"的标志、洗手间水盆旁"不要把水洒到外面"的标志……

（2）教师根据幼儿的表达随机示范一个标志，让幼儿明确如何运用简单的符号表达自己的想法。

（3）幼儿设计标志，教师重点指导幼儿绘画时要清楚表达主要含义，提醒别人不能做的事情能让别人看明白。

3. 交流自己设计的标志，进一步理解标志的含义。

（1）引导幼儿认真观察同伴设计的标志，猜猜、说说标志的含义。

小结：在教室里做任何事情都应该注意安全，按照标志提醒的去做。

（2）请部分幼儿向大家介绍自己设计的标志，鼓励幼儿大胆表达怎样避免发生危险。

4. 带领幼儿将标志张贴到班级的相应位置，提醒全班的小朋友注意安全。

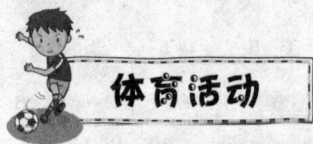

体育活动

盲人摸象

【教材分析】

本次活动旨在引导幼儿注意力集中地听声音或同伴的提示辨别方位，闭眼走到目的地。幼儿已经具备一定的平衡能力，喜欢参与平衡游戏，但是未尝试过闭眼听声辨方向走，并通过同伴合作和帮助完成任务。本活动设置了"模拟盲人"的生活情景，引导幼儿在语言提示下练习闭眼行走，锻炼幼儿的平衡能力，克服恐惧心理，同时体验保护眼睛的重要性，进而激发幼儿愿意关心、帮助残疾人的情感。

【活动目标】

1. 学习闭上眼睛行走，根据同伴声音信号的提示辨别方位走。

2. 能注意力集中地听声音或同伴的提示，闭眼走到目的地。

3. 积极大胆地参加游戏，感受与同伴互相支持、合作游戏的快乐。

【活动重点】

学习闭上眼睛行走，根据同伴声音信号的提示辨别方位走。

【活动难点】

能注意力集中地听声音或同伴的提示，闭眼走到目的地。

【活动准备】

1. 场地设置：在场地中央摆放可乐瓶、易拉罐等障碍物，在墙上贴上 1 张大象图片。

2. 活动前，引导幼儿阅读幼儿学习材料《我会保护自己》第 12 页，初步了解游戏内容和玩法。

【活动过程】

进行热身活动,引导幼儿随欢快的音乐节奏做上肢、下肢、体侧、体转、腹背跳跃等动作,活动身体关节。

进行"听音找人"游戏,引导幼儿练习闭眼行走,体验盲人走路的感觉。

引导幼儿讨论:如果眼睛看不见会有什么不方便?请幼儿闭眼感受。

在教师的提示下,引导幼儿两人一组分散游戏,练习听声音闭眼走。

等幼儿熟练后,可以请发出声音的幼儿变换方向,用语言提示闭眼幼儿怎样走,两人轮流游戏。教师应提醒幼儿注意安全,并遵守规则,不偷看。

进行"盲人摸象"游戏,引导幼儿轮流进行游戏,进一步巩固平衡技能体验和同伴一起合作游戏的快乐。

教师介绍玩法,激发幼儿兴趣。

引导幼儿进行游戏,发展幼儿平衡能力。

增加游戏难度,睁眼的幼儿只用语言提示闭眼同伴向前走,或设置雪碧瓶、易拉罐等障碍物,睁眼幼儿用语言提示幼儿绕过障碍物走到目的地。

进行"猜猜我是谁"游戏,引导幼儿进行放松活动。

附:

【听音找人】

幼儿两人一组,相隔一定距离站立。一幼儿说:"我在这里,我是××。"另一个幼儿闭目站在场地上,听到声音后,向发出声音的幼儿走去。

【盲人摸象】

一个幼儿睁眼,另一个幼儿闭眼。睁眼的幼儿向后退,拉着闭眼的幼儿,帮助他向前走并触摸到"大象"。

【猜猜我是谁】

请一个幼儿闭上眼睛,当其他幼儿念完"小猫、小狗、小刺猬,请你猜猜我是谁"的儿歌后,触摸身边的幼儿,猜猜是谁。

第 3 周 马路上的安全

环境创设

1. 开展"会说话的标志专栏",请幼儿搜集交通标志的图片,认识各种交通标志。

2. 请家长和幼儿一起收集人们遵守交通规则的图片或幼儿绘画,创设"马路上的安全"主题墙饰,引导幼儿进行交流讨论。

生活活动

1. 学会整理自己的物品,知道用完物品归还原处。

2. 日常生活中,引导幼儿相互交谈乘车时应该注意什么。

3. 散步时,带领幼儿到幼儿园附近的马路边,引导幼儿观察马路上的交通标志以及来往车辆遵守交通规则的情景,鼓励幼儿说说马路上有的注意事项。

家长与社区教育

1. 请家长开车,接送幼儿或者出行时引导幼儿关注交通标志,了解标志所表示的意思,丰富有关交通标志和乘车经验。

2. 建议家长在外出时、生活中,随机对幼儿进行安全教育。

教学活动

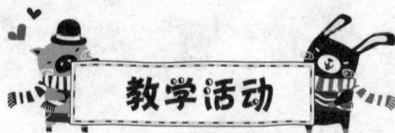

活动一 语言——故事《马路上的斑马线》

【教材分析】

本活动借助故事《马路上的斑马线》展开,在生动的故事情节中,引导幼儿初步感受斑马线的由来和作用。"斑马线"对于中班幼儿来说并不陌生,多数孩子知道过马路要走斑马线,但对斑马线的重要作用及怎样安全过马路了解得并不多。活动利用马路上的图片、过马路的视频和游戏,引导幼儿学习安全过马路的方法,进一步了解交通安全的重要性,树立交通安全意识和自我保护意识,从而能自觉遵守交通规则。

【活动目标】

1. 认识斑马线,知道斑马线的作用及重要性。

2. 能说出安全过马路的方法,乐意与同伴交流自己过马路的经验。

3. 懂得过马路应遵守交通规则。

【活动重点】

认识斑马线,知道斑马线的作用及重要性。

【活动难点】

能说出安全过马路的方法,乐意与同伴交流自己过马路的经验。

【活动准备】

1. 有和成人一起过马路、走斑马线的经验。

2. 多媒体教学资源包《马路上的斑马线》,简单的马路场景设置,幼儿学习材料《我会保护自己》。

【活动过程】

1. 出示图片,谈话导入活动。

提问:这是什么地方? 马路上车辆来来往往,你敢自己过马路吗? 为什么?

2. 引导幼儿欣赏故事《马路上的斑马线》,了解斑马线的作用。

(1)引导幼儿利用图片讲故事,了解小动物过马路的方法。

提问:小动物们是怎样过马路的? 小猴子想了个什么办法?

(2)出示斑马线和斑马的图片进行比较,引导幼儿了解斑马线的由来。

小结:原来,斑马线就是受斑马身上的条纹启发而来。黑白条纹很容易让人看到,过马路时走斑马线要安全很多。

(3)引导幼儿说说身边的斑马线,知道斑马线的重要性。

提问:你在哪里见过斑马线? 走斑马线的时候我们还应该注意什么? 马路口还有什么? 它们的作用是什么?(红绿灯、数字提示信号)

小结:过马路要走斑马线,来往的车辆看见行人走在斑马线上,会自觉放慢速度停下来,让行人先过。过马路时除了要走斑马线,还要看红绿灯、看看左右有没有车辆,然后等条件允许时快速通过斑马线过马路。

3. 利用课件和游戏拓展过马路的方法,帮助幼儿巩固过马路的交通规则。

(1)观察课件,引导幼儿分析每幅画面。

提问:他们这样做对不对?

(2)引导幼儿间相互交流,教师巡回指导。

重点指导:幼儿间讲述图片中是怎样过马路的? 有什么危险?

(3)请个别幼儿选择图片进行讲述。

提问:他们是怎样过马路的? 这样做有什么危险?

(4)谈话交流帮助幼儿拓展过马路的方法。

提问:过马路除了走斑马线,还可以走哪里?

小结:小朋友过马路应该有大人带领,不能在斑马线上嬉笑打闹,集体过马路要紧跟着队伍。过马路时还可以走过街天桥、地下通道。

（5）进行"过马路"游戏,进一步帮助幼儿巩固过马路的交通规则。

在教室内设置简单的马路情境,用课件演示红绿灯和倒计时,幼儿分别扮演小司机、交警、行人等开展游戏,教师指导。

活动延伸:教师可建议家长带幼儿一起阅读《我会保护自己》第26～27页,进一步了解安全过马路的方法。

【附教材】

马路上的斑马线

有一群快乐的小伙伴,每天早上它们都要穿过小路去幼儿园。后来,汽车摩托车多了起来,小路不够宽了。大家一起动手,修了一条宽宽的马路。早上小伙伴们走在宽宽的马路边,看着来来往往的车辆,吓得不敢过马路。这时,一匹斑马出来晨跑,路过这儿,说:"我来帮你们!"斑马叔叔让小伙伴们都爬上它的背,驮着它们踏上马路。真奇怪,来来往往的车辆立刻发现了它们,主动放慢了速度。树上的一只猴子看见了这一切。晚上,聪明的小猴子想出了一个好办法,它用白漆在动物过马路的地方涂上跟斑马身上一样的白色条纹。第二天,来来往往的车辆看见小伙伴们拉着手从斑马线上过马路,都自觉地放慢了速度。这下好了,大家要过马路时先看清来往车辆,再通过斑马线,就一点儿也不害怕了。

〔选自:青岛出版社2019年版《幼儿素质发展课程教师用书》中班(上)〕

活动二 社会——安全乘车

【教材分析】

城市公共交通的发展为人们的出行提供了便利,但随着交通的发展,现有的道路行车状况变得更加复杂,暗藏很多危险因素,对幼儿的安全造成了潜在的威胁。随着年龄的增长幼儿乘公共交通工具出行的机会增多了,对宽敞的公共汽车及乘车环境非常好奇,所以加强安全乘车的教育显得尤为重要。本活动以创设乘车去游玩的情境,帮助幼儿回忆乘车经验,表述乘车的必要规则和基本礼仪。通过观看视频、操作图片,引导幼儿发现一些不安全因素,学习自我保护的方法学会安全乘车。

【活动目标】

1. 知道乘车时应在候车区等候,排队上车,前门上车、后门下车等基本规范,学习安全乘车的方法。

2. 能对各种乘车行为进行正确判断,并能说出理由。

3. 愿意遵守乘车的基本规则,体验文明乘车带给人们的愉悦。

【活动重点】

知道乘车时应在候车区等候,排队上车,前门上车、后门下车等基本规范,学习安全乘车的方法。

【活动难点】

能对各种乘车行为进行正确判断,并能说出理由。

【活动准备】

1. 幼儿有乘坐公共汽车的经历。

2. 乘车场景,课件,"文明小乘客"标志,幼儿学习材料《我会保护自己》。

【活动过程】

1. 谈话导入活动,引导幼儿回忆已有的乘车经验。

提问：你出去玩的时候坐过公共汽车吗？乘车时应注意哪些安全问题？

2. 组织讨论，引导幼儿了解乘公共汽车时应遵守的安全规则和文明礼仪。

（1）利用课件，引导幼儿了解乘公共汽车时应遵守的安全规则。先出示不正确的画面，引导幼儿讨论后，再出示安全乘车的画面。

提问：这些小朋友做得对吗？这样做有什么危险？应该怎样做才是安全乘车？

小结：等候公共汽车的时候应该站在车站的等候区，汽车来了要排队上车，要前门上车、后门下车；

乘车时要站稳扶好，不把头探出窗口，不在车上嬉闹喧哗；

不能在行驶的车上吃棒棒糖、糖球等会带来危险的食物；

坐家庭汽车时要坐安全椅，遵守这些乘车规则，可以保障我们的安全。

（2）阅读《我会保护自己》第31页，引导幼儿了解乘公共汽车时的文明礼仪。

提问：要做文明的小乘客，我们还应该怎么做？如果有了垃圾我们应该怎么办？看到有人大声喧哗我们可以怎么做？别人给你让座时，你应该说什么？

小结：不乱扔垃圾、不大声喧哗是文明乘车行为；如果有人给我们让座，我们要说"谢谢"。

3. 设置情境，进一步了解乘车的规则，体验安全乘车的好处。

请幼儿自己分配角色，扮演司机、老爷爷、孕妇、小朋友、妈妈等。幼儿玩游戏教师及时鼓励幼儿好的做法。

活动延伸：一起阅读《我会保护自己》第30～31页，进一步帮助幼儿巩固安全乘车的方法。

活动三　数学——9以内数的守恒

【教材分析】

数的守恒是指物体数目不因物体外部特征和排列形式等的改变而改变，物体的数目与物体的大小、颜色、形状及排列疏密没有关系。中班幼儿认知活动的具体形象性和行为的有意性明显发展，能依靠表象进行思维，认知活动的概括性使幼儿对事物的理解增强，但仍显表面化、肤浅化。本次活动了解9以内数的守恒，旨在让幼儿在游戏中愉快地学习数的守恒，通过自身的操作，初步感知"物体位置发生变化、总数不变"的数的现象。让幼儿在看一看、说一说、玩一玩、摆一摆中理解数的守恒，使幼儿对数的守恒有初步的概念。

【活动目标】

1. 感知理解9以内的数的守恒。

2. 能不受物体大小、颜色、排列形式的影响，正确说出物体的数量。

3. 初步形成注意观察、分析、判断等思维能力。

【活动重点】

感知理解9以内数的守恒。

【活动难点】

能不受物体大小、颜色、排列形式的影响，正确说出物体的数量。

【活动准备】

1. 演示板一套，小插板每人一套。

2. 音乐《茉莉花》。

【活动过程】

1. 情景导入，复习9以内的数，按数取物。

引导语：春天来了，小树发芽了，草地上开满了鲜花，小燕子从南方飞回来了，蝴蝶也穿着漂亮的衣服在花园里飞来飞去。快欢迎9只小燕子、9只蝴蝶。

请幼儿取出9只蝴蝶、9只小燕子。

2. 在情境中进行比较和理解，学习9的守恒。

（1）引导幼儿拉长距离摆放蝴蝶，请幼儿观察不同排列方式的的物品是否一样多。

提问：蝴蝶和小燕子的数量一样多吗？

请幼儿将蝴蝶重新摆回第二行，引导幼儿思考蝴蝶的位置和形式变化。

提问：数量还一样多吗？

用对应比较法验证，得出结论：即蝴蝶的数量，不会因摆放形式和位置的变化而改变。

（2）将9只小燕子拉长距离摆成两纵队，引导幼儿进一步理解数的守恒。

请幼儿观察小燕子和蝴蝶的数量还一样多吗？为什么？

小结：用对应比较法验证数量是一样的，小燕子队形发生变化但数量没有改变。

4. 幼儿自由探索进行棋子拼摆，复习巩固9的守恒。

请幼儿将9颗红颜色和9颗黄颜色的棋子摆成不同的图形物品，如三角形、长方形、方形、树、房子等，探索两种棋子的摆放形状的不一样，数量还一样多吗？为什么？

小结：无论形状怎样变化，棋子的数量还是一样多。

5. 游戏"马兰花"，在游戏中加深对守恒概念的理解。

请幼儿分组，每组人数为9人，随音乐一起边玩游戏边说儿歌，音乐结束后，每组的队形都不一样，人数没有变化，进一步验证了9的守恒。

活动四　音乐——歌唱《安全第一我知道》

【教材分析】

歌曲《安全第一我知道》具有情境性和故事性，音乐节奏轻快、活泼，歌词描述了在马路上应注意的安全问题。幼儿活泼好动，但缺乏自我保护的意识和方法。热闹的马路对幼儿充满吸引力，且又是容易对幼儿的生命安全产生威胁的地方。活动通过说唱、情境表演等形式，让幼儿了解在马路上应遵守的交通规则和自我保护的方法，进一步增强幼儿自我安全防护意识。

【活动目标】

1. 有节奏地随歌曲旋律念歌词，感受轻快的节奏和活泼的音乐，并逐步喜欢说唱表演。

2. 能通过演唱和动作表演理解歌词内容。

3. 初步形成自觉遵守交通规则的意识，提高自我安全防护能力。

【活动重点】

有节奏地随歌曲旋律念歌词，感受轻快的节奏和活泼的音乐，并逐步喜欢说唱表演。

【活动难点】

能通过演唱和动作表演理解歌词内容。

【活动准备】

1. 家长与幼儿共同收集交通标志，带幼儿外出散步时观察来往的行人、车辆遵守交通规则的情况。

2. 马路场景图片，幼儿素质发展课程《音乐》CD，与歌词内容相符的图片。

【活动过程】

1. 出示马路场景图，讨论马路上的安全问题。

提问：嘀、嘀、嘀，汽车开来了，小朋友走在马路上要注意什么？

结合图片小结：汽车来了我让道，过马路要走斑马线，走路要走人行道，玩耍不上马路跑，安全第一我知道。

2. 利用图片理解歌曲内容并学习演唱。

（1）欣赏歌曲，教师用较缓慢的节奏演唱歌曲，使幼儿对歌曲形成完整的印象。

鼓励幼儿用歌词中的语言回答。教师提问：歌曲里唱了什么？

（2）借助图片，教师和幼儿随伴奏学念歌词。

可采用师幼接念的方式提高朗诵兴趣。如教师说前半句"嘀、嘀、嘀"，幼儿说"汽车叫"。

（3）进行"摸头接唱游戏"，教师边摸幼儿头边唱前半句，幼儿唱后半句。

教师摸到最后一个幼儿，幼儿接唱"我知道"时，要跟其他幼儿交流一种关于交通安全自我保护的方法。通过游戏接唱练习，引导儿感受音乐轻快的节奏。

（4）幼儿完整演唱歌曲，教师运用简单的动作和图片提示幼儿记忆歌词，唱准休止符、附点音符。

3. 创设马路情境，鼓励幼儿创编动作，边唱边表演。

幼儿分角色扮演小汽车和路上行人，根据歌词内容创编动作表演唱。

小结：小朋友在马路上一定要遵守交通规则，保护好自己。

【附视频网址：《安全第一我知道》http://www.guaiguai.com/flash/4613/】

活动五　美术——马路上

【教材分析】

马路是幼儿非常熟悉的环境，马路上有来来往往的人和车辆，指挥交通的交警叔叔，红绿灯等交通标志，常常引起幼儿驻足观望，也经常会出现在幼儿的画面中。幼儿对人物的刻画已经有了明显的进步，观察力和再现能力也逐步增强，但是对于如何布局画面的能力还相对欠缺。本活动以"马路"为主题，利用实地观察和视频回顾的方式，丰富幼儿对马路上情景的印象，引导幼儿将自己眼中热闹的马路画出来，体验绘画的乐趣，表现马路上车辆、人物的交通安全事项，增强遵守交通规则的意识。

【活动目标】

1. 会用简单的线条画出马路、斑马线、汽车、行人、楼房等，表现出马路上的主要情景。

2. 画面能体现出马路上的人物、汽车等是遵守交通规则的，布局较为合理。

3. 体验按意愿绘画的乐趣，增强遵守交通规则的意识。

【活动重点】

会用简单的线条画出马路、斑马线、汽车、行人、楼房等，表现出马路上的主要情景。

【活动难点】

画面能体现出马路上的人物、汽车等是遵守交通规则的，布局较为合理。

【活动准备】

1. 提前选好适宜的观察地点并做好安全准备工作，带领幼儿到马路上观察。

2. 彩笔、油画棒、美术用纸、背景音乐。

【活动过程】

1. 回想、交流自己在马路上看到的情景。

引导幼儿交流马路上有什么。

如：马路上有汽车,有过马路的行人,有交警叔叔指挥交通,有高耸的楼房,马路两旁有大树……

2. 观看视频《马路上》,引导幼儿关注马路上行人、车辆遵守交通规则的情景。

提问:马路上的汽车行驶在什么地方? 人们走在马路的什么地方最安全? 马路上还可以画什么?

小结:我们可以先画出大马路,马路上的汽车和行人要遵守交通规则,然后可以添画楼房、大树,让马路看起来很热闹。

3. 幼儿绘画,教师观察指导。

鼓励幼儿大胆创作,启发、指导幼儿丰富画面内容,提示幼儿将马路上的行人、汽车画在合适的位置。

4. 分享交流幼儿作品,提升有益经验,渗透遵守交通规则教育。

展示幼儿作品,采用小组交流或自由结伴交流等形式,为每个幼儿提供描述自己作品的机会。

教师从肯定幼儿大胆创作、构思巧妙、构图合理等方面评价幼儿作品,有机渗透遵守交通规则的意识。

体育活动

勇敢过桥

【教材分析】

本次活动旨在引导幼儿练习在高 20～25 厘米、宽 25～30 厘米的平衡木上快走的方法,能在平衡木上变换动作走,发展身体的平衡和协调能力。身体平衡运动,对中班幼儿来说,已不是很困难的事,大多数幼儿能从平地上的平衡走,变化到能走有一定宽度上的平衡木,但还有一小部分幼儿会有害怕的心理。活动运用循序渐进的方法,通过让幼儿初步感知在平衡木上行走的动作要领,再到借助儿歌,师幼共同梳理走平衡木的动作要领和正确方法,最后通过游戏“勇敢过桥”,利用多种方式进行变换动作的平衡练习,鼓励幼儿要有探索的勇气和信心。

【活动目标】

1. 练习在高 20～25 厘米、宽 25～30 厘米的平衡木上快走的方法。

2. 能在平衡木上变换动作走,发展身体的平衡和协调能力。

3. 有战胜困难的勇气,体验游戏的快乐。

【活动重点】

练习在高 20～25 厘米、宽 25～30 厘米的平衡木上快走的方法。

【活动难点】

能在平衡木上变换动作走,发展身体的平衡和协调能力。

【活动准备】

1. 活动前欣赏体操运动员平衡木表演的视频。

2. 平衡木 4 条,沙包、小球、小篮子等若干。

【活动过程】

1. 通过游戏情景,做热身运动,初步感知在平衡木上行走的动作要领。

(1)游戏"学做小体操员"导入活动,带领幼儿做头部、颈部、腿等身体各部位的热身运动。

(2)引导幼儿回忆视频中体操运动员在平衡木上行走的动作要领及注意事项。

2. 自由探索,尝试在平衡木上变换动作走。

(1)讨论自己了解的体操运动员是怎样在平衡木上运动的。

鼓励幼儿像体操运动员那样在平衡木上做不同的动作。

(2)请个别幼儿演示在平衡木上变换动作的方法。

(3)借助儿歌,师幼共同梳理走平衡木的动作要领并正确练习。

儿歌:不管动作怎样变,眼睛都要向前看,手臂要向两边伸,脚步轻轻慢慢走,我是小小体操员,锻炼身体不怕难。

(4)幼儿分为四组,练习在平衡木上变换动作走,如:叉腰、上举、侧平举、抱头、曲臂等。提醒幼儿走时身体保持面向正前方,并注意脚部的安全。

3. 游戏"勇敢过桥",利用多种方式进行变换动作的平衡练习,鼓励幼儿要有探索的勇气和信心。

(1)持物过桥:投放沙包、球等辅助材料,引导幼儿头顶沙袋、抱球、提篮等不同方法走过平衡木,鼓励幼儿大胆、勇敢过桥。

(2)投放不同高度和宽度的平衡木,练习变换动作走平衡木。

(3)教师观察并给予幼儿不同的指导和帮助。

4. 放松运动,分享集体游戏的快乐。

(1)教师做简短的小结和讲评,再次强调平衡木上变换动作走的要领。

(2)带领幼儿做放松游戏。

主题二 我和海洋动物交朋友

主题网

活动区活动

1. 烧烤大排档
2. 贝壳吹墨画
3. 美丽的海洋动物
4. 人鱼表演
5. 鱼就是鱼
6. 有趣的潜水艇
7. 小鱼分类
8. 编织小鱼

教学活动

1. 好习惯体验日：海边小卫士
2. 鱼就是鱼
3. 鱼儿变变变
4. 按鱼的特征分类
5. 三条鱼

户外体育活动

1. 渔网
2. 快乐的小螃蟹

第1周 各种各样的鱼

教学活动

1. 参观极地海洋世界
2. 海洋动物本领大
3. 小海螺和大鲸鱼
4. 水族馆
5. 海洋动物

我和海洋动物交朋友

教学活动

1. 海底运动会
2. 小鱼生病了
3. 保护海洋动物
4. 数小鱼
5. 海底总动员

第2周 海洋动物本领大

第3周 海洋动物护卫队

户外体育活动

1. 小海豚顶球
2. 海底采宝

户外体育活动

1. 小乌龟历险记
2. 小鱼套圈圈

活动区活动

1. 海鲜大锅蒸
2. 纸盘海底世界
3. 有本领的海洋动物
4. 海豚表演
5. 海洋动物本领大
6. 有趣的沉浮
7. 海底世界拼图
8. 编织螃蟹

活动区活动

1. 海鲜汉堡坊
2. 石头贝壳创意画
3. 美丽的海底世界
4. 海底小剧场
5. 保护海洋动物
6. 有趣的水实验
7. 海洋动物翻翻乐
8. 编织海螺

主题价值

中班幼儿对五彩斑斓的大海特别感兴趣，孩子们常常围绕大海里各种各样的海洋动物展开许多话题。为了使孩子们深入了解海洋动物，探索海洋动物的秘密，我们根据幼儿园的实际情况和青岛特殊的地理位置，构建了"我和海洋动物交朋友"主题系列活动，旨在让幼儿运用各种感官认识和了解各种各样的海洋动物，增强幼儿的好奇心、求知欲和对海洋动物的探究兴趣，同时开阔眼界，陶冶情操，培养其保护环境、爱护海洋、热爱生活的美好品质。

本主题从幼儿最熟悉的"鱼"开始，引发幼儿探究的兴趣，继而带领幼儿研究各种海洋动物的本领，引发幼儿对海洋动物的探究欲望，了解更多海洋动物的特点和秘密，从而产生保护海洋动物的愿望，进入第三个子主题"海洋动物护卫队"。在一步步深入探究的过程中，让孩子们产生知海、爱海、亲海的意识。

主题目标

★注意工具使用过程中的安全性，养成收拾整理的好习惯。

1. 了解几种常见海洋生物的自我保护方法，并尝试用自己知道的方式保护它们的生存环境；观察、发现各种鱼的异同并按特征分类，有一定的观察和比较能力。

2. 能用完整的语言，大胆讲述自己获得的有关海洋动物的信息，并愿意分享学习他人的学习经验。

3. 知道海底世界是各种海洋生物的家，能积极参与设计筹备展示会的主要活动和内容，萌发初步保护大海的环保意识。

4. 能用创意添画、表情、动作或乐器等方式表现海洋动物的快乐以及"海洋动物运动会"的情景。

5. 能动作灵活地钻跑，并掌握手脚着地爬的动作要领，体验游戏的快乐。

区域活动安排

区域名称	活动名称	活动准备	活动指导建议
结构区	美丽的海洋	梅花插塑、雪花片、各种海洋动物拼插图片以及海浪、海藻等辅助材料	1. 美丽的海洋动物： ● 指导幼儿学习运用一字插、十字插、环形插、几何形体插自由组合的方法拼插海洋动物,能利用辅助材料进行简单装饰。 2. 有本领的海洋动物： ● 指导幼儿学习运用一字插、十字插、环形插、几何形体插自由组合的方法拼插有本领的海洋动物,能利用辅助材料进行简单装饰。 3. 美丽的海底世界： ● 指导幼儿学习运用几何形体插、整体组合插等自由组合的方法拼插海洋动物以及海底中的礁石、珊瑚等,能利用辅助材料进行简单装饰。 ★ 同伴间遇到矛盾会互相协商解决,学会谦让,合作游戏。
角色区	海鲜大排档	角色提示挂牌,布置海鲜大排档场景:厨师操作台、原料摆放台、厨师服务员服装、烤箱、菜品贴画、菜谱、各种海鲜食品。橡皮泥、贝壳等半成品辅助材料	1. 烧烤大排档： ● 指导幼儿学习用多种材料串制烤串,并知道烧烤美食的材料与烧烤方法。 2. 海鲜大锅蒸： ● 指导幼儿学习用锅蒸海鲜的步骤与方法,并了解可以大锅一起蒸的海鲜有哪些。 3. 海鲜汉堡坊： ● 指导幼儿学习用各种海鲜分层搭配制作汉堡。 ★ 角色之间能自然的交流,使用礼貌用语,游戏结束后能一起整理用具。
科学区	有趣的小实验	制作好的潜水艇模型、吸管、纸鱼、气球、橡皮泥、胶带、铁块、剪刀、装满水的盆。 水、玻璃杯2个、玻璃瓶2个、纸杯、钉子、钥匙、泡沫、石块、纸船、积木、乒乓球、铅笔、橡皮泥。一粗一细两个杯子,里面分别装有不同水位的水(其中粗杯子里盛有蓝色的水,细杯子里盛有红色的水)。量杯多个、各种材料工具(纸绳、尺子、布条等),实验步骤图、记录纸	1. 有趣的潜水艇： ● 指导幼儿了解潜水艇下沉、上浮与鱼鳔的关系,进一步了解潜水艇潜水的过程与简单原理,想象创造各种各样的潜水艇。 2. 有趣的沉浮： ● 指导幼儿对科学活动产生兴趣,体验实验的趣味。通过实验让幼儿知道物体在水里有的沉、有的浮,引起幼儿对沉浮现象的兴趣。 3. 有趣的水实验： ● 指导幼儿通过动手做小实验,初步体验量的守恒。 ★ 指导幼儿学会看记录表,并引导幼儿用不同的符号,做好记录。
美工区	海边材料变变变	自主选择筐、扇贝壳、蛤蜊壳、海蛎子壳、海虹壳、钉螺壳、毛蛤蜊壳等各种贝壳,墨汁、魔法玉米、彩色橡皮泥、花瓶模板。彩色纸盘子、卡通眼睛、各种贝壳、辅助材料等。	1. 贝壳吹墨画： ● 指导幼儿能运用吹画、贝壳组合的形式表现树枝和花朵,尝试用橡皮泥、魔法玉米、手指点画等多种形式进行装饰。 2. 纸盘海底世界： ● 能利用扇贝壳、钉螺等贝壳制作海底小动物,并尝试用搓、压扁的技能,用橡皮泥给盘子进行装饰。 3. 石头贝壳创意画： ● 能将石头与贝壳进行结合,拼摆不同的作品画面,并用橡皮泥将其进行固定,尝试用其他辅助材料进行装饰。 ★ 能安静地进行创作设计绘画,不打扰别人,保持桌面整洁。
益智区	海洋游戏乐趣多	各种各样的彩色小鱼,分类框、操作卡。 不同海底世界图片制作的拼块,完整海底世界图片、操作框、拼摆台。 海洋动物图片10对,共20张,操作板、拼摆台	1. 海洋动物翻翻乐： ● 在翻一翻游戏中认识各种海洋小动物,通过海洋动物配对发展幼儿记忆力。大胆探索游戏的多种玩法。 2. 海底世界拼图： ● 比一比、摆一摆,看谁拼得快,说说自己的拼摆好方法。

区域名称	活动名称	活动准备	活动指导建议
益智区	海洋游戏乐趣多	各种各样的彩色小鱼，分类框、操作卡。不同海底世界图片制作的拼块，完整海底世界图片，操作框、拼摆台。海洋动物图片 10 对，共 20 张，操作板、拼摆台	3. 海洋动物翻翻乐： ● 在翻一翻游戏中认识各种海洋小动物，通过海洋动物配对发展幼儿记忆力。大胆探索游戏的多种玩法。 ★ 游戏时能够静下心来，有耐心地进行，并按规则开展游戏。
音乐区	海底总动员	各种海洋动物展馆的图片，接待人员绶带，人鱼表演服装，音乐、舞台背景，观众席、门票、展馆印章图、耳麦	1. 人鱼表演： ● 能在教师的引导下帮助幼儿协商分配角色，并根据角色运用不同的语气、动作表演故事。能根据自己故事角色和角色特点选择合适的服装与道具。 2. 海豚表演： ● 指导幼儿穿好演出服装模拟小海豚，合作摆放道具，创建表演场地，做好演出前的准备。 3. 海底小剧场： ● 海底小剧场：将上两周的海豚表演和人鱼表演相结合，再加上本主题下所学的歌曲进行表演。 ★ 能够将使用过的道具，整齐合理地摆放回原处，爱护道具。
语言区	海底小动物历险记	提供《鱼就是鱼》的绘本，与海洋动物相关的图书。绘本故事《免费旅行家》、有关海洋的书籍、幼儿自制图书《鱼就是鱼》。有关海洋动物的书籍，保护海洋动物的图片，幼儿自制图书《海洋动物护卫队》、手偶等	1. 鱼就是鱼： ● 能边看图片边讲述故事，喜欢阅读图书，愿意分享并学习他人的学习经验。 2. 海洋动物本领大： ● 通过观察、阅读图书，从书中获取有关海洋动物的故事，从而认识、了解海底中有本领的小动物。 3. 保护动物： ● 通过观察、阅读图书，从书中获取有关保护海洋动物的故事，从而认识、了解保护它们的重要性。 ★ 同伴间交流时，尽量小声，不影响别人。
生活区	海底小动物真可爱	不同款式、色彩的编织步骤图，长短不同的色彩纸条若干，水彩笔、剪刀、胶棒	1. 编织小鱼： ● 指导幼儿根据编织步骤图，进行编织，制作小鱼。 2. 编织小螃蟹： ● 指导幼儿用压的方法创造性地进行编织。 3. 编织海螺： ● 指导幼儿用两种或两种色彩以上的彩条，创造性地编织。 ★ 同伴之间能互相帮助，共同编织好看的海洋动物。

（●为核心目标指导，★为养成目标指导）

户外活动安排

活动名称	活动目标	活动准备	活动指导建议
快乐的小螃蟹	1. 学习双人合作用身体夹球侧身走,发展幼儿的平衡能力。 2. 培养幼儿的合作精神,并鼓励幼儿积极参加体育活动。	1. 物质准备:贴有红、黄、蓝螃蟹图片筐各两个,皮球、草地。 2. 经验准备:幼儿已经观察过小螃蟹走路的特征	● 将幼儿分成数队,两个人面对面抱住,或两个人背靠背、臂挽臂,横着走或用跑的方法运球至终点处,将球放进球筐里。 ● 看哪一队速度最快,最先完成运球任务,哪一队获胜。 ● 在运球过程中,要用身体运球,不能用手;若途中球掉在地上,应捡起并夹好,从球掉落处继续前行,将球放进球筐,跑回自己的队伍后,下一组幼儿继续比赛。 ★ 幼儿熟悉游戏规则后,可引导幼儿探索不同的夹球走的方式,如:手臂夹球前后走,或一个人的背对着另一个人的胸夹球前后走、侧走等。
海底采宝	1. 练习从高30～35厘米处双脚站立往下跳。 2. 发展幼儿听觉能力及灵敏性。	每人一把小椅子及比幼儿人数多几倍的珠子、贝壳、鱼、虾等玩具(也可用图片代替)	● 将椅子排成一个大圆圈作为海洋,中间放些贝壳、珠子、鱼、虾等图片。 ● 幼儿站在椅子上,在教师发信号后跳下椅子去海底采宝。听信号后将采到的“宝”送回椅子上。 ● 游戏反复进行,到采完珍宝时看谁采得多,也可分批进行或要求听信号采不同类型的东西。 ● 游戏时要听清教师的指令和要求,根据指令要求进行游戏,若有幼儿提前跳下椅子,则游戏重新开始。 ★ 提醒幼儿在跳下椅子时注意安全,跳下后双腿稍弯曲站立;在幼儿熟悉游戏规则后,可请个别幼儿发信号指令,其他幼儿根据指令和要求进行游戏。
小鱼套圈圈	1. 促进身体的灵活性、协调性。 2. 激发幼儿的集体荣誉感,在游戏中体验快乐。	呼啦圈(幼儿各一)、矿泉水响桶一个,舒缓轻快的音乐	● 幼儿围成一圆圈,听到矿泉水响桶响就开始传递(套圈由上往下,由下往上迅速套完自己),传递给下一位。 ● 教师的响桶停,被套住的“小鱼”(幼儿)就出列做怪相,游戏反复。 ● 游戏过程中必须要一个接一个地套,必须要将自己全身套完下一名幼儿才能开始套,每次游戏开始时要从上一次游戏被套住的幼儿开始往下传递进行。 ★ 幼儿可分成若干小组,人数相等站成竖队,每组前放一个圈,当听到“打渔网来了”,第一名幼儿开始将圈由脚开始往上套,直至从头部取出,然后交给下一位。最后完成的一组算作被打捞的“小鱼”,惩罚做怪相。

(●为核心目标指导,★为养成目标指导)

楼层混龄区域游戏联动

——一楼"海边嘉年华"活动安排

区域名称	活动名称	活动准备	指导策略
室内体育运动区"海边嘉年华"	海岛探险——海底捞贝	幼儿自制扇贝、蛤蜊、海虹，踏板、KT板	● 指导小班幼儿能保持平衡地踩在踏板上，尝试蹲在踏板上捞扇贝。 ● 加大踏板之间的距离，指导中班幼儿能以较快速度，按照规则进行捞贝。 ● 分成两队，指导大班幼儿能以相对的方向走踏板进行捞贝比赛。 ★ 指导幼儿在捞贝时相互关心、互相帮助。
	海岛探险——海底寻宝	桌子、不织布、手电筒、板凳、瑜伽垫、雪花片	● 指导小班幼儿能双膝着地，手脚并用从桌子底下爬过，并找出宝贝。 ● 指导中班幼儿匍匐爬过"隧道"，并找出宝贝。 ● 指导大班幼儿进行分组竞赛，听指令自选合适的方式，爬过隧道，趟过小河寻找宝贝。 ★ 提醒幼儿在爬的过程中注意保持距离，以免造成伤害。
	海岛探险——爬礁石摘海虹	攀爬架、幼儿自制带曲别针的海虹、水草、丝带	● 指导小班幼儿找出海虹，区分大小，并尝试把它摘下来。 ● 指导中班幼儿用自己的方式尝试把它摘下来，并总结出摘海虹的窍门。 ● 指导大班幼儿两人比赛，一个摘海虹，一个挂海虹，看谁用的时间短。 ★ 提醒孩子在摘海虹时不拥挤，学会等待。
	海岛探险——喂海鸥	垃圾筐、报纸球、龙力球、圆片形KT板	● 指导小班幼儿练习投掷的动作。 ● 指导中班幼儿把报纸球、龙力球投到高低不同的筐子里，进行投准练习。 ● 增加投准距离，指导大班幼儿选用不同材料进行投准练习，总结出投准的窍门。 ★ 初步学习整理游戏材料。
室内文化礼仪体验区"海洋摄影轰趴馆"	海洋照相馆	海洋彩喷板子（把脸部抠出来，孩子们拍照用）;《小美人鱼和她的好朋友》《舞蹈美人鱼》《海底鲨鱼馆》《海底珊瑚群》《海洋动物》	● 指导小班幼儿能够自己选择喜欢的主题板，摆出自己喜欢的姿势，进行拍照。 ● 指导中班幼儿能够跟同伴合作摆出各种好看的姿势和造型，进行拍照。 ● 指导大班幼儿能够在合作的基础上带领小、中班幼儿一起进行拍照游戏。 ★ 提醒孩子们互相帮忙互相合作。
	海洋换装室	海滩的纱巾、各种花式的小墨镜、不同样式的太阳帽以及好看的发卡、太阳伞	● 指导小班幼儿能够自己选择喜欢的装饰物，能够寻求比自己大的哥哥姐姐帮忙和自己一起进行打扮。 ● 指导中班幼儿主动尝试打扮自己，愿意跟同伴分享自己穿搭衣服的想法。 ● 指导大班幼儿能够主动帮助弟弟妹妹来穿搭衣物，并且能将弄乱的物品摆放回原处。 ★ 引导鼓励幼儿，物品用完要放回原处。
室内情景游戏区"海洋度假村"	海边贝壳拼摆	各种彩色的贝壳	● 指导小班幼儿按特征（颜色、形状）分类并尝试拼摆贝壳。 ● 指导中班幼儿结合贝壳的颜色、形状进行创意拼摆。 ● 指导大班幼儿主动帮助中小班弟弟妹妹，指导他们的活动，和他们一起进行贝壳创意画。 ★ 拼摆贝壳结束后，将贝壳整理到筐内。
	青岛大包店铺	蒸笼、两种碎纸团代表肉丸和菜丸、太空泥大虾、太空泥蘑菇、用白布缝制的饺子皮	● 指导小班幼儿尝试和哥哥、姐姐一起学习为客人准备食物。 ● 指导中班幼儿主动询问并按客人的需求提供食物。 ● 指导大班幼儿成为优秀的小摊摊主，能够大方对客人介绍自己制作的美食。 ★ 引导幼儿游戏时主动运用礼貌用语。
	美味海鲜锅店铺	各种海鲜皮:螃蟹壳、海螺壳、蛤蜊皮、扇贝皮。橡皮泥做的海胆、橡皮泥做的海参、不织布做的鱼和海带结等各种海鲜，蒸锅	● 指导小班幼儿利用海鲜贝壳进行简单的海鲜锅拼摆，和哥哥姐姐一起学习买卖。 ● 指导中班幼儿能看菜单进行海鲜锅拼摆并大胆买卖。 ● 指导大班幼儿大方介绍自己制作的美食，并带领弟弟妹妹一起游戏。 ★ 提醒幼儿游戏后整理玩具。

续 表

区域名称	活动名称	活动准备	指导策略
室内情景游戏区"海洋度假村"	王姐烧烤店铺	卡纸制作的烤炉;泡沫纸制作的海鲜串串;海星、鲳鱼、鱿鱼、螃蟹。泡沫纸制作的蔬菜;海带结、韭菜	● 指导小班幼儿帮哥哥姐姐根据客人的需求拿取"串串"。 ● 指导中班幼儿按客人需求自己拿取"串串"并学习进行烤制。 ● 指导大班幼儿大方介绍自己制作美食,主动招揽客人并带领弟弟妹妹一起游戏。 ★ 活动后提醒幼儿将玩具整理整齐。
室内竞技游戏区——"海边钓鱼场"	小小钓鱼场	钓鱼池塘、鱼钩、鱼桶、各种各样彩色的鱼、碰铃、贝壳币、背景音乐	● 指导小班幼儿学习钓鱼,注意鱼钩不要靠近同伴身边,避免碰伤。 ● 指导中班幼儿能自主钓鱼,钓好的鱼能放进鱼篓中,并能听音乐到换购区换取贝壳币。 ● 指导大班幼儿能自主钓鱼,听到音乐能到换购区和售货员一起进行点数小鱼。 ★ 指导幼儿进入区域脚步轻轻,学会安安静静钓鱼,在钓鱼的过程中注意钓鱼钩,小心刮伤。
室内美术区"海贝手工坊"	扬帆起航	纸筒、吸管、瓶盖、颜料、画衣、双面胶、剪刀、白胶	● 指导小班幼儿用点画方法对作品进行装饰,保持画面整洁。 ● 指导中班幼儿按照自己的意愿大胆运动辅助材料表现自己喜欢的作品。 ● 指导大班幼儿运用多种材料大胆制作船,制作时仔细认真。 ★ 提醒幼儿活动时穿画衣,保持整洁。
	手套鱼	手套、棉花、颜料、皮筋	● 指导小班幼儿自由玩色,玩色时不混色。 ● 指导中班幼儿运用水粉、彩笔绘制不同造型的小鱼。 ● 指导大班幼儿选用多种材料大胆制作,创造出丰富多彩的小鱼形象。 ★ 提醒幼儿活动后自觉整理活动材料。

（●为核心目标指导策略,★为养成目标指导策略）

二、三楼混龄区域联动
——"我和海洋动物交朋友"活动安排

区域名称	活动名称	活动准备	指导策略
二楼区域游戏联动	贝壳艺术馆	自主选择筐、扇贝壳、蛤蜊壳、海蛎子壳、海虹壳、钉螺壳、毛蛤蜊壳、墨汁、魔法玉米、彩色橡皮泥、花瓶模板、彩色纸盘子、卡通眼睛、范例、松果、树枝、毛毛球、水粉、彩纸、气卫生纸球等	● 指导大班幼儿利用贝壳、钉螺等贝壳制作海底小动物,并尝试利用搓、压扁的技能,用橡皮泥给盘子进行装饰。 ● 指导中班幼儿利用吹画,制作树干,并用贝壳组合花朵。在此基础上用橡皮泥、魔法玉米、手指点画的方式进行装饰。 ● 指导小班幼儿利用撕贴的方式装饰大鲸鱼,中大班幼儿利用水粉绘画大鲸鱼的伙伴,大班幼儿用松果、树枝、贝壳等材料装饰海洋。 ★ 利用自主选择筐子选取材料,游戏结束后将没用的材料分类放回。不将橡皮泥颜色混合,游戏结束能将泥工板收好。 ★ 水粉颜料、胶水不抹到桌子上,保持活动区整洁。
	前海沿海鲜大排档	布置海鲜大排档场景。厨师操作台、原料摆放台、厨师服务员服装、烤箱、菜品贴画、菜谱、各种海鲜食品、橡皮泥、贝壳等半成品辅助材料	● 指导中大班哥哥姐姐带小班弟弟妹妹一起游戏,比如:爸爸、妈妈和宝宝,全家一起在大排档餐厅用餐等。 ● 鼓励中大班的幼儿能根据游戏情况拓展游戏内容,比如:开展去其他游戏室送外卖、发优惠券、做广告等游戏情节。 ● 指导幼儿间协商角色,明确角色分工及角色职责,较形象地表现所扮演的角色,体验共同游戏的乐趣。 ★ 游戏中能够自觉使用礼貌用语,能较有秩序地收拾、摆放玩具及活动材料。
	人鱼表演馆	各种海洋动物、王子服饰、乐器、音乐故事、舞台背景、观众席	● 指导中大班角色模拟幼儿穿好演出服装,合作摆放道具,创建表演场地,做好演出前的准备。 ● 鼓励中大班幼儿主动邀请观众观看表演,与同伴分角色大胆在观众面前随音乐合作表演,增强自信。 ● 指导小观众认真观看"人鱼表演",不打扰演员演出。 ★ 指导幼儿演出后主动整理游戏材料,分类收放。

区域名称	活动名称	活动准备	指导策略
二楼区域游戏联动	海底世界	导游、接待、门票、刷卡机、导游旗、耳麦、旅游帽，接待人员绶带，喷绘的各种海洋馆	● 请中大班幼儿担任导游，并在参观游览过程中能够热情地接待游客，清晰介绍各个展览馆的主要内容，时刻关注自己游客的跟随情况。 ● 指导小班幼儿和哥哥姐姐一起观光游览，做文明小游客。 ★ 指导幼儿爱惜展览馆里的所有物品，活动结束后能够将物品归类摆放整齐。
	创意美术馆	主体材料：陶泥、橡皮泥、太空泥 辅助材料：线绳、纽扣、瓶盖、松球、树枝、扭扭棒、红豆、黑豆、钢丝球…… 工具：泥塑工具、木盒、木板、藤筐、泥工板	● 指导小班幼儿会用搓、揉、压，使用模具等方式装饰泥船。 ● 指导中班幼儿会用盘条的方法堆砌立体的船，利用辅助材料与大班哥哥姐姐共同做出船内部分。 ● 指导大班幼儿发挥自己的优势，根据船的大小和特点用泥创意地做出船内部分，并指导、帮助中小班幼儿的活动。 ★ 鼓励同伴间友好交往，活动结束后能够将物品归类摆放整齐，保持桌面整洁。
三楼区域游戏联动	创意表演馆	道具背景板、小号水草板、小号珊瑚板、小号小船的板子、鲨鱼衣服、天使鱼衣服、刺鲀衣服、海星衣服、水母衣服、蛤蜊衣服，以及各角色头饰等	● 指导小班幼儿有序进场，安静观看表演并愿意参与"游戏互动"。 ● 指导大班幼儿能主动摆放道具，创设表演情境，与中班幼儿创造性地开展游戏活动。 ● 指导中班幼儿尝试根据所模拟的角色，用不同的语气、动作进行表演，主动与小班的弟弟妹妹进行互动。 ★ 能自觉遵守表演区规则，爱惜道具，互相帮助穿脱道具衣服。

（●为核心目标指导策略，★为养成目标指导策略）

室内外联动

——户外混龄游戏区域活动安排

区域名称	活动准备	指导策略（逐一再现各年龄班的指导策略）
蛟龙出海区域	游戏指导板一个、大鼓一个、废旧材料制作的龙两条、绣球一个、"小手掌"若干、小粘贴若干	● 指导大班幼儿担任"鼓手""绣球"的角色，能够根据游戏需要擂鼓，并根据节奏舞绣球。 ● 指导中班幼儿担任"龙头"等角色，能够根据"绣球"的起伏，舞出龙头的特点。 ● 指导小班幼儿在哥哥姐姐的带领下跟上龙头，不推不挤跟上龙身的节奏。 ★ 指导幼儿团结协作，能够大带小，大帮小。
海军训练营——钻爬区域	游戏指导板一个、桌子、椅子、瑜伽垫、钻爬障碍物	● 指导中大班幼儿：在桌椅、垫子上进行多种形式的钻、爬、跳、跨等动作练习，锻炼体能，发展技能。 ● 指导小班幼儿：在桌椅垫子上进行手膝着地爬、平衡走的练习，能够按照顺序完成指定路线。 ★ 指导幼儿遵守游戏规则，按照顺序进行活动，大带小团结合作。
竹竿舞区域	游戏指导板一个、竹竿两个、活动音乐、沙包若干	● 指导大班幼儿能够根据竹竿的节拍、音节的节奏开展"跳竹竿"活动并尝试新玩法。 ● 指导中班幼儿跟随大班的哥哥姐姐学习掌握"跳竹竿"的方法，能顺利地跑过竹竿不被夹到。 ★ 指导幼儿养成共同合作，遵守规则秩序的良好习惯。
跑旱船区域	游戏指导板一个、自制旱船（呼啦圈、彩色绸布、装饰彩条、即时贴、针线等）	● 指导大班幼儿能够根据音乐自行创编动作表演，并带领中小班的小朋友给其他区域的小朋友送节目。 ● 指导中班幼儿掌握跑旱船的基本动作，自由尝试各种障碍跑。 ● 指导小班幼儿掌握跑旱船的基本动作，跟哥哥姐姐练习各种跑法，体验游戏的快乐。 ★ 指导幼儿在表演的时候，能够大带小，团结合作完成任务。

区域名称	活动准备	指导策略(逐一再现各年龄班的指导策略)
海军训练营——云梯攀爬区	游戏指导板一个、布置海军训练营场景:高矮云梯、独木桥、地垫、攀爬架、竹竿、轮胎墙	● 指导大班幼儿能动作协调地攀爬攀登架、轮胎墙并脚不着地地过悬竿。 ● 指导中班幼儿能以匍匐、膝盖悬空等多种方式钻爬障碍。 ★ 指导幼儿有序游戏,能一个跟一个,云梯上不拥挤。
船舶加工坊	1. 游戏指导板一个。 2. 自然材料:各类贝壳、松果、大小不一的果冻壳、卫生纸筒、一次性纸杯。 3. 两艘大船模型、桅杆、帆。 4. 反穿衣、一次性手套、剪刀、胶水、双面胶、白胶、扭扭棒、麻绳、彩钉、动物眼睛、刮画笔、水彩笔、油画棒、水粉、毛笔、洗笔筒、橡皮泥	● 指导小班幼儿:利用区域内的多种材料,为船舶进行撕纸粘贴、贝壳上色等简单的装饰加工。 ● 指导中班幼儿:可与大班的哥哥姐姐合作完成印染船帆、制作海底生物等装饰活动。 ● 指导大班幼儿:完成较精细的作品,辅助小班弟弟妹妹共同完成作品。 ★ 指导幼儿注意画面整洁,不将颜料乱甩、纸花乱丢,用完的物品及时放回原处。
翻翻乐区域	游戏指导板一个、彩色方块24个、黄、绿色背心各8个、大鼓一个	● 指导小班幼儿知道游戏玩法,明确自己的组别以及要翻的方块颜色。 ● 指导中班幼儿尝试和大班幼儿共同制定游戏规则,开展竞争游戏。 ● 指导大班幼儿自主制定游戏规则,协助小班幼儿的穿衣分组,带领弟弟妹妹一起开展游戏 ★ 指导幼儿爱护玩具,游戏中不踢方块,不坐方块,游戏结束所有材料送回家。
滚筒咕噜噜区域	游戏指导板一个、大滚筒、平衡木、拱形门	● 指导小班幼儿:练习在坡上滚筒,体验上下坡玩滚筒时的不同感受,同时鼓励幼儿尝试在平衡木上玩滚筒,保持身体平衡。 ★ 指导幼儿玩儿滚筒后和老师一起将滚筒放回原位,活动时要一个跟着一个走,注意安全。
远洋造船厂区域	游戏指导板一个、炭烧积木、雪花片、梅花积木、纸盒砖、木板、搭建辅助材料(奶粉桶、薯片桶、易拉罐)、安全帽、塑料积木等	● 指导大班幼儿自主协商,根据搭建主题分工合作搬运搭建材料,探寻使大型积木连接更加牢固的方法,自主解决搭建过程中出现的问题。 ● 指导中班幼儿用雪花片或梅花积木拼插船的休闲设施,如座椅、花朵、双层花坛等。 ● 指导小班幼儿用雪花片拼插圆形的花坛,能将两片雪花片连接结实。 ★ 指导幼儿取放材料时注意归类,玩具材料轻拿轻放,避免磕碰。

(● 为核心目标指导策略,★ 为养成目标指导策略)

海洋特色主题室内外联动

——混龄区域游戏设计方案
(一楼)

一、主题名称

海边真好玩

二、主题目标

1. 练习向指定方向横着走,发展反应能力。

2. 感受绘本的乐趣,尝试用简短的语言清楚讲述画面内容。

3. 体验帮助别人的快乐,激发从自己做起,爱护大海的意识。

4. 知道蛤蜊的形状、花纹、大小,以及它的生活习性,激发幼儿对蛤蜊探究的兴趣。

5. 能大胆想象并表现水花的不同姿态，能随音乐节奏表现出用脚踏水花及水花抖动、溅开的动作。

6. 能运用多种形式再现"沙与水"的乐趣，体验玩色的快乐。

三、楼层游戏区域设计

（一）海岛嘉年华——一楼走廊创设室内体育欢动区"海岛探险"

1. 海岛探险——海底捞贝。

（1）材料投放：幼儿自制扇贝、蛤蜊、海虹、踏板、KT 板。

（2）玩法建议。

① 观察、认识海螺、扇贝、蛤蜊、海虹等贝壳类产品的颜色、特征等。

② 两人捞贝比较多少：小朋友按照先后顺序，站在踏板上捞贝壳，看谁捞的多，并进行大多少小的比较，然后按照 ×× 比 ×× 多，×× 比 ×× 少进行完整表述，摸到多的小朋友要刮摸到少的小朋友的鼻子。

③ 捞海虹，"挂到礁石上"：幼儿用自己的方式尝试捞海虹、挂海虹的不同方法。【与下一个游戏循环、联动。】

2. 海岛探险——海底寻宝。

（1）材料投放：桌子、不织布、手电筒、板凳、瑜伽垫、雪花片。

（2）玩法建议。

① 小班幼儿能双膝着地，手脚并用从桌子底下爬过，并找出宝贝。

② 中班幼儿匍匐爬过"隧道"，并找出宝贝。

③ 大班幼儿进行分组竞赛，听指令自选合适的方式，爬过隧道，趟过小河寻找宝贝。

3. 海岛探险——喂海鸥。

（1）材料投放：垃圾筐、报纸球、龙力球、圆片形 KT 板。

（2）玩法建议。

① 练习投准。选自己能力范围内的海鸥进行"喂食"。

② 感知不同的材料，投准难度不同。尝试把用不同材料做成的"食物"喂海鸥。

③ 尝试用双腿屈膝向上跳，辅助跑步、行进、跨跳等动作，提高自己投掷的准确性。

4. 海岛探险——爬礁石摘海虹。

（1）材料投放：攀爬架、幼儿自制带曲别针的海虹、水草、丝带。

（2）玩法建议。

① 练习攀爬。能手脚并用地爬过攀爬架。

② 摘海虹，练习小肌肉动作。能耐心地把海虹从攀爬架上摘下来。

③ 鼓励幼儿两两比赛，一个摘海虹，一个挂海虹，看谁用的时间短。

（二）"海洋摄影轰趴馆"——小二班教室文化礼仪体验区

1. 海洋摄影轰趴馆——海洋照相馆。

（1）材料投放：主题彩喷板子：《小美人鱼和她的好朋友》《舞蹈美人鱼》《海底鲨鱼馆》《海底珊瑚群》《海洋动物》。【将彩喷板的脸部抠出来，孩子们拍照】

（2）玩法建议。

① 选择自己喜欢的海洋故事主题板，可以变成故事里的主人翁，模仿主人翁的动作来摆造型，可以摆自己喜欢的造型照相。

② 自主邀请同伴合作拍照,协商探讨不同的造型摆拍。

③ 游戏角色:摄影师和收银员,请小朋友当摄影师,负责给来拍照的"顾客"照相;"收银员"负责向拍照的"顾客"收费。

2. 海洋摄影轰趴馆——海洋换衣间。

(1)材料投放:纱巾、帽子、墨镜、太阳伞、发卡、各种长短的假发、各式各样的衣服。

(2)玩法建议:

① 选择自己喜欢的服装和服饰来打扮自己,小班的幼儿可以寻找中大班的哥哥姐姐帮忙。

② 结合照相馆中每个主题不同的彩喷板来打扮自己,比如:《小美人鱼》主题板,就可以给自己带上漂亮的假发,扮演小美人鱼。

③ 游戏角色:形象设计师——由"专业形象设计师"指导小朋友们的着装设计与穿搭。

(三)海洋度假村——一楼大厅

1. 海洋度假村——休闲区。

(1)材料投放:海边休闲座椅、海边休闲小餐桌。

(2)玩法建议。

① 幼儿可以坐在靠椅上度假、休闲,观察一下老师创设的区域里有哪些认识的海洋生物,跟周围小朋友交流,发展幼儿语言表达能力以及社会交往能力。

② 幼儿在"海边美食街"购买了食物后,可以坐在餐桌旁边欣赏"海边美景"边进食,进食结束后自己将食物垃圾收拾干净,游戏中养成良好的行为习惯。

2. 海洋度假村——贝壳拼摆。

(1)材料投放:大海背景贴纸、各种彩色贝壳若干。

(2)玩法建议:幼儿坐在海边,进行贝壳拼摆。

① 分类拼摆:即根据颜色不同进行有规律拼摆。

② 造型设计:即利用贝壳自由设计,拼摆出不同形状、图案等。

3. 海洋度假村——青岛大包。

(1)材料投放:蒸笼、两种碎纸团代表肉丸和菜丸、太空泥大虾、太空泥蘑菇、用白布缝制的饺子皮。

(2)玩法建议。

① 按需取物:即幼儿根据"客人"需要,为"客人"制作包子,练习。

② 练习点数:即根据"客人"需要,制作相应数量的包子。

③ 制作青岛大包:幼儿将"馅"放入"皮"中,抽取皮上的白线变成包子褶,制成青岛大包,培养幼儿动手能力。

4. 海洋度假村——美味海鲜锅。

(1)材料投放:各种海鲜壳:螃蟹壳、海螺壳、蛤蜊皮、扇贝皮,橡皮泥做的海胆、海参,不织布做的鱼和海带结等各种海鲜,蒸锅。

(2)玩法建议。

① 鼓励幼儿自己动手,运用半成品制作拼摆不同造型的海鲜锅。

② 在游戏中,指导小摊主与客人运用"请""您""您好""谢谢""再见"等文明用语对话,培养幼儿良好的行为习惯。

5. 海洋度假村——王姐烧烤。

(1)材料投放:卡纸制作的烤炉;泡沫纸制作的海鲜串、蔬菜,如海星、鲳鱼、鱿鱼、螃蟹、海带结、韭菜等。

（2）玩法建议。

① 幼儿根据客人需要，取出相应的烤串进行烤制，引导幼儿遵守游戏常规，友好地分配游戏角色。

② 爱护玩具，游戏后会整理场地并收拾玩具，培养幼儿的整理能力。

（四）小小钓鱼场——小一班教室游戏体验区

（1）材料投放：钓鱼池塘、鱼钩、鱼桶、各种各样彩色的鱼、碰铃、贝壳币、背景音乐。

（2）玩法建议。

① 大中小幼儿自主进入钓鱼场，选择钓鱼椅做好。

② 幼儿将鱼桶放与钓鱼椅子旁边，自主调试钓鱼竿，在音乐中安静地钓鱼。

③ 钓鱼：幼儿带上鱼竿和小水桶，站立在池塘外钓鱼（利用吸铁石可与回形针相吸的原理），把钓上钩的小鱼放置在小水桶内。

④ 大班幼儿钓完6条鱼可换购1个贝壳，中班幼儿钓完5条鱼可换购1个贝壳，小班幼儿钓完4条鱼可换购1个贝壳。

（五）海贝手工坊——大三班教室活动区域

1. 海贝手工坊——扬帆起航。

（1）材料投放：彩绳、彩色吸管、瓶盖、卫生纸筒。

（2）玩法建议。

① 请幼儿观察各种材料，讨论交流：说一说，你想用哪些材料来装饰船？

② 幼儿自主选择独立制作或与同伴合作制作的形式装饰船，教师提醒幼儿粘贴瓶盖时可以使用宽双面胶。

③ 中大班的小朋友在装饰船的时候，小班幼儿可以用手指点画的方式对整体画面进行装饰。

2. 海贝手工坊——手套鱼。

（1）材料投放：手套、颜料、棉花、皮筋。

（2）玩法建议。

① 请幼儿将手套带在手上，选择自己喜欢的颜色均匀地涂在手套上面。

② 将棉花塞进手套里，塞棉花的时候注意提醒幼儿要把每个指头里面也塞进去棉花。

③ 用皮筋将手套扎紧，进行简单装饰，最后粘贴上眼睛，把制作好的手套鱼粘贴到展板上。

海洋特色主题室内外联动
——混龄区域游戏设计方案
（二、三楼）

一、主题名称

我和海洋动物做朋友

二、主题目标

1. 通过开展"我和海洋动物做朋友"楼层社会性区域游戏,萌发对海洋动物的喜欢,喜欢研究海洋。

2. 在自由自主的游戏中,能与小伙伴一起商量分配自己的角色,初步学会解决关于角色、玩具方面的争端,初步学会协商、轮流、合作。

3. 游戏中能积极地根据游戏情节与同伴进行语言交流,生动地表现自己所扮演的任务角色,尝试拓展游戏情景,创造性地再现各个区域的社会生活。

三、楼混龄游戏区域设计

(一)贝壳艺术馆:二楼中一班教室

1. 材料投放:自主选择筐、扇贝壳、蛤蜊壳、海蛎子壳、海虹壳、钉螺壳、毛蛤蜊壳、墨汁、魔法玉米、彩色橡皮泥、花瓶模板、彩色纸盘子、卡通眼睛、范例、松果、树枝、毛毛球、水粉、彩纸、卫生纸球等。

2. 玩法建议。

玩法:

(1)利用钉螺等贝壳制作海底小动物,并尝试利用搓、压扁的技能,用橡皮泥给盘子进行装饰。

(2)利用吹画,制作树干,并用贝壳组合花朵。在此基础上小班用橡皮泥、魔法玉米、手指点画的方式进行装饰。

(3)小班幼儿利用撕贴的方式装饰大鲸鱼,中、大班幼儿利用水粉绘画大鲸鱼的伙伴,大班幼儿用松果、树枝、贝壳等材料装饰海洋。

(4)利用材料筐自主选取材料,游戏结束后将没用的材料分类放回。不将橡皮泥颜色混合,游戏结束能将泥工板收好。

建议:

(1)"大带小":请哥哥姐姐教给弟弟妹妹游戏的玩法,基本掌握后,鼓励他们尝试参与中大班的游戏。

(2)加强区域之间的交流互动,让大班和中班的哥哥姐姐带着弟弟妹妹多多参与其他区角的游戏。

(3)游戏中教师利用"工作口号"和"工作奖励"方式激励幼儿认真游戏,做出好的游戏作品。

(二)海鲜大排档:二楼中二班教室

1. 材料投放:布置海鲜大排档场景。厨师操作台、原料摆放台、厨师服务员服装、烤箱、菜品贴画、菜谱、各种海鲜食品、橡皮泥、贝壳等半成品辅助材料。

2. 玩法建议。

玩法:

(1)与小伙伴一起商量分配自己的角色,明确自己扮演角色的分工和职责。能较为逼真地反映厨师、服务员、客人等人员的工作情况。

(2)游戏中能积极地根据游戏情节进行语言交流,能根据游戏情境大胆地表述、生动地表现自己所扮演的任务角色,反映自己对现实生活的理解和认识。

(3)根据游戏情节的需要与其他游戏区域进行交往互动游戏。

建议：

（1）混龄游戏中，教师对大中小不同年龄的幼儿进行分层指导。

小班：能在哥哥姐姐的带领下，扮演爸爸妈妈孩子的角色，在餐厅内点餐用餐。并能大胆地与其他小朋友交流，表达自己的愿望。

中班：能进行简单的分工，喜欢所扮角色，积极模仿厨师炒菜、服务员招待客人的行为。主动使用礼貌用语。

大班：能够根据游戏情节的发展，创造性地开展游戏。

（2）将自己真实生活经验与海鲜大排档游戏相结合，衍生出新的游戏情节，与其他游戏区域进行交往互动游戏。比如：与旅行社联系为游客提供团餐，与食品加工厂订购货物，与前海沿儿大舞台的小朋友联系到大排档进行表演，服务员可提供外卖服务等等。

（3）聘请一位大班幼儿担任大排档经理，为餐厅出谋划策，协商事宜，并带领参加海鲜大排档的孩子们一起游戏。

（三）海底世界：二楼中三班教室

1. 材料投放：各种海洋动物展馆的图片，自制旅游线路推荐册、刷卡机、导游旗、旅游帽、接待人员绥带、人鱼表演服装、音乐、舞台背景、观众席、门票、展馆印章图、呼啦圈、拱形门、沙包、耳麦。

2. 玩法建议。

玩法：（人鱼表演＋海豚表演）

（1）由接待人员（佩戴绥带）向前来观光的顾客打招呼，并让游客按照参观价格购买门票。

（2）支付完成，由接待人员为游客分发旅游帽、展馆参观卡、门票，导游核查后方可带游客进入展馆参观，并欣赏人鱼表演和海豚表演。在旅游途中导游介绍各个展馆的内容，并在其他社会性区域中进行一系列的活动。

（3）演员们穿好演出服，观众坐在观众席中观看表演，海豚表演人员与游客握手、展示自己的本领并拍照留念。

（4）游客观光结束后，导游带领游客回到接待处将物品归还，之后可以自行选择其他区域游戏。

建议：

1. 由中大班幼儿带领小班的孩子作为观众或是游客在海底世界观光游览，并分配好角色进行。

2. 在参观过程中导游能够热情地接待游客，并在介绍展馆时注意声音响亮，时刻关注自己的游客跟随情况。

3. 在接待顾客时，引导幼儿学会使用礼貌用语，树立服务意识，懂得合作进行，并在游戏时注意说话的语气、态度、站姿和表情。

4. 活动结束后能够将物品归类摆放整齐，爱惜海底世界中的所有物品。

5. 幼儿穿好演出服装，合作将舞台、观众席、道具设计摆放好，等待演出开始。

6. 指导幼儿表演时注意表情、动作要到位，按照故事角色有秩序地上台进行表演，懂得与同伴合作进行。

7. 指导中大班幼儿带领小班幼儿在观看演出时遵守会场秩序，保持会场安静，不打扰演员演出。

（四）创意美术馆：二楼大一班教室

1. 材料投放：主体材料（陶泥、橡皮泥、太空泥），辅助材料（线绳、纽扣、瓶盖、松球、树枝、扭扭棒、红豆、黑豆、钢丝球……），工具（泥塑工具、木盒、木板、藤筐、泥工板）。

2. 玩法建议。

玩法：

（1）陶泥立体船：

① 搓橄榄球的形状，压扁后铺在报纸上（可从图册中选一艘自己喜欢的船图片作为参考）；

② 搓条；

③ 用钢针在条和椭圆形的边缘连接的地方刮上纹理；

④ 在纹理上刷泥浆；

⑤ 盘条，连接处压紧。

建议：

① 大班幼儿根据船体的特点和大小有创意地添加船内部分；

② 中班幼儿利用各种丰富的辅助材料与大班哥哥姐姐共同做出船内部分；

③ 小班幼儿根据自己的能力探索各种工具的特性，在玩泥的基础上装饰船体。

（2）橡皮泥贴画。

玩法：

① 找一个贴画底板（木盒、泥工板）；

② 确定要贴什么（可从图册中找自己喜爱的船或者渔民画）；

③ 用橡皮泥搓球后捏出形状压扁贴到底板上；

④ 寻找自己需要的辅助材料进行装饰。

建议：

① 大班哥哥姐姐要带领中小班弟弟妹妹一起参与到游戏中，并用流畅的语言向弟弟妹妹介绍船的构造。

② 游戏前可以参观、探索各种工具及材料的特点和用法。

③ 愿意与同伴协商，在活动中与同伴相互合作，相互帮助。

④ 指导不同年龄段幼儿根据自己的能力进行游戏。例如，大、中班幼儿会用盘条的方法堆砌立体的船；小班幼儿会用搓、揉、压、使用模具的方式装饰泥船；大班幼儿能根据船的大小和特点用泥创意地做出船内部分；中班幼儿能利用辅助材料与大班哥哥姐姐共同做出船内部分；小班幼儿能在玩泥的基础上，探索各种工具的特性，装饰船体。

⑤ 引导幼儿运用各种辅助材料和工具大胆想象、大胆创作。

（五）创意表演馆：三楼大二班教室

1. 材料投放：道具背景板、小号水草板、小号珊瑚板、小号小船的板子、鲨鱼衣服、天使鱼衣服、刺豚衣服、海星衣服、水母衣服、蛤蜊衣服以及各角色头饰、表演提示板等。

2. 玩法建议。

玩法：

（1）首先熟悉剧本，了解故事内容，以及有哪些角色，喜欢自己喜欢的角色，并根据角色换上相应的衣服。

（2）其次分工拿道具板进行布置，如背景板放到最后面，小的植物板放在前面，中间留出

上台的过道,方便表演。

（3）孩子们讨论研究角色出场顺序,并根据出场的顺序,按不同的角色,用不同的语气,大胆自信表现角色的不同,进行流畅完整的表演。

（4）在表演一遍后,换其他小朋友轮流扮演。

建议:

（1）在表演区游戏中,长时间游戏材料的不更换,致使幼儿渐渐失去了参与游戏的爱好。所以根据幼儿兴趣和游戏需要,向幼儿提供半成品或一物多用的游戏材料,如将彩纸剪成彩条,粘贴到水母的衣服上,就像水母的许多的腿。让幼儿原有经验在表演游戏中得到不同程度的调动、丰富、建构和巩固。还可以添加上场音乐与舞蹈,让表演更加生动多彩。

（2）以游戏的形式多给胆小的孩子尝试的机会,给予每一个孩子展示的机会,也为幼儿创造语言、交往提供机会。

（3）孩子们的台词,不能太局限于剧本中的一字一句,可以让孩子们创造性地创编对话,甚至创编角色和对话。让表演内容更加丰富。

（4）教师要在不干扰幼儿游戏的前提下,参与幼儿游戏,关注幼儿需要,并适时给予引导、支持,使孩子们突破原有思维,不断探索和尝试。

海洋特色主题室内外联动

——户外混龄区域游戏设计方案

一、主题名称

船儿奥秘多

二、主题目标

结合幼儿园的海洋课程研究,我们预设了《船儿奥秘多》为主题的户外混龄游戏活动,开设了蛟龙出海区、跑旱船区、海军训练营——钻爬区、竹竿舞区、海军训练营——云梯攀爬区、船舶加工坊、翻翻乐区域、远洋加工厂区域、滚筒咕噜噜等游戏区域,整合了健康、艺术、语言、科学、社会五大领域内容,打破幼儿年龄、班级界限,扩大幼儿之间的接触与交往,使幼儿在活动过程中相互影响、共同提高与发展,同时满足幼儿多方面的需要,充分体现幼儿是活动的主人,目标如下:

1. 在各区域联动游戏中发展走、跑、跳、平衡、钻爬、攀登等动作技能,有一定的耐力。

2. 能够利用各种废旧材料和不同的美术表现形式来制作船、装饰船。

3. 感受民间游戏的有趣,锻炼耐力及团队协作能力。

4. 大胆参与混龄游戏活动,体验与同伴合作运动、挑战成功的快乐,发展自主选择、自主游戏和社会交往能力。

5. 激发幼儿运动的兴趣,养成良好的运动习惯,分类收放并自主整理活动场地。

三、室内外联动——户外混龄游戏区域设计

（一）蛟龙出海区域

1. 材料投放:游戏指导板一个、大鼓一个、废旧材料制作的龙两条、绣球一个,"小手掌"

若干,小粘贴若干。

2. 玩法。

(1)规则制定:组织幼儿回忆讨论舞龙游戏的玩法,共同制定舞龙游戏规则。

(2)角色分配:幼儿商讨角色分配,通过自荐和他荐的方法进行角色选择。

(3)大带小合作游戏:由能力稍强的幼儿先担任重要位置的角色,如"鼓手""龙头""绣球"的位置,"龙身"的位置由能力稍差的小班幼儿担任,从而使中、大班的幼儿起到示范引导作用,并为能力稍差的幼儿进行服务、提供帮助。

(4)听鼓声舞龙:幼儿需根据鼓手擂鼓的快慢、击鼓位置和声音大小,进行不同的舞龙动作。

(5)欣赏评价:每次活动结束,进行讨论评价环节,幼儿自评和他评,商讨策略,更好地进行下一次舞龙活动。

3. 建议。

(1)提供"游戏指导板":幼儿共同讨论并观看视频总结游戏规则,并创设"游戏指导板",以图文并茂的形式记录下幼儿讨论后制定的游戏的玩法,明确游戏规则。

(2)发挥混龄游戏优势,大带小、强带弱:充分发挥混龄游戏的优势,通过大带小、强带弱的方法,将"龙头""绣球""擂鼓"的角色交给年龄稍大、能力稍强的幼儿,进行同伴带动和学习,尊重幼儿的个性差异,让不同能力的幼儿找到合适自己的角色。

(3)创设游戏情景和任务——斗舞:为幼儿创设"蛟龙出海"的情景,引导舞龙队伍随着"鼓声"来进行舞龙,并根据观众的掌声大小来判断哪支舞龙队伍更加精彩,对获胜的队伍进行奖励,并根据幼儿活动情况适时增加或者降低难度,保证幼儿游戏热情。

(4)设置"观赏休息区":为幼儿创设观赏休息区,幼儿可自行选择舞龙或者欣赏舞龙,观众有"小手掌"来对舞龙队伍进行喝彩,并作为评判舞龙活动水平的标准之一。幼儿可在体力消耗较大时选择做观众,既能得到休息,又为幼儿之间的互相学习和欣赏提供了平台。

(二)远洋造船厂区域

1. 材料投放:游戏指导板一个,炭烧积木,雪花片,梅花积木,纸盒砖,木板,搭建辅助材料(奶粉桶、薯片桶、易拉罐),安全帽,塑料积木等。

2. 玩法:

(1)请中、小班幼儿用雪花片拼插船上的装饰物。

(2)以大班幼儿为主,搬运搭建材料,搭建船身。主要以炭烧积木为主,搭建完轮廓后,用长条板盖在上面做甲板。

(3)用辅助材料搭建船舱部分,起初由教师指导幼儿搭建了主体船舱。后来孩子们熟悉搭建方法之后,他们开始自己动脑思考,充分利用各种辅助材料进行船舱的装饰搭建。每次的游戏,幼儿的搭建都是不同的。

● 游戏初期,孩子们对于船舱的搭建还是以炭烧积木为主,但已经有了各种材料的运用。

● 游戏进行了一段时间后,孩子们对辅助材料的运用得心应手,他们有了更为细致的设计,根据现有的材料,设计了大炮、上下船的入口等。

● 随着对游戏的熟练,孩子们不满足于单纯的搭建,他们设计了可以进入到船体的入口,这样船就更加逼真了,并且可以与幼儿互动起来。

3. 建议。

(1)搭建前期的计划。

● 在搭建前,要与孩子们讨论、观察、分析所搭建的船是由什么基本图形组成,以及可使用的材料是什么，让孩子们在搭建时更有目的性、计划性。

● 和幼儿一起商讨制定搭建步骤计划，为顺利、合理地搭建做好前期准备。

（2）活动材料的提供。

● 第一阶段：提供现有的大型炭烧积木、雪花片、积塑、木板、轮胎、彩色砖盒、安全帽、泥巴等。

● 第二阶段：根据幼儿初期搭建的实际需要，由幼儿讨论决定需要的辅助材料，教师请家长一起帮助收集。我们提供了大纸箱、奶箱子、薯片桶、啤酒桶、奶粉桶、泥塑工具等。

● 第三阶段：幼儿搭建完框架后，需要装饰细节，经过商讨，我们又提供了卡纸、泡沫板、水彩笔、胶带等。

（3）教师指导策略。

● 教师应作为幼儿活动的建议者，引导幼儿自主探索船的搭建方法。在让幼儿实际操作搭建材料之后，组织幼儿交流讨论搭建心得，从而帮助幼儿总结出新的搭建建议。

● 幼儿活动中，教师应以观察者的身份，观察幼儿在搭建过程中的表现，不过早干预幼儿活动，尊重幼儿的意见，鼓励幼儿自己动脑思考，解决搭建过程中出现的问题。

● 每次活动后，教师应及时组织幼儿交流讨论，应做好幼儿活动支持者，针对幼儿提出的问题给予启发性、建设性的建议，并对幼儿提出的合理性要求予以支持，如提供辅助材料等。

（4）幼儿活动的习惯培养。

● 提示幼儿搬运搭建材料时轻拿轻放，大型材料要和同伴合作搬运。

● 搭建时注意避免碰撞，小心自己和同伴的手，学会提醒同伴注意安全。

● 搭建高处材料时，注意脚下安全，必要时提醒幼儿请老师帮忙。

● 提醒幼儿摆放拼插作品时注意避让，避免踩坏、碰坏其他作品。

● 提供抹布和整理筐等，提醒幼儿随时将剩余材料和垃圾收拾整理好。

● 游戏结束时，提醒幼儿将搭建材料分类整理好。

（三）跑旱船

1. 材料投放：自制旱船。

2. 玩法。

（1）让幼儿认识旱船，知道里外，能够正确地将旱船穿在身上。

（2）模仿船的行驶，来回跑动。

（3）在熟练掌握技巧的基础上，进行障碍跑。

以大带小的形式，排练一场跑旱船的节目，能跟随音乐表演，并为其他区的小朋友们送节目。

3. 建议。

（1）可以播放民间跑旱船的录像，让幼儿欣赏了解，为游戏奠定基础。

（2）游戏时，幼儿可以模仿录像的动作，也要鼓励孩子们大胆创新动作。

（3）养成幼儿良好的习惯：收放材料、合作表演、以大带小等。

（四）船舶加工坊

1. 材料投放：各类贝壳、松果、大小不一的果冻壳、卫生纸筒、一次性纸杯；两艘大船模型、桅杆、帆；反穿衣、一次性手套、剪刀、胶水、双面胶、白胶、扭扭棒、麻绳、彩钉、动物眼睛、刮画笔、水彩笔、油画棒、水粉、毛笔、洗笔筒、橡皮泥。

2. 玩法。

（1）小班幼儿：利用区域内的多种材料，为船舶进行简单的装饰加工，如撕纸粘贴、贝壳上色等。

（2）中班幼儿：可与大班的哥哥姐姐合作完成装饰，如合作印染船帆、合作制作海底生物等。

（3）大班幼儿：完成较精细的作品，可辅助小班弟弟妹妹共同完成作品。

3. 建议。

（1）引导幼儿运用区域中的材料进行多种方式的装饰，发散幼儿思维，引导幼儿思考一种材料的多种用法。

（2）引导幼儿进行合作游戏。

（五）竹竿舞区域

1. 材料投放：两个竹竿、竹竿两头捆绑上便于抓握的宽胶带、沙包。

2. 玩法。

（1）由两名幼儿分别双手抓住竹竿两头，根据节奏一二拍合并竹竿，三四拍张开竹竿，依次根据节奏做合、并的动作。

● 玩法一：竹竿打开时快速地跑过去，避免被竹竿夹到，然后增加难度：竹竿打开时拾起竹竿中间的沙包跑过竹竿，躲避竹竿的夹击，连续进行挑战。

● 玩法二：竹竿合并时双脚打开，竹竿打开时幼儿的双脚合并站在竹竿中间，依次进行挑战。提升难度：2名以上幼儿共同根据竹竿的打开合并做出相同动作。

3. 建议。

（1）帮助幼儿认真分析动作，循序渐进地组织游戏。

（2）指导幼儿根据音乐的节拍进行竹竿的打开与合并。（如《我是小海军》音乐节拍较强的音乐伴奏）

（3）探索创新，挖掘竹竿舞的多种玩法。

（4）根据幼儿年龄特点，选择适宜幼儿的活动玩法。

（六）海军训练营——云梯攀爬区

1. 材料投放。独木桥：长木板、木墩；云梯高矮各 2 个；地垫若干；轮胎墙；松果、塑料筐、竹竿 2 根。

2. 玩法。

幼儿自由选择游戏：海军训练场、炸敌堡。

海军训练场：

小海军们一个一个排好队走过独木桥，爬上云梯、走过平衡木，高空跳入"大海"中，"穿越火线"——用自己的方法通过障碍后完成任务。

炸敌堡：

幼儿排好队一个一个爬过攀爬架，度过"悬崖"（竹竿架），跑到敌人碉堡（轮胎墙）下，取得炸药包（松果）后爬上去，将炸药包投入指定地方，完成任务。（指导大班幼儿能双手抓杠悬空向前荡，手脚协调、安全地爬攀登架，轮胎墙及竹竿。）

3. 建议。

在活动中不断设计、拓展游戏情景，比如穿越火线、炸敌堡等，通过增加游戏情境，激发幼儿参与的兴趣；通过增加障碍物、增加游戏的难度，鼓励幼儿能用自己的方式来解决通过障碍物，增强幼儿的不断挑战的意识；通过区域之间的联动，将游戏分成了两大部分：第一部分"海军训练场"，完成云梯攀爬和穿越火线的挑战，挑战成功后可以到第二部分"炸敌堡"游戏中，通过攀爬架、"悬崖"，最终到达敌人的碉堡墙下，拿出炸药包，爬上敌人的碉堡，安置炸药包并撤退。这些方法的运用让幼儿在玩的过程中富有一种使命感，大大激发了幼儿参与游戏的积极性。

（七）翻翻乐区域

1. 材料投放：彩色方块 24 个，黄、绿色背心各 8 个，大鼓一个。

2. 玩法。

（1）幼儿自主分成两队教师或大班幼儿检查各年龄段人数比例，调整好后穿上对应颜色的队服。

（2）每队自主选择要翻出的盒子颜色，选出后所有参赛人员站到盒子外面等待比赛。

（3）听鼓声开始游戏。

（4）活动结束大家一起检验游戏结果，将掌声送给获胜一方。

3. 建议。

活动初期最好先让小班幼儿做观众来观看游戏，学会了后请小班幼儿单独游戏，所有幼儿只翻一种颜色，在规定时间内全部翻完即可获胜，待幼儿熟悉后，再加入中、大班进行混龄游戏。

（八）海军训练营——钻爬区域

1. 材料投放：桌子、椅子、瑜伽垫、钻爬障碍物。

2. 玩法：

（1）小班幼儿：桌面→瑜伽垫→小椅子，能够按照顺序完整进行游戏，不触碰到游戏中设置的障碍物。

（2）中班幼儿：桌面→瑜伽垫→小椅子，可用手膝、匍匐、倒爬等多种形式进行钻爬。能够在情境中按照顺序完整进行游戏，不触碰到游戏中设置的障碍物，为舰艇输送能量珍珠，并在输送过程中保护珍珠不掉落。

3. 建议

（1）通过情景引导幼儿积极主动地投身于活动之中，体验到活动中的乐趣。

（2）引导幼儿在游戏中能够互帮互助，培养幼儿的合作精神、集体意识及交往能力，同时培养幼儿不怕挫折的良好品质。

（3）引导幼儿不断拓展游戏情境，如设计成小动物运输粮食的情景，幼儿创作表现不同动物爬行的样子，可大胆选择自己喜欢的表现形式。

（4）教师鼓励幼儿大胆地想象，创编多种内容新颖、多样、别具一格的游戏内容。

（九）滚筒咕噜噜区域

1. 材料投放：大滚筒、障碍物、拱形门

2. 玩法：

（1）幼儿双手扶住滚筒扶杆中间，保持住滚筒的平衡用力向前推动，进行闯关活动，第一关走过平衡木，第二关绕过障碍物，第三关钻过拱形门。每一关挑战成功后即可在终点张贴胜利小海星一个。【注意：任意一关没有挑战成功必须从头开始游戏。】

（2）幼儿站在滚筒里面，滚筒后置，双手扶住滚筒扶杆中间，保持住滚筒的平衡用力拉滚筒，进行闯关活动，第一关走过平衡木，第二关绕过障碍物，第三关钻过拱形门，每一关挑战成功后即可在重点张贴胜利小海星一个。【注意：任意一关没有挑战成功必须从头开始游戏。】

3．建议。

（1）结合活动内容对幼儿进行安全教育，注重在活动中培养幼儿的平衡能力、协调能力。

（2）提升游戏的挑战性，设立障碍物，通过走、爬、钻等丰富活动，鼓励幼儿敢于挑战、不怕困难、不怕累，加强孩子的耐力锻炼。

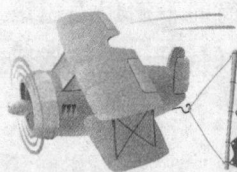

第1周 各种各样的鱼

环境创设

1. 墙面布置：主题墙《我和海洋动物交朋友》，分别创设三个子主题的板块，将幼儿搜集的资料、图片和表征作品放在主题墙中。

2. 创设《鱼就是鱼》板块，将幼儿在区域中表征的各种各样的鱼展览在其中。

3. 创设《我喜欢的海洋动物》图片展，丰富幼儿主题相关经验，为主题的后续开展提供经验准备。

生活活动

1. 鱼儿营养真丰富：了解鱼的营养价值，喜欢吃鱼，不挑食。

2. 有礼貌的好宝宝：日常生活中能够自觉使用礼貌用语。

3. 运动安全我知道：运动时注意安全，不给他人和自己造成伤害。

家长与社区教育

1. 和幼儿一起搜集各种鱼的图片和资料，认识几种常见的鱼类。

2. 请家长创设条件为孩子购置相应的图书，开展亲子阅读活动。

3. 有条件的家长可以带幼儿去海洋博物馆参观。

教学活动

活动一 好习惯体验日——海边小卫士（半日活动）

【活动解读】

此活动以"小鱼游""小鱼生病了""海水污染的原因和危害"以及"海洋护卫队"等环节贯穿展开，一层层渐次深入，让幼儿在活动中了解海洋污染的原因和对人类的影响，并找到一些减少污染的方法。最后的社会实践,让幼儿以实际行动来保护海洋,呼吁大家参与到海洋环保活动中来,激发了幼儿主动保护海洋的意愿,也使孩子们清楚地认识到"保护海洋、人人有责"。

【活动流程】

国旗宣讲　　快乐游戏　　直观感知　　社会实践
引发兴趣 →　激发兴趣 →　分析总结 →　萌发愿望

【活动目标】

1. 了解目前海洋生物的生活环境,知道海洋具有净化能力。

2. 能说出海洋污染的原因和对人类的影响,并找到一些减少污染的方法。

3. 加深喜爱海洋的情感,产生保护海洋的愿望。

【活动建议】

1. 国旗下宣讲"关心他人我也会"。

(1) 教师宣讲:是时候了,我们该为保护海洋环境做些什么了,停止向海洋倾倒垃圾! 如果我们再不开始行动,受到伤害的动物会越来越多。

(2) 幼儿宣讲:关注海洋,保护海洋,拯救生命,刻不容缓! 蓝色海洋,蓝色宣言! 保护海洋,从我做起!

(3) 家长宣讲:小朋友们,让我们积极行动起来,保护地球、保护大海,愿我们的生活更美好! 愿我们的大海更美丽!

2. 音乐游戏"小鱼游",激发幼儿对海洋动物的兴趣。

玩法:幼儿跟随音乐自由游动,并听音乐指令玩捕鱼游戏。

3. "小鱼来信了",引导幼儿了解海洋污染的原因和对人类的影响。

(1) 幼儿讨论分析小鱼生病的原因。

(2) 教师读小鱼的来信。

亲爱的小朋友们,告诉你们我生病了,那是因为你们人类不保护环境,把我们的家——海水变得很脏。海滩上垃圾都冲到了海里,我们就生病了,请你们赶紧救救我吧!

(3) 播放 PPT《被污染的海洋》,和幼儿一起讨论海洋怎么会变成这样的。

小结:海洋原本是具有净化能力的,它能够把一些垃圾分解掉,是我们地球上最大的清理场。可是垃圾越来越多,超过了海洋的负担,海水就被污染了。

(4) 引导幼儿思考海洋与人类的关系。

小结:海洋环境受到污染,海中生物受牵连,而海产品又是我们的食物来源之一,这样我们吃了受污染的食物,就会引发疾病,威胁到人类的生命安全。

4. 社会实践,通过捡拾垃圾,激发幼儿保护海洋环境的愿望。

(1) 教师引导幼儿思考怎样帮助生病的鱼儿。

(2) 教师带领幼儿来到"被污染的海边"场景,引导幼儿观察。

(3) 教师与幼儿一起动手清洁"海边"。

小结:小鱼很高兴,它开心极了,它夸奖我们小朋友真能干、真棒。

活动二　语言——绘本故事《鱼就是鱼》

【教材分析】

绘本故事《鱼就是鱼》以小蝌蚪的变化以及变成青蛙后的见闻为主要线索,讲述了关于自我发现的深刻寓言。告诉孩子：你就是你！让孩子懂得珍惜身边的美好与精彩。故事内容浅显易懂，让幼儿在阅读的同时充满想象。

为让幼儿直观地了解故事内容，在教育活动的过程中，我们使用了媒体课件的直观教学法，更好地解决了本次活动的重点目标"了解故事内容，感知小鱼与青蛙一起经历的故事情节"。同时，我们着重运用提问的方法，引导幼儿学习故事对话，体会小鲤鱼的心理感受和心理变化的过程。

【活动目标】

1. 了解故事内容，感知小鱼与青蛙一起经历的故事情节。

2. 理解故事内容，学习角色对话，体会小鲤鱼的心理感受和心理变化的过程。

3. 懂得友谊的珍贵，体验与朋友一起分享的幸福。

【活动重点】

了解故事内容，感知小鱼与青蛙一起经历的故事情节。

【活动难点】

理解故事内容，学习角色对话，体会小鲤鱼的心理感受和心理变化的过程。

【活动准备】

绘本故事书《鱼就是鱼》、PPT、鱼、青蛙头饰若干。

【活动过程】

1. 出示绘本《鱼就是鱼》封面，引发幼儿猜想。

观察封面，激发幼儿听故事兴趣，初步感知小鱼的不同之处。

提问：看看封面上的鱼和你平时看到的鱼有什么不一样？

2. 教师完整讲述故事，初步感知小鱼与青蛙一起经历的故事情节。

初步感知故事内容，结合故事自由讲述。

提问：故事里都有谁？它们之间发生了什么？

3. 分段讲述，进一步感知故事内容。

（1）从头讲到"看到什么了"？

提问：青蛙会告诉鲤鱼它看到了什么？

鲤鱼从来没见过外面的世界，它脑子里的小动物会是什么样子？

（2）继续讲故事到"但鲤鱼的脑子里满是光亮、色彩和很多不可思议的事"。

提问：青蛙见到谁了？

鲤鱼脑子里的鸟是什么样子的？

小结：小鲤鱼脑子里的鸟是长满羽毛的鱼。

提问：青蛙还见到谁了？它是怎么向鲤鱼介绍它们的？

小结：青蛙说："还有牛！它们有四条腿，有角，吃草的，还有个装了牛奶的粉红的袋子。还有人！有男人，女人，孩子！"

（3）继续讲故事，到"它奄奄一息地发出微弱的呼救声。"

请幼儿猜想："接下来会发生什么事情？"

（4）继续讲故事到最后。

提问：故事最后鲤鱼怎样了？它对青蛙说了什么？

4. 运用课件完整欣赏故事，进一步理解故事内容。

完整感知故事内容，体会小鲤鱼的心理感受和心理变化的过程。

（1）提问：小鲤鱼听到青蛙说了外面的世界后它的心情是怎样的？接下来它是怎么做的？

小结:小鲤鱼脑子里满是光亮、色彩和很多不可思议的事。它兴奋地睡不着。想如果自己也能像青蛙一样跳出池塘看看外面精彩的世界就好了。

（2）提问:小鲤鱼跳出水面后有没有后悔?为什么?（根据幼儿回答随时小结。）

小鲤鱼获救了,回到水里的小鲤鱼是怎样的?它对小青蛙说了什么?

小结:回到水里的小鲤鱼深深地吸了口水,让凉凉的水从鳃边流过。他感觉和以前一样身轻如燕,尾巴轻轻一摆就能进退自如了。它笑着对坐在莲叶上的青蛙朋友说:"你是对的,鱼就是鱼。"

5. 合作表演故事,学说故事对话。

（1）教师扮演青蛙,幼儿集体扮演鱼,模拟表演故事,指导幼儿巩固练习角色对话。

（2）请幼儿说说关心朋友或朋友关心、帮助自己的事。

6. 活动延伸。

图书区:投放绘本《鱼就是鱼》,幼儿进一步阅读。

表演区:投放《鱼就是鱼》的表演道具,鼓励幼儿自主分配角色进行表演。

活动三　美术——创意画:鱼儿变变变

【教材分析】

绘本《鱼就是鱼》以拟人、夸张的手法,再现了米诺鱼眼中鱼鸟、鱼人、鱼牛等奇特的动物形象。这就给予了幼儿丰富的想象和创造的空间。《3～6岁儿童学习与发展指南》中指出:充分创造条件和机会,在大自然和社会文化生活中萌发幼儿对美的感受和体验,丰富其想象力和创造力,引导幼儿学会用心灵去感受和发现美,用自己的方式去表现和创造美。

中班幼儿已经基本能够较好地把握常见动物的主要外形特征,本次活动中借助绘本创造米诺鱼眼中的奇特动物,启发幼儿创作出更多可爱又独具特色的"鱼"的形象。

【活动目标】

1. 尝试续编故事《鱼就是鱼》,并用绘画的形式再现米诺鱼的想象。

2. 能大胆设计造型形象、颜色多彩的"鱼动物",并与同伴合作装订成书《鱼就是鱼》。

3. 产生"鱼动物"的探究兴趣,愿意把自己的想象与同伴分享。

【活动重点】

尝试续编故事《鱼就是鱼》,并用绘画的形式再现米诺鱼的想象。

【活动难点】

能大胆设计造型形象、颜色多彩的"鱼动物",并与同伴合作装订成书《鱼就是鱼》。

【活动准备】

1. （物质）课件、彩笔、白纸。

2. （环境）幼儿围桌坐。

【活动过程】

1. 观看课件,回忆故事内容。

教师出示绘本,引发幼儿回忆。

提问:绘本的名字叫什么?

青蛙告诉小鱼它看到了哪些动物?这些动物在米诺鱼的心中长得是什么样子的?

（小鱼眼中的小鸟长什么样子?奶牛什么样子?粉红的大袋子是什么?人们是什么样子?）

生活中这些动物是长这个样子的吗？为什么米诺鱼心中小动物的样子和真正生活中的不一样？

2. 续编故事，幼儿创造性绘画。

（1）幼儿根据故事内容大胆想象，续编故事内容。

提问：米诺鱼，还会见到哪些小动物？这些小鱼又有了哪些不一样的造型变化？

（2）启发引导，激发幼儿创作的欲望。

提问：你想画谁？在米诺鱼的心中它是什么样子的？怎样表现？

提出绘画要求：既要突出所要表现的动物的主要特征，又要结合鱼的主要特征。

（3）幼儿绘画，教师巡回指导。

3. 作品展示，交流分享绘画作品。

（1）同伴间相互交流各自绘制的作品。

（2）请个别幼儿介绍自己的作品。

（3）幼儿自由组合，将各自绘制的作品装订成册，绘制成书《鱼就是鱼》。

（4）展示幼儿设计的"鱼就是鱼"。

活动四　数学——按鱼的特征分类

【教材分析】

分类是根据物品的同和异，把物品集合成类的过程，也就是把相同的或具有共同特征的物品归并在一起。中班幼儿的认知、操作、逻辑思维能力在不断提高；他们喜欢探索，喜欢尝试，对于动动、做做非常感兴趣。在本活动以"小鱼明信片""自主探究小鱼的特征""探索分类方法"三个环节贯穿，层层深入。调动幼儿积极性，启发幼儿在操作后进行交流和讨论，积累经验，引导幼儿发现"按特征分类"的规律，体现了玩中学、学中玩的教育理念。

【活动目标】

1. 比较发现鱼的不同，尝试按"鱼"的两个或两个以上特征进行分类。

2. 能用完整语言说出自己的分类方法，并进行简单记录。

3. 体验鱼儿分类带来的乐趣，激发幼儿对于海洋鱼类的探究兴趣。

【活动重点】

比较发现鱼的不同，尝试按"鱼"的两个或两个以上特征进行分类。

【活动难点】

能用完整语言说出自己的分类方法，并进行简单记录。

【活动准备】

不同大小、形状、颜色的卡纸鱼（幼儿人手 6 条）、分类板、画有不同动物头饰的小盒子。

【活动过程】

1. 游戏《小鱼明信片》，比较发现鱼的不同之处。

（1）每组幼儿的桌子上摆放一筐不同颜色、不同形状、不同大小的小鱼卡片。

（2）讲解游戏玩法：听指令拿取 6 张"小鱼明信片"，比一比，看一看，谁发现小鱼的不同？

（3）交流分享：你发现这些小鱼名片哪里不一样？

2. 自主探究，引导幼儿按小鱼特征进行分类并能用完整语言讲述操作结果。

（1）自由操作：按小鱼特征分类。

操作要求：把特征相同的小鱼放在一起，有哪些不同的分法？

幼儿自由操作，教师观察指导并及时拍照。

（2）分享交流——我的分法。

同伴间相互介绍各自的分法。

结合照片，展示个别幼儿的分法，引发幼儿进一步观察、感知。

讨论："他的小鱼是怎样分的？它们有哪些相同的地方？""谁还有不一样的分法？"

教师小结，激发幼儿探究分类方法的兴趣。

3. 探索分类的多种方法，引导幼儿进行简单记录。

（1）出示分类记录表并讨论：如何在我们的记录表中将我们的分类方法记录下来？

（2）幼儿自由讲述，教师小结并示范记录方法。

（3）幼儿再次操作，尝试多种方法的分类。

（4）幼儿人手一份记录卡，运用自己喜欢的方法逐一将自己的分类方法进行记录。

活动延伸：

益智区投放多种海洋鱼类的图片，引导幼儿进一步开展分类活动。

活动五　音乐——律动《三条鱼》

【教材分析】

《三条鱼》是一首节奏欢快、旋律优美的歌曲。歌曲通过描述一条鱼儿自己玩太孤单，但是交到朋友后可以和朋友一起玩，感受开心的情景。在活动之前，我们就带领幼儿学唱这首歌曲，孩子们很喜欢，因为歌词内容比较简单，学的也很快。有的孩子在唱歌的过程中就自己探索出了动作，所以为这节活动奠定基础。

这节活动我们定位于律动活动，将交朋友的动作作为活动主线，让孩子们在游戏中掌握"××××|××"的节奏型，一边玩一边自主探索与掌握，积累经验，体现了玩中学、学中玩的教育理念。

【活动目标】

1. 熟悉音乐旋律，能随音乐表现"××××|××|"的节奏。

2. 能用身体动作大胆表现小鱼不同的情绪变化并有节奏地完整表演。

3. 感受歌曲中鱼由孤单到和其他小鱼成为好朋友的愉快的情绪。

【活动重点】

熟悉音乐旋律，能随音乐表现"××××|××|"的节奏。

【活动难点】

能用身体动作大胆表现小鱼不同的情绪变化并有节奏地完整表演。

【活动准备】

1. 课件、背景音乐、鱼的头饰若干。

2. 幼儿坐半圆。

3. 幼儿提前学唱《三条鱼》。

【活动过程】

1. 播放音乐，帮幼儿回忆。

听音乐，与幼儿一起回顾音乐《三条鱼》。

提问：你们还记得这首歌吗？

歌曲里的小鱼发生了什么事情？

2. 请幼儿演唱歌曲、创编动作，表现"××××|××|"的节奏。

（1）演唱歌曲，表达歌曲中小鱼不同的心情。

（2）创编小鱼游的动作，掌握"××××|××|"的节奏。

在动作中渗透"××××"的节奏，请幼儿随音乐表现动作。

提问：小鱼用什么动作在水里游？

创编点头的动作，加入"××|"的节奏，表现"点头""转圈""拉手"的动作。

提问："小鱼点头是什么动作？""两只小鱼见面会做什么？""怎样表示高兴的心情？"

（3）创编间奏"小鱼自由游、找朋友"的动作。

3. 添加头饰，分组表现。

（1）教师请幼儿戴上头饰进行表演。

（2）请幼儿围圈坐变成鱼缸，选个别幼儿分组到中间表演。

4. 创设"参加舞会"的游戏情境，激发幼儿进一步表演的兴趣。

引导语：小朋友，老师好像记得我们上次参加小鱼的音乐晚会时它说过还要让我们去参加它的舞会呢！呀！恰好是今天呢，那我们赶紧收拾收拾出发吧。

【附歌谱】

1小节：表现小鱼游泳的动作（掌握"×× ××"节奏）。

2小节：小鱼伤心地独自转圈。

3小节：两条表现小鱼游泳的动作（掌握"×× ××"节奏）。

4小节：小鱼摇尾巴、点头动作（掌握"× ×"节奏）。

间奏：创编小鱼游的动作，去找新的朋友。

5～6小节：同3～4小节。

7小节：三条表现小鱼游泳的动作（掌握"×× ××"节奏）。

8～9小节：拉手围圆圈。

三条鱼

1=F 4/4　　　　　　　　　　　放平　词
♩=100　　　　　　　　　　　　瞿希贤　曲

1 5 5 1 2 5 5 | 3 1 1 3 4 3 2 |
一条 鱼儿 水里 游　孤孤 单单 水里 游

1 5 5 1 2 5 5 | 3 5 1 3 5 7 1 |
两条 鱼儿 水里 游　摇摇 尾巴 碰碰 头

1 5 5 1 2 5 5 | 3 5 1 3 4 3 2 |
两条 鱼儿 水里 游　摇摇 尾巴 碰碰 头

1 5 5 1 2 5 5 | 3 5 1 3 5 7 1 |
三条 鱼儿 水里 游　大家 一起 做朋 友

3 5 1 3 5 7 | 1 - - - ‖
大家 一起 做 朋 友

体育活动

渔网

【教材分析】

捕鱼是孩子们喜欢和感兴趣的活动,孩子们能够在捕鱼的过程中提高自己的专注力和注意力,培养孩子们做事情的坚持性。此项活动孩子们通过念儿歌、分角色的形式进行游戏,并在游戏中掌握钻的动作技能,在合作捕鱼中体验合作游戏的快乐。根据对本次活动的研究,结合中班幼儿年龄特点,将本次活动的重点定位在掌握一个一个在"网"下钻的动作要领,难点定位在能自主分角色、动作协调地钻跑并听到最后一个"住"字时快速蹲下。活动中通过儿歌法、情景游戏法、角色扮演法等方法,使幼儿提高游戏规则意识,在学会听指令的情况下迅速做出反应,体验与同伴合作捕鱼的成功感。

【活动目标】

1. 知道游戏玩法,掌握一个一个在"网"下钻的动作要领。

2. 能自主分角色、动作协调地钻跑并听到最后一个"住"字时快速蹲下。

3. 遵守游戏规则,体验与同伴合作捕鱼的快乐。

【活动重点】

知道游戏玩法,掌握一个一个在"网"下钻的动作要领。

【活动难点】

能自主分角色、动作协调地钻跑并听到最后一个"住"字时快速蹲下。

【活动准备】

活动前学会歌曲、场地上画一个大圆圈。

【活动过程】

1. 播放《鱼儿游》音乐,创设情景,激发幼儿活动兴趣。

（1）播放音乐,带幼儿随音乐做小鱼游动作,进入场地。

（2）在圈上做腰部、颈部及手部肌肉的准备动作。

2. 创设跟着鱼妈妈练本领的游戏情境——练习钻的动作要领。

（1）教师示范正确钻渔网的动作。

（2）幼儿跟着鱼妈妈一起练习钻渔网,学习正确钻的动作。

3. 玩《渔网》游戏,进一步练习小鱼钻网的动作要领,能够遵守游戏规则,自主分角色进行游戏。

（1）讲解游戏玩法及规则。

玩法:两个幼儿手拉手做一张渔网,8个人共做4张渔网,分别站在大圆圈上,其余幼儿做鱼,站成一路纵队。游戏开始,扮渔网的幼儿两臂上举成拱形,鱼沿着大圆圈,一个跟着一个由网下钻过,同时大家一起唱歌:许多大鱼游来了,游来了,游来了,许多大鱼游来了。接着扮渔网的幼儿唱:快快捉住! 在最后一个"住"字时,扮渔网的幼儿两臂立即放下。

规则:鱼必须一个跟一个在渔网下不停地钻过;扮渔网的幼儿手臂要伸直,当唱到"住"字时,才能放下手。

（2）幼儿开始第一遍游戏，根据游戏情况教师及时评价。

（3）幼儿自主分角色进行游戏，教师进行指导，出现问题及时小结纠正。

4. 整理放松活动，退出游戏场地。

附场地布置图：

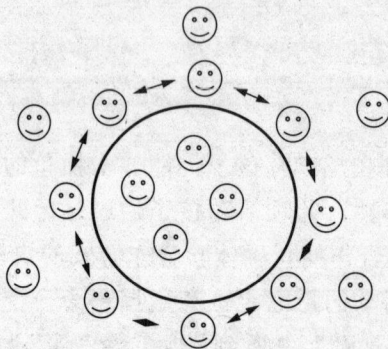

第 2 周　海洋动物本领大

环境创设

1. 主题墙:主题墙《我和海洋动物交朋友》,将幼儿表征的作品充实到主题墙中。

2. 班级环境:创设"海洋动物的本领"问题墙和表征墙,将幼儿对海洋动物的疑问、搜集到的答案以及海洋动物的本领展示到其中。

3. 继续延续上周的楼层区域游戏:邀请大班的哥哥姐姐加入活动,开展混龄游戏,共同参与前海沿儿旅行社、前海沿儿放映厅(皮影戏)、前海沿儿工艺品商店三大活动,丰富中班幼儿游戏经验,增强游戏的互动性。

生活活动

1. 好吃的海产品:了解海产品的营养价值,喜欢吃各种海产品。

2. 爱劳动的好宝宝:能主动做力所能及的事情,体验劳动带来的快乐。

3. 我是文明小游客:了解海洋动物也是有攻击性的,参观活动中不伸手挑逗。

家长与社区教育

1. 有条件的家长可以带孩子一起参观极地海洋世界、海底世界,查阅有关海洋动物的书籍,拓展幼儿对于海洋动物的了解。

2. 请家长协助孩子开展调查食物的营养,培养孩子养成多吃海产品、不挑食、荤素搭配的良好饮食习惯。

3. 家长与幼儿一起查阅资料,观察了解各种海洋动物的特征,调查海洋动物的特殊本领及其自我保护方法。

教学活动

活动一 社会——参观极地海洋世界

【教材分析】

海洋世界是一个绚丽多彩的世界,生活着新奇的生物。孩子们往往会被这种神秘与新奇所吸引。幼儿的年龄特点决定了幼儿好奇心强,对未知的海洋世界充满了好奇,充满了想象和向往。根据幼儿需求,本活动旨在组织幼儿一起参观海洋世界,幼儿通过亲身体验,身临其境的参观海洋世界、观看动物表演,感知海洋动物的主要外形特征与生活习性,知道它们的猎食及自我保护方法,并用自己的方式进行表征。使幼儿在活动中了解海洋生物,喜欢海洋动物。

【活动目标】

1. 知道海洋世界是各种海洋生物的"家",初步了解它们的主要外形特征与生活习性等。
2. 了解它们猎食及自我保护方法,并能用自己的方式进行表征。
3. 喜欢海洋生物,激发幼儿对海洋动物的探究兴趣。

【活动重点】

知道海洋世界是各种海洋生物的"家",初步了解它们的主要外形特征与生活习性等。

【活动难点】

了解它们猎食及自我保护方法,并能用自己的方式进行表征。

【活动准备】

1. 制定外出参观计划,讨论交流外出参观时应注意的事项。
2. 将幼儿的问题列出来告知家长,让家长明确参观的目的,与幼儿一起做好参观前的准备。

【活动过程】

1. 谈话引出,带领幼儿到"极地海洋世界"参观。

幼儿结合已有经验自主讲述。

提问:你们去过极地海洋世界吗? 你们和谁一起去的? 在那里都看到了什么?

同伴间相互介绍,教师巡回参与,了解幼儿对海洋世界的认识。

2. 参观"极地海洋世界",知道海底世界是各种海洋生物的"家"。

（1）进入极地海洋世界,感受海洋生物的多种多样,引导幼儿观察各种海洋动物的主要外形特征。

提问:极地海洋世界中有些什么? 你都看到了哪些海洋动物? 它们是什么样子的?

（2）边参观边讲解,引导幼儿有意识地了解各种海洋动物的猎食及保护自己的方法。

（3）观看海洋动物表演,记住一些有趣的节目。

提问:今天,你都看到了哪些海洋动物表演? 它们有哪些本领?

3. 表征感兴趣的海洋动物的猎食及自我保护的方法。

（1）鼓励幼儿大胆交流在参观过程中海洋动物的猎食及自我保护方法。

（2）幼儿分组进行表征。

4. 教师小结:鼓励幼儿结合自己的发现进一步查找资料,拓展自己对于海洋动物的已有经验。

活动二　科学——海洋动物本领大

【教材分析】

在本主题进行中通过和孩子们的聊天,我们了解到他们对海洋动物的本领以及猎食及自我保护方法等产生了浓厚的兴趣。《3～6岁儿童学习与发展指南》中指出:鼓励幼儿根据观察或发现提出值得继续探究的问题,支持和鼓励幼儿在探究的过程中积极动手动脑寻找答案或解决问题。为此我们组织了本次活动"海洋动物本领大",活动中通过图片和多媒体演示,引导幼儿了解海洋动物会用发光、逃跑、保护色、吸盘、硬壳等方法猎食和保护自己。进而感知动物与人类的关系,知道人类根据动物的一些特征与本领而进行的发明创造,使之在活动中萌发对奇特海洋动物的好奇心,体验探索海洋动物奥妙的乐趣。

【活动目标】

1. 知道海洋动物会用发光、逃跑、保护色、吸盘、硬壳等方法猎食和保护自己。

2. 感知海洋动物与人类的关系,知道人类根据海洋动物的一些特征与本领而进行的发明创造。

3. 萌发对奇特海洋动物的好奇心,体验探索海洋动物奥妙的乐趣。

【活动重点】

知道海洋动物会用发光、逃跑、保护色、吸盘、硬壳等方法猎食和保护自己。

【活动难点】

感知海洋动物与人类的关系,知道人类根据海洋动物的一些特征与本领而进行的发明创造。

【活动准备】

1. 经验准备:活动前家长与幼儿一起查阅资料,观察了解各种海洋动物的特征,调查海洋动物的特殊本领及其自我保护方法。

2. 物质准备:教师准备利用发光、逃跑、保护色、吸盘、硬壳等方法保护自己的海洋动物以及由其得到启示所发明物品的课件。

【活动过程】

1. 谈话交流引入课题,初步了解动物自我保护的方法。

根据幼儿活动前收集的图片资料和小伙伴们一起交流分享。

提问:你们喜欢大海里的小动物吗?你和家人都一起观察了哪些海洋动物,它们都有哪些特殊的本领呢?遇到危险的时候它们会怎样保护自己?

2. 演示课件——出示几种海洋动物的图片,了解海洋动物猎食、自我保护的本领。

教师依次出示乌贼、灯笼鱼、海豚、鲳鱼等海洋动物图片,幼儿观察了解它们的本领。

提问:都有哪些海洋动物?它们怎样保护自己?

小结:在大自然中,无论是生活在哪里的动物它们都有保护自己的本领,有的动物用保护色,有的动物用发光、吸盘等,不同的动物有不同的自我保护的方法。

3. 演示多媒体课件——我和海洋动物学本领,说说海洋动物的本领与人们的发明创造。

(1)教师出示潜水艇图片,幼儿观察。

讨论:猜一猜,你觉着潜水艇是根据什么动物的本领设计发明的?为什么?

小结:人们根据鱼"吸水、排水、浮与沉"的本领发明了潜艇。

（2）教师出示探路仪图片，幼儿观察。引导幼儿猜测这是根据什么动物设计的，并说出理由。

讨论：你觉着探路仪是根据什么动物设计发明的？为什么？

小结：人们根据海豚超声定位器的原理设计发明了探路仪。

（3）出示乌贼的图片，幼儿大胆想象。

提问：乌贼有什么本领？人们根据乌贼的本领会发明什么？

小结：原来在海洋动物中，它们有这么多的特殊本领啊！人们根据鱼可以在水中自由上浮下沉的本领发明了潜水艇；通过海豚的超声定位发明了探路仪；从乌贼等保护色中发明创造了迷彩服。

4. 延伸活动。

请小朋友和爸爸妈妈一起查找资料，带到幼儿园和小伙伴交流分享。

创设问题：你还知道哪些海洋动物的本领？我们人类还根据它们的本领受到了哪些启发？设计发明了哪些有用的东西？

活动三　语言——绘本故事：小·海螺和大鲸鱼

【教材分析】

心愿不小、目标不小、口气也不小的小海螺在大鲸鱼的帮助下，踏上了远航的路程。远航途中，克服困难竟然拯救了一条大大的鲸鱼。小小的故事却有着震撼人心的力量，也给幼儿的视角带来新的冲击。

中班幼儿的社会性发展不够完善，欠缺同伴间的合作、互助以及解决问题的能力。因此，我们将本活动的难点制定为"能说出小海螺和大鲸鱼的角色对话，理解大鲸鱼帮助小海螺实现愿望的过程及互相帮助、懂得感恩的情感。"重点制定为"感知故事内容，理解词语'寒冷刺骨''酷热难耐'"。活动中。通过分组辨析、情节猜测、经验梳理等方法引导幼儿理解小海螺和大鲸鱼之间相互帮助、关键时刻不放弃以及懂得感恩的情感。

【活动目标】

1. 感知故事内容，理解词语"寒冷刺骨""酷热难耐"。

2. 能说出小海螺和大鲸鱼的角色对话，理解大鲸鱼帮助小海螺实现愿望的过程及互相帮助、懂得感恩的情感。

3. 愿意帮助同伴，懂得感恩。

【活动重点】

了解故事内容，理解词语"寒冷刺骨""酷热难耐"。

【活动难点】

能说出小海螺和大鲸鱼的角色对话，理解大鲸鱼帮助小海螺实现愿望的过程及互相帮助、懂得感恩的情感。

【活动准备】

绘本图片课件。

【活动过程】

1. 出示绘本封面，激发幼儿的活动兴趣。

提问：你从封面上看到了些什么？

引导语：这只小小的海螺和大大的鲸鱼之间会发生什么事情呢？我们一起来听一听。

2. 分段讲述故事,引导幼儿初步理解故事内容。

(1)教师讲述故事第一段,了解小海螺要去远航的愿望。

提问:小海螺的梦想是什么?它是怎样记录下它的梦想的?它写的是什么字?

谁来帮助它完成梦想?大鲸鱼是怎样告诉它的?

(2)教师讲述故事第二段,理解词语"寒冷刺骨""酷热难耐"。

提问:它们去哪了?什么样的南极?形容南极特别冷用了什么词?寒冷刺骨是什么意思?

后来它们又来到了哪里?什么样的非洲?形容特别热用到了一个什么词?酷热难耐是什么意思?

(3)教师讲述故事第三段,了解大鲸鱼和小海螺在远航时所遇到的危险。

分组交流画面内容,根据图片初步感知第三段故事内容。

个别交流。

提问:你觉得这两幅图片中发生了什么事情?

教师讲述故事第三段,幼儿大胆猜测故事情节的发生。

提问:前面我们看到了那么美的景色,后面却遇到了这么危险的事情,如果是你,你会选择跟大鲸鱼一起去远航,还是选择放弃远航,回到温暖的家中?

(4)教师讲述故事第四段,学说角色对话,并理解大鲸鱼和小海螺互相帮助、懂得感恩的情感。

提问:大鲸鱼遇到了什么困难?它游到了水浅的地方回不去了,故事当中用到了一个词叫什么?(搁浅)

没有水大鲸鱼会怎样?大鲸鱼快要死掉了,还要小海螺赶紧离开自己,这是为什么?

你还记得它是怎样对小海螺说的吗?

大鲸鱼都快死去了,这时候它对小海螺说话的语气和语速应该是怎样的?

小海螺为什么不走呢?大鲸鱼都快死掉了,小海螺的心情是怎样的?这时它的语气应该是怎样的?

小海螺这么小,它真的能帮到大鲸鱼吗?它会怎么帮?

(5)教师讲述故事第五段,了解小海螺拯救大鲸鱼的过程,知道同伴间要互相帮助。

提问:你喜欢故事中的谁?为什么?

小结:小海螺勇敢、善良、感恩、愿意互相帮助;大鲸鱼帮助别人实现愿望。原来帮助是相互的。

3. 与幼儿共同讲述故事,进一步感知故事内容。

教师讲述故事旁白,幼儿讲述故事中角色的对话。

提问:你听完这个故事之后有什么样的感觉?

4. 活动延伸,经验提升。

请幼儿大胆猜测故事情节的发生,并将故事讲述给爸爸妈妈听。

活动四 音乐——水族馆

【教材分析】

《水族馆》是法国作曲家圣·桑的动物狂欢节中的一部作品,其中的水族馆章节由钢琴弹奏出轻缓的琵琶音,有如玻璃水族箱里清水的波动,长笛与弦乐,奏出安详的旋律,描述在水中悠游的鱼。音乐具有明显 AB 结构特点,形式简单,便于幼儿听辨,乐曲富有感染力。

中班幼儿能较敏锐地用动作对音乐的速度、力度等的变化做出反应,并能感受到音乐结构的变化。音乐 A 部分优美流畅,B 部分纤巧轻快,对比鲜明,整首音乐灵动富有生气,十分吸引幼儿来倾听。所以我们设计了《水族馆》的活动,让孩子们身临其境的化身小鱼儿,在理解音乐的基础上,与音乐做游戏,通过多种通道理解、感知音乐。

【活动目标】

1. 初步熟悉乐曲旋律,感受乐曲中表现小草的优美流畅与表现小鱼的纤巧轻快。

2. 尝试运用身体创编表现水草舞动和小鱼游动的动作,能随音乐旋律的变化按规则开展游戏。

3. 积极参与活动,能与同伴一起游戏,体验合作的快乐。

【活动重点】

初步熟悉乐曲旋律,感受乐曲中表现小草的优美流畅与表现小鱼的纤巧轻快。

【活动难点】

尝试运用身体创编表现水草舞动和小鱼游动的动作,能随音乐旋律的变化按规则开展游戏。

【活动准备】

1. 经验准备:活动前熟悉乐曲旋律,丰富有关水族馆的经验。

2. 物质准备:音乐《奥尔夫音乐:水族馆》、课件。

【活动过程】

1. 创设情境导入活动,激发幼儿兴趣。

（1）出示水族馆图片,情景引入活动。

提问:这是哪里?

小结并引发幼儿听赏的兴趣:今天我们来到了水族馆,在这里我们将一起欣赏一首非常美妙、动听的音乐,现在我们一起来听一下!

2. 借助课件理解、感受音乐,引导幼儿理解音乐中的不同形象。

（1）完整欣赏音乐,初步感受音乐的旋律和节奏。

提问:你觉着这首乐曲是要告诉我们水族馆里发生了一件什么事情? 为什么?

（2）出示课件,帮助幼儿理解乐曲《水族馆》。

故事导入,帮助幼儿理解乐曲:在水族馆里长着一些又长又大的水草,它们随着波浪轻轻地飘舞,这时游来了一群小鱼,水草看见小鱼急忙停住不动,生怕会被伤害。小鱼儿们游累了,停下了休息一会儿,水草就悄悄地舞动起来,小鱼揉揉眼睛醒来了,水草停住不动了。小鱼儿们在水草中穿来穿去捉迷藏,累了又停下来睡一会儿,水草也开心地跳起舞来。突然,游来了一只饥饿的大鲨鱼,水草用它长长的叶子挡住了小鱼,成功地避开了危险。

（3）幼儿随课件再次完整欣赏乐曲。

（4）幼儿随音乐模仿小鱼游和水草摆动的动作,教师观察并及时评价幼儿创编的动作。

讨论:音乐舒缓时,小鱼会怎样游? 音乐轻快时,小鱼又会怎样游?

（5）请个别幼儿示范自己创编的动作,集体模仿。

讨论:听到缓慢的音乐时,水草会怎么摆动? 音乐变快时,水草会怎么摆动?

（6）幼儿随音乐变化完整表现小鱼游和小草舞动的动作。

3. 组织乐曲游戏《水族馆》,指导幼儿按规则开展游戏。

（1）讲解游戏玩法,引导幼儿结合玩法认真倾听音乐,加深对音乐游戏的感知。

（2）师幼共同游戏：教师和幼儿一起随音乐模仿水草的舞动和小鱼的游动，提醒幼儿当听到最后的变化音时快速蹲下躲起来，进一步加深对游戏玩法的感知。

（3）幼儿随音乐完整游戏。

（4）教师小结，鼓励大胆创编动作，用不同方式表现音乐的小朋友。

4. 延伸活动。

音乐区投放小鱼、小草、鲨鱼的头饰、音乐伴奏，幼儿进一步游戏。

活动五 美术——制作：海洋动物

【教材分析】

海洋动物是儿童喜爱表现的对象之一。深蓝色的海水里生长着各种各样的鱼类，同时还生长着各种门类的海洋生物。海底是一个充满了神秘色彩的水下世界。幼儿的年龄特点决定了幼儿好奇心强，对未知的海底世界充满了好奇，充满了想象和向往。而且中班幼儿在绘画、泥工、剪贴等方面都有了一定的基础，并对各种形式的美术活动特别爱好。本次活动"海洋动物"以此为内容题材，分别通过剪贴和绘画的形式来实施教学活动，引导幼儿认识海洋动物的形状特征、色彩变化，并在此基础上促发幼儿的形象思维和创造想象的能力。

【活动目标】

1. 初步学习制作八爪鱼、鲨鱼、气鼓鱼，掌握其制作方法。

2. 能大胆运用绘画、剪贴、折纸等多种形式，自选小组进行制作。

3. 有秩序地收拾、摆放制作材料，体验手工制作的乐趣。

【活动重点】

初步学习制作八爪鱼、鲨鱼、气鼓鱼，掌握其制作方法。

【活动难点】

能大胆运用绘画、剪贴、折纸等多种形式，自选小组进行制作。

【活动准备】

1. 勾线笔、卡纸、塑料眼睛、彩色毛球、教师范例步骤图。

2. 提前思考、收集有关制作海洋动作的材料和方法。

【活动过程】

1. 出示范例，引发幼儿创作的兴趣。

出示各种海洋动物小制作的范例，教师重点引导幼儿观察、讲述这些范例的制作材料与方法。

（1）提问：小朋友们，你们知道这些海洋生物都是用什么做的吗？你最喜欢哪一个海洋动物？为什么？（幼儿自由讲述）

（2）教师小结，激发幼儿创作的兴趣：我们运用常见的材料通过我们的小手就能把喜欢的海洋生物做出来，你们想不想尝试一下呢？

2. 自选小组动手操作，学习掌握八爪鱼、鲨鱼、气鼓鱼等的制作方法。

（1）出示步骤图，教师引导幼儿观察并示范讲解，帮助幼儿了解制作需要的材料和制作的步骤。

（2）提出制作要求。

想好自己想要制作的内容，自选制作小组。

用剪刀时注意安全，剪刀不要对着小朋友。制作材料及垃圾要收放整齐。

（3）幼儿制作，教师个别指导并及时评价。（提示幼儿注意材料的使用安全并保持桌面、地面整洁）

3. 作品展示，交流分享，激发幼儿创建"海洋动物画展"的自豪感。

（1）同伴间相互交流各自的"海洋动物"。

（2）展示所有幼儿的作品，创建班级"海洋动物展"，幼儿有序观察、欣赏。

（3）幼儿交流分享。

提问：你最喜欢哪件作品？为什么？

【附】

鲨鱼的制作方法。首先在卡纸上画出三个长长的三角形来当鲨鱼的鱼鳍；然后画出一个大大的椭圆形的嘴巴，在嘴巴里画上尖尖的牙齿，把画好的鱼鳍和嘴巴沿着线剪下来；再选择一个圆形纸盘，将剪好的鱼鳍和嘴巴粘在纸盘上，最后贴上塑料眼睛。

气鼓鱼的制作方法。先选择一张深色卡纸，将刺球在颜料中蘸一蘸后在卡纸上进行拓印，贴上眼睛和鱼鳍。

八爪鱼的制作方法。

第一种方法：用剪刀将纸杯沿杯口向杯底剪开（一圈）；剪开后将每条腿卷一卷，并画上圆形吸盘和嘴巴；最后贴上眼睛。

第二种方法：将八爪鱼的腿在卡纸上画出来并剪下来，彩色毛球贴上眼睛，将毛球粘到剪好的腿上，最后用粘贴在章鱼腿上进行装饰。

【附图片】

体育活动

小·海豚顶球

【教材分析】

小海豚是孩子们喜欢的海洋动物，能够跳出海面顶到一定高度的物体，孩子们对这种特殊本领有着很高的模仿兴趣,所以我设计了此次活动"小海豚顶球"。幼儿通过自由寻找、尝试顶球的方法和比赛等形式,学会控制自己的身体,发展幼儿身体的平衡能力。

通过对本活动的研究和对幼儿年龄特点的分析,将本次活动的重点定位在"学习双脚向上跳跃的动作,掌握跳跃顶球的动作要领";难点定位在"能遵守游戏规则并模仿小海豚大胆探究不同高度的跳跃顶球"。活动中采用探究法、游戏情景法、自主探究法、竞赛法等方法让幼儿在不断尝试不同高度的顶球方法,掌握跳跃的动作,从而发展幼儿动作的协调性和团队竞争意识。

【活动目标】

1. 学习双脚向上跳跃的动作,掌握跳跃顶球的动作要领。

2. 能遵守游戏规则,并模仿小海豚大胆探究不同高度的跳跃顶球,发展幼儿的动作协调性。

3. 敢于挑战,萌发参与和竞争意识。

【活动重点】

学习双脚向上跳跃的动作,掌握跳跃顶球的动作要领。

【活动难点】

能遵守游戏规则并模仿小海豚大胆探究不同高度的跳跃顶球,发展幼儿的动作协调性。

【活动准备】

1.《两只小海豚》音乐。

2. 小海豚顶球图片、自制体育玩具。

3. 小海豚顶球的活动场地。

【活动过程】

1. 出示图片小海豚导入活动,引起幼儿游戏兴趣。

2. 准备活动,为体育游戏做准备。

放音乐模仿表演,练习小海豚跳跃顶球动作要领。

(1)提问:小海豚在干什么呀?小海豚是怎么顶球的呢?

(2)幼儿自由模仿小海豚顶球。

(3)教师示范小结:两只小脚并并拢,屈膝向上跳,落地的时候是前脚掌先落地,轻轻地。

(4)幼儿集体练习"屈膝纵跳顶球"的动作,教师指导及时纠正个别幼儿的动作。

3. 组织游戏"小海豚顶球",进一步练习双脚跳跃顶球的动作。

(1)示范讲解游戏玩法:幼儿分成四组,每组的小朋友要在起跑点后站好。老师发出口令,每队的排头模仿海豚游泳,"游"到挂好的球下边屈膝纵跳,用头顶起球;然后,再"游"到对面终点线站好。

(2)幼儿分组自主练习游戏,教师观察指导并及时纠正幼儿顶球的动作,帮助幼儿了解游戏玩法并按规则游戏。

(3)幼儿分四组开展竞赛游戏"小海豚顶球",教师及时评价。(游戏2次)

(4)游戏拓展:提供不同高度的气球,幼儿自选高度进行跳跃顶球,自主挑战。

4. 放松活动。

小海豚玩得好累啊,我们一起跟着音乐放松一下吧——小海豚们相互捶捶背、敲敲腿、揉揉肩等。

【附场地布置图】

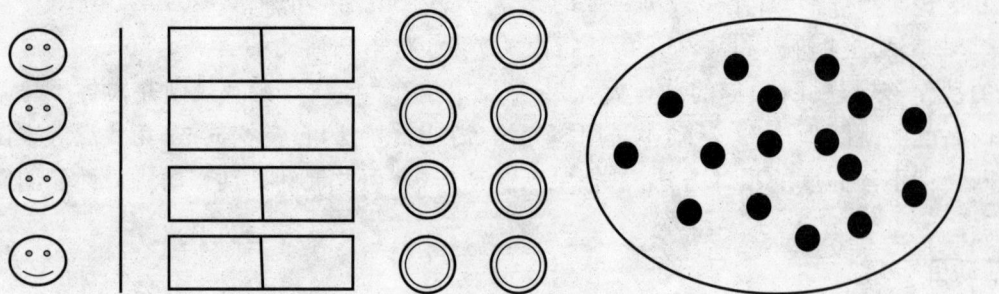

第3周 海洋动物护卫队

环境创设 ▶

1. 主题版：主题墙《我和海洋动物交朋友》。
2. 班级环境。
图书区：提供爱护海洋动物的相关图书。
音乐区：提供《海底竞争》的音乐、节奏图示，铃鼓、碰铃、三角铁、大鼓等乐器。
美工区：提供画笔、纸张、保护海洋动物图片。
益智区：提供不同大小、形状、颜色的卡纸鱼，分类板，画有不同动物头饰的小盒子。

生活活动 ▶

1. 身体加油站：养成主动饮水的习惯，每天喝足量的水。
2. 环境真整洁：自选活动中会自己选择材料、会收拾整理，能保持环境整洁。
3. 不独自去海边：初步了解大海的潮汐变化，知道存在的危险，不独自去海边玩耍。

家长与社区教育 ▶

1. 和孩子查阅有关保护海洋动物的书籍，拓展幼儿对于海洋动物的了解。
2. 请家长协助孩子开展海边捡拾垃圾、喂海鸥等保护海洋的活动，初步培养幼儿的环保意识。
3. 和孩子一起搜集保护海洋的资料，了解海洋污染对人类的影响，知道保护海洋的重要性，养成爱护环境，自觉保护环境的良好习惯。
4. 社区活动："蓝色海洋我的家"环保宣传活动。

教学活动

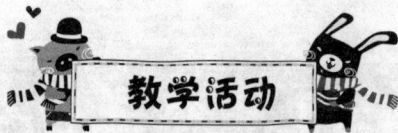

活动一 音乐——打击乐：海底运动会

【教材分析】

《双头鹰进行曲》是奥地利作曲家弗朗兹·瓦格纳的作品。"双头鹰"源于旧奥地利帝国的军旗。这首歌曲欢快、跳跃，与"海底运动会"的游戏情景十分融合。歌曲总共分为三段，分别用大海豚、小海豚、小鲽鱼来表示歌曲中二分音符、四分音符的节奏，通过对比倾听的方式，感受音乐不同的节奏，再用不同小动物做游戏情景，让幼儿将复杂的节奏在游戏中潜移默化地掌握。

【活动目标】

1. 了解乐曲结构，感受乐曲欢快活泼的旋律，掌握小海豚、鲽鱼、小丑鱼、浪花的不同节奏型。

2. 能正确使用乐器，看图示跟随指挥有节奏地轮奏与齐奏。

3. 在海洋的游戏情景中，体验共同演奏的快乐。

【活动准备】

1. 各种打击乐器。

2.《双头鹰进行曲》音乐。

3.《海底运动会》节奏谱。

【活动过程】

1. "海洋运动会"情境导入，激发幼儿兴趣。

2. 播放音乐，感受音乐旋律。

（1）完整欣赏音乐。教师以故事的形式讲述"海洋运动会"，帮助幼儿初步感知、理解音乐。

提问：听着这首乐曲，你的心情是怎样的？

你觉着都有谁来参加海洋运动会？它们会参加哪些比赛项目？

（2）幼儿再次完整欣赏音乐。

3. 出示节奏谱，指导幼儿为歌曲配乐，掌握节奏型。

（1）再次完整欣赏乐曲，指导幼儿区分乐段。

提问：这首乐曲一共分几段？

（2）出示节奏图，分段欣赏音乐，练习掌握相应的节奏型。

第一段。

提问：第一段中都有哪些动物？它们的节奏是一样的吗？

幼儿跟随老师尝试用身体不同部位拍击节奏（如跺脚、抖手腕、拍肩等）。

幼儿分组扮演角色，和老师一起随音乐运用轮奏的形式练习节奏型。

第二段：幼儿看图示自由练习。重点练习最后一乐句小海豚的节奏。

提问：第二段与第一段的节奏有何不同？第二段中小海豚的节奏是怎样的？

看图示，随音乐指导幼儿分角色拍击出第二段的节奏。

教师指挥，幼儿完整运用轮奏的形式，完整表现第一、第二段音乐的节奏。

第三段。

提问：第三段前的圆点符号代表的是什么意思？（结合音乐，帮助幼儿感知理解间奏及其节拍）

讨论：第三段中的大海豚、小海豚代表什么意思？

教师小结，重点引导幼儿练习 × —|× ×| 的节奏。

幼儿尝试随第三段音乐练习、拍击节奏。

教师小结，指导幼儿完整练习第三段节奏型。

4. 出示乐器谱，指导幼儿运用乐器，演奏乐曲。

（1）学看图谱。

提问：图示中，鲽鱼、小丑鱼、小海豚和浪花分别使用什么乐器进行演奏？

（2）教师唱谱，幼儿分组持器练习拍击节奏。

教师小结并及时指导幼儿正确打击乐器的方法。

（3）看图示，幼儿持器轮奏、齐奏，完整表现乐曲节奏。

（4）幼儿看教师指挥演奏乐器，完整表现乐曲。

教师小结：演奏乐器时注意倾听同伴的演奏，注意乐器的音量与音色。

（7）幼儿看指挥再次演奏乐器，完整表现乐曲。

5. 活动延伸

（1）音乐区投放相应的节奏图、乐器、音乐，幼儿自选乐器进行演奏。

（2）请幼儿当指挥与同伴一起进行乐器演奏。

【附节奏图】

活动二 社会、语言——小鱼生病了

【教材分析】

"小鱼生病了"这个活动以"小鱼游""小鱼生病了""海水污染的原因和危害"以及"海洋护卫队"等环节贯穿展开，一层层渐次深入，充分调动了中班孩子活动的积极性、主动性，让幼儿了解海洋污染的原因和对人类的影响，并找到一些减少污染的方法。在最后的环节中幼儿以实际行动来保护海洋，呼吁大家参与到海洋环保活动中来，激发了幼儿主动保护海洋的意愿，也使孩子们清楚地认识到保护海洋人人有责。

【活动目标】

1. 了解目前海洋生物的生活环境，知道海洋具有净化能力。

2. 能说出海洋污染的原因和对人类的影响，并找到一些减少污染的方法。

3. 加深喜爱海洋的情感，产生保护海洋的愿望。

【活动重点】

了解目前海洋生物的生活环境，知道海洋具有净化能力。

【活动难点】

能说出海洋污染的原因和对人类的影响，并找到一些减少污染的方法。

【活动准备】

1.《小鱼游》的音频，《被污染的海洋》PPT，小鱼的信，有关海洋污染危害的新闻。

2. 场景布置：被污染的海边。

【活动过程】

1. "小鱼游"情景导入，引发幼儿对活动的兴趣。

（1）幼儿随教师一起做小鱼游的动作。

（2）播放警告声：这里已经被污染了，请马上离开。

（3）教师带着小鱼换方向游，可是又听到警告声。

（4）大鱼和小鱼逃啊逃，发现到处都污染严重，无处可游，这时发现自己都生病了。

2. 通过小鱼的来信，引导幼儿了解海洋污染的原因和影响。

（1）幼儿讨论分析小鱼生病的原因。

提问：小鱼为什么会生病呢？

（2）教师读小鱼的来信。

亲爱的小朋友们，告诉你们我生病了，那是因为你们人类不保护环境，把我们的家——海水变得很脏。海滩上垃圾都冲到了海里，我们就生病了，请你们赶紧救救我吧！

（3）播放《被污染的海洋》PPT，和幼儿一起讨论海洋怎么会变成这样的。

请幼儿想象海洋里生物的感受：当你生活在这个环境中，你会有什么感觉？我们看到的海洋是什么样子的？（海滩上到处是人们留下的垃圾）污染的海水会发出什么气味？

小结：海洋原本是具有净化能力的，它能够把一些垃圾分解掉，是我们地球上最大的清理场。可是垃圾越来越多，超过了海水的负担，海水就被污染了。

（4）了解海洋与人类的关系。

提问：海洋受到污染，那对我们人类来讲有什么影响？

小结：海洋环境受到污染，海中生物受牵连，而海产品又是我们的食物来源之一，这样我们吃了受污染的食物，就会引发疾病，威胁到人类的生命安全。

3. 通过清洁被污染的海边，激发幼儿保护海洋环境的愿望。

（1）教师引导幼儿思考怎样帮助生病的鱼儿。

提问：现在小鱼们害怕去人类污染的海滩，它们要搬家了，如果大海里没有鱼儿，会是什么样子呢？

我们要怎么做才不会让大鱼和小鱼搬家呢？

小朋友们，请你们想想我们应该怎样去救小鱼。现在我们马上出发去帮助小鱼。

（2）教师带领幼儿来到"被污染的海边"场景，引导幼儿观察。

提问：我们的海滩怎么样了？那我们怎么办呢？让我们一起动手把我们的海滩变得更干净好吗？

（3）教师与幼儿一起动手清洁"海边"。

小结：小鱼很高兴，它开心极了，它夸奖我们小朋友真能干、真棒。

活动延伸：海洋动物护卫队

设计保护海洋和海洋动物的宣传单、宣传口号,呼吁大家一起保护海洋。

活动三　美术——绘制海报:保护海洋动物

【教材分析】

面对着大海的污染,海洋动物的濒临灭绝,人们越来越认识到保护海洋的重要性。我们作为生活在海边的孩子们更应从小培养幼儿保护海洋的意识。中班幼儿已初具环保意识,但是却不能有意识地去宣传、倡议保护海洋的意识。因此,我们将活动重点制定为"了解海报的宣传作用,学习运用绘画的形式,绘制保护海洋动物的宣传画"。

旨在让幼儿通过"欣赏、交流"等方式了解宣传画的作用,运用绘画的形式,创作"如何保护海洋""海洋环境污染的危害有哪些""怎样保护海洋动物"等内容,通过绘画宣传海报的形式,再现自己对于保护海洋的想法与做法,激发幼儿保护海洋环境与海洋动物的情感。

【活动目标】

1. 了解海报的宣传作用,学习运用绘画的形式,绘制保护海洋动物的宣传画。

2. 能大胆想象,合理布局画面,比较形象地再现保护海洋动物的不同方式。

3. 萌发热爱大海、保护海洋环境的情感。

【活动重难点】

能大胆想象,合理布局画面,比较形象地再现保护海洋动物的不同方式。

【活动准备】

画笔、纸张;海洋生物被捕杀的图片。

【活动过程】

1. 出示图片,讨论海洋生物死亡的原因。

出示海洋生物死亡的图片,小组交流讨论。

提问:这些海洋动物怎么了? 为什么会发生这样的事情?

小结:人类过度捕捞、往海里乱扔垃圾、工业排污、生活排污等行为都会造成海洋生物的死亡。

2. 交流讨论保护海洋生物的方式方法,为绘制海报做铺垫。

小组交流、个别交流。

讨论:看到好多海洋动物都死亡了,你的心情是怎样的? 你想怎样做? 怎样保护我们的海洋生物?

小结:保护海洋生物从我做起,同时也要呼吁身边的人保护海洋生物。

3. 绘制海报《保护海洋动物》,教师巡回指导。

(1)幼儿根据生活经验交流分享海报的作用。

讨论:你在哪里见过海报? 海报有什么作用? 如何运用绘画的形式,向别人宣传如何保护海洋生物?

(2)提出要求:要把怎样保护海洋动物的内容画清楚,注意画面的布局,让人能看懂,还要注意色彩搭配。

(3)幼儿创作,教师观察并及时评价与指导。

4. 交流分享自己的海报,相互评价。

(1)同伴间相互交流。

(2)出示个别幼儿作品,引导幼儿观察。

提问：你感觉他是要通过作品告诉我们要怎样做？

教师小结，帮助幼儿从构思、布局、情境再现等方面进一步了解绘制海报的方法。

（3）展示幼儿的作品，鼓励幼儿保护海洋生物从我做起。

5. 活动延伸。

（1）向哥哥姐姐宣传"保护海洋生物"。

（2）向家长宣传"保护海洋生物"。

活动四　数学——9的形成：数小鱼

【教材分析】

"9的形成"是中班上学期的数学教育活动，是一节数的概念课。感知物体的数量、对应关系是幼儿学习数学的基础，它与幼儿的生活紧密相连。《幼儿园教育指导纲要》中指出："引导幼儿对周围环境中的数、量等现象产生兴趣，建构初步的数概念。"因此，数的形成在幼儿园中班的数学教育中占有重要的地位。

为了提高幼儿的学习兴趣，活动中以情境教学法贯穿活动始终，中间穿插运用了引导观察法、赏识激励法、直观演示法等教法，从而吸引幼儿的注意力，充分调动幼儿学习的积极性，让幼儿在轻松快乐的氛围中乐于参与到活动中来。

【活动目标】

1. 能手口一致地点数9以内的数并说出总数，认读数字9并理解9的实际意义。

2. 能正确比较8和9之间多1和少1的关系，知道8添1是9，9去1是8并清晰完整讲述。

3. 听指令有序操作学具，养成良好的操作习惯。

【活动重点】

能手口一致地点数9以内的数并说出总数，认读数字9并理解9的实际意义。

【活动难点】

能正确比较8和9之间多1和少1的关系，知道8添1是9，9去1是8并清晰完整讲述。

【活动准备】

1. 课件：趣味练习1~10的数字。

2. 贝壳或小鱼图片若干。

3. 幼儿人手一套操作学具。

【活动过程】

1. 课件导入，激发幼儿活动兴趣。

（1）问答游戏：1添1是几？　2添1是几？　3添1是几？……（巩固数列关系的学习）

（2）教师小结：在1~8的数列中，前一个数添上1就是后一个数。

（3）讨论：想一想8添1是几？

2. 幼儿操作，学习并理解9的形成。

（1）教师引导幼儿初步感知学习9的形成。

提问：海洋里有很多的贝壳，让我们一起来数一数有多少贝壳？

海洋里还有很多小鱼在游来游去，让我们一起来数一数有多少条小鱼？（幼儿点数并验证）

贝壳和小鱼一样多吗？为什么？谁多谁少？谁比谁多几个？谁比谁少几个？怎样一样多？

幼儿操作学具,进一步感知并理解9的形成。(教师重点指导幼儿完整讲述自己的操作发现)

(2)幼儿操作练习,点数验证。

玩法:播放课件,屏幕出现小海星、小螃蟹,请幼儿想办法把它们的数量变成9。

幼儿操作,点数验证。

(3)出示数字9,幼儿观察、感知。

提问:这是数字几? 9像什么? 9可以表示哪些物体?

幼儿自由讲述,教师小结:9像勺子,9代表所有数量是9的物体。

3. 幼儿寻找身边的物体,进一步掌握数字9的形成。

请幼儿离开座位,到教室各处寻找能用数字9表示的物体。

活动五 综合——海底总动员

【教材分析】

通过近三周的主题活动,孩子们对海洋动物的话题意犹未尽。于是,结合主题"我和海洋动物交朋友",围绕神秘的"大海",我们开展了本次综合活动。《3～6岁儿童学习与发展指南》中指出:"培养幼儿能够运用各种感官、动手动脑、探究问题。"

活动中幼儿和教师一起根据海洋主题准备展示材料,自主选择想要展示的内容。让孩子们结合在主题活动中了解的知识和信息解决问题。比如:通过绘制保护海洋动物的宣传画,向游客进行保护海洋动物的宣传;制作海产品菜谱,了解并能向大家介绍海产品的营养等。整个活动为幼儿的探究、合作、展示创造宽松的环境,让每个幼儿都有机会积极参与尝试,满足孩子们大胆表现自己的愿望。

【活动目标】

1. 能根据海洋主题参与准备展示材料,自主选择想要展示的内容。

2. 能主动参与展示活动,活动中大胆表现自己。

3. 喜欢参与展示活动,萌发热爱海洋动物的情感。

【活动重点】

能根据海洋主题参与准备展示材料,自主选择想要展示的内容。

【活动难点】

能主动参与展示活动,活动中大胆表现自己。

【活动准备】

贝壳艺术馆材料、人鱼表演馆音乐及服装、幼儿宣传海报、海鲜大排档材料、手工制作义卖作品。

【活动过程】

1. 教师和幼儿共同做活动准备,为展示活动的开展做准备。

(1)时间:早9点。

(2)地点:二楼各中班教室。

(3)所展示内容:贝壳艺术馆、人鱼表演馆、海鲜大排档、海报宣传、手工制作义卖。

2. 确定展示区域,自主交流各个展示区所要展示的重点。

(1)贝壳艺术馆:构思自己想要用贝壳制作的内容,选择适合的贝壳进行创作,保持作品整洁干净。

（2）人鱼表演馆：能根据播放的音乐创造性地进行表演，动作、表情到位，吸引观众。

（3）宣传海报：将自己的海报内容向其他小朋友、家长、老师进行宣传，敢于大胆表达，将自己的海报内容表达清楚。

（4）海鲜大排档：大胆向顾客介绍各种海鲜，使用礼貌用语招待顾客，并能解决游戏中出现的问题。

（5）手工制作义卖：提前将制作的义卖作品准备好，制定价格，大胆向顾客宣传自己的作品，并清点钱数。

3.《海底总动员展示活动》开始。

（1）邀请全园幼儿参与中班级部的展示活动。

（2）教师观察并适时参与指导。

4. 活动结束，幼儿分享交流。

（1）相互交流各自在展示活动中的体验。

（2）教师结合在活动建议中拍下的各区域展示照片，有针对性地进行讨论交流。

体育活动

小乌龟历险记

【教材分析】

对于幼儿来说，爬是一种极好的全身运动，因为在爬行时需要上肢及下肢的共同参与，并要保持动作的协调一致，有利于锻炼幼儿的动作协调能力，因此我们设计了这个活动。

中班幼儿已经基本掌握手膝着地爬的特点。为了激发幼儿爬的兴趣，根据中班幼儿的特点，我采用游戏化、情景化等教学手段，并有层次性地逐渐增加爬行难度，促进幼儿认知、情感和运动能力方面整体和谐的发展。

我们把本次活动的重点定位在"练习手脚着地负重爬，锻炼四肢力量"；难点定位在"能动作灵活地负重钻、爬，并按规则拿取食物"。活动中我们力求形成合作探究式的师幼互动、幼幼互动。在教学过程中我们采用了自主探索法、示范法、游戏情景法，整个过程动静结合，循序渐进，让幼儿在轻松、愉快的氛围中锻炼身体、提高技能。

【活动目标】

1. 练习手脚着地负重爬，锻炼四肢力量。

2. 能动作灵活地负重钻、爬，并按规则拿取食物。

3. 游戏中互相谦让，不怕苦，敢于挑战。

【活动重点】

练习手脚着地负重爬，锻炼四肢力量。

【活动难点】

能动作灵活地负重钻、爬，并按规则拿取食物。

【活动准备】

1. 可以背的塑料小筐（乌龟壳）每人一个。

2. 长、短不同的"隧道"各两个。

3. 球及放置纸球的筐两个(报纸或废纸制作的)。

【活动过程】

1. 热身活动,幼儿产生活动的兴趣。

幼儿跟随教师一起做海洋热身操。

2. 探究不同形式的手膝着地爬的动作,提升幼儿爬的技能。

(1)幼儿自由模仿乌龟爬。

提问:你知道小乌龟是怎样爬的吗?

(2)教师示范讲解手膝着地爬的动作要领,幼儿进一步练习。

(3)幼儿自由交流并尝试不同方式的手膝着地爬。

提问:除了手膝着地向前直线爬外,还可以怎样爬?

小结:手膝着地可以有不同的爬行方式。如往前爬、往后爬、往左爬、往右爬、曲线爬、旋转爬等。

3. 组织游戏《小乌龟历险记》,拓展幼儿负重取物爬的技能。

(1)教师出示塑料筐,示范讲解游戏玩法。

玩法:幼儿背筐扮演小乌龟,小乌龟负重钻过山洞爬到山对面,取一个纸球放入背后的塑料小筐内,再从小桥(爬行垫)爬回终点。

教师示范游戏玩法,加深幼儿对游戏玩法和规则的了解。

(2)幼儿分成四组,开始游戏。

重点指导幼儿手脚着地负重爬,鼓励幼儿互相谦让,遵守游戏规则。

(3)增加游戏密度,将幼儿分成6~8组。

4. 播放音乐,幼儿跟随教师随音乐做放松活动,活动结束。

【附图片】

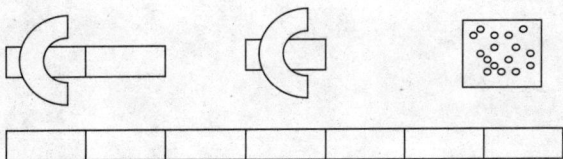

起点:

主题三 走进春天

活动区活动
1. 春天的树
2. 小医生
3. 豆宝宝发芽啦
4. 花儿越开越大
5. 春天的拼图
6. 报春
7. 春雨
8. 洗小手

教学活动
1. 好习惯体验日：我是值日生
2. 春雨
3. 寻找春天
4. 赶花会
5. 桃花开了

户外体育活动
1. 种小树
2. 抱大树

第 1 周 春天真美丽

教学活动
1. 春天的电话
2. 小燕子回来了
3. 复习 10 以内数的形成
4. 蜜蜂做工
5. 池塘里的小蝌蚪

春天你好

教学活动
1. 小花籽儿找快乐
2. 运动真快乐
3. 顺数、倒数
4. 郊游
5. 各种各样的风筝

第 2 周 春天真热闹

第 3 周 春天真快乐

户外体育活动
1. 小鸭走路
2. 小青蛙找害虫

活动区活动
1. 旋转木马
2. 春季流行疾病预防
3. 小蝌蚪的变化
4. 美丽的蝴蝶
5. 小动物找家
6. 蜜蜂做工
7. 春天的电话
8. 洗水果

活动区活动
1. 春天的公园
2. 春天的饮食、保健
3. 可爱的蚕宝宝
4. 春季服装展
5. 好玩的格子
6. 全家乐
7. 小花籽儿找块乐
8. 洗袜子

户外体育活动
1. 小熊找食物
2. 端球赛跑

305

主题价值

春天是万物复苏、充满生机的季节。初春时节，阳光明媚，春风拂面，冰雪融化，树木发芽；动物冬眠醒来，游人户外踏青，农民田间播种……一切都充满着变化，洋溢着美好。中班幼儿初步具备观察能力和探究能力，对周围的人和事物充满好奇心和求知欲，这正是引导幼儿探索春天事物和景象变化的好时机。本主题通过"春天真美丽""春天真热闹""春天真快乐"3个次主题，利用春天特有的自然环境和资源，充分发挥幼儿对春天已有经验的支持作用，引导幼儿运用各种感官与真实的自然环境充分互动，通过找一找、说一说、唱一唱、玩一玩等幼儿喜欢的方式，感知春天天气变暖、植物发芽、花儿开放、小动物从冬眠中醒来等特征，了解春季的自然特征与人类、动植物生活的关系，鼓励幼儿创造性地表现春天的美，体验寻找春天、放风筝、外出春游等活动的快乐，激发幼儿欣赏大自然、亲近大自然的情感。

主题目标

★知道春季相关的卫生保健常识，通过角色体验、生活体验，懂得自己的事情要自己做，养成良好的生活、卫生习惯，保护好自己，健康过春天。

1. 观察、发现春天景物的变化，感知春天天气变暖、植物发芽、花儿开放、小动物从冬眠中醒来等特征，了解动植物与人类的关系。

2. 能结合春大的季节特征用绘画、制作、歌曲等不同方式表现出动、植物的特征及变化，感受春天的美好。

3. 对春天大自然的变化感兴趣，享受种植、饲养、春游、放风筝的乐趣，争做树的"小卫士"，萌发爱护树木、保护环境的美好情感。

4. 喜欢运动，掌握跨跳、屈膝爬等动作要领，能协调、灵敏地跨过障碍物，钻过山洞，提高运动能力，增强身体素质，预防春季传染病。

5. 能用语言、动作等方式表达对春天的认识及对小动物的喜爱，大胆与同伴交流、分享自己的发现。

区域活动安排

区域名称	活动名称	活动准备	活动指导建议
结构区	美丽的春天	大小不同的积木,各种插塑玩具,不同颜色的雪花片,彩纸、饮料瓶等辅助材料,春天大树、春天公园的图片	1. 春天的树: ● 能用插塑与木块结合的方式,合作构建出春天不同种类大树的造型,感受春天树的变化。 ● 先引导幼儿思考,如何用插塑与木块进行结合,木块可以做树的什么地方,插塑可以做树的什么地方,然后再尝试,用不同玩具搭配的方法搭建。 2. 旋转木马: ● 能用"一"字插、拼接花形等立体拼插的方法拼插旋转木马。 ● 先观察旋转木马的图片尝试拼插,再通过发现拼插过程中出现的问题,进行思考,怎样插旋转木马可以动起来,进行不断思考与改进。 3. 春天的公园: ● 能用拼插、平铺围合、垒高围合的建构方法,合作搭建春天的公园,体验与同伴合作搭建的快乐。 ● 首先调动幼儿已有经验,进行绘画公园建设的设计图,再根据设计图进行建设,当遇见搭建不和谐的时候,知道与同伴沟通交流,进行搭建改进。 ★ 鼓励幼儿欣赏、评价、肯定好朋友的作品。
角色区	小医生	介绍春季常见传染疾病及预防方法的图片,小药盒、点滴瓶、针管等常用医疗物品	● 知道看病的基本程序:挂号－看病－取药,医生能认真地给病人看病。 ● 了解医院工作人员的职责。扮演医院中的各种角色,体验角色的快乐。 ★ 知道对待病人应该细心、耐心、富有爱心,并能照顾好病人。
	春季流行疾病预防	春季常见传染疾病的图片及中医相关的保健图片,小药盒、熬药工具等简单医疗用品	● 能自主协商分配角色,设计春季流行疾病预防、宣传及治疗等情节开展游戏。 ● 指导幼儿了解春季流行疾病的特征,才能更好地做好宣传工作。 ★ 鼓励幼儿积极与他人交流,关于春天预防传染病的方法。
	春天的饮食、保健	春季时令的蔬菜和水果图片及中医相关的保健图片,小药盒、熬药工具等简单医疗用品	● "医生"能与病人积极交流春天的饮食、保健,制作预防感冒、手足口病的海报进行宣传。 ● 指导幼儿了解春天的饮食、保健的方法,才能更好地避免生病。 ★ 角色之间能根据主题的变换,及时调整游戏内容,并在游戏结束后一起整理医疗用具。
科学区	豆宝宝发芽啦	实验材料4份:黄豆若干(盛在碗中)、能漏水的筐1个、纱布2~3小块,幼儿学习材料——《春天你好》	● 观察、比较豆宝宝在不同条件下发芽的过程,能用符号和简单的图画进行记录。 ● 指导幼儿将黄豆分为4份,每天浇不同的水量,看哪份黄豆长得更快。 ★ 鼓励幼儿每天照料黄豆,观察豆子发芽的情况,培养幼儿的爱心和耐心。
	小蝌蚪的变化	介绍小蝌蚪生长过程的图片,小蝌蚪的立体玩具,青蛙的卵、鱼缸、沙、石子等,幼儿学习材料——《春天你好》	● 饲养并观察小蝌蚪的变化,了解小蝌蚪的特点、生长过程及生活习性。 ● 指导幼儿将小蝌蚪分为4组,每天投放不同的食物,看哪组小蝌蚪长得更好。 ★ 活动结束后,将小蝌蚪放养到小池塘或小河里,养成幼儿保护益虫的情感。
	可爱的蚕宝宝	介绍蚕宝宝生长过程的图片,有盖的纸盒1个(盒盖上钻几个小孔透气),附在白纸上的蚕卵若干,桑叶适量,幼儿学习材料——《春天你好》	● 观察、了解蚕宝宝的生长变化过程及生活习性,并用符号进行简单记录,萌发爱护蚕宝宝的情感。 ● 指导幼儿将蚕宝宝分成4组,每天放不同量的桑叶,看哪组蚕宝宝长得更快。 ★ 用喜欢的符号、简单的图画进行记录,愿意和同伴交流自己的发现。

区域名称	活动名称	活动准备	活动指导建议
美工区	花儿越开越大	立体花制作步骤图，四瓣花组合范例，大小、颜色不同的正方形纸，剪刀、胶棒抹布、垃圾盒等，幼儿学习材料——《春天你好》	● 能根据立体花制作步骤图，制作出立体小花。 ● 指导幼儿运用对边折或对角折的方法，将正方形纸进行多次折叠，剪出多个大小不一的花，并层层粘贴出立体花朵。 ★ 能正确使用剪刀，不能划伤他人，并将剪下来的碎纸花扔到垃圾桶里。
	美丽的蝴蝶	彩笔，油画棒	● 能将不同粗细的线条、花纹等，用左右对称的方法有序组合，表现蝴蝶的翅膀。 ● 指导幼儿先观察蝴蝶，知道蝴蝶翅膀是对称的，再进行绘画。 ★ 鼓励幼儿展示自己的作品，相互欣赏、交流、评价。
	春季服装展	吸管、毛根、纽扣、光盘、啤酒绳、纸袋、塑料袋等	● 能运用各种材料，通过粘贴、缝制，制作好看的衣服。 ● 选择吸管、毛根、纽扣、丝绳等材料，通过剪、贴、拼等形式创造性地，制作不同的花朵，装饰美丽的春装。 ★ 指导幼儿用废旧物品进行制作，养成幼儿节约的好习惯。
益智区	春天拼图	用代表春天到来的事物（枝叶变绿的柳树、开放的迎春花）的图片或幼儿园春天的图片制成拼图，每幅图分成10块	● 巩固对春天美丽景色的认识，知道春天的特点。 ● 指导幼儿了解春天的特点，再进行拼图活动。 ★ 鼓励幼儿用《美丽的春天》作品自制拼图，培养幼儿的动手能力。
	小动物找家	棋子（春天的小动物）3～4个，幼儿学习材料——《春天你好》	● 能遵守游戏规则，与同伴合作玩棋类游戏，知道春天小动物的特征。 ● 在游戏中进一步巩固，对春天主要特征的认知。 ★ 游戏时引导小监督员，监督大家遵守游戏规则。
	好玩的格子	幼儿学习材料——《春天你好》，彩笔	● 引导幼儿阅读《春天你好》第6页，通过游戏巩固对序数的认识。 ● 指导幼儿根据每一行格子，颜色的排列规律，给空白格子涂色，说出不同颜色的格子分别在第几排、第几个。 ★ 鼓励幼儿玩"比一比谁找得快"游戏，进行公平竞争，增加活动趣味性。
音乐区	报春	布谷鸟的头饰，教师自制布谷鸟翅膀，森林背景图，《幼儿素质发展课程·音乐》CD	● 感受歌曲的优美，用轻快的声音演唱歌曲，能用身体动作自由表现对歌曲的理解。 ● 指导幼儿带上头饰，投入角色，随音乐进行表演唱。 ★ 喜欢用头饰、翅膀等装扮自己，并能大胆地用肢体动作表达音乐。
	蜜蜂做工	蜜蜂的头饰，铃鼓、响板、碰铃等乐器，节奏图谱，《幼儿素质发展课程教师用书》CD，花园背景图	● 能用轻快活泼的声音演唱歌曲，尝试用动作、乐器表现蜜蜂做工时的快乐心情。 ● 指导幼儿选择合适的乐器，根据节奏图谱，进行演奏。 ★ 喜欢运用乐器跟着节奏表现音乐，并能在活动结束时，收好乐器，养成收纳的好习惯。
	全家乐	表演所需的道具：爷爷的胡子、奶奶的银色假发、爸爸的眼镜、妈妈的围裙等，《幼儿素质发展课程·音乐》CD。	● 能创编不同的造型，体验和家人在一起郊游的快乐。 ● 感受歌曲轻松、活泼的旋律，根据角色的不同特点打扮自己。 ★ 提高幼儿对音乐的兴趣，提醒幼儿能随音乐，合作摆出不同的造型
语言区	春雨	"幼儿学习材料"——《春天你好》。	● 引导幼儿理解诗歌内容，了解春雨对动、植物的作用。 ● 指导幼儿能用完整的语言，大胆表达自己的想象。 ★ 有感情地朗诵诗歌，能创造性地用语言、动作，表现动植物对春雨的喜爱之情。
	春天的电话	小黑熊、小松鼠、小白兔、小青蛙、小公鸡等角色的头饰，春天的背景图，"幼儿学习材料"——《春天你好》。	● 理解故事内容，了解并说出春天的基本特征。 ● 指导幼儿分角色进行表演，体验春天来临的快乐心情。 ★ 鼓励幼儿创造性地进行表演，表现出小动物们的快乐心情。
	小花籽儿找快乐	小花籽儿、太阳、小鸟、蜜蜂、青蛙等角色的头饰、指偶	● 理解故事内容，进一步感受故事中"快乐"的含义。 ● 引导幼儿与同伴一起讲述、表演小花籽儿寻找快乐的过程。 ★ 鼓励幼儿自主分配角色、布置场景、准备道具，利用头饰进行指偶讲述、表演故事。

区域名称	活动名称	活动准备	活动指导建议
生活区	预防疾病 身体棒	洗手7步法的步骤图、仿真水果、小袜子、洗手盆，洗涤剂、剪刀、胶棒。	1. 洗小手： ● 指导幼儿根据洗手七步法，进行洗手，掌握正确的洗手方法。 ● 复习巩固洗手七步法的步骤，用儿歌的形式，进行边说边操作。 2. 洗水果： ● 指导幼儿按照洗水果的步骤，清洗水果，掌握正确的方法洗水果，知道水果洗干净才能吃。 ● 知道洗水果的步骤是，打开水—泡—泡—搓—搓—甩—甩—放到水果盘中，在发现水果不干净的地方多搓几遍，注意不将水撒到盆的外面。 3. 洗袜子： ● 掌握洗袜子的方法，能根据图示的提示，学会洗袜子。 ● 能根据图示的步骤进行洗袜子，在袜子脏的地方多搓几遍，知道清洗袜子时要换水，直到更换盆里的水干净时，袜子才算洗干净。 ★ 养成幼儿良好的生活、卫生习惯，能做到自己的事情自己做，保护好自己。

（●为核心目标指导，★为养成目标指导）

户外活动安排

活动名称	活动目标	活动准备	活动指导建议
抱大树	1. 学习听清口令后，快速做出正确反应。 2. 能够动作敏捷、反应迅速地与同伴合作游戏，提高动作的敏捷性，增强快速反应能力。 3. 喜欢参与体育活动。	大树的头饰若干	● 将幼儿分为两组：一组为大树，站在外圈；另一组为抱大树者。站在内圈，抱大树的幼儿数比"大树"多1。游戏开始，幼儿一起念儿歌：春天到，真热闹，我把大树抱一抱；你也抱，我也抱，看看谁能抱得到。"大树"原地不动，抱大树者在圈内随意走动。当念到儿歌最后一个字时，抱大树者迅速找到一棵"大树"抱住。游戏可反复进行。 ● 要求刚开始游戏时，抱大树的幼儿人数比"大树"多1，随着游戏的进行，可加大难度，增加抱大树者的人数。 ★ 提醒幼儿避免冲撞，注意安全。没有抱到大树的幼儿，可在圈内为大家表演一个节目。
小青蛙找害虫	1. 学习正确的双脚立定跳远的方法。 2. 能双脚立定跳远距离不少于40厘米的障碍。 3. 在活动中保护好自己，喜欢参与体育活动。	小青蛙头饰若干(数量是幼儿人数的一半)	● 少数幼儿戴头饰扮演小青蛙，站在家中，其余幼儿扮演小虫，站在稻田里。游戏开始，"小虫"四散在"稻田"里自由地双脚蹦来蹦去。"小青蛙"四散在"家"中双脚边跳边念儿歌："小青蛙，呱呱呱，田里住，水里游，看见害虫吃掉它，农民伯伯把我夸。"念完儿歌，"小青蛙"双脚立定跳过"小沟"，跑着去"稻田里"捉"小虫"，"小虫"赶紧躲避。 ● 指导幼儿知道，被捉到的"小虫"要跟着"小青蛙"跳过"小沟"回到"家"去。所有"小虫"都被捉完，游戏结束，幼儿交换角色，游戏重新开始。 ★ 提醒幼儿跳小沟时必须双脚立定跳远，根据幼儿的实际情况，小沟可适当加宽。
端球赛跑	1. 学习端球快跑的动作技能，在奔跑中保持手臂与上身的平衡。 2. 能身体平衡地端球跑，锻炼身体的协调性。 3. 乐于参与游戏，知道做事要有耐心和恒心。	球拍、小球、椅子4组，筐子4个	● 幼儿分成人数相等的4队，站在起点处准备。游戏开始，每队第1个幼儿手拿球拍，端着球，稳稳向前快走，绕过障碍"小椅子"，到终点后将球放在筐里再按原路返回，将球拍传递给第2个幼儿；第2个幼儿出发。游戏依次进行，先完成比赛的队获胜。 ● 指导幼儿掌握端球快跑的动作要领：眼睛边看球，控制手的平衡，不让球落下，边看前面的路，不要磕倒。如果球落地，请幼儿回到原处，重新出发。 ★ 在游戏时，指导幼儿遵守游戏规则，鼓励幼儿当遇到困难时，能坚持练习，不放弃最终获得成功。

（●为核心目标指导，★为养成目标指导）

第 1 周　春天真美丽

环境创设 ▶

1. 布置《春天来了》主题墙,用幼儿的绘画、手工作品装扮活动室,体现幼儿对春天认知和表征的轨迹。

2. 丰富班级自然角和种植区,用水、土、沙、木屑、棉花等不同材料种植植物,引导幼儿观察植物生长变化的过程,提醒幼儿为植物浇水、除草、晒太阳,鼓励幼儿尝试记录植物的生长过程,欣赏自己的劳动成果。

生活活动 ▶

1. 引导幼儿散步时在幼儿园周围寻找春天,连续观察并记录幼儿园里草、树、花的变化,及时与同伴分享。

2. 利用进餐前后、午睡前后的时间,为幼儿讲述(或播放)有关春天的文学艺术作品,加深幼儿对春天美的感受。

3. 帮助幼儿了解春天天气干燥、传染病多发,鼓励幼儿主动多喝水、多吃水果蔬菜,养成运动后及时喝水、擦汗的习惯,坚持饭前、便后洗手,防止病从口入,防止春季流行性疾病的发生。

家长与社区教育 ▶

1. 请家长带领幼儿走进大自然,观察树木花草的变化,欣赏春天美丽的景色。

2. 建议家长和幼儿在家中共同种植植物,引导幼儿仔细观察种子发芽的过程,发现、记录植物的生长变化,激发幼儿对植物的喜爱之情。

3. 请家长带领幼儿走进春天,引导幼儿自己背包坚持徒步行走 1.5 千米左右,具有一定的耐力和力量。

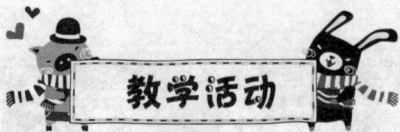

活动一　好习惯体验日——我是值日生（半日活动）

【活动解读】

现在的孩子在家里都是父母手中的宝，大人舍不得孩子干活，很多孩子连基本的劳动都不会。我是值日生，意在让幼儿感受做值日生的光荣和自豪，养成"自己的事情自己干"的好习惯。活动中，通过讨论、学习，引导幼儿了解值日生的一些具体职责，及做值日生的必要性，懂得要学会为大家、为他人服务。通过干值日生，激发幼儿为大家服务的自豪感，养成了良好的劳动习惯，培养了幼儿初步的责任感和服务意识。

【活动流程】

国旗宣讲
引发兴趣 → 操作探究
了解值日 → 分组实践
体验快乐 → 分组实践
体验快乐

【活动目标】

1. 了解做值日生的一些具体方法，学做值日生。

2. 知道值日生是为大家服务的，树立为集体服务的自豪感。

3. 乐于当值日生，并能认真完成值日任务。

【活动建议】

1. 国旗下宣讲"我是值日生"。

（1）教师宣讲：值日劳动是我们每一位小朋友都应该做好的事。让我们从现在做起，把教室的环境打扫干净并保持整洁，使伙伴们能在干净的环境中学习、游戏。希望你们做一个爱劳动、关心集体的好孩子，能做到吗？

（2）幼儿宣讲：在班里自己的事情自己做，不用老师帮；在家里自己的物品自己收拾，不用妈妈帮，争当一名勤劳能干、为大家服务的好孩子。

（3）家长宣讲：在家中我们会给宝贝多提供锻炼的机会，大胆放手让孩子们自己的事情自己做，让孩子快快成长起来。

2. 操作探究，了解值日生的职责，理解值日生活动的意义。

（1）玩法：幼儿将值日生工作环节的图片按自己的意愿有序排放。

（2）交流分享：值日生要做的事情，以及工作顺序、要求。

（3）小结：帮助幼儿进一步了解值日生的具体职责与工作要求。

3. 我是小小值日生，分组实践，体验当值日生的快乐。

（1）幼儿带上值日生标志分组进行值日生练习：分发学具、整理图书及玩具，擦桌椅等。

（2）评选最棒的值日生。

4. 表征值日生工作计划。

（1）玩法：每组 5 人，各提供一张值日生工作表格。幼儿与同伴协商确立各自工作时间与工作内容，并将照片粘贴到表格内。

（2）展示值日生工作计划表，鼓励幼儿按计划开展值日生工作。

活动二　语言——诗歌《春雨》

【教材分析】

诗歌《春雨》用拟人化、动态化的语言,将自然界的知识经验,潜移默化地传递给幼儿,语言简练易于幼儿理解、感受,适合幼儿用语言进行创造性表现。中班幼儿理解诗歌内容比较容易,但怎样根据诗歌的句式仿编诗歌还有待提高。所以本次活动,通过分角色朗诵、分组朗诵、完整朗诵诗歌等不同形式,引导幼儿有感情地朗诵诗歌,帮助幼儿了解植物和春雨的依存关系以及句式特点,再通过引导幼儿大胆创编,整理提升,最后集体朗诵创编的诗歌,萌发对春雨的喜爱。

【活动目标】

1. 理解诗歌内容,丰富词汇:滴答、发芽。
2. 有感情地朗诵诗歌,尝试根据诗歌的句式进行仿编。
3. 感受春天是播种的季节,萌发对春雨的喜爱之情。

【活动重点】

理解诗歌内容,丰富词汇:滴答、发芽。

【活动难点】

有感情地朗诵诗歌,尝试根据诗歌的句式进行仿编。

【活动准备】

教师自备雨声的录音,幼儿学习材料——《春天你好》,《幼儿素质发展课程·语言》CD,《幼儿素质发展课程·多媒体教学资源包》课件11。

【活动过程】

播放下雨的声音,引导幼儿猜想,引发幼儿活动兴趣。

提问:这是什么声音?（出示春雨的图片）

引导幼儿交流:你喜欢春雨吗？为什么?

2. 请幼儿欣赏诗歌,理解诗歌内容,知道春天是播种的季节,是万物复苏的季节,春雨可以帮助植物发芽、生长。

（1）播放课件,朗诵诗歌,帮助幼儿理解诗歌内容。

提问:诗歌里说到了谁？它们看到下小雨了,说了什么？它们为什么会这么说?

小结:春天是播种的季节,是万物复苏的季节,春雨可以帮助植物发芽、生长。

（2）引导幼儿阅读《春天你好》第1页,进一步体会种子、梨树、麦苗、小朋友都喜欢春雨的情感。

3. 请幼儿完整朗诵诗歌,感受春天动植物的变化,表现不同角色对春雨的喜爱之情。

（1）提问:诗歌里先说了什么？种子、梨树、麦苗、小朋友分别是怎么说的?

引导幼儿边说边用动作表现。丰富词汇:滴答、发芽。

（2）通过分角色朗诵、分组朗诵等不同形式,引导幼儿有感情地朗诵诗歌,表现出不同角色的特点及他们高兴的心情。

4. 引导幼儿根据诗歌的句式仿编诗歌内容。

提问:春雨还能帮助谁？它会说什么？启发幼儿用"××说:'下吧,下吧,我要××'。"的句式说一说。

帮助幼儿整理、提升创编的内容,请幼儿集体朗诵创编的诗歌。

【附诗歌】

春雨

滴答，滴答，下小雨啦！

种子说："下吧，下吧，我要发芽。"

梨树说："下吧，下吧，我要开花。"

麦苗说："下吧，下吧，我要长大。"

小朋友说："下吧，下吧，我要种瓜。"

滴答，滴答，下小雨啦！

〔选自：青岛出版社 2019 年版《幼儿素质发展课程教师用书》中班（下）〕

活动三　科学——寻找春天

【教材分析】

本次活动借助幼儿园美丽的春景，引领幼儿在幼儿园及周围社区中寻访、感知春天的主要特征，发现春天植物发芽的秘密以及春天给人类和动植物带来的影响和变化，使幼儿发现春天气候及动植物的变化，感受春天的美。中班幼儿对春天的变化有一定的经验，但没有细致地、有顺序地去观察、去探索。所以活动中注重，引导幼儿由整体到局部进行细致的观察，探究春天先开花再长叶的树，让幼儿在主动探究中直接获得感性经验；通过找找、说说等环节，激发幼儿亲近自然的情感。

【活动目标】

1. 感受春天的主要特征，发现春天气候及动植物的变化，说出几种春天先开花再长叶的植物。

2. 细心观察，清楚、连贯地说出春天的特征及变化，与同伴分享自己的发现。

3. 了解春天与人们活动的关系，喜欢亲近自然，感受春天的美。

【活动重点】

感受春天的主要特征，发现春天气候及动植物的变化，说出几种春天先开花再长叶的植物。

【活动难点】

细心观察，清楚、连贯地说出春天的特征及变化，与同伴分享自己的发现。

【活动准备】

幼儿春游的照片，桃树、柳树、杨树、梨树等的记录表，幼儿学习材料——《春天你好》。

【活动过程】

1. 组织谈话活动，激发幼儿观察春天的兴趣。

（1）引导幼儿结合已有经验说出春天的变化。

提问：春天到了，你是从哪里发现的？

（2）组织幼儿共同讨论户外观察的方法。

提问：春天会藏在幼儿园的哪些地方呢？到户外观察应注意什么问题？

激发幼儿到室外观察的兴趣，引导幼儿说出不乱跑、仔细观察花草树木的变化，将自己的发现大胆表达出来。

2. 带领幼儿到户外寻找春天，欣赏、感知春天的美丽景色。

【将幼儿分为 2～3 组，教师分头带领不同小组分散寻找春天】

提问：你发现了春天的哪些变化？你看到的树是先开花还是先长叶？

及时关注幼儿的发现，鼓励幼儿用连贯的语言讨论、交流对春天特征的认知。

3. 举行"春天在哪里"发布会，组织幼儿分享春天的主要特征。

（1）分小组讨论：请幼儿小组内相互说一说自己的发现，再每组派出一个代表进行分享。

（2）请幼儿阅读《春天你好》第4页，了解春天先开花后长叶的树。

4. 出示幼儿春游的照片，引导幼儿了解春天人们的活动，激发幼儿喜欢春天的情感。

提问：春天到了，人们穿的衣服有什么变化？人们在干什么？你喜欢春天吗？为什么？

引导幼儿完整说出春天人们衣着、活动的变化，激发幼儿亲近自然、喜欢春天的情感。

【活动延伸】

请幼儿阅读《春天你好》第2～3页，说说春天藏在哪里，进一步发现春天的特征。

活动四　音乐——《赶花会》

【教材分析】

《赶花会》是一首优美的民族轻音乐，全曲为"ABA"三段体结构，基调欢快热闹。A段乐曲欢快跳跃，B段乐曲较为悠扬，4个乐句长短整齐划一、句界明确。中班幼儿对音乐欣赏有一定的经验，但对"ABA"三段体结构不是很了解。所以，活动中通过创设"跟妈妈去看花会"的情境，帮助幼儿理解乐曲表达的内容，再通过分段欣赏乐曲和动作表现等形式，理解"ABA"三段体结构的音乐特点，让幼儿在愉快、直观的教学环境中发挥想象创编动作，激发幼儿的想象力、创造力，引导幼儿享受音乐带来的快乐。

【活动目标】

1. 熟悉乐曲旋律，了解"ABA"三段体的结构特点。

2. 感知B段乐句的起止和过程，尝试用多种形式创造性地表现不同花的造型。

3. 体验音乐所表现的不同情绪，享受音乐带来的快乐。

【活动重点】

熟悉乐曲旋律，了解"ABA"三段体的结构特点。

【活动难点】

感知B段乐句的起止和过程，尝试用多种形式创造性地表现不同花的造型。

【活动准备】

1. 引导幼儿活动前有赏花的经验，在活动室内布置花会的场景。

2.《幼儿素质发展课程·音乐》CD，《幼儿素发展课程·多媒体教学资源包》课件12。

【活动过程】

1. 播放课件，创设赏花情境，激发幼儿活动兴趣。

带领幼儿随音乐在活动室内边走边做出看花的各种动作，及时鼓励动作有创新的幼儿。

2. 引导幼儿完整欣赏乐曲，感受、理解音乐的特点及结构。

（1）完整播放乐曲，引导幼儿了解音乐的特点。

提问：听了乐曲你有什么感受？赏花时你的心情怎样？

引导幼儿感受乐曲欢快的特点，初步感受音乐前后部分与中间部分的不同。

（2）请幼儿再次完整欣赏乐曲，进一步感受乐曲特点及前后部分与中间部分的不同。

提问：前后部分乐曲在干什么？中间部分又在干什么？

3. 引导幼儿分段欣赏乐曲,用动作创造性地表现音乐。

（1）播放《赶花会》前奏,引导幼儿随音乐,创编出发前的准备动作。

（2）播放《赶花会》A段乐曲,鼓励幼儿随音乐做模仿动作,自由创编动作进行表演。

提问:赏花路上我们还会怎么走路?

引导幼儿随音乐自由创编有趣的动作。观察、发现不一样的动作,及时肯定、示范,激发幼儿大胆创编的欲望和兴趣。

（3）播放课件,请幼儿欣赏花开的视频,鼓励幼儿随音乐做出各种花的造型。

请幼儿欣赏B段乐曲第1遍:听完这段音乐你有什么感觉?

小结:这是一段悠扬的音乐,美丽的花儿伴随着音乐慢慢地开放。

提问:你想做一朵什么样的花儿?【鼓励幼儿做出不同花的造型】

请幼儿欣赏B段乐曲第2遍:音乐中的花是随意开放的,还是跟随音乐句子朵朵开放的?你能用什么动作把它表现出来?【提示幼儿一个乐句只开一朵花,引导幼儿感受B段乐句的起止及过程】

请幼儿欣赏B段乐曲第3遍:大家合作会开出什么花呢?【鼓励幼儿合作做出花的造型】

（4）播放《赶花会》第3段音乐,引导幼儿感受这段音乐与A段音乐,所表现的意境相同的特点。

提问:看完了花,我们会到哪里? 这段音乐和前面哪段音乐相同? 为什么?

小结:这也是一段欢快的音乐,看完花,我们要跟着妈妈高高兴兴地回家了,去赶花会和回家的心情是一样的,所以两段音乐表现的情绪一样。

4. 引导幼儿完整地、创造性地表现音乐,感受乐曲三段体结构的特点。

创设"妈妈继续带宝宝去花园欣赏美丽的花"的情境,鼓励幼儿随音乐完整地、创造性地用各种动作表现赶花会情景,提醒幼儿关注同伴有创意的表现,激发幼儿创编的欲望。

【活动延伸】

在表演区投放小鸭子等动物的头饰,播放《赶花会》音乐,引导幼儿扮演各种角色,创造性地表现赶花会的情景。

活动五　美术——桃花开了

【教材分析】

本次活动是让幼儿在油水分离这种艺术创作形式中,感受艺术创作的多样性,进一步激发幼儿对美术活动的兴趣。中班幼儿对油水分离画有一定的经验,但如何用油水分离的形式,创造性地表现桃花的不同形态有些难度,所以活动中,先通过欣赏桃花图片,感受桃花的形态色彩,再通过游戏"变魔术",引导幼儿巩固了解油水分离画的画法,最后通过巡回指导,鼓励幼儿大胆添画春天的景物,来更好地体现出桃花的美,进一步激发幼儿热爱春天的美好情感。

【活动目标】

1. 尝试用油水分离的方法画出桃花。

2. 创造性地表现桃花的不同形态,能结合春天的特征进行添画。

3. 感受桃花的美,进一步激发热爱春天的美好情感。

【活动重点】

尝试用油水分离的方法画出桃花。

【活动难点】

创造性地表现桃花的不同形态,能结合春天的特征进行添画。

【活动准备】

1. 在活动室布置《桃花园》版块,张贴形态各异的桃花的图片。有条件的幼儿园可带领幼儿实地观察桃花。

2.《桃花园》大背景图1幅,有关桃花的蜡笔画2幅(画面相同)。

3. 油画棒,各色水彩颜料,调色盘、水、毛笔,幼儿学习材料《美术用纸》第2页。

【活动过程】

1. 引导幼儿欣赏桃花图片,感受桃花的形态色彩,激发幼儿作画的兴趣。

提问:桃花是什么样子的?是什么颜色的?

小结:春天到来了,桃花在树枝上绽放,粉红的颜色,5个花瓣,一朵朵、一枝枝满树,连成片,多美的景象啊!

2. 开展"变魔术"游戏,引导幼儿了解油水分离画的画法。

(1)出示相同的两幅桃花蜡笔画,请幼儿比较两幅画是否一样。

(2)取其中一幅蜡笔画,施"魔法"使其变样,引导幼儿观察、感知油水分离画的方法:用毛笔蘸适量水粉颜料,快速、均匀地将画面进行罩染。

(3)引导幼儿了解油水分离画的作画步骤。

请幼儿再次观察两幅蜡笔画,比较两幅画哪里不一样。引导幼儿知道油水分离画的名称、作画步骤及作画时应注意的问题。

3. 请幼儿作画,教师巡回指导。

(1)指导幼儿先用油画棒画出自己喜欢的桃花形态,大胆添画春天的景物。

(2)指导幼儿用毛笔蘸喜欢的水彩颜色,在画好的画面上进行罩染,重点观察幼儿蘸色、罩染的情况,鼓励幼儿大胆尝试快速、均匀罩染的方法。

4. 引导幼儿展示、欣赏、评价作品。

(1)指导幼儿将作品展示在《桃花园》的大背景图上,互相交流、欣赏。

(2)引导幼儿说说自己喜欢的作品,鼓励幼儿说出喜欢的理由。

【活动延伸】

将活动材料投放到美工区,鼓励幼儿继续用油水分离法进行创作,表现春天的其他美丽景色。

体育活动

种小树

【教材分析】

此活动是通过游戏《种小树》,引导幼儿掌握助跑跨跳的技能,因为助跑跨跳不仅能发展幼儿的弹跳力和灵活性,而且对幼儿视觉运动能力的发展,具有积极的促进作用。中班幼儿在遇到障碍物时都喜欢跨跳,但助跑跨跳过宽度为30～40厘米的平面障碍,还是需要练习的。

所以为了解决此难点，我们并没有单纯地进行教授，而是将难度由浅入深、循序渐进地进行。通过同伴之间互相配合、探索，掌握助跑跨跳的要领，同时又设计了"跨小河去种树"的情景，让孩子参与其中，让孩子们在轻松、自然、协调的氛围中，提高助跑跨跳的能力。

【活动目标】

1. 学习用力蹬地、展腿、落地屈膝的动作要领。

2. 能助跑跨跳宽度为 30～40 厘米的平面障碍。

3. 喜欢参与"种树"活动，并遵守游戏规则。

【活动重点】

学习用力蹬地、展腿、落地屈膝的动作要领。

【活动难点】

能助跑跨跳宽度为 30～40 厘米的平面障碍。

【活动准备】

1. 长度约 50 厘米的纸棒若干，地垫 4 块，大小不同的纸箱 5～6 个（做"山坡"用，每个纸箱上面挖好种树用的小孔）。

2. 活泼、欢快的音乐，录音机。

3. 场地布置如图所示：

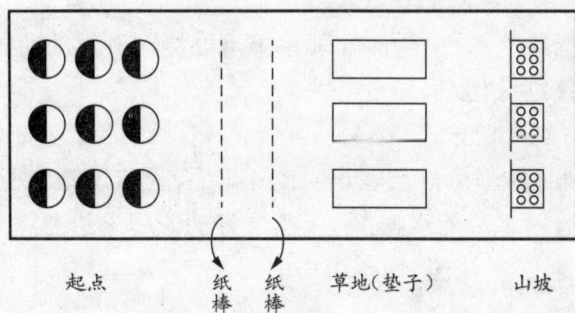

起点　　　纸棒　纸棒　草地（垫子）　　山坡

【活动过程】

1. 教师带领幼儿一起随音乐去"郊游"，穿插走、跑、下蹲、弯腰等热身活动。

2. 幼儿自由玩纸棒游戏，探索纸棒的多种玩法。

（1）个人自由探索纸棒的玩法。

（2）合作探索玩纸棒的方法。

（3）教师请幼儿示范自己的玩法，重点讲解助跑跨跳时一脚用力蹬地，另一条腿向前展腿，落地时屈膝的动作要领。

（4）请幼儿分组结伴，用纸棒拼摆出宽度为 30～40 厘米的"小河"，练习助跑跨跳。

3. 创设游戏情景，玩"种小树"游戏。

（1）教师和幼儿用纸棒共建"小河"，宽度 30～40 厘米，根据幼儿的动作水平可调整"小河"的宽度。

（2）引导幼儿观察游戏场地，讨论、理解游戏玩法。

提问：种"小树"要经过哪些地方？怎样跨过"小河"？

怎样过"草地"？怎样种"小树苗"？【请能力强的幼儿示范游戏玩法】

小结：种小树时，要先拿好一棵"小树苗"（纸棒），在起点线后面排队站好。听到口令后，先助跑跨过"小河"，再爬过"草地"，把"小树苗"种在"山坡"（纸棒插在纸箱上的小孔里）上后，按原路返回。拍下一位幼儿的手，被拍到手的幼儿继续游戏。

（3）幼儿玩游戏2～3遍。教师重点观察、指导幼儿用力蹬地、展腿、屈膝落地的动作,提醒幼儿遵守游戏规则。

4. 请幼儿坐到地垫上,随柔和的音乐做放松运动,并指导幼儿整理活动材料,收放整齐。

第 2 周　春天真热闹

环境创设

1. 布置《春天里的小动物》主题墙，引导幼儿欣赏、讲述春天里小动物的变化。

2. 创设信息栏，张贴小蝌蚪变青蛙、毛毛虫变蝴蝶的图片以及各种鸟巢的图片，展示幼儿的作品。

3. 在自然角饲养小蝌蚪、小蜗牛、西瓜虫等，让幼儿在观察、照料、喂养的过程中了解它们的生活习性和外形特征。

生活活动

1. 引导幼儿在散步时寻找春天的小虫子，观察、了解它们的特点及习性。

2. 提醒幼儿观察小蝌蚪的生长变化，把自己的新发现和同伴、教师分享。

3. 引导幼儿感受春天气温的变化，了解春季有关传染病预防的常识，知道多在户外晒太阳、呼吸新鲜空气、做运动能增强体质，防止生病。

4. 启发幼儿用连续观察、记录的方法，发现春天气温逐渐上升、天气越来越暖的特点，鼓励幼儿绘制春天的气温图，提示幼儿注意增减衣服。

家长与社区教育

1. 请家长帮助幼儿收集信息栏相关内容的图片，丰富幼儿关于春天里的小动物的知识，有条件的家长可以在家中和幼儿一起饲养小蝌蚪等，引导幼儿观察、喂养。

2. 和孩子一起去踏春，引导幼儿不远离成人的情况下实现单独活动。

教学活动

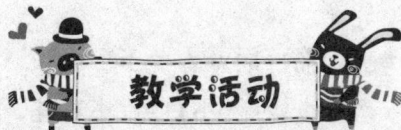

活动一　语言——《春天的电话》

【教材分析】

《春天的电话》是一个趣味性很强的童话故事,以"春雷响起,小动物用打电话的方式传递'春天来了'的消息"为主线,通过相对重复的情节,帮助幼儿了解春天的季节特征;通过动物们电话号码的特有规律,引发幼儿参与活动的兴趣。中班幼儿对春天的特征已有大概了解,但不能用清楚、连贯的语言说出故事内容。所以本次活动通过猜想、讨论、分析、互动、提问等环节,帮助幼儿理解故事内容,最后通过数字卡片摆电话号码和分角色对话等形式,培养幼儿用清楚、连贯的语言,说出故事中的内容。

【活动目标】

1. 理解故事内容,了解并说出春天的基本特征。(丰富词汇:惊醒、融化)

2. 说出故事中的对话,发现小动物家电话号码的规律。

3. 懂得与同伴之间要互相关心,体验春天来临的快乐心情。

【活动重点】

理解故事内容,了解并说出春天的基本特征。(丰富词汇:惊醒、融化)

【活动难点】

说出故事中的对话,发现小动物家电话号码的规律。

【活动准备】

1. 小黑熊、小松鼠、小白兔、小青蛙和小公鸡的图片,1～5的数字卡片5套,玩具电话1个。

2. 幼儿学习材料《春天你好》,《幼儿素质发展课程·语言》CD,《幼儿素质发展课程·多媒体教学资源包》课件16。

【活动过程】

1. 出示小黑熊等小动物的图片,引导幼儿回忆以往经验,引发幼儿活动兴趣。

提问:在寒冷的冬天,这些小动物在干什么?有哪些小动物冬眠了?现在是什么季节?发生了什么样的变化?

2. 结合课件分段讲述故事,引导幼儿理解故事内容。

(1)讲述故事第1～2段,引导幼儿感受春天的变化。

提问:小黑熊醒来后,发现了哪些春天的变化?它想要做什么?它为什么要告诉小松鼠树上的雪融化了?

(2)讲述故事第3～6段,帮助幼儿了解故事里电话的内容。

提问:小松鼠给谁打了电话?还有谁给谁打了电话?它们分别说了什么?

(3)讲述故事第7～8段,进行情感渗透。

提问:是谁第一个告诉小伙伴们春天来了?后来为什么大家都知道春天来了?你喜欢这些小动物吗?为什么?

3. 请幼儿完整欣赏故事,说出故事的大概情节,知道小动物家电话号码的规律。

(1)请幼儿倾听故事,按顺序说出小动物们的电话号码,教师用数字卡片摆出电话号码,引导幼儿发现它们的规律。

提问：小黑熊用什么办法，告诉它的好朋友春天来了？它给谁打了电话？

还有谁给谁打了电话？【依次为小松鼠、小白兔、小青蛙、小公鸡】

小松鼠的电话号码是多少？【教师依次提问，根据幼儿的回答用数字卡片摆出电话号码】

（2）引导幼儿根据故事中小动物们的对话，用清楚、连贯的语言，说出春天动植物有哪些变化。

提问：小松鼠对小白兔说了什么？它为什么要请小白兔来吃青草呢？

小青蛙、小公鸡、小黑熊它们在电话里分别说了什么？

4. 请幼儿分角色对话，体验朋友间相互关爱的快乐。

（1）提醒幼儿正确拨出电话号码，打电话时语言要完整。

（2）请个别幼儿示范表演，创造性地表现各个角色的心情，引导幼儿体验同伴之间互相关爱的快乐。

提问：小动物们是怎么说的？它们的心情怎么样？你会怎么关心、帮助好朋友？

鼓励幼儿说出：故事里的小动物们，都愿意把"春天来了"的好消息告诉好朋友，它们懂得互相关心、团结友爱。

【活动延伸】

请幼儿自主阅读《春天你好》第10～13页，鼓励幼儿与同伴继续创造性地表演故事，尝试续编故事情节。

【附故事】

春天的电话

"轰隆隆！"打雷了……

睡了一个冬天的小黑熊被惊醒了。它揉揉眼睛，打开窗户往外一看："啊，原来是春天来了！"小黑熊连忙拿起电话，"嘟儿嘟儿"拨电话号码——1,2,3,4,5。"喂小松鼠吗？春天来了，树上的雪融化了，快出来玩吧！"

小松鼠挂断电话，也"嘟儿嘟儿"电话号码——2,3,4,5,1。"喂，小白兔吗？春天来了，山坡上的草绿了，快出来吃草吧！"

小白兔挂断电话，也"嘟儿嘟儿"拨电话号码——3,4.5,1,2"喂，小青蛙吗？春天来了，河里的冰融化了，快出来游泳吧！"

小青蛙挂断电话，也"嘟儿嘟儿"拨电话号码——4,5,1,2,3。"喂，小公鸡吗？春天来了，地上的虫子爬出来了，快出来捉虫子吧！"

小公鸡挂断电话，也"嘟儿嘟儿"拨电话号——5,1,2,3,4"喂，小黑熊吗？春天来了，山上的花开了，快出来采花吧！"

小黑熊挂断电话，高高兴兴来到外边，看见大伙儿全出来了。它碰见了小公鸡，说："谢谢你给我打电话，告诉我春天来了。"小公鸡指指小青蛙，小青蛙指指小白兔，小白兔指指小松鼠，它们都说："是它先打电话给我的，应该谢谢它。"小松鼠指着小黑熊说："我们应该谢谢小黑熊！是它第一个发现春天来了！"

小黑熊听了，连忙用两只大手捂住脸，连声说："不用谢，不用谢。"

〔选自：青岛出版社 2019 年版《幼儿素质发展课程教师用书》中班（下）〕

活动二　科学——小·燕子回来了

【教材分析】

本次活动,旨在让幼儿观察了解小燕子的外形特征,知道它的生活习性,养成喜欢探索观察小动物的好习惯。中班幼儿对小动物有着天生的亲近感和好奇心,但并不是很了解它们的生活习性。所以本次活动通过寻找、观察等方法,引导幼儿认识小燕子的外形特征,在倾听故事的过程中了解小燕子的生活习性。同时,将幼儿的注意力转移到人与动物和睦相处之上,把幼儿的探索兴趣引向深入,激发幼儿爱护小燕子的情感。

【活动目标】

1. 初步了解小燕子的外形特征及生活习性,知道燕子是益鸟。

2. 能用清楚、完整的语言,讲述观察到的小燕子的样子和特点。

3. 知道燕子是人类的朋友,要和燕子和睦相处。

【活动重点】

初步了解小燕子的外形特征及生活习性,知道燕子是益鸟。

【活动难点】

能用清楚、完整的语言,讲述观察到的小燕子的样子和特点。

【活动准备】

1. 请家长带领幼儿在自己家周围找找燕子窝,观察燕子的活动。

2. 幼儿学习材料——《春天你好》,《幼儿素质发展课程·语言》CD,《幼儿素质发展课程·多媒体教学资源包》课件 14。

【活动过程】

1. 组织谈话活动,播放课件,引发幼儿对小燕子的兴趣,引导幼儿初步感知燕子的基本特征。

(1)组织谈话活动,调动幼儿对燕子的已有经验。

提问:你认识小燕子吗? 你见过的小燕子是什么样子的? 小燕子喜欢住在哪里? 它喜欢吃什么?

【引导幼儿结合自己搜集的资料,大胆地与同伴交流】

(2)播放课件,引导幼儿说说小燕子的主要特征。

提问:小燕子在干什么? 它长什么样子?

【引导幼儿观察,小燕子自由飞翔及停留在树枝上、屋檐上的姿态,学一学小燕子的动作,说一说小燕子的大概特征】

2. 请幼儿观察图片、听故事,了解小燕子的外形特征和生活习性。

(1)请幼儿阅读《春天你好》第 14 页,按照头、身体、尾巴的顺序观察小燕子的特征。

小结:小燕子的头上有眼睛和嘴巴,身体上有一对翅膀,身体的羽毛是黑色的,肚子是白色的,尾巴像一把剪刀。

(2)播放课件,请幼儿观察小燕子捉虫的片段。

提问:小燕子在吃什么? 我们应该怎样保护它?

小结:小燕子帮农民伯伯消灭害虫,是保护庄稼的益鸟。

(3)播放故事《燕子和老爷爷》,引导幼儿了解小燕子的生活习性。

提问:小燕子住在哪里? 它为什么要南飞? 春天小燕子回来了吗?

小结：燕子衔来树枝、泥和草在屋檐下筑窝。燕子妈妈会生蛋,孵出小燕子,每天捉害虫喂它们。秋天,天气渐渐转凉,燕子飞去温暖的南方过冬,等到第二年春天再飞回来。

（4）组织幼儿交流、讨论,启发幼儿和小燕子和睦相处。

讨论：老爷爷是怎样对待小燕子的？为什么每年小燕子都要在老爷爷家住下？

如果小燕子每年来到我们的屋檐下筑巢,你会怎么做？

【引导幼儿感受人与动物和谐相处的美妙,树立保护小燕子的意识】

3. 组织幼儿玩游戏"小燕子捉害虫",进一步激发幼儿喜欢小燕子的情感。

教师与幼儿共同扮演小燕子,随音乐做小燕子捉害虫的不同形态,体验小燕捉害虫的快乐。

【附】

燕子和老爷爷

在很远很远的北方,有一个小山村,村子里住着一个老爷爷。老爷爷没有儿子,也没有女儿,一个人很孤单。有一年春天,老爷爷家来了一个客人。它披着黑色的外衣,有白白的肚皮,尾巴就像一把张开的剪刀。原来是一只燕子。它围着老爷爷的小屋飞了好几圈,飞得又高又轻,看到老爷爷笑哈哈的,很温和,便决定把家安在这里。燕子衔来麦秆和草茎,和上泥土,在老爷爷家屋檐下筑了一个窝,从此住了下来。老爷爷呢,天天将院子打扫得干干净净,不让老猫和大黑狗乱叫,还在院子里放了一个干净的盘子,每天给燕子添水、加食。日子一天天过去了,燕子和老爷爷就像一家人一样亲,老爷爷再也不孤单了。

秋天到了,天气越来越冷,燕子要把家搬到南方去了。燕子舍不得老爷爷,老爷爷更舍不得燕子。燕子围着老爷爷的屋子飞了一圈又一圈,好像在说:"老爷爷,别难过,明年春天我一定回来。"燕子飞走了,老爷爷天天盼着春天早点儿来到。

第二年春天,燕子果然回来了,还带来几个同伴,老爷爷的院子更热闹了。老爷爷真高兴啊,每天都很快乐。没多久,燕子孵出了小宝宝,邻居家的大人、小孩知道了,都来看小燕子。小燕子"叽叽喳喳"地唱着歌,老爷爷的院子充满欢声笑语。

活动三　数学——复习 10 以内数的形成

【教材分析】

本次活动引导幼儿对数的形成进行梳理和系统性的学习,并引导幼儿能够正确地使用序数词和数词,说出 10 以内数的任一序数位置。中班幼儿已经系统地学习了数字 1～10 的形成,对每个数的形成都有了较好的掌握和理解,但并不能正确快速找出 10 以内任一序数的位置,所以本次活动通过"买菜"的情境和音乐游戏,将数的形成与实际生活情境相结合,引导幼儿感知数在实际生活中的运用和有趣。

【活动目标】

1. 掌握 10 以内数的形成,正确使用序数词和数词。

2. 正确快速找出 10 以内任一序数的位置。

3. 养成仔细观察、判断的好习惯。

【活动重点】

掌握 10 以内数的形成,正确使用序数词和数词。

【活动难点】

正确快速找出 10 以内任一序数的位置。

【活动准备】

课件：小熊超市。

不同颜色的彩色卡片。

【活动过程】

1. 玩"你问我答"的游戏，复习 10 以内数的形成。

教师：小朋友，我问你：×添上 1 是几？×里面有几个 1？

幼儿：老师、老师告诉你，×添上 1 是×，×里面有×个 1。（按节奏拍手）

教师可以随意问 10 以内的数的形成，速度由慢变快。

2. 情境"小熊超市"，复习 10 以内数的形成。

（1）幼儿看货架上的商品，点数它们的数量，并说出总数，拿出相应的数字卡片。

（2）通过引导幼儿观察数字与商品，能认读数字，感知数与量的关系。

提问：说一说哪些东西可以用这些数字表示？

（3）教师任一选择超市中的一种物品，让幼儿通过点数说出物品添一少一的数量。

3. 教师操作活动卡片，正确找出 10 以内任意顺序数的位置。

（1）教师将大小不同、数量相同的白菜，摆成一排，引导幼儿观察比较。

（2）出示货架图片，让幼儿通过观察，练习正确找出 10 以内任一序数的位置。

提问：请找出左起第二的物品是什么？

（3）教师提出序列数的颜色要求，幼儿操作色卡，根据教师的要求将色卡摆到相应的序列数上，巩固正确快速找出 10 以内任一序数的位置。

活动四　音乐——蜜蜂做工

【教材分析】

《蜜蜂做工》是一首 2/4 拍的歌曲，曲调欢快、柔和、优美，富有童趣，表现了小蜜蜂的勤劳及做工时的快乐心情，告诫小朋友要勤劳、不做懒虫。中班幼儿对旋律的感知能力逐步提高，对音准的把握能力和对歌曲节奏的表现能力也有一定程度的提高，但并不能很好地用动作、声音表现蜜蜂做工时的快乐心情。本次活动通过理解歌词内容、学唱歌曲、表演歌曲等环节，引导幼儿感受蜜蜂做工时的愉悦心情，懂得要勤劳的道理，再用动作、声音表现蜜蜂做工时的快乐心情就事半功倍了。

【活动目标】

1. 歌词内容，初步了解蜜蜂春暖花开去采蜜的习性，学唱歌曲。

2. 能用轻快、活泼的声音演唱歌曲，尝试用动作、声音表现蜜蜂做工时的快乐心情。

3. 感受蜜蜂做工的愉悦心情，懂得要勤劳、不做懒惰虫的道理，体验享受劳动成果的快乐。

【活动重点】

歌词内容，初步了解蜜蜂春暖花开去采蜜的习性，学唱歌曲。

【活动难点】

能用轻快、活泼的声音演唱歌曲，尝试用动作、声音表现蜜蜂做工时的快乐心情。

【活动准备】

小蜜蜂的头饰，与歌曲内容相关的图片，《幼儿素质发展课程·音乐》CD，《幼儿素质发展课程·多媒体教学资源包》课件 15。

【活动过程】

1. 创设"蜜蜂采蜜"情境,教师与幼儿共同扮蜜蜂,播放歌曲《蜜蜂做工》,引导幼儿熟悉歌曲旋律,进行简单的发声练习。

提问:春天来了,小蜜蜂们采蜜时是怎样发出声音的?（引出发声练习。）

2. 创设"蜜蜂做工"游戏情境,引导幼儿理解歌词内容,学唱歌曲。

（1）请幼儿回忆蜜蜂采蜜的情景,梳理并理解歌词内容。

提问:小蜜蜂是怎样采蜜的? 它们为什么要勤劳地采花蜜?

（2）播放课件,教师完整演唱歌曲,引导幼儿初步理解歌词内容,感受蜜蜂做工时的情景。

（3）引导幼儿学唱歌曲,尝试用动作、声音表现蜜蜂做工时的快乐心情。

提问:小蜜蜂要去采花蜜时心情是怎样的? 引导幼儿感受小蜜蜂勤劳做工时的愉快情绪。

（4）引导幼儿感受小蜜蜂匆匆忙忙采蜜的情景,尝试用动作和声音表现"做工兴味浓"的样子。

提问:小蜜蜂是怎样采蜜的?

（5）教师和幼儿一起演唱第3、4句,引导幼儿感受小蜜蜂"天暖花开"时采蜜的辛勤,懂得不做"懒惰虫"的道理。

3. 请幼儿边玩"猜花蜜"游戏边演唱歌曲,鼓励幼儿大胆完整地演唱歌曲,表现蜜蜂做工时的情景。

引导语:小蜜蜂酿了各种蜜,咱们一起唱着歌去看看它们都酿出了什么蜜?

【幼儿每演唱一遍,教师就打开课件中的一种花蜜,引导幼儿猜是哪种蜜,让幼儿体验唱歌的快乐】

4. 利用课件创设"花园里鲜花盛开"的情境,引导幼儿创造性地演唱歌曲,懂得做事要勤劳,体验享受劳动成果的快乐。

（1）引导幼儿随音乐完整做动作,边唱歌边用动作,创性地表现蜜蜂做工时的快乐和自豪。

（2）播放课件,展示劳动成果,引导幼儿体验享受劳动成果的快乐。

提问:你喜欢小蜜蜂吗? 为什么?

【活动延伸】

在表演区投放蜜蜂头饰,引导幼儿用乐器伴奏,创造性地演唱歌曲。

活动五 美术——池塘里的小蝌蚪

【教材分析】

本次活动结合春天的主题,以幼儿比较熟悉的蝌蚪为绘画内容,运用水墨画的形式进行表现,使幼儿体验水墨画这种绘画形式的博大精深。幼儿喜欢观察小蝌蚪的变化,愿意用水墨来表现可爱的小蝌蚪,但是,具体用毛笔怎样画出小蝌蚪还是很难的。所以,教师应重点引导幼儿运用中锋和侧锋画出小蝌蚪基本形态,还可以辅以有趣的儿歌进行示范,帮助幼儿掌握小蝌蚪的画法,激发幼儿对水墨画的浓厚兴趣。

【活动目标】

1. 初步掌握中锋、侧锋的运笔方法,能画出小蝌蚪的主要特征。

2. 仔细蘸墨,大胆运笔,能添画水草、水波纹等,丰富画面内容。

3. 学习正确的执笔姿势,有良好的画水墨画的习惯。

【活动重点】

初步掌握中锋、侧锋的运笔方法,能画出小蝌蚪的主要特征。

【活动难点】

仔细蘸墨,大胆运笔,能添画水草、水波纹等,丰富画面内容。

【活动准备】

1. 在自然角饲养小蝌蚪,活动前组织幼儿观察小蝌蚪、观看动画片《小蝌蚪找妈妈》。

2. 故事《小蝌蚪找妈妈》录音,毛笔笔筒、宣纸、国画颜料、调色盘、套袖、抹布等。

【活动过程】

1. 出示饲养的小蝌蚪,请幼儿观察、了解小蝌蚪的外形特征及动态。

提问:小蝌蚪长什么样?它们在干什么?它们是怎样游的?引导幼儿描述小蝌蚪的外形特征及不同的动态。

2. 组织幼儿讨论,示范水墨画小蝌蚪的基本画法。

(1)边说儿歌边示范水墨画小蝌蚪的基本画法,加深幼儿记忆。

师幼边朗诵儿歌边空手练习:"小蝌蚪,圆脑袋,毛笔侧锋勾一圈,竖起笔来蘸墨,中锋勾出小尾巴,可爱的小蝌蚪画好了。"

(2)引导幼儿大胆想象,画出不同形态的小蝌蚪。

提问:小蝌蚪在干什么?小池塘里都有什么?我们可以用什么方法来画?提醒幼儿用侧锋和中锋画出小蝌蚪,添画上池塘里的水草、波浪等。

3. 指导幼儿创作水墨画"池塘里的小蝌蚪"。

(1)提出作画要求:用毛笔蘸墨时,要让笔头在盘子边缘滚一滚,除去多余的墨汁,让笔头变得尖尖的再画。

(2)请幼儿作画,播放《小蝌蚪找妈妈》故事录音,启发幼儿创作。

教师巡回指导,提醒幼儿正确握笔,鼓励幼儿养成良好的水墨画作画习惯,指导幼儿用不同的水墨画技巧,创造性地表现小蝌蚪的不同动态,积极添画小池塘的背景。

4. 组织分享交流活动,引导幼儿用清楚、完整的语言讲述自己的绘画作品。

(1)引导幼儿与同伴互相交流作品,说一说可爱的小蝌蚪在池塘里做什么,鼓励幼儿讲一讲池塘里的小蝌蚪的故事。

(2)请侧锋、中锋运用得好的幼儿演示正确的握笔姿势和绘画技巧,引导幼儿互相学习。

体育活动

小鸭赶路

【教材分析】

本活动旨在让幼儿学会下蹲行走,下蹲运动可以强健关节和骨骼,尤其能增强膝关节的灵活性,促进新陈代谢,增强肌肉力量。中班幼儿已经能快速下蹲,但下蹲行走却没有练习过,动作也不协调,所以本次活动的重点是练习下蹲走,学习下蹲走的正确方法,锻炼腿部肌肉的力量,难点是能在集体行进中协调一致地下蹲走。为了解决此重难点,我运用了情景教学法,通过模仿"小鸭子散步"学习下蹲走的动作,通过"小鸭子赶路"练习掌握集体行进中协调一致地下蹲走,还通过个别幼儿示范,引导幼儿掌握下蹲走的正确方法。

【活动目标】

1. 练习下蹲走,学习下蹲走的正确方法,锻炼腿部肌肉的力量。

2. 能在集体行进中协调一致地下蹲走。

3. 体验合作游戏的乐趣。

【活动重点】

练习下蹲走,学习下蹲走的正确方法,锻炼腿部肌肉的力量。

【活动难点】

能在集体行进中协调一致地下蹲走。

【活动准备】

绿草地和小湖的标志牌各 4 个。

【活动过程】

1. 玩游戏"小鸭洗澡",进行热身活动。

教师带领幼儿模仿小鸭洗澡动作,从头部开始,搓一搓、洗一洗、揉一揉,依次活动全身,重点活动脚踝、膝盖。

2. 鼓励幼儿自主探索,学习、掌握下蹲走的动作要点。

（1）请幼儿玩游戏"小鸭散步",自由尝试下蹲走。

（2）请 2～3 名幼儿展示动作,引导幼儿观察、讨论下蹲走的动作要领。

提问:他们是怎样学小鸭散步的?

蹲下走时怎样让身体保持平衡? 怎样走会更快一些?

（3）请幼儿根据动作要领再次练习下蹲走。

（4）鼓励幼儿进行两人或多人合作练习。

讨论:怎样才能保持大家一起前进、不掉队?

小结:大家一起学小鸭走时,手要抱紧前面小朋友的腰,第一步要迈同一只脚,走的速度要一样快,喊着口令会走得又稳又快。

3. 集体游戏"小鸭赶路",练习在集体动作中协调一致。

（1）教师介绍游戏玩法及规则。

玩法:幼儿四人一组,同方向站成一列下蹲,第一个幼儿双手抱膝,后面的幼儿依次抱住前面幼儿的腰部。听到口令后,四个幼儿一起下蹲前行,保持协调走过"草地",先到达"小湖"的一组为胜。

规则:如果出现动作不协调或队伍断开,要及时进行调整,保持一致继续前进。

（2）幼儿自由组合,每次两组（或三组）进行比赛。

（3）交流和评价。

4. 放松身体,整理。

带领幼儿坐在地垫上,做拍打大腿、按摩小腿、躺下舒展上下肢等动作,放松身体。指导幼儿整理活动材料,收放到固定位置。

第 3 周　春天真快乐

环境创设

1. 师幼共同收集春天人们在户外进行有趣活动的图片或照片,布置"春天真快乐"主题墙,引导幼儿欣赏、讲述不同活动带给人们的快乐。

2. 用幼儿制作的风筝和收集的风筝,布置《美丽的风筝》专栏,引导幼儿欣赏。

3. 师幼共同收集蚕丝制品,举办"美丽的丝绸"展览会,丰富幼儿关于蚕宝、蚕茧等方面的经验。

生活活动

1. 提醒幼儿运动时,要注意躲闪和避让,会主动躲避危险。出现不适要及时告诉成人,运动后及时擦汗、喝足量的水。

2. 鼓励幼儿在一日生活中有序地收拾、整理自己的玩具、学习用具。

3. 引导幼儿按步骤进行值日生工作,完成自己承担的值日任务,学习为同伴服务。

4. 提醒幼儿坚持记录气温变化,感知、发现春天气温逐步上升、天气越来越暖的季节特点。

家长与社区教育

1. 请家长带幼儿去放风筝,或参加登山节、植树节、赏花会等活动,引导幼儿充分接触大自然,感受春天带给人们的快乐,帮助幼儿了解传统节日清明的习俗。

2. 鼓励幼儿把自己郊游时和在幼儿园游戏时发现的快乐告诉爸爸、妈妈。

3. 建议家长结合天气的变化,向幼儿介绍一些基本的自我护理知识,预防春季传染病。

教学活动

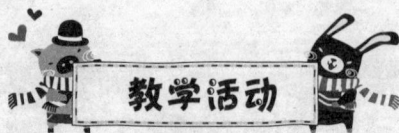

活动一　语言——《小花籽儿找快乐》

【教材分析】

《小花籽儿找快乐》是一个童话故事，用拟人化的语言，把小花籽儿寻找快乐的经过描写得形象、逼真。故事中生动、有趣的角色对话和简单的句式，不仅适合中班幼儿理解、学说，还能使幼儿充分感受作品的思想感情，但对"快乐，快乐！我给大家……大家喜欢我"句式掌握可能会比较弱。所以，本次活动通过欣赏故事、讲述故事、分角色扮演等环节，帮助幼儿学习"快乐，快乐！我给大家……大家喜欢我"的句式，懂得快乐是付出，快乐是给予，引导幼儿在关心帮助他人的过程中，懂得帮助别人同样能得到快乐的道理。

【活动目标】

1. 理解故事中小花籽儿找快乐的过程，了解快乐的含义。

2. 能用"快乐，快乐！我给大家……大家喜欢我"的句式学说故事中的对话。

3. 懂得为大家做好事是一件很快乐的事情。

【活动重点】

理解故事中小花籽儿找快乐的过程，了解快乐的含义。

【活动难点】

能用"快乐，快乐！我给大家……大家喜欢我"的句式学说故事中的对话。

【活动准备】

1. 幼儿学习材料《春天你好》，《幼儿素质发展课程·语言》CD，《幼儿素质发展课程·多媒体教学资源包》课件。

2. 《小花籽儿找快乐》PPT 内容。

【活动过程】

1. 组织谈话活动，引发幼儿活动兴趣。

提问：什么事情让你感到快乐？

2. 播放课件，分段讲述故事，引导幼儿初步理解故事内容。

（1）讲述故事第 1～2 段。

提问：小花籽儿到哪里寻找快乐？太阳、小鸟、蜜蜂、青蛙为什么感到快乐？

【用故事中的语言梳理、提升幼儿的答案】

提问：小花籽儿会找到自己的快乐吗？

（2）请幼儿带着问题欣赏故事后半段。

提问：小花籽儿找到的快乐是什么？

3. 请幼儿完整欣赏故事，学说主要角色的对话，进一步了解快乐的意义。

（1）通过引导性提问，鼓励幼儿学说主要角色的对话。

提问：小花籽儿是怎样问太阳、小鸟、蜜蜂、青蛙的？

它们又是怎样回答的？小花籽儿找到快乐时是怎样说的？

（2）用角色扮演的方式，鼓励幼儿学说"快乐，快乐！我给大家……大家喜欢我"的句式。

（3）通过讨论,理解快乐的意义。

组织幼儿讨论:什么是快乐?为什么?

4. 请幼儿阅读《春天你好》第25～27页,进一步理解故事内容。鼓励幼儿在家里或幼儿园里帮助爸爸、妈妈、老师、小朋友做力所能及的事情,体验为别人做事的快乐。

【活动延伸】

活动区活动时,可以请幼儿把自己感到快乐的事情画下来,讲给同伴听。

【附故事】

小花籽儿找快乐

有颗黑黑的小花籽儿,悄悄地从妈妈的怀里蹦了出来。它要出去寻找快乐。

小花籽儿看见太阳,问道:"太阳公公你快乐吗?"太阳呵呵笑:"快乐,快乐!我给大家光明和温暖,大家喜欢我。"

小花籽儿看见小鸟,问道:"小鸟,你快乐吗?"小鸟喳喳唱:"快乐,快乐!我给大家唱歌,大家喜欢我。"

小花籽儿看见蜜蜂,问道:"蜜蜂,你快乐吗?"蜜蜂嗡嗡叫:"快乐,快乐!我给大家酿蜜,大家喜欢我。"

小花籽儿看见青蛙,问道:"青蛙,你快乐吗?"青蛙呱呱叫:"快乐,快乐!我给大家除害虫,大家喜欢我。"

小花籽儿要去寻找自己的快乐。它请风姑娘帮忙。风姑娘带着小花籽儿飘呀飘,飘过大河,飘过草原,飘到雪山上。这里是一个银装素裹的世界,白的树,白的屋,白的路……小花籽儿喜欢这里,决定留下来,把雪山当作自己的家。它要在雪山上开出花朵!

春天来了,黑黑的小花籽儿真的开出一朵大红花,香喷喷的,好闻极了,香味一直传到很远很远的地方。白熊、海豹、雪兔、海象,还有大人、小孩都跑来了……小花籽儿,不,已经是大红花了,看到大家这么快乐,心满意足地想:"大家喜欢我,我真快乐。"

活动二 社会——运动真快乐

【教材分析】

本次活动,旨在帮助幼儿学习如何制订合理的运动计划,知道运动对身体的好处,养成做事有条理的好习惯。中班幼儿精力充沛,有自己喜欢的运动,但用符号制订简单的、合理的周运动计划,这还是有很大难度的。所以,本次活动,引导幼儿先了解运动的好处,然后指导幼儿根据自己喜欢的运动项目,通过讨论、分析、分组共同商定、老师帮助等形式,掌握制订运动计划的方法,鼓励幼儿能根据自己的计划坚持运动,培养爱运动的好习惯。

【活动目标】

1. 能为自己制订简单的周运动计划,了解运动对身体的好处。

2. 能用简单的符号、图案、数字等,表现时间早晚和自己喜欢的运动项目。

3. 喜欢参加体育锻炼,养成爱运动的好习惯。

【活动重点】

能为自己制订简单的周运动计划,了解运动对身体的好处。

【活动难点】

能用简单的符号、图案、数字等表现时间早晚和自己喜欢的运动项目。

【活动准备】

《幼儿运动计划表》幼儿每人1张，《教师运动计划表》1张，教师用幼儿各种运动的照片自制课件。

【活动过程】

1. 结合课件组织谈话活动，引发幼儿活动兴趣。

提问：照片中的小朋友在做什么？他的心情怎么样？你喜欢哪些运动？做这些运动有什么好处？

小结：多做运动，能使小朋友长得高、长得结实，能提高身体抵抗疾病的能力，让小朋友少生病，运动还能让我们感到快乐。

2. 引导幼儿讨论、分析，了解1周运动计划的内容。

（1）出示《教师运动计划表》，引导幼儿观察、讨论。

提问：你知道老师喜欢哪些运动吗？老师的运动计划是怎么安排的？你从哪里看出来的？

（2）根据幼儿的理解程度，有重点地介绍1周运动计划的内容。

（3）请幼儿说说自己想制订怎样的运动计划。

小结：运动计划中要有运动的时间、喜欢做的运动、用什么器械等内容。

3. 请幼儿分组共同商定运动计划。

（1）幼儿制订计划，教师重点观察，幼儿安排的运动项目是否合适、时间等方面是否有遗漏，及时给予幼儿提示或帮助。

（2）引导幼儿展示、交流各自的运动计划，互相提出补充意见。

4. 组织幼儿讨论运动中要注意的安全事项。

提问：在运动中要注意哪些安全问题？应该怎样保护自己？

【活动延伸】

运动后鼓励幼儿和同伴分享运动时的快乐心情。

活动三　数学——顺数、倒数

【教材分析】

本次活动，旨在让幼儿理解生活中随处可见的顺数与倒数的含义，充分感知数字的有趣和有用，激发幼儿学习数学的兴趣。中班幼儿能正着数数也会倒数，但对顺数、倒数，数与数之间的关系，并不是很理解。所以，本次活动以"参观小太阳百货商店"的游戏情境为主线，通过乘车对号入座、等信号、乘电梯、理货架等游戏情节，让幼儿在轻松愉快的氛围中，感知顺数与倒数在生活中的应用，引导幼儿理解顺数、倒数的含义，学会正确地顺数、倒数。

【活动目标】

1. 理解顺数、倒数的含义，学会顺数和倒数。
2. 能在游戏中感知顺数、倒数的规律。
3. 感知生活中顺数、倒数的应用，体验其中的乐趣。

【活动重点】

理解顺数、倒数的含义，学会顺数和倒数。

【活动难点】

能在游戏中感知顺数、倒数的规律。

【活动准备】

教师自制教学课件,分别标有数字 1～10 的红色、蓝色车票,操作纸板,物品卡片。

【活动过程】

1. 创设"找座"游戏情境,引导幼儿初步感知顺数、倒数的含义及规律。

（1）创设"参观小太阳百货商店"的游戏情境,给每个幼儿发一张车票,请幼儿根据手中车票的颜色及数字找座位。

（2）请红、蓝两色车上的幼儿从前往后依次报座位号。（一组按正数的顺序排列,二组按倒数的顺序排列）,教师将两组数字用 PPT 进行展示,引导幼儿探索两辆列车座位顺序的不同。

小结:从小数依次往大数数是顺数,从大数依次往小数数是倒数。

（3）请幼儿分别与前后相邻的幼儿比较车票,引导幼儿发现顺数与倒数的目标规律。

小结:顺数时后面的数比前面的数多 1,倒数时后面的数比前面的数少 1。

2. 播放课件,引导幼儿观察信号灯上的数字显示器和电梯显示的楼层的变化,感知倒数、顺数在生活中的运用。

（1）引导幼儿观察数字信号灯,说一说数字信号灯上的数字是按什么规律显示的。

提问:遇见红灯我们应该怎么做?

（2）请幼儿观察电梯上行时数字的变化规律。

提问:生活中还有什么时候会用到顺数、倒数?

3. 引导幼儿操作实物卡片,巩固对顺数和倒数的认知。

（1）播放课件,引导幼儿观察、对比百货商店里货架的长短和上面的数字的规律。

（2）请幼儿操作、探索,按顺数、倒数规律摆放商品,教师巡回指导。

（3）幼儿小组内相互交流成果,每组推选一名幼儿展示,师幼共同评价、分析。

提问:你的蔬菜（水果）数量是按照什么顺序摆放的?依次是多少个?

4. 播放课件,请幼儿观察电梯上、下行时数字的变化规律,进一步巩固顺数和倒数。

观察课件播放电梯数字显示,分辨电梯在上行还是下行,为什么。

【延伸活动】

请幼儿回家和爸爸、妈妈一起阅读幼儿学习材料《生活中的发现》第 31 页,按要求连一连、数一数,进一步巩固复习顺数、倒数。

活动四　音乐——郊游

【教材分析】

《郊游》是一首曲调流畅、轻快从容的儿童歌谣,歌曲为 2/4 拍,全曲分 3 个乐句,第 1、3 乐句比较紧凑,生动地描述了小朋友结伴郊游的喜悦心情。第 2 句节奏比较舒展,表现了大自然美丽的景色。中班幼儿对"ABA"句式有一定的了解,但怎样用配器根据歌曲情绪变化,打击出不同的旋律还是需要学习的。所以,本次活动,引导幼儿在充分了解歌曲旋律和节奏特点的基础上,运用打击乐器,表达自己对乐曲内在的感受,鼓励幼儿在欣赏、体验、敲敲打打中感受游玩的快乐,激发幼儿对春游的渴望和喜欢春天的情感。

【活动目标】

1. 感受歌曲优美、欢快的旋律,能根据图谱和同伴合作演奏歌曲。

2. 能根据歌曲情绪变化创编动作、选择配器。

3. 在敲敲打打中感受郊游的快乐。

【活动准备】

1. 活动前指导幼儿欣赏并学唱歌曲《郊游》。

2. 巩固练习各种乐器的演奏方法。

【物质准备】

1. 《郊游》音乐和节奏图谱。

2. 打击乐器（铃鼓、碰铃、响板）幼儿人手一个。

3. 小猴子图片、音乐王国图片、乐器图片、音乐王国音乐会图片课件。

【活动过程】

1. 随音乐进教室，用肢体动作表现歌曲。

创设去森林里"郊游"的情境，引导幼儿用动作感知歌曲旋律。

引导语：今天天气真好，让我们一起做着好看的动作，到森林里郊游吧！

2. 熟悉乐曲，进一步了解歌曲旋律。

出示小猴子图片，引导幼儿进一步熟悉歌曲旋律。

（1）《郊游》这首歌曲分为几段？（3段）

提问：小猴子被你们的歌声和舞蹈吸引来啦！想问问你们，这首歌曲分为几段？为什么？

（2）按照旋律再次演唱歌曲。

引导语：那你们愿意用快乐、舒缓的声音再来演唱一遍给小猴子听吗？

小猴子认为你们的歌声实在太美妙啦，准备带你们到森林里面的音乐王国看看。你们想去吗？

3. 出示图谱，幼儿根据图谱自主探索演奏方法。

出示图谱，幼儿观察图谱中图片大小的不同，理解并尝试分段空手拍出歌曲节奏。

引导语：可是，想要进到音乐王国可不是那么容易的。我们必须要按秘籍图中的提示拍打出正确的节奏，才能开启音乐王国的大门！你们有信心打开音乐王国的大门吗？

（1）观察图片，尝试空手拍出第一段到第三段的节奏。

集体尝试拍打第一段节奏。（可请个别幼儿演示）

提问：一个脚丫拍几下？脚丫有什么不同？那应该怎样拍？

小结：哦，原来，一个图片拍一下！大脚丫拍的时间长一点，小脚丫拍的时间短一点，快一点。

集体尝试拍打第二段节奏。（可请个别幼儿演示）

提问：第二段的白云（阳光和青山绿水）上面多了一条弧线，这条弧线是什么呢？它有什么作用呢？所以，第二个白云（阳光和青山绿水）还要不要拍呢？

小结：当遇到延音线的时候相同的音就拍一下。

集体拍打第三段。

（2）根据音乐选择合适的乐器进行演奏。

出示音乐王国图片及演奏乐器的图片，引导幼儿根据歌曲和乐器的声色进行分段配器。

引导语：哇！恭喜你们！成功的开启了音乐王国的大门！悄悄地告诉你们，音乐王国里面有很多的宝物。我们一起来看看，今天，国王给我们展示了哪些宝物？

教师出示乐器，幼儿聆听每种乐器的声色，并为每段音乐选择合适的乐器。

提问：碰铃（铃鼓、响板）的声音像什么？

尝试为第一段音乐配器，请碰铃组尝试演奏。

提问：你觉得第一段歌曲适合用哪种乐器演奏？为什么？

尝试为第二段音乐配器,请铃鼓组尝试演奏。

提问:你觉得第二段歌曲适合用哪种乐器演奏?为什么?

请碰铃和响板组一起演奏第三段。

4. 完整演奏歌曲,进一步感知歌曲的节奏旋律。

引导语:如果能用这些神奇的乐器,在这美妙的音乐王国里举行一场音乐会那就太好啦!你们想变身演奏家在这里开一场音乐会吗?

(1)教师指挥,幼儿完整演奏第一遍。

引导语:那我们先来试试看,完整地演奏一下这首歌曲。记着,要看好老师的指挥哦。

(2)及时发现第一遍出现的问题,幼儿完整演奏第二遍。

提问:现在离举办音乐会的标准只差一点点。那怎样才能演奏得更整齐、更好听?

小结:演奏的时候不仅要看指挥,还要听别人演奏的声音。这样才能更整齐、更好听。

(3)个别幼儿指挥,演奏第三遍。

引导语:哇,你们演奏的歌曲太动听啦!你瞧,森林里面的小动物们纷纷买票入场。有信心正式举办音乐会吗?在正式演奏前,再给大家提一点小小的建议。大家的乐器要提前准备好,这样每一段的演奏才能衔接得更自然,好吗?有信心成功举办音乐会吗?

5. 活动延伸

引导语:音乐王国里的国王被你们的演奏打动了,音乐王国也从来没有吸引来这么多的观众呢!他非常感谢你们,并欢迎你们下次的到来。那我们回去试试别的演奏方法,把音乐演奏得更动听一些,下次再来音乐王国举行音乐会好吗?

活动五　美术——各种各样的风筝

【教材分析】

风筝起源于中国,是我国一种传统的民间文化艺术。风筝造型优美、色彩缤纷,这深深吸引着幼儿的心,所以本次活动主要是让幼儿体验制作风筝的乐趣。中班幼儿对风筝是很熟悉的,但制作风筝对幼儿来说却是比较陌生的。本次活动通过欣赏风筝、制作风筝、放飞风筝3个环节,引导幼儿在看看、说说、做做、玩玩中,感受民间传统文化艺术的魅力。

【活动目标】

1. 了解风筝的制作步骤,学习制作风筝。

2. 能用多种形式,设计、制作不同图案、造型的风筝。

3. 感受春天的美好,体验制作风筝的乐趣。

【活动重点】

了解风筝的制作步骤,学习制作风筝。

【活动难点】

能用多种形式,设计、制作不同图案、造型的风筝。

【活动准备】

1.《春之声圆舞曲》音乐,彩色纸、剪刀、水彩笔、风筝绳、各种装饰用的辅助材料等,幼儿学习材料·操作材料①,幼儿学习材料《春天你好》。

2. 活动前请幼儿欣赏"潍坊风筝节"风筝漫天飞舞的视频。

【活动过程】

1. 请幼儿阅读《春天你好》第28页，欣赏不同样式的风筝，观察风筝的造型、图案、颜色。

提问：画面中有什么样的风筝？有哪些好看的图案和颜色？

你想制作什么样的风筝？【引导幼儿了解风筝的不同造型和图案】

2. 引导幼儿阅读《春天你好》第29页，探索风筝的制作方法。

（1）请幼儿观察风筝的制作步骤，讨论风筝的制作方法。

提问：风筝为什么能飞起来？怎样又快又好地拼插风筝的骨架？风筝的尾巴有什么作用？

小结：风筝的骨架左右是对称的，风筝的尾巴能保持平衡。

（2）请幼儿选择自己喜欢的材料装饰、制作风筝。

提问：你想设计一个什么样的风筝？用哪些材料、哪种方法进行装饰？

3. 幼儿装饰风筝，教师观察并给予指导。

提醒幼儿风筝的骨架要拼插结实，指导幼儿用涂色、组合图案线描、剪贴等方式进行装饰，注意装饰图案要对称，鼓励幼儿设计独特的风筝。

4. 展示幼儿自制的风筝，鼓励幼儿互相欣赏、交流。

鼓励幼儿向大家介绍自己制作的风筝的造型和图案，引导幼儿相互欣赏。

【活动延伸】

请幼儿到户外放飞自己制作的风筝，进一步感受春天的美好。

体育活动

小熊找食物

【教材分析】

"小熊找食物"是一个比较传统的体育活动，旨在让幼儿掌握正面钻、侧身钻的动作，锻炼幼儿身体的协调性。中班幼儿体力充沛，喜欢钻的动作，但正面钻、侧身钻的动作和协调性还需要锻炼。本次活动创设"小熊学本领""小熊过田埂""小熊本领大""小熊找食物"等情境，由浅入深地引导幼儿手脚着地爬，正（侧）面钻过山洞且在钻爬的方式上增加了"爬过更高的田埂、更矮的山洞"等内容，逐步提高动作的难度、加大运动量，使游戏更具有挑战性，让幼儿在自由、宽松、愉快的情境中去尝试、探索、挑战，自然掌握正（侧）面钻的动作要领，有效促进身体动作的协调发展。

【活动目标】

1. 掌握正面钻、侧身钻的动作要领。

2. 能动作迅速、协调地钻过山洞找到食物。

3. 体验小熊找食物的乐趣，萌发爱惜粮食的情感。

【活动重点】

掌握正面钻、侧身钻的动作要领。

【活动难点】

能动作迅速、协调地钻过山洞找到食物。

【活动准备】

垫子、拱门、独木桥、蚕豆,熊妈妈及熊宝宝的头饰。

准备活动及放松活动的音乐:《森林狂想曲》《茉莉花》。

【活动过程】

1. 创设"小熊学本领"游戏情境,带领幼儿热身,激发幼儿活动兴趣。

引导幼儿随《森林狂想曲》音乐节奏,模仿小熊慢慢爬、快快走、上山坡、下山坡、跳跳跳等动作进行热身,为开展游戏做好充分准备。

2. 创设"小熊本领大"游戏情景,引导幼儿探究钻的动作。

(1)请幼儿观察山洞,想办法过山洞,鼓励幼儿尝试钻过山洞,关注并引导幼儿探索多种钻的方式,可请个别幼儿进行示范。

提问:这只"小熊"是怎么钻过山洞的?为什么它钻得又快又稳?

小结:正面钻时要两腿弯曲,低头团身;侧身钻时,侧立半蹲,低头团身,两臂交叉贴于胸前。

(2)带领幼儿进入,摆有不同高度"山洞"的场地,幼儿尝试练习钻过不同高度、不同宽度的"山洞"。

3. 组织幼儿玩游戏"小熊找食物",引导幼儿练习钻的动作。

(1)第1次游戏:帮助幼儿明确"找食物"的通道,一个接着一个钻过"山洞"。

提问:小熊要怎样过"田埂"?应该怎样过"山洞"?引导幼儿要先走过"田埂",再钻过"山洞",才能找到需要的食物。提示幼儿钻"山洞"时要一个接一个钻,不争、不抢。

(2)第2次游戏:增加难度,"田埂"变窄变高,"山洞"变矮。

提问:"山洞"更小了,钻的时候要注意哪些问题?

(3)男女分组进行比赛,看哪个组的"小熊"搬的食物最多。

4. 播放《茉莉花》音乐,创设"食物满仓"游戏情境,引导幼儿感受成功的喜悦。

鼓励幼儿创造性地模仿庆功活动,随音乐放松手臂、头部、腿部。

主题四　我喜欢

活动区活动

1. 我是厨房小帮手
2. 百变大咖秀
3. 动手做一做
4. 小地毯
5. 系好蝴蝶结
6. 小弟弟早早起
7. 我喜欢我自己
8. 修复书角

教学活动

1. 好习惯体验日：爱护图书
2. 谁敢嘲笑狮子
3. 生活中的数字
4. 快乐的小蜗牛
5. 花格子地毯

户外体育活动

1. 跳水运动员
2. 跳过小河

第 1 周　我喜欢我自己

教学活动

1. 猜猜我有多爱你
2. 我的爸爸
3. 我心目中的爸爸
4. 煎荷包蛋
5. 厚厚薄薄的书

我喜欢

教学活动

1. 天生一对
2. 爱心小天使
3. 明天什么时候来
4. 娃娃舞
5. 好朋友在一起

第 2 周　我喜欢我的家人

第 3 周　我喜欢我的伙伴

户外体育活动

1. 小红帽送糕点
2. 我帮妈妈来挑水

活动区活动

1. 送给爷爷奶奶的礼物
2. 温馨书吧
3. 自制泡泡水
4. 给妈妈送包包
5. 比较图书的厚薄
6. 煎荷包蛋
7. 我妈妈
8. 修复书边

活动区活动

1. 和朋友在游乐园
2. 好朋友
3. 颜色朋友
4. 好朋友在一起
5. 去好朋友家
6. 娃娃舞
7. 天生一对
8. 修复散架图书

户外体育活动

1. 超级小飞侠
2. 老鼠笼

主题价值

随着社会性的进一步发展，中班的幼儿更加渴望在与家人、伙伴的交往中获得对自我的肯定，获得交往的技能，从而发现更好的自己，获得社会认同感和自信心。本次阅读主题《我喜欢》，以绘本为载体，引导幼儿在大量阅读图书的基础上，开展与绘本和主题相关的丰富活动，以"我喜欢我自己""我喜欢我的家人""我喜欢我的伙伴"三个子主题为思路，递进性地引导幼儿从认识自我、到走向家庭、进而走向自己的小社会，去发现自己和身边人的闪光点，学习交往的技能，促进幼儿社会性的发展。在本主题的开展过程中，家长会和孩子一起寻找与主题相关的图书，并参与"亲子阅读分享会"活动和有关"如何与孩子一起阅读"的家长学校活动，使家长参与到课程的开展过程中，与孩子一同感受阅读的快乐和力量，喜欢阅读，爱上阅读！

主题目标

★引导幼儿大量阅读喜欢的图书，感受阅读的快乐，在提醒下看书时愿意保持安静，不影响他人。

1. 懂得遇事要积极动脑筋想办法解决，愿意做勇敢的孩子，了解家人的辛苦，感受家人对自己的爱，能关注周围人的情绪，体验帮助别人的快乐。

2. 学会观察并理解图书中的画面，大胆讲述自己的发现和猜想，积极参与讨论、交流，感受他们之间浓浓的爱。

3. 学习从高处往下跳、走平衡木、曲线跑、肩上投掷等动作要领，敢于挑战，不怕困难，养成听指挥、守纪律的好品质。

4. 知道比较厚薄的多种方法，理解"昨天""今天""明天"的含义，感受数字与人们生活的关系，体验数字给生活带来的便捷。

5. 能够用绘画、制作、歌曲、打击乐、舞蹈等不同方式，表现自己对自己的肯定，对家人和伙伴的喜欢。

区域活动安排

区域名称	活动名称	活动准备	活动指导建议
结构区	能干的我	大小不同的木质积木，各种插塑玩具，不同颜色的雪花片、彩纸、饮料瓶等辅助材料，炒锅、碗、铲子、盆等厨房用品的图片	1. 我是厨房小帮手： ● 能用雪花片运用整体插、环形插、梯字插等方法的组合，拼插锅、铲子、盘子等厨房相关物品。 ● 首先知道厨房的小帮手都有哪些，再根据这些工具的样子，进行想象，最后运用已有经验进行拼插。 2. 送给爷爷奶奶的礼物： ● 学习运用环形插、几何形体插，自由组合的方法拼插送给爷爷奶奶的礼物，能利用辅助材料进行简单装饰。 ● 首先思考爷爷奶奶都需要什么，然后根据他们的需要，通过查资料，了解它们的结构特征，进行拼插，还可以选择辅助材料进行装饰，让它们更加生动。 3. 和朋友在游乐园： ● 能运用积木架空、垒高搭建和组合拼插的方法，表现游乐园的场景。 ● 首先调动已有经验，回忆游乐园的样子，再用绘画的方式表征出来，最后与同伴商协，共同合作搭建游乐场。 ★ 鼓励幼儿开动脑筋，运用不同的方法变化出立体插。
角色区	百变大咖秀	服装、头饰、剪刀、烫发器、电吹风、洗发水、发饰、造型指导手册、梳子、发卡、墨镜等用品	● 能在游戏中，为自己和同伴设计不同造型。 ● 学习使用礼貌用语，发现自己的本领，感受自己很能干。 ★ 感受不同角色的分工，体验到成功的乐趣。
	温馨书吧	角色提示挂牌、书吧的店长提示牌、甜品饮料操作台、原料摆放台、收银台、甜品师服装、烤箱、饮品单、广告牌、等半成品辅助材料	● 模拟书店里买书、卖书、读书的情境，学习店长的职责，能用礼貌用语为顾客推荐图书。 ● 引导客人买书、读书，体验店长工作的辛苦。 ★ 活动中主动使用礼貌用语，活动后能较有秩序地收拾图书。
	好朋友	好朋友故事中角色的头饰、角色表演背景板	● 能根据平时小朋友之间发生的小故事，进行角色扮演，知道小朋友之间发生矛盾要协商解决。 ● 指导幼儿讨论研究，平时小朋友之间发生的小故事，把它创编成小剧本，进行表演。 ★ 幼儿能自主协商分配角色和大胆自主布置场地，活动结束也能将道具物归原处。
科学区	动手做一做	饮用水，奶粉、橘子粉、酸梅粉等，方糖、冰糖等，安全透明的杯子，搅拌棒、吸管等，"幼儿学习材料"《能干的我》	● 能够用常见的饮料粉自制饮料，发现并说出饮料粉溶于水的现象，体验亲手自制饮料的快乐。 ● 指导幼儿将饮料粉放到不同的透明杯子中，倒水进行观察，最后品尝。 ★ 能大胆尝试与实验，并能分享自己制作的饮料与他人。
	自制泡泡水	温水，洗洁精、盐、砂糖，搅拌棒、抹布、杯子、记录表	● 尝试制作泡泡水，探索调配泡泡水的最佳配比。 ● 指导幼儿在水瓶子中，加入不同的实验材料，搅拌匀，进行试吹，并做好记录。 ★ 能对实验进行大胆猜想，并将自己的猜想进行逐一试验。
	颜色朋友	装有不同颜色的三个杯子、厨房用纸	● 能发现带有色素的水，会顺着纸条流向另一个装有彩色水的瓶子的神奇现象。 ● 指导幼儿能根据实验步骤做实验，并做好记录，培养幼儿的坚持性。 ★ 与同伴分享自己的实验结果，找到和猜想有出入的地方。
美工区	小地毯	长短不同的彩色纸条若干，编织地毯的步骤图，水彩笔，剪刀，胶棒	● 能够用两种或两种以上颜色的彩条，通过叠压的方法创造性地编织地毯。 ● 指导幼儿先选一个裁好的底板，再按照一定的规律进行编织。 ★ 养成幼儿自主学习和探究，编织的方法，能大胆的编织独一无二的地毯。

区域名称	活动名称	活动准备	活动指导建议
美工区	给妈妈送包包	《我妈妈》绘本、废旧纸袋、彩笔、装饰材料及辅助材料	● 能用皱纹纸、吸管、纽扣等废旧材料，制作出妈妈的手提包，并尝试分享自己设计想法。 ● 指导幼儿，用废旧材料，通过拼接、粘贴、组合等方式装饰包装袋。 ★ 指导幼儿运用各种材料，合作制作美术作品，感受制作的快乐。
	好朋友在一起	彩笔、橡皮泥、彩纸、玉米粒等各种装饰材料，白纸、砂纸、刮画纸等各种材料	● 能运用多种材料，绘画出好朋友在一起时的情境，感受和朋友在一起的快乐。 ● 选择自己喜欢的绘画材料，能运用绘画、粘贴、剪等形式，绘制好朋友在一起的场景。 ★ 指导幼儿保持桌面整洁，半成品操作盒使用完后，能放回原处。
益智区	系好蝴蝶结	宽窄不同的各色丝带若干，有孔的鞋板、礼物盒、布娃娃、发夹等，系鞋带方法的示意图	● 初步练习系蝴蝶结的方法，鼓励幼儿积极主动，自己动手做事情。 ● 指导幼儿选择自己喜欢的丝带，通过观察方法示意图，进行尝试制作。 ★ 喜欢生活中的这些小技能，愿意动脑思考系蝴蝶结的各种方法。
	比较图书的厚薄	厚薄不同的绘本图书，木板、围巾、袜子、毛巾、饼干盒、鞋盒、饮料	● 能区别物体的厚薄，并按物体的厚薄差异对 5 个以内的物体进行排序。 ● 指导幼儿运用观察、比较等方法，区别物体的厚薄。 ★ 能对身边的事物感兴趣，并喜欢对它们进行探索。
	去好朋友家	去好朋友家的迷宫卡片若干	● 能寻找合适的路线图找到好朋友，提高观察、判断能力。 ● 指导幼儿先观察迷宫的图片，然后进行试走，最后找出去朋友家的最近路线。 ★ 喜欢邀请好朋友到自己家里做客，做一个热情好客的孩子。
音乐区	小弟弟早早起	小弟弟早早起伴奏音乐《幼儿素质发展课题.音乐》CD	● 感受音乐的欢快，能用自然的声音演唱歌曲； ● 能根据歌词创编早晨起来、叠被穿衣等动作，知道自己的事情自己做。 ★ 鼓励幼儿结合歌词内容，创编不同的动作表演歌曲，观众能安静倾听欣赏。
	煎荷包蛋	《煎荷包蛋》的图谱，铃鼓、响板、碰铃等乐器	● 能使用不同的乐器表现"煎荷包蛋"和"冒烟"的节奏，体验打击乐的快乐。 ● 指导幼儿选择合适的乐器，结合图谱，进行演奏。 ★ 活动结束后能够将打击乐器放回原处，摆放整齐，爱惜打击乐器。
	娃娃舞	娃娃舞头饰、表演服装、表演背景板、音乐《娃娃舞》	● 能根据歌曲旋律，表演大头娃娃的动作，学会邀请与被邀请的动作，体会朋友间表演的乐趣。 ● 指导幼儿观看娃娃舞的视频，学习大头娃娃的动作，最后进行创造性的表演。 ★ 喜欢大胆想象、创编与同伴一起跳舞的动作，能和同伴合作一起完成。
语言区	我喜欢我自己	与"我喜欢我自己"相关的主题图书，如《谁敢嘲笑狮子》《花格子大象艾玛》系列图书、《勇敢做自己》《跳芭蕾》等	● 知道书的 5 个部分的名称，能自主看书，养成良好的阅读习惯。 ● 指导幼儿能够认真细致地阅读、观察书中的细节，培养幼儿自主看书的能力。 ★ 指导幼儿发现自己身上的不同，重新认识自己、肯定自己，知道小小的我也有大大的本领。
	我妈妈	关于爱妈妈的绘本，如《猜猜我有多爱你》《我妈妈》《我爱妈妈》《妈妈的礼物》等，自制大书	● 理解故事内容，并能分享自己妈妈对自己的爱。 ● 指导幼儿用读书五步法，边看绘本图片，边讲述故事内容。 ★ 能够静下心来仔细阅读图书，学会观察细节，并进行猜想，敢于大胆讲述自己的想法。
	天生一对	好朋友的图书、小帐篷、彩笔、白纸	● 理解《天生一对》的故事内容，并能大胆地与同伴表述出，还有什么是天生一对的。 ● 指导幼儿学会观察图片内容，能试着讲出故事中长颈鹿和鳄鱼经历的事情。 ★ 幼儿能将书中看到的内容，大胆地绘画，并能主动与伙伴交流书中的内容。

区域名称	活动名称	活动准备	活动指导建议
生活区	保护图书小能手	修复图书步骤图、剪刀、透明胶、双面胶、垃圾筐、剪刀、胶棒	1. 修复书角： ● 指导幼儿根据修复图书步骤图，正确使用剪刀，剪一部分透明胶，粘贴到撕碎的书角上。 ● 首先观察修复图书步骤图，初步了解修补图书的方法，然后能熟练地使用提供的工具，再尝试修补图书。 2. 修复书边： ● 指导幼儿剪一部分宽的透明胶，一半胶带粘贴到撕碎书边的上面，剩下的胶带对折粘贴到书边的下面。 ● 先测量受损图书的长度，再剪下相应长度的透明胶，进行粘贴，粘贴时要仔细，避免透明胶过长而打结，最好是两个人，一个按着，一个粘。 3. 修复散架图书： ● 指导幼儿使用双面胶，粘贴到书脊上，将散架的图书根据页数组合起来。 ● 先将散乱的书，按书页的顺序排好，再在书脊上贴上双面胶，并和同伴合作，粘贴好散架图书。 ★ 养成幼儿爱护图书的好习惯，能两人合作共同修复图书。

（●为核心目标指导，★为养成目标指导）

户外活动安排

活动名称	活动目标	活动准备	活动指导建议
跳过小河	1. 学习立定跳远的动作要领。 2. 能安全平稳地跳过障碍，培养身体的灵活性和协调性。 3. 体验扮演小袋鼠跳跃玩游戏的快乐。	1. 袋鼠的头饰若干，"果子""蘑菇"若干，篮子2个。 2. 场地布置：场地左侧设置3~5条"小河"，用胶带粘贴成最窄处25厘米，最宽处35厘米；右侧散落若干"果子""蘑菇"，放置两个篮子。	● 幼儿戴头饰扮小袋鼠，从起点出发，依次立定跳过"小河"，再捡"果子""蘑菇"，将"果子""蘑菇"放到篮子里，并跳回起点。 ● 指导幼儿掌握立定跳远的动作要领：双脚并拢站在"小河"边，膝盖稍弯曲，两臂向后摆，两只脚同时用力蹬地，向前跳跃。 ★ 活动时，能保护好自己，让自己保持平衡，不让自己受伤。
我帮妈妈来挑水	1. 学习手、上臂、脚能协调一致，平稳地挑担走。 2. 能掌握身体平衡，发展动作的协调性。 3. 体验帮妈妈劳动的快乐。	1. 小水桶，适当长度的棍子做挑水的扁担。 2. 障碍（可乐瓶若干），小桥（平衡木4根），纸板若干。 3. 节奏欢快的音乐。	● 幼儿分成人数相等的4队，站在起点处准备。游戏开始，每队第1个幼儿挑着装有水的小水桶出发，绕过障碍，走过小桥，到终点后将水桶放下，再挑起旁边的空水桶，按原路返回，传递给第2个幼儿；第2个幼儿出发。游戏依次进行，先完成比赛的队获胜。 ● 指导幼儿保持身体平衡，不要将水撒到外面；如果挑担走有困难，可变为持担走或双手提着小水桶走。 ★ 指导幼儿遵守游戏规则，养成孝敬父母、爱劳动的好习惯。
老鼠笼	1. 学习老鼠笼的游戏规则。 2. 能身体协调地钻进、钻出老鼠笼，发展动作的灵敏性，提高迅速反应的能力。 3. 体验扮演老鼠钻、跑，进行游戏的快乐。	松紧带几根	● 由1/3的幼儿用松紧带拉成一个大圆圈当老鼠笼，其余幼儿站在大圆圈外扮演老鼠。游戏开始，扮演老鼠笼的幼儿齐念儿歌："老鼠老鼠坏东西，偷吃粮食偷吃米，我们搭个老鼠笼，咔嚓一声捉住你"儿歌响起时，扮演老鼠的幼儿钻进钻出"鼠笼"。念到"咔一声"时，扮演老鼠笼的幼儿立即蹲下，表示大圆圈内的"老鼠"被捉住。被捉住的幼儿站在大圆圈上当老鼠笼，游戏继续进行直到"老鼠"全部被捉住。幼儿互换角色，游戏重新开始。 ● 指导扮演老鼠的幼儿要不停地钻进钻出"鼠笼"，直至听到"咔嚓一声"时，"老鼠笼"中的"老鼠"便不能再钻出"鼠笼"。 ★ 2. 指导幼儿互相协商，增加"老鼠"钻进、钻出的难度，提高游戏的趣味性。

（●为核心目标指导，★为养成目标指导）

第1周 我喜欢我自己

环境创设

1. 布置《我喜欢我自己》的主题墙，设置三个板块：一是《自己的事情自己做》，粘贴幼儿在生活中自己做事情的照片；二是《我的小妙招》，展览幼儿关于自己生活中发现的更好、更快做好事情的表征作品；三是《我是图书小助手》，展览幼儿关于整理、修补图书方法的表征作品。

2. 用幼儿绘画和手工制作的小书签，布置《我设计的小书签》专栏，引导幼儿欣赏、交流。

生活活动

1. 引导幼儿掌握正确的阅读姿势，养好良好的阅读习惯，保护视力。

2. 经常保持愉快的情绪，不高兴时能较快缓解。

3. 利用进餐前后、午睡前后的时间，为幼儿讲述（或播放）有关"我喜欢我自己"的书籍，加深幼儿对故事的理解。

4. 引导幼儿发现自己身上的闪光点，发现更好的自己，愿意把自己的情绪告诉亲近的人，一起分享快乐或求得安慰。

家长与社区教育

1. 请家长与幼儿一起收集有关"我喜欢我自己"的图书，并参与幼儿园组织的"亲子阅读分享会"活动，引导幼儿喜欢图书，并愿意分享自己的图书。

2. 请家长利用周末带孩子去书店、图书馆看看有关图书及文艺演出和艺术品，能够专心观看。

3. 开展"如何与孩子一起阅读"的家长学校活动，用科学的方法，指导家长如何陪伴孩子阅读，营造更科学、更温馨的阅读氛围，与孩子一同感受阅读的快乐，感受阅读的力量，喜欢阅读，爱上阅读！

4. 请家长与孩子自选一个喜欢的故事进行角色朗读，并配乐录音，组成班级故事资源包。

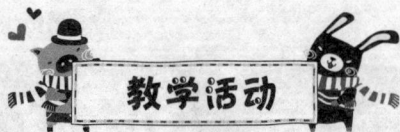

活动一　好习惯体验日——爱护图书（半日活动）

【活动解读】

孩子们喜欢图书,各种各样的书可以教会孩子们许多知识和本领。日常活动中我们经常发现"受宠之书"破损着躺在书架上,好心修补过的图书又粘在一起、无法打开……本次活动《爱护图书》,旨在引导幼儿爱护图书,学会正确地使用图书、修补图书的方法。活动中,我们运用情境教学法,通过欣赏图书、图书哭了、图书笑了、我爱图书朋友等情境,引导幼儿产生爱惜图书的情感,了解修补图书的方法,掌握正确的读书方法。

【活动流程】

国旗宣讲
引发兴趣 → 图书阅读
激发兴趣 → 图书哭了
爱惜图书 → 图书笑了
修补图书 → 我爱图书
体验成功

【活动目标】

1. 知道图书是用纸做的,易皱、易湿、易坏,尝试学习修补破损的图书的方法。

2. 爱护图书,学会正确的使用方法:轻拿轻放,一页一页轻轻地翻阅。

3. 产生爱惜图书的情感,愿意与图书交朋友。

【活动建议】

1. 国旗下宣讲"爱护图书我最行"。

（1）教师宣讲:图书是我们的好朋友,图书是我们进步的阶梯,所以我们要爱护图书,不在图书上乱涂乱画,不随意折损图书,让每一位小朋友都能看到干净整洁的图书,获得更多的知识。

（2）幼儿宣讲:从今天起,我要做一名文明的小读者,看书时能轻拿轻翻,不折页角,不随意标注,不撕图书,不在图书上乱写乱画,保持书刊的完整,让我们一起努力吧。

（3）家长宣讲:在日常生活当中,我们要做好表率,爱护书籍,并和孩子一起,把平时爱看的书包上书皮,提醒孩子不要在书上乱写乱画,让孩子热爱书籍,保护书籍。

2. 图书阅读,激发幼儿与图书交朋友的愿望。

（1）幼儿分组阅读,引导幼儿轻轻翻阅,与图书朋友友好相处。

（2）听教师讲述一本绘本故事,激发了幼儿对图书的喜爱。

3. 图书哭了,产生爱惜图书的情感。

（1）播放"图书哭了"的声音,引发幼儿对破损图书的疼惜。

（2）小结:帮助幼儿了解图书易皱、易湿、易坏的特点,懂得爱护图书。

4. 图书笑了,初步学习修补图书的方法。

（1）出示修补图书的步骤图,引导幼儿观察、了解修补图书的方法。

（2）实践活动"修补图书":将幼儿分成五组,合作修补图书。

5. 我爱图书,培养幼儿良好的阅读习惯。

（1）自主阅读,轻拿轻放。

（2）有序整理,将图书分类放回。

活动二　语言——《谁敢嘲笑狮子》

【教材分析】

此项活动,利用图文并茂的绘本材料,通过生动形象的画面,鼓励孩子正确地认识自己,提升自信心,培养幼儿学会观察绘本并能表达的能力。中班幼儿已经能通过观察绘本,理解故事的内容,但并不能很好地,完整表述出来。所以,本次活动先通过导入主人公——狮子的图片开始,以狮子最厉害的本领为悬念,将绘本内容按序呈现出来,以形象的课件做辅助,再通过猜想、欣赏、讨论等手段,引导并鼓励幼儿大胆完整表述,懂得每个人都有自己的长处。

【活动目标】

1. 观察并理解画面,知道动物最厉害的本领。
2. 能说出个别动物的本领,并形象地表演动物。
3. 能正确认识自己及朋友的长处,为自己的优势感到自豪。

【活动重点】

观察并理解画面,知道动物最厉害的本领。

【活动难点】

能说出个别动物的本领,并形象地表演动物。

【活动准备】

绘本《谁敢嘲笑狮子》PPT。

【活动过程】

1. 通过观察图片,导入活动,激发兴趣。

（1）通过观察图片,了解“与众不同”的狮子爸爸,引起幼儿阅读兴趣。

引导语:老师带来了一位“与众不同”的客人,知道什么是“与众不同”吗?（就是跟大多数人不一样,有自己的特点）

提问:这位客人到底哪里“与众不同”呢?出示PPT（从局部到整体呈现狮子）。

小结:“与众不同”的就是这头狮子有威风凛凛的鬃毛,它只有狮子爸爸才有。

（2）通过观看课件进行猜想,发散幼儿思维。

提问:小动物们在干什么?

小结:这是一个清晨,动物朋友们都醒了,有的在跑步,有的在爬树,还有的在地上爬行,只有狮子爸爸待在那里一动也不动,看起来可威风了!

提问:大狮子在想什么?

小结:狮子爸爸跟狮子妈妈说:“在这大草原上,我是最厉害的动物。”可是,狮子妈妈说:“你真的很厉害吗?拿出你的本事让我瞧瞧。”

2. 分段讲述故事,引导幼儿进行完整表述,理解故事内容,了解各种小动物最厉害的本领。

（1）讲述故事到第一个“可是大狮子听见了”。

提问:大狮子认为它最大的本领是什么?

　　　谁比他跑得快?

（2）讲述故事到第二个“可是大狮子听见了”。

提问:大狮子这次认为它最大的本领是什么?

谁比他爬得高？

（3）讲述故事到第三个"可是大狮子听见了"。

提问：大狮子又认为它最大的本领是什么？

谁穿过草丛的时候最安静？

（4）讲述故事到第三个"可是大狮子听见了"。

提问：大狮子还认为它最大的本领是什么？

谁的力气最大？

（5）引导幼儿猜想狮子究竟是不是百兽之王？它到底厉害在什么地方？

提问：大狮子最厉害的本领是什么？

有谁比他吼叫的声音还大码？

3. 完整欣赏故事，试着表演小动物们的本领。

（1）通过完整欣赏故事，知道小动物们的本领。

提问：谁嘲笑过大狮子？他们最大的本领是什么？

（2）引导幼儿形象地表演出各种小动物的本领。

4. 说说自己最棒的本领。

提问：你比狮子爸爸厉害吗？你有哪些本领？

小结：每个小朋友就像大狮子一样，都有自己最擅长的本领，我们要相信自己，为自己的长处感到自豪。

【附故事】

谁敢嘲笑狮子

[英] 保罗·布莱特　文

王舒柳　译

清晨，丛林里很凉快，也很热闹：动物们有的在跑步，有的在爬树，还有的在地面上爬行……谁都没闲着，只有大狮子坐着不动。"你知道我为什么是百兽之王吗？"大狮子向一头母狮子炫耀，"因为我是最厉害的！""别吹牛了，"母狮子说，"你倒是说说看，你到底厉害在哪里？"大狮子想了一想说："跑步是我最拿手的！不信，我跑给你看！"

大狮子突然从高高的草丛里跳了出来，吓得其他动物拔腿就逃。大狮子跑啊跑，突然看见腿又细又长的猎豹，一下子就窜到了他前面去了！猎豹轻轻地笑了笑。要知道，没人敢大声嘲笑一头狮子。可是，大狮子听到了。

"好吧，"大狮子有点不服，"就算猎豹比我跑得快一丁点，可是爬树谁都比不过我！不信，我爬给你看！"大狮子紧紧抱住最近的一棵大树，用四只大爪子又抓又爬的，好不容易才爬上最矮的那根树枝。"看起来……有些树的确不太好爬……"大狮子说。在最高的那根树枝上，一只猴子正用尾巴倒挂着来回荡秋千。他看见大狮子爬树的样子，偷偷地笑了。要知道，没人敢嘲笑一头狮子。可是，大狮子听见了。

"好吧，"大狮子气呼呼地说："就算猴子爬树的本领比我大一丁点，但是……我能静悄悄地穿过草丛！"

大狮子蹲下身子，慢慢地、轻轻地爬进一片高高的草丛。一条蛇毫无声息地滑过草丛，他看见大狮子撅着屁股、趴在地上的模样，微微地笑了。他是在对自己笑呐，因为没人敢大声嘲笑一头狮子。可是，大狮子看见了。

大狮子真的生气了："好吧，就算蛇爬行的本领比我厉害，但是，我还能……还能……""你是不是特别能呼呼地大睡呀？"母狮子笑着说。"睡觉怎么能算本事哪！"大狮子说道。

大狮子想了想,又说:"其实我力气最大,看吧!"他用大脑门死死地顶住一棵小树,只听到"啪"的一声,树干断了! 这时,一头大象慢慢走了过来,一路上踩扁了很多小树苗,还撞断了不少大树。看见大狮子,大象举起自己的长鼻子,轻轻地哼了一声。就连大象也不敢大声嘲笑一头狮子。可是,大狮子还是听见了。

这下可把大狮子气坏了。"好吧,"他说,"就算大象的力气比我大一丁点儿,可我还有更厉害的本领……那就是……啊呀呀,我怎么想不起来了!""气死我了,我真想……""……噢……噢……噢……"狮子气得大吼,他的吼声就像打雷一样,越传越远,越传越响,整片丛林都被震动了。

原来,大声吼叫才是狮子最厉害的本领!

听到他的吼叫声,猎豹、猴子、蛇,还有大象都不敢再笑了,大家都安静下来。

大狮子终于得意地笑了……哼,看谁还敢嘲笑狮子!

活动三 数学——生活中的数字

【教材分析】

生活中离不开数字,车牌号、街道号、手机号码、红绿灯的时间、服装的号码等都是数字,数字在不同地方发挥着不同的作用,吸引着幼儿的注意力,使幼儿产生好奇与探究的欲望。中班幼儿对数字并不陌生,但不能全部理解,数字在生活中代表的不同意思。所以,本次活动以幼儿已有生活经验为基础,带领幼儿观察、对比,发现数字在生活中传递给人们的不同信息,探究数字的不同作用,感知数字与人们生活的密切关系,体验数字给我们生活带来的方便。

【活动目标】

1. 初步理解数字与人们生活的关系,了解数字在生活中的不同作用。
2. 能说出自己知道的数字,在生活中代表的不同意思。
3. 感受、体验数字给生活带来的便捷。

【活动重点】

初步理解数字与人们生活的关系,了解数字在生活中的不同作用。

【活动难点】

能说出自己知道的数字,在生活中代表的不同意思。

【活动准备】

1. 活动前引导幼儿找一找、画一画生活中带有数字的物品,将实物或绘画作品带到幼儿园。

2. 在教室中投放含有数字的物品,如食品袋、钱币、时钟、温度计、遥控器、台秤、大小不一的鞋和衣服等。

3. 《幼儿素质发展课程·多媒体教学资源包》课件27,幼儿学习材料《快乐总动员》。

4. 图书《数字爷爷的数字乐园》。

【活动过程】

1. 与幼儿一起观看图书《数字爷爷的数字乐园》,引导幼儿发现数字的有趣,激发幼儿学习兴趣。

提问:你在哪里发现了什么数字?

2. 引导幼儿观察图片,说一说图片中的数字,初步理解数字与人们生活的关系。

(1)通过经验分享,引导幼儿说出生活中的数字。

提问：你在哪里发现了什么数字？

小结：小朋友们在门牌、衣服、手机、钱币、遥控器、日历、钟表、电话等物品上都找到了数字。

（2）引导幼儿讨论，了解数字的不同意义。

提问：你找到的这些数字分别表示什么意思？

小结：原来我们找到的数字代表的意义是不一样的，有的表示电话号码，有的表示时间，有的表示尺寸，有的表示住址。

3. 引导幼儿找一找班级中。物品上的数字，进一步了解数字的不同作用。

（1）通过寻找教室中的数字，了解身边数字的意义。

提问：我们班里有没有数字？在哪里？什么物品上有数字？这些数字表示什么意思？

（2）根据幼儿的交流，随机引导幼儿进行对比、讨论，巩固了解数字的不同作用。

例如，幼儿说到鞋子上有数字，教师随机提问：鞋子上的数字有什么不同？哪个数字的鞋子大、哪个数字的鞋子小？还有哪些服饰上有数字？这些数字有什么不同？

小结：鞋子、衣服上的数字越大，说明鞋子、衣服也越大。

（3）提到过小的数字时，教师可用投影仪显示，有针对性地引导幼儿讨论数字的意义。

例如，食品袋上有什么数字？

"保质期：2018 年 12 月 22 日"代表什么意思？

温度计上的数字表示什么？

硬币和纸币上的数字有什么不同？

小结：数字可以表示温度高低、服饰大小、钱币值、保质期、物品重量、营养成分等。

4. 请幼儿阅读《快乐总动员》第 22～23 页，找一找、说一说生活中的数字。

提问：书中的数字分别表示什么意思？"120"表示什么？生活中还有哪些特殊的号码？

5. 播放课件，引导幼儿进一步感知数字在生活中的广泛应用。

提问：生活中可以没有数字吗？为什么？

小结：数字的作用可真大！它可以告诉我们时间、地点、车牌号、服饰大小、食物的保质期、货物的价格、物体的长短和重量以及特殊的号码等，我们的生活离不开数字朋友。

活动四　音乐——《快乐的小·蜗牛》

【教材分析】

《快乐的小蜗牛》是一首节奏明快、曲调欢快的儿童歌曲，3/4 拍的节奏，跳跃连贯的曲调，表达出小蜗牛自由自在旅行的快乐心情，本次活动旨在培养幼儿用跳跃和连贯的声音演唱歌曲，表达自己的心情。中班幼儿多数有旅行的经验，对蜗牛也有一定认知，对小蜗牛旅途中遇到的困难与艰辛能产生情感共鸣，但怎样用跳跃和连贯的声音，演唱出歌曲中的情感还是有一定难度的。在教学过程中，通过让幼儿模仿小蜗牛旅行，引导幼儿感受小蜗牛的自信、快乐、坚强，更好地用声音、动作、表情表达对歌曲的感受，培养积极乐观的生活态度。

【活动目标】

1. 感受歌曲活泼欢快的曲调，能用自然的声音唱出 3/4 拍"强弱弱"的特点。

2. 用跳跃和连贯的声音演唱歌曲，能创造性地用动作、声音表现歌曲的内容，表达自己的心情。

3. 学习小蜗牛不怕困难、开朗乐观的精神。

【活动重点】

感受歌曲活泼欢快的曲调,能用自然的声音唱出 3/4 拍"强弱弱"的特点。

【活动难点】

用跳跃和连贯的声音演唱歌曲,能创造性地用动作、声音,表现歌曲的内容、表达自己的心情。

【活动准备】

小蜗牛图片 1 幅,《幼儿素质发展课程·音乐》CD

【活动过程】

1. 请幼儿猜谜语,进行发声练习,激发幼儿活动兴趣。

(1)出示谜语,引起幼儿学习兴趣。

谜语:走路从来不回头,背着房子去旅游。头上两只小犄角,一边看来一边走。

提问:这是什么小动物?结合图片引导幼儿认识小蜗牛。

(2)指导幼儿进行发声练习:创设"小蜗牛荡秋千"的情境,引导幼儿感受三拍子的节奏特点。

手持蜗牛手偶,用荡秋千的手势,三拍 1 次左右摇摆,演唱"咿呀儿呦,呀伊儿呦"一句,旋律从 C 调依次升到 E 调。

2. 演唱歌曲,引导幼儿感受歌曲的旋律并初步学唱歌曲,学说歌词。

(1)演唱歌曲,感受歌曲的快乐的旋律。

提问:听到歌曲你有什么感觉?为什么说这是一只快乐的小蜗牛?

引导幼儿了解小蜗牛独自去旅游,不怕困难、坚强乐观的品质。

(2)请幼儿随琴声学说歌词,重点学说"咿呀儿呦,呀咿儿呦",感受乐曲欢快悠扬的特点。

3. 创设情境"小蜗牛去旅行",根据课件播放的图片 —— 旅游景点,进到幼儿反复练习演唱歌曲。

(1)播放课件,栈桥到了,小蜗牛背着房子去旅游吧。引导幼儿感受歌曲的欢快及 3/4 拍"强—弱—弱"的节奏特点。

请幼儿用拍手拍腿、拍手抱肩等动作,表现三拍子的节奏。

(2)播放课件,五月的风到了,小蜗牛背着房子去旅游吧。引导幼儿进一步感受歌曲中,小蜗牛去旅行的快乐,鼓励幼儿用跳跃和连贯的声音演唱。

提问:唱到"呦呦时",小蜗牛好像在做什么?可以怎样演唱来表达小蜗牛快乐的样子?

(3)播放课件,奥帆基地到了,小蜗牛出发吧。引导幼儿完整演唱歌曲,表达小蜗牛旅行时快乐的心情。

小结:小蜗牛克服了山高路远、刮风下雨等困难,悠闲自在地旅游,感到非常开心和兴奋。

请幼儿随琴声完整演唱歌曲,创造性地用声音、动作表现歌曲,鼓励幼儿学习小蜗牛不怕困难、开朗乐观的品质。

提问:小蜗牛会怎样爬?可以用什么来表现它的小犄角和房子?如果你是小蜗牛,你会怎么表现高兴的样子?

启发幼儿用多变的身体动作,创造性地进行表现。

(2)奥帆大剧场到了,引导幼儿分组或分男女声演唱,进一步体验蜗牛勇敢、乐观的品质。

活动五　美术——花格子地毯

【教材分析】

本次活动，我们将借用《花格子大象艾玛》绘本中艾玛身上独特的花格子形象，让幼儿在欣赏的基础上，编制出色彩不同的、特别的花格子地毯。中班幼儿动手能力逐渐增强，对色彩的感知能力不断提高，但幼儿没有编织的经验。所以，活动开展过程中，充分给幼儿自主学习与探究的空间，引导幼儿自己看编织图示，学习编制的方法，创设"我是小小设计师"情境，引导幼儿创造性地为动物的家设计不同的地毯。

【活动目标】

1. 能够用两种或两种以上颜色的彩条，通过叠压的方法创造性地编织地毯。

2. 初步学会看简单的编织步骤图，能大胆介绍自己编织的小地毯。

3. 喜欢自己编织的小地毯，感受不同色彩编织出的小地毯所带来的美。

【活动重点】

能够用两种或两种以上颜色的彩条通过叠压的方法创造性地编织地毯。

【活动难点】

初步学会看简单的编织步骤图，能大胆介绍自己编织的小地毯。

【活动准备】

物质准备：

1. 教师自制课件（《各种各样的地毯》：不同款式、多彩的编织地毯作品；《森林动物的家》：小兔、大象等动物的卧室、书房等）。

2. 长短不同的彩色纸条若干，编织地毯的步骤图、水彩笔、剪刀、胶棒。

3. 幼儿学习材料《能干的我》。

经验准备：

阅读、理解绘本《花格子大象艾玛》。

【活动过程】

1. 播放课件，引导幼儿欣赏各种各样的编织地毯，引发幼儿学习兴趣。

（1）回忆《花格子大象艾玛》中艾玛的形象特点。

提问：艾玛身上的花纹跟别的大象有什么不同？

　　　都有哪些颜色？

（2）播放各种各样地毯的课件，引导幼儿观察。

提问：你看到的地毯是怎样的？你喜欢哪种款式？

　　　简单介绍地毯的作用、种类、功能，引发幼儿学习的兴趣。

2. 出示编织地毯范例，请幼儿看编织地毯的步骤图，自主探索用叠压的方法编地毯。

（1）请幼儿阅读《能干的我》第8页，指导幼儿学看编织步骤图。

提问：你看懂步骤图了吗？哪里还不明白？

指导幼儿学习步骤图中"之"字折叠的方法。

（2）请幼儿看编织步骤图，学习"叠压"的方法，初步尝试编织地毯。

提供长短不同的彩色纸条，请幼儿按步骤图尝试编织，帮助幼儿掌握"叠压"的方法。

（3）可提供编织地毯范例，引导幼儿拆一拆、看一看，进一步了解叠压的规律，再次尝试编织。

3. 创设"我是小小设计师"游戏情境,引导幼儿为动物的家设计不同的地毯,激发幼儿关心、帮助他人的情感。

(1)播放课件《森林动物的家》,请幼儿当小小设计师,为动物的卧室、书房设计、编织不同的地毯。

提问:动物需要哪些帮助?你想设计、编织什么样的地毯?

(2)启发幼儿根据动物的需要,设计不同的地毯,进一步掌握编织的规律,巩固"叠压"的编织方法,鼓励幼儿积极帮助他人。

(3)可引导幼儿将自己的作品粘贴在《能干的我》第9页。

4. 用幼儿作品布置"漂亮的地毯展",引导幼儿互相评价、学习,感受编织的美。

体育活动

跳水运动员

【教材分析】

本次活动旨在让幼儿通过高处往下跳,培养身体的协调性和灵活性。中班幼儿喜欢蹦蹦跳跳,但身体的协调性和灵活性不够好,从高处跳下时常常站不稳,因此从高处往下跳的动作,对他们来说具有一定的挑战性,能满足他们的兴趣需要。本次活动创设"争当奥运健将"游戏情境,设置单人跳台跳水、双人跳台跳水等游戏情节,引导幼儿练习双脚站立从20～30厘米高处往下跳,指导幼儿掌握落地时膝盖弯曲、脚尖先触地的动作要领,提高幼儿弹跳能力,发展身体的灵活性与协调性。

【活动目标】

1. 学习从20～30厘米高处往下跳,轻轻落地,保持平衡。

2. 能双人合作保持动作一致,从高处往下跳。

3. 敢于挑战,不怕困难,养成听指挥、守纪律的好品质。

【活动重点】

学习从20～30厘米高处往下跳,轻轻落地,保持平衡。

【活动难点】

能双人合作保持动作一致,从高处往下跳。

【活动准备】

1. 高20～30厘米的平衡木两三根,或20～30厘米高的小椅子,幼儿每人1把。（可提供20～30厘米之间高度不等的椅子,供幼儿自由选择。）

2. 教师自制奖牌若干。

3. 活动前组织幼儿观看奥运会跳台跳水比赛的视频。

【活动过程】

1. 创设"争当奥运健将"的游戏情境,带领进幼儿进行热身,激发幼儿活动兴趣。

带领幼儿做教师自编的热身操,重点活动双臂、双膝、脚腕等部位。

2. 请幼儿自由练习从高处往下跳的动作,探索动作要领。

（1）请幼儿模仿跳水运动员从高处往下跳，探索怎样跳"落水"时"水花"少。

（2）请个别动作规范的幼儿示范，引导幼儿间相互模仿、学习。

（3）帮助幼儿梳理、提升经验。

提问：怎样跳才能更好地保护自己？

小结：站在"跳台"上屈膝预备，身体稍前倾，落地时屈膝缓冲，轻轻落地，保持身体平稳。

3. 组织幼儿玩游戏"跳水运动员"，指导幼儿掌握正确的动作要领。

（1）将幼儿分成两大组，练习从高处往下跳的正确动作要领。

一组是运动员，站在跳台上；另一组是教练员，站在跳台对面，保持一定距离。"教练员"按照动作要领指导"运动员""跳水"，练习几次后，双方交换角色。

（2）通过正式比赛，巩固从高处往下跳的正确动作要领。

教师当裁判，幼儿分组进行比赛，每组不超过 4 人，以便教师观察、指导、评价。

（3）设计"双人跳台跳水"游戏环节，增加游戏难度，激发幼儿游戏兴趣，增强幼儿合作意识。

4. 放松环节：让幼儿在"泳池"中"游泳"，放松身体各部位，结束比赛，给每个幼儿颁发奥运奖牌。

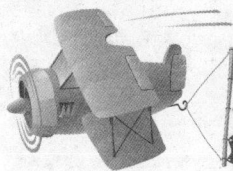

第 2 周 我喜欢我的家人

环境创设

1. 布置《我做小帮手》主题墙，创设《我帮爸爸、妈妈做事情》和《爱要大声说出来》两大板块。

2. 收集、展示幼儿在家里劳动、做事情的照片以及妈妈喜欢的物品，引导幼儿相互欣赏、讲述。

3. 创设手抄报展板，张贴幼儿制作的《我是小帮手》信息板。

生活活动

1. 引导全班幼儿，分组擦桌子、扫地、搬凳子，做一些力所能及的家务劳动，养成爱劳动的好习惯，不给爸爸妈妈添麻烦。

2. 引导幼儿学习整理图书、衣帽橱以及清洁房间的方法，掌握 2～3 种方便又快捷的劳动技巧，回家后也能成为爸爸妈妈的小助手。

3. 知道爱护眼睛，不在光线过强或过暗的地方看书。

家长与社区教育

1. 引导幼儿在家学做家务，请家长教给幼儿做家务的简单步骤和方法，并适量分配给幼儿一些家务，让其每天负责做好。

2. 请家长用照片或绘画表征的方式，为幼儿在家中创设"我是小帮手"专栏，请家长拍摄幼儿在家中帮助长辈做家务的照片或录像。

教学活动

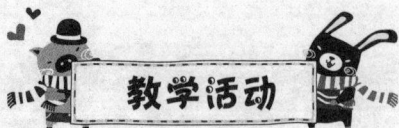

活动一 语言——《猜猜我有多爱你》

【教材分析】

《猜猜我有多爱你》是一个充满爱的故事，作品把"爱的表达与爱的衡量"，这些看似深奥的问题，通过故事展现出来，让幼儿感受到小兔子与母子之间浓浓的爱意，本次活动旨在使幼儿学会用语言表达对亲人的爱，锻炼幼儿的语言表达能力。中班幼儿愿意对母亲表达爱意，但不会用优美动听的语言赞美，表达容易空洞，缺少真情。所以，活动中通过模仿动作、学说对话、尝试扮演等方式，让幼儿学会用"我爱你，就像……"的句式，表达对母亲深深的爱。

【活动目标】

1. 欣赏故事，感受小兔子和兔妈妈之间生动的语言和夸张的动作。

2. 尝试用句式"我爱你，就像……"，以及肢体动作表达对妈妈的爱。

3. 体验真挚的母子之情。

【活动重点】

欣赏故事，感受小兔子和兔妈妈之间生动的语言和夸张的动作。

【活动难点】

尝试用句式"我爱你……就像……"，以及肢体动作表达对妈妈的爱。

【活动准备】

《猜猜我有多爱你》故事内容PPT，轻柔的音乐。

【活动过程】

1. 解读封面，引发幼儿猜想，导入活动。

提问：这是一本关于谁的图画书？小兔子是怎样爱妈妈的呢？

2. 分段讲述，引导幼儿初步理解故事内容。

（1）讲述故事第1、第2段。

提问：小兔子是用什么方式来表达自己爱妈妈的呢？

引导幼儿模仿小兔子的动作：张开手臂，踮起脚，高高举起手，使劲跳。

（2）讲述故事第3段。

提问：小兔子还用了哪些方法来表达对妈妈的爱？你能学一学、做一做吗？

3. 结合课件，有感情地完整讲述故事，鼓励幼儿学说小兔子和妈妈的对话。

讨论：小兔子和妈妈谁更爱对方呢？为什么？它们是怎么说的？

小结：小兔子和兔妈妈都很爱对方，它们都想表达自己的爱有很多很多。

4. 鼓励幼儿，尝试用像小兔子那样的语言和夸张的动作表达对妈妈的爱。

（1）鼓励幼儿像小兔子一样用"我爱你，就像……"的句式说一句话，表达自己对妈妈的爱。

（2）请幼儿结合生活经验，用"我爱你，就像……"的句式说一句话，表达自己对同伴、老师的爱。

5. 延伸活动：请幼儿自主阅读《浓浓的爱》第3～4页，回家后对自己的家人说一句表达爱的话。

【附故事】

猜猜我有多爱你

[爱尔兰] 山姆·麦克布窗尼　著

梅子涵　译

（第1段）

小兔要上床睡觉了。它紧紧抓住兔妈妈的耳朵,要妈妈好好听自己说。

"猜猜我有多爱你?"小兔子问。

"噢,我猜不出来。"兔妈妈笑眯眯地说。

"我爱你有这么多。"小兔子使劲伸开手臂兔妈妈也伸开手臂。哇!兔妈妈的手臂比小兔子的长多了。兔妈妈说:"瞧我爱你更多呢!"

（第2段）

小兔想了想,起脚,把手高高举起来,说:"我爱你,就像我举得那么高。"

"我爱你,就像我举得那么高。"兔妈妈不用脚,就把手举得很高很高。

小兔又有了好主意。它爬到床上,倒立起来说:"我爱你,到我的脚指头那么高。"

兔妈妈抱起小兔,把它高高地抛起来,说:"我爱你,到你的脚指头那么高。"

小兔笑起来,说:"我爱你,就像我跳得那么高。"小兔子使劲地跳、使劲地蹦。

兔妈妈笑起来,说:"我爱你,像我跳得那么高。"兔妈妈轻轻一跳,就跳得很高很高,好像快要到天花板了。小兔想,我要是能跳到妈妈那样高就好了。

（第3段）

小兔开动脑筋想了想,说:"我爱你,出了门口,过了小路,一直到小河边上。"

兔妈妈笑起来,说:"我爱你,一直过了小河,翻过大山,到了山的那一边。"

这真是太远了,小兔子想。它太困了,实在想不出什么来了。于是,它抬头朝高高的灌木丛上望去,一直望到一大片黑夜。它觉得没有什么东西能比天空更远了,就说:"我爱你,一直到月亮那里……"话没说完,小兔就睡着了。"噢,这真远,"兔妈妈说:"这非常远、非常远。"

兔妈妈把小兔子轻轻地放到床上,低下头来,亲亲它。祝它晚安。然后,兔妈妈躺在小兔子的身边,微笑着小声地说:"我爱你,到月亮那里,再……绕回来。"

活动二　社会——我的爸爸

【教材分析】

　　爸爸的角色在幼儿的成长道路上有着不可或缺的作用,本次活动旨在了解爸爸的特点、爱好以及工作内容,来感受爸爸的辛苦,表达对爸爸的爱意。日常生活中,由于爸爸工作忙,与幼儿在一起的时间较少,幼儿对爸爸的情感有时候会比较淡薄,对爸爸的了解和关注不够。本次活动通过欣赏故事《我爸爸》联想到自己的爸爸,让幼儿填写"我的好爸爸",调查表以及开展"爸爸本领大"、欣赏散文诗《爸爸的手》等活动,引导幼儿更多地关注爸爸,以爸爸为骄傲,加深对爸爸的了解,唤醒幼儿对爸爸的爱意与敬意。

【活动目标】

1. 能初步说出爸爸的主要特点、爱好以及工作内容,了解爸爸工作的辛苦。

2. 讲述自己和爸爸在一起的快乐时光。

3. 感受爸爸对自己的爱,大胆表达对爸爸的爱意和敬意。

【活动重点】

能初步说出爸爸的主要特点、爱好以及工作内容,了解爸爸的辛苦。

【活动难点】

讲述自己和爸爸在一起的快乐时光。

【活动准备】

1. 幼儿和爸爸共同填写或绘制的《我的好爸爸》调查表。

2. 多媒体教学资源包《爸爸的手》、绘本《我爸爸》部分情节做成的课件、幼儿学习材料《浓浓的爱》。

【活动过程】

1. 组织幼儿玩游戏"猜爸爸",引导幼儿初步了解爸爸的外貌特点。

用课件展示爸爸们的照片,请一个幼儿简单描述自己爸爸的外貌特征,请其他幼儿根据描述,猜一猜哪一个是这个幼儿的爸爸。

2. 结合课件,引导幼儿初步感知爸爸的本领。

（1）完整欣赏故事《我爸爸》,初步感知爸爸的本领。

提问:故事里的爸爸是什么样子的? 有什么本领? 他做了哪些事情让布朗觉得爸爸勇敢、强壮、聪明?

小结:故事里的爸爸既强壮又温柔,不仅什么事情都在行,而且像太阳一样温暖。

（2）结合《我的好爸爸》调查表,请幼儿交流自己爸爸的本领。

提问:你的爸爸有什么本领?

鼓励幼儿结合爸爸的工作介绍其本领,及时帮助幼儿建立正确的职业概念。

（3）请一个幼儿的爸爸现场表演自己的职业技能,如擒拿格斗、食品雕花或把班上最壮的男孩举起来等。

小结:爸爸们的长相、工作、本领不一样,他们每天工作很辛苦。他们都很棒! 小朋友们要爱他们。

3. 请幼儿欣赏配乐散文《爸爸的手》,进一步体验父子之情。

（1）通过配乐散文《爸爸的手》,了解孝敬父母的方法。

提问:散文中爸爸是怎样爱孩子的? 我们要怎样爱爸爸、妈妈?

小结:爸爸、妈妈做事情的时候不去打扰他们,有事情要好好跟爸爸、妈妈说,不能任性、乱发脾气。

（2）通过讨论,感受和爸爸在一起的快乐。

讨论:和爸爸在一起时最喜欢做的事情是什么?

提问:你最喜欢和爸爸一起做什么事? 做这些事情的时候你感觉怎么样?

4. 引导幼儿用自己的方式表达对爸爸的爱。

（1）请幼儿阅读《浓浓的爱》第1页,继续欣赏散文诗,进一步感受爸爸对自己的爱。

（2）用"我的好爸爸"调查表布置展板,请幼儿相互介绍自己的爸爸。

（3）指导幼儿制作爱心卡,表达自己对爸爸的爱。

【附】

爸爸的手

我的爸爸有一双大大的手。

爸爸的一只大手就能抓住我的两只小手,还能用另一只手托住我的屁股,把我高高举过头顶,让我在空中"飞翔"。

下雪的时候,我的小手冻得红红的,爸爸的大手使劲把我的小手搓了又搓。

我的小手虽然变得更红了,却再也不冷了。

天气炎热的时候,当星星爬满天空,爸爸的大手轻轻扇着扇子,为熟睡中的我驱赶蚊子。

爸爸的大手是一双轻巧的手,一根小圆木在他的手里,半天工夫,就能变出一个小凳子、一把手枪。

我的手也在渐渐长大,什么时候,我也能有一双爸爸那样的大手!

活动三　美术——我心目中的爸爸

【教材分析】

通过《我爸爸》这个绘本,幼儿不仅进一步了解爸爸的勇敢、强壮和带给我们的温暖,同时也能让幼儿细致地观察、表现自己爸爸的形象特点,萌发绘画我心目中爸爸的兴趣。中班幼儿虽然对人物的形象有整体的感知,但对细节和突出特征的观察,还没有积极主动的意识。因此,活动过程中,先让幼儿观察自己爸爸的照片,初步了解爸爸的形象特点,其次相互交流爸爸的面部特点,加深印象,然后通过说一说,在幼儿心里爸爸的形象特点,最后再创造性地选择绘画材料进行绘画,为创造性地表现爸爸的形象,做了良好的铺垫。

【活动目标】

1. 绘画出爸爸五官的特点,并创造性地表现我心目中爸爸的形象。

2. 能选择喜欢的绘画方式,描绘我心目中的爸爸,运用各种点、线条、图形等装饰画面。

3. 愿意用绘画的方式表现爸爸的特点,萌发对爸爸的爱。

【活动重点】

绘画出爸爸五官的特点,并创造性地表现我心目中爸爸的形象。

【活动难点】

能选择喜欢的绘画方式,描绘我心目中的爸爸,运用各种点、线条、图形等装饰画面。

【活动准备】

1. 绘本《我爸爸》图片课件,幼儿爸爸的照片人手一张。

2. 白纸、牛皮纸、刮画纸、沙画纸等;水彩笔、水彩颜料、油画棒、刮画棒等。

【活动过程】

1. 出示绘本《我爸爸》课件,回忆故事内容。

提问:在布朗心里,爸爸是一个怎样的爸爸?

　　　为什么把爸爸和太阳画在一起呢?爸爸为什么像太阳?

　　　画面中,是怎样表现爸爸这些特点的?

2. 观察自己爸爸的照片,交流分享,感知爸爸的形象特点。

提问:布朗很爱自己的爸爸,我们小朋友肯定也很爱自己的爸爸。看看你的爸爸长得什么样子?在你心里,他是一个怎样的爸爸?你想怎样绘画表现爸爸这样的特点?

小组分享后个别交流。

3. 幼儿作画,教师巡回指导。

(1)出示绘画工具,幼儿观察并自主选择自己喜欢的绘画方式。

提问:你想用什么方式,来表现自己心目中的爸爸?

(2)提出绘画要求。

引导语：作画时先画脸型，再画发型和五官。要将爸爸的面部特点表现出来，并用夸张的方式清楚地表现出，你的爸爸是一个怎样的爸爸。

（3）分组作画，教师巡回指导。

播放温馨的音乐，重点指导幼儿大胆表现爸爸的形象特点。鼓励能力强的幼儿充分运用色彩和点、线条、图形等装饰画面，使画面更加饱满。

4. 交流分享，经验提升。

（1）布置"我心目中的爸爸"展示墙，将幼儿的作品展出，相互欣赏交流我心目中的爸爸是什么样子的。

（2）个别交流展示"我心目中的爸爸"作品。

提问：在你心中，你的爸爸是一个怎样的爸爸？你会用什么方式表达对爸爸的爱？

活动四　音乐——煎荷包蛋

【教材分析】

多数幼儿见过爸爸、妈妈煎荷包蛋，对"滋滋滋""冒烟啦"等煎荷包蛋的场景并不陌生，本次活动，旨在让幼儿使用不同的乐器，表现"煎荷包蛋"和"冒烟"的节奏，体验演奏打击乐器的快乐。中班幼儿喜欢随音乐敲打乐器，也掌握了乐器的演奏方法，但对"××|××|"节奏型掌握的并不是很好。所以，本次活动，先引导幼儿在充分欣赏、感受音乐的基础上，自由创编"煎荷包蛋""冒烟"等身体动作，再通过身体动作，感受"××|××|"的节奏型，最后自主选择打击乐器，演奏乐曲，体验、表现煎荷包蛋的快乐心情。

【活动目标】

1. 学习用打击乐器奏乐曲，会自上而下连续摇铃鼓。

2. 尝试使用不同的乐器表现"煎荷包蛋"和"冒烟"的节奏。

3. 体验、表现煎荷包蛋的快乐心情。

【活动重点】

学习用打击乐器奏乐曲，会自上而下连续摇。

【活动难点】

尝试使用不同的乐器表现"煎荷包蛋"和"冒烟"的节奏。

【活动准备】

1. 请幼儿日常生活中，观察爸爸、妈妈煎荷包蛋的过程。

2. 教学图谱，铃鼓、响板、碰铃等乐器。

3. 幼儿学习材料《能干的我》，《幼儿素质发展课程·音乐》CD。

【活动过程】

1. 引导幼儿回忆已有生活经验，尝试模仿成人煎荷包蛋的动作。

提问：你吃过煎荷包蛋吗？荷包蛋是怎么做的？你能用动作模仿一下吗？

小结：煎荷包蛋是用煎的方法做成的，在制作的过程中会冒烟。

2. 请幼儿欣赏音乐，学习"××|××|"节奏型，鼓励幼儿用动作、声音，形象地表现"煎蛋""冒烟"。

（1）幼儿完整欣赏音乐，熟悉乐曲旋律。

提问：歌曲里唱了什么？歌曲里是怎样煎蛋的？你想用什么动作来表现"煎蛋""冒烟"呢？

重点指导幼儿用动作表现"煎蛋""冒烟",表扬有创意的幼儿。

（2）师幼共同用较慢的速度哼唱乐曲,完整地用动作表现乐曲。

3. 出示图谱,请幼儿自选打击乐器,根据图谱演奏乐曲。

（1）引导幼儿自主选择自己喜欢的打击乐器,与同伴说一说、试一试,回忆打击乐器的使用方法和规则。

小结:要会看手势取、放乐器;要正确使用乐器,不演奏的时候保持安静;看图谱,自主协商,轮流演奏。

（2）鼓励幼儿选择不同的乐器来表现"煎蛋""冒烟"的节奏,指导幼儿自上而下地连续摇铃鼓,练习"××|××|"节奏型。

（3）幼儿自主选择乐器,分段演奏乐曲。

要求:精力集中、节奏准确,不演奏的时候保持安静。

（4）幼儿交换乐器,再次演奏乐曲。

要求:初步学会看指挥,能和同伴较好地配合演奏。

【活动延伸】

1. 将打击乐活动延续到一日活动和家庭中,开展打击乐演奏会,引导幼儿继续演奏和表演。

2. 请幼儿阅读《能干的我》第17页,自主选择乐器或用生活中能发出声音的物品充当乐器,根据图谱演奏打击乐。

煎荷包蛋

【教材分析】

本次活动,旨在引导幼儿用生活中常见的书,进行厚薄比较,使幼儿知道比较厚薄的多种方法,理解厚薄是相对的。中班幼儿对物体的厚薄已经有了初步的感知,在日常生活中,常常会互相讨论、比较谁厚谁薄。但是,大多数幼儿对物体厚薄的相对性以及根据物体的厚薄差异

活动五 数学——厚厚薄薄的书

进行排序的方法,还不是很明确。因此,本活动借助绘本图书等多种材料,让幼儿在感知、区别厚薄中,初步学习按厚薄进行排序。

【活动目标】

1. 知道比较厚薄的多种方法,理解厚薄是相对的。

2. 能区别物体的厚薄,并按物体的厚薄差异,进行 5 个以内数的排序。

3. 感受区别厚薄的有趣,通过合作比较,体验快乐。

【活动重点】

知道比较厚薄的多种方法,理解厚薄是相对的。

【活动难点】

能区别物体的厚薄,并按物体的厚薄差异,进行 5 个以内数的排序。

【活动准备】

每组厚薄不同的绘本图书、木板、围巾、袜子、毛巾、饼干盒、鞋盒、饮料。

【活动过程】

1. 出示厚薄不同的物体若干,引导幼儿观察他们的不同,初步感知厚薄的概念,学习用目测的方法比较厚薄。

（1）通过谈话活动,引起幼儿区分厚薄的兴趣。

谈话:小朋友冬天穿的衣服比你们现在穿的要怎样？（厚）那现在穿的呢？（薄）

（2）出示木板,感知厚薄,知道比较厚薄,需要两样或两样以上的东西进行比较。

提问:我这里有一块木板,你们觉得是厚还是薄呢？那我现在再拿出一块,现在这块木板是厚还是薄呢？

小结:原来一样物体是不能比较厚薄的,要两样或两样以上的物体才能比较厚薄。

（3）学习目测方法比较厚薄。

提问:刚才你是用什么方法知道的这块木板厚薄的。（用眼睛看）你们的小眼睛真亮呢,一看就知道厚薄。

小结:这种通过用眼睛看比较厚薄的方法叫目测法。

2. 通过出示围巾,学习触摸法比较厚薄。

（1）教师出示围巾,引导幼儿猜想比较厚薄的方法。

提问:天气变得冷起来了,我要围上暖暖的围巾。

请你们想想看,这两条围巾我戴哪条比较暖和？你是用什么办法知道的呢？

（2）通过运用触摸来区分厚薄,引导幼儿了解触摸法,并把围巾由厚到薄从左到右排排队。

提问:请小朋友来摸一摸,试试哪条厚、哪条薄？ 并说出厚的、不厚也不薄的、薄的。

小结:用摸一摸来比较厚薄的方法叫触摸法。

3. 通过出示绘本图书,运用并放比的方法比较厚薄。

提问:我这里有两本书,谁来告诉我哪本书厚？哪本书薄？

小结:对于有些厚薄不明显的物体,我们可以用并放比的方法比较厚薄。

4. 创设超市情境,通过游戏复习比较厚薄。

（1）出示不同厚薄的东西,巩固比较厚薄的方法。

引导语:刚才小朋友学习了比较厚薄的多种方法,动物超市的售货员想请你们帮帮忙,你们愿意吗？

提问:超市有很多物体需要找到自己的家,并且要按照厚薄摆放整齐,你看有用品区、饮料区、食品区、玩具区、图书区。现在请每个小朋友去选 5 样物品,先去找到它们的家,然后再按照厚薄进行比较。

（2）通过幼儿集体操作,学习按物体的厚薄差异,进行 5 个以内数的排序。

提问:你可以从厚到薄,也可以从薄到厚地帮它们排排队。

（3）通过师幼共同检验,巩固按物体的厚薄差异,进行 5 个以内数的排序。

小结:今天我们学会了很多种办法去比较厚薄,可以用眼睛看、用手摸,也可以并放在一起进行比较。并且帮动物超市的管理员把货物整理整齐了。

5. 寻找、操作,在生活中感知厚薄。

我们的家里、教室里都有很多的东西可以用来比较厚薄,那现在我们就到教室里去找一找比一比吧!

小红帽送糕点

【教材分析】

本次活动旨在让幼儿巩固学习走平衡木、曲线跑的动作要领,培养幼儿身体的灵活性和协调性。中班幼儿之前已经有了走平衡木和曲线跑的经验,为了巩固所学的动作要领,以及让能力较弱的幼儿再次练习,所以我们以"小红帽送糕点"为主线,通过"为爷爷、奶奶送糕点"的游戏情境,引导幼儿以小红帽的角色参与其中,通过越过障碍物,把糕点送到篮子里,与同伴合作游戏等形式,掌握走平衡木、曲线跑的动作要领,体会成功的快乐,激发爱爷爷、奶奶的情感。

【活动目标】

1. 巩固学习走平衡木、曲线跑的动作要领。

2. 能在慢跑和快跑中,安全地通过各种障碍。

3. 喜欢参与体育游戏,遵守游戏规则。

【活动重点】

巩固学习走平衡木、曲线跑的动作要领。

【活动难点】

能在慢跑和快跑中,安全地通过各种障碍。

【活动准备】

1. 平衡木 4 条、梅花桩若干,糕点(小棉纱包代替)若干,篮子 4 个。

2.《小红帽》的音乐。

3. 布置游戏场地(见下图)。

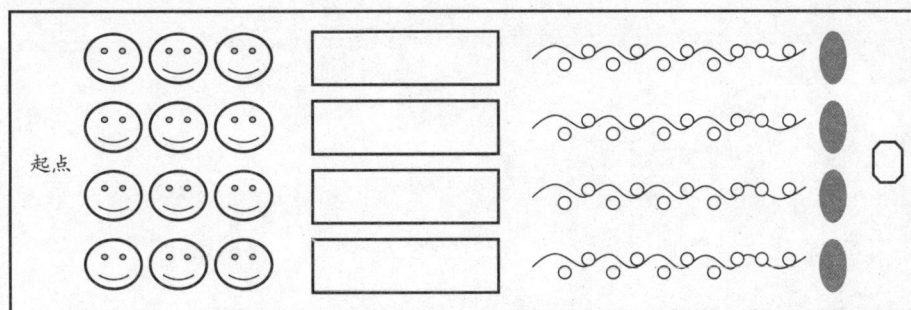

【活动过程】

1. 创设"小红帽送糕点"的游戏情境,带领幼儿进行热身,激发幼儿活动兴趣。

带领幼儿随音乐《小红帽》进行热身运动。

2. 通过复习巩固走平衡木、曲线跑的动作要领,做好游戏前的准备。

（1）引导幼儿回忆原有经验,小结走平衡木、曲线跑的动作要领。

平衡木:双手打开,调节身体平衡,眼睛看脚前方,稳稳地快速通过。

曲线跑:身体前倾微微侧,脚前掌外蹬要用力,同时别忘转变方向,外侧手臂使劲摆,看谁跑得快又快。

（2）请个别动作规范的幼儿示范。

3. 组织幼儿玩游戏"小红帽送糕点",指导幼儿安全地通过各种障碍。

（1）玩法与建议:将幼儿分成数量相同的 4 纵队。听到发令后,每队第一个幼儿快速持糕点走过独木桥,绕过梅花桩曲线跑,把手中的糕点放到外婆的篮子里,跑回来与下一个幼儿击掌,游戏继续。送糕点速度最快的一组获胜。

规则:每个幼儿一次放一个糕点。幼儿返回并与下一个幼儿击掌后,游戏方可继续。

（2）活动中关注幼儿越过障碍物、走平衡木、曲线跑的动作要领,及时给予纠正,并关注幼儿的安全。

4. 随《小红帽》的音乐,做放松运动。

让幼儿随音乐,放松身体各部位,结束比赛。整理器械,准备回班。

第3周 我喜欢我的伙伴

环境创设

1. 创设"好朋友一起玩"的主题墙饰，设置以下三个板块："介绍我自己"，展示幼儿用绘画表征的"我的介绍卡"，让幼儿互相了解；"我会分享"，展示生活中幼儿分享玩具、图书、食物等的照片，让幼儿相互学习；"加入同伴游戏方法多"展示幼儿用绘画表征和同伴游戏的方法，让幼儿学习交往的方法。

2. 创设"好朋友精彩"主题板块，张贴幼儿和同伴游戏的精彩瞬间，让幼儿认识到好朋友在一起真快乐。

生活活动

1. 指导幼儿学会保护图书，看书时能轻拿轻放，不争抢图书。

2. 指导幼儿懂得在生活中关心爱护同学，在朋友需要帮助时，能够主动帮助别人。

3. 开展以大带小的活动，引导幼儿爱护弟弟妹妹，不欺负弱小。喜欢自己的幼儿园和班级，感受集体带来的幸福感。

4. 愿意和伙伴交换玩具、轮流、分享玩具，有经常一起玩的伙伴，愿意接受意见和建议，不欺负弱小。

家长与社区教育

1. 请家长在家中鼓励幼儿尝试使用筷子进餐。

2. 在班级中成立"家庭友好小组"，定期开展做客、外出郊游等活动，引导幼儿养成良好的礼貌品质，学习谦让、分享、轮流等交往的方法。

3. 请家长鼓励幼儿将自己喜欢的玩具、图书等，带到幼儿园与同伴分享。

教学活动

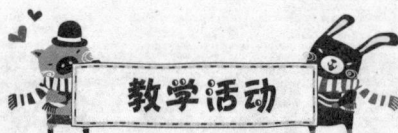

活动一 语言——《天生一对》

【教材分析】

绘本《天生一对》说的是，这两个看似完全不同的朋友，在经历相识、相知、相爱之后，如何获得周围朋友认同的故事，本次活动旨在，通过观察图片和猜测，将自己的想象表达出来，锻炼幼儿的语言表达能力。中班幼儿能够根据图片大胆猜测故事内容，但并不能很好地、完整地，将自己的想象表达出来。所以，活动中通过看一看、讲一讲的形式帮助幼儿理解故事内容，再通过渐进提问、猜想回答等方式，引导幼儿将自己的理解表达出来。

【活动目标】

1. 理解故事中长颈鹿和鳄鱼之间相关的情节，知道获得周围朋友认同的方法。

2. 能通过细致的观察和猜测，大胆想象，用较完整的语言讲述故事中的对话。

3. 感受长颈鹿和鳄鱼之间浓浓的爱与和谐。

【活动重点】

了解长颈鹿和鳄鱼吃冰激凌、闻糖果、看电影、救火的情节。

【活动难点】

能通过细致的观察和猜测，大胆想象，用较完整的语言讲述故事中的对话。

【活动准备】

1. PPT 课件，白雪公主与王子的图片，苹果、卡车、大树、电脑的图片。

2. 对"一对""配对"的理解。

【活动过程】

1. 图片导入，通过理解生活中的配对，引起幼儿配对兴趣。

（1）出示白雪公主和王子的图片，理解般配的一对的意义。

提问：他们是谁？你认为他们般配吗？

小结：王子和公主他们美丽帅气，他们真是般配的一对。一对总是由两个组成的，两个在一起就成了一对。

（2）出示苹果、卡车、大树、电脑图片，表达对配对的理解。

提问：这里有 4 样东西，请你也用两个、两个把他们配成对。谁和谁是一对？为什么？

小结：我们把 4 样不同的东西配成了这么多对，而且大家的理由也很充分。无论是相同的东西，还是不同的东西，只要有理由，我们都能把他们配成一对。

2. 逐幅出示课件，通过提问引导幼儿理解故事，知道获得周围朋友认同的方法。

（1）出示图片 1（出示长颈鹿和鳄鱼的图片），猜测长颈鹿和鳄鱼是否配对。

提问：这两位，他们般配吗？为什么？那他们到底是不是一对呢？我们一起来看一看。

（2）通过逐步出示图片 2～3 页，理解本不默契的长颈鹿和鳄鱼，在生活中遇到问题时，是如何解决的。

提问：长颈鹿和鳄鱼他们在干什么？

小结：高高的长颈鹿来抛硬币，矮矮的鳄鱼来接硬币，他们俩配合得真好。高高的长颈鹿吃冰激凌的上面,矮矮的鳄鱼吃冰激凌的下面,他们配合得非常默契。

(3)通过出示图片4,引导幼儿猜想,表述出长颈鹿和鳄鱼的朋友们认为它们不般配。

提问:大家是怎么看小鳄鱼的?为什么要用奇怪的眼神看小鳄鱼?

大家是怎么看长颈鹿的?为什么要用奇怪的眼神看长颈鹿?

小结:不管是长颈鹿城的长颈鹿还是鳄鱼城的鳄鱼,大家都觉得他们是奇怪的一对。

提问:你觉得他们般配吗?为什么?

(4)通过出示图片5～8,理解长颈鹿和鳄鱼是如何获得周围朋友认同的。

提问:接下来又发生了什么事儿?你怎么能看出是发生了紧急的事情?

长颈鹿和鳄鱼运用了什么办法?

小结:长颈鹿的胳膊伸得直直的,脚垫得高高的,变成了一个梯子,小鳄鱼站在长颈鹿的头上爬到充满烟雾的房间里,一个接一个地让受困的小鳄鱼顺着长颈鹿的梯子爬下来,最后还救了鳄鱼奶奶。

提问:可是小鳄鱼自己还没出来,怎么办?他们用了什么办法?

小结:鳄鱼从窗户跳下来,刚好被长颈鹿牢牢的接住,长颈鹿紧紧地抱着鳄鱼,鳄鱼最后也获救了。现在你觉得鳄鱼和长颈鹿他们般配吗?为什么?

3.完整欣赏故事,进一步感受长颈鹿和鳄鱼之间浓浓的爱与和谐。

教师小结引出故事:其实,鳄鱼先生和长颈鹿小姐是一对夫妻,他们是"天生一对"。为什么说他们是"天生一对"呢?他俩还发生了哪些有趣的事情呢?我们来看看这本书吧!

【附故事】

天生一对

鳄鱼和长颈鹿是一对爱人,他们真心相爱。虽然长颈鹿那么高大,鳄鱼那么矮小,但是他们住在非常特别的房子里,不用担心高矮的问题。时间久了,他们觉得有些无聊,决定到城里去逛一逛。

"去鳄鱼城,还是长颈鹿城?"长颈鹿问,他把一枚硬币高高地抛起。鳄鱼接住了,结果是——长颈鹿城!鳄鱼说:"把车开过来吧!"他们坐上一辆长颈鹿、鳄鱼两用车,驶向长颈鹿城。

到了长颈鹿城他们做的第一件事就是吃个冰激凌。接着他们走进一家糖果屋,闻一闻各种甜蜜的味道。他们来到广场上,听到大家都在叽叽喳喳地说个不停。孩子们指着鳄鱼叫道:"呀,小不点儿,小不点儿!"接着长颈鹿们开始嘲笑起来:"看啊,好奇怪的一对呀。"长颈鹿说:"咱们快走吧!去鳄鱼城就没有人嘲笑咱们了。"

到了鳄鱼城他们去看电影,但是周围的观众都在窃窃私语,向他们投来奇怪的目光,电影结束后,听到有人指着长颈鹿说:"原来,银幕上那个好大好大的阴影就是他呀?""好奇怪的一对呀!"大家咯咯咯地笑起来。小鳄鱼们看到了长颈鹿居然吓得转身就逃!鳄鱼和长颈鹿非常难过,他们决定回家去,那里没有人取笑他们,也没有人会受到惊吓。

就在这时他们听到有人在大喊:"救命,救命!"接着传来了消防车的警笛声。长颈鹿立刻迈开大步,抱着鳄鱼向出事现场飞奔而去。原来是一栋鳄鱼房子着火了!四只小鳄鱼和他们的奶奶正在拼命地喊救命,可因为交通堵塞,消防队还没有及时到达。赶到的长颈鹿够不到顶层,这时候的它,显得太矮了!要够到窗户刚好差一只鳄鱼的高度。长颈鹿摆出一个姿势,好像一架梯子,他和鳄鱼互相看了看,鳄鱼从长颈鹿的身上爬到顶楼,冲进充满烟雾的楼梯,将小鳄鱼一只只递出来,最后还救出了鳄鱼奶奶。这天晚上,鳄鱼们举办了一场盛大的庆祝会,许多长颈鹿也来参加,因为大家都听说了他们的英勇事迹,而长颈鹿那动人的造型也被大家夸奖了一遍又一遍。

在场的鳄鱼和长颈鹿们决定同心协力，重建被烧毁的房子。后来，许多新的友谊建立起来了，许多"奇怪的恋人"出现了……

活动二　社会——爱心小·天使

【教材分析】

本次活动旨在让幼儿善于发现他们身边的爱心事例，学习、模仿、关心、体贴伙伴的好方法。中班幼儿懂得要帮助别人的道理，但日常生活中容易忽视别人的情绪，缺乏关心、体贴、帮助他人的方法。本次活动利用绘本故事《一粒小米种子》让幼儿学会分享、关心他人，通过发生在幼儿身边的事，感知帮助别人给自己带来的快乐，结合实际情境，提醒幼儿关注他人的情绪，了解他人的需要，鼓励幼儿给予他人适当的关心和帮助。

【活动目标】

1. 能关注周围人的情绪，有关心、体贴的表现。
2. 善于发现身边的爱心事例，能用基本完整的语言介绍给同伴。
3. 体验帮助别人的快乐。

【活动重点】

能关注周围人的情绪，有关心、体贴的表现。

【活动难点】

善于发现身边的爱心事例，能用基本完整的语言介绍给同伴。

【活动准备】

1. 幼儿学习材料——操作材料②，幼儿学习材料——《我的想象》，《幼儿素质发展课程·多媒体教学资源包》课件33。

2. 提前收集幼儿帮助周围人的照片，布置图片展。

【活动过程】

1. 播放课件，请幼儿欣赏故事《一粒小米种子》，激发幼儿关心、帮助别人的愿望。

（1）通过阅读绘本，引起幼儿兴趣。

提问：故事里面讲了一件什么事？

小结：小鸡连克有好东西时总是愿意与同伴分享，分享就是有了好吃的和别人分着吃，有好玩的东西和别人一起玩，有好书能轮流看，感知帮助别人和被别人帮助都是快乐的。

（2）请幼儿围绕"故事中的小鸡是个什么样的小动物"展开讨论，激发幼儿关心、帮助别人的愿望。

小结：有爱心的小朋友会用关心、帮助别人的方法，让自己的爱心像小天使一样插上翅膀，传播到每一个角落。

2. 请幼儿参观照片展，了解生活中同伴是如何相互关心、相互体贴的。

（1）请幼儿自主观察照片，说说谁是"爱心小天使"，鼓励幼儿说明理由。

（2）请个别幼儿讲述，可根据具体情况请被帮助的小朋友谈谈自己的感受。

小结：爱心可以给别人带来快乐和温暖。

（3）为照片中关心和帮助别人的小朋友颁发"爱心小天使"徽章（操作材料②）

3. 鼓励幼儿结合生活经验讲述自己身边的爱心事件。

请幼儿回顾、讲述生活中自己的小故事，师幼共同进行评价，颁发"爱心小天使"徽章。

4. 请幼儿观看课件"爱在行动"，了解在我们的周围还有许多人在默默地关心、帮助别人，例如,为没带雨伞的老人打伞,主动扶起摔倒的人,帮助老奶奶过马路,捡拾公共场所的垃圾,为有需要的人让座等。

【活动延伸】

1. 请幼儿回家和爸爸、妈妈一起阅读《我的想象》第6~7页,判断图片中哪些小朋友可以得到"爱心小天使"徽章,说明原因。

2. 继续运用"爱心小天使"徽章,激励幼儿平日在幼儿园、家里关注别人的情绪,主动帮助、关心别人。

活动三 数学——明天什么时候来

【教材分析】

本次活动旨在引导幼儿认识"昨天""今天""明天",这可以帮助幼儿建立初步的时间概念,使幼儿懂得珍惜时间。中班幼儿对时间的概念比较模糊,不理解时间顺序,在日常表达中经常混淆"昨天""今天""明天"。本次活动我们通过阅读图书《明天什么时候来》,联系幼儿的生活经验,将时间认知与幼儿日常生活活动相结合,将幼儿对时间的认识建立在生动、直观、形象的基础上,帮助幼儿进一步理解"昨天""今天""明天"的概念。

【活动目标】

1. 知道"昨天""今天""明天"的含义,了解三者的前后顺序,建立初步的时间概念。

2. 能在日常生活中,正确使用"昨天""今天""明天"进行表达。

3. 懂得时间的宝贵,知道应珍惜时间。

【活动重点】

知道"昨天""今天""明天"的含义,了解三者的前后顺序,建立初步的时间概念。

【活动难点】

能在日常生活中正确使用"昨天""今天""明天"进行表达。

【活动准备】

1. 日历,一周天气和一周食谱图表,操作卡(注:操作卡上的文字"昨天""今天""明天"用黄、红、绿3种颜色进行区分),天气图标、食物图片、胶棒、笔,幼儿每人1份。

2.《幼儿素质发展课程·多媒体教学资源包》课件40。

【活动过程】

1. 出示日历,请幼儿迅速在日历上找出"今天"的日期,引起幼儿学习兴趣。

2. 与幼儿园一起阅读图书《明天什么时候来》,组织谈话活动,引导幼儿初步了解"昨天""今天""明天"的前后顺序。

(1)通过对比今天,感知昨天。

提问:今天天气怎么样?今天是谁送你来幼儿园的?今天早饭你吃的是什么?

将时间换成昨天,问相同的问题,引导幼儿使用今天、昨天这两个词来回答。

小结:今天是正在过去的这一天,昨天是已经过去的一天,昨天的事情都是已经发生过的。

(2)引导幼儿通过猜测,了解和明天相关的事情。

提问:明天的天气会怎样?明天会发生什么特别的事情?为什么大家说的都不一样?

小结:明天还没到,明天的事情还没有发生。

(3)请幼儿分别在日历上找出昨天和明天。

小结:今天的前一天是昨天,今天的后一天是明天。

3. 请幼儿分组操作,进一步感知、理解"昨天""今天""明天"。

（1）讲解"气象卡""食谱卡""活动区卡"的操作内容和要求。

（2）请幼儿自主选择一组内容进行操作。

（3）引导幼儿展示、介绍自己的操作卡,在介绍中巩固对"昨天""今天""明天"三个时间词汇的正确理解和使用。

第1组"气象卡":请幼儿根据提供的一周天气图表,将"昨天""今天""明天"相应的天气图标贴在操作卡上。

第2组"食谱卡":请幼儿根据提供的一周食谱图表,将"昨天""今天""明天"相应的食物图片贴在操作卡上。

第3组"活动区卡":请幼儿用简笔画画出,自己昨天、今天玩过的区域以及明天想要玩的区域。

4. 播放课件,引导幼儿欣赏故事《小猴造房子》,学习运用"昨天""今天""明天"正确地进行表达,懂得要珍惜时间。

（1）通过欣赏故事,学习运用"昨天""今天""明天"正确地进行表达。

提问:这只贪玩的小猴子昨天都做什么了? 小猴子今天在做什么? 鼓励幼儿猜想小猴子明天将要做的事情。

（2）通过讨论,引导幼儿懂得珍惜时间。

讨论:小猴子为什么没有造好房子? 你认为小猴子应该怎样做?

小结:时间过得很快,如果像小猴子一样把昨天的事情留到今天做,把今天的事情留到明天做,事情永远也做不完、做不好,小朋友要学会珍惜时间。

【附故事】

小猴子造房子

小猴子想造房子,备好建房用的材料后,擦擦头上的汗说:"明天开始建房子吧。"

第二天,天气真晴朗。小猴子看看太阳说:"这么好的天气,该去玩一玩,明天再建房子吧,今天可以不用住房子。"就这样,时间一天一天过去了,小猴子还是把建房子的任务推到明天。

天气渐渐冷了,房子还没有建好,小猴子没房子住,心里后悔极了。

〔选自:青岛出版社2019年版《幼儿素质发展课程教师用书》中班（下）〕

活动四　音乐——娃娃舞

【教材分析】

有些地区的人们,会在庆祝的时候,戴上大头娃娃进行表演,形式一般为两人或多人表演,互相嬉戏追逐。本次活动旨在通过跳娃娃舞,学会跟随乐曲大胆创编动作,体验与同伴共同舞蹈的快乐。中班幼儿能跟着音乐自己手舞足蹈地表演,但在创编动作和与同伴互相协作、共同舞蹈方面还需要学习。所以,在活动中创设便于幼儿理解的故事情境,带领幼儿在情境中,创编扭腰、踢腿、摇头晃脑等动作,再通过示范邀请舞的玩法,引导幼儿与同伴共同表演大头娃娃之间玩耍、嬉戏、庆祝的场景。

【活动目标】

1. 感受音乐旋律,掌握乐曲结构,能跟随乐曲有节奏地跳娃娃舞。

2. 能够根据乐曲大胆创编捉迷藏的动作,并与同伴配合掌握,邀请者与被邀请者互换位置的方法。

3. 体验与同伴扮演大头娃娃玩游戏时的快乐情绪。

【活动重点】

感受音乐旋律,掌握乐曲结构,能跟随乐曲有节奏地跳娃娃舞。

【活动难点】

能够根据乐曲大胆创编捉迷藏的动作,并与同伴配合掌握,邀请者与被邀请者互换位置的方法。

【活动过程】

1. 通过播放音乐《娃娃舞》,引导幼儿欣赏乐曲,感受乐曲欢快的节奏。

提问:听了乐曲你有什么感觉?

小结:这是一首大头娃娃表演的音乐,两个人互相嬉戏、追逐,非常开心。

2. 组织幼儿观看大头娃娃表演的视频,帮助幼儿了解大头娃娃的外形特征和动作特点。

提问:大头娃娃是怎么走路的?

教师和幼儿共同回忆大头娃娃走路时摇头晃脑的样子。教师示范,带领幼儿练习娃娃步。

3. 引导幼儿学跳娃娃舞,感受大头娃娃跳舞的快乐。

(1)教师用故事情节讲解舞蹈内容:大头娃娃高高兴兴走出门去邀请好朋友玩,看见朋友后先邀请、拥抱,接着两人玩起了捉迷藏游戏。天黑了,大头娃娃送朋友回家,和朋友告别,启发幼儿用不同的动作创造性地表现邀请、拥抱、捉迷藏等。

(2)播放音乐,教师带领幼儿,跟随音乐有节奏地练习摇头晃脑、摆手、邀请等动作,表现大头娃娃欢快跳舞的情境。

(3)教师示范邀请舞的玩法,帮助幼儿理解角色转换的过程。第 2 遍音乐响起时,被邀请者转换为邀请者,跟随音乐模仿大头娃娃的样子,循环开展游戏。

4. 播放音乐,集体玩捉迷藏游戏。

讨论:两个人怎样玩捉迷藏的游戏?怎样用动作表现一躲一藏的情景?

启发幼儿根据一躲一找的要求,创编捉迷藏的动作,并提醒幼儿表现出和朋友捉迷藏的愉快情绪。

5. 待幼儿熟练掌握舞蹈后,创编动作表现音乐。可启发幼儿创编其他的游戏动作,如踢毽子、拍球等,来替换舞蹈中好朋友一起玩捉迷藏的游戏情节与动作。

【动作建议】

前奏:幼儿们站成圆圈,面向圆心拍手,请几个幼儿在圈中做邀请者。

1~8 小节:邀请者在圈中做娃娃步。

第 1 拍:右腿屈膝,右小腿向旁踢起,头、身体向同侧倾斜,双手五指分开(巴掌)向左侧拉开。

第 2 拍:落右腿抬左腿,动作与上一拍相同,方向相反。

第 8 小节:邀请者站在圈上任意一个幼儿面前,这个幼儿便是被邀请者。其余幼儿随音乐一拍一下地拍手。

第 9 小节:邀请者与被邀请者左手叉腰,右脚跟在前方点地,同时右手在前方摊开做邀请状。

第 10 小节:右手和右脚还原。

11~12 小节:两人面对面双手叉腰,半蹲扭腰。

13~14 小节:两人碎步走成背靠背。

15~16 小节:动作同 11~12 小节,还是背靠背。

17～20 小节：两人做一躲一找状，共重复 4 次。

21～24 小节：两人走娃娃步，被邀请者将邀请者送到圈上，被邀请者变成邀请者。

25～26 小节：动作同 11～12 小节，互相打招呼告别，舞蹈继续。

活动五 美术——好朋友在一起

【教材分析】

本次活动旨在通过绘画好朋友的正面像，学会用线条表征出人物的主要特征。中班幼儿已经能够有意识地用图形、线条表达自己的认知，只是在绘画中，对人物主要特征的把握不够准确，同时对绘画主题的表现方式也比较单一。本次活动则是引导幼儿在阅读、理解绘本《当我们同在一起》的基础上，迁移生活经验，说一说自己与好朋友在一起的快乐故事，不断丰富幼儿的绘画经验；再通过带领幼儿玩"个性小孩"的游戏，引导幼儿看图形猜朋友，不断认知朋友的基本特征，为更好地表现朋友的特点打好基础。

【活动目标】

1. 能画出好朋友的正面像，初步学会表现好朋友的主要特征。

2. 尝试用不同的线条进行装饰。

3. 能向同伴介绍自己的作品，愿意表达对好朋友的喜爱之情，体验与好朋友在一起的快乐。

【活动重点】

能画出好朋友的正面像，初步学会表现好朋友的主要特征。

【活动难点】

尝试用不同的线条进行装饰。

【活动准备】

1. 水彩笔，幼儿学习材料《美术用纸》第 1 页。

2. 自制课件《个性小孩》：圆形、方形、椭圆形等不同形状的图片，本班小朋友的照片，"大长腿""小胖肚瘦高个儿"等表现人物特点的图片。

3. 布置"好朋友手拉手"展示台，为粘贴、摆放幼儿作品做准备。

4. 绘本《当我们同在一起》图片课件。

经验准备：

阅读理解绘本《当我们同在一起》。

【活动过程】

1. 出示《当我们同在一起》绘本课件，回忆故事内容，引起幼儿兴趣。

提问：故事当中都有谁？它们在一起做了哪些有趣的事情？它们的心情是怎样的？

2. 组织幼儿玩游戏"猜一猜"，请幼儿说出自己好朋友的主要特征，让同伴一猜，初步感受朋友的特点。

3. 组织幼儿玩游戏"个性小孩"，帮助幼儿进一步了解好朋友的特征。

（1）出示圆形、方形、椭圆形等不同形状的图片以及本班小朋友的照片，幼儿观察后说一说照片中小朋友的相应脸型。

（2）出示"大长腿""小胖肚""瘦高个儿"的图片，请幼儿找一找自己的好朋友，属于哪一种类型；鼓励幼儿进行发散思维，说一说自己的好朋友还属于哪一种类型，可以怎样表现。

4. 开展"画画我的好朋友"活动，请幼儿画出好朋友的正面像，并用不同的线条装饰，初步学习表现好朋友的主要特征。

（1）引导幼儿和好朋友坐在一起,播放不同的场景,如在幼儿园的草地上、游戏区里等,请幼儿回忆并说一说,在这里和好朋友一起做过什么开心的事情。

（2）通过讨论,引导幼儿明确绘画内容。

讨论:如果让你画一画,你想怎样画?

（3）幼儿绘画,教师巡回指导,提醒幼儿正面像尽量画大,表现好朋友的特征,鼓励幼儿运用不同的线条进行装饰。

请幼儿将自己的作品,摆放在"好朋友手拉手"展台上,师幼共同欣赏,进一步感受作品内容的丰富,体验与好朋友在一起的快乐。

交流:你喜欢哪一幅画?为什么?

引导幼儿从人物的线条、特征以及画面布局等方面进行评价。

交流:画面中你与好朋友在一起做什么了?你的心情怎样?

鼓励幼儿在生活中交更多的朋友。

体育活动

超级小飞侠

【教材分析】

本次活动通过玩小飞侠的游戏,学习肩上投掷的本领,发展幼儿手眼协调能力。中班幼儿喜欢小飞侠玩具,喜欢装扮成小飞侠进行投掷,但投掷击中障碍物的概率非常低。所以,本次活动通过创设"小飞侠救助小动物"的游戏情境,指导幼儿练习肩上挥臂投掷,打"怪兽"的动作,掌握肩上挥臂投准的动作要领,锻炼幼儿手臂的力量和肢体的协调性,培养幼儿勇敢的品质。

【活动目标】

1. 掌握肩上投掷的基本动作要领,能投掷 4 米左右。

2. 能用力向前投掷击中障碍物,锻炼手眼协调能力。

3. 培养责任感和勇敢的品质。

【活动重点】

掌握肩上投掷的基本动作要领,能投掷 4 米左右。

【活动难点】

能用力向前投掷击中障碍物,锻炼手眼协调能力。

【活动准备】

1. 小飞侠的头饰,怪兽的面具,小动物毛绒玩具若干,沙包若干,轮胎、拱门等。

2. 背景音乐,勇士奖章若干。

【活动过程】

1. 出示小飞侠头饰,带领幼儿进行热身,引发活动兴趣。

提问:你喜欢小飞侠吗?小飞侠有哪些特殊的本领?

带领幼儿跟随音乐模仿小飞侠练本领,做身体侧伸、前后摆臂、弯腰走路、双跳等动作。

2. 创设"怪兽抓走小动物"的游戏情境,引导幼儿探讨肩上抛物的方法,并进行练习。

（1）引导幼儿讨论救助小动物的方法,并进行练习。

提问:这里有什么武器？我们可以怎样打跑怪兽？

引导幼儿练习肩上挥臂投掷沙包的动作。

（2）组织幼儿探讨、梳理,肩上挥臂投掷的动作要领。

提问:你是怎样投掷的？怎样能又快又准地打到怪兽？

梳理肩上挥臂投掷的动作要领:侧身站立,手持沙包屈臂于肩上,瞄准目标,向斜上方用力挥臂抛出沙包,请幼儿再次练习。

3. 组织幼儿玩游戏,练习肩上挥臂投掷的动作,锻炼手眼协调能力。

（1）介绍游戏玩法与规则。

玩法:将幼儿分为4组,分别站在起点处准备。游戏开始,每组第1个幼儿出发,钻过山洞（拱门）,跳过小河（轮胎）,在肩上挥臂投掷沙包,打到怪兽后,抱着小动物跑回来,拍下一个幼儿的手,下一个幼儿出发。第1个幼儿站到队伍的后面,对怀抱中的小动物说一句安慰的话。

规则:每次只能救一个小动物；前一个幼儿与下一个幼儿击掌后,下一个幼儿才可以出发；安全区采用循序渐进推远法,先是3米,然后调整为4米。

（2）幼儿玩游戏,教师观察、指导,重点对幼儿肩上挥臂投掷的动作进行评价,可请投得准的幼儿示范。

（3）为救出小动物的幼儿颁发勇士奖章。

4. 创设"小飞侠在森林中快乐舞蹈庆祝"的情境,带领幼儿跟随舒缓的音乐放松身体。

主题五　生活中的大发现

活动区活动
1. 生活中的小工具
2. 理发店
3. 粉刷匠
4. 学做小木工
5. 小木工
6. 家庭急救箱

教学活动
1. 好习惯体验日：合作真快乐
2. 去麦克家看工具房
3. 各种各样的刷子
4. 学习 5 以内的序数
5. 洗衣机转转转

户外体育活动
1. 小猴子本领
2. 好玩的绳子

第 1 周　有用的工具

教学活动
1. 纸奶奶过生日
2. 各种各样的纸
3. 认识椭圆形
4. 小人书不要哭
5. 纸绳贴画

生活中的发现

教学活动
1. 铃儿在说话
2. 会说话的标志
3. 学习 2～5 的相邻数
4. 会说话的服饰
5. 好看的风铃

第 2 周　多样的纸　　第 3 周　它们会说话

户外体育活动
1. 好玩的报纸
2. 顶纸盒活动

户外体育活动
1. 听声音找朋友
2. 摘果子

活动区活动
1. 纸制品超市
2. 纸牌搭建
3. 纸面具舞会
4. 剪纸大挑战
5. 小裁缝
6. 家庭工具箱

活动区活动
1. 我是小小交通警
2. 信号灯
3. 小青岛灯塔
4. 叮咚小门铃
5. 连连看
6. 消防急救箱

主题价值

随着观察力、注意力水平的不断提高，中班幼儿了解周围世界的视野更宽了，对于生活中的各种事物，他们不再是单纯的好奇，而是想知道"是什么""为什么"，更想探究其中的奥秘。本主题活动从幼儿生活中常接触和感兴趣的事物入手，围绕"有用的工具""多样的纸""它们会说话"3个次主题，引导幼儿关注、了解一些常见的工具及日常用品等与人们生活的密切关系，引发幼儿自主观察、探究其中秘密的兴趣，支持幼儿在接触生活事物和现象中主动探究，积累有益的直接经验和感性认识。同时，引导家长在日常生活中与幼儿一起讨论、分享自己的发现与问题，让探索的乐趣渗透到幼儿的生活中。

主题目标

★善于观察和发现，愿意动手动脑观察生活中的事物，并探索其中的奥秘。

1. 积极参与体育游戏，能侧面钻过高低不同的障碍物，探索报纸运球、抛接球等玩法，掌握从高处往下跳和原地纵跳的动作要领，发展动作的灵活性，增强身体素质。

2. 理解故事内容，完整朗诵诗歌，尝试用肢体语言表现故事情节，较完整地讲述故事中的对话。

3. 关注生活中的事和物，会辨认常见公共设施的标志及不同行业的人使用的工具包等，懂得按标志提示做事情，尊重不同行业的人的劳动。

4. 对生活中常见的日用品、小工具、服饰等感兴趣，愿意探索它们的特点和用途，感知它们与人们生活的关系；认识椭圆形，学会顺数和倒数，感知图形、数字在生活中的应用，体验学习数学的乐趣。

5. 能用声音、动作、表情等创造性地表现洗衣机洗衣服的过程，能运用泥塑、手工制作、纸绳贴画等形式表现常见的日用品与饰品，发展想象力和创造力。

区域活动安排

区域名称	活动名称	活动准备	活动指导建议
结构区	生活中的发现	雪花片、生活中的小工具的图片;扑克牌若干,幼儿学习材料一《生活中的发现》;小青岛灯塔的图片、积木若干、薯片筒等辅助材料	1. 生活中的小工具: ● 指导幼儿使用雪花片运用一字插、十字叉、整体插等方法进行生活中小工具的拼插,如锤子、钉子、钳子等。 ● 指导幼儿观察各种小工具的图片,分解不同部位的形状并探索使用何种方法进行拼插。 ★ 积极动手动脑发现问题、探索解决问题的办法。 2. 纸牌搭建: ● 指导幼儿探索用纸牌搭建的技巧,大胆尝试用不同的方法连接、垒高,感知搭建的平衡性活动。 ● 引导幼儿自主阅读《生活中的发现》第22页,探索用不同的方法将纸牌连接、垒高。 ★ 鼓励幼儿和同伴一起商量搭建的主题,合作进行搭建。 3. 小青岛灯塔: ● 指导幼儿能搭建出小青岛灯塔八角形的建筑结构。 ● 引导幼儿观察小青岛灯塔的图片,鼓励幼儿创造性地使用饮料瓶、乒乓球等辅助材料表现灯塔上的灯。 ★ 与同伴协商插塑、搭建任务,合作进行游戏。
社会区	玩转"比如世界"	梳子、推子、剪刀等理发器械,烫发器,电吹风,洗发水、烫发水、染发水,理发的围布,染发的护耳等;理发店设施:镜子和椅子(理发椅和洗头的躺椅),不同发型的图片。 包装盒、包装袋、名片、信纸、笔记本、书刊、报纸、信封邮票、文件袋、贺卡、请帖、红包、窗花、剪纸、年画、对联、灯笼、纸巾、餐巾纸、卫生纸、纸尿裤、纸杯、绘画本、书法字帖、试卷、学生证、书签、证书等各种各样的纸制品,收银台、自制钱币。 方向盘若干、儿童交警服饰1套,幼儿学习材料《生活中的发现》	4. 理发店: ● 指导幼儿模仿理发师和洗发工的工作,会使用推子,剪刀,卷发器,电吹风等理发工具,体验理发师工作的辛苦。 ● 引导幼儿与同伴协商扮演理发师、洗发工、顾客等角色,模仿洗发、商量发型、理发、烫发、染发等情节。 ★ 引导幼儿能够自行分工合作进行表演。 5. 纸制品超市: ● 指导幼儿合理布置柜台,分类摆放纸制品,自选售货员、顾客的角色开展购物游戏。 ● 引导幼儿主动介绍纸制品的名称和用途,提醒幼儿使用礼貌用语,鼓励幼儿尝试与美工区等区域的同伴互动,丰富游戏内容。 ★ 鼓励幼儿多途径了解再现生活中的场景。 6. 我是小小交通警: ● 引导幼儿模仿交警指挥交通的简单手势,如左转弯、右转弯、停车、直行、减速慢行等,与扮演司机的同伴合作开展游戏。 ● 指导幼儿阅读《生活中的发现》第29页,观察、模仿图中交警的手势、动作及表情、神态。 ★ 指导幼儿自觉使用礼貌用语,进行交流。
美工区	粉刷匠	不同形状的大纸盒,多种颜色的水粉颜料,工作服,大小、不同的板刷,各种彩色纸、橡皮泥等	● 指导幼儿与同伴合作,将不同形状的大纸盒拼接成房屋、汽车、楼房等,模仿粉刷工人进行粉刷。 ● 指导幼儿将搜集的大纸盒拼接成房屋,汽车等,2～3人结伴,模仿粉刷工人尝试用不同颜色的水粉颜料进行粉刷。 ★ 愿意与同伴合作,自主选择水粉颜料、板刷等材料大胆创作。
	小裁缝	各种服装的款式图,不同的布料、纸张,笔、剪刀、胶水等	● 指导幼儿选择自己喜欢的布料,通过画、剪、贴等方法做成娃娃的服装。 ● 引导幼儿参考服装款式图在布料上画出轮廓并剪下,粘贴在纸上,制作出娃娃的服装。 ★ 鼓励幼儿自主选择布料,大胆设计、剪裁。
	信号灯	红、黄、绿色的方便面碗,果冻盒等长方形盒盖,双面胶、剪刀等	● 指导幼儿能用彩色瓶盖、乒乓球等废旧材料制作交通信号灯。 ● 引导幼儿观察信号灯的排列方式,知道:当信号灯竖向排列时,其颜色从上往下依次是红、黄、绿;当信号灯横向排列时,其颜色从左往右依次是红、黄、绿。 ★ 能够及时收放辅助材料,整齐有序。

区域名称	活动名称	活动准备	活动指导建议
益智区	小木工	各种半成品的木质材料（要清洁、光滑），木工工具（锤子、钉子、钳子等），手套、防护镜、安全帽等	● 指导幼儿了解各种木工工具正确的使用方法，指导幼儿较为熟练地使用。 ● 伴随幼儿技能的提高，可逐渐提供较为复杂的工具和材料，供幼儿进行拼接组合创作。 ★ 学习与同伴进行交流和协商，合作完成任务。
	剪纸大挑战	剪刀，复印多张"剪纸关卡"练习纸	● 指导幼儿使用剪刀剪出多种直线，如连续拐弯直线，对称直线等，增进手部精细动作的发展。 ● 引导幼儿依序选择不同的"剪纸关卡"练习纸，从易到难练习剪不同的线条。 ★ 能够有耐心、专心地完成一项任务。
	连连看	教师自制的数字连线图	● 指导幼儿将圆点按照顺数或倒数的方式连成一个完整的图案，巩固倒数与顺数。 ● 引导幼儿边数边连，说出连出的事物的名称，涂上自己喜欢的颜色。 ★ 能够动手动脑、专注自主地进行探索。
音乐区	学做小木工	《幼儿素质发展课程·音乐》CD，塑料榔头、锤子、锯子等	● 引导幼儿感受乐曲活泼、欢快的特点，学习演唱歌曲，根据歌曲的节奏创编与歌词内容相符的动作。 ● 引导幼儿随歌曲旋律有节奏地创编小木工敲、锯、刨等动作，能与同伴合作表演。 ★ 鼓励幼儿与同伴合作演唱歌曲。
	纸面具舞会	幼儿自制的纸面具，《幼儿素质发展课程·音乐》CD	● 指导幼儿尝试和同伴一起跳双圈舞，体会戴纸面具开化装舞会的乐趣。 ● 引导幼儿倾听歌曲，熟悉歌词内容，用肢体动作模仿飞机，如起跑、起飞、转弯、上升、下降、落地等。 ★ 鼓励幼儿大胆寻找舞伴，自信地舞蹈。
	叮咚小门铃	碰铃若干，《幼儿素质发展课程音乐》CD	● 指导幼儿用自然的声音、适中的音量演唱歌曲，唱准歌曲中附点音符。 ● 引导幼儿边唱边随音乐旋律有节奏地做出敲门、单手邀请，双手邀请等动作表现歌曲内容。 ★ 引导幼儿大方自信地与同伴合作演唱歌曲。
生活区	神奇的箱子	家庭急救箱、家庭工具箱、消防急救箱	3. 家庭急救箱： ● 指导幼儿了解家庭急救箱中的工具及使用方法，如棉棒、体温计、创可贴等。 ● 在了解的基础上，能够熟练地使用各种急救用品，懂得基本的自我护理技能。 ★ 愿意通过自己的努力帮助他人、照顾他人。 4. 家庭工具箱： ● 指导幼儿知道家庭工具箱中的工具及使用方法，如钳子、螺丝刀、锤子等。 ● 指导幼儿比较熟练地掌握常见工具的名称和功能，知道基本的使用方法和在使用过程中应该注意的安全事项。 ★ 有初步的自我保护意识。 5. 消防急救箱： ● 指导幼儿知道消防急救箱中的工具及使用方法，如灭火毯、逃生绳、氧气罩等。 ● 指导幼儿掌握基础的火灾逃生常识，并会使用消防急救箱中的工具来自救。 ★ 愿意探索生活中常见的工具，喜欢动手动脑思考操作。

（●为核心目标指导，★为养成目标指导）

户外活动安排

活动名称	活动目标	活动准备	活动指导建议
好玩的绳子	1. 能助跑跨跳高度不低于40厘米的垂直障碍。 2. 发展跳跃能力及动作协调性。 3. 感受自主游戏和协作的快乐。	绳子	● 请两个幼儿分别握绳子两端站在距起跑线5 m处,绳子高度为30厘米,拉直。游戏开始,第1个幼儿从起跑线开始助跑,跑到绳子前面时,蹬地、抬脚,从绳子上面跨跳过去,再从一侧跑回,拍第2个幼儿的手;第2个幼儿出发。 ● 提高绳子高度至40厘米左右,请幼儿观察、比较,分组进行竞赛。 ★ 指导幼儿能够听清楚老师的指令,按照指令进行相应的动作。
顶纸盒	头顶纸盒练习平衡走,锻炼身体的平衡能力和协调能力	纸盒若干,在场地上画两条平行的直线作为小桥	● 指导幼儿头顶纸盒,双手侧平举,走在"小桥"中间。幼儿掌握平衡后,可提高难度,让幼儿在平衡木上练习顶纸盒走。 ● 若纸盒掉落或走到"小桥"外面,则停止游戏1次。 ★ 指导幼儿懂得游戏中的规则,有遵守规则的意识。
摘果子	1. 练习原地纵跳触物,进一步发展弹跳力。 2. 体验通过自己的努力摘到果子的快乐心情。	梨的卡片若干(多于幼儿人数),用竹架子固定在长绳上,绳子离地面高度15 m左右;在场地一端画起点线;小篮子4个	● 指导幼儿分成人数相等的4队,在起点线后站好。游戏开始,全体幼儿念儿歌"大大的梨,甜蜜蜜,摘梨的人儿笑嘻嘻"。念完后,每队的第1个幼儿跑到"梨树"前停下,原地双脚向上跳起摘"梨",将"梨"放小篮里,跑回来拍第2个幼儿的手后站到队尾,第2个幼儿出发。游戏依次进行,最先完成比赛的队获胜。 ● 绳子离地面的高度以幼儿用力跳起手能碰到为宜,"梨"可挂得高低不同引导幼儿根据自己的纵跳能力摘相应高度的"梨",每人每次只能摘1个梨。 ★ 创设情境"帮农民摘果子",激发幼儿爱劳动的情感。

(●为核心目标指导,★为养成目标指导)

第1周 有用的工具

环境创设

1. 创设"能干的小家电""有用的小工具"等栏目,张贴幼儿和家长共同制作的信息报,引导幼儿了解不同工具在生活中的应用以及给我们生活带来的方便。

2. 布置"未来的小工具"主题墙,请幼儿设计、表征未来会给我们生活带来更多方便的小工具。

生活活动

1. 指导幼儿巩固用筷子进餐的方法,锻炼手指配合的协调性,帮助幼儿树立自我服务意识。

2. 鼓励幼儿大胆使用剪刀,如用剪刀剪牛奶袋子、沿轮廓线剪图形等,发展手部肌肉的灵活性。

3. 引导幼儿在加餐和午餐时正确使用抹布、扫帚、簸箕等工具打扫班级卫生,保持班级环境整洁。

家长与社区教育

1. 请家长鼓励幼儿自己洗小毛巾、小袜子,指导幼儿自己使用夹子在晾衣架上晾晒。

2. 提醒家长在家中引导幼儿练习使用剪刀、打蛋器、榨汁机、吸尘器等易于幼儿操作使用的电器、工具,让幼儿感受工具带来的方便,提高幼儿的自理能力。

3. 请家长在缝衣服、钉纽扣的时候引导幼儿进行观察,帮助幼儿了解针、线的使用方法及对人们生活的帮助。

教学活动

活动一　好习惯体验日——合作真快乐（半日活动）

【活动解读】

中班孩子社会交往行为逐渐增多,但是交往水平相对欠缺,还不懂得如何合作,常因争抢玩具而争得面红耳赤。为了增强幼儿的合作意识、获得合作的快乐,本次半日活动借助游戏"踩报纸"、闯关游戏以及接力赛,引导幼儿在切身体验中感受合作的力量,学会合作,主动合作。

【活动流程】

国旗宣讲引发兴趣 → "踩报纸"感受合作 → 闯关游戏获得合作 → 接力赛体验快乐

【活动目标】

1. 懂得团结起来力量大的道理,知道合作的重要性。

2. 在游戏过程中探索与同伴合作的方法。

3. 喜欢合作,体验与人合作获得的快乐。

【活动建议】

1. 国旗下宣讲"团结就是力量"。

（1）教师宣讲:通过"筷子"的小实验,形象生动地为幼儿展示团结的力量,引导幼儿懂得合作的重要性。

（2）幼儿宣讲:小朋友结合自己的生活经验,举例讲述自己通过合作顺利完成小任务的例子,通过榜样示范作用,引导幼儿知道合作的重要性及如何与人合作的方法。

（3）家长宣讲:通过家长合作游戏"管道运球",展示合作的力量,引发家长畅谈——作为家长我们要带领幼儿多参加集体活动、社区活动等,引导幼儿在活动中感受合作的快乐,学习与人合作的基本技能技巧。

2. 游戏"踩报纸",引导幼儿在游戏中体验合作的重要性。

（1）玩法及规则:请每4个好朋友组成一个小组,每一组有一张报纸,听到老师说"开始",就赶快把报纸对折,然后4个人一起站在报纸上,比一比哪一组最快。

（2）请孩子们说说刚才是怎么和朋友合作的,用了什么好办法。

（3）二次玩游戏,提醒幼儿当报纸越折越小时,动脑筋想想好办法如何让4个人的小脚都踩上去。

3. 闯关游戏,学习与人合作的基本方法。

（1）游戏规则与玩法:两个好朋友把靠近的两条腿用纱巾绑在一起（出示地形图）,跨过小河、钻过山洞、走过小桥,然后再一起走回来。想想怎样和好朋友一起闯关,需要怎样合作?

（2）请幼儿说说怎样和好朋友一起过关,用了什么好办法?

4. 接力赛,感受合作的快乐。

（1）请红队、黄队各站一边,进行接力赛（2次）。

（2）第一次结束后,请小朋友说说怎么会赢（输）的。

活动二 语言——《去麦克家看工具房》

【教材分析】

《去麦克家看工具房》是一本人物形象鲜明、内容生动丰富的机械科普绘本,讲的是工程师麦克家的工具房里有各种各样的工具,麦克用这些工具给他心爱的小狗布法建了一个漂亮的狗窝。幼儿对生活中的各种各样的工具开始产生浓厚的探索兴趣,但是对工具的用途和使用方法却不太了解。本次活动引导幼儿欣赏故事、观看形象生动的绘本,在故事情境中认识几种常用工具,了解它们的用途和使用方法,感受麦克和小狗布法之间的爱。

【活动目标】

1. 理解故事内容,了解几种常用工具的用途和使用方法。

2. 能简单复述故事,尝试用肢体语言表现故事情节。

3. 感受工程师麦克和小狗布法之间的爱。

【活动重点】

理解故事内容,了解几种常用工具的用途和使用方法。

【活动重难点】

能简单复述故事,尝试用肢体语言表现故事情节。

【活动准备】

绘本《去麦克家看工具房》,幼儿学习材料《生活中的发现》,《幼儿素质发展课程·语言》CD,《幼儿素质发展课程·多媒体教学资源包》课件 7。

【活动过程】

1. 出示绘本,解读封面,引出故事主人公。

提问:这是一本关于谁的图画书?

2. 引导幼儿自主阅读《生活中的发现》第 8～12 页,初步了解故事内容。

提问:麦克家的工具房里有哪些工具?

麦克是怎样用这些工具为小狗布法建造房子的?

3. 播放课件,完整讲述故事,帮助幼儿了解故事中几种常见工具的用途和它们的使用方法。

(1)播放课件,有感情地讲述故事。

提问:麦克用折尺和锯子做了什么?

他是怎样把木板和木条固定在一起的?麦克是怎样在木牌上钻洞的?

他是怎样将木牌固定到房子上的?

(2)鼓励幼儿按顺序讲出麦克用了哪几种工具给布法盖房子。

4. 请幼儿扮演麦克和布法,简单复述故事,尝试用肢体语言表现故事情节。

【附故事】

去麦克家看工具房

麦克又要开工了,这回他要给布法一个惊喜。

首先,他需要许多木板,其中一些又窄又长,另一些又宽又短,还有几根要特别长。布法用鼻子将木板一块块地拱过来。麦克用折尺对它们逐一进行测量,必须测量得非常仔细,才能确保尺寸合适。麦克沿着标好的虚线锯开木板,得到想要的长度。布法在一旁嘀咕:"锯子可真厉害呀!"

接下来是钉钉子。麦克一手扶住钉子,一手握住锤子,"乒乒乓乓"地敲了起来。钉子将木板、木条固定在一起,形成结实的框架。

麦克又做了一块木牌,在上面写了布法的名字,还印了它的爪印,表示这是布法的家。麦克还要在木牌上钻两个洞,这就要看冲击钻的本事啦。随着钻头的旋转,洞很快就钻好了。

现在轮到螺丝刀登场了,它能拧紧螺丝,将木牌牢牢固定在框架上。布法在旁期待地看着麦克摆弄这些工具:折尺负责测量,锯子负责切割,锤子负责敲击,冲击钻负责钻孔,螺丝刀负责拧螺丝。这些工具都圆满地完成了任务,可以回工具箱休息了。

这个惊喜就是布法的新家:一栋精致、漂亮的小木屋。布法兴奋地跑进去,惬意地躺在里面,很快就睡着了。

活动三 科学——各种各样的刷子

【教材分析】

刷子是日常生活中常见的工具,对我们的生活有很大的帮助。由于父母长辈的过度保护,幼儿很少有认识操作、使用这些常见工具的机会,以至于除了牙刷,对其他诸如鞋刷、地板刷、厕所刷、衣服刷等刷子知之甚少。本活动通过引导幼儿观察和实践,引发幼儿对生活中小工具的兴趣,鼓励幼儿探究刷子的使用方法,体验刷子给人们生活带来的方便,了解先进技术给刷子带来的变化。

【活动目标】

1. 了解刷子的相同点、不同点及不同用途。

2. 掌握刷子的使用方法,正确使用刷子。

3. 对生活中的小工具感兴趣,体验刷子给人们生活带来的方便。

【活动重点】

了解刷子的相同点、不同点及不同用途。

【活动难点】

掌握刷子的使用方法,正确使用刷子。

【活动准备】

1. 请家长和幼儿共同收集各种各样的刷子(牙刷、杯刷、鞋刷、长柄刷、眉刷、衣刷、浴缸刷、厕所刷等),布置成"刷子商店";娃娃;塑料杯子。

2.《幼儿素质发展课程·多媒体教学资源包》课件6,幼儿学习材料《生活中的发现》。

【活动过程】

1. 引导幼儿观察各种刷子,了解刷子的名称、特点、用途。

(1)创设"参观刷子商店"情境,引导幼儿认识各种各样的刷子。

请幼儿观察刷子并交流:看一看、摸一摸,这些刷子有什么相同的地方?有什么不同的地方?

小结:刷子一般都有把手和毛;有的毛长,有的毛短;有的毛软,有的毛硬;毛的颜色也不一样;有的刷子的毛是铁丝做的……

(2)请幼儿自主阅读《生活中的发现》第2~3页,了解各种刷子的名称和用途。

提问:你知道这些刷子的名称吗?它们分别有什么用途?

(3)组织幼儿交流:你还见过哪些刷子?人们用它们干什么?

小结:生活中有各种各样的刷子,它们可以帮我们做许多事情,是我们的好帮手。

2. 启发幼儿迁移生活经验,探索刷子的使用方法。

（1）请幼儿自由选择刷子,练习使用刷子。例如,用牙刷给娃娃刷牙,用鞋刷相互刷鞋,用衣刷刷衣服、裤子,用杯刷刷杯子,用塑料长柄刷刷地,用眉刷相互化妆。

（2）指导幼儿收拾,整理刷子,按照标志将刷子放到相应的塑料筐里。

3. 请幼儿观看课件,了解先进技术给刷子带来的变化。

（1）播放课件,引导幼儿感受刷子的变化。

（2）小结:随着科技的不断发展,出现了许多新型的刷子,为我们的生活带来了更多的方便。

活动四　数学——5 以内的序数

【教材分析】

序数是表示次序的数,了解序数要以了解基数为基础。幼儿已学习了 10 以内数的概念,为学习序数做好了准备,单纯从不同方向(从左到右或从右到左从上到下或从下到上)确认物体的排列次序,对中班幼儿来说太过枯燥。本次活动以幼儿喜欢的"热闹的游乐场"为游戏情境,通过小动物在游乐场的活动,引导幼儿轻松愉快地感知从右到左、从下到上等不同方向排列次序,随着游戏的层层推进,不断加大学习难度,使活动更具有挑战性,激发幼儿学习兴趣。

【活动目标】

1. 初步理解 5 以内序数的含义,会用点数的方法确定物体的排列次序。

2. 能使用序数词按从左到右或从右到左、从上到下或从下到上正确表述 5 以内物体的排列顺序。

3. 喜欢动手操作,体验小动物们在游乐场玩耍的快乐。

【活动重点】

初步理解 5 以内序数的含义,会用点数的方法确定物体的排列次序。

【活动难点】

能使用序数词按从左到右或从右到左、从上到下或从下到上正确表述 5 以内物体的排列顺序。

【活动准备】

自制小动物(小猴、小猫、小狗、小兔、小鸡)指偶幼儿每人 1 套,幼儿学习材料——《春天你好》。

【活动过程】

1. 创设"小动物去游乐场玩"的情境,引导幼儿理解 1～5 的序数的含义。

（1）将 5 个动物指偶套在 5 根手指上,请幼儿观察一共有几个小动物,它们是按什么次序排列的,说出从大拇指数起,第 1、第 2、第 3、第 4、第 5 根手指上分别是什么动物。

（2）变换小动物的位置,请幼儿辨认其排列次序。帮助幼儿理解:要先确定起始方向,再用点数的方法确定物体的排列次序。

（3）请幼儿阅读《春天你好》第 16 页,说出小动物们分别在几楼、第几车厢,巩固认识 5 以内的序数。

2. 请幼儿阅读《春天你好》第 17 页,引导幼儿从不同方向确认小动物的排列次序,用序数词正确表述。

（1）请幼儿观察《赛跑》图片,确认动物的名次。

提问：谁跑得最快？小兔跑了第几名？

（2）请幼儿观察《滑滑梯》图片，学会从左到右、从右到左确认排列的次序。

提问：从小狗开始数，小猴子排在第几个？

（3）请幼儿观察《旋转木马》图片，确认动物在圆形排列中的次序。

提问：从小猫开始，按箭头方向数，坐在第2个木马上的是谁？

引导幼儿知道：圆形排列时，要先确定一个点，还要确定数的方向，再点数确认排列次序。

（4）请幼儿观察《跳格子》图片，学会从上往下和从左往右两个方向确认位置。

提问：小猴把沙包扔到了哪一个格子？

引导幼儿知道沙包在第2排的第2个格子里。

3. 请幼儿按要求排队到户外玩"跳格子"游戏，进一步巩固5以内的序数。

活动五　音乐——歌曲《洗衣机转转转》

【教材分析】

　　洗衣机是家庭中常用的电器，洗衣机转动的滚筒也是幼儿乐于探究的秘密，而听着音乐并用身体动作来表现洗衣机洗衣服的过程，对于孩子们来说又新鲜又有挑战。本次活动有意识地引导幼儿在了解洗衣机的工作程序之后，围绕洗衣机洗衣服的过程进行艺术表现，鼓励幼儿大胆创编身体动作，随音乐有节奏地进行表演，让幼儿在玩中学，提高自主学习的能力。

【活动目标】

1. 了解洗衣机的工作程序，尝试用身体动作表现洗衣机洗衣服的过程。

2. 感知乐曲，能与同伴合作表现洗衣机的工作。

3. 感受韵律活动的有趣和快乐。

【活动重点】

　　了解洗衣机的工作程序，尝试用身体动作表现洗衣机洗衣服的过程。

【活动难点】

　　感知乐曲，能与同伴合作表现洗衣机的工作。

【活动准备】

1. 请幼儿提前在家中观察洗衣机洗衣服的流程。

2. 幼儿学习材料《生活中的发现》，《幼儿素质发展课程·音乐》CD。

【活动过程】

1. 通过回忆和阅读图书帮助幼儿了解洗衣机的工作程序，引出活动内容。

（1）提问：妈妈是用什么家用电器来洗衣服的？你看到洗衣机是怎么工作的？

（2）请幼儿自主阅读《生活中的发现》第7页，进一步了解洗衣机工作的步骤和过程。

2. 引导幼儿学习律动"洗衣机"，创编身体动作随音乐有节奏地进行表演。

（1）鼓励幼儿自由探索，感受音乐旋律。

请幼儿随音乐自由表现洗衣机工作的过程。

（2）教师哼唱旋律，幼儿创编身体动作，表现洗衣机洗衣服的过程。

提问：放衣服的时候用什么动作？

　　　洗衣服的时候洗衣机是怎么转的？

　　　可以用什么动作表现？（慢慢地转圈。）

　　　甩干的时候又是怎样转的呢？（快快地转，跑起来。）

（3）在教师语言提示下,幼儿用动作表现洗衣机洗衣服的过程。

3. 师幼共同玩"洗衣机"游戏,感受合作游戏的乐趣。

（1）引导幼儿讨论:这么多人,可以怎么变成洗衣机呢?启发幼儿手牵手围圆圈变成洗衣机。

（2）师幼共同游戏:幼儿手拉手围圆圈扮演大洗衣机,教师扮演脏衣服站在圈中,表现洗衣机洗衣服的样子,帮助幼儿拓展动作经验。

提问:脏衣服在洗衣机里做了哪些动作?（引导幼儿学一学。）

（3）请几个幼儿扮演脏衣服,引导幼儿愉快地合作玩游戏。

（4）教师扮演晾衣架,鼓励幼儿创编晾衣服的动作。

【附】

挪威舞曲

1=A 2/4

[挪]格里格 曲

引子

1 1 5 7 | 1 1 5 7 |

8. A

1 3 5. 7 | 1 3 5. 4 | 3231 3231 | 2 5 | 5654 34 5 | 6 4 5 5 |

5654 34 5 | 6 4 5 5 | 5654 3 1 | 3127 1234 | 5654 3 1 | 3127 1 ‖

B

3432 1 6 | 167#5 6712 | 3432 1 6 | 167#5 6712 | 3432 1 6 | 1675 6712 |

3432 1 6 | 167#5 6 ‖

体育活动

小猴子本领大

【教材分析】

《西游记》是我国古典文学名著,孙悟空和小猴子一直是幼儿喜欢的形象。根据这一特点,我们设计了集情境性与趣味性为一体的体育游戏"小猴子本领大"。幼儿非常喜欢象征性游戏,在游戏中常常把自己想象成一个特定的角色。活动以"小猴子来操练""小猴子学本领""小猴子打妖怪""小猴子去嬉水"为游戏主线,指导幼儿练习平衡、侧身钻、投掷的动作,随着游戏情节的不断丰富和深入,逐步提高动作难度和运动量,让幼儿在自由、宽松的环境中玩耍、尝试、探索、总结,从而掌握侧身钻的动作要领。

【活动目标】

1. 学习侧身钻的动作,掌握侧身钻的动作要领。

2. 能侧身钻过不同的障碍,综合练习平衡、侧身钻和投掷的动作,发展动作的灵活性,增强身体素质。

3. 体验侧身钻的乐趣和"打妖精"的成功感。

【活动重点】

学习侧身钻的动作,掌握侧身钻的动作要领。

【活动难点】

能侧身钻过不同的障碍,综合练习平衡、侧身钻和投掷的动作,发展动作的灵活性,增强身体素质。

【活动准备】

橡皮筋拉成的"水帘洞",3组不同高度的呼啦圈制成的"盘丝洞"、充气"蜘蛛精"玩具,沙包若干,《西游记》音乐。

场地布置,如下图所示:

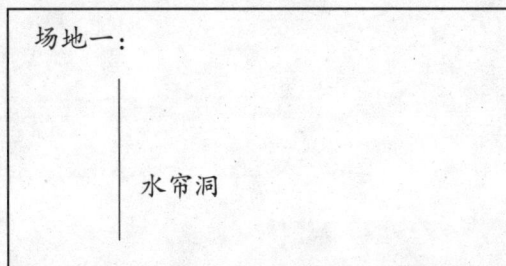

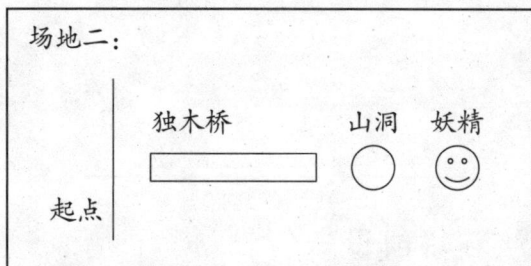

【活动过程】

1. 以"小猴子来操练"游戏情境导入活动,带领幼儿进行热身活动,引发幼儿兴趣。

教师扮演齐天大圣,拔一根毫毛,把幼儿变成小猴子,随《西游记》音乐做热身活动,主要活动头颈部、上肢、胸部、腰部和腿部,重点练习伸腿,为侧身钻做准备。

2. 创设"小猴子学本领"游戏情境,利用场地一,引导幼儿学习侧身钻的动作、掌握侧身钻的要领。

(1)重点前置:练习"缩身术",为学习侧身钻做准备。

提问:看谁的身体能缩到最小? 引导幼儿自主探究、尝试。

小结:低头—弯腰—缩身,身体变小。

(2)请幼儿自主探究过"水帘洞",个别练习侧身钻。

要求:从水帘洞下钻过,身体不碰到皮筋,手不能扶地。

组织幼儿分享钻的经验,请个别能力强的幼儿示范。

教师与幼儿共同总结侧身钻的动作要领:伸腿、低头弯腰钻过去、收腿。

3. 组织幼儿玩游戏"小猴子打妖精",利用场地二综合练习平衡、侧身钻、投掷等动作,体验"打妖精"的成功感。

(1)第1次游戏:"一打蜘蛛精",熟悉游戏玩法规则,巩固平衡、侧身钻、投掷的动作。

讲解玩法及规则:走过"独木桥",用学到的新本领侧身钻过"盘丝洞",举起"石头"(沙包),狠狠地打向"蜘蛛精",打完快速跑回。

请一个幼儿示范,帮助幼儿进一步明确游戏的玩法及规则。

(2)第2次游戏:"二打蜘蛛精",缩小"洞口",提高侧身钻的难度。

教师导语:"蜘蛛精"把"洞口"变小了,我们再去打它的时候,一定要把身体缩得更小。

(3)第3次游戏:"三打蜘蛛精",再次缩小"洞口",激发幼儿的挑战欲望。

4. 创设"小猴子去嬉水"情境,引导幼儿创造地放松身体,感受游戏的乐趣。

(1)带领幼儿随音乐做胳膊、腰、腿等部位的放松动作。

(2)随音乐模仿小猴子的动作离场。

第 2 周 多样的纸

环境创设

1. 收集各种各样的纸及纸制品，布置"纸制品展览会"，引导幼儿观察、了解纸的多样性。

2. 将幼儿的作品《纸绳贴画》《纸盘娃娃》布置在主题墙上，请幼儿相互交流、欣赏。

生活活动

1. 指导幼儿为卫生间设计"节约用纸"的标志，张贴到醒目位置，提醒大家日常生活中自觉地节约用纸。

2. 在用餐环节提醒幼儿正确使用餐巾或餐巾纸，培养良好的生活、卫生习惯。

家长与社区教育

1. 请家长和幼儿一起收集各种各样的纸和纸制品，丰富幼儿对纸的认识。

2. 在家里提醒幼儿正确使用纸张，树立节约用纸的意识。

3. 建议家长带幼儿参观商店的纸类工艺品柜台，感受纸的多样性和多变性，提高审美情趣。

教学活动

活动一 语言——《纸奶奶过生日》

【教材分析】

《纸奶奶过生日》是一个科学童话故事，以纸奶奶过生日为线索，引导幼儿认识多种有特殊功能的纸，如音乐纸、变色纸、吸复纸、防皱纸、贴身纸等，帮助幼儿初步了解纸的发展变化。幼儿对故事的理解能力和对新事物的接受能力逐步增强，但是本节活动带有未来科技的内容，

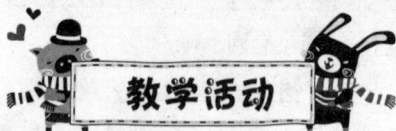

对于孩子理解起来会有困难,因此,将科学知识渗透于童话故事之中,内容深入浅出,语言生动有趣,引导幼儿欣赏故事,鼓励幼儿大胆想象,积极表达未来新型纸的创想,激发幼儿的创新意识,体会科学的发展与社会的进步,并且对未来的新型纸产生美好的遐想。

【活动目标】

1. 了解故事中音乐纸、变色纸、吸复纸、防皱纸、贴身纸的特殊功能,丰富词汇"恭恭敬敬、慢条斯理、青出于蓝而胜于蓝"。

2. 能用较完整的语言学说故事中的对话,根据不同纸的特点表达自己的理解与想法。

3. 大胆想象未来的新型纸,萌发初步的创新意识。

【活动重点】

了解故事中音乐纸、变色纸、吸复纸、防皱纸、贴身纸的特殊功能,丰富词汇"恭恭敬敬、慢条斯理、青出于蓝而胜于蓝"。

【活动难点】

能用较完整的语言学说故事中的对话,根据不同纸的特点表达自己的理解与想法。

【活动准备】

纸奶奶的图片,幼儿学习材料——《生活中的发现》,《幼儿素质发展课程·语言》CD。

【活动过程】

1. 创设"纸奶奶过生日"情境,引出故事内容。

(1)出示纸奶奶的图片,带领幼儿为纸奶奶唱生日歌。

(2)引导幼儿回忆生活经验,自由讲述生活中见过的各种各样的纸及它们的用途。

提问:会有哪些纸宝宝来参加纸奶奶的生日?

2. 完整讲述故事,帮助幼儿初步理解故事内容。

提问:故事中有哪些纸宝宝来给纸奶奶过生日?

它们分别有什么本领?

3. 分段播放故事录音,引导幼儿了解各种新型纸的特殊功能,鼓励幼儿大胆表达自己的理解与想法。

(1)播放故事第1~3段,丰富词汇:恭恭敬敬。

提问:第一个赶来的是谁?它有什么本领?

如果有一张音乐纸,你想做什么?哪些时候我们会恭恭敬敬的?

(2)播放故事第4~6段。

提问:变色纸有什么本领?防皱纸是怎样介绍自己的?

听了它们的介绍,你想用变色纸和防皱纸做什么?

(3)播放故事第7~9段,丰富词汇:慢条斯理、青出于蓝而胜于蓝。

提问:吸复纸可以用来干什么?多功能贴身纸是怎样介绍自己的?

它有什么特殊本领?纸奶奶听了孙子们的介绍是怎么说的?

4. 请幼儿自主阅读《生活中的发现》第17~19页,进一步理解故事内容。

5. 鼓励幼儿大胆想象、讲述自己对未来的新型纸的创想,激发幼儿初步的创新意识。

引导幼儿交流、讨论:你最喜欢什么纸?为什么?你还想发明什么纸?你发明的纸有什么特殊的本领?

【附故事】

纸奶奶过生日

今天是纸奶奶3000岁的生日,所有的纸都来给纸奶奶祝寿。

第一个赶来的是音乐纸。它恭恭敬敬地对纸奶奶说："我学会一身放音乐、变图像的本领。人们孤单时，可以在我身上写下自己想听的歌曲名字，我就会完整地播放出来。同时，我还会显示出图像给他们看，让他们不觉得孤单。"

纸奶奶夸奖它说："我不会放音乐，也不会显示图像。你的本领能让人们不觉得孤单，太好了！"

纸奶奶的话音刚落，不知谁喊了一声："变色纸来了！"

变色纸挤到纸奶奶跟前，开口就说："奶奶，我能变色！人们想把我变成什么颜色，只要说出颜色的名称，我立即就能变成这种色，可省事了。"纸奶奶高兴得说不出话来。

"奶奶，还有我超薄防皱纸哩！"不知什么时候，超薄防皱纸也来了。它抢着自我介绍："我就是超薄防皱纸，人们把我折叠起来带到某个地方，再把我打开，我身上不会有折痕。"纸奶奶听了真激动。

吸复纸生怕纸奶奶认不出自己，特地挤到前边，大声喊："奶奶，我是吸复纸！用我写作业，写错的字只需用手轻轻一抹就去掉了，手也不会弄脏。如果要打印文章，只需把我覆盖在文章上，过一分钟拿下来，整篇文章就显示在我身上了，跟打印的一模一样。"

多功能贴身纸性情温和，不争不抢。它慢条斯理地说："我可以用来做衣服。人们穿上用我做的衣服，夏天凉快、寒冬暖和。如果穿破了，只要把我放到水里，我就会溶解成鱼食，可以给鱼吃。"

纸奶奶听完孙子们的介绍，十分感慨地说："青出于蓝而胜于蓝，真是一代比一代有出息呀！"

活动二 科学——各种各样的纸

【教材分析】

随着科技的发展，纸的种类繁多、用途广泛，各种新型纸不断诞生，纸的大家族成员越来越多。幼儿对纸有一定的认识，生活中常用到卫生纸、餐巾纸，游戏活动中常接触画纸、皱纹纸、宣纸等，幼儿虽接触过却不能确切地知道每种纸的用途。本次活动引导幼儿收集各种各样的纸，进一步了解纸的种类和用途，引发幼儿关注、探究纸的兴趣，鼓励幼儿在操作实践中感知纸的不同特征，感受纸给人们生活带来的方便。

【活动目标】

1. 了解常见纸的名称及用途，感知纸的厚薄、软硬、色彩等特征，知道中国人最早发明了纸。

2. 积极与同伴分享搜集的关于纸的信息，能按学习、家用、装饰、包装等用途将纸分类。

3. 感受纸的多样性及其给人们生活带来的方便由此产生作为中国人的自豪感。

【活动重点】

了解常见纸的名称及用途，感知纸的厚薄、软硬、色彩等特征，知道中国人最早发明了纸。

【活动难点】

积极与同伴分享搜集的关于纸的信息，能按学习、家用、装饰、包装等用途将纸分类。

【活动准备】

1. 家长幼儿、教师共同收集生活中不同的纸。

2. 纸箱5个，分别贴有学习用纸、家庭用纸、装饰用纸、包装用纸、其他用纸的标签。

3. 幼儿学习材料《生活中的发现》、《幼儿素质发展课程·语言》CD。

【活动过程】

1. 引导幼儿介绍自己收集的纸,了解纸的名称、用途及多样性。

(1)幼儿自由讨论自己知道的纸及其用途。

提问:你带来的是什么纸?可以做什么用?

小结:生活中的纸多种多样,有皱纹纸、卡纸、包装纸、彩纸、餐巾纸、复印纸、挂历纸等,这些纸有不同的用途,给我们的生活带来了方便。

(2)请幼儿看一看、摸一摸、比一比,感知纸在厚薄、软硬、色彩、光滑度等方面的不同特点。

(3)引导幼儿自主阅读《生活中的发现》第15页,了解几种特殊的纸及它们的用途。

例如,人民币、邮票、画册、景区门票、相片、铝箔纸等。

2. 引导幼儿尝试使用纸,探索纸的不同用途及种类。

(1)将幼儿分成4组,给每组分别提供不同的纸,引导幼儿根据它们的不同特点使用这些纸。

例如用彩纸、贴纸等装饰瓶子、箱子,用包装纸包装礼盒、礼物,用图画纸进行绘画、折纸创作,用卫生纸、餐巾纸擦拭物品。

(2)组织幼儿交流、展示自己组用什么纸做了什么事情。

根据幼儿的交流及时小结纸的不同用途及种类。例如,学习用纸、家庭用纸、装饰用纸、包装用纸等。

3. 组织幼儿玩"把纸送回家"游戏,请幼儿按照用途将纸分类。

(1)引导幼儿讨论:这么多的纸,怎样摆放用起来比较方便?

(2)启发幼儿将纸按照学习用纸、家庭用纸、装饰用纸、包装用纸、其他用纸进行分类,分别放到5个纸箱里。

4. 请幼儿欣赏故事《蔡伦造纸》,知道中国人最早发明了纸,萌发作为中国人的自豪感。

(1)请幼儿自主阅读《生活中的发现》第16页,初步了解纸的发展过程。

(2)播放故事录音,请幼儿完整欣赏故事。

【附故事】

蔡伦造纸

很久很久以前,文字是刻在甲骨上的,再后来是写在竹简上的。这些材料很不实用,而且不方便携带。

2000多年前的西汉时期,人们开始用植物纤维造纸。这种纸造价不高,可看起来十分粗糙,而且书写不便。

到了东汉,人们已经掌握了洗蚕丝、抽蚕丝的"漂絮"工艺。人们把好的蚕丝取走后,剩下的破乱蚕丝会在席上形成一层薄薄的东西,晒干后可以用来糊窗户、包东西,也可以用来写字。这种纸的原材料是丝,价钱昂贵,而且产量少,一般人用不起。

蔡伦当时在皇宫里做官,经常用到纸。日子久了,他觉得用丝纸花费太多,心里很苦恼。后来,皇宫里来了一个新的工匠,叫黄昌,是从出产蚕丝的江南来的。蔡伦找到他,说:"我一直想知道丝纸是怎样制作出来的,你能不能把'漂絮'的工艺详细地告诉我?"黄昌便一五一十地讲给他听。从此,蔡伦就天天开动脑筋想,看能不能用其他便宜的东西来代替蚕丝造纸。

一天,蔡伦问黄昌:"蚕茧提取丝绵后剩下的是纤维,对吗?"黄昌说:"对,就是一层很薄的纤维。"蔡伦说:"如果我们用其他有纤维的东西来代替蚕茧,是不是也可以造出纸呢?"黄昌说:"对,只要有纤维的东西,我们都可以试试。"于是,他们找来树皮、麻叶、破布、破渔网等,先放到大锅中煮,再放到大石白中捣成浆并加上漂白剂,最后把浆平铺在席上,铺得又薄、又平、又均匀。晾干后揭起来,蔡伦高兴地大叫:"这的确是纸啊!"蔡伦取来笔墨,在上面写字看效果。"我们成功了,这种纸比原来的丝纸吸墨快,而不容易散开,这才称得上是真正的纸啊!"蔡伦兴奋地说。

直到现在,我们使用的很多纸还是沿用当初蔡伦的造纸方法,只是所用的材料已经变成了竹子、木材等。

活动三　数学——认识椭圆形

【教材分析】

椭圆形是由圆形变成的长圆形,比圆形扁,在日常生活中,椭圆形随处可见。幼儿已经认识了长方形、正方形、三角形和圆形等图形,有认识新图形的愿望和基础。本次活动通过与圆形比较学习、折叠观察以及操作学具等方法,帮助幼儿充分、全面地认识椭圆形,引导幼儿自主观察、比较、操作,进一步感知椭圆形的特征以及椭圆形在生活中的应用。

【活动目标】

1. 认识椭圆形、了解椭圆形的基本特征。

2. 能不受颜色、大小、摆放位置的干扰,正确辨认椭圆形。

3. 愿意运用多种方法制作椭圆形,感知椭圆形的特点。

【活动重点】

认识椭圆形,了解椭圆形的基本特征。

【活动难点】

能不受颜色、大小、摆放位置的干扰,正确辨认椭圆形。

【活动准备】

1. 挂图两幅(如下图)。

2. 幼儿学习材料·操作材料①,幼儿学习材料——《生活中的发现》。

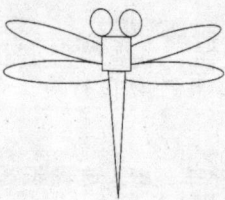

【活动过程】

1. 请幼儿观察蜻蜓挂图,复习学过的几何图形。

提问:蜻蜓挂图中有哪些图形? 它们分别是什么样子? 每种图形有几个?

2. 引导幼儿使用操作材料⑦,对比感知椭圆形的特征。

(1)引导幼儿观察椭圆形和圆形,找出它们的相同点:都没有角。

(2)请幼儿将圆形和椭圆形放在一起比较,发现椭圆形比圆形长。

(3)启发幼儿用对折法比较圆形和椭圆形的不同,进一步感知椭圆形的特征。

指导幼儿将圆形分别沿两条垂直的直径对折,将椭圆形分别沿长轴、短轴对折。

引导幼儿发现:圆形的两条折印一样长,椭圆形的两条折印不一样长。

3. 引导幼儿寻找图片中的椭圆形和生活中类似椭圆形的物体,正确辨认椭圆形。

（1）出示熊猫挂图,请幼儿排除颜色、大小摆放位置的干扰,找出熊猫身上的椭圆形。

（2）引导幼儿说说家里或幼儿园里像椭圆形的物体,如椭圆形的镜子、椭圆形的商标等。

4. 请幼儿分组操作、进一步巩固对椭圆形的认识。

（1）请幼儿自主阅读《生活中的发现》第23页,找出椭圆形,涂上漂亮的颜色。

（2）请幼儿使用操作材料⑦,沿着虚线画出椭圆形,然后用剪刀剪下来。

活动四　音乐——歌曲《小人书不要哭》

【教材分析】

歌曲《小人书不要哭》采用拟人化的手法,引导幼儿通过小人书的"哭"和"笑"来判别行为的对与错,歌曲前半部分用平缓、忧伤的旋律叙述了被撕破的小人书在伤心地"哭",后半部分用欢快、活泼的旋律表现了小人书被修补好后"高兴"的情绪。幼儿喜欢看书,爱护图书的意识却比较薄弱,不知道轻拿轻放,有时候还会争抢,甚至损坏图书。本次活动从情感渗透入手,引导幼儿在有表情地歌唱中与音乐作品产生情感共鸣,激发幼儿爱护图书的情感。

【活动目标】

1. 完整演唱歌曲,掌握附点音符和切分音的演唱方法。

2. 能通过表情和动作表现小人书"伤心"和"高兴"的不同情绪。

3. 体验小人书被撕破的"伤心"和修补好后的"欢快",知道爱惜图书。

【活动重点】

完整演唱歌曲,掌握附点音符和切分音的演唱方法。

【活动难点】

能通过表情和动作表现小人书"伤心"和"高兴"的不同情绪。

【活动准备】

1.《幼儿素质发展课程·音乐》CD。

2. 提前组织幼儿排练情景表演《小人书哭了》。

【活动过程】

1. 请幼儿观看《小人书哭了》情景表演,引出歌曲内容。

组织幼儿讨论:小人书为什么"哭"了?

2. 分段演唱歌曲,引导幼儿理解歌词内容并学说歌词。

（1）演唱歌曲前半部分（从开头至"哪个小朋友呀把它脸撕破"）。

提问:小人书为什么"哭"了?它现在的心情怎么样?

引导幼儿学说歌词,表现出小人书"伤心"的样子。

（2）演唱歌曲后半部分,鼓励幼儿大胆说出自己的想法。

提问:小人书为什么"笑"了?现在它的心情怎么样?小朋友们怎样做,小人书才能每天都"高高兴兴"的?

引导幼儿学说歌词,表现出小人书"高兴"的心情。

（3）小结:看书时要爱护图书,看完了要放回原处,图书破了要学会修补。

3. 引导幼儿学唱歌曲,用动作和表情表现小人书的不同心情,指导幼儿唱准切分音和附点音符。

（1）教师演唱歌曲前半部分,幼儿小声跟唱。

重点引导幼儿通过表情、动作表现出小人书"伤心"的样子，指导幼儿唱准附点音符。

（2）教师演唱歌曲后半部分，幼儿小声跟唱。

重点引导幼儿通过表情、动作表现出小人书被修补好后的"高兴"心情，指导幼儿唱准切分音和附点音符。

（3）师幼共同完整演唱歌曲，提醒幼儿唱准附点音符和切分音。

（4）采用接唱、分组唱等方式引导幼儿演唱歌曲。

4. 播放歌曲录音，鼓励幼儿根据歌词内容自由进行表演唱。

【附教材】

小人书不要哭

烁渊 词
江玲 曲

1 = D 2/4

```
5  5 | 1  2  3 | 5 6 5 3 | 2  -  | 3 5 3 0 |
有本   小 人 书， 躺在桌上哭，     呜呜呜，
3 5 3 0 | 2 2 3 2 | 2  -  | 6·1 6 1 | 6  1 |
呜呜呜， 躺在桌上哭，     哪个小朋  友   呀
5 5 1 2 | 3  -  | 2·3 5 6 | 5   | 3 2 3 6 1 |
把它脸撕破，  哪个小朋  友   呀把它脸撕
(0 2 3 6 1 2 2  2 0)  稍快
2  -  | 0   0 | 3 5 3 0 | 3 5 3 0 | 2·2 2 3 |
破。       小 人 书， 你 别 哭， 我来将你
5  -  | 6 6 6 | 5   3 | 6·6 5 3 | 6·6 5 3 |
补，  小 人 书听 了， 哈哈哈哈， 哈哈哈哈，
2 2 3 2 | 1  -  ‖
笑呀笑呵 呵。
```

活动五 美术——纸绳贴画

【教材分析】

纸绳贴画是纸艺的一种表现形式，就是运用揉、卷、贴等方法，用各色彩纸设计、制作具有一定观赏价值的装饰工艺品，富有创造力和想象力，深受幼儿的喜爱。幼儿的小肌肉精细动作进一步发展，有了纸绳贴画的动作基础，但是对于纸绳贴画这种美工形式相对陌生。本次活动，重点指导幼儿通过"由内而外的粘贴圆形"和"由外而内的粘贴三角形"两种基础的粘贴方法，培养幼儿手、眼协调能力，鼓励幼儿在表现和创作的过程中与老师、同伴分享艺术活动的乐趣，感受图案设计之美。

【活动目标】

1. 在画好的图案轮廓内涂上胶水，用纸绳由内向外或由外向内地缠绕出物体的形象。

2. 培养幼儿用纸绳作画的兴趣，锻炼手指肌肉的灵活性。

3. 感受纸绳贴画丰富多样的图案设计之美。

【活动重点】

在画好的图案轮廓内涂上胶水，用纸绳由内向外或由外向内地绕出物体的形象。

【活动难点】

培养用纸绳作画的兴趣，锻炼手指肌肉的灵活性。

【活动准备】

各色纸绳(活动前教师和幼儿将皱纹纸剪成窄长条、搓好),水彩笔、胶水、抹布、剪刀等,纸绳贴画范例,幼儿学习材料《生活中的发现》。

【活动过程】

1. 出示纸绳贴画范例,引发幼儿活动兴趣。

(1)展示纸绳贴画范例并提问:这幅画是用什么材料创作的?

(2)请幼儿观察、讨论:这幅画是用什么方法制作的?

(3)提问:这幅画好看吗?你觉得哪里好看?

2. 结合几何图形,引导幼儿学习纸绳绕贴的方法。

(1)介绍纸绳绕贴的两种主要方法:由内向外绕贴和由外向内绕贴。

(2)出示圆形轮廓图,启发幼儿猜想用哪种方法绕贴。

示范、讲解由内向外绕贴的方法:在圆圈内均匀涂上胶水,取一根彩色纸绳找好圆心,将纸绳的一端粘贴在圆心上、然后拉着纸绳由内向外一圈一圈地绕、边绕边用手指轻轻按压,使纸绳粘贴在纸上。

提示幼儿:一个图案可以只用一种颜色的纸绳,也可以用多种颜色的纸绳。

(3)出示三角形轮廓图,请幼儿说一说该如何绕贴,引导幼儿说出:要沿三角形的轮廓由外向内绕。

(4)请个别幼儿示范:绕到三角形的角上时,提示幼儿用手指压住纸绳,待固定后继续绕,三角形的每一个角都用这种方法固定。

3. 请幼儿观察书中的范例,自主尝试贴画。

(1)提出作画要求:先画出物体的轮廓,要画得大一些;然后涂抹胶水,要涂得均匀;最后选择纸绳绕贴。用剩的纸绳要放到小筐里,保持桌面整洁。

(2)请幼儿阅读《生活中的发现》第14页,观察范例,感受纸绳贴画的图案设计之美。

(3)鼓励幼儿自主尝试贴画。

帮助能力弱的幼儿设计制作内容、勾画轮廓,请幼儿自主讨论选用什么颜色的纸绳。

4. 展示幼儿作品,引导幼儿评价。

提问:你最喜欢哪幅图?为什么喜欢?谁采用了新的绕贴方法?

体育活动

好玩的报纸

【教材分析】

报纸作为一种低结构材料,可变性、可塑性强,可以探索多种不同的玩法。幼儿的大运动能力继续发展,发散性思维逐步建立,对物的探索能力逐渐增强,也充满了兴趣。本次活动引导幼儿利用身边的物品或废旧材料进行游戏、学习,大胆地尝试将报纸与运动结合在一起,通过幼儿自主探索和教师引导幼儿集体进行"吸报纸""报纸运球""抛接球""揪尾巴"的活动,将运动与学习巧妙地融合,启发幼儿用报纸探索新的游戏玩法,体验运动与创造的快乐。

【活动目标】

1. 探索报纸的多种玩法，掌握跳、钻、爬、抛接、追逐跑等动作的要领。

2. 锻炼身体的灵活性和协调性。

3. 体验与同伴合作运动的乐趣和创造的快乐。

【活动重点】

探索报纸的多种玩法，掌握跳、钻、爬、抛接、追逐跑等动作的要领。

【活动难点】

锻炼身体的灵活性和协调性。

【活动准备】

盛有旧报纸的箱子 4 个，分别放在场地的 4 个方向。

【活动过程】

1. 带领幼儿做热身运动，为游戏做准备。

带领幼儿随音乐做健身操，活动身体各部位。

2. 引导幼儿探索报纸的多种玩法，鼓励幼儿大胆尝试。

（1）请幼儿想一想、试一试用报纸可以玩什么游戏，鼓励幼儿创造性地自由玩报纸，锻炼身体。

（2）请个别幼儿示范自己的玩法，教师带领其他幼儿一起玩。

（3）鼓励幼儿相互示范，学习各种玩报纸的方法。

例如，单脚或双脚在报纸上跳，跨过报纸练跳远，横躺在报纸上滚动。

3. 组织幼儿集体用报纸玩游戏，感受运动和创造的快乐。

（1）吸报纸：幼儿站在起跑线上，将报纸贴在胸前，听到"出发"的信号后，快速跑向终点，速度最快且报纸没有掉下来的幼儿获胜。

（2）报纸运球：幼儿两人一组，面对面站好，抓住报纸的 4 个角，将塑料球放在报纸上面，用报纸把球运给对面的伙伴。

（3）抛接球：把报纸团成球，尽量团紧，可以用宽胶带粘贴。幼儿可以自抛自接球，也可以两人一组互相抛接球。

（4）揪尾巴：把报纸撕成长条，塞在裤腰里当"尾巴"，幼儿互相追逐，先揪到对方的"尾巴"者获胜。

4. 带领幼儿做放松运动，提醒幼儿收拾、整理活动材料。

请幼儿伴随音乐坐在报纸上，闭上眼睛深呼吸，想象自己坐在船上，在平静的大海上漂荡。提醒幼儿收拾好报纸，结束活动。

第3周　它们会说话

环境创设▶

1. 班级环境设置《天气预报》栏，每天由值日生更换天气信息。
2. 在活动区、盥洗室等区域张贴"会说话的标志"，引导幼儿学会看标志遵守班级规则。

生活活动▶

1. 鼓励幼儿在散步时观察、发现幼儿园的新奇事物，愿意对同伴讲述自己在生活中的发现。
2. 引导幼儿关注班级的《天气预报栏》，根据"会说话的天气符号"的提示穿合适的衣服。

家长与社区教育▶

1. 请家长在日常生活中注意培养幼儿独立穿脱衣服、鞋袜的能力。
2. 请家长引导幼儿关注、发现生活中会说话的事物，感知生活中常用的科技产品与自己生活的关系，鼓励幼儿大胆提出相关的问题并耐心解答幼儿的疑问。

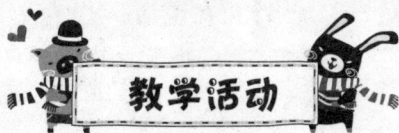

教学活动

活动一　语言——《铃儿在说话》

【教材分析】

《铃儿在说话》是一首朗朗上口的诗歌，诗歌中的"门铃、电话铃"等各种铃声与幼儿生活息息相关，易于幼儿理解、学习。幼儿能较完整地讲述自己的所见所闻和经历的事情，幼儿在朗诵过程中可以了解不同铃声在生活中的作用，从中获取各种信息，感受不同铃声给人们带来的方便。活动中我们通过引导幼儿回忆生活经验、播放课件、经验拓展等环节，帮助幼儿理解记忆诗歌；通过引导幼儿说一说在听到不同铃声响起该怎么做，发展幼儿的语言表达能力。

【活动目标】

1. 理解诗歌内容,学习完整朗诵诗歌。

2. 能合理想象、较完整地讲述诗歌中铃声"说的话"。

3. 感受不同铃声给人们带来的方便,萌发探索生活中不同铃声的兴趣。

【活动重点】

理解诗歌内容,学习完整朗诵诗歌。

【活动难点】

能合理想象、较完整地讲述诗歌中铃声"说的话"。

【活动准备】

1. 不同铃声的音频,诗歌中提到的门铃、电话、车铃、闹铃、风铃的图片。

2. 幼儿学习材料《生活中的发现》,《幼儿素质发展课程·多媒体教学资源包》课件9。

【活动过程】

1. 播放2～3种铃声的录音,请幼儿分辨,激发幼儿学习兴趣。

提问:你听到了什么声音? 你在哪里、在什么时候听过这些铃声?

2. 引导幼儿学习诗歌,理解诗歌内容。

(1)教师完整朗诵诗歌并提问:诗歌中有哪些铃儿在说话?

(2)结合课件,引导幼儿学习诗歌。

提问:每种铃声响起,我们应该做什么?(引导幼儿用诗歌中的语言回答。)

3. 请幼儿阅读《生活中的发现》第26页,采用多种形式学习朗诵诗歌。

(1)采用师幼、幼幼对接朗诵方式,一方说前半句,另一方接后半句。

(2)指导幼儿手指图片完整朗诵诗歌。

4. 引导幼儿自由选择诗歌中提到的事物的图,模仿图片中的事物用铃声说话。

例如,选择闹铃图片,可以说:"丁零丁零,小朋友该起床了,穿衣服,刷刷牙,洗洗脸,去幼儿园可不能迟到啊!"

5. 拓展幼儿经验,引导幼儿说说生活中还有哪些铃儿在说话。

小结:会说话的铃儿给我们的生活带来很多方便,它是我们的好朋友,希望大家能按照这些好朋友的提示来做事情。

【附诗歌】

铃儿在说话

门铃丁零响,热情把门开。

电话丁零响,说话有礼貌。

闹铃丁零响,叫我快起床。

车铃丁零响,走路要当心。

风铃丁零响,拍手哈哈笑。

铃儿在说话,丁零丁零响。

〔选自:青岛出版社2019年版《幼儿素质发展课程教师用书》中班(下)〕

活动二 社会——会说话的标志

【教材分析】

生活中的标志随处可见,每个标志都有其独特的含义。作为简单、形象的图画语言,标志无声地提示、规范、约束着人们的行为,给人们的生活带来了方便,令社会更加有序。幼儿对标志的关注度不够,遵守公共场所行为规范的意识也不够强。本次活动选择与幼儿生活息息相关、容易被幼儿理解的公共场所的有关标志,引导幼儿观察、探索、发现,感受标志与自己生活的关系,鼓励幼儿根据标志的提示做事情,形成良好的社会行为规范。

【活动目标】

1. 认识生活中常见公共设施的标志,理解这些标志的含义。

2. 能与同伴交流标志与生活的关系,尝试设计与自己生活有关的标志。

3. 对生活中的标志感兴趣,懂得应按规则做事情。

【活动重点】

认识生活中常见公共设施的标志,理解这些标志的含义。

【活动难点】

能与同伴交流标志与生活的关系,尝试设计与自己生活有关的标志。

【活动准备】

1. 幼儿自己收集的标志的图片。

2. 幼儿学习材料《生活中的发现》,《幼儿素质发展课程·多媒体教学资源包》课件8。

【活动过程】

1. 引导幼儿与同伴交流自己收集的标志,说出其名称和含义。

2. 播放课件,引导幼儿寻找生活中的各种标志,创设"逛商场"的游戏情境,引发幼儿活动兴趣。

（1）请幼儿观看第1段视频:公共设施标志,如地铁站、医院、路牌、公厕、停车场等标志。

提问:马路上有哪些标志?它们告诉了我们什么信息?

小结:这些是公共设施的标志,具有指示、提示的作用,学会认知这些标志可以给我们的生活带来很多方便。

（2）请幼儿观看第2段视频:商场中禁止饮食,禁止大声喧哗,禁止在扶梯玩耍,请勿随意丢垃圾等标志。

提问:商场里有哪些标志?这些标志在对我们说什么?

小结:这些标志提醒我们在公共场所不能做哪些事情;只有遵守这些规则,才能既方便自己又不影响大家。

3. 引导幼儿讨论标志的用途,懂得要按规则做事情。

提问:生活中为什么有这么多标志?它们对我们有什么用处?如果没有这些标志会怎样?

小结:生活中我们要按照标志的提示行动,在公共场所要规范和约束自己的行为,做文明、守规则的人。

活动三　数学——学习2～5的相邻数

【教材分析】

相邻数是数学名词,意思是在从小到大依次排列的自然数中,一个数前面和后面相互邻近的两个数就是该数的相邻数。我们在平时的游戏活动中观察和发现,幼儿已经有了初步的数与数之间存在某种逻辑关系的概念,幼儿对操作中出现的相邻数的练习都能够完成,只不过没有形成相邻数这一概念。因此在本次活动中通过为小动物找"邻居"、为不同圆点的卡片和数字找邻居、游戏感知操作等方法,层层递进,让抽象的数的逻辑概念在具体的事物中理解,让幼儿在游戏中获得知识,为幼儿提供主动探索的机会。

【活动目标】

1. 感知2～5之间的相邻数,理解它们之间多1少1的关系。

2. 在操作中感知2～5相邻数的概念,能正确表述5以内的相邻数。

3. 激发幼儿学习相邻数的兴趣,培养幼儿的观察比较能力。

【活动重点】

感知2～5之间的相邻数,理解它们之间多1少1的关系。

【活动难点】

在操作中感知2～5相邻数的概念,能正确表述5以内的相邻数。

【活动准备】

动物图片及小动物的房子图;不同数量圆点卡片房子图;1～10的数字卡片。

【活动过程】

1. 出示小动物的房子,通过观察小动物的邻居理解相邻的意义。

提问:小朋友仔细看看,小白兔的邻居都有谁呢?有几个?谁是小马的邻居呢?有几个?

小结:和小兔挨得最近的就是她的邻居,也可以说与她相邻。

2. 通过观察相邻的点子,初步理解相邻数之间多1或少1的关系。

出示点子的房子。

提问:小朋友仔细看看,这些都是哪些点子的房子?(1,2,3,4,5)

第一座房子上有几个点子?(1个)第二座呢?(2个)

第二座比第一座房子多几个点子?那第三座有几个点子?(3个)

第二座比第三座房子少几个点子?再分析一组。

小结:每个点子的房子都有两个相邻数,像这样比它多一点或少一点的两个房子就是它的相邻数。

3. 出示对应的数字,分析相邻数字之间多1或少1的关系。

出示数字卡片:1,2,3,4,5。

提问:比2多1的数是几?比2少1的数是几?那么谁是2的相邻数呢?

依次提问,引申到探索4、5的相邻数。

小结:每个数字宝宝都有两个相邻数,像这样比它多1少1的两个数就是它的相邻数。

4. 游戏"举卡片""问答歌",巩固幼儿对相邻数的理解。

(1)游戏"举卡片"。

老师说出一个数字,幼儿快速举起它的相邻数。

(2)游戏"问答歌"。

老师:小朋友我问你,2的相邻数是几和几?

幼儿:×老师,我告诉你,2的相邻数是1和3。

活动四 科学——会说话的服饰

【教材分析】

不同的服饰是不同工作的象征,传递着关于不同职业特点的信息。幼儿对服饰的认识仅限于颜色、图案等表面的内容,不会关注衣服的功能价值。对幼儿来说,衣服和职业的关系、服饰与重要活动的关系等是值得探究的内容。本次活动通过看看、想想、说说等环节,引导幼儿了解服饰与人们生活的关系,拓展幼儿对服饰的认知,发展幼儿的观察能力和想象能力,培养幼儿喜欢观察生活、乐于思考的习惯。同时,在认识一些职业的服饰的基础上,激发幼儿对这些职业工作者的尊敬。

【活动目标】

1. 认识医生、警察、厨师等不同职业的服饰,了解服饰的多种功能价值。

2. 能根据服饰的特点区别其作用,关注服饰与人们生活的关系。

3. 喜欢关注生活,愿意探究更多具有不同功能价值的服饰。

【活动重点】

认识医生、警察、厨师等不同职业的服饰,了解服饰的多种功能价值。

【活动难点】

能根据服饰的特点区别其作用,关注服饰与人们生活的关系。

【活动准备】

警察、医生、厨师的服饰各 1 套。

【活动过程】

1. 引导幼儿观察、介绍自己的衣服,激发幼儿学习兴趣。

提问:你今天穿了件什么样的衣服? 衣服有什么作用呢?

小结:衣服能起到保暖作用,还是一种文明的象征。

2. 引导幼儿了解医生、警察、厨师等职业的服饰的特点,感知服饰的多种功能。

(1)出示医生、警察、厨师的服饰请幼儿辨认。

提问:这些分别是谁穿的衣服?

(2)引导幼儿逐一说出每套服饰的特点及所代表的含义。

出示医生的工作服并提问:医生的工作服为什么是白色的? 你觉得医生的工作服仿佛在说明什么?

小结:医生被人们称为"白衣天使",干净的白大褂、显眼的红十字好像在说:"我是一名救死扶伤的医生,有我的地方就有健康。"

出示警服并提问:警察的服饰有什么特点? 威武的警帽、庄严的警徽仿佛在对我们说什么?

小结:帅气的警服、威严的警帽、闪亮的警徽好像在说:"我是一名光荣的人民警察,有我的地方就有平安。"

出示厨师服并提问:厨师服与医生服饰的区别是什么? 厨师服仿佛在说什么?

小结:白色的厨师服仿佛在说:"我做的饭菜干净、卫生、有营养,吃了我做的美食,身体健壮又结实。"

3. 拓展幼儿生活经验,引导幼儿进一步感知服饰与人们生活的关系。

(请幼儿阅读《生活中的发现》第 27 页,说一说图中的服饰在告诉我们什么时候要穿戴它们。)

小结:衣服会"说"的话真不少,不仅能告诉我们穿着者的职业,还能告诉我们应在什么季节、什么场合穿。

活动五　美术——好看的风铃

【教材分析】

风铃是家中常见的小挂饰，也是朋友间表达友谊和祝福的常用礼品，既有视觉上的造型之美，又有听觉上的音律之美，所以深受幼儿的喜欢。幼儿在欣赏生活中美的事物时，能关注其色彩、形态等特征，并且能运用手工制作等形式表现其特征。本次活动引导幼儿创造性地使用各种废旧材料制作不同造型的风铃，在制作中整合数学中按规律排序的知识，引导幼儿按不同规律排列吊线上的材料，体验创意制作带来的乐趣。

【活动目标】

1. 尝试运用有规律间隔的方法将材料穿在吊线上，制作出好看的风铃。

2. 创造性地运用扣子、小药瓶、吸管等废旧材料制作风铃。

3. 体验利用废旧材料制作风铃的乐趣。

【活动重点】

尝试运用有规律间隔的方法将材料穿在吊线上，制作出好看的风铃。

【活动难点】

创造性地运用扣子、小药瓶、吸管等废旧材料制作风铃。

【活动准备】

不同造型风铃的图片，扣子、小药瓶、纸杯、吸管等废旧材料，风铃吊线，幼儿学习材料·操作材料⑥，幼儿学习材料《生活中的发现》。

【活动过程】

1. 说谜语引出风铃，激发幼儿学习兴趣。

谜语：风吹摇摆响叮咚。

2. 引导幼儿观察风铃的图片，描述风铃的外观、造型特点，初步感知风铃有规律间隔组合的设计特点。

提问：这些好看的风铃分别是什么样子的？是用什么材料制作的？它们的共同特点是什么？

小结：风铃由主线、吊线、铃托、铃铛4个部分组成，每一串风铃吊线上的物体都是间隔穿起来的。

3. 出示制作风铃的材料，鼓励幼儿大胆探索制作风铃的方法，帮助幼儿掌握间隔穿连组合的方法。

（1）请幼儿说出每种材料的名称及使用方法。

（2）提问：如何设计与众不同的风铃？怎样让线上的物体位置固定且间隔排列？

（3）请幼儿阅读《生活中的发现》第28页，说一说风铃的制作步骤。

4. 幼儿制作风铃，教师巡回指导。

鼓励幼儿大胆选择材料，创造性地组合材料穿连。

5. 展示幼儿制作好的风铃，引导幼儿相互欣赏、评价。

（1）请幼儿介绍自己的作品。

提问：你的风铃吊线上的物体是怎么组合的？你选用什么材料当铃铛让风铃发出了好听的声音？

（2）请幼儿评价同伴的作品。

体育活动

听声音找朋友

【教材分析】

本次活动指导幼儿练习根据同伴声音信号的提示辨别方向走,提高反应能力和平衡能力。中班时期是幼儿中枢神经和末梢神经机能发展的重要阶段,发展幼儿运动技能、培养动作协调性与灵活性是体育活动的重要目标。活动中设计3个层次的游戏:一是"听小动物叫声走",引导幼儿辨别方向走;二是"摸一摸",加大难度,请幼儿听声音一起走,并触摸"小动物";三是"过障碍",请幼儿听声音绕过障碍物走。3个层次的游戏活动难度依次加大,增强游戏的挑战性、趣味性,促进幼儿身体协调性、灵活性的发展。

【活动目标】

1. 学习闭上眼睛,听清同伴的信号再行动。

2. 能根据同伴声音信号的提示辨别方向走,有一定的反应能力和平衡能力。

3. 感受与同伴互相支持、合作游戏的快乐。

【活动重点】

学习闭上眼睛,听清同伴的信号再行动。

【活动难点】

能根据同伴声音信号的提示辨别方向走,有一定的反应能力和平衡能力。

【活动准备】

1. 雪碧瓶、易拉罐等障碍物,贴在展示板上的小动物(可任意更换)。

2. 场地设置:在场地中央摆放障碍物。

3. 欢快的音乐。

【活动过程】

1. 带领幼儿玩"小动物走一走"游戏,进行热身活动。

引导幼儿扮演小动物随音乐做上肢、下肢、体侧等模仿动作,活动全身关节。

2. 组织幼儿玩"听声音找朋友"游戏,引导幼儿闭上眼睛,听声音辨别方向走。

(1)教师扮演小动物,发出不同的声音,引导幼儿听声音辨别方向走,要求幼儿听到哪种动物的叫声就学哪种动物的动作走。

(2)加大难度,要求幼儿练习用踮脚走、脚跟走等不同的方法走。

(3)引导幼儿两人一组玩游戏,相隔一定距离站立,一个幼儿扮演"小猫",说:"喵喵喵,我在这里。我是小猫。"另一个幼儿闭眼睛站在场地上,听到声音后,向发出声音的幼儿走去。提醒幼儿注意安全,遵守规则,不偷看。

3. 组织幼儿玩游戏"摸一摸",引导幼儿闭眼睛、听声音、跨越障碍走,进一步发展平衡能力。

(1)一个幼儿睁着眼睛,一个幼儿闭着眼睛,睁着眼睛的幼儿向后退着走,拉着闭着眼睛的幼儿的手,帮助他(她)向前走,走到展示板前,触摸贴在上面的"小动物"。

(2)提高游戏难度,发出指令的幼儿只能用语言提示同伴向前走,或者设置雪碧瓶、易拉罐等障碍物，由幼儿用语言提示同伴绕过障碍物走到目的地。

4. 带领幼儿玩游戏"动物学样"，进行放松活动。

教师或幼儿扮演不同的小动物相互学样，随音乐放松身体各部位。

主题六　我的畅想曲

活动区活动
1. 魔术屋
2. 昙花一现
3. 小物品大变身
4. 七巧板
5. 发型变变变
6. 毛毛虫和蝴蝶

教学活动
1. 好习惯体验日：关心他人我也会
2. 我的翅膀
3. 学习 6～10 的相邻数
4. 毛毛虫和蝴蝶
5. 美丽的翅膀

户外体育活动
1. 迷迷转
2. 我乘飞船摘星星

第 1 周　奇妙的翅膀

教学活动
1. 三只小猪盖房子
2. 有趣的石头
3. 复习 10 以内的相邻数
4. 盖房子
5. 好看的石头画

我的想象

教学活动
1. 小猴卖"O"
2. 浩浩的烦恼
3. 学习 10 以内的序数
4. 机器人
5. 有趣的洞洞

第 2 周　有趣的石头

第 3 周　超级变变变

户外体育活动
1. 造房子
2. 石头人

户外体育活动
1. 跳房子
2. 荷花荷花几月开

活动区活动
1. 宝藏塔
2. 上升的铁环
3. 扭扭扭变变变
4. 拉拉橡皮筋
5. 彩色珠帘
6. 盖房子

活动区活动
1. 公主屋
2. 浮不起的乒乓球
3. 百变数字
4. 小动物变变变
5. 井型编
6. 机器人

主题价值

　　想象是幼儿创造性的一种表现。本主题旨在给予幼儿充分自主的想象空间和机会，让幼儿做活动的主人，大胆地创作、表现，在活动中产生成功的体验并感受到其中的乐趣，增强自信心，从而激发更大的活动兴趣和更强的想象创作欲望。中班后期正是幼儿想象力飞速发展、创造力迅速提升的关键时期，培养好幼儿的想象力和创造力，对他们今后的生活和学习有着重要的促进作用。本主题设置"奇妙的翅膀""有趣的石头""超级变变变"3个次主题，引导幼儿在各种创造性的活动中大胆创想、积极实践，从而不断发展想象力和创造力。在主题活动开展的过程中，教师应从幼儿的生活经验和兴趣点出发，创设好玩、有趣、宽松且有利于想象的主题环境，以欣赏的态度积极鼓励、发现每一个幼儿的独特表现，发散他们的思维，促进他们的创造。同时，还应充分调动家长的积极性，鼓励家长和幼儿一起去发现生活中好玩、有趣的事物，和幼儿一起想象并共同实践，通过优质、高效的亲子陪伴，进一步促进幼儿创造力的发展。

主题目标

　　★懂得根据季节、温度的变化增减衣服。

　　1. 积极参与跑、跳的体育游戏，掌握单脚跳跃、持物快速跑的动作要领，且动作协调、灵活；常喝白开水，不贪喝饮料。

　　2. 能恰当运用有关形状的词汇，创造性地描述事物的特征，能大体讲出所听故事的主要内容，明白做事要动脑筋、不能只图省力的道理。

　　3. 敢于尝试有一定难度的活动和任务，活动中能想办法解决问题，按自己的想法推进活动；善于发现身边的爱心事例，体贴关心周围的人，体验帮助别人的快乐。

　　4. 能够运用看、摸、对比等方式感知石头、昆虫翅膀等的特点，萌发对自然界的好奇心和探究欲；能在日常生活中正确运用"昨天""今天""明天"等时间词汇，建立初步的时间概念，懂得珍惜时间；感知、发现梯形的基本特征。

　　5. 能根据音乐的特点进行丰富的联想，创造性地用自己的方式表现盖房子、机器人、毛毛虫变蝴蝶等情节，表达自己对音乐的理解和想象；能运用撕、粘、画等手工技能，创造性地将纸、石头等生活中的物品制作成其他物品，发展想象力和创造力。

区域活动安排

区域名称	活动名称	活动准备	活动指导建议
结构区	百变城堡	木头积木、插塑玩具及各种盒子、饮料桶等辅助材料	1. 魔术屋: ● 指导幼儿尝试运用架空、垒高等方法搭建圆形房顶的魔术屋。 2. 宝藏塔: ● 指导幼儿运用找重心点、对称、架空等方法搭建三角形的宝藏塔。 3. 公主屋: ● 鼓励幼儿同伴合作,运用架空、垒高、围拢等方法创造性地搭建公主屋的组合建筑。 ★ 与同伴协商制定搭建内容,能大胆提出自己的想法和思路。
科学区	昙花一现	A4纸、彩色画笔、剪刀、圆规、一个漂亮的碟子、一些水	● 指导幼儿剪出6瓣花,将花瓣向中心折叠起来后将其平放入盛有水的碟子里,观察花瓣的变化。 ★ 实验的物品收拾整理好。
科学区	上升的铁环	橡皮筋、铁环	● 指导幼儿将铁环套在剪断的橡皮筋下端,慢慢拉长松开位置低的一端橡皮筋,观察铁环的变化。 ★ 能仔细、耐心地观察实验现象。
科学区	浮不起的乒乓球	水盆、乒乓球、水、塑料瓶	● 指导幼儿将乒乓球放入拧开瓶盖并切掉三分之二瓶身的塑料瓶瓶口内,将水倒入其中并把手掌贴在瓶口处观察乒乓球的变化。 ★ 及时擦干滴出的水,保持桌面清洁。
美工区	小物品大变身	彩笔、纸	● 指导幼儿根据生活中常见的物品添画、塑造出不同的有趣形象,体验借形想象的乐趣。 ★ 能大胆想象,用图画或符号表达自己的想象,画画时保持正确的姿势。
美工区	扭扭扭变变变	彩色扭扭棒若干	● 指导幼儿初步掌握扭扭棒造型的方法,掌握每个连接处拧、缠的基本技能。 ★ 能创造性地拧、缠造型。
美工区	百变数字	白纸、彩笔	● 指导幼儿观察数字特征,从不同角度展开想象,组合、添画成有趣的造型。 ★ 能安静作画,及时收拾整理画笔。
益智区	七巧板	几何图形、拼板	● 指导幼儿认识七巧板,尝试拼摆、组合平面几何图形,创造出不同图形、图案。 ★ 愿意与同伴合作拼摆,分享拼摆作品。
益智区	拉拉橡皮筋	橡皮筋、钉板	● 指导幼儿用橡皮筋创造性地在钉板上创作图形画,感受创意皮筋画的乐趣。 ★ 专注完成游戏,能创造性地在钉板上创作。
益智区	小动物变变变	过塑的镂空小动物外形卡片、相应小动物身上的突出特征图片	● 指导幼儿根据小动物身上的突出特征图片一一对应地找到镂空的小动物外形卡片。 ★ 能仔细观察小动物突出特征,并根据其特征认真思考,寻找对应的镂空小动物外形卡片。
生活区	多功能巧手架	长方形盒子四面(一面娃娃脸、一面串珠、一面井型绳),发卡,丝带,曲别针,彩绳串珠,细绳,编辫子图示	1. 发型变变变 ● 指导幼儿根据图示编辫子、用发卡或丝带装饰娃娃头型。 2. 彩色珠帘 ● 指导幼儿按大小、形状或色彩的规律串珠。 3. 井型编 ● 指导幼儿按"压上、串下"的规律编织井型绳。 ★ 能与幼儿合作游戏,自主探索编织方法,创造性地给娃娃设计发型。
音乐区	毛毛虫和蝴蝶	毛毛虫和蝴蝶的服饰、音乐、花丛背景	● 指导幼儿边唱歌曲边随音乐用动作表现破茧成蝶的快乐。 ★ 能大胆、自主地表现自己的感受。

区域名称	活动名称	活动准备	活动指导建议
音乐区	盖房子	《盖房子》歌曲。	● 指导幼儿随音乐表现"抹泥""砌砖"等动作，设计、表现不同的房顶造型。 ★ 能与同伴合作表演唱，体验表演唱的乐趣。
	机器人	《机器人》音乐、自制纸壳机器人服装。	● 指导幼儿根据情节做机器人走路、握手、点头、跳舞等动作。 ★ 能大胆创编机器人的不同动作。

（●为核心目标指导，★为养成目标指导）

户外活动安排

活动名称	活动目标	活动准备	活动指导建议
我乘飞船摘星星	1. 学会正面钻的动作。 2. 建立初步的规则意识。	拱门 4 个、幕布 1 块、星星若干	● 提醒幼儿遵守游戏规则：念完儿歌排头幼儿才能出发，后面的幼儿必须等前面的幼儿拍自己的手再出发；钻的时候不能碰到拱门，否则要重新钻。 ● 指导小裁判监督幼儿动作完成情况，及时提醒幼儿钻的动作要规范。 ★ 能遵守游戏规则，规范钻的动作要领。
石头人	1. 练习在指定范围内四散跑。 2. 能听指令行动，发展身体的平衡能力和动作的灵敏性。 3. 体验扮演石头人的乐趣。	1. 狼的头饰 2 个，沙包若干（分布在场地四周）。 2. 场地准备：场地中画一个大圆圈。	● 指导幼儿听到信号后躲避"狼"的追赶，赶快将"石头"（沙包）顶在头上或踩在脚下，变成石头人。 ● 指导幼儿变成石头人时要保持身体平衡，保证沙包不从头上掉下来。 ● 圆圈大小可根据幼儿人数调整，尽可能让幼儿活动空间大一些，以免发生碰撞。 ★ 在追、跑时注意安全，学会避让，避免与同伴发生碰撞。
荷花荷花几月开	1. 能听信号四散追逐跑、躲闪，提高快跑、躲闪的技能。 2. 能迅速、正确应答儿歌，体验问答游戏的快乐。	自制荷叶帽 1 顶，活动前幼儿熟练掌握儿歌《荷花荷花几月开》	● 指导幼儿遵守游戏规则，当听到"六月荷花满池开"时，其他幼儿才能四散跑开，扮演荷花的幼儿才能捉人。 ● 指导扮演荷花的幼儿在圈内自由做手臂动作，以增加角色的趣味性。 ★ 当人数较多时，可分组进行游戏，避免游戏中发生碰撞。

（●为核心目标指导，★为养成目标指导）

第 1 周　奇妙的翅膀

环境创设▶

主题墙:创设"奇妙的翅膀"主题墙,设置 3 个版块:(1)"各种各样的翅膀",展示幼儿收集的各种翅膀,如鸟的翅膀、飞机的翅膀等;(2)"我会飞",展示幼儿设计、制作的各种翅膀;(3)"爱心的翅膀",展示幼儿帮助同伴的照片。

生活活动▶

1. 利用散步环节,引导幼儿观察鸟类、飞机等飞行时的状态,鼓励幼儿尝试模仿。
2. 提醒幼儿关注天气预报,懂得根据季节、温度的变化增减衣服。

家长与社区教育▶

1. 请家长与幼儿玩亲子游戏"我会飞",增进亲子关系。
2. 请家长指导幼儿观察生活中会飞的动物和事物,进一步感知翅膀的形状和作用的不同。
3. 鼓励幼儿在家时关注他人的情绪,主动关心、体贴他人,提醒家长及时对幼儿的行为进行鼓励和表扬。

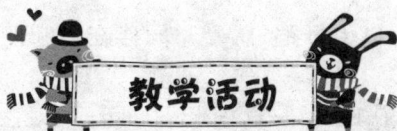

教学活动

活动一　好习惯体验日——关心他人我也会(半日活动)

【活动解读】

《纲要》中指出:培养幼儿"乐于与人交往,学习互助、合作与分享,有同情心,爱父母、长辈和同伴,爱集体、爱家乡、爱祖国"的良好情感。儿童时期自我意识中的重要成分是"以自我为中心",而独生子女家庭的"四二一结构"模式越来越普遍,家庭教育环境以孩子为中心,孩子从小感到"至高无上""唯我独尊"，许多家长只知道一味地对孩子"施爱"，而不懂得引导孩子去感受、理解、承认给予他们的种种关心和爱护。因此，本活动我们用游戏、图片观察、交流讨论、亲身感知等方式，让幼儿思考关心他人的方法，感受、感知关心他人的温暖和快乐。

【活动流程】

国旗宣讲 引发兴趣 → 听数抱团 游戏体验 → 图片观察 提炼方法 → 同伴游戏 总结提升 → 自由舞蹈 感受快乐

【活动目标】

1. 学习用正确、适当的方式表达对他人的关心。

2. 大胆表达自己的见解，发展连贯性的口语表达能力和听说交往能力。

3. 萌发关心他人的情感。

【活动建议】

1. 国旗下宣讲"关心他人我也会"。

（1）教师宣讲：运用故事《三只蝴蝶》，引导幼儿知道朋友能带给我们欢乐、温暖和帮助。同样，我们也要学会关心身边人，用自己的方式带给身边人关爱。

（2）幼儿宣讲：游戏"爱要大胆说出来"，引发幼儿要将爱大声说出来。

（3）家长宣讲：讲述家中的爱，鼓励孩子用不同的方式表达自己的爱。

2. 师生共同玩游戏：听数报团，引出活动主题。

提问：刚才你们在做游戏的时候，心情是怎么样的啊？

3. 教师出示图片，引导幼儿学习关心他人的方法。

（1）出示图片1：引导幼儿观察图片中小朋友愁眉苦脸，看起来心情很不好的样子。

（2）出示图片2：讨论小朋友变得快乐的原因。

（3）出示图片3：引导幼儿学习关心他人的方法。

（4）让幼儿自由选择周围的同伴，说说如何让别人快乐起来。

4. 用自己的方法让同伴快乐起来，做"一分钟快乐"游戏。

提问：刚才小朋友们尝试了在1分钟内让教师和同伴快乐起来。在别人快乐的同时，你的心情是怎么样的。

教师小结：当我们帮助别人、付出爱心的同时，我们自己也会感到快乐。在我们的日常生活中，不单只有快乐的时候，也有伤心、难过的时候，所以我们要学会尽量让自己忘掉烦恼，只把快乐留在心里。

5. 跟随音乐《幸福拍手歌》自由舞蹈，感受与同伴在一起的快乐。

活动二 语言——《我的翅膀》

【教材分析】

故事《我的翅膀》描写了小亚丽想拥有一对属于自己的翅膀，妈妈给她画出了同类型的翅膀，小亚丽却都不满意。故事充满童趣，既丰富了幼儿对翅膀的认识与了解，又给幼儿的思维插上了想象的翅膀，尤其是开放式的结尾，留给幼儿思考和联想的空间，激发幼儿自主想象创作的热情。本次活动通过自主阅读、大胆猜想，帮助幼儿初步理解故事内容，激发幼儿活动兴趣。

【活动目标】

1. 理解故事内容,了解妈妈给小亚丽画翅膀的过程。丰富词汇:滑稽、轻飘飘。

2. 大胆想象,能根据连续画面提供的信息大致说出故事的情节。

3. 萌发幼儿大胆想象的兴趣,感受想象的乐趣。

【活动重点】

理解故事内容,了解妈妈给小亚丽画翅膀的过程。丰富词汇:滑稽、轻飘飘。

【活动难点】

大胆想象,能根据连续画面提供的信息大致说出故事的情节。

【活动准备】

《幼儿素质发展课程•多媒体教学资源包》课件 34,《幼儿素质发展课程•语言》CD,幼儿学习材料《我的想象》,彩笔。

【活动过程】

1. 师幼谈话,感受想象的乐趣。

提问:"假如给你一对翅膀,你想拥有什么样的翅膀? "

2. 播放课件,请幼儿完整欣赏故事,初步理解故事内容。

引导幼儿讨论:故事讲了一件什么事? 妈妈分别给小亚丽画了什么样的翅膀?

3. 请幼儿自主阅读《我的想象》第2～4页,了解妈妈给小亚丽画翅膀的过程。

根据小亚丽妈妈画的几次翅膀展开提问,引导幼儿了解妈妈给小亚丽画翅膀的过程。丰富词汇:滑稽、轻飘飘。

提问:

小亚丽喜欢这样的翅膀吗? 为什么? 小亚丽说的"小孩子的翅膀"应是什么样的?

小亚丽的妈妈给小亚丽画过什么样的翅膀? 为什么要画这样的翅膀?

"轻飘飘的"翅膀应该是什么样子的?

4. 播放 CD,请幼儿完整欣赏故事。

组织幼儿讨论:如果你有一对翅膀,会是什么样的? 为什么? 引导幼儿大胆表达自己的想法。

【活动延伸】

请幼儿将自己设计的翅膀画在《我的想象》第 5 页,和爸爸、妈妈说说自己的设计思路。

【附】

我的翅膀

小亚丽经常坐在窗前看小鸟,梦想自己能像小鸟一样展翅飞翔。

小亚丽的妈妈是个画家,用画笔创作了许多生动有趣的童话故事。有一天,小亚丽对妈妈说:"妈妈,请你帮我画一对翅膀吧。""翅膀?""对呀,我希望自己长出翅膀,能像小鸟一样在天上飞。"

妈妈给小亚丽画了一对非常美丽的翅膀,这对翅膀很大很大,还有很多很多羽毛。"妈妈,这是小鸟的翅膀。我要的是小孩子的翅膀!"

妈妈又给小亚丽画了一对用各种糖果做成的翅膀。"妈妈,这个翅膀太滑稽了! 我要是忍不住吃了,可就飞不了啦! 还是帮我画一对不能吃的翅膀吧。"

妈妈又给小亚丽画了一对坚硬无比的铁甲翅膀。"人的翅膀怎么可以用铁做? 沉甸甸的,我肯定飞不起来。翅膀得轻飘飘的。"

于是,妈妈又给小亚丽画了一对轻飘飘的、云彩做的翅膀。"妈妈,还是不对呀! 这也不是我想要的。我要一对真正属于我的翅膀！"

就这样，妈妈画了一对又一对翅膀，小亚丽都不喜欢。

晚上睡觉前，小亚丽想着各种会飞的东西，小鸟、蝴蝶、蜜蜂、飞机……她想象着自己的翅膀，不知不觉睡着了。

小亚丽梦到自己来到一个马戏团，听到主持人宣布："现在，请大家欣赏一次特别的演出！让我们欢迎小亚丽，她刚刚学会飞行！"小亚丽闭上双眼，深呼吸，想象自己在蓝蓝的天空上。她感觉自己的双脚渐渐离开地面，身体不知不觉飘浮起来，好像水中的泡泡。小亚丽听到阵阵掌声和翅膀拍打的声音，睁开双眼，发现整个马戏团都在跟着自己飞翔。

第二天早上，小亚丽醒来后，飞奔到妈妈的床边，高兴地说："妈妈，我会飞啦！昨晚我梦到自己在马戏团里飞起来啦！""那太好了！"妈妈说，"宝贝儿，你还记得你的翅膀是什么样的吗？赶快告诉我，我帮你画下来。""妈妈，不用啦！"小亚丽笑着说，"我要自己把翅膀画出来！"

活动三　数学——学习 6～10 的相邻数

【教材分析】

"相邻数"教学是中班下学期数学教学的主要内容之一，是在认识了数字 1～10 的基础上进行的，因此依据中班幼儿的年龄特点和认知规律，我们确定了"学习 6～10 的相邻数"这一活动。活动设计帮助"数字宝宝找邻居"是为了让幼儿更好地理解"相邻"的概念，展开部分的操作活动。结束部分的游戏设计让幼儿进一步体验成功的快乐，充分感受到数字为自己带来的乐趣，从而实现乐学的目的。

【活动目标】

1. 感知 6～10 之间的相邻数，理解它们之间多 1 少 1 的关系。

2. 在观察、思考、游戏中感知 6～10 相邻数的概念。

3. 激发幼儿学习相邻数的兴趣，培养幼儿的观察比较能力。

【活动重点】

感知 6～10 之间的相邻数，理解它们之间多 1 少 1 的关系。

【活动难点】

在观察、思考、游戏中感知 6～10 相邻数的概念。

【活动准备】

物质准备：数字操作卡，游戏数字卡片，房子图片及数字课件。

【活动过程】

1. 创设游戏情境，初步感知 6、7 的相邻数。

（1）玩找邻居的游戏，请小朋友互相说说旁边的邻居是谁。

（2）出示大数卡 1～9，幼儿观察它们的邻居分别是谁。

提问：今天，几个数字宝宝也来了，我们来看看，他们是谁？

这些数字宝宝的邻居是谁？

（3）出示数字 5、6、7、8 及卡通房子的图片，引导幼儿根据相邻数将数字放到相应的"房间"去。

（4）引导幼儿完整说出 6、7 的相邻数。

提问：数字宝宝住进了新房子，我们来看看数字宝宝 6、7 的邻居是谁？6（7）的前面是几？

6（7）的后面呢？×比×多几个？×比×少几个？

2. 游戏情景，学习8、9、10的相邻数。

（1）出示数字1～10，为数字"8、9、10"找邻居。

提问：8（9、10）的前面住着谁？8（9、10）的后面住着谁？那×比×少几？×比×多几？你发现什么了？

（2）游戏：老师现在请小朋友来帮数字宝宝找邻居。

介绍游戏规则：请一名幼儿拿数字宝宝8（9、10）上前说：我是8（9、10），谁是我的好邻居相邻数，请快站出来。

拿有8、9、10相邻数字卡片的宝宝站到他们身边来。

3. 幼儿操作，巩固练习6～10的相邻数。

出示数字操作卡，请幼儿分别将6～10的相邻数摆在桌子上。

提问：请将6（7、8、9、10）的相邻数摆放在桌面上。

4. 幼儿游戏，复习操作10以内数的相邻数。

教师每组准备了拼蝴蝶、拼蛋蛋的游戏，引导幼儿帮助他们找相邻数。

活动四　音乐——《毛毛虫和蝴蝶》

【教材分析】

《毛毛虫和蝴蝶》选自奥尔夫音乐，两段体的结构非常鲜明。第1段为2/4拍，舒缓地表现了毛毛虫爬行、做茧的过程；第2段为3/4拍，欢快活泼，表现了毛毛虫破茧成蝶、快乐飞舞的情景。音乐节奏对比鲜明，便于幼儿理解。本次活动创设游戏化的情境，帮助幼儿学会倾听、感受、想象、表现音乐。乐曲配上有趣的儿歌，更有效地帮助幼儿了解旋律结构和情绪特点，鼓励幼儿大胆、自主地表现自己的感受。

【活动目标】

1. 感知乐曲AB式的结构以及两段的不同节奏和情绪特点。

2. 能根据音乐的特点想象毛毛虫变蝴蝶的过程并大胆地表达、表现。

3. 体验创造性地运用身体动作表现动物生长过程的快乐。

【活动重点】

感知乐曲AB式的结构以及两段的不同节奏和情绪特点。

【活动难点】

能根据音乐的特点想象毛毛虫变蝴蝶的过程并大胆地表达、表现。

【活动准备】

幼儿前期有毛毛虫变化成蝴蝶的知识经验。

《幼儿素质发展课程·音乐》CD，纱巾、绸带若干。

【活动过程】

1. 引导幼儿倾听《毛毛虫和蝴蝶》，自由想象音乐所表现的形象，感知乐曲AB结构及情绪特点。

教师提问，幼儿初步感知乐曲结构及情绪特点。

提问：乐曲讲了一件什么事？乐曲由几段组成？两段一样吗？

小结：乐曲由两段组成，第1段舒缓，为两拍子；第2段欢快，为三拍子。

2. 请幼儿分段欣赏、感受音乐，尝试创编动作表现乐曲。

（1）播放 A 段乐曲，朗诵第 1 段儿歌，鼓励幼儿表现毛毛虫的动作特点。

提问：毛毛虫怎么爬？它会做什么？请幼儿创造性地用动作表现毛毛虫爬行、吃东西的样子，重点表现爬行时一伸一缩的动作。提问：吃饱了的毛毛虫又做了什么？变成了什么？请幼儿尝试用动作表现毛毛虫吐丝造房子的情形，提醒幼儿慢慢地、轻轻地做动作。

（2）播放 B 段乐曲，朗诵第 2 段儿歌，鼓励幼儿表现蝴蝶的动作特点。

提问：毛毛虫变成蝴蝶后心情是什么样的？

鼓励幼儿用动作表现破茧成蝶的快乐，提醒幼儿做蝴蝶飞舞的动作时要优美。

3. 请幼儿完整地随音乐表现毛毛虫变蝴蝶的过程，创造性地使用道具。

（1）出示纱巾、绸带等，引起幼儿的兴趣。

提问：可以怎么使用这些材料？鼓励幼儿创造性地将纱巾作为毛毛虫的茧、蝴蝶的翅膀等。

（2）请幼儿跟随音乐，自主地运用身体姿态和道具表现毛毛虫变蝴蝶的过程，体验游戏带来的乐趣。

【附】

《毛毛虫与蝴蝶》音乐参见网址：

http://www.baobao88.com/bbmusic/aef/05/2818790.html

活动五 美术——美丽的翅膀

【教材分析】

小手张开、并拢可以形象地表现不同翅膀的形态。通过前期的活动，幼儿已对翅膀的外形特征有一定的了解，能够进行丰富的联想。本次活动指导幼儿组合、变换方向印手形，大胆想象，创作出不同形态的翅膀的动物。为完成以上重、难点，通过游戏探究、创作表现、交流分享等环节，引导幼儿主动探索手印画的作画方法，鼓励幼儿创造性地表现千姿百态的、富有情感色彩的动物形象。

【活动目标】

1. 掌握手形印画的方法。

2. 能根据变换的手形印画、添画各种带翅膀的动物。

3. 大胆想象，体验创作手印画的乐趣。

【活动重点】

掌握手形印画的方法。

【活动难点】

能根据变换的手形印画、添画各种带翅膀的动物。

【活动准备】

1. 幼儿学习材料《我的想象》，幼儿学习材料·美术用纸第 8 页。

2. 盛有各色颜料的浅盘，彩笔，擦手用的湿毛巾。

【活动过程】

1. 组织幼儿玩手指游戏"我的小手变变变"，激发幼儿作画兴趣。

教师朗诵儿歌，请幼儿变化不同的手形。

提问：小手除了张开，还可以怎么变化？小手除了像小鸟的翅膀，还可以像什么？

2. 请幼儿欣赏《我的想象》第 10 页的作品，探索手印画的作画方法。

通过欣赏观察,引导幼儿大胆想象。

提问:这些小动物是怎么画出来的?

小结:小手可以变出多种动物的翅膀。小手变翅膀的方式很多,张开、并拢小手可以印不同的翅膀,还可以变换按压的方向,也可以用小手多次按压进行组合变换不同造型的翅膀。

3. 引导幼儿讨论,了解手印画的作画步骤及方法。

通过开放式的提问和幼儿的自主探索,了解作画步骤及方法。

(1)提问:怎样将手形留在纸上?引导幼儿探索用手印画的方法。

(2)教师示范作画步骤,重点梳理作画步骤:用手蘸自己喜欢的颜色,摆出自己喜欢的手形印在纸上以朝不同的方向印;用湿毛巾把手擦干净,用水彩笔添画成不同的动物,再用不同的花纹装饰翅膀。

(3)组织幼儿讨论:你想用小手变出什么?怎么变?

鼓励幼儿大胆想象,表达自己的想法。

4. 请幼儿在美术用纸第8页上作画,教师巡回指导。

(1)鼓励幼儿根据自己的想法变化手形,大胆想象添画。

(2)提醒幼儿蘸适量的颜料,以免滴到桌面或画面上,按压时手不要动,易于画着色。

(3)根据按压出的手形添画成带翅膀的动物。

5. 展示作品,引导幼儿就手形的不同变化以及大胆的想象与创意进行分享。

【附】

手指游戏

小手拍拍,五指分开,
手腕碰碰,小鸟飞飞。

体育活动

迷迷转

【教材分析】

幼儿喜欢原地旋转的游戏,旋转过程中周围的事物也跟着转动,这带给他们奇妙体验。幼儿期是感统训练的关键期,可通过转圈游戏有效解决前庭觉失调的现象,提高平衡能力。中班幼儿平衡能力和稳定性明显增强,有一定的自我保护意识。本次活动意图通过儿歌的引领,帮助幼儿掌握原地旋转的基本方法,进一步提高幼儿的平衡能力。

【活动目标】

1. 掌握原地旋转并保持身体平衡的基本方法。

2. 能遵守游戏规则,旋转时会自我保护。

3. 体验掌握平衡、保持稳定的愉悦。

【活动重点】

掌握原地旋转并保持身体平衡的基本方法。

【活动难点】

能遵守游戏规则，旋转时会自我保护。

【活动准备】

宽阔平坦的户外活动场地，音乐，沙包若干。

【活动过程】

1. 带领幼儿跟随音乐舒展身体，活动关节，重点活动上肢及腿部。

2. 请幼儿分散站好，拉开距离，自由探索原地旋转的方法。

（1）引导幼儿自由探究原地旋转的方法，注意观察幼儿不同旋转方法，重点请借助胳膊保持平衡的幼儿进行分享、交流。

提问：你转起来了吗？旋转结束时，你用什么办法站稳？你的胳膊是怎样的？

小结：原地旋转时，可以借助胳膊保持身体平衡，如侧平举、叉着腰等。

（2）适当增加旋转圈数，鼓励幼儿进一步探究，掌握原地旋转并保持身体平衡基本方法，提醒幼儿每回最多转3圈，站稳后再准备下一轮旋转，可建议幼儿改变方向旋转，以防头晕跌倒。

3. 组织集体游戏"迷迷转"，锻炼幼儿的平衡能力。

（1）第1遍游戏，帮助幼儿了解游戏规则。

教师朗诵儿歌："迷迷转，迷迷转，大风吹来了快快站。"幼儿原地旋转，当教师念到"站"字时，幼儿马上停止旋转。比一比，看谁站得稳。

（2）第2遍游戏，教师变换速度朗诵儿歌，幼儿根据儿歌的节奏原地旋转，增加游戏的难度和趣味性。

（3）第3遍游戏，幼儿手托沙包旋转，进一步增加游戏难度。

介绍游戏规则：幼儿两手侧平举，手掌伸开，心向上，左右手各托一个沙包原地旋转；旋转结束时，看看谁的沙包还在手掌上。

游戏反复进行，重点对个别平衡能力较弱的幼儿进行指导。

4. 请幼儿跟随音乐放松颈部、手臂，鼓励幼儿与同伴之间协作进行放松活动。

第2周　有趣的石头

环境创设

1. 创设"多变的石头"展示台,展示幼儿的彩绘石头、石头拼贴画等作品。
2. 布置"有趣的石头"主题墙,张贴幼儿和家长共同收集的图片、制作的信息报等。

生活活动

1. 引导幼儿了解防暑的简单常识,知道多吃冷饮的危害,提醒幼儿不贪吃冷饮。
2. 提醒幼儿玩完石头后要将手洗干净。
3. 散步时带领幼儿在园内收集有特色的小石头投放到活动区。

家长与社区教育

1. 建议家长周末与幼儿一起在保证安全情况下赤足走鹅卵石小路、下石子琪、玩石子游戏,引导幼儿充分感受石头的有趣。
2. 提醒家长日常少给幼儿买冷饮,鼓励幼儿多喝白开水,帮助幼儿养成健康的生活习惯。

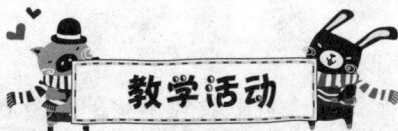

教学活动

活动一　语言——故事《三只小猪盖房子》

【教材分析】

《三只小猪盖房子》是幼儿很喜欢的经典童话故事,情节生动有趣。故事中的角色个性鲜明,特别是那只盖砖房的小花猪,聪明、勇敢,深受幼儿的喜爱。中班幼儿能讲出所听故事的主要内容,本次活动通过给故事课件配音、看图书讲故事、表演故事中的角色等形式,帮助幼儿理解故事内容,感受角色特点,明白做事要动脑筋、要勤劳、不能只图省力的道理。

【活动目标】

1. 理解大灰狼撞草房子、木房子和砖房子的不同结果。丰富词汇：省力、结实。

2. 学说故事中角色对话，能用不同的声音、表情、动作表现3只小猪和大灰狼的角色特点。

3. 懂得做事前要动脑筋，要勤劳，不能只图省力。

【活动重点】

理解大灰狼撞草房子、木房子和砖房子的不同结果。丰富词汇：省力、结实。

【活动难点】

学说故事中角色对话，能用不同的声音、表情、动作表现3只小猪和大灰狼的角色特点。

【活动准备】

1. 活动前请家长带领幼儿观察生活中的楼房是用什么材料建成的。

2. 画有一堆稻草、一堆木头、一堆砖的单幅图片，幼儿学习材料《我的想象》，《幼儿素质发展课程·语言》CD，《幼儿素质发展课程·多媒体教学资源包》课件39。

【活动过程】

1. 请幼儿结合生活经验说说盖房子可以使用的材料，以此引出活动主题。

（1）出示一堆草、一堆木头、一堆砖的图片，让幼儿根据自己的经验说说哪种材料盖房子最结实。

（2）请幼儿说一说生活中看到的房子是用什么材料盖的。

2. 结合课件完整讲述故事，帮助幼儿初步了解故事内容。

教师提问，幼儿初步感知故事内容。

提问：故事中3只小猪分别盖了什么样的房子？大灰狼撞草房子、木房子和砖房子的结果怎样？

3. 结合课件分段讲述故事，帮助幼儿进一步理解故事内容。

（1）结合故事第1～4段提问：用哪种材料盖房子最省力？用哪种材料盖房子最累？小花猪为什么要盖砖房子？它是怎样盖房子的？（丰富词汇：省力、结实。）

（2）结合故事第5～8段提问：大灰狼来到小黑猪、小白猪家是怎么说、怎么做的？大灰狼想用什么办法进到小花猪家？结果怎样了？

（3）结合故事第9～11段提问：最后，3只小猪分别说了什么？（鼓励幼儿模仿3口小猪的语气、表情给故事课件配音。）你喜欢故事里的谁？为什么？

4. 指导幼儿阅读《我的想象》第16～18页，用不同的声音、表情、动作表现3只小猪和大灰狼的角色特点。

（1）请幼儿与同伴自由讲述故事。

（2）引导幼儿用不同的声音、表情、动作表现小猪的可爱和大灰狼的凶恶，重点启发幼儿用动作表现小花猪不怕累、不怕麻烦、认真盖房子的样子，进一步体验做事要动脑筋、不能只图省力的道理。

【附故事】

三只小猪盖房子

猪妈妈有3个孩子，一个是小黑猪，一个是小白猪，还有一个是小花猪。

有一天，猪妈妈对3只小猪说："你们已经长大了，应该学一些本领。现在，你们各自去盖一间房子吧！"

3只小猪高高兴兴地出门了。走着走着，它们看见前面有一堆稻草。小黑猪连忙说："我就用这堆稻草盖间草房子吧。"小白猪和小花猪继续向前走去。走着走着，它们看见前面有一堆木头。小白猪连忙说："我就用这堆木头盖间木房子吧。"

小花猪独自向前走去。走着走着,它看见前面有一堆砖头。小花猪高兴地说："我就用这堆砖盖间砖房子吧。"于是,小花猪一块砖一块砖地垒起来。不一会儿,汗流下来了,胳膊也酸了,它也不肯歇一下。砖房盖好了! 小花猪乐得合不拢嘴。

山后边住着一只大灰狼,听说来了 3 只小猪,哈哈大笑着说："3 只小猪来得好,正好让我吃个饱。"

大灰狼来到草房子前,叫小黑猪开门。小黑猪不肯开。大灰狼用力撞一下,草房子就倒了。小黑猪急忙往小白猪家逃,边跑边喊:"大灰狼来了! 大灰狼来了!"木房子里的小白猪听见了,连忙打开门,让小黑猪进来,又把门紧紧地关上。

大灰狼来到木房子前,叫小白猪开门。小白猪不肯开。大灰狼用力撞一下,木房子摇了摇,又用力撞一下,木房子就倒了。小黑猪和小白猪急忙往小花猪家逃,边跑边喊:"大灰狼来了! 大灰狼来了!"砖房里的小花猪听见了,连忙打开门,让小黑猪和小白猪进来,又紧紧地把门关上。

大灰狼来到砖房子前,叫小花猪开门。小花猪不肯开。大灰狼用力撞一下,砖房子一动也不动,又撞一下,砖房子还是一动不动。大灰狼用尽全身力气,对着砖房子重重地撞一下,砖房仍然一动不动。大灰狼可惨了,四脚朝天地跌倒在地,头还撞出一个"大蘑菇"。大灰狼看到房顶上有一个大烟囱,就爬上房顶,想从烟囱钻进房子里。3 只小猪忙在炉膛里添了许多柴,把炉火烧得旺旺的。大灰狼钻过烟囱,跌进了炉膛里,被炉火烧死了。

小黑猪难过地对小花猪说:"盖草房最省力,却不结实。以后,我要多花力气盖砖房。"

小白猪难过地对小花猪说:"盖木房也省力,但也不结实。以后,我要多花力气盖砖房。"

小花猪高兴地说:"好,让我们一起来盖座大砖房,把妈妈也接来,大家一起住吧!"

活动二 科学——有趣的石头

【教材分析】

石头在日常生活中随处可见,山上、河边、田野里、小路上都可以看见它们。这些看似不起眼的石头却会被幼儿视为宝贝。赶海时,幼儿喜欢捡拾花色、形状不同的鹅卵石,会向成人追问"石头是从哪儿来的""石头怎么会有花纹""石头可以用来干什么"等他们感兴趣的问题。本次活动带领幼儿走进石头的世界,通过游戏及多种感官的体验来探索石头的奥秘,感知石头的特性与作用;引导幼儿接触自然环境,感受自然界的美妙与神奇,激发幼儿的好奇心和对自然的探究欲望。

【活动目标】

1. 认识生活中常见的石头,感知石头的特性。

2. 发现并乐于与同伴交流石头在生活中的用途。

3. 感受石头的多样与奇特,萌发对生活中自然物的探究兴趣。

【活动重点】

认识生活中常见的石头,感知石头的特性。

【活动难点】

发现并乐于与同伴交流石头在生活中的用途。

【活动准备】

1. 教师与幼儿共同收集的不同种类、形状的石头,每组 1 筐,装石头的布袋 1 个。

2. 用鹅卵石铺好的小路。

3. 幼儿学习材料《我的想象》。

【活动过程】

1. 以"神奇的口袋"游戏导入活动，引发幼儿兴趣。

出示装有不同形状、大小、种类的石头的口袋，请个别幼儿摸一摸、捏一捏、敲一敲、拎一拎，然后说出感受，其他幼儿根据该幼儿的表述猜测口袋里可能是什么。

2. 请幼儿自由挑选一块自己喜欢的石头，摸一摸、看一看、捏一捏、比一比、踩一踩，探究石头的特性。

（1）幼儿自由探索后与同伴互相介绍手中石头的小秘密。

（2）引导幼儿从纹路、颜色、形状、大小、软硬、光滑或粗糙等方面感知石头的特性。

提问：它们的颜色、大小怎么样？用手摸一摸、捏一捏有什么感觉？

小结：石头有很多小秘密，看上去是五颜六色的，花纹、形状、大小各不相同；摸上去有的光滑，有的粗糙，而且很硬。小朋友玩石头时要注意安全，不要乱扔石子。

3. 引导幼儿阅读《我的想象》第14～15页，进一步了解石头的用途。

提问：这些奇形怪状的石头有什么用途呢？

小结：石头是很好的建筑材料，可以用来盖房子、建桥、铺路，有些石头经过加工会成为日常生活用品，如石磨、茶几、漂亮的工艺品等。

4. 带领幼儿赤脚在鹅卵石铺的小路上踩一踩，再次感知石头的特性，了解石头的保健功能。

【延伸活动】

请幼儿阅读《我的想象》第13页，回家后和爸爸、妈妈一起玩有趣的石子游戏，把自己发现的石头的秘密告诉爸爸、妈妈。

活动三　数学——复习 10 以内的相邻数：找朋友

【教材分析】

中班下学期的幼儿已经建立了初步的数的概念，对生活中的数字感兴趣且多数已经认识 1～10 的数字。本次活动旨在引导幼儿探索自然数列中三个数之间多 1 和少 1 的关系，结合中班幼儿"形象思维占主体地位、抽象逻辑思维初步发展"的年龄特点，创设"找朋友""我的朋友在哪里"等游戏情境，鼓励幼儿在操作体验中自主探索、发现、理解相邻数的关系。

【活动目标】

1. 通过有趣的游戏活动知道相邻数的概念，能寻找出 10 以内的任意一个数（1 和 10 除外）的相邻数是几和几，理解并能说出一个数和它的两个相邻数之间分别是多 1 和少 1 的关系。

2. 发展幼儿的逻辑思维能力和观察能力，引导幼儿发现相邻数的特征：单数的相邻数是两个双数，双数的相邻数是两个单数。

3. 学习与同伴友好交往、合作游戏的方法。乐意参加数学活动，大胆发言，表达自己的思考结果。

【活动重点】

理解相邻数的概念，能找出 10 以内各数的相邻数。

【活动难点】

理解并能说出 10 以内相邻数之间的关系，探索自然数列中相邻三者之间多 1 和少 1 的关系。

【活动准备】

自绘风景图一幅,上有1～10个不同数量的各种物品组成的图案;1～10的数字卡和点卡各一套;1～10的纸牌。

【活动过程】

1. 创设"找邻居"情境,导入活动。

教师导语:你有几个邻居?请找一找,和他们抱一抱。

观察幼儿找的是不是相邻座位的同伴。

小结:每个小朋友都有自己的邻居,数字宝宝也有自己的邻居。

2. 引导幼儿学习相邻数,理解相邻数的意义。

(1)出示练习纸(如下图),引导幼儿观察,学习2的相邻数,理解相邻数之间的等差关系。

提问:数字2有几个邻居?分别是几和几? 2前面的邻居比它少几? 2后面的邻居比它多几?

小结:数字2有两个邻居,分别是1和3,1和3就是数字2的相邻数。

(2)在学习2的相邻数的基础上,启发幼儿运用掌握的规律探索、推理,自主学习3～9的相邻数。

小结:每个数字的相邻数是比它多1和少1的数字。

3. 组织幼儿玩"找朋友"游戏,进一步理解相邻数的含义,感受找到朋友的快乐。

游戏方法:幼儿每人戴一个数字头饰,听音乐自由做动作,音乐停,幼儿找相邻数朋友,找到朋友后3人手拉手。幼儿可更换数字头饰,游戏反复进行。

4. 请幼儿操作练习,寻找相邻数。请幼儿阅读《我爱家乡》第21页,根据要求寻找相邻数。

练习纸

1	2	3	4	5	6	7	8	9	10
☆	☆☆	☆☆ ☆	☆☆ ☆☆	☆☆ ☆☆ ☆	☆☆ ☆☆ ☆☆	☆☆ ☆☆ ☆☆ ☆	☆☆ ☆☆ ☆☆ ☆☆	☆☆ ☆☆ ☆☆ ☆☆ ☆	☆☆ ☆☆ ☆☆ ☆☆ ☆☆

活动四 音乐——盖房子

【教材分析】

《盖房子》这首歌曲旋律简单且具有重复性,一共4句歌词,前两句完全重复,后两句部分重复。歌曲节奏明快,以"×××××× | ××××|"为主要节奏型;歌词朗朗上口,并且有很强的情境性。这些特点为幼儿形象、有节奏地表现盖房子的过程提供了动作创编的空间。本次活动鼓励幼儿表演"抹泥""砌砖"等动作,满足中班幼儿喜欢在音乐活动中边唱边表演的需要,引导幼儿充分感受音乐活动带来的快乐体验。

【活动目标】

1. 学习歌曲,大胆创编盖房子的动作,设计、表现不同的房顶造型。

2. 能根据音乐节奏和歌词内容用动作创造性地表现砌砖、抹泥等盖房子的过程。

3. 体验表演盖房子的乐趣。

【活动重点】

学习歌曲,大胆创编盖房子的动作,设计、表现不同的房顶造型。

【活动难点】

能根据音乐节奏和歌词内容用动作创造性地表现砌砖、抹泥等盖房子的过程。

【活动准备】

1. 幼儿学会唱歌曲《盖房子》，观察过建筑工人用砖砌墙、用水泥抹墙的劳动场面，玩过盖房子的建构游戏。

2.《幼儿素质发展课程·音乐》CD。

【活动过程】

1. 引导幼儿随音乐有表情地演唱歌曲《盖房子》，进一步熟悉歌曲内容。

提问：歌曲里唱到建筑工人做了哪些事？

2. 组织幼儿交流、讨论，尝试边唱边为歌曲创编动作。

引导幼儿边唱边尝试为歌曲配上动作。

提问：可以用什么动作来表现歌曲的内容？

3. 引导幼儿根据音乐节奏和歌词内容创编砌墙、抹泥的动作。

（1）请幼儿随音乐创编砌砖、加砖的动作，引导幼儿有节奏地通过身体高度的变化来表现房子逐步加高的过程。例如，从坐着到半蹲着，表现墙一层层地砌高；再从半蹲着到完全站立，表现房子盖得很高或者已经完工。

提问：可以用身体的什么部位表示砖头？第1句"我的房子盖得高"和第2句"房子盖得更加高"的动作位置有什么不同？可以如何表现不同高度？

（2）请幼儿随音乐创编抹泥动作，引导幼儿一拍一下，有节奏地做四面抹泥的动作。

（3）请幼儿随音乐节奏创编房顶、烟囱的造型。

提问：你见过什么形状的房顶？可以用什么样的动作表现出米？

4. 鼓励幼儿边唱边表演歌曲，感受表演的乐趣。

（1）采用个别表演、集体表演等方式指导幼儿演唱歌曲，提醒幼儿演唱声音要清晰、洪亮。

（2）通过评选"最认真的建筑工人""最漂亮的房子"等形式激发幼儿表演唱的兴趣，引导幼儿眼睛看着手做动作。

【附】

盖房子

1 = G 4/4 中速

汪爱丽 译配

```
5̣ 5̣ | 1 1 1 3 3 3 | 5 5 5 3 3 3 | 4  4⌒4  2  2 | 1  -  5̣ 5̣ |
砌块 砖，加块砖砌块 砖，加块砖，我的 房子  盖得 高。    砌块

1 1 1 3 3 3 | 5 5 5 3 3 3 | 4  4  2  2 | 1  -  0  5̣ 5̣ |
块，加块砖，砌块 砖，加块砖，房子 盖得 更加 高。    抹呀

6 6 6 1̇ 7 6 | 5 5 5 3 3 3 | 4  4  2  6 | 5  -  5̣ 5̣ |
抹，抹呀抹，抹呀 抹，抹呀抹，四周墙壁 已抹 好。    盖上

6 6 1̇ 7 6 | 5 5 3 3̣ | 4  4  7  2 | 1  -  -  0 ‖
大 房顶，加上 高烟囱，房子 盖得 呱呱 叫。
```

活动五　美术——好看的石头画

【教材分析】

中班幼儿喜欢用绘画的方式表现自己观察到或想象到的事物，在石头上画画是他们比较感兴趣的一种美术形式。本次活动引导幼儿对事物进行从无意到有意的观察，从对石头外形

的基本观察开始,启发幼儿想象每一块石头像什么、可以创作成什么……因此,我将活动的重点制定为"能根据石头的形状进行想象,尝试在石头上作画"。难点制定为"充分发挥想象,大胆尝试创作出与众不同的作品"。为更好地完成活动的重、难点,我们在活动中引导幼儿通过直观的观察展开丰富的想象,从而更好地为创造性的绘画做铺垫。

【活动目标】

1. 能根据石头的形状进行想象,尝试在石头上作画。

2. 充分发挥想象,大胆尝试创作出与众不同的作品。

3. 体验用不同方式作画的乐趣。

【活动重点】

能根据石头的形状进行想象,尝试在石头上作画。

【活动难点】

充分发挥想象,大胆尝试创作出与众不同的作品。

【活动准备】

各种形状的石头、棉签、彩笔、水粉或丙烯颜料、调色盘等,幼儿学习材料《我的想象》。

【活动过程】

1. 引导幼儿观察各种形状的石头,请幼儿根据石头的形状进行想象。

提问:这些石头分别是什么形状的?圆形(椭圆形、三角形……)的石头像什么?

2. 鼓励幼儿自主选择一块自己喜欢的石头,大胆说出自己的创意。

提问:怎样把手中的石头变成你想象的东西?你想怎样装饰自己的石头?

3. 教师重点演示用棉签在石头上作画,引导幼儿观察、掌握作画的方法。

提出要求:可以自由选择棉签、彩笔等不同的作画工具,用棉签画时蘸色要均匀,画出的线条尽量清晰、流畅,颜色没晾干前不要涂抹。

4. 鼓励幼儿大胆绘画、装饰石头。

教师巡回观察,分层指导幼儿,鼓励想象力比较丰富的幼儿尽量根据石头造型进行创作;提示想象力比较欠缺的幼儿,可在石头上画出自己喜欢的事物的形象,也可以用花纹、图案装饰石头。

5. 作品展示,引导幼儿分享、交流作品。

(1)请幼儿介绍自己的作品,重点说说作品的主题和作画的方法。

(2)请幼儿相互欣赏,说说谁的石头画最有创意,引导幼儿重点从想象力、画面的内容、色彩等方面进行评价。

【活动延伸】

请幼儿阅读《我的想象》第19页,说一说书上的石头变成了什么,进一步拓展思维。

体育活动

造房子

【教材分析】

中班幼儿已经能够摆动手臂自然地跑步,跑步的速度也在不断加快,但持物跑动作的协调性、灵活性还有待提高。本次活动创设"小工人造房子"的游戏情境,引导幼儿在"运砖"的过程中探索持物跑的方法,学习单手持物、另一只手臂前后自然摆动的动作,提高持物跑的速度,发展动作的协调性、灵活性,提高幼儿在跑动中自我保护的意识和能力。

【活动目标】

1. 掌握持物快速跑的动作要领,发展持物快跑的能力。

2. 能独立想出持物跑的方法,提高自我保护的意识和能力。

3. 养成热爱劳动、做事认真的品质。

【活动重点】

掌握持物快速跑的动作要领,发展持物快跑的能力。

【活动难点】

能独立想出持物跑的方法,提高自我保护的意识和能力。

【活动准备】

1. 积木(在场地四周间隔放置),易拉罐若干,盛放积木的筐子4个,房子的图纸(贴在筐子外侧)。

2. 幼儿有合作搭建房子的经验。

3. 热身、放松环节的相关音乐。

【活动过程】

1. 带领幼儿随音乐绕障碍(积木)走、跑、跳,做游戏前的热身准备。

2. 创设游戏情境,引导幼儿探索持物跑的动作要领。

（1）将积木作为盖房子的砖头,请幼儿自由练习抱砖跑。

（2）请幼儿讨论携带积木跑步的方法。

提问:抱砖跑怎样能做到安全、省力而且速度快?

小结:单手抱砖,另一只手臂前后摆动,这样跑既安全、速度又可以快一些。

3. 组织幼儿玩"造房子"游戏,进一步巩固持物跑的技能。

（1）将幼儿分成人数相等的4～5组,组成建筑队,请幼儿为自己的建筑队起名字。

（2）介绍游戏规则:各组列纵队站在起跑线上,教师发出开始的信号后,每组排头幼儿抱砖快速跑到终点,将砖头放到自己组的筐子里后举手示意;本组下一个幼儿抱砖出发,待本组最后一个幼儿运完砖,所有幼儿按照图纸合作盖房子,最先盖好房子的组获胜。

（3）第1轮游戏结束后,重点讲评、示范持物快速跑的动作要领。

（4）组织幼儿练习2～3次。

可根据幼儿动作掌握情况增加游戏难度。例如,在场地中放置障碍物(易拉罐),幼儿绕过障碍跑;逐步增加房子高度。

4. 组织幼儿玩游戏"摆动的钟表",引导幼儿模仿钟摆,随音乐摇摆身体各部位,放松全身。

第 3 周　超级变变变

环境创设

1. 主题墙：创设"超级变变变"主题墙，张贴《百变数字》《百变洞洞》《七巧板》等作品。
2. 班级环境：收集、展示生活中的小创意，供幼儿观察、交流；展示幼儿创作的《生活小创意》《扭扭扭变变变》《百变纸箱》等作品。

生活活动

1. 鼓励幼儿在较热的户外环境中活动 30 分钟左右，及时擦汗、穿脱衣服。
2. 提醒幼儿喝足量的白开水，天气较热或运动后补充水分，帮助幼儿养成适时、适量喝水的习惯。

家长与社区教育

1. 请家长和幼儿一起找一找生活中有梯形面的物体，尝试用绘画的方式记录下来。
2. 请家长与幼儿一起玩七巧板、跳房子等图形游戏。
3. 请家长鼓励幼儿日常多收集小物品、观察常见的事物，有意识地培养幼儿借形想象的思维习惯。

教学活动

活动一　语言——故事《小猴卖"O"》

【教材分析】

故事《小猴卖"O"》内容十分有趣，而且源于生活，是幼儿所熟悉的。与其他故事不同的是，这个故事中提出的问题并没有标准答案，给了幼儿充分发挥想象力、锻炼创造力的空间。

本次活动的重、难点是启发幼儿通过动物的对话,分析出它们所需要的"O"是什么东西,教师结合幼儿已有经验,鼓励幼儿大胆猜想,为幼儿创设表达、交流机会,鼓励幼儿猜想多种答案,充分调动幼儿交流兴趣。

【活动目标】

1. 理解故事内容,根据故事中动物的描述分析它们所要的"O"是什么物品。

2. 大胆猜想不同小动物买"O"的原因。

3. 体验积极动脑筋想办法的快乐。

【活动重点】

理解故事内容,根据故事中动物的描述分析它们所要的"O"是什么物品。

【活动难点】

大胆猜想不同小动物买"O"的原因。

【活动准备】

画有"O"的图片,《幼儿素质发展课程•语言》CD,幼儿学习材料《我的想象》。

【活动过程】

1. 出示画有"O"的图片,引导幼儿大胆猜想"O"是什么,鼓励幼儿说出自己的想法。

2. 完整讲述故事,帮助幼儿初步理解故事内容。

通过提问,初步感知故事内容。

提问:故事的名字叫什么? 故事中有哪些小动物来买"O"? 5个小伙伴都买到自己需要的"O"了吗?

3. 分段播放故事,引导幼儿懂得遇到困难和问题要积极动脑筋想办法。

鼓励幼儿大胆猜想多种物品,如小鸭学游泳可以用救生圈、气臂套、圆形的浮床。

结合故事提问:小鸭、小猫、小狗、小兔买的"O"是什么? 小猴是怎么知道的?

4. 请幼儿阅读《我的想象》第24～25页师幼共同讲故事。

(1)请幼儿阅读《我的想象》第24页,根据故事内容和自己的猜想,在第25页画出5个小动物买到的商品。

(2)师幼共同讲述故事,当讲到"知道了"时,幼儿根据自己画的内容说出"小猴拿了个××给小鸭"。

5. 引导幼儿讨论:如果你也有一个"O",你想让它变成什么呢? 鼓励幼儿大胆想象,完整讲述。

【附故事】

小猴卖"O"

小猴是儿童百货店的售货员。一天,店里来了5个小伙伴,小鸭、小猫、小狗、小老虎和小兔。它们手里都拿着一张纸,上面都画着一个'O'。

咦,这'O'是什么意思? 小猴摸摸脑袋,有办法了!

它问小鸭:"你买'O'干什么呀?"小鸭说:"我要用它学游泳。""知道了。"小猴拿了个'O'给小鸭。小鸭高兴地走了。

"小猫,你为什么买'O'?"小猫说:"我想用它照着梳头。""知道了。"小猴拿了个'O'给小猫。小猫照了照,满意地走了。

"小狗,你买'O'有什么用?"小狗举起铁钩子说:"喏,我就缺个'O'啦!"小猴很快就把一个'O'给了小狗。

"小老虎,你也要'O'吗?"小老虎抬起脚说:"是呀! 你瞧,我新球鞋都有了,正等着'O'

踢呢。"小猴拿出一个'O'丢给小老虎。小老虎高兴地付了钱。

最后轮到小兔。小兔说:"妈妈说明天早晨让我用'O'当早餐。""奥,是这样。"小猴用一个干净的纸袋装了几块'O'递给小兔。小兔也高兴地回家了。

5个小伙伴都买到了自己需要的'O'。你知道他们的'O'分别是什么东西吗?

活动二 社会——浩浩的烦恼

【教材分析】

幼儿在和同伴交往的过程中经常会发生争抢玩具等现象,中班幼儿不知如何解决,有时甚至会为此发生肢体冲突。这些冲突会影响到幼儿的心情,让他们陷入烦恼。本次活动采用"发现—明理—实践"的浸润式社会教学方式,帮助幼儿掌握与同伴发生冲突时和平解决的方法,鼓励幼儿接受别人的意见和建议,为幼儿感受快乐的集体生活奠定基础。

【活动目标】

1. 知道与同伴发生冲突时和平解决的方法,愿意接受别人的意见和建议。

2. 能分辨同伴交往中不正确的做法,大胆表达解决冲突的办法。

3. 在"百变纸箱"创意活动中感受与同伴友好相处的快乐。

【活动重点】

知道与同伴发生冲突时和平解决的方法,愿意接受别人的意见和建议。

【活动难点】

能分辨同伴交往中不正确的做法,大胆表达解决冲突的办法。

【活动准备】

1. 《幼儿素质发展课程·多媒体教学资源包》课件37。

2. 大小不同、五颜六色的纸盒若干,剪刀、胶带、彩纸等。

3. 收集幼儿日常友好相处的照片。

【活动过程】

1. 出示幼儿日常友好相处的照片,引出活动主题。

通过照片的直观感知,初步感知跟好朋友在一起的快乐。

提问:这些小朋友开心吗?和朋友一起玩的感觉怎么样?

2. 结合课件分段讲述故事《浩浩的烦恼》,对浩浩的行为进行判断、分析,帮助幼儿了解解决冲突的办法。

(1)播放课件,讲述故事第1、第2段,引导幼儿了解请求和同伴一起玩的方法。

提问:浩浩撞倒小朋友的机器人是故意的吗?他可以怎样弥补?浩浩想和小朋友一起做机器人,应该怎么说?

小结:想和别人一起玩儿,要事先征得别人的同意;不小心犯错要主动道歉,取得别人的原谅。

(2)播放课件,讲述故事第3、第4段,引导幼儿了解轮流玩的方法。

提问:浩浩又遇到了什么烦恼?他应该怎么做?如果你和小朋友想玩同一个玩具,可以怎样解决?

小结:大家喜欢同一个玩具时,可以看看能不能玩其他的,如果不能,可以轮流玩、交换玩,或者"剪子、包袱、锤"决定谁先玩。

（3）播放课件，讲述故事第5、第6段。

提问：现在浩浩的心情是怎样的？

3. 播放课件，分辨交往中正确的做法。

引导幼儿观察，针对不正确的做法大胆说出解决方法。

提问：他们在干什么？谁做对了？谁做错了？换作是你，你会怎么办？

4. 请幼儿进行"百变纸箱"创意活动，体验和同伴友好相处的快乐。

（1）出示各种纸箱，激发幼儿参与"百变纸箱"创意活动的兴趣。

介绍活动规则：幼儿自由结伴，利用纸箱进行组合、变形，设计、制作各种好玩的东西。游戏中，鼓励幼儿接受同伴的意见和建议，和平解决同伴之间的冲突。

（2）幼儿分组进行创意活动，教师巡回指导，发现幼儿发生冲突，提示幼儿说出解决的办法，鼓励幼儿进行尝试。

（3）师幼针对创意活动中的冲突进行交流，共同协商，梳理解决冲突的办法。

【附】

浩浩的烦恼

浩浩班最近在进行"百变纸箱"比赛，小朋友们收集了很多大大小小、五颜六色的纸箱。老师请小朋友们自由结伴，一起用纸箱制作各种好玩的东西，最后还要发奖励！小朋友们可高兴啦，都想在这场比赛中获奖。

浩浩也想得奖！瞧，一大早他就来到幼儿园，看到佳佳和乐乐正将两个纸箱摞起来，商量着用纸箱做机器人呢。浩浩想和他们一起做机器人。于是，他大喊一声："我也要做机器人！"便冲了过去，一不小心碰掉了机器人的头。佳佳和乐乐生气地说："浩浩，你碰倒了我们的机器人！我们不欢迎你！"

浩浩不好意思地说："对不起，我不是故意的。你们能原谅我吗？我也想做机器人。可以让我和你们一起做机器人吗？"佳佳和乐乐点了点头。

浩浩想用牙膏盒做机器人的胳膊，便到百宝箱里找。琪琪也想找一个牙膏盒做公共汽车。可是，箱子里只有一个牙膏盒，两人同时抓住它，谁也不让谁。他们开始争吵起来。浩浩说："是我的，我先看到的。"琪琪争论道："明明是我先看到的。"

争吵声吸引来了佳佳。佳佳说："浩浩，机器人的胳膊需要两个牙膏盒，把这个牙膏盒让给琪琪吧！咱们再选其他材料。"佳佳和浩浩在百宝箱里找到两个长长的薯片桶，用来做机器人的胳膊刚好合适。

最后，在"百变纸箱"比赛中，乐乐、佳佳、浩浩制作的机器人得到了第1名。大家开心地笑啦！

活动三　数学——学习10以内的序数

【教材分析】

序数是表示集合中元素次序的数，是用自然数表示事物排列的次序，让幼儿回答"第几"的问题，幼儿已学习了10以内初步数概念的数序，为学习序数做好了准备。在上次的数学活动中也学了5以内的序数，本节课将内容定为学习10以内的序数。学习序数要求能从不同方向（从左到右，从右到左，从上到下，从下到上）确认物体的排列次序。本节活动，我们将在上次活动单一从一个方向排列次序的基础上，引导幼儿在小动物排队和送动物回家的情境中，尝试从不同方向排列次序,提高学习难度,加深对序数的理解。

【活动目标】

1. 学习 10 以内的序数,理解序数的方向性。

2. 会用数词描述事物的排列顺序和位置。

3. 培养幼儿对数学中序数的兴趣。

【活动重点】

复习 10 以内的序数,理解序数的方向性。

【活动难点】

会用数词描述事物的排列顺序和位置。

【活动准备】

1. 准备贴绒教具:10 个不同的小动物,有 10 层 10 个房间的楼房图片一幅。

2. 10 只企鹅图片,10 条小鱼图片。

【活动过程】

1. 情境导入,幼儿随音乐《开火车》进活动室。

2. 小动物排队的情境中,引导幼儿感受理解 10 以内的序数及其方向性。

(1)引导幼儿从左往右、从右往左的排列次序感受理解序数。

提问:小动物们多神气,排着整齐的横队向我们走来。请小朋友看一看从左向右排,×× 小动物排第几?

请小朋友看一看从右向左排,×× 小动物排第几?

从左向右排第 × 个小动物是谁?

从右向左排第 3 个小动物是谁?

(2)引导幼儿按照从下到上、从上到下的排列次序感受理解序数。

提问:看小动物们变成纵队向我们走来。请小朋友说说从上向下排每个小动物排第几?

从下向上排每个小动物排第几?

从上向下排小猪排第几?

从下向上排第 5 的小动物是谁?

3. 送动物回家的情境中,巩固幼儿对序数的理解。

(1)数楼房,熟悉楼房结构和数量。

提问:我们先数数这栋楼房共有几层?再数数每层有几个房间?

(2)教师提出要求,请小朋友将小动物送回家。

小猫住在第 4 层,从左边数第 5 间房子;

小兔住在第 10 层,从右边数第 9 间房子;

小猪住在第 6 层,从左边数第 10 间房子;

4. 游戏"乘火车",在游戏体验中感受序数的有趣。

游戏规则:用椅子搭成三列火车,分别编上 1、2、3。幼儿每人一张编号的车票,如第 2 列火车第 5 节车厢就写 2～5,幼儿在音乐声中做开火车的动作,音乐一停,幼儿依照车票编号快速找到号码座位坐下。教师当列车员查票,看看谁找得又对又快。音乐再响,幼儿随音乐《火车开开》出活动室。

活动四 音乐——舞蹈：机器人

【教材分析】

随着时代的发展、科技的进步，机器人逐渐走进人们的生活，扫地机器人、送餐机器人、机器人玩具……它们僵硬、缓慢的动作和一走一停的特点吸引着幼儿的目光。中班幼儿已有初步的音乐经验。本次活动以幼儿喜爱的机器人为主题，引导幼儿安静的倾听乐曲、感受节奏，鼓励幼儿结合自己原有经验，想象、模仿机器人走路、握手、点头、跳舞等动作，尝试创编与众不同的动作，充分体验活动的乐趣，培养幼儿的想象力、创造力，发展幼儿的节奏感以及表演能力。

【活动目标】

1. 能随着音乐有节奏地模仿机器人的动作，表现音乐断顿、诙谐的特点。

2. 尝试创编动作，根据情节做机器人走路、握手、点头、跳舞等动作。

3. 体验模仿活动的快乐。

【活动重点】

能随着音乐有节奏地模仿机器人的动作，表现音乐断顿、诙谐的特点。

【活动难点】

尝试创编动作，根据情节做机器人走路、握手、点头、跳舞等动作。

【活动准备】

《幼儿素质发展课程·多媒体教学资源包》课件36，《幼儿素质发展课程·音乐》CD。

【活动过程】

1. 播放课件，组织幼儿讨论，引发活动兴趣。

通过提问初步感知机器人动作的特点。

提问：机器人的动作和人的动作有什么不同？

小结：机器人走路时身体直直的、手和脚硬硬的、动作一顿一顿的，看起来很僵硬。

2. 请幼儿倾听音乐，感受音乐断顿、诙谐的特点。

（1）请幼儿安静欣赏音乐，感知音乐欢快、诙谐、断顿的特点。

（2）引导幼儿尝试随着音乐学机器人走路，提醒幼儿做动作时注意断顿、僵直。

3. 教师示范动作，引导幼儿开展游戏，鼓励幼儿随音乐节奏扮演机器人。

（1）教师完整示范第1段舞蹈，引导幼儿观察，提醒幼儿做动作时手和脚是硬硬的、身体是直直的、动作要一顿一顿的。提问：机器人做了哪些动作？鼓励幼儿模仿机器人走路、打招呼、跳舞的动作。

（2）组织幼儿玩"我是机器人"游戏。

介绍游戏规则：教师扮演管理员，幼儿扮演机器人。"管理员"发出"走路、打招呼、跳舞"的指令，"机器人"随音乐做相应动作。

（3）请幼儿跟着音乐完整表演第1段舞蹈，重点指导幼儿表现出机器人僵硬的特点，保持手和脚硬硬的、身体直直的、动作一顿一顿的。

4. 组织幼儿讨论，创编第2段舞蹈的动作，随音乐有节奏地用肢体创造性地表现机器人不同的动作。

鼓励幼儿探索机器人跳舞、洗衣服、扫地、帮人们做事等动作，在音乐伴奏下逐一进行练习。

（1）提问：机器人除了走路、点头、招手，还会做些什么动作呢？

（2）请个别幼儿随音乐表演动作，说一说自己在模仿机器人的什么动作。

（3）请幼儿在音乐伴奏下自由创编动作，表演第2段舞蹈。

5. 播放音乐，请幼儿完整表演舞蹈《机器人》。

（1）幼儿初次表演，重点关注幼儿能否跟着音乐的节奏做动作，提醒幼儿尝试表现出机器人的动作特点以及断顿、诙谐的音乐特点。

（2）幼儿反复完整表演，教师重点观察幼儿在第2段音乐时能否大胆想象，创编出机器人的不同动作。

小结：科学家发明的机器人还不完美，运动起来还有些笨拙，就像我们刚才表演的那样。在未来的日子里，机器人的世界有很多秘密等待小朋友们去发现。

【附音乐】

机器人

1 = F 2/4

姚亚庚 曲

[1] 1 7 6 5 | 1 7 6 5 | [3] 1 5 1 3 | 5 — | [5] 1 7 6 5 | 1 7 6 5 | 1 5 1 3 |

2 — | [9] 5 4 3 2 | 5 4 3 2 | [11] 5 4 3 2 | 6 — | [13] 6 5 4 3 5 4 3 2 |

[15] 1 5 1 3 | 1 — ‖

第1段舞蹈动作说明

第1～2小节：左臂曲臂向前，右臂曲臂向后，右脚向前迈一步，做走路状，表示机器人走路。

第3～4小节：动作同第1～2小节，方向相反。

第5～8小节：重复第1～4小节，向2点钟方向走。

第9～16小节：重复第1～8小节，向8点钟方向走。

第17小节：左臂曲肘90°于肩下，手心向后，表示机器人打招呼。

第18小节：左臂曲肘90°于肩上，手心向前，表示机器人打招呼。

第19～20小节：动作同第17～18小节，方向相反。

第21～24小节：双手与头左右摆动，一拍1次，共摆3次，第24小节时停住不动。

第25～26小节：双臂叠抱在胸前。

第27～30小节：左右转体，表示机器人跳舞。

活动五 美术——有趣的洞洞

【教材分析】

各种各样的洞洞是幼儿生活中常见的、感兴趣的。中班幼儿的想象，常常是在游戏、制作、观察活动中有所发现而突发奇想。本次活动指导幼儿通过自主尝试，在纸上撕出形态各异的洞洞。鼓励幼儿根据洞洞的形状，结合已有生活经验展开丰富的联想。运用往里、往外添画方式，创造出新的形象，调动幼儿借形想象的兴趣，提升幼儿的想象力和创造力，从而更好地解决"能变换洞洞的方向并根据其形状进行添画，塑造出不同的形象"这一活动重点。

【活动目标】

1. 能变换洞洞的方向并根据其形状进行添画，塑造出不同的形象。

2. 大胆想象,创造出独特的作品。

3. 体验借形想象的乐趣。

【活动重点】

能变换洞洞的方向并根据其形状进行添画,塑造出不同的形象。

【活动难点】

大胆想象,创造出独特的作品。

【活动准备】

1. 幼儿学习材料·美术用纸第9页,幼儿学习材料《我的想象》。

2. 彩纸、水彩笔、胶棒、垃圾盒各若干。

【活动过程】

引导幼儿阅读《我的想象》第21页,观察、赏洞洞画,激发幼儿探究的兴趣。

(1)通过观察、想象发散幼儿思维。

提问:画面上有什么? 它们是怎样画出来的?

(2)请幼儿自由选择彩纸撕洞洞,根据自己撕出的洞洞的形状进行想象。

2. 教师演示添画,鼓励幼儿大胆想象创作。

(1)将撕好的洞洞纸粘贴在底板上,变换不同的方向请幼儿观察,说出洞洞像什么。

(2)根据幼儿的描述进行现场添画,创编简单的故事讲述作品。

3. 请幼儿自由创作,教师巡回指导。

(1)引导幼儿大胆想象,确定创作内容后,洞洞纸粘贴到美术用纸第9页上行添画。

(2)提醒幼儿将撕下来的纸片扔到垃圾盒里。

4. 展示幼儿作品,引导幼儿相互评价。

(1)请幼儿相互猜想作品内容,鼓励幼儿简单讲述关于洞洞的故事。

(2)引导幼儿发现同伴有创意的作品,进一步感受借形想象的奇妙。

体育活动

跳房子

【教材分析】

中班幼儿已经掌握单脚跳、双脚跳、跨跳等基本动作。本次活动引导幼儿结合图形板的不同形状做出判断,用不同的跳法进行游戏,锻炼幼儿的快速反应能力和身体协调性,鼓励幼儿在快乐的游戏中进行动作的练习,在合作游戏中体会体育活动带来的快乐。

【活动目标】

1. 巩固单脚跳、双脚跳、跨跳的基本动作。

2. 能用图形板组合成不同造型的房子,能根据图形的变化做不同的动作,发展快速反应能力。

3. 在合作游戏中体验规则的重要性。

【活动重点】

巩固单脚跳、双脚跳、跨跳的基本动作。

【活动难点】

能用图形板组合成不同造型的房子,能根据图形的变化做不同的动作,发展快速反应能力。

【活动准备】

正方形、长方形、梯形图形板若干。

【活动过程】

1. 请幼儿每人自选一块图形板,跟着音乐创造性地做动作,如开汽车、自抛自接、跨跳等。

2. 引导幼儿复习各种跳的动作,探索根据图形变换不同的跳法。

(1)请幼儿把图形板随意摆放在地上,自由探索各种跳的动作,如单脚跳、跨跳、双脚跳等。

(2)针对个别动作不规范的幼儿进行示范指导。

3. 请幼儿分组玩"跳房子"游戏,进一步巩固跳的动作。

(1)引导幼儿自主布置游戏场地。

请手持梯形板的幼儿将图形板连接成一条长长的小河。请手持正方形板和长方形板的幼儿用图形板拼摆出各种造型的房子。

(2)介绍游戏规则:正方形单脚跳,长方形双脚跳,梯形跨跳。

(3)幼儿鱼贯进行练习,教师巡回指导,针对个别动作不规范的幼儿进行示范指导。

(4)幼儿分组竞赛,依次出发。每个幼儿完成动作后,跑回拍下一个幼儿的手。动作不规范的幼儿须重新做一次,最先完成比赛的小组获胜。

4. 请幼儿坐在图形板上,跟着音乐进行腿部放松活动。

评价汇总

以幼儿园管理者为主体的评估

幼儿发展评估方案

指导思想

根据幼儿年龄特点及《3～6岁儿童学习与发展指南》精神,有效落实以"幼儿发展为本"的教育理念,关注每一个幼儿的全面发展、持续发展和终身发展,遵循"尊重幼儿的个体差异、追随幼儿的活动兴趣、满足幼儿的发展需要"的原则,结合《指南》和《刚要》提出的"珍视幼儿生活和游戏的独特价值"以及"游戏是幼儿的基本活动"的教育理念,将评价贯穿课程实施的全过程。以幼儿园的园本课程为蓝本,突显园本课程的专向性,本着"立足过程,促进发展"的评价理念,以幼儿良好习惯的养成及幼儿的游戏活动为主要评价内容,设置了以管理者为主体的幼儿发展评价方案,通过对幼儿习惯和游戏过程的观察、解读与评价,体现游戏在课程中的重要地位,有效促进幼儿和谐且富有个性的发展和园本课程的健康良性发展。

评估对象

市南区江苏路幼儿园小、中、大班幼儿。

评估人员

业务助理、教研组长、各级部组长。

评估方式

业务助理及教研室成员带领级部组长到班级观察每位幼儿行为表现。

评估具体安排

1. 班级测评由班级教师根据现场测评和平时观察相结合,对每位幼儿进行全面测评,形成班级幼儿发展评估小结。

2. 教研室抽测:由级部组长和班主任组成测评小组,对小、中、大班幼儿进行行为表现的观察测评。根据教研室测评标准进行,最终形成级部幼儿发展评估报告。

关于评估的几点说明

1. 幼儿发展评估是课程实施的常规工作,希望每位教师能够认真做好评估工作,对评估结果进行分析,为下一步课程实施提供依据。

2. 测评小组要采用客观公正的态度进行测评,给孩子一个宽松的环境,全面分析幼儿的发展状况,对班级的发展评估有一个正确的评价,也为教研室制定下学期的教育教学重点提供真实有效的依据。

3. 幼儿发展状况评价过程采用自然观察、情景观察、谈话、作品分析、白描相册、查阅资料等方式,全面考察各年龄段幼儿的发展情况,以更好地为幼儿教育、幼儿发展服务。

4. 各年级组形成幼儿发展评价报告。

5. 幼儿发展水平测评资料归档。

评估内容

（一）《幼儿园养成教育课程》幼儿良好习惯评价表

标准 / 班级	小班	中班	大班	总分
	1. 知道注意安静倾听他人讲话，养成耐心倾听的良好习惯。 2. 简单理解语意，并能关注对方的面部表情、眼神和体态的变化。 3. 喜效观察身边常见的事物。初步学习观察的方法，会运用多种感官观察事物。 4. 在成人提醒下，能将玩具、图书放回原处。 5. 在成人的帮助下能穿脱衣服和鞋袜。	1. 初步能注意安静倾听他人讲话，养成耐心倾听的良好习惯。 2. 初步理解语意，并能关注对方的面部表情、眼神和体态的变化。 3. 能够按顺序观察事物。能积极思考，尝试对观察的事物进行简单的记录和分析。 4. 能自己整理自己的物品。 5. 能自己穿脱衣服、鞋袜。尝试自己扣纽扣、拉拉链。	1. 能注意安静倾听他人讲话，养成耐心倾听的良好习惯。 2. 理解语意，并能关注对方的面部表情、眼神和体态的变化。 3. 能够按顺序细致、全面地观察事物。积极思考，能对观察的事物进行记录和分析。 4. 能按类别整理好自己的物品。 5. 能根据冷热增减衣服，学习自己系鞋带。	
大一班				
大二班				
中一班				
中二班				
小一班				
小二班				
小三班				
备注	此次评估是在幼儿正常教学活动中，运用自然观察的方式进行。请老师们根据对孩子活动的观察，结合评估标准进行量化，为下一步更好地开展教学活动提供依据。评估的满分为100分，层次为：优秀：100～90，良好为：89～80，一般为：79～70。			

（二）《幼儿园养成教育课程》楼层区域游戏评价表

海洋特色主题《我是海边人》

创设情境	评估领域	评估内容	评估小结
海边 休闲吧	健康 社会 科学 语言 艺术 习惯	1. 幼儿积极投入游戏，体现自主、自发，不断丰富游戏情节，具有一定的想象力和创造力。 2. 能轻松愉快地参加游戏，有明确的角色意识和职责，乐于交往，情节丰富。 3. 幼儿的合作意识和交往能力在游戏中有较好的体现。 4. 能运用已有经验尝试解决游戏中出现的问题。 5. 幼儿游戏中能够自觉使用礼貌用语，能较有秩序地收拾、摆放玩具及活动材料。 包含以下游戏区域内容： 1. 海洋照相馆 　拍摄过程中能够热情地接待顾客，并注意镜头对准顾客，时刻关注顾客的需求。 2. 海洋故事放映厅 　理解《海底小动物历险记系列》的故事情节，能按照音频情节进行皮影戏表演。 3. 海洋艺术展览馆 　能够向小游客介绍艺术品的制作方法与特点，能够用好听的语言招揽游客前来参观。 4. 海洋艺术手工坊 　能大胆运用美工架的各种材料进行海洋动物的制作与装饰。 5. 海洋T台秀 　（1）会根据海中的小动物角色装扮自己和同伴，并布置场景与同伴合作，运用语言、动作、表情等创造性地表现。 　（2）能大方清晰地朗诵并表演青岛方言儿歌"挖蛤蜊"。 6. 海鲜大排档 　能与同伴协商角色进行游戏，分工并模仿角色大胆表现，充分、合理地运用各种材料，敢于表达自己的意见和要求。 《幼儿园养成教育课程》注重对习惯的培养，习惯评价标准： 1. 游戏中礼貌用语的使用。 2. 物品的归类摆放。 3. 遵守游戏秩序，不随意打扰他人游戏。	

传统文化主题《中国节·中国结》

创设情境	评估领域	评估内容	评估小结
传统节日 体验村	健康 社会 科学 语言 艺术 习惯	1. 幼儿积极投入游戏，体现自主、自发，不断丰富游戏情节，具有一定的想象力和创造力。 2. 能轻松愉快地参加游戏，有明确的角色意识和职责，乐于交往，情节丰富。 3. 幼儿的合作意识和交往能力在游戏中有较好的体现。 4. 能运用已有经验尝试解决游戏中出现的问题。 5. 幼儿游戏中能够自觉使用礼貌用语，能较有秩序地收拾、摆放玩具及活动材料。 包含以下游戏区域内容： 1. 逛灯会 　幼儿能够选择自己喜欢的花灯进行猜谜，并根据谜面图片上的节日习俗或者美食猜出相对应的节日。 2. 逛庙会 　能够根据自己选择的角色和服装，展现出传统民俗表演的特点。如：舞龙的小朋友要能跟着鼓点掌握前进的速度，跑旱船的小朋友要有节奏地左摆右摆等。 3. 民间工艺坊 　能大胆运用美工架的各种材料进行传统节日手工的制作与装饰。 4. 中华美食街 　能与同伴协商角色进行游戏，分工并模仿角色大胆表现，充分、合理地运用各种材料，在制作中国传统美食和买卖传统小吃的过程中感受中国传统美食的丰富和有趣。 《幼儿园养成教育课程》注重对习惯的培养，习惯评价标准： 1. 游戏中礼貌用语的使用，懂得礼貌谦让。 2. 物品的归类摆放。 3. 遵守游戏秩序，不随意打扰他人游戏。 4. 知道传统餐桌礼仪，会正确使用筷子。 5. 不浪费粮食，知道一切资源、能源都不应该浪费。	

海洋特色主题《我和海洋动物交朋友》

创设情境	评估领域	评估内容	评估小结
海边 休闲吧	健康 社会 科学 语言 艺术 习惯	1. 幼儿积极投入游戏,体现自主、自发,不断丰富游戏情节,具有一定的想象力和创造力。 2. 能轻松愉快地参加游戏,有明确的角色意识和职责,乐于交往,情节丰富。 3. 幼儿的合作意识和交往能力在游戏中有较好的体现。 4. 能运用已有经验尝试解决游戏中出现的问题。 5. 幼儿游戏中能够自觉使用礼貌用语,能较有秩序地收拾、摆放玩具及活动材料。 包含以下游戏区域内容: 1. 贝壳艺术馆 　自主选择各类贝壳进行加工、制作,并创造性地使用各类辅助物进行装饰。 2. 海鲜大排档 　与小伙伴一起商量分配自己的角色,明确自己扮演角色的分工和职责。积极模仿厨师炒菜、服务员招待客人的行为,主动使用礼貌用语。 3. 海底世界 　自主选择游戏角色。导游热情地接待游客,声音洪亮地介绍各个展馆,并带领游客在其他社会性区域中进行一系列的活动;演员创造性地随音乐进行表演并与观众互动。 4. 创意美术馆 　用盘条的方法堆砌制作陶泥大船,结合船体特点运用辅助工具创造性地装饰船体内部;运用各种泥工技能创造性地制作橡皮泥贴画。 5. 创意表演馆 　根据剧本内容合理布置场景,并根据出场的顺序,大胆自信表现角色的不同,进行流畅完整的表演。 《幼儿园养成教育课程》注重对习惯的培养,习惯评价标准: 1. 游戏中礼貌用语的使用。 2. 物品的归类摆放。 3. 遵守游戏秩序,不随意打扰他人游戏。	

评估小结

班级	优势	不足	建议
小一班			
小二班			
小三班			
中一班			
中二班			
中三班			
大一班			
大二班			
大三班			
对《幼儿园养成教育课程》的实施建议			

以幼儿园教师为主体的评估

（一）《幼儿园养成教育课程》主题反思

班级：   时间：

主题名称		负责教师	
主题说明			
主题目标			
主题活动设计			
主题实施亮点			
不足及修改建议			

以幼儿园教师为主体的评估

（二）《幼儿园养成教育课程》活动反思

时间		班级	
主题名称		活动名称	
幼儿活动表现			
教师反思			
下一步活动设想			

（三）《幼儿园养成教育课程》"特色主题"楼层区域游戏观察记录与反思

楼层		观察区域	
观察对象		观察时间	
观察情况记录			
评价与分析			
教师介入与策略			
效果与反思			

（四）《幼儿园养成教育课程》个别幼儿作品评价与分析表

作者		评价方式	
评价时间		作品名称	
作品照片			
原有发展水平			
作品解读 （活动意图、思想感受、联想想象……）			
作品分析 （结合活动目标在原有水平基础上的提高或不足、活动过程的投入、创作方式、★好习惯……）			
改进建议 （幼儿作品、教师教育策略）			

（五）《幼儿园养成教育课程》小组幼儿作品评价与分析表

作者		评价方式	
评价时间		作品名称	
活动背景			
照片			
作品分析 普遍性问题 （★好习惯）			
我的思考			

（六）《幼儿园养成教育课程》班级幼儿作品整体评价与分析表

作者		评价方式	
评价时间		作品名称	
作品照片			
活动目标			
活动分析			
幼儿发展规律			
作品过程性评价 （生活经验、思想感情、材料和技巧的运用、创造力想象力、★好习惯……）			
作品效果评价 （目标的达成、构图、色彩运用、主题……）			
活动反思 （幼儿作品、教师教育策略、课程实施调整）			

（七）《幼儿园养成教育课程》幼儿游戏观察记录表——生活体验区

观察时间：　　　　班级：　　　　观察内容：　　　　观察方法：　　　　记录人：

幼儿游戏水平

项目	游戏水平描述	备注
生活技能	● 能根据生活情景进行表达，生活技能欠缺。 ● 愿意根据生活情景及投放的材料进行生活技能的练习。 ● 能综合运用手、嘴等感官，灵活运用多种辅助材料进行生活技能的表达及练习。	
主题目的性	● 无目的，无主题。 ● 目的不明确，易附和他人。 ● 能随生活情景表现的自主性、计划性。 ● 有较强的自主性、计划性。	
情绪专注力	● 注意水平低，情绪欠佳。 ● 一般保持愉快的情绪状态，注意力易分散。 ● 能保持积极、专注，持续时间长。	
持续时间	● 不能坚持10分钟。 ● 10~20分钟。 ● 能认真玩儿20~30分钟。 ● 坚持玩到游戏结束。	
社会性发展	● 能发现问题、解决问题，能创造性地使用材料解决问题。 ● 能尊重他人的意见，与同伴协商、分工、合作、分享、谦让。 ● 能建立适当的游戏规则，注意爱惜自己和他人制作的游戏道具。 ● 乐于分享游戏经验，能对活动结果进行反思与评价。	

分析与反思：

教师指导

项目	游戏水平描述	备注
材料投放	● 材料包括生活情境道具、桌面操作材料、生活技能提示板等。 ● 能够科学合理地规整材料，方便幼儿游戏时取放。 ● 能为幼儿游戏提供必要的示范、提示、欣赏、分享等支持，能引发幼儿与之互动。	
对幼儿的观察	● 能关注到幼儿的生活技能、材料使用、交流合作等。 ● 能以耐心观察与等待为前提，让介入更适宜。 ● 能关注生活区域联动，能够引导幼儿根据投放的材料自由组合、搭配操作，在操作中和操作后能有效与角色区等其他区域联动。	
对幼儿的指导	● 指导方式方法适宜，能有效地介入游戏，并采用适宜的方法引导幼儿确定生活游戏主题和内容。 ● 能把握时机介入游戏，自主解决。 ● 能帮助幼儿螺旋式提升生活技能。	
对幼儿的评价	● 评价具有针对性，能关注幼儿的个体差异，具有支持与引领作用。 ● 能及时地进行表演活动的反思，能根据观察及反思，对生活区各项工作进行不断调整。	

分析与反思：

（八）《幼儿园养成教育课程》幼儿游戏观察记录表——拼插建构区

观察时间：　　　　班级：　　　　观察内容：　　　　观察方法：　　　　记录人：

项目	幼儿游戏水平　游戏水平描述	备注	项目	教师指导　游戏水平描述	备注
建构技能	● 能掌握并灵活运用平铺、垒高、架空、围拢等技能。 ● 能注意平衡、对称和造型的装饰。 ● 能运用多种辅助材料搭建主题场景。		材料投放	● 材料包括积木、插塑等专门的建构材料目数量充足。 ● 能够投放种类丰富、适合建构目卫生的废旧物品材料。 ● 能够科学合理地规放和调整提供的必要材料，方便幼儿游戏时取放。 ● 能为幼儿游戏提供必要的示范、提示、欣赏、分享等支持，能引发幼儿之与互动。	
主题目的性	● 无目的、无主题。 ● 目的性不明确，易附和他人。 ● 能确定建构主题，但会出现变化。 ● 有较强的自主性、计划性。		对幼儿的观察	● 能关注到幼儿的建构技能、材料使用、交流合作等。 ● 能以耐心观察与耐心等待为前提，让介入更适宜。	
情绪专注力	● 注意水平低，情绪欠佳。 ● 一般情绪状态，注意力易分散。 ● 能保持愉快的情绪进行搭建。 ● 情绪积极、专注、持续时间长。		对幼儿的指导	● 指导方式方法是否适宜，以便能有效地帮助幼儿确定建构游戏主题和内容。 ● 能把握时机介入游戏，并采用适宜的方法引导幼儿自主解决。 ● 能帮助幼儿螺旋式提升建构技能。	
社会性发展	● 能发现问题、解决问题，能创造性地使用材料解决问题。 ● 能尊重他人的意见，与同伴协商、合作、分工、分享、谦让。 ● 能建立适当的游戏规则，主题保护好自己和他人的作品。		对幼儿的评价	● 评价具有针对性、能关注幼儿的个体差异，具有支持与引领作用。	
认知与审美	● 能对建构材料的大小、形状等特性正确认知，能对其进行比较、分类、观察和尝试。 ● 能获得并运用空间、距离、方向、守恒等有关科学和数学的概念。 ● 作品能表现出对称、平衡等艺术形式。 ● 作品有美感。		反思与调整	● 能及时地进行搭建活动的反思，能根据观察及反思，对搭建各项工作进行不断调整。	
分析与反思：			分析与反思：		

（九）《幼儿园养成教育课程》幼儿游戏观察记录表——角色扮演区

观察时间：　　　　班级：　　　　观察内容：　　　　观察方法：　　　　记录人：

项目	幼儿游戏水平 游戏水平描述	备注	项目	教师指导 游戏水平描述	备注
兴趣和参与度	● 幼儿是否对活动充满兴趣。 ● 幼儿是否能够专注地投入游戏。 ● 幼儿在游戏中持续时间的长短。 ● 游戏中主题的稳定性如何。		材料投放	● 主体材料是否承载着当前的教育目标，能否为幼儿的当前发展提供支持。 ● 材料的数量、种类、配置等是否满足当前角色游戏活动的需要。 ● 能否随幼儿的游戏需要和经验提升而不断变化、投放新的材料。 ● 是否注重幼儿操作材料的良好常规和习惯的培养。	
活动的自主性目的性计划性	● 幼儿在游戏中是否能自主地确定游戏主题、选择材料与玩伴等。 ● 幼儿在游戏中是否有较明确的目的性。 ● 幼儿的游戏是否有一定的计划性。 ● 对造型是先做后想，还是边做边想，或先想好了再做。 ● 游戏情节是否丰富。		对幼儿的观察	● 能否关注到幼儿的材料使用、交流合作、角色互动等。 ● 能否以耐心观察与等待为前提，让介入更适宜。	
认知发展	● 幼儿在游戏中是否能运用恰当的语言与他人交流。 ● 幼儿在游戏中是否能创造性地使用游戏材料。 ● 幼儿是否能很好地迁移已有的生活经验。		对幼儿的指导	● 指导方式方法是否适宜，以便能有效地帮助幼儿完成角色游戏主题和内容。 ● 能否把握时机介入游戏，并采用适宜的方法引导幼儿自主解决。	
社会性发展	● 幼儿在群体游戏中的位置和作用如何，更多指使别人还是跟从别人。 ● 幼儿相互间是否有必要的交流与合作，更多主动与人沟通还是被动沟通。 ● 幼儿是否能合理地分配和使用玩具和材料。 ● 是否会采用协商的办法处理玩伴关系。 ● 能否从平行游戏过渡到合作游戏。		对幼儿的评价	● 评价具有针对性、能关注幼儿的个体差异，具有支持与引领作用。	
幼儿的角色意识	● 幼儿的角色意识如何。 ● 幼儿游戏动机出自物的诱惑，同伴间的模仿还是指向角色、情节。 ● 幼儿游戏行为仅仅指向物还是指向其他角色关系。 ● 是否使用替代物进行表征。		反思与调整	● 能及时地进行角色活动的反思，能根据观察及反思，对角色游戏各项工作进行不断调整。	
分析与反思：			分析与反思：		

（十）《幼儿园养成教育课程》幼儿游戏观察记录表——科学益智区

观察时间：　　　　班级：　　　　观察内容：　　　　观察方法：　　　　记录人：

幼儿游戏水平

项目	游戏水平描述	备注
游戏技能	● 能在游戏中按物体的特征从事物的角度进行分类。 ● 能按照物体的特征进行有规律的排序。 ● 能按规则进行棋类等益智类游戏活动，促进思维能力和发展。	
主题目的性	● 无规则意识，任意游戏。 ● 目的不明确，易附和他人。 ● 能在游戏中发现问题，但解决问题有困难。 ● 有较强的自主性、计划性。	
情绪专注力	● 注意水平低，情绪欠佳。 ● 一般情绪状态，注意力易分散。 ● 能保持愉快的情绪进行游戏。 ● 情绪积极、专注，持续时间长。	
社会性发展	● 能发现问题，解决问题，能在游戏中和同伴共同商讨解决问题的方法。 ● 能够有意识地与同伴交流，合作游戏。 ● 能遵循游戏规则，有明确的规则意识。	
认知与审美	● 能对周围环境中的数量、形象，时间和空间等感兴趣。 ● 有好奇心和求知欲。 ● 能积极主动地进行活动，对周围天系的数量关系进行探索，体验探索成功和成就感。 ● 喜欢参加数学活动和游戏，体验数学活动的乐趣。	

分析与反思：

教师指导

项目	游戏水平描述	备注
材料投放	● 投放具有趣味性和可操作性的材料。 ● 能够投放种类丰富、与生活密切相关且能使幼儿获得操作经验的材料。 ● 能为幼儿游戏合理地提供必要的材料，方便幼儿游戏时取放、欣赏、提示、分享等支持，能引发幼儿之间互动。	
对幼儿的观察	● 能关注到幼儿对益智区游戏的探索能力、解决问题、交流合作等。 ● 能以耐心观察与耐心等待为前提，让介入更适宜。	
对幼儿的指导	● 指导方式中出现难以解决的问题，以便能有效地帮助幼儿解决游戏中出现适时的机介入游戏，并采用适宜的方法引导幼儿自主解决。 ● 能帮助幼儿提升探索能力。	
对幼儿的评价	● 评价具有针对性，能关注幼儿的个体差异，具有支持与引领作用。	
反思与调整	● 能及时地进行益智游戏的反思，能根据观察及反思，对益智区玩具进行不断调整。	

分析与反思：

（十一）《幼儿园养成教育课程》幼儿游戏观察记录表——语言阅读区

观察时间：　　　　班级：　　　　观察内容：　　　　观察方法：　　　　记录人：

项目	幼儿游戏水平描述	备注	项目	教师指导 游戏水平描述	备注
语言技能	● 能听懂日常会话，会使用常见的礼貌用语。 ● 能看图片讲述简单的故事。 ● 能创造性地进行表演。 ● 别人对自己说话时能注意倾听。		材料投放	● 投放和主题相关的绘本或其他书籍。 ● 能够投放种类丰富可以操作讲述的操作材料。	
主题目的性	● 无目的，无主题。 ● 目的不明确，易附和他人。 ● 能确定游戏目的，但会出现变化。 ● 有较强时的自主性、计划性。		对幼儿的观察	● 能关注到幼儿的语言技能，材料使用，交流合作等。 ● 能以耐心观察与陪伴为前提，让介入更适宜。	
情绪专注力	● 注意水平低，情绪欠佳。 ● 一般情绪状态，注意力易分散。 ● 能保持情绪愉快地进行游戏。 ● 情绪积极、专注，持续时间长。		对幼儿的指导	● 指导方式方法是否适宜，以便能有效地帮助幼儿确定智力游戏是否适宜和内容。 ● 能把握时机介入游戏，并采用适宜的方法引导幼儿自主解决。 ● 能帮助幼儿螺旋式提升智力技能。	
社会性发展	● 能运用礼貌用语和同伴进行交流。 ● 能和同伴间进行创造性的表演故事或者绘本，能轮流进行表演。		对幼儿的评价	● 评价具有针对性、能关注幼儿的个体差异，具有支持与引领作用。	
材料使用	不会用或简单重复。 常规玩法正确熟练。 材料运用充分、玩法多样、复杂。		反思与调整	● 能及时地进行语言活动的反思，能根据观察反思，对材料投放进行不断调整。	
分析反思：			分析与反思：		

（十二）《幼儿园养成教育课程》幼儿游戏观察记录表——美工制作区

观察时间：　　　　班级：　　　　观察内容：　　　　观察方法：　　　　记录人：

幼儿游戏水平

项目	游戏水平描述	备注
兴趣	● 积极主动参与并选择。 ● 比较被动，目的性强。	
主题目的性	● 无目的性，无主题。 ● 目的不明确，易附和他人。 ● 能确定绘画主题，但会出现变化。 ● 有目的地持续玩。	
整体表现力	● 有目的地用色并且较丰富。 ● 绘画造型形象较逼真。 ● 能借助工具做出简单物体。 ● 构想较独特。	
品质	● 能自觉遵守规则。 ● 共同使用材料，能与人合作。 ● 独自操作，不与人交流。 ● 对操作感兴趣的随意摆弄，需要成人提醒。	
游戏材料使用	● 按表演需要使用。 ● 创造性地使用。 ● 自己为表演游戏制作玩具。	
持续时间	● 不能坚持 10 分钟。 ● 能坚持 10～20 分钟。 ● 能认真玩儿 20～30 分钟。 ● 坚持玩到游戏结束。	

分析与反思：

教师指导

项目	游戏水平描述	备注
材料投放	● 材料丰富且数量充足。 ● 能够投放适宜的低结构、半成品材料供幼儿使用。 ● 能够科学合理地规整材料，方便幼儿游戏时取放。 ● 能为幼儿游戏提供必要的示范、提示、欣赏、分享等支持，能引发幼儿之间互动。	
对幼儿的观察	● 能关注到幼儿的手工技能、材料使用、交流合作等。 ● 能以耐心观察与耐心等待为前提，让介入更适宜。	
对幼儿的指导	● 指导方式方法是否适宜，以便能有效地帮助幼儿持续游戏。 ● 能把握时机介入游戏，并采用适宜的方法引导幼儿自主解决。 ● 能帮助幼儿螺旋式提升美术技能。	
对幼儿的评价	● 评价具有针对性，能关注幼儿的个体差异，具有支持与引领作用。	
反思与调整	● 能及时地进行美术活动的反思，能根据观察反思，对美工活动各项工作进行不断调整。	

分析与反思：

（十三）《幼儿园养成教育课程》幼儿游戏观察记录表——户外游戏区

观察时间：　　　　　　　　　　观察方法：

班级：　　　　　　　　　　　　记录人：

观察内容：

幼儿游戏水平

项目	游戏水平描述	备注
体育技能	● 具有一定的平衡能力，动作协调，灵敏地进行钻、爬、跨、跳。 ● 具有一定的力量和耐力，能坚持持游戏。 ● 能正确运用器械，具有自我保护意识，动作协调、掌握一定的运动技能。	
主题目的性	● 无目的，无主题。 ● 目的不明确，易附和他人。 ● 能确定游戏主题，但会出现变化。 ● 有较强的游戏的自主性、计划性。	
情绪专注力	● 注意水平低，情绪欠佳。 ● 一般情绪状态，注意力易分散。 ● 能保持愉快的情绪进行搭建。 ● 情绪积极、专注，持续时间长地做游戏。	
社会性发展	● 能发现问题，解决问题，能创造性地使用材料解决问题。 ● 能尊重他人的意见，与同伴协商、分工、合作、分享、谦让。 ● 能建立适当的游戏规则，按照规则进行游戏。	
认知与创新	● 能创造性地运用体育器械及材料，未支持自己同伴的游戏。 ● 能大胆探索，积极创新玩法。 ● 不断丰富游戏情节，具有一定的想象力和创造力。	

分析与反思：

教师指导

项目	游戏水平描述	备注
环境创设及材料投放	● 提供足够的体育器械和自制体育玩具，满足幼儿游戏的需要。 ● 材料丰富多样，具有层次性、开放性，有利于发展幼儿的想象力和创造力，能支持幼儿游戏活动的开展。 ● 游戏环境符合本班幼儿的年龄特点、兴趣与需要，并保证创造性游戏的持续开展。 ● 能设有利于引发幼儿多种经验和支持幼儿与之互动的游戏环境。	
对幼儿的观察	● 能关注到幼儿的体育技能、材料使用，交流合作等。 ● 能以耐心观察等为前提，让介入更适宜。	
对幼儿的指导	● 指导方式方法是否适宜，以便能有效地帮助幼儿确定体育游戏的目标和内容。 ● 根据幼儿体质，提出不同目标要求，加强个别辅导，实施因材施教。 ● 教师的指导具有引导性和启发性，支持游戏的进展，游戏过程中体现教育整合的思想，帮助幼儿获得有益的经验。	
对幼儿的评价	● 评价具有针对性，能关注幼儿的个体差异，具有支持与引领作用。	
反思与调整	● 能及时地进行户外活动的反思，能根据观察及反思，对户外活动各项工作进行不断调整。	

分析与反思：

（十四）《幼儿园养成教育课程》幼儿游戏观察记录表——音乐表现区

观察时间：　　　班级：　　　观察内容：　　　观察方法：　　　记录人：

项目	幼儿游戏水平	
	游戏水平描述	备注
表演技能	● 能随音乐有节奏、有情景地表演歌曲、舞蹈。 ● 能注意根据各区或者舞蹈适当地装扮自己，随音乐选择合适的演奏乐器。 ● 能运用多种辅助材料装饰主题场景。	
主题目的性	● 无目的，无主题。 ● 目的不明确，易附和他人。 ● 能随音乐表现，但会出现变化。 ● 有较强的自主性、计划性。	
情绪专注力	● 注意水平低，情绪欠佳。 ● 一般情绪愉快时易分散。 ● 能保持情绪愉快地进行表演。 ● 情绪积极、专注，持续时间长。	
社会性发展	● 能发现问题，解决问题，能创造性地使用材料解决问题。 ● 能尊重他人的意见，与同伴协商、分工、合作、谦让。 ● 能建立适当的游戏规则，注意爱惜自己和他人制作的游戏道具。	
认知与审美	● 能用好听的声音，正确的节奏感、优美协调的舞姿表现歌曲。 ● 能感知别人声音，学会赞扬别人。 ● 在演奏乐器时，能注意倾听别人的演奏，并用合适的力度进行演奏。	

分析与反思：

项目	教师指导	
	游戏水平描述	备注
材料投放	● 材料包括伴奏音乐、表演头饰、演奏乐器、表演服装、适合幼儿自由组合，搭配的废旧材料服装装饰，然后幼儿自选给表演区。 ● 能够投放材料合理地整理摆放，方便幼儿游戏时取放。 ● 能为幼儿游戏提供必要的示范、提示、欣赏、分享等支持，能引发幼儿之互动。	
对幼儿的观察	● 能关注到幼儿的表演技能、材料使用、交流合作等。 ● 能以耐心观察与前心等待为前提，让介入更适宜。	
对幼儿的指导	● 指导方式方法是否适宜，以便能有效地帮助幼儿确定表演游戏主题和内容。 ● 能把握时机介入游戏，并采用适宜的方法引导幼儿自主解决。 ● 能帮助幼儿螺旋式提升表演技能。	
对幼儿的评价	● 评价具有针对性，能关注幼儿的个体差异，具有支持与引领作用。	
反思与调整	● 能及时地进行表演活动的反思，能根据观察及反思，对表演各项工作进行不断调整。	

分析与反思：

（十五）《幼儿园养成教育课程》中班幼儿阶段性发展评价反思与分析表（上学期期中）

班级：　　　　　　　　　　　　　　　　　　　　　　班级人数：

领域	项目	评价指标	评价总汇			反思与分析
			很好	较好	加油	
健康	身体素质	1. 能双手抓杠悬空吊起15秒左右。 2. 能单手将沙包向前投掷4米左右。 3. 能单脚连续向前跳5米左右。 4. 能自抛自接球。				
	适应能力	1. 经常保持愉快的情绪,不高兴时能较快缓解。 2. 有比较强烈情绪反应时,能在成人提醒下逐渐平静下来。				
	习惯养成	1. 日常生活中,懂得不将垃圾随地乱扔,能将垃圾分类投放。 2. 懂得手工活动后,将手洗干净。				
语言	倾听	能注意控制自己的言行,不打断别人讲话,不嘲笑、不起哄。				
	表达	1. 能较清楚连贯地将自己的所见所闻进行表达。 2. 喜欢把听过的故事或看过的图书讲给别人听。				
	阅读	1. 学会整理图书,阅读后能放回原处。 2. 喜欢把听过的故事或看过的图书讲给别人听。				
社会	人际交往	1. 与同伴发生冲突时,能在他人帮助下和平解决。 2. 活动时,愿意接受同伴的意见和建议。				
	社会适应	愿意参加各种活动,大胆发表自己的见解。愿意与同伴合作,会谦让。				
科学	认知能力	1. 能通过简单的调查收集信息。 2. 会用图画或其他符号进行记录。				
	数学	1. 能感知和发现常见几何图形的基本特征,并能进行分类。 2. 能说出10以内数的形成。				
	自然科学	能感知和发现不同季节的特点,说出季节对动植物和人的影响。				
艺术	音乐	1. 能用自然的、音量适中的声音基本准确地唱歌。 2. 能给熟悉的歌曲仿编歌词来表达自己的心情。				
	美术	1. 能运用绘画、手工制作等表现自己观察到或想象的事物。 2. 喜欢参与班级的环境布置。				
	创造表现	1. 积极尝试用各种材料、工具和方法进行制作和绘画。 2. 有初步的想象和创新能力。				

（十六）《幼儿园养成教育课程》中班幼儿阶段性发展评价反思与分析表（下学期期中）

班级：　　　　　　　　　　　　　　　　　　　班级人数：

领域	项目	评价指标	评价总汇			反思与分析
			很好	较好	加油	
健康	身体素质	1. 能助跑跨跳过一定距离或助跑跨跳过一定高度的物体。 2. 能与他人玩追逐、躲闪跑的游戏。 3. 能坚持午睡，不偏食、不挑食，在成人引导下能适量饮食。				
	适应能力	1. 愿意把自己的心情告诉亲近的人，一起分享快乐或求得安慰。 2. 能较快适应人际关系的变化，如换了新老师能较快适应。				
	习惯养成	1. 能自己穿脱衣服、鞋袜及纽扣，能整理自己的物品。 2. 天热时能及时补充水分。				
语言	倾听	别人讲话时能目视对方，耐心倾听，不打断别人。				
	表达	1. 能坚持说普通话，并根据场合调整自己说话声音的大小；别人对自己讲话时能回应；主动使用礼貌用语，不说脏话、粗话。 2. 愿意用图画和符号表达自己的愿望和想法。				
	阅读	1. 能一页一页地翻看图书，并能反复看自己喜欢的图书。 2. 能根据连续画面所提供的信息大致说出故事的情节。				
社会	人际交往	1. 能注意到别人的情绪并有关心、体贴的表现。 2. 不私拿不属于自己的东西，知道说谎是不对的。				
	社会适应	感受规则的意义并能基本遵守规则。				
科学	认知能力	1. 喜欢接触新事物，经常问一些与新鲜事物有关的问题；常常动手动脑探索物体和材料并乐在其中。 2. 能对事物或现象进行观察、比较并发现其相同与不同。				
	数学	1. 能使用上下、前后、里外、中间、旁边等方位词描述物体的位置和运动方向。 2. 能感知、区分物体的粗细、厚薄、轻重等方面的特点。能用相应的词语描述。				
	自然科学	能感知、发现植物的生长变化，了解其生长的基本条件。				
艺术	音乐	1. 喜欢倾听各种好听的声音，能感知声音的高低、长短、强弱等变化。 2. 能用拍手、踏脚等身体动作或敲击物品表现节拍和基本节奏。				
	美术	1. 在欣赏自然界和生活环境中美的事物时能够关注其色彩、形态等特征。 2. 愿意欣赏、模仿、参与艺术作品。				
	创造表现	1. 能选择辅助材料创造性地装饰作品。 2. 能随音乐用动作、表情等自由地表现。				

以幼儿园家长为主体的评估

（一）家长课程审议小组评价表

亲爱的家长朋友：

　　课程是幼儿园教育质量的生命线。为了更好地建设我园的园本课程，我园成功申报了省级课题《养成教育课程的开发与应用》，课程不断建构、完善，课程的实施开始凸显特色。家庭是园本课程建设的重要资源，真诚地请您为我们的课程留下宝贵的建议，让我们共同携手，为孩子的良好发展尽一份心力！

班级		姓名	
您对课程理念和教育宗旨的评价			
您对课程目标的评价			
您对课程内容的评价			
您对课程实施的评价			
您对课程评价的评价			

（二）"特色主题"楼层联动区域游戏家长评价表

我园的《幼儿园养成教育课程》依据孩子的发展需要，从幼儿的兴趣、需要和已有经验开展课程构建与实施。教师们密切关注孩子，把握孩子的兴趣点，逐步生成和推进我们的园本课程，构建了具有园本特色的"蓝色海洋课程"和"传统文化课程"。随着主题活动的不断深入，老师们根据幼儿兴趣和需要，不断调整、丰富区域内容，使区域活动与课程的主题活动相互渗透、相互融合，使区域活动真正促进主题活动的深入发展。为了资源的共享和社会性区域设置内容的广泛性，我们开展了楼层联动区域游戏（所谓联动区域游戏是指在班级主题区域活动相对稳定的同时，让同龄儿童通过同龄班级间设置的区域，开展正规与非正规、组织与非组织、群体与个体间广泛的、多层次的、多通道的互动，从而促进幼儿社会性及人格的健康和谐发展。）我们给幼儿创造了更多的活动空间，同时联动中师师之间、师幼之间、幼幼之间发生着千丝万缕的联系，各班的区域活动有效地联动起来，让孩子们在游戏中充分地释放自我、展现自我、提升自我！请家长和孩子们一起来体验游戏的快乐，并对孩子们的游戏做一下观察评价吧！

幼儿楼层区域游戏观察评价

兴趣	幼儿对参与的楼层区域游戏活动兴趣高	☆☆☆	能自主选择区域进行游戏	☆☆☆
社会交往	能与同伴交流与合作	☆☆☆	能倾听和接受别人的意见，不能接受时会说明理由，能帮助解决其他小朋友之间的冲突	☆☆☆
	能按自己的想法进行游戏，大班幼儿能主动发起活动或在活动中出主意、想办法	☆☆☆	乐于分享游戏经验，能对活动结果进行反思与评价	☆☆☆
	能主动与客人或长辈交往并能与大家分享快乐、有趣的事	☆☆☆	有自己的好朋友，也喜欢结交新朋友，能向别人请教和分享游戏	☆☆☆
意志品质	对参与的游戏的专注度与投入度	☆☆☆	了解游戏规则，能否按规则约束自己的行为	☆☆☆
	有良好的秩序性，不在楼层中乱窜	☆☆☆	能有始有终地完成某项游戏	☆☆☆
学习品质	能将已有经验迁移到游戏中	☆☆☆	解决困难和问题的能力	☆☆☆
	游戏时有一定计划性	☆☆☆	会正确操作材料，探究玩法，获得经验	☆☆☆

感谢家长的参与，请为幼儿园的海洋主题课程的生成与实施提出意见和建议：

（三）《幼儿园养成教育课程》——《我是能干的好孩子》家长评价表（上学期）

班级：　　　　　　　　　　　　　　　　　　　　　　　姓名：

领域	标准	评价
健康	● 积极主动参加早操锻炼，会切断分队走，队列练习有精神。	☆（　） ⚑（　） !（　）
	★ 能按时入睡、起床，按时入园，不迟到。	☆（　） ⚑（　） !（　）
社会	● 能与同伴讨论，友好地协商制订班级游戏规则，懂得没有规则任何活动也无法顺利地进行，感受规则在游戏中的重要性。	☆（　） ⚑（　） !（　）
	★ 了解并参与制定班级规则，知道遵守生活常规，增强幼儿自觉性。	☆（　） ⚑（　） !（　）
科学	● 初步了解水和饮料性质的不同，能及时主动地喝白开水，知道水对生命的重要性。	☆（　） ⚑（　） !（　）
	● 正确判断5以内的数，并根据物体的数量多少进行分类。	☆（　） ⚑（　） !（　）
	★ 初步学习使用筷子。	☆（　） ⚑（　） !（　）
语言	● 能完整连贯地朗诵儿歌《原来是你》	☆（　） ⚑（　） !（　）
	★ 根据穿衣的儿歌，掌握穿衣的正确方法。	☆（　） ⚑（　） !（　）
艺术	● 能有表情地演唱歌曲《小牙刷》，并能根据歌词内容创编简单的动作表演，学会正确的刷牙方法。	☆（　） ⚑（　） !（　）
	● 学习用手指点画的形式画出蚂蚁的样子，并能尝试运用手指不同的位置添画蚂蚁的触角及腿，添画出蚂蚁搬豆的情景。	☆（　） ⚑（　） !（　）
	★ 会正确地使用剪刀，并将剪下来的纸屑放入垃圾筐。	☆（　） ⚑（　） !（　）

☆ 我很棒　　　　　⚑ 还不错　　　　　! 加油啊

（四）海洋特色主题《我是海边人》家长评价表（上学期）

班级：　　　　　　　　　　　　　　　　　　　　　　　姓名：

领域	标准	评价
健康	● 喜欢沙滩游戏，能够动作协调灵活、平稳地在沙滩上跨越障碍物。 ● 知道赶海活动的安全注意事项，有自我保护意识。	☆（　） ⚑（　） !（　）
	★ 知道饭前便后要洗手，养成讲卫生的好习惯。 ★ 赶海结束后，能将工具收拾好带走。	☆（　） ⚑（　） !（　）
社会	● 喜欢参加赶海活动，知道赶海活动中自我保护的方法，有自我保护的意识。 ● 赶海活动中以身作则，不乱扔垃圾，做文明赶海人。	☆（　） ⚑（　） !（　）
	★ 能按照自己的意愿与同伴分工制定小组赶海计划，并以绘画的形式进行表征。 ★ 按照制订的赶海计划和小伙伴一起去赶海，体验赶海的乐趣。	☆（　） ⚑（　） !（　）
科学	● 主动探究多种分类方法，能够按照贝壳的不同特征进行分类计数，并能用语言表达自己分类的标准。 ● 初步了解浒苔产生的原因、危害以及与人们的关系，能简单说出几种浒苔的再利用方法。	☆（　） ⚑（　） !（　）
	★ 知道赶海使用的工具及用途，会收放工具。 ★ 观察采访活动中，和别人说话时使用礼貌用语，把话讲清楚、明白。	☆（　） ⚑（　） !（　）
语言	● 学说青岛方言儿歌《挖蛤蜊》，理解儿歌内容，理解"蛤蜊、干什么（红么）、泥（mi）蛤蜊、鲜（xuan）亮"等词语在青岛话中的意思，体验说青岛方言的乐趣。	☆（　） ⚑（　） !（　）

领域	标准	评价		
语言	★学会安静倾听，不打断别人的讲话。	☆（　）	⚑（　）	!（　）
艺术	●喜欢和同伴合作制作，乐意参与贝壳粘贴活动，体验贝壳粘贴画带来的乐趣。 ●能随音乐表演舞蹈《赶海的小姑娘》，再现赶海的快乐情境，激发幼儿作为青岛人的自豪感。	☆（　）	⚑（　）	!（　）
	★能根据贝壳的外形特征大胆想象，初步尝试用贝壳粘贴和添画的形式组合画面并进行合理的布局。 ★能用好听的声音演唱歌曲，愿意给爸爸妈妈有自信的表演。	☆（　）	⚑（　）	!（　）

☆ 很棒　　　⚑ 还不错　　　! 加油!

（五）《幼儿园养成教育课程》——《秋天多么美》家长评价表（上学期）

班级：　　　　　　　　　　　　　　　　　　　　　　　姓名：

领域	标准	评价		
健康	●能助跑跨跳过60厘米障碍，愿意尝试挑战跨度更大的障碍，动作协调、灵敏。	☆（　）	⚑（　）	!（　）
	★能主动与身边人交往，在日常生活中能主动使用礼貌用语。	☆（　）	⚑（　）	!（　）
社会	●了解秋天是丰收的季节，结合生活经验说说秋天天空、大自然以及植物、食物的变化，能说出秋天丰收的水果名称及外形特征。 ●知道常见叶子的名称，能用简单的语言说说叶脉的主要作用。	☆（　）	⚑（　）	!（　）
	★爱护树木，愿意到大自然中收集落叶，与同伴分享自己的发现。	☆（　）	⚑（　）	!（　）
科学	●学习6以内数的形成，比较前后相邻两个数多1少1的关系，准确感知数与物体数量的关系。	☆（　）	⚑（　）	!（　）
	★学会耐心观察，能从左到右地点数。游戏结束后能够将学习材料整理好，送回原处。	☆（　）	⚑（　）	!（　）
语言	●会讲故事《水果屋》、诗歌《秋天的颜色》，感知诗歌所表现的秋天的多姿多彩，懂得朋友之间就要互相关心、互相帮助。	☆（　）	⚑（　）	!（　）
	★讲故事、看图书，能够一页一页地翻书，爱护图书。	☆（　）	⚑（　）	!（　）
艺术	●用线描画的方法作画，并尝试用红、黄、绿相间的色彩，表现出秋天树林的变化。 ●会唱歌曲《小树叶》，能跟着《摘果子》的音乐节奏合拍地表现摘果子的动作。	☆（　）	⚑（　）	!（　）
	★画画时保持桌面整洁，不将颜色画到衣服上。 ★舞蹈时脚步轻轻跳，不影响别人。	☆（　）	⚑（　）	!（　）

☆ 我很棒　　　⚑ 还不错　　　! 加油啊

（六）《幼儿园养成教育课程》——《浓浓的爱》家长评价表（上学期）

班级：　　　　　　　　　　　　　　　　　　　　　　　姓名：

领域	标准	评价		
健康	●掌握助跑跨跳的动作要领，发展跨跳能力及动作的灵敏性。	☆（　）	⚑（　）	!（　）
	★起床能自己穿好外衣、鞋子，学习整理床铺。	☆（　）	⚑（　）	!（　）
社会	●能关注身边人的情感需要，知道让身边的人快乐的方法。	☆（　）	⚑（　）	!（　）

领域	标准	评价
社会	★ 懂得关心生病的小伙伴和亲人。	☆（　　） ▷（　　） !（　　）
科学	● 学习 7 的形成，知道 6、7 两数之间多 1、少 1 的关系，能灵活运用比较多少的多种方法比较 6、7 两数的多少。	☆（　　） ▷（　　） !（　　）
	● 认识常见的家用电器，初步了解家用电器的特点和用途。知道安全使用家用电器的常识，增强自我保护意识。	☆（　　） ▷（　　） !（　　）
	★ 有良好的操作习惯，爱惜操作材料。	☆（　　） ▷（　　） !（　　）
语言	● 感受母子之间的爱，尝试用语言以及肢体动作表达对妈妈的爱。	☆（　　） ▷（　　） !（　　）
	★ 有良好的倾听习惯，坐姿端正，注意力集中。	☆（　　） ▷（　　） !（　　）
艺术	● 学唱歌曲《扮家家》，根据角色较准确地唱出歌曲中接唱和齐唱部分。	☆（　　） ▷（　　） !（　　）
	● 通过形与线的组合，大胆表现自己爱的人笑起来时面部的突出特征。	☆（　　） ▷（　　） !（　　）
	★ 能用不同的方式表达对亲人和伙伴的感情。	☆（　　） ▷（　　） !（　　）

☆ 我很棒　　　　▷ 还不错　　　　! 加油啊

（七）《幼儿园养成教育课程》——《冬天欢乐多》家长评价表（上学期）

班级：　　　　　　　　　　　　　　　　　　　　　　　　姓名：

领域	标准	评价
健康	● 掌握抛球和接球的动作要领，锻炼上肢力量及动作的灵活性。	☆（　　） ▷（　　） !（　　）
	★ 不怕寒冷，坚持户外锻炼，培养幼儿积极乐观的生活态度。	☆（　　） ▷（　　） !（　　）
社会	● 了解人的生存要适应自然环境的变化，引导幼儿知道人类在冬季怎样御寒。	☆（　　） ▷（　　） !（　　）
	★ 养成早起早睡、按时来园的习惯，培养幼儿不怕冷的意志品质。	☆（　　） ▷（　　） !（　　）
科学	● 了解冰的形成及用途，感知冰的特性。 ● 学习 8 的形成，能准确点数 8 个物体，理解 8 的实际意义。	☆（　　） ▷（　　） !（　　）
	★ 在操作过程中能够注意力集中，独立思考，得出答案。	☆（　　） ▷（　　） !（　　）
语言	● 简单了解动植物不同的过冬方式；并能较清楚表达人和动植物过冬的方法。	☆（　　） ▷（　　） !（　　）
	★ 愿意与同伴交流自己的观察、体验到的冬季景象和趣事。	☆（　　） ▷（　　） !（　　）
艺术	● 尝试用不同的线条表现冬天里的树，欣赏冬季树木枝干的俊美。	☆（　　） ▷（　　） !（　　）
	● 初步了解歌曲中小动物的过冬方式，能够用自然的声音有感情地演唱歌曲《小动物怎样过冬》。	☆（　　） ▷（　　） !（　　）
	★ 在制作过程中能够注意力集中，独立思考，做出精致的作品。	☆（　　） ▷（　　） !（　　）

☆ 我很棒　　　　▷ 还不错　　　　! 加油啊

（八）中国传统文化主题《中国节·中国结》家长评价表（上学期）

班级：　　　　　　　　　　　　　　　　　　　　　　　　　　　姓名：

领域	标准	评价
健康	● 练习曲线跑、四散追逐跑、快速躲闪的动作,掌握动作要领。	☆（　　）▷（　　）!（　　）
	★ 愿意积极参与传统游戏,游戏中能够自觉遵守游戏规则。	☆（　　）▷（　　）!（　　）
社会	● 初步了解传统节日的来历和有关习俗,知道中国的传统美食及礼仪。 ● 能按自己的想法设计节日活动,制订、准备节日活动计划。	☆（　　）▷（　　）!（　　）
	★ 体验参与活动的愉快情绪,愿意分享节日的快乐。	☆（　　）▷（　　）!（　　）
科学	● 喜欢主动探究,能正确操作比较物体的高矮并讲述比较结果,感知高矮的相对性。 ● 喜欢在进餐中运用及宣传所学的传统餐桌礼仪。	☆（　　）▷（　　）!（　　）
	★ 知道我国重要的传统节日及日期,萌发爱国情感。	☆（　　）▷（　　）!（　　）
语言	● 能用完整连贯的语言讲述自己对传统节日的认识与感受,体验和朋友分享经验的快乐。	☆（　　）▷（　　）!（　　）
	★ 感受传统节日的快乐氛围,体验学说传统童谣、古诗的乐趣。	☆（　　）▷（　　）!（　　）
艺术	● 能有感情演唱歌曲《爷爷为我打月饼》,并结合歌曲自主创编动作进行表演。	☆（　　）▷（　　）!（　　）
	★ 尝试用挖空、去角、剪形的办法剪出不同图案的窗花,感受剪纸艺术的创意美。 ★ 乐于参与音乐活动,体验在音乐中"过传统节日"的情趣,萌发对民族音乐的喜爱之情。	☆（　　）▷（　　）!（　　）

☆ 我很棒　　　　　　▷ 还不错　　　　　　! 加油啊

（九）《幼儿园养成教育课程》——《我会保护自己》家长评价表（下学期）

班级：　　　　　　　　　　　　　　　　　　　　　　　　　　　姓名：

领域	标准	评价
健康	● 能在一定范围内追逐、躲闪跑。	☆（　　）▷（　　）!（　　）
	★ 进餐时不挑食,不偏食,知道要多吃蔬菜和水果,养成良好的生活饮食习惯。	☆（　　）▷（　　）!（　　）
社会	● 懂得在危急时刻拨打相应的电话,增强自我保护能力。	☆（　　）▷（　　）!（　　）
	★ 遵守乘车的基本规则,体验文明乘车带给人们的愉悦。	☆（　　）▷（　　）!（　　）
科学	● 初步了解水和饮料性质的不同,能及时主动地喝白开水,知道水对生命的重要性。	☆（　　）▷（　　）!（　　）
	● 能够正确比较 8、9 之间的关系,知道 8 比 9 少 1,9 比 8 多 1。	☆（　　）▷（　　）!（　　）
	★ 养成保护牙齿的良好习惯,坚持早晚刷牙。	☆（　　）▷（　　）!（　　）
语言	● 理解故事《花脸虎的喷嚏》,了解花脸虎打喷嚏不捂嘴导致的后果。	☆（　　）▷（　　）!（　　）
	★ 打喷嚏时能及时捂住嘴巴,知道打完喷嚏要打肥皂洗手。	☆（　　）▷（　　）!（　　）
艺术	● 能用肢体动作有节奏地创编洗澡的过程,并能与同伴合作进行表演。	☆（　　）▷（　　）!（　　）

领域	标准	评价
艺术	● 创造性地运用自己喜欢的花纹、图案，有规律地装饰口罩。	☆（　　）▷（　　）!（　　）
	★ 能大胆想象，创造性地进行装饰。	☆（　　）▷（　　）!（　　）

☆ 我很棒　　　　　▷ 还不错　　　　　! 加油啊

（十）海洋特色主题《我和海洋动物交朋友》家长评价表（下学期）

班级：　　　　　　　　　　　　　　　　　　　　　　　　　姓名：

领域	标准	评价
健康	● 练习手脚着地负重爬，锻炼四肢力量。	☆（　　）▷（　　）!（　　）
	★ 了解鱼的营养价值，喜欢吃鱼，不挑食。	☆（　　）▷（　　）!（　　）
社会	● 知道海洋世界是各种海洋生物的"家"，初步了解它们的主要外形特征与生活习性等。	☆（　　）▷（　　）!（　　）
	★ 能文明、有秩序地参观极地海洋世界，并根据理解进行表征。	☆（　　）▷（　　）!（　　）
科学	● 认识并说出常见海洋鱼类的名称，初步了解有关鱼类的主要特征。比较发现鱼的不同，尝试按"鱼"的两个或两个以上特征进行分类。	☆（　　）▷（　　）!（　　）
	★ 听指令有序操作学具，养成良好的操作习惯。	☆（　　）▷（　　）!（　　）
语言	● 理解故事《鱼就是鱼》，感知小鱼与青蛙一起经历的故事情节。	☆（　　）▷（　　）!（　　）
	★ 能大胆想象故事情节的发展，并能与同伴交流。	☆（　　）▷（　　）!（　　）
艺术	● 能大胆想象：合理布局画面，比较形象地再现保护海洋动物的不同方式。 ● 能根据音乐《三条鱼》用身体动作大胆表现小鱼不同的情绪变化，并有节奏地完整表演。	☆（　　）▷（　　）!（　　）
	★ 愿意与同伴展示、交流自己的作品。	☆（　　）▷（　　）!（　　）

☆ 我很棒　　　　　▷ 还不错　　　　　! 加油啊

（十一）《幼儿园养成教育课程》——《春天你好》家长评价表（下学期）

班级：　　　　　　　　　　　　　　　　　　　　　　　　　姓名：

领域	标准	评价
健康	● 能助跑跨跳宽度为30～40厘米的平面障碍。	☆（　　）▷（　　）!（　　）
	★ 知道多在户外晒太阳、呼吸新鲜空气、做运动能增强体质，防止生病。	☆（　　）▷（　　）!（　　）
社会	● 能为自己制订简单的周运动计划，了解运动对身体的好处。	☆（　　）▷（　　）!（　　）
	★ 喜欢参加体育锻炼，养成爱运动的好习惯。	☆（　　）▷（　　）!（　　）
科学	● 感受春天的主要特征，发现春天气候及动植物的变化，说出几种春天先开花再长叶的植物。 ● 正确感知10的形成，认识数字10。	☆（　　）▷（　　）!（　　）
	★ 能与同伴相互检查操作的结果，有一定观察和分析的能力。	☆（　　）▷（　　）!（　　）

领域	标准	评价		
语言	● 理解并有感情地朗诵诗歌《春雨》，尝试根据诗歌的句式进行仿编。	☆（　　）	⚑（　　）	!（　　）
	★ 能根据场合调节自己说话声音的大小。	☆（　　）	⚑（　　）	!（　　）
艺术	● 尝试用油水分离的方法画出桃花，并创造性地表现桃花的不同形态。 ● 能用轻快、活泼的声音演唱歌曲《蜜蜂做工》，尝试用动作、声音表现蜜蜂做工时的快乐心情。	☆（　　）	⚑（　　）	!（　　）
	★ 保持画面整洁，及时收拾整理绘画工具。	☆（　　）	⚑（　　）	!（　　）

☆ 我很棒　　　　　⚑ 还不错　　　　　! 加油啊

（十二）《幼儿园养成教育课程》——《我喜欢》家长评价表（下学期）

班级：　　　　　　　　　　　　　　　　　　　　　　　　　　　　　　姓名：

领域	标准	评价		
健康	● 从 20～30 厘米高处往下跳，轻轻落地，保持平衡。	☆（　　）	⚑（　　）	!（　　）
	★ 敢于挑战，不怕困难。	☆（　　）	⚑（　　）	!（　　）
社会	● 能说出应对孤单、害怕的简单办法。	☆（　　）	⚑（　　）	!（　　）
	★ 懂得遇事要积极动脑筋想办法解决，愿意做勇敢的孩子。	☆（　　）	⚑（　　）	!（　　）
科学	● 知道"昨天""今天""明天"的含义，了解三者的前后顺序，建立初步的时间概念。	☆（　　）	⚑（　　）	!（　　）
	● 初步理解数字与人们生活的关系，了解数字在生活中的不同作用。	☆（　　）	⚑（　　）	!（　　）
	★ 乐意运用操作、对比、观察等方法发现事物间的不同与相同。	☆（　　）	⚑（　　）	!（　　）
语言	● 能用句式"我爱你，就像……"，以及肢体动作表达对妈妈的爱。	☆（　　）	⚑（　　）	!（　　）
	★ 学会保护图书，看书时能轻拿轻放，不争抢图书。	☆（　　）	⚑（　　）	!（　　）
艺术	● 用跳跃和连贯的声音演唱歌曲《小蜗牛》，能创造性地用动作、声音，表现歌曲的内容、表达自己的心情。	☆（　　）	⚑（　　）	!（　　）
	● 能够用两种或两种以上颜色的彩条，通过叠压的方法创造性地编织地毯。	☆（　　）	⚑（　　）	!（　　）
	★ 愿意运用多种表现方式表达自己对事物的喜爱之情。	☆（　　）	⚑（　　）	!（　　）

☆ 我很棒　　　　　⚑ 还不错　　　　　! 加油啊

（十三）《幼儿园养成教育课程》——《生活中的发现》家长评价表（下学期）

班级：　　　　　　　　　　　　　　　　　　　　　　　　　　　　　　姓名：

领域	标准	评价		
健康	● 能侧身钻过不同的障碍，掌握侧身钻的动作要领。	☆（　　）	⚑（　　）	!（　　）
	★ 愿意与同伴合作运动，体验合作运动的乐趣和创造的快乐。	☆（　　）	⚑（　　）	!（　　）

领域	标准	评价		
社会	● 认识生活中常见公共设施的标志,理解这些标志的含义。	☆（　）	▷（　）	!（　）
	★ 对生活中的标志感兴趣,懂得应按规则做事情。	☆（　）	▷（　）	!（　）
科学	● 掌握刷子的使用方法,正确使用刷子。 ● 能使用序数词按从左到右或从右到左、从上到下或从下到上正确表述 5 以内物体的排列顺序。	☆（　）	▷（　）	!（　）
	★ 喜欢动手操作,体验小动物们在游乐场玩耍的快乐。	☆（　）	▷（　）	!（　）
语言	● 能用较完整的语言学说故事《纸奶奶过生日》中的对话,根据不同纸的特点表达自己的理解与想法。	☆（　）	▷（　）	!（　）
	★ 反复看自己喜欢的图书,并愿意把自己喜欢的故事讲给别人听。	☆（　）	▷（　）	!（　）
艺术	● 完整演唱歌曲《小人书不要哭》,能通过表情和动作表现小人书"伤心"和"高兴"的不同情绪。	☆（　）	▷（　）	!（　）
	● 掌握制作手机的技巧,能塑造出自己喜欢的手机的外形。	☆（　）	▷（　）	!（　）
	★ 能专心欣赏自己喜欢的文艺演出或艺术作品。	☆（　）	▷（　）	!（　）

☆ 我很棒　　　　▷ 还不错　　　　! 加油啊

（十四）《幼儿园养成教育课程》——《我的想象》家长评价表（下学期）

班级：　　　　　　　　　　　　　　　　　　　　姓名：

领域	标准	评价		
健康	● 掌握原地旋转并保持身体平衡的基本方法。	☆（　）	▷（　）	!（　）
	★ 能根据季节、温度的变化增减衣服。	☆（　）	▷（　）	!（　）
社会	● 能关注周围人的情绪,有关心、体贴的表现。	☆（　）	▷（　）	!（　）
	★ 乐于帮助别人,体验帮助别人的快乐。	☆（　）	▷（　）	!（　）
科学	● 发现并乐于交流石头在生活中的用途。 ● 感知 6～10 之间的相邻数,理解它们之间多 1 少 1 的关系。	☆（　）	▷（　）	!（　）
	★ 乐意参加数学活动,大胆表达自己的思考结果。	☆（　）	▷（　）	!（　）
语言	● 学说故事《三只小猪盖房子》中的角色对话,能用不同的声音、表情、动作表现 3 只小猪和大灰狼的角色特点。	☆（　）	▷（　）	!（　）
	★ 能大胆想象故事情节的发展,并乐于与同伴交流自己的想法。	☆（　）	▷（　）	!（　）
艺术	● 能根据变换的手形印画、添画各种带翅膀的动物。 ● 学唱歌曲《盖房子》,能根据音乐节奏和歌词内容用动作创造性地表现砌砖、抹泥等盖房子的过程。	☆（　）	▷（　）	!（　）
	★ 愿意运用不同绘画方式创造性地表现作品。	☆（　）	▷（　）	!（　）

☆ 我很棒　　　　▷ 还不错　　　　! 加油啊

（十五）《幼儿园养成教育课程》家长日常观察评价表（中班·上学期）

1. 在家中的情景观察：

- 将孩子经常使用的玩具、文具、衣服、小食品等放在一起，请幼儿帮忙分一分，想一想谁和谁应该放在一起？孩子分类后，让其分别放到合适的地方。
- 观察孩子能否按吃的、玩的、学习的等不同特征进行分类。
- 观察孩子能否听懂父母的指令并着做。

评价：☆ ☆ ☆

2. 日常观察：

- 遇到不会的问题时，能自己想办法解决。
- 轮到自己做值日时，催促父母早点送自己到幼儿园。
- 愿意给客人朗读儿歌或表演歌曲，能把自己的玩具拿出来给小客人玩。
- 常常向父母介绍自己的好朋友。
- 天气变化时能在父母的提醒下增减衣服。

评价：☆ ☆ ☆

3. 轶事记录：

亲爱的爸爸妈妈，孩子在家里曾经做过哪些令人难忘的事？您对孩子有什么期望和鼓励？请记录孩子明显的变化和进步？有哪些令人难忘的事？您对孩子有什么期望和鼓励？请记录

在这里，让我们一起分享孩子成长的点点滴滴。

（十六）《幼儿园养成教育课程》家长日常观察评价表（中班·下学期）

1. 在家中的情景观察：

> 有谁？发生了什么事情？
> · 引导幼儿自主阅读图书，并引导幼儿说一说故事里面都
> · 观察幼儿是否喜欢翻看图书，并能讲述故事主要情节。
> · 观察幼儿阅读时是否能保持正确的阅读姿势。
>
> 评价：☆ ☆ ☆

2. 日常观察：

> · 愿意与家长一起参加社区等一些群体活动。
> · 愿意和亲近的人交流，分享自己的情绪。
> · 每天按时睡觉、起床并能坚持午睡，每天早晚刷牙、饭前
> 便后洗手且方法基本正确。
> · 自己的事情尽量自己做，不依赖别人。
> · 能发现周围环境中的数字，体会并了解各种数字所代表
> 的含义。
>
> 评价：☆ ☆ ☆

3. 轶事记录：

> 亲爱的爸爸妈妈，孩子在家里曾经做过哪些令人难忘的事？有哪些明显的变化和进步？您对孩子有什么期望和鼓励？请记录
> 在这里，让我们一起分享孩子成长的点点滴滴。

以幼儿园幼儿为主体的评估

（一）《幼儿园养成教育课程》——《我是能干的好孩子》幼儿发展自评、互评表（上学期）

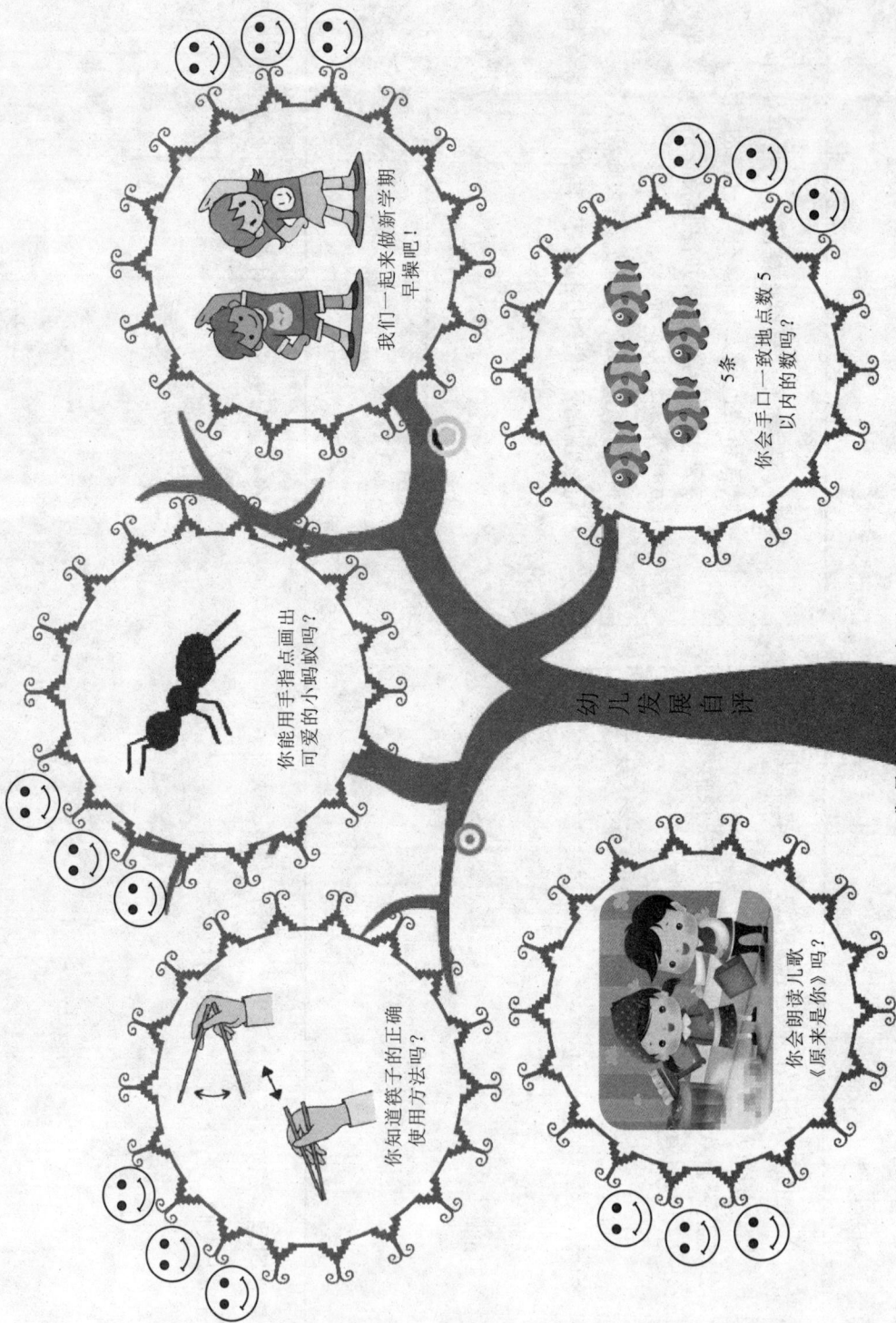

幼儿发展自评

我们一起来做新学期早操吧！

5条
你会手口一致地点数 5 以内的数吗？

你能用手指点画出可爱的小鸭蚊吗？

你知道筷子的正确使用方法吗？

你会朗读儿歌《原来是你》吗？

我是能干的好孩子

（二）海洋特色主题《我是海边人》幼儿发展自评、互评表（上学期）

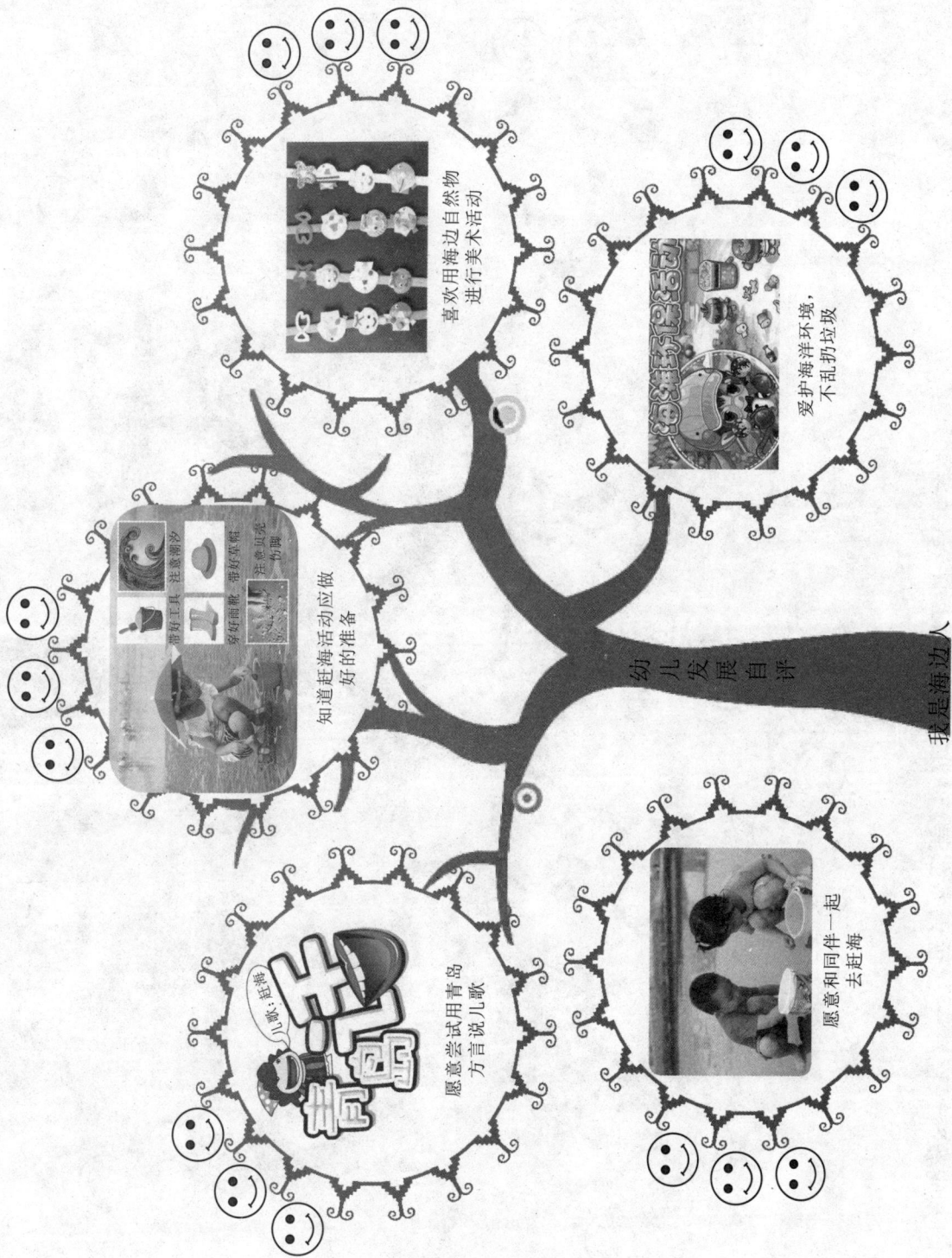

幼儿发展自评

我是海边人

喜欢用海边自然物进行美术活动

爱护海洋环境，不乱扔垃圾

知道赶海活动应做好的准备

带好工具，注意潮汐

带好雨鞋，带好草帽

注意贝壳伤脚

愿意尝试用青岛方言说儿歌

儿歌：赶海

赶海 青岛

愿意和同伴一起去赶海

（三）《幼儿园养成教育课程》——《秋天多么美》幼儿发展自评、互评表（上学期）

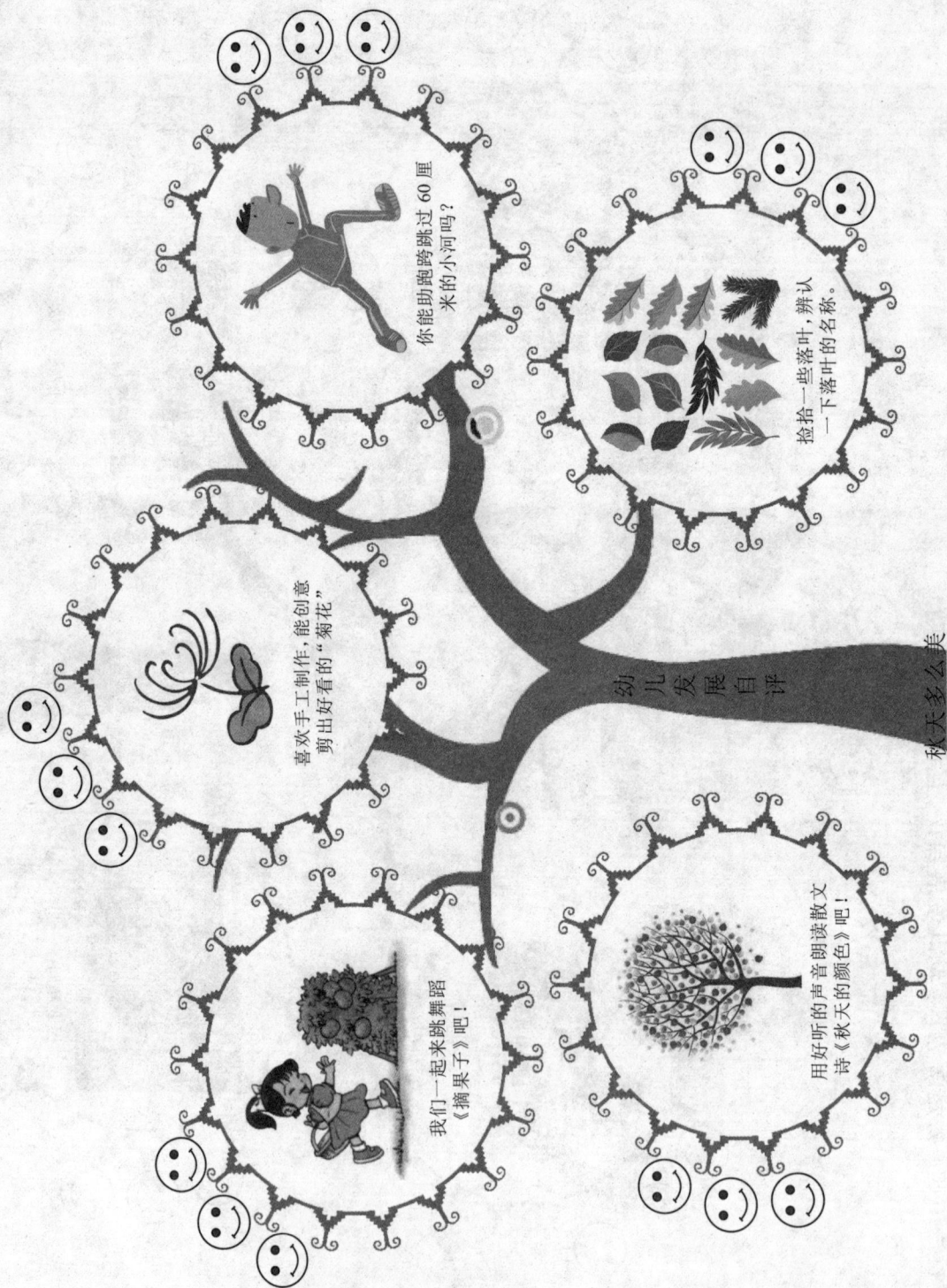

你能助跑跨跳跳过 60 厘米的小河吗？

捡拾一些落叶，辨认一下落叶的名称。

喜欢手工制作，能创意剪出好看的"菊花"

幼儿发展自评

秋天多么美

我们一起来跳舞蹈《摘果子》吧！

用好听的声音朗读散文诗《秋天的颜色》吧！

（四）《幼儿园养成教育课程》——《浓浓的爱》幼儿发展自评、互评表（上学期）

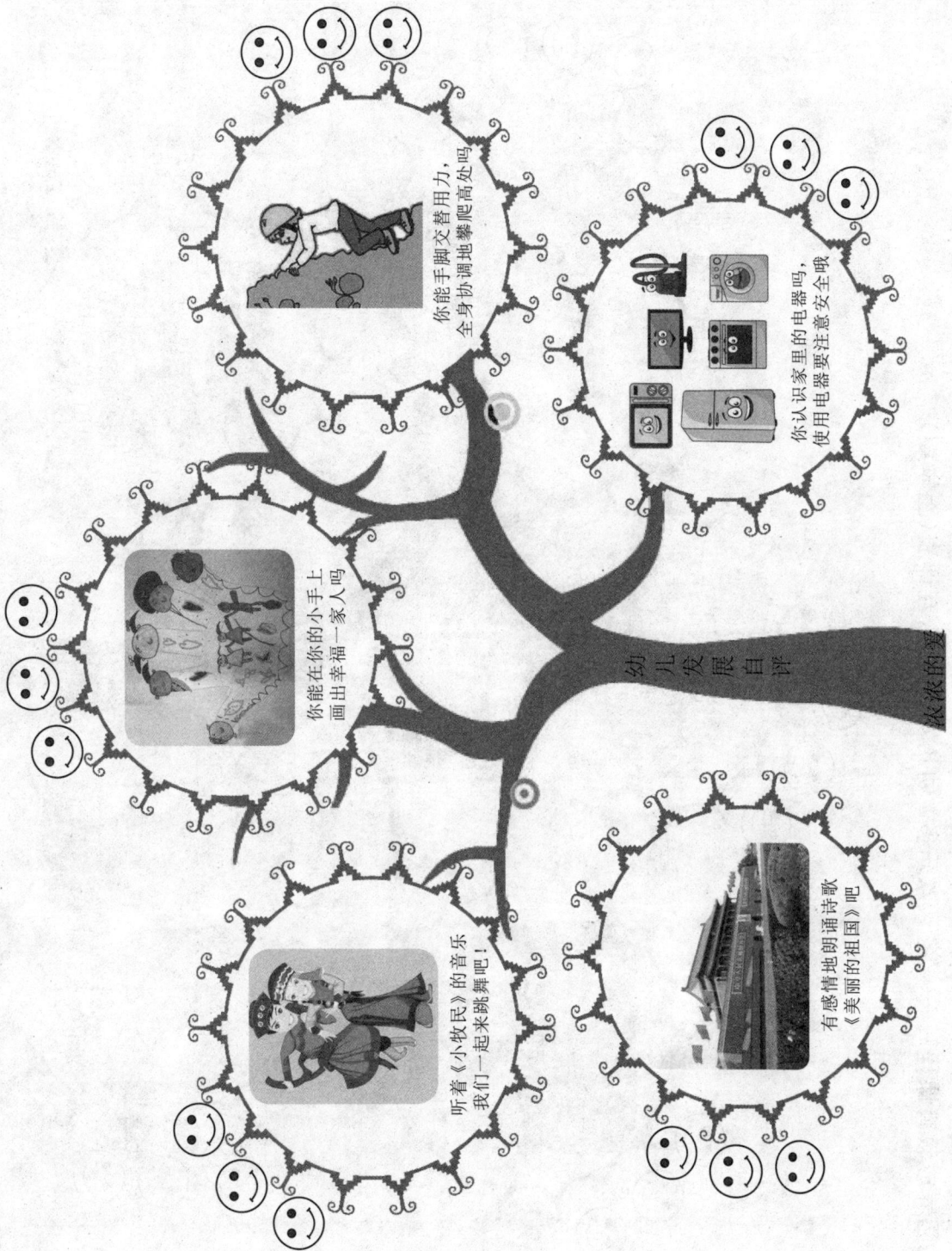

浓浓的爱

幼儿发展自评

你能手脚交替用力，
全身协调地攀爬高处吗

你认识家里的电器吗，
使用电器要注意安全哦

你能在你的小手上
画出幸福一家人吗

听着《小牧民》的音乐
我们一起来跳舞吧！

有感情地朗诵诗歌
《美丽的祖国》吧

（五）《幼儿园养成教育课程》——《冬天欢乐多》幼儿发展自评、互评表（上学期）

冬天欢乐多

幼儿发展自评

能准确地跟小朋友一起抛接球吗？

了解小动物的过冬方式，用好听的声音演唱《小动物怎样过冬》。

设计一个好看的口罩吧！

跟同伴一起说说冬天美丽的景象吧。

冰是怎么形成的？怎样能使它融化呢？

（六）中国传统文化主题——《中国节·中国结》幼儿发展自评、互评表（上学期）

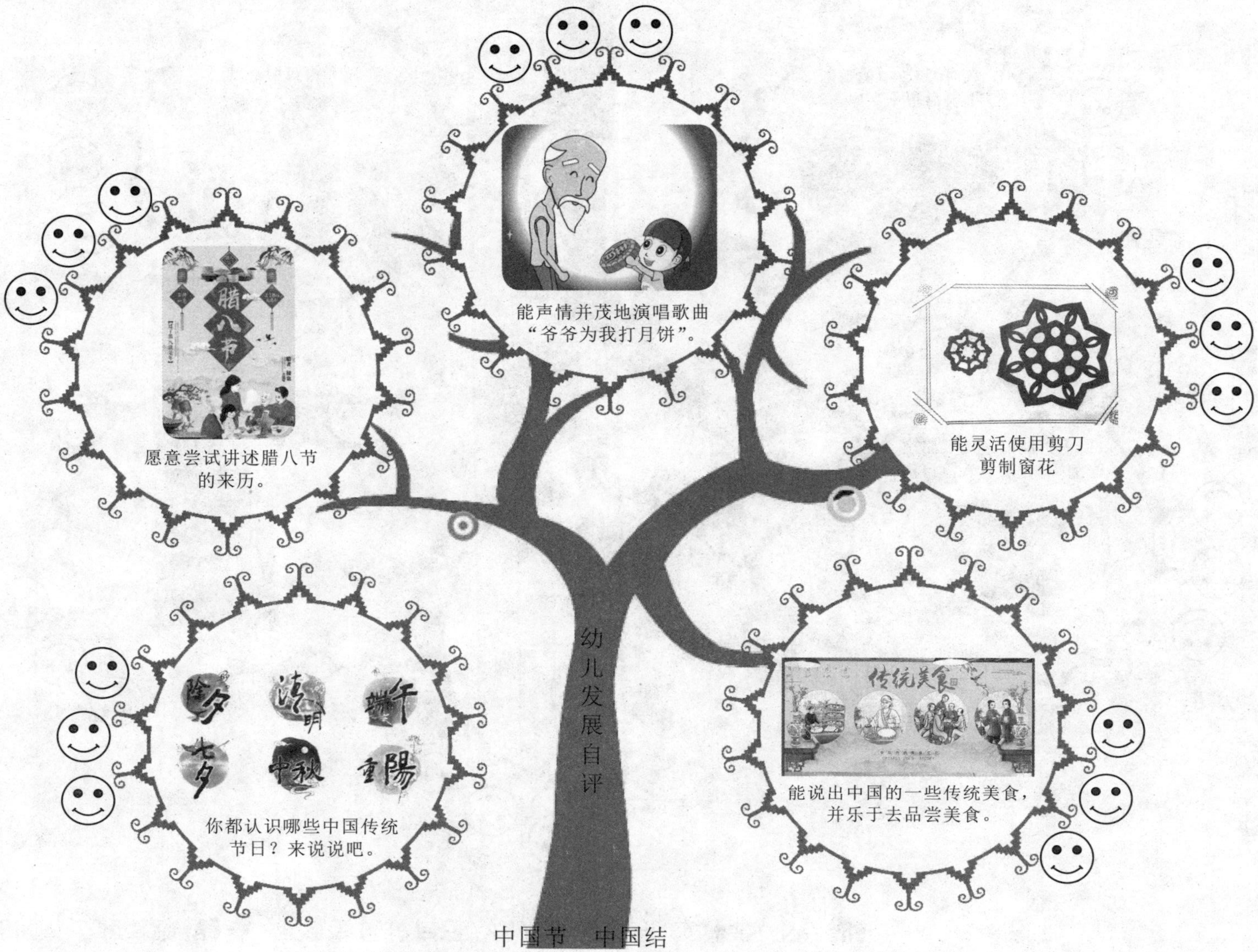

能灵活使用剪刀剪制窗花

能说出中国的一些传统美食，并乐于去品尝美食。

能声情并茂地演唱歌曲"爷爷为我打月饼"。

幼儿发展自评

中国节·中国结

愿意尝试讲述腊八节的来历。

你都认识哪些中国传统节日？来说说吧。

475

（七）《幼儿园养成教育课程》——《我会保护自己》幼儿发展自评、互评表（下学期）

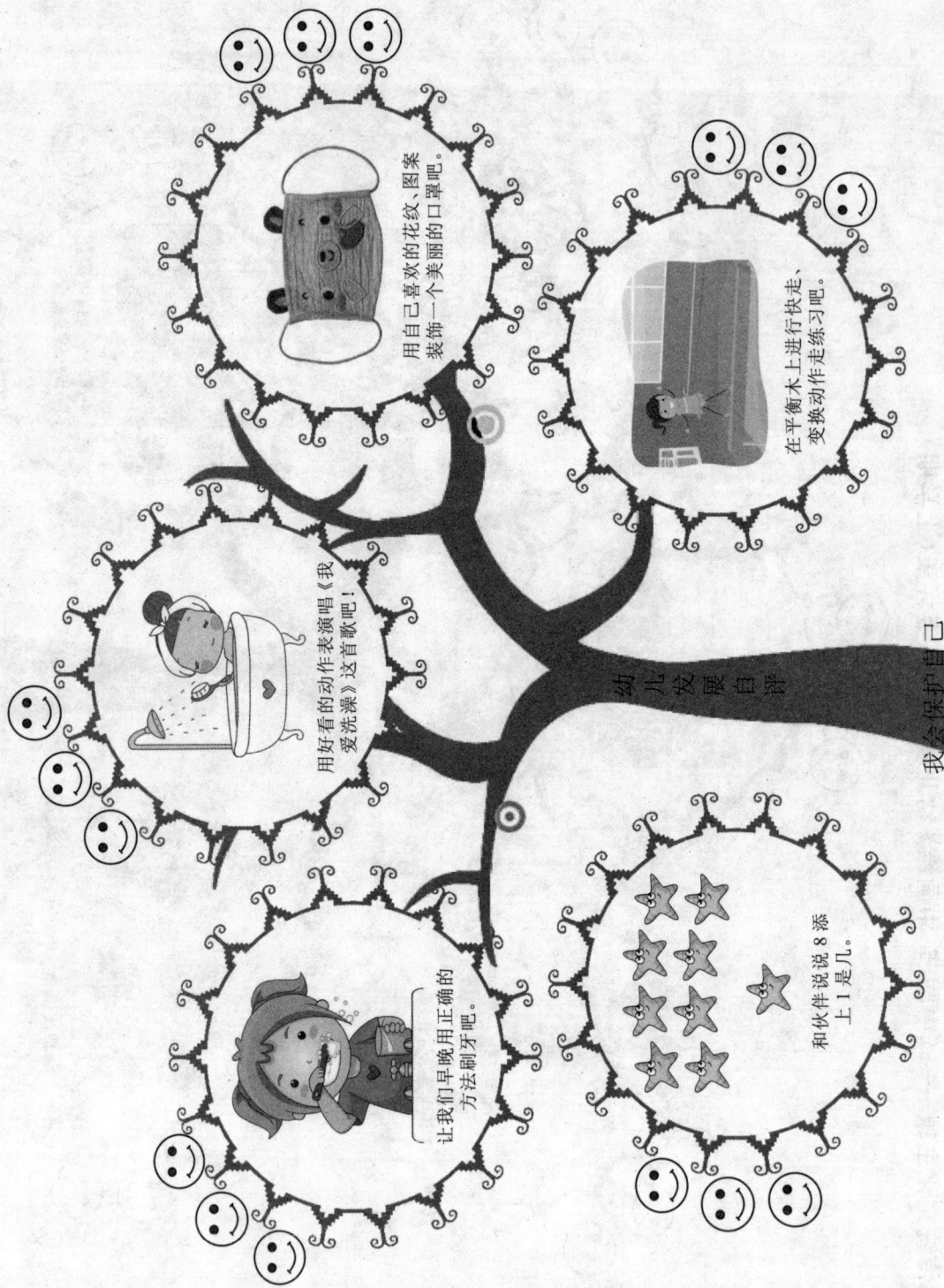

用自己喜欢的花纹、图案装饰一个美丽的口罩吧。

在平衡木上进行快走、变换动作走走练习吧。

用好看的动作表演唱《我爱洗澡》这首歌吧！

幼儿发展自评

我会保护自己

让我们早晚用正确的方法刷牙吧。

和伙伴说说 8 添上 1 是几。

（八）《幼儿园养成教育课程》——《我和海洋动物交朋友》幼儿发展自评、互评表（下学期）

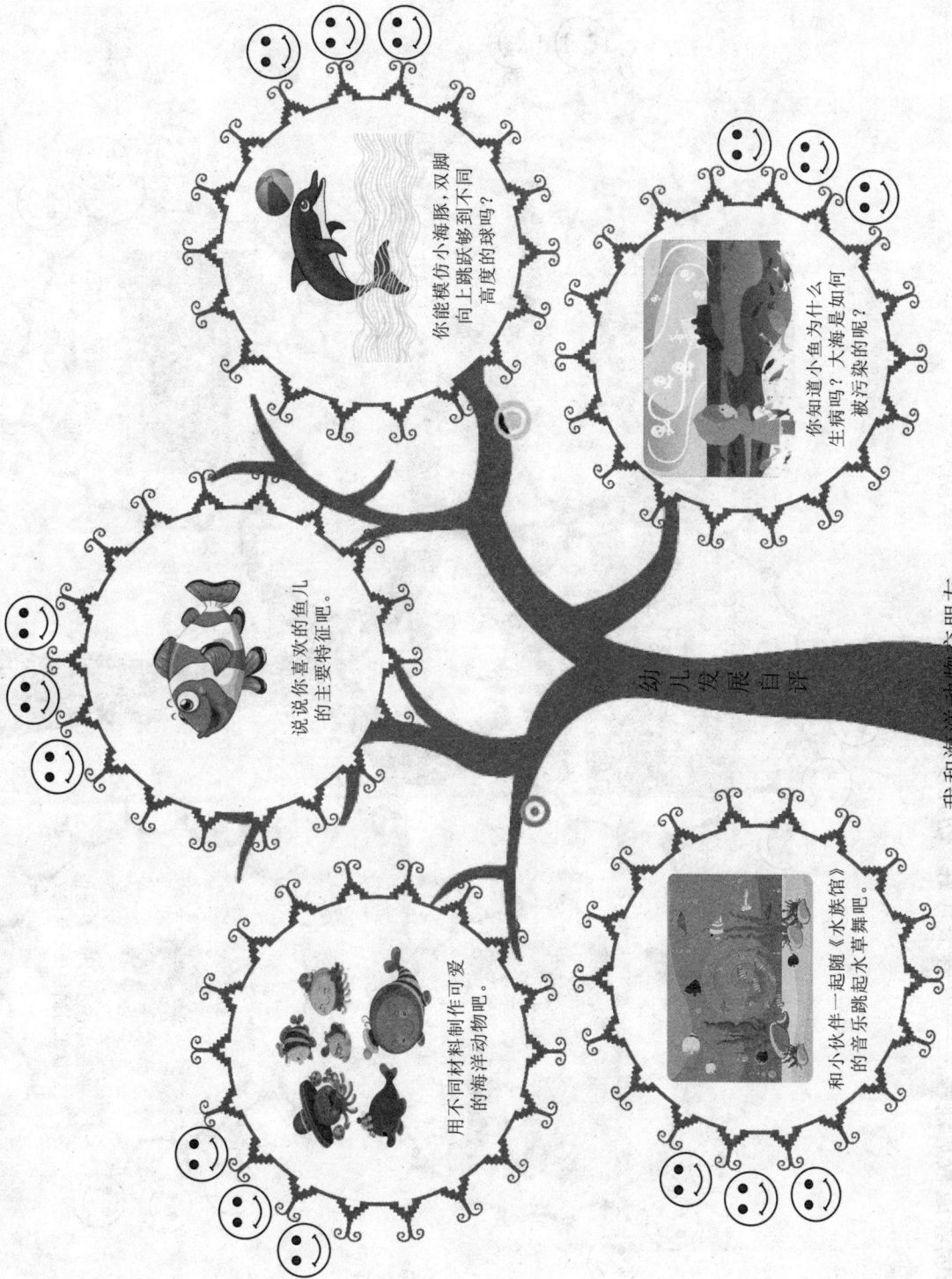

幼儿发展自评

我和海洋动物交朋友

你能模仿小海豚，双脚向上跳跃够到不同高度的球吗？

你知道小鱼为什么生病吗？大海是如何被污染的呢？

说说你喜欢的鱼儿的主要特征吧。

用不同材料制作可爱的海洋动物吧。

和小伙伴一起随《水族馆》的音乐跳起水草舞吧。

477

（九）《幼儿园养成教育课程》——《春天你好》幼儿发展自评、互评表（下学期）

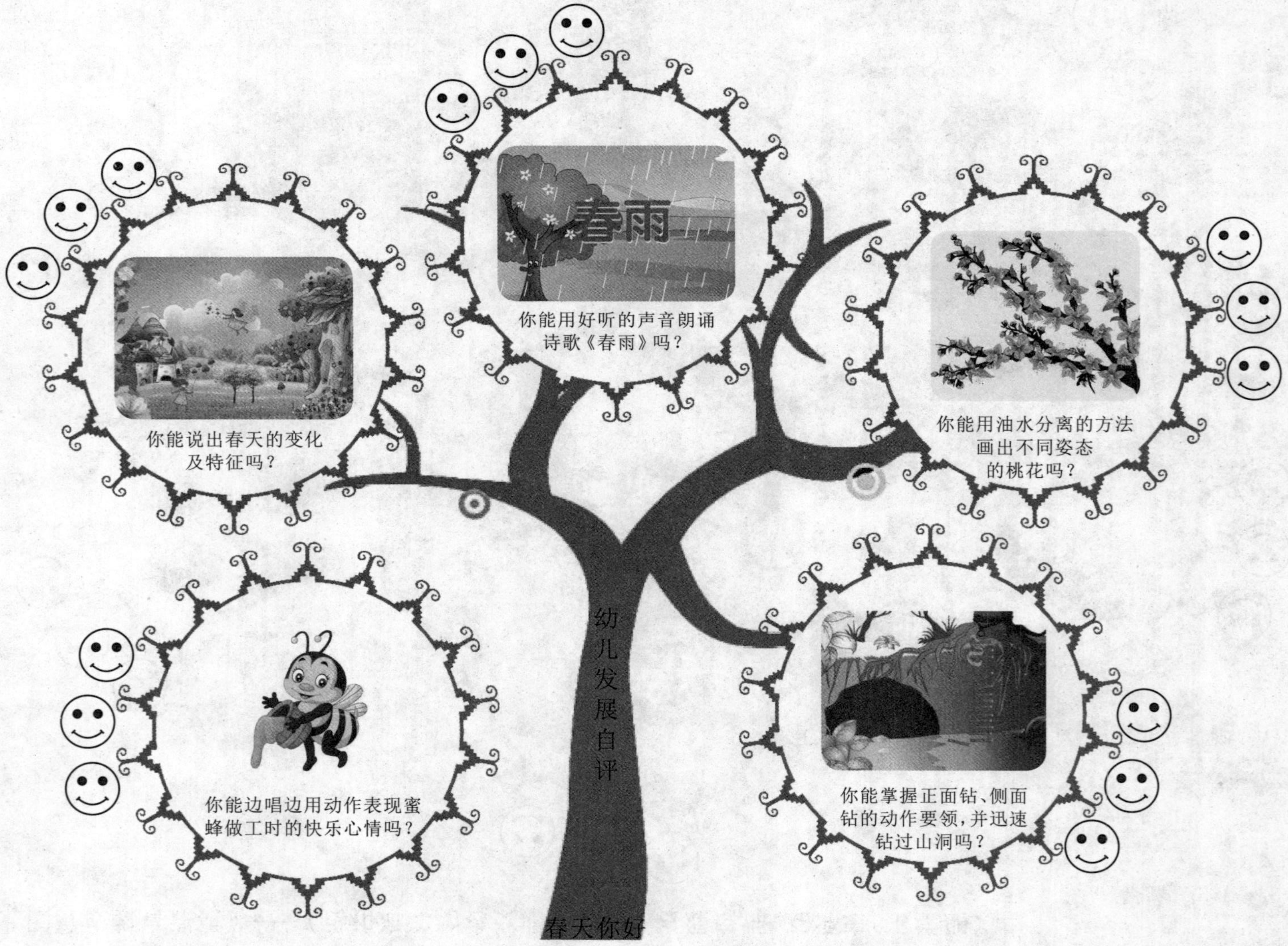

你能用油水分离的方法画出不同姿态的桃花吗？

你能掌握正面钻、侧面钻的动作要领，并迅速钻过山洞吗？

你能用好听的声音朗诵诗歌《春雨》吗？

幼儿发展自评

你能说出春天的变化及特征吗？

你能边唱边用动作表现蜜蜂做工时的快乐心情吗？

春天你好

评价汇总

（十）《幼儿园养成教育课程》——《我喜欢》幼儿发展自评、互评表（下学期）

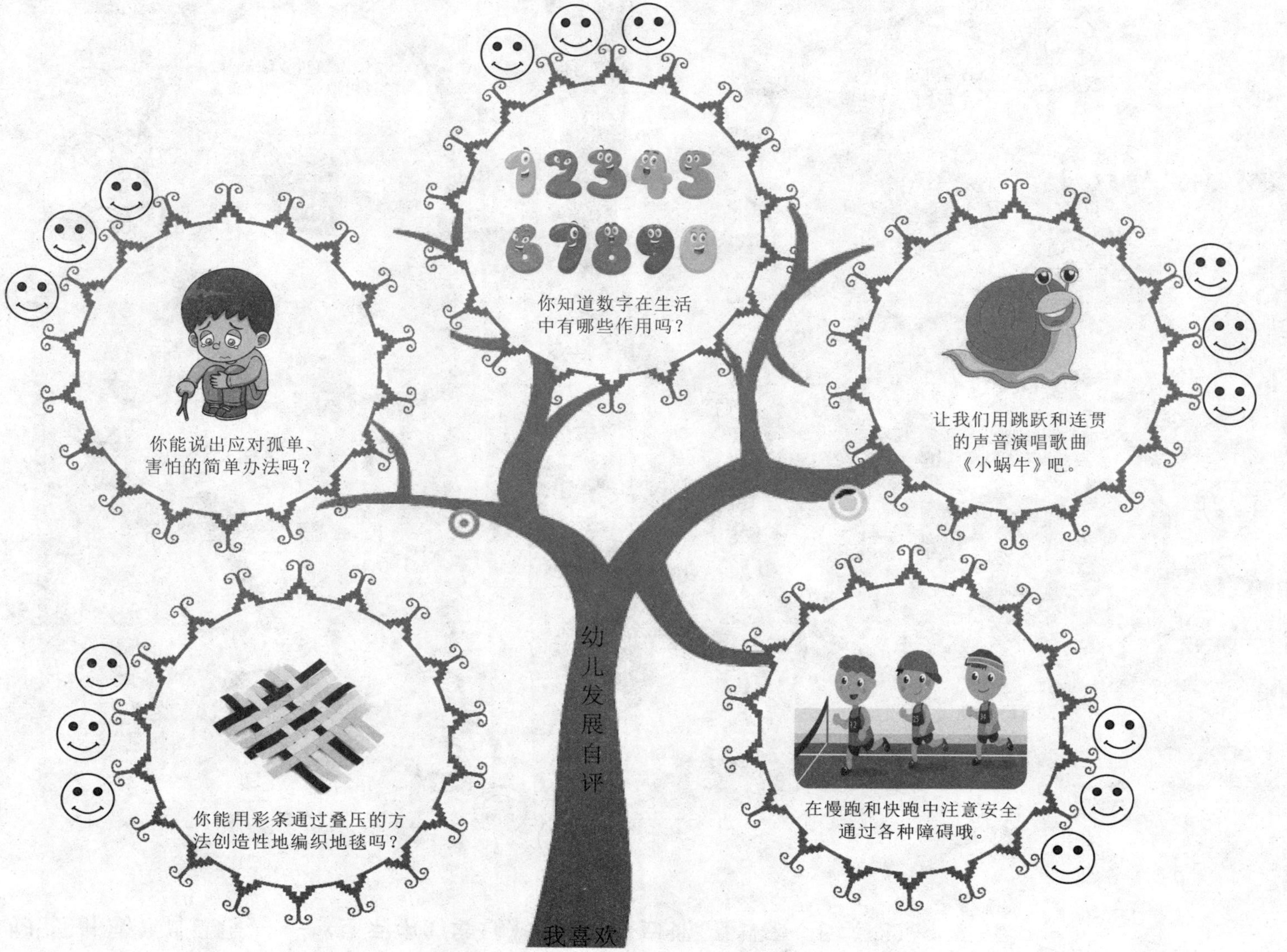

幼儿发展自评

我喜欢

让我们用跳跃和连贯的声音演唱歌曲《小蜗牛》吧。

在慢跑和快跑中注意安全通过各种障碍哦。

你知道数字在生活中有哪些作用吗？

你能说出应对孤单、害怕的简单办法吗？

你能用彩条通过叠压的方法创造性地编织地毯吗？

（十一）《幼儿园养成教育课程》——《生活中的发现》幼儿发展自评、互评表（下学期）

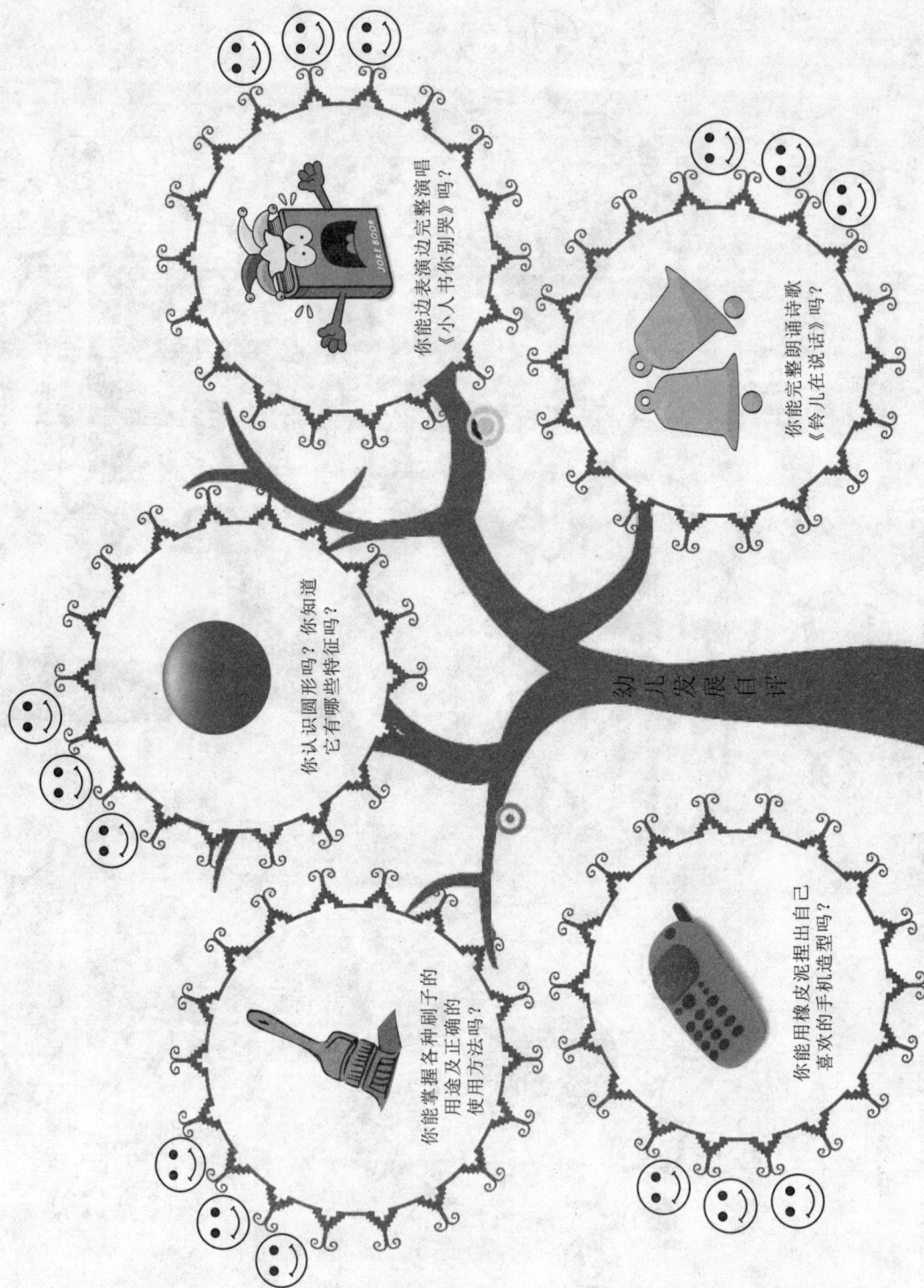

你能边表演边完整演唱《小人书你别哭》吗？

你能完整朗诵诗歌《铃儿在说话》吗？

你认识圆形吗？你知道它有哪些特征吗？

幼儿发展自评

你能掌握各种刷子的用途及正确的使用方法吗？

你能用橡皮泥捏出自己喜欢的手机造型吗？

生活中的发现

（十二）《幼儿园养成教育课程》——《我的想象》幼儿发展自评、互评表（下学期）

幼儿发展自评

我的想象

你能用不同的声音、表情、动作表现 3 只小猪和大灰狼的角色特点吗？

你能完整演唱歌曲《盖房子》并大胆创编《盖房子》的动作吗？

你能根据变换的手形印画、添画各种带翅膀的动物吗？

你知道石头都有哪些作用吗？

你能掌握原地转圈并保持平衡的方法吗？